浙江省民办教育
发展报告

（2011—2020年）

主　　编◎葛为民

执行主编◎徐绪卿

中国社会科学出版社

图书在版编目(CIP)数据

浙江省民办教育发展报告.2011-2020年 / 葛为民,徐绪卿主编.—北京:中国社会科学出版社,2020.10

ISBN 978-7-5203-7494-1

Ⅰ.①浙… Ⅱ.①葛…②徐… Ⅲ.①社会办学—研究报告—浙江—2011-2020 Ⅳ.①G522.74

中国版本图书馆 CIP 数据核字(2020)第 222721 号

出 版 人	赵剑英	
责任编辑	周慧敏	任 明
责任校对	刘 娟	
责任印制	郝美娜	

出　　版	中国社会科学出版社
社　　址	北京鼓楼西大街甲 158 号
邮　　编	100720
网　　址	http://www.csspw.cn
发 行 部	010-84083685
门 市 部	010-84029450
经　　销	新华书店及其他书店

印刷装订	北京君升印刷有限公司
版　　次	2020 年 10 月第 1 版
印　　次	2020 年 10 月第 1 次印刷

开　　本	710×1000　1/16
印　　张	40.25
插　　页	2
字　　数	660 千字
定　　价	198.00 元

目　　录

第三部分　专题报告

第四部分　咨政报告

第五部分　研究成果

第六部分　典型案例

第七部分　政策文件

第八部分　附录

上下齐心各方发力，促进浙江民办教育健康发展

浙江省教育厅副厅长　韩平

关于浙江民办教育的发展，我有三点想法：

第一，浙江要办好民办教育。

浙江是民办教育大省，更要成为民办教育强省。浙江的民办教育不仅要存在、还要促进、更要发展。主要从三个方面考虑，一是对标世界。纵观世界各国，即便是公共教育经费比较充足的国家，都非常重视促进民办教育的发展。因此，社会经济发展与政府财力水平的提高，不应当成为放弃发展民办教育的理由，而是对民办教育要有新的、更高的要求，通过改革实现新的发展。二是基于贡献。民办教育从以前的"补充缓解型"转化为"多样化需求型"，推动了教育体制机制的创新、增强了浙江教育的活力。民办教育已成为浙江教育事业不可或缺的重要组成部分。三是规律使然。从教育生态看。教育发展有其内在的规律，需要良好的生态环境。单一的公办教育难以满足社会的需要，也影响到教育水平的总体提高。只有公、民办教育协调发展、相得益彰，才能形成百花齐放的局面，如果民办教育没有发展好，那么浙江的教育很难说是成功的。

第二，我们需要怎样的民办教育。

进入新时代，浙江民办教育发展面临新情况、新挑战，我们必须共同来思考"我们究竟需要什么样的民办教育"。这是政府部门和各位民办教育界朋友都要关注的问题，我认为我们需要这样的民办教育：

（一）需要坚持"公益性"的民办教育。

教育作为一项崇高的事业，民办教育作为教育事业的组成部分同样属于社会公益事业。也就是说，民办教育的主要任务与公办学校一样，都是为中国特色社会主义培养建设者和接班人。因此，无论是营利性还是非营

利性民办学校都要始终把社会效益放在首位。我们需要的是对国家、对社会、对学生负责任的民办教育，是以培养人才为第一要务的民办教育。

（二）需要"高质量、有特色"的民办教育。

当前我国社会经济发展处于转型升级的关键时期，知识经济重要性的凸显，要求教育必须相应进行全面、深刻的变革，包括教育理念、培养目标、教育内容、教育技术、教育模式、教育管理等，这是对公办教育与民办教育的共同要求。对民办教育来说，要尽快从规模扩张转变到质量提升的发展道路上来，培育具有较高教学水平和多样化办学特色的民办教育。

（三）需要"更有发展活力"的民办教育。

作为由社会力量举办的教育机构，民办学校在法律规定的办学框架内拥有较大的办学自主权。当今社会，生产方式不断变革，生活水平不断提升，对教育服务的要求也不断变化。因此，我们需要的是能够充分发挥体制机制优势、紧跟社会公众需求步伐，不断改革创新的民办教育。民办学校要主动调整发展战略，改革原有办学模式，实现新的发展。

第三，民办教育的发展需要各方共同努力。

（一）政府要积极支持。

"民办教育事业属于公益性事业"。"公益性"的办学特点，决定了政府公共资源要支持民办教育的发展。主要体现在三个方面：

一要统筹规划。要科学制订教育发展总体规划，对民办和公办两类不同学校在培养目标、办学定位、总体布局等发展战略上通盘考虑，形成公办学校与民办学校协调发展、相互促进的发展格局。

二要政策支持。要立足于"支持和规范"两大政策基点，围绕着"举办者关心的分类登记差异化政策问题、学校关心的办学自主权问题、教师关心的教师流动及社保待遇问题、社会关心的公编民用规范问题"等难点和热点问题，着力加强分类改革、差异化政策的制订，促进民办教育健康发展，为社会公众提供更多的优质教育资源。

三要规范管理。在对民办学校大力支持的同时，教育行政部门要对民办学校的招生行为、教育教学过程等办学行为加强管理。同时对校外教育类培训机构要开展专项治理工作，净化培训市场。

（二）民办学校自身建设。

民办教育的发展，外部支持固然重要，但自身的建设更为关键。我认为，民办教育的自身建设重点要抓好以下几点工作：

一是定位要找准。接下来的几年，所有的民办学校要面临着营利性和非营利性分类登记的问题，这是挑战，更是机遇。广大民办学校及举办者要抓住这一发展机遇，深入学习新法新政，顺应变化，科学定位，理性选择。根据民办教育新政，我们针对两类学校采取有差别的扶持政策。在政策导向上，积极鼓励引导非营利性办学，支持营利性民办学校发展。在财政资助、税收优惠、学校用地等方面，重点扶持非营利性民办学校优先发展；在薪酬激励、收益分配等方面作出了更加符合市场特点的政策性规定，推动营利性学校高水平有特色发展。

二是办学要规范。发展必须规范，规范也是一种促进。民办学校务必要进一步端正办学思想，依法办学、规范办学、诚信办学。首先要完善治理结构。民办学校的举办者要根据学校章程规定的权限和程序参与学校的办学和管理，同时要建立相应的监督机制，完善校长选聘机制，依法保障校长行使管理权，对学校关键管理岗位实行亲属回避制度，完善教职工代表大会和学生代表大会制度。其次要完善规章制度。特别是资产管理和会计制度。民办学校举办者应依法履行出资义务，将出资用于办学的土地、校舍和其他资产足额过户到学校名下，明确在存续期间民办学校对举办者投入学校的资产、国有资产、受赠的财产以及办学积累享有法人财产权，任何组织和个人不得侵占、挪用、抽逃。再次要规范办学行为。民办学校要按照维护招生秩序、规范公办在编教师管理、加强财务监管等方面的约束性规定，规范自己的办学行为。

三是特色要强化。民办教育应该避免和公办学校走同质化的发展道路，应该努力为人民提供更加多样的、特色的、优质的选择，为教育改革发展提供有力的实践支持和鲜活经验。民办学校要积极服务社会需求，加强内涵建设，提高办学质量。

我相信，只要紧紧抓住科学定位、规范办学、特色发展这三个关键因素，通过不懈的努力，浙江才能够涌现出更多有特色、高水平、在国内外知名的民办学校。

（三）各方面要共同关心。

民办教育的发展还需要各方面共同关心、共同支持：

一是政府各有关部门要加强协作。民办教育的规范和发展不是教育部门一家的事，横向上涉及发展改革、财政、民政、市场监管等多个部门，作为政府部门要切实履行法定职责，通力合作，共同促进民办教育健康规范发展。

二是中介组织要完善服务。民办教育的发展还需要行业协会等各类社会中介组织的支持。民办教育协会要充分发挥自己的作用，增强行业自律、完善社会服务、加强沟通建议，促进民办教育健康发展。

三是公众媒体要全力支持。民办教育的发展同样离不开公众与媒体的支持，加强正面宣传引导，助推民办教育健康发展。

浙江的民办教育一路走来精彩纷呈，但我们也任重而道远，我们应该共同努力，振奋精神、共同迎接新机遇，新挑战，促进浙江民办教育更好发展！

2020 年 6 月 16 日

第一部分　总报告

浙江省民办教育发展总报告（2011—2020年）

2010 年 10 月 24 日，《国家中长期教育改革和发展规划纲要（2010—2020 年）》配套文件——《国务院办公厅关于开展国家教育体制改革试点的通知》（国办发〔2010〕48 号）发布，浙江省成为全国唯一承担民办教育综合改革试点省份，同时承担民办学校分类管理等专项改革试点任务，开始了民办教育制度的创新探索。在全国同时承担民办学校分类管理的上海、深圳、浙江三地中，只有浙江省温州市对分类管理进行了全面、系统的试点并取得了显著成绩，出色的完成了国家改革试点任务。①② 2010—2020 年十年间，全国各级各类民办学校从 2010 年的 11.9 万所增加到 2019 年的 19.15 万所，增加了 7.85 万所；在校学生数从 3392.96 万人增加到 5616.61 万人，增加了 2223.65 万人；民办学校占比从 24.1%增加到 36.13%，增加了 12 个百分点；民办学校在校学生数占比从 8.82%增加到 19.92%，增加了 11.1 个百分点。③ 同期，浙江省民办学校从 8527 所

---

① 民办教育综合改革试点。清理并纠正对民办学校的各类歧视政策。完善促进民办教育发展的优惠政策，健全公共财政对民办教育的扶持政策，促进社会力量多种形式兴办教育。积极探索营利性和非营利性民办学校分类管理。保障民办学校办学自主权。完善民办学校法人治理结构，加强财务、会计和资产管理。支持民办学校创新体制机制和育人模式，提高质量，办出特色。（浙江省）（国办发〔2010〕48 号）

② 改善民办教育发展环境，深化办学体制改革。探索营利性和非营利性民办学校分类管理办法（上海市，浙江省，广东省深圳市，吉林华桥外国语学院）。清理并纠正对民办教育的各类歧视政策，保障民办学校办学自主权（上海市，浙江省，广东省深圳市，云南省）。完善支持民办教育发展的政策措施，探索公共财政资助民办教育具体政策，支持民办学校创新体制机制和育人模式，办好一批高水平民办学校（上海市，浙江省，福建省，江西省，广东省深圳市，云南省，宁夏回族自治区，武汉科技大学中南分校）。改革民办高校内部管理体制，完善法人治理结构，建立健全民办学校财务、会计和资产管理制度（上海市，江苏省，浙江省，云南省，西安欧亚学院）。（国办发〔2010〕48 号）

③ 《2010 年全国教育事业发展统计公报》《2019 年全国教育事业发展统计公报》。

减少到 6358 所，减少了 2169 所；在校生数从 231.29 万人增加到 242.34 万人，增加了 11.05 万人；民办学校占比从 55.3%减少到 50.4%，减少了 4.9 个百分点；民办学校在校学生数占比从 24.6%减少到 24.47%，减少了 0.13 个百分点。[①] 与全国民办教育发展态势相比，浙江民办教育增速减缓，但办学条件普遍改善，教育质量逐步提高，特别在义务教育阶段，社会对民办学校的评价逐年提升。[②]

表 1　　　　　2010—2019 年浙江省民办教育在校学生数[③]　　　（单位：万人）

年份	民办教育在校学生数							全省学生总数	民办学校学生占比（％）
	学前	小学	初中	普高	中职	高校	总数		
2010	119.74	34.03	19.68	19	9.89	28.95	231.29	939.92	24.61
2011	123.25	36.95	18.39	19.25	9.79	29.58	237.21	948.04	25.02
2012	121.48	39.04	19.08	18.35	8.93	30.15	237.03	943.38	25.13
2013	118.2	41.94	19.87	18.06	7.73	30.7	236.5	940.15	25.16
2014	115.6	47.36	21.71	16.84	6.55	31.14	239.2	938.59	25.49
2015	118.87	48.0	22.74	17.11	7.09	31.34	245.15	942.51	26.01
2016	118.26	47.97	24.21	18.47	6.98	31.26	247.15	945.90	26.13
2017	117.1	48.07	25.73	19.35	7.06	31.32	248.63	958.02	25.95
2018	110.49	48.21	27.45	19.48	7.49	32.07	245.19	970.52	25.26
2019	103.57	48.50	28.72	20.35	7.72	33.48	242.34	990.16	24.47

数据来源：根据 2010—2019 年《浙江省教育事业发展统计公报》数据汇总。（http://jyt.zj.gov.cn/col/col1543965/index.html）

一　浙江民办教育发展概况

2019 年，全省共有独立设置的民办普通高校 15 所，独立学院 21 所，中外合作办学 2 所。民办（含中外合作办学）普通本专科招生为 10.56 万人，较上年增加 1.07 万人，增长 11.2%；在校生为 33.47 万人，比上年增加 1.4 万人，增长 4.4%，招生、在校生各占全省普通本专科招生、

[①] 《2010 年浙江省教育事业发展统计公报》《2019 年浙江省教育事业发展统计公报》。

[②] 2010—2019 年间，小学、初中在校生增长幅度分别为 43%和 46%，远超其他类别民办教育同期增幅（表 1）。

[③] 根据 2007—2019 年《浙江省教育事业发展统计公报》数据汇总。

在校生总规模的 30.1%、31.1%，其中独立学院共招生 4.85 万人，比上年增加 0.28 万人；在校生 17.02 万人，比上年增加 0.38 万人；独立学院的本科招生数 4.85 万人、在校生数 17.02 万人，分别占全省普通本科招生数和在校生数的 28.6%、26.8%。

全省有民办普通高中 220 所，在校生 20.35 万人，占普通高中在校生总数的 26%；民办中等职业学校（不含技工学校）43 所，在校生 7.72 万人，占中等职业教育（不含技工学校）在校生总数的 14.2%。民办普通初中 273 所，在校生 28.72 万人，占普通初中在校生总数的 17.5%。民办普通小学 167 所，在校生 48.5 万人，占普通小学在校生总数的 13.2%。民办幼儿园 5620 所，在园幼儿 103.57 万人，占在园幼儿总数的 53.5%。

全省各级各类民办学校专任教师总数 15.41 万人，占专任教师总数的 23.4%，其中：民办幼儿园 6.69 万人；民办中小学 6.73 万人；民办中职学校（不含技工学校）0.36 万人；民办普通高校（含中外合作办学）1.63 万人。[①]

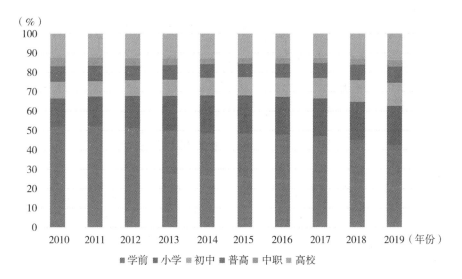

图 1 2010—2019 年浙江省民办教育在校生内部比例关系

从 2010 年到 2019 年，浙江省民办教育在校生内部比例关系如图 1 所

---

① 《2019 年浙江省教育事业发展统计公报》。（http：//jyt. zj. gov. cn/art/2020/6/11/art_ 1543965_ 46571778. html）

示。与全国民办教育内部结构（图2）相比，学前教育占比均超过40%（浙江42.74%，全国47.17%）；义务教育阶段，浙江32%，高于全国的29%；中职，浙江3.2%，全国4%；普通高中，浙江8.4%，全国6.4%；高等教育，浙江13.8%，全国12.6%。

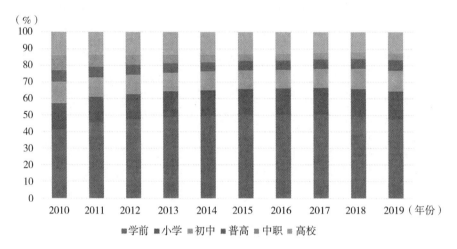

图2　2010—2019年全国民办教育在校生内部比例关系

民办教育提供的公共教育服务分担了政府的公共教育责任和补充政府的公共教育职能，这一部分教育服务如果由政府提供，需要增加公共财政教育支出，由此可以估算民办教育的财政贡献。①

表2　　　　　　　　　2015—2019年浙江民办教育对公共财政的

贡献概算②

年份	全省在校学生总数（万人）	民办学校学生数（万人）	民办学校学生占比（%）	全省公共财政教育支出（亿元）	对公共财政年度贡献（亿元）
2015	942.51	245.15	26.01	1220.87	317.55
2016	945.90	247.15	26.13	1313.65	343.26

---

①　民办教育财政贡献计算公式：民办学校学生占比×当年国家财政性教育经费×0.99，更细致的测算需要用各级各类民办学校在校学生数乘以对应的一般公共预算生均教育经费计算其财政贡献，然后对各类学生的财政贡献加总求和，再减去当年对民办教育的财政拨款（财政对民办教育的拨款迄今只在1%左右）。

②　根据省教育厅和教育部公布的统计数据测算。（http：//jyt.zj.gov.cn/；http：//www.moe.gov.cn/）

续表

年份	全省在校学生总数（万人）	民办学校学生数（万人）	民办学校学生占比（%）	全省公共财政教育支出（亿元）	对公共财政年度贡献（亿元）
2017	958.02	248.63	25.95	1413.14	366.71
2018	970.52	245.19	25.26	1567.41	395.93
2019	990.16	242.34	24.47	未公布	未统计

表3　　　**2015—2019年全国民办教育对公共财政的贡献概算①**

年份	全国在校学生总数（亿人）	民办学校学生数（万人）	民办学校学生占比（%）	国家财政性教育经费（亿元）	对公共财政年度贡献（亿元）
2015	2.60	4570.42	17.58	29221	4845
2016	2.63	4825.47	18.35	31396	5446
2017	2.70	5120.47	18.96	34208	6145
2018	2.76	5378.21	19.49	36996	6839
2019	2.82	5616.61	19.92	40049	7578

资料来源：转引自《浙江省民办学前教育发展报告（2010—2020年）》（章露红）。

浙江民办教育在地区之间的差别非常明显。以学前教育为例，2018年，学前教育在校生占比最高的温州市（81.45%）是占比最低的湖州市（26.56%）的3倍（表4），在民办义务教育、中职和高等教育中也都有类似的特征。

表4　　　　**2018年浙江省民办幼儿园发展情况一览（分市）**

地区	幼儿园总数（所）	民办园（所）	占比（%）	幼儿园在园幼儿（万人）	民办园在园幼儿（万人）	占比（%）	专任教师总数（人）	民办园专任教师（人）	占比（%）
杭州市	991	488	49.24	34.36	10.20	29.69	2.63（万）	0.7（万）	27.38
宁波市	1220	894	73.27	28.97	17.34	59.84	19742	10563	53.50
温州市	1423	1234	86.7	30.02	24.45	81.45	1.9（万）	1.5万	77.4
嘉兴市	345	171	49.56	13.81	5.30	38.37	9110	3162	34.71
湖州市	216	91	42.13	9.01	2.61	26.56	6208	1577	25.40
绍兴市	599	241	40.23	13.77	5.36	38.90	8890	3137	35.29
金华市	1418	1193	84	26.10	20.03	76.8	15700	13970	89

①　根据教育部网站公布的统计数据测算。（http://www.moe.gov.cn/）

地区	幼儿园总数（所）	民办园（所）	占比（%）	幼儿园在园幼儿（万人）	民办园在园幼儿（万人）	占比（%）	专任教师总数（人）	民办园专任教师（人）	占比（%）
衢州市	478	365	76.36	7.04	5.11	61.45	8169	2954	58.48
舟山市	129	57	44.12	2.69	0.85	31.62	2136		
台州市	1166	913	78.3	20.11	14.56	72.4	1.25（万）	8596	68.8
丽水市	468	303	64.74	7.55	4.86	64.31	5179	3062	59.12

二　浙江民办教育的综合改革

民办教育综合改革是《国家中长期教育改革和发展规划纲要（2010—2020 年）》确立的重大改革举措，浙江省作为全国唯一的民办教育综合改革试点省，承担包括"清理并纠正对民办学校的各类歧视政策。完善促进民办教育发展的优惠政策，健全公共财政对民办教育的扶持政策，促进社会力量多种形式兴办教育。积极探索营利性和非营利性民办学校分类管理。保障民办学校办学自主权。完善民办学校法人治理结构，加强财务、会计和资产管理。支持民办学校创新体制机制和育人模式，提高质量，办出特色"①。几个方面的试点任务。近十年来，浙江省在"积极探索营利性和非营利性民办学校分类管理"方面进行了卓有成效的改革试点，具体试点地区宁波市和温州市进行了有意义的探索。温州市为"分类管理"进行了系统的政策设计和政策实践（"1+14"），取得了重大成果，极大地促进了温州市的民办教育发展。虽然"温州方案"最终没有在全国推广，但温州和宁波的实践探索，为全国人大修改《中华人民共和国民办教育促进法》、国务院出台《国务院关于鼓励社会力量兴办教育　促进民办教育健康发展的若干意见》（国发〔2016〕91 号）和全国各省制定地方实施意见提供了宝贵经验。

民办教育综合改革的第一项任务是"清理并纠正对民办学校的各类歧视政策"。完成这项工作的前提是"清理"，然后才有可能"纠正"。但是，浙江省和全国一样，"十八大"以来政府职能转变的改革仍然处于摸

---

① 国务院办公厅关于开展国家教育体制改革试点的通知。（国办发〔2010〕48 号）

索中，各种体制性弊端一时还难以克服，导致这项"清理"工作没有单独提上政府的议事日程。因此，至今为止，各级地方政府（省、市、县）并没有具体明确的说法指出过去存在哪些对民办学校的歧视的政策。但在实践层面还是采取了包括改善民办学校财政扶持政策等具有纠错意义的努力。①

综合改革的第二项任务"完善促进民办教育发展的优惠政策，健全公共财政对民办教育的扶持政策，促进社会力量多种形式兴办教育"，政府也力图有所突破。2013 年 8 月，省政府在温州召开了全省社会力量办学、办医工作交流推进会，会后出台了《浙江省人民政府关于促进民办教育健康发展的意见》（浙政发〔2013〕47 号），提出要为民办教育"留出发展空间"的指导思想，这是《中华人民共和国民办教育促进法》颁布以来，地方政府民办教育发展思路方面的重要突破，不但在当时对全国各级政府考虑制订民办教育发展策略具有启发意义，而且也是全面理解浙江省民办教育综合改革试点十年探索的重要经验。② 当然，在"完善民办教育发展的优惠政策"方面需要反思的是，在修法以前，从中央到地方促进民办教育发展的"优惠政策"，除了"合理回报"以外，许多都很难经得起推敲。按《中华人民共和国民办教育促进法》对民办教育的定性，民办学校、民办学校教师和学生依法应该享有与公办学校、公办学校教师和学生同等的政治、经济、社会和法律权利，而这种权利不但在浙江，在全国也还没有得到完整的落实。但是浙江省开放、灵活的民办教育政策环境，在中外合作办学（宁波诺丁汉、温州肯恩）、政府与社会资本合作（永嘉翔宇）、"教育股份制"（台州书生）、中小学阶段的国际化学校等各种办学形式方面都有不俗表现。

综合改革第二项任务中关于"健全公共财政对民办教育的扶持政策"

① 自《国家中长期教育改革和发展规划纲要（2010—2020 年）》提出要"清理并纠正对民办学校的各类歧视政策"以来，还没有任何一级政府在任何场合说以往的哪些政策是对民办学校的歧视政策，由于缺乏足够的反省，导致"清理纠正年年讲，年年歧视不动摇"的怪现象。

② 浙江省教育厅在其后发布的"浙江省教育厅关于贯彻落实《浙江省人民政府关于促进民办教育健康发展的意见》的通知"（浙教计〔2013〕133 号）中对省政府的上述指导思想作了进一步阐发："从统筹公办和民办教育协调发展出发，本着宜民办则民办的精神，统筹规划，留出民办教育发展空间，着力鼓励支持发展民办教育，促进公办、民办教育合理布局。"

的要求，在浙江省财政厅"支持市县民办教育发展专项资金管理办法"（浙财教〔2013〕196 号）中得到了比较系统的安排。文件详细规定了省财政对市（县）分配该专项资金的测算方法和工作流程，是浙江省在民办教育财政资助政策设计中克服政策"碎片化"倾向的一个重要进展，对其他省市出台和完善相关政策有示范意义。2018 年 3 月，随着全国人大常委会《中华人民共和国民办教育促进法》修法工作的完成，浙江省为贯彻落实新修订的《中华人民共和国民办教育促进法》、国务院"30条"和《浙江省人民政府关于鼓励社会力量兴办教育　促进民办教育健康发展的实施意见》（浙政发〔2017〕48 号）等文件精神，制定了《浙江省公共财政扶持民办教育发展的实施办法》（浙财科教〔2018〕7 号），明确了公共财政扶持民办教育的基本范围："公共财政扶持民办教育发展的主要内容是：大力提升民办学前教育质量，鼓励社会力量举办公益普惠性民办幼儿园；鼓励优质民办中小学特色发展；加强民办高等教育内涵发展。"指出"公共财政主要对非营利性民办学校给予支持，逐步建立以'经费标准化'为主要内容，以政府补贴、政府购买服务等为手段的公共财政扶持体系。"同时明确"结合当地经济社会发展需要和教育服务实际，可通过政府购买服务、税收优惠等方式对营利性民办学校给予支持"。

综合改革的第三项任务是"积极探索营利性和非营利性民办学校分类管理"。根据国家统一部署，浙江省安排了温州市、宁波市、德清县、安吉县承担此项试点任务。2011 年，温州市委市政府出台了《关于实施国家民办教育综合改革试点加快教育改革与发展的若干意见》（温委〔2011〕8 号）（简称"1+9"），2012 年增补 5 个专项文件，形成了温州市民办教育综合改革试点较为完整的政策体系（简称"1+14"），2013年 8 月，进一步调整完善形成了"1+14"的政策的升级版。2014 年底，又委托浙江大学民办教育研究中心制定了《温州民办教育发展规划（2015—2020 年）》，是我国第一个民办教育区域发展规划。温州的分类管理试点在实践中克服了重重困难，在国务院的统一部署和省政府的领导下，顺利完成试点任务，为在教育领域全面推进依法治教、科学决策交出了一份完整的答卷。

综合改革的第四项任务是"保障民办学校办学自主权"。在省教育厅向全国人大调研组提交的汇报材料中，将此项列为综合改革进展的第一项成果（见后引文），但由于目前全国的教育行政部门在实践中仍然较多的采用计划管理模式，致使浙江省教育厅在高等教育领域扩大学校办学自主权的努力部分落空。在基础教育领域，省教育厅《关于做好民办中小学招生工作的通知》（浙教基〔2012〕88号）提出规范招生的要求，并在实践中应民办学校的需求进一步调整完善。2020年3月11日，省教育厅出台了《浙江省教育厅办公室关于做好2020年义务教育阶段学校招生入学工作的通知》（浙教办基〔2020〕6号），强调实行"公民同招"，客观上淡化了民办学校的招生自主权。

综合改革的第五项任务"完善民办学校法人治理结构，加强财务、会计和资产管理"和第六项任务"支持民办学校创新体制机制和育人模式，提高质量，办出特色"在《浙江省人民政府关于鼓励社会力量兴办教育 促进民办教育健康发展的实施意见》（浙政发〔2017〕48号）中都做了具体规定，但因为文件实施还有一个过渡期，效果如何还有待实践检验。

浙江省教育厅在2014年3月份给全国人大民办教育调研组提交了一份汇报材料，对2010年以来浙江省民办教育综合改革取得的成绩做了阶段性的总结：

"2010年《国家中长期教育改革和发展规划纲要（2010—2020年）》颁布后，有鉴于民办教育在我省的地位和影响，为推进民办教育发展，我省主动申报并承担了全国民办教育综合改革试点任务。在国家教育体制改革领导小组的指导下，我们制订了试点方案，并按照'统筹规划、分类管理、点面结合、分步推进'的总体思路，选择温州、宁波、安吉、德清等地先期试点。各试点地区积极探索，都不同程度地取得了一些成效，其中尤以温州市改革力度最大，在全国产生很大影响。去年8月，省政府在温州召开了全省社会力量办学、办医工作交流推进会，会后出台了《浙江省人民政府关于促进民办教育健康发展的意见》（浙政发〔2013〕47号），对促进民办教育改革发展做出了进一步部署。三年来，我省民办教育综合改革不断推进，并在一些方面取得了比较明显的进展"。

该汇报材料重点列举了民办教育综合改革在六个方面的进展：

一是在维护民办学校办学自主权方面取得一定进展。二是在落实教师社会保障待遇方面取得一定进展。三是在增进公共财政支持上取得一定进展。四是在加强社会教育培训机构管理上取得一定进展。五是在建立民办学校分类管理制度上进行了一些研究。六是在推进项目建设上取得一定进展。

综合各方面情况分析，浙江省民办教育近年来外延扩展已经趋缓，但在综合改革和改善政策环境方面仍在稳步推进，并取得了积极进展。①

2016 年 11 月 7 日，十二届全国人大常委会 24 次会议通过《中华人民共和国民办教育促进法》修法决定，以"对民办学校按非营利性与营利性实施分类管理"（以下简称"分类管理"）为特征的"民办教育新政"正式启动。2017 年 1 月 18 日，《国务院关于鼓励社会力量兴办教育促进民办教育健康发展的若干意见》（国发〔2016〕81 号）（简称"30条"）印发，确立了"促进民办教育持续健康发展的改革方向"。随后，全国各省、自治区、直辖市人民政府为贯彻全国人大常委会修法决定和国务院"30 条"的政策精神，纷纷制定地方实施意见，浙江民办教育改革与发展也进入新的历史阶段。

三　浙江民办教育面临的挑战

浙江在中国民办教育发展史上曾经以政策环境宽松令全国民办教育界艳羡，在股份制办学②、教育券③、现代学校制度④、民办学校教师养

---

① 浙江省地方教育政策创新非常活跃，除省政府和温州市出台促进民办教育发展相关政策外，全省各地市县纷纷出台结合本地实际的规范性文件，在全国率先启动市、县两级民办教育发展规划（温州市、丽水市等；同时，温州永嘉县政府投资 4.6 亿建成瓯北高中学校基础设施，在全国公开招标管理团队实行委托管理，在"管办评"分离方面的探索也非常成功并有推广价值。）

② "股份制办学"有两种典型模式：学校层面的股份制——多个出资人均以举办者身份直接参与办学；公司层面的股份制——多个出资人成立股份公司，公司成为学校的单一举办者。前一种模式以温州民办学校为代表，后一种模式以台州民办学校为代表。

③ 2001 年，浙江长兴在全国率先借鉴"美国教育凭证制度"对民办学校和职业学校学生发放可以抵扣学费的"教育券"，在全国教育界引发了广泛持久的讨论和政策实践。

④ 2001 年，浙江台州椒江区教育局在"教育股份制"实践的基础上，借鉴现代企业制度的合理内核，在全国率先开展由政府推动的现代学校制度实践，成为其后由教育部主持的基础教育阶段现代学校制度的理论与实验探索课题的重要思想来源和当前现代学校制度建设核心理念的滥觞。

老保障①等多个领域开拓创新，对全国民办教育产生了积极的影响。但是，随着学龄人口下降，在全省基础教育高普及率和公办学校办学条件持续改善的背景下，政府对民办教育进行了刚性规范。2019 年以来，民办学前教育、义务教育阶段民办学校政策环境反复，民间办学有诸多的困惑和忧虑，民间资金投资教育的信心不足。浙江省作为全国唯一的民办教育综合改革试点省，曾经力图充分利用国家民办教育综合改革的战略机遇，创新民办教育发展模式，为国家提升民办教育治理能力、推进国家教育治理体系的现代化提供新的经验和寻求民办教育发展新的制度空间。然而，受制于国家宏观政策变动的影响，浙江省作为全国唯一的民办教育综合改革试点省在制度创新方面的努力也是心有余而力不足，特别是在理念、体制和政策等三个方面面临严峻挑战。

浙江民办教育面临的第一个挑战是政府能否树立正确的民办教育发展理念。《中华人民共和国民办教育促进法》第三条"民办教育事业属于公益性事业，是社会主义教育事业的组成部分。国家对民办教育实行积极鼓励、大力支持、正确引导、依法管理的方针"。第五条"民办学校与公办学校具有同等的法律地位，国家保障民办学校的办学自主权。国家保障民办学校举办者、校长、教职工和受教育者的合法权益"。但是，无论在浙江还是全国，在现实的政策实践中，民办教育（民办学校举办者、校长、教职工和受教育者）的合法权益并没有得到完整有效保障，以至于在《国家中长期教育改革和发展规划纲要（2010—2020 年）》中不得不提出"清理和纠正对民办学校的各类歧视政策"的明确要求。虽然形成这种局面的原因很复杂，但政府有关部门没有树立发展民办教育的正确理念是产生上述问题的根源所在。全面贯彻落实"国家对民办教育实行积极鼓励、大力支持、正确引导、依法管理的方针"，需要三个核心理念的支撑。

第一个核心理念，学生教育权利平等。公办学校和民办学校因举办者

---

① 浙江是全国最早对民办学校教师提供参加事业单位养老保障并对学校缴纳的社会统筹部分提供财政资助的省份，对于稳定民办学校教师发挥了重要作用。详见：《杭州市劳动和社会保障局　杭州市财政局　杭州市教育局　杭州市人事局关于杭州市区民办学校教师参加机关事业单位职工基本养老保险的实施办法》（杭劳社险〔2005〕19 号）；浙江省宁波市人民政府《关于贯彻实施〈宁波市民办教育促进条例〉的若干规定》（甬政发〔2007〕58 号）

（出资人）不同而身份有别，并在此基础上形成了两种不同的管理体制和运行机制。但是，学校身份不同不应该影响学生的权利，无论是公办学校的学生还是民办学校的学生，他们的受教育权是平等的，必须给予同样保障。

第二个核心理念，学校教育功能相同。有了第一个核心理念还不够，因为有人错误地认为：公办学校是自己人，民办学校是异己，就像经济领域发生的"资社之辩"。无论公办学校还是民办学校贯彻的都是党和国家的教育方针，弘扬的都是社会主义核心价值观，发挥的都是一样的教书育人的功能，为社会提供的都是同样的公共教育服务。当然，他们之间也有区别，不但举办者不同：民办学校的举办者是"国家机构以外的社会组织或者个人"，公办学校的举办者是政府；而且运行机制也不同：民办学校更加重视市场机制，直接反映老百姓多样化的教育需要。公办学校和民办学校之间存在的这些区别并没有影响他们同样的教书育人。家长（学生）选择学校，起决定作用的不是公办还是民办，而是学校能否提供他们需要的教育。因此，政府优先考虑的不应该是办多少公办学校还是民办学校，而是如何办更多的优质学校。

第三个核心理念，公、民办教育一视同仁。有了上面两点认识，政府和社会就没有理由歧视民办教育。在这个基础上，政府才能超越公办学校和民办学校的身份差异，按照学校的社会贡献制定统一的绩效评价和公共资源配置规则。比如对于义务教育阶段的民办学校，只要他们为社会提供了义务教育产品（服务），就应该由各级财政拨付一定比例的生均经费（"国家将义务教育全面纳入财政保障范围，义务教育经费由国务院和地方各级人民政府依照本法规定予以保障。"《义务教育法》第四十二条）。

浙江民办教育面临的第二个挑战是能否转变政府对教育的管理模式。改革开放四十年来，中国社会各领域都发生了深刻的市场取向的变革，从而极大地释放出个体和社会组织的创新活力。但是，四十年来政府的教育管理模式改革相对缓慢，滞后于中国社会的市场化进程，其突出表现就是学校的办学自主权得不到充分落实。在这种宏观制度背景下，民办学校很难坚持自己的教育理念和改革精神，与公办学校的趋同现象日益严重，导致人们不断质疑民办教育存在的必要性与合理性。浙江民办教育要想真正承担起综合改革的历史责任，在目前的发展水平上再上层楼，要通过系统的制度创新落实和保障学校的办学自主权，民办教育对社会和教育发展的独特价值才有可能得到充分彰显。

浙江民办教育面临的第三个挑战是能否在新旧两种分类管理体系之间实现平稳过渡。从 2016 年 11 月 7 日十二届全国人大常委会 24 次会议通过《中华人民共和国民办教育促进法》修法决定算起，至今已经过了四年半时间，就是从《浙江省人民政府关于鼓励社会力量兴办教育　促进民办教育健康发展的实施意见》（浙政发〔2017〕48 号）发布至今，也已经过了三年半，在此期间，虽然省教育厅、省财政厅、省编委等部门相继出台了《现有民办学校变更登记类型实施办法》（浙教计〔2018〕28 号）、《落实民办学校办学自主权实施办法》（浙教计〔2018〕22 号）、《民办学校信息公开和信用管理办法》（浙教计〔2018〕20 号）、《加强民办学校教师队伍建设实施办法》（浙教人〔2018〕32 号）、《民办学校财务清算办法》（浙财资产〔2018〕26 号）、《公共财政扶持民办教育实施办法》（浙财科教〔2018〕7 号）、《民办学校财务管理办法》（浙财科教〔2018〕7 号）等 7 配套个文件，但在实践层面，民办学校"分类管理"新政推进缓慢，这既有《民办教育促进法实施条例》修订迟迟不能完成的原因，有全国人大常委会《中华人民共和国民办教育促进法》修法决定的个别条款存在制度冲突的问题，也有对于现有民办学校的非营选择相关政策迟迟不明确的局限。目前距民办学校非营选择缓冲期还有两年多时间，能否在设定的期限（2022 年年底）内顺利完成现有民办学校的转设，对浙江省各级政府教育行政部门和民办学校举办者都是一个巨大的考验。

四　浙江民办教育的发展前瞻

2010—2020 年的十年来，民办教育在浙江教育总量中的比例一直稳定在 25% 左右，这也就是由供需关系形成的动态平衡位置。但是，2018 年以来，随着国家民办教育宏观政策变动，区域民办教育政策环境发生重大变化，原来的平衡部分被打破。重建浙江民办教育新的平衡位置，将会成为今后市场和政策博弈的核心主题。在下一个十年，减少动荡，保持稳定将会成为民办教育发展的主基调。由于当前一些政策变动已经改变了民办教育发展的原有轨道，下一步的发展变化只能从以下几个方面去观察。

第一，关注宏观政策变动。《民办教育促进法实施条例》在 2020 年被重新列入国务院立法计划［"23. 民办教育促进法实施条例（修订）（教育部起草）"《国务院办公厅关于印发国务院 2020 年立法工作计划的通知》国办发〔2020〕18 号］，说明原来在 2018 年通过教育部公开征求意见（4 月 20 日）、司法部送审稿（8 月 10 日）以及 2018 年 11 月底提交国务院常务会议审议的终审稿将面临重大或重要修改，其中的关键是对《中华人民共和国民办教育促进法》明确规定的"国家保障民办学校办学自主权"做出怎样的法律规定，这关系到民办教育今后的宏观政策环境是稳定、改善还是倒退。浙江民办教育发展不能不受到这一影响。

列入全国人大"十四五"立法规划的《学前教育法》是另一个对民办教育未来发展会产生长远影响的立法事项。从《学前教育法草案》（征求意见稿）来看，尽管第五条规定了"凡是具有中华人民共和国国籍的适龄儿童，不分性别、民族、种族、家庭财产状况、宗教信仰等，依法享有平等接受学前教育的权利"。但对民办园和公办园的权利做了区别设置，在民办园中，将营利园排除在了普惠园之外，凡此种种，都值得深入讨论和慎重思考。

第二，拓展地方政策空间。宏观政策与国家法律划定了民办教育的发展边界，而在边界之内，地方政策仍然有充分的创新空间。比如民办教育面临制度性歧视是一种全国现象，浙江在这方面做得好一点，但仍然没有找到彻底解决此类问题的对策。要彻底解决民办教育面临的制度性歧视，可以在"学生权利平等"和"学校功能相同"的理念认同基础上建立的"公共教育财政资金分配政策"——教育凭证制度。在这个基础上建立以学生人数为基准的公共资源配置框架，最大限度淡化公办学校和民办学校的所有制区别，无论公办民办一律按学生人数配置公共教育资源。在目前的法律框架内，这可能是保障民办学校与公办学校同等法律地位的基本制度的一种良策设计，可以同时实现公平、效率、选择性三大政策目标，极大推进政府教育治理能力和治理水平的现代化。

第三，保障民办学校办学自主权。民办教育是市场经济的产物，没有市场经济，就没有民办教育，限制民办学校利用市场机制自主办学，民办学校就不能有效发挥其体制机制优势。近年来，政府在各个领域深化市场取向的改革，进一步简政放权，激发民间创新创业活力，取得积极成效。

今后，政府应该尽量减少对学校微观事务的干预，专注于制度建设和公共服务，凡是市场机制能有效调节的学校办学行为，由学校自主决策，形成权责明确、预期稳定的激励与约束机制，充分发挥市场在资源配置中的决定性作用。

第四，依法治教任重道远。当前，国际国内形势错综复杂，发展民办教育是国家教育战略的重要组成部分，促进民办教育健康发展，对于提升国家教育竞争力至关重要。无论政府还是举办者、学校管理者都应牢固树立依法治教的理念，在下一个十年开辟浙江民办教育未来发展的新局面。

（浙江大学　吴华）

第二部分　学段报告

浙江省民办学前教育发展报告
（2011—2020 年）

　　民办学前教育是浙江省学前教育事业的重要组成部分。近十年来，浙江省民办幼儿园稳步发展，在增加教育资源供给、激发办园活力、满足多元化教育需求、促进体制机制创新等方面做出了积极的贡献，整体推动了浙江学前教育事业的蓬勃发展。在推进普惠性资源为主体的学前教育公共服务体系建设过程中，我省各地在规范和支持民办园发展方面也涌现出了一些典型经验和做法，但如何协调公、民办园共同发展，不断提升民办园优质教育资源供给能力，在一些关键环节和重要领域还面临着紧迫的、深层次的问题和挑战。办好新时代学前教育，为百姓提供普及普惠、安全优质、丰富多元的学前教育服务，需要我省各级政府秉持公办民办并举和公、民办园共同发展的基本理念，进一步加大财政投入，完善体制机制和政策保障体系。

一　浙江民办学前教育事业发展概况

（一）发展规模

　　截至 2018 年年底，浙江省有幼儿园 8453 所，其中民办幼儿园 5971 所，占幼儿园总数的 70.64%；全省在园幼儿 193.41 万人，其中民办园在园幼儿 110.49 万人，占在园幼儿总数的 57.1%。全省幼儿园专任教师 12.96 万人，其中民办幼儿园专任教师 6.77 万人，占幼儿园专任教师总数的 52.2%。从民办学校的内部结构来看，截至 2018 年年底，浙江省有各级各类民办学校 6704 所，在民办学校就读的在校生 245.19 万人，在民办学校任职的专任教师 14.99 万人，其中，民办幼儿园数、民办园在园幼儿数以及民办园专任教师数分别占了总数的 89.07%、45.06% 和 45.16%。与 2018 年全国民办学前教育发展情况相比，浙江省民办幼儿园的发展规模整体高于全国平均水平，其中，园所数及在园幼儿数占比分别高了 8.47% 和 0.41%。（如表 1 所示）

表 1   2018 年全国和浙江省民办幼儿园发展规模情况

地区	民办幼儿园（所）	占比（%）	民办园在园幼儿（万人）	占比（%）
全国	16.58 万	62.17	2639.78	56.69
浙江省	5971	70.64	110.49	57.1

表 2   2018 年浙江省各地市民办幼儿园发展情况一览（分市）

地区	幼儿园总数（所）	民办园（所）	占比（%）	幼儿在园幼儿（万人）	民办园在园幼儿（万人）	占比（%）	专任教师总数（人）	民办园专任教师（人）	占比（%）
杭州市	991	488	49.24	34.36	10.20	29.69	2.63（万）	0.7（万）	27.38
宁波市	1220	894	73.27	28.97	17.34	59.84	19742	10563	53.50
温州市	1423	1234	86.7	30.02	24.45	81.45	1.9（万）	1.5 万	77.4
嘉兴市	345	171	49.56	13.81	5.30	38.37	9110	3162	34.71
湖州市	216	91	42.13	9.01	2.61	26.56	6208	1577	25.40
绍兴市	599	241	40.23	13.77	5.36	38.90	8890	3137	35.29
金华市	1418	1193	84	26.10	20.03	76.8	15700	13970	89
衢州市	478	365	76.36	7.04	5.11	61.45	8169	2954	58.48
舟山市	129	57	44.12	2.69	0.85	31.62	2136		
台州市	1166	913	78.3	20.11	14.56	72.4	1.25（万）	8596	68.8
丽水市	468	303	64.74	7.55	4.86	64.31	5179	3062	59.12

从全省范围来看，浙江各地的民办幼儿园发展规模呈现地区差异性。相较而言，杭嘉湖绍地区的公办教育资源较为充足，温州、金华、台州、宁波、丽水等地的民办园发展规模较大，尤其是温州、金华和台州三地民办幼儿园占比分别高达 86.7%、84% 和 78.3%。相对应的，这些地区民办园在园幼儿数和专任教师数的占比也是遥遥领先。温州市民办园在园人数多达 244520 人，占温州在园幼儿总数的 81.45%，民办园专任教师数达 1.5 万人，占温州幼儿园专任教师数的 77.4%，此外，金华市民办园专任教师占比也高达 89%。（如表 2 所示）。

（二）发展趋势

《国家中长期教育改革与发展规划纲要（2010—2020 年）》提出："到 2020 年基本普及学前教育"，并进一步明确政府职责，要求各地"大力发展公办幼儿园、积极扶持民办幼儿园"。随后国务院出台的《关于当前发展学前教育的若干意见》（国发〔2010〕41 号）要求各地以县为单位编制学前教育三年行动计划，缓解"入园难"问题。基于国家的政策要求和浙江省学前教育事业发展的现实需求，近十年来，随着前三轮学前教育三年行动计划的实施，我省各地逐渐加大了学前财政投入，整体学前教育资源不断扩增。与此同时，民办幼儿园的发展规模呈现逐步缩小的态势。2010 年至 2018 年间，民办幼儿园数量、民办园在园幼儿数量及民办园专任教师数量占比整体呈缓慢下降趋势，民办幼儿园数量占比从79.6%下降到 70.6%，下降了 9%，在园幼儿数量占比和民办园专任教师数量占比分别下降 8.3%和 12.3%。（如表 3、图 1 所示）

值得注意的是，浙江省民办幼儿园数量和民办园在园幼儿数有所减少，但民办园专任教师却逐年在增加。与 2010 年相比，2018 年浙江省民办幼儿园减少 1879 所，在园幼儿减少 9.21 万人，但民办园专任教师增加了 0.64 万人。这一变化说明我省民办园的师资队伍力量不断增强，保教质量不断提升。当前，随着公办普惠性学前教育资源的大力推进，未来我省民办幼儿园的发展规模可能会出现不同程度的萎缩，但质量维度的提升值得期待。

表 3　浙江省民办学前教育事业发展基本情况一览（2010—2018 年）

年份	民办园（所）	幼儿园总数（所）	占比（%）	民办园在园幼儿（万人）	在园幼儿总数（万人）	占比（%）	民办园专任教师（人）	专任教师总数（万人）	占比（%）
2010	7850	9863	79.6	119.7	183.05	65.4	6.13	9.51	64.5
2011	7571	9649	78.5	123.3	187.14	65.9	6.41	10	64.1
2012	7466	9573	78.0	121.5	188.63	64.4	6.71	10.73	62.5
2013	7053	9209	76.6	118.2	186.88	63.3	6.7	11.03	60.7
2014	6660	8871	75.1	115.6	185.75	62.2	6.59	11.23	58.7
2015	6676	8908	74.9	118.8	190.16	62.5	6.77	11.64	58.2
2016	6506	8871	73.3	118.26	191.82	61.7	6.78	12	56.5

续表

年份	民办园（所）	幼儿园总数（所）	占比（%）	民办园在园幼儿（万人）	在园幼儿总数（万人）	占比（%）	民办园专任教师（人）	专任教师总数（万人）	占比（%）
2017	6272	8645	72.6	117.1	195.8	59.8	6.79	12.5	54.3
2018	5971	8453	70.6	110.49	193.41	57.1	6.77	12.96	52.2

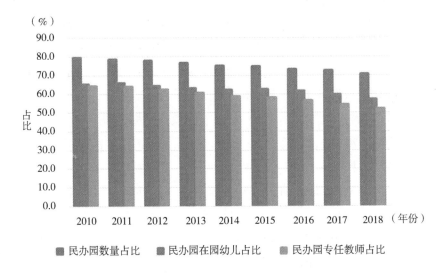

图1　浙江省民办幼儿园发展规模占比情况（2010—2018年）

二　浙江民办学前教育改革与发展的主要经验与探索

近十年来，浙江省民办学前教育事业稳步发展，在增加教育资源供给、激发办园活力、满足多元化教育需求、促进体制机制创新等方面做出了积极的贡献，整体推动了浙江学前教育事业的蓬勃发展。我省各地在如何规范和支持民办园发展方面也涌现出了一些典型经验和做法，面对民办园发展过程中的难点和瓶颈问题，也进行了一些有益的尝试与探索。

（一）不断完善民办学前教育政策支持体系

为促进学前教育和民办教育事业发展，我国自2010年后陆续出台了

《关于当前发展学前教育的若干意见》（国发〔2010〕41号）《关于鼓励社会力量办学促进民办教育健康发展的若干意见》（国发〔2016〕81号）《中共中央国务院关于学前教育深化改革规范发展的若干意见》等一系列指导性文件。浙江把贯彻落实党和国家政策作为推进事业发展的有效契机，加快出台系列配套文件，不断完善民办学前教育政策支持体系。比如率先出台《浙江省学前教育条例》，鼓励和支持社会力量依法举办民办园，鼓励和支持向符合条件的民办幼儿园购买普惠性学前教育服务，鼓励公办幼儿园与民办幼儿园之间进行教师挂职交流等；在浙江省前三轮"学前教育三年行动"中也多次提到要加大对普惠性民办幼儿园的扶持力度。2016年11月7日《中华人民共和国民办教育促进法》（以下简称《中华人民共和国民办教育促进法》）修法决定及系列修法配套文件颁布后，浙江省率先在全国出台《浙江省人民政府关于鼓励社会力量兴办教育　促进民办教育健康发展的实施意见》（浙政发〔2017〕48号）等"1+7"系列文件，在推进民办幼儿园营利性和非营利分类管理、加强民办幼儿园教师队伍建设、加强民办幼儿园财政资助等方面加强政策研究与实践。

为支持民办幼儿园发展，我省各级政府还陆续出台学前教育、民办教育专项资金管理办法，加强对民办幼儿园的财政资助。比如，浙江省教育厅、财政厅等部门相继颁发《关于印发浙江省扶持民办幼儿园发展奖补暂行办法的通知》（浙财教〔2011〕183号）《关于印发支持市县民办教育发展专项资金管理办法的通知》（浙财教〔2013〕196号）《关于印发〈政府向社会力量购买学前教育服务实施方案〉的通知》（浙教计〔2017〕12号）等文件，金华、丽水、舟山、桐乡等多地都出台了当地支持民办教育和学前教育发展的专项资金管理办法。为进一步支持普惠性民办园发展，我省大部分地区出台了当地普惠性民办园的认定与管理办法，在认定标准、扶持政策、监管机制等方面构建了普惠性民办园发展的政策支持体系。

表4　　　　浙江省部分地区出台的普惠性民办园认定与管理办法

地区	文件名
杭州市	关于印发《杭州市普惠性民办学前教育机构认定和管理办法（试行）》的通知（杭教基〔2017〕8号）

地区	文件名
宁波市	《宁波市普惠性民办幼儿园管理办法》（甬教基〔2016〕21号）
金华市	关于印发《金华市区普惠性民办幼儿园认定和管理办法（试行）的通知》（金市教基〔2014〕30号）
舟山市	关于印发《舟山市普惠性民办幼儿园认定及管理办法（试行）的通知》（舟教发〔2014〕14号）
丽水市	《丽水市本级普惠性民办幼儿园认定及管理办法（试行）》（丽教直〔2018〕166号）
杭州市萧山区	关于印发《萧山区普惠性民办学前教育机构认定和管理办法》的通知（萧教〔2019〕81号）
杭州市富阳区	关于印发《杭州市富阳区普惠性民办幼儿园管理实施办法（试行）》的通知（富教〔2018〕179号）
杭州市桐庐县	关于印发《桐庐县普惠性民办幼儿园认定和管理办法》的通知（桐教普〔2018〕34号）
宁波市慈溪市	关于印发《慈溪市普惠性民办幼儿园管理办法》的通知（慈教〔2019〕56号）
温州市洞头区	《温州市洞头区普惠性民办幼儿园认定和管理办法》（洞教基〔2019〕105号）
温州市永嘉县	关于印发《永嘉县普惠性民办幼儿园认定和管理办法》的通知（永政发〔2015〕93号）
嘉兴市海宁市	关于修订《海宁市扶持普惠性民办幼儿园发展奖补资金管理办法》的通知（海财政〔2018〕3号）
嘉兴市嘉善县	关于印发《嘉善县扶持普惠性民办幼儿园发展奖补资金管理暂行办法》的通知（善教〔2018〕86号）
湖州市南浔区	关于印发《南浔区普惠性民办幼儿园认定与扶持管理办法（试行）》的通知（浔教基〔2015〕110号）
绍兴市越城区	《越城区普惠性民办幼儿园认定和管理实施意见》（越教〔2013〕59号）
金华市东阳市	《东阳市普惠性幼儿园认定和管理办法》（东教职字〔2015〕10号）
衢州市柯城区	《柯城区普惠性民办幼儿园认定和管理办法》（柯教体文〔2017〕216号）
舟山市定海区	《定海区普惠性民办幼儿园认定及管理办法（试行）的通知》（定教发〔2015〕5号）
台州市路桥区	《路桥区普惠性民办幼儿园认定和管理办法》（路教教〔2019〕7号）
丽水市龙泉市	《龙泉市普惠性民办幼儿园认定及管理办法》（龙教〔2018〕205号）

（二）不断加大普惠性民办园财政资助力度

近年来，我省各地普遍加大了对普惠性民办园的财政资助力度。如舟山定海区 2017 年、2018 年、2019 年度用于普惠性民办幼儿园生均经费、园舍建设、综合考核等奖补资金分别为 365 万元、421 万元、427 万元。新昌县仅翡翠幼儿园等 4 所普惠性幼儿园就获得了 280 万元建设经费补助。就具体的政策举措看，探索政府向社会力量购买学前教育服务，逐步建立生均经费补助制度，以综合奖补分担办园成本，是我省各地加大对普惠性民办园财政资助的基本做法。

在生均经费补助方面，各地的政策探索体现出如下三个主要特点：（1）参照当地同类公办园生均公用经费标准或生均经费的一定比例给予普惠性民办园相应的财政补助。受当地经济社会发展水平、地方财政实力、发展理念等因素的影响，各地补助标准存在较大的差异性。根据《浙江省财政厅浙江省教育厅关于印发建立浙江省学前教育生均经费制度指导意见的通知》（浙财科教〔2018〕4 号）的有关要求，各地对辖区内符合条件的普惠性民办幼儿园生均公用经费补助最低标准应为 500元/生·年。目前我省不少地区对当地普惠性民办园分类补助的标准已超过省定最低标准。比如，舟山定海对省二级以上的普惠性民办园给予1800 元/生·年的补助，金华市婺城区对省三、省二、省一级普惠性民办园分别给予生均 1000 元/年、1300 元/年和 1600 元/年的补助。（2）积极探索基于办园成本和收费差额的动态补助机制。如杭州市余杭区对生均办园成本（根据上一年度的生均办园成本）和收费的差额按普惠性民办学前教育机构符合当地入园条件的学籍人数给予补助，最高补助标准不超过同级同类公办园生均办园成本，并列入同级财政预算。（3）探索建立教师持证率、参保率、最低工资和园所等级等要素与生均经费拨付标准的联动机制。如，杭州江干区普惠性民办园补助的基准比例为上年度公办幼儿园生均公共财政教育事业费的 70%，再结合幼儿园办园水平和年度考核给予补助。台州路桥区规定教师持证率、参保率、高一级学历占比及专任教师最低工资中任一项未达到奖补当年最低标准线的，取消奖补资格。[1]

在综合奖补方面，各地的政策探索形式更为多样。综合来看，主要的

---

[1]　参见《台州市路桥区人民政府办公室关于印发路桥区学前教育生均经费标准及民办学前教育奖补办法的通知》。（路政办发〔2018〕146 号）

奖补方式有以下几类：（1）园舍建设、房屋租赁、教（玩）具购置等硬件投入补助。比如在租金减免方面，杭州江干区对租赁场地举办普惠性民办园的，按租金 100% 补助或免除租金。在建设经费补助方面，金华婺城区规定，新建等级幼儿园且基本建设投资额在 200 万元（含）以上的，按基本建设投资额的 15% 进行补助，补助总额每园不超过 50 万元；对投资额在 50 万元（含）以上并如期完成改扩建工程的三级以上普惠性民办园按照实际改扩建投入资金的 10% 予以补助，补助总额不超过 20 万元。① （2）教师工资和社保、人才培养培训、安防等人员经费补助。如，浙江金华市婺城区综合实施了普惠性民办园教师收入、人才培养培训、安防等人员经费补助：对符合学历、持证条件和任教年限的在职非编专任教师，按 3000/人·年给予任教津贴补助；对自行培养或引进的特级教师等高层次人才，依据签约服务年限给予 10 万—20 万元/人·年的补助；对教师进修取得大专及以上学历证书的，按照 3000 元/人标准补助，取得教师资格证书的，按照 1000 元/人标准补助；对教师参加培训的，每年按专任教师 450 元/人、保育员和保健员 150 元/人的标准给予经费补助；对符合要求的专职保安给予 1.6 万元/人·年补助。② 在教师社保补助方面，各地也都有一些积极的实践。乐清、台州规定，在核定的编制内，专任教师参加的社会保险，对单位缴纳部分，普惠园和试点园参加事业保险的市财政按 80% 比例给予幼儿园补助，参加企业保险的，市财政按 70% 比例给予幼儿园补助。（3）等级提升、评优评先、特色培育等办学绩效奖补。如台州路桥区每年评选 5 家区级"普惠性民办幼儿园示范园"，给予 2 万元奖励；平安校园创建等级优秀的，给予 1 万元奖励；每年评选优秀园长 10—15 名，每人奖励 1000 元，评选优秀教师和保育员各 30 名左右，每人 500 元。温州乐清对参加"幼儿园特色项目研究与开发"或"幼儿园课程改革"的幼儿园，每所奖励 5 万元。两年内研究出成果并推广的，再给予奖励 5 万元。

（三）逐步加强民办幼儿园教师队伍建设

教师是民办园质量提升的关键。我省各地为加强民办园师资队伍建设

① 参见《金华市婺城区学前教育专项资金管理办法（修订）》。（金婺教〔2019〕46 号）
② 同上。

也有一些典型的经验和做法，综合而言，主要体现在以下三个方面：

第一，多措并举提升民办园教师工资待遇水平。其中，比较典型的政策实践有三：（1）实施最低工资制度，并将其作为普惠性民办园认定和公共财政资助的前提条件。如，浙江金华将"非编教师工资水平原则上不低于上一年度所在地全行业（单位）在岗职工的平均工资，或在原有工资水平的基础上比上一年度有较大提高"作为普惠性民办园认定的重要条件。① 浙江丽水规定省一、二、三级普惠性民办幼儿园的生均经费补助标准分别为 4000 元/年、3500 元/年、3000 元/年，但前提是专任教师人均年收入要分别达到 12 万元、10 万元、8 万元，否则扣减生均补助经费的 70%。（2）加强财政资金使用的监管，限定一定比例的财政补助用于幼儿园人员经费支出。如嘉兴市规定生均定额补助的 80% 必须用于教师工资福利及"五险一金"支出，20% 用于幼儿生均公用经费和教师素质提升支出。（3）加大最低工资补助力度，并发放基于幼儿园教师职称晋升、学历进修、资格证持有、评优评先等能力和素养提升的综合补助。如，杭州钱塘新区给予普惠性民办园非编教师最低收入保障，2018 年对同一职称年度最低收入达到基准数的普惠性民办园按相应职称分别进行补助：高级教师补助 38500 元，一级教师补助 35500 元，二级教师补助 34500 元，三级教师补助 33500 元，未评职称教师补助 32500 元。② 温州乐清市对获得中级、高级职称的教师每人每年分别给予 3000 元和 6000 元的奖励。③

第二，健全同等的教师权益保障制度，加大培训力度，支持民办园教师专业发展。如杭州市西湖区坚持"全员和分层"相结合的原则，制定《幼儿园教师队伍建设"三级网络平台"》，推进五年 360 学时培训公、民办幼儿园全覆盖。面向区域内民办幼儿园管理者专项开展研修培养。金华市逐步提升非编教师待遇，在职称评聘、培养培训、评优评先、考核管理等方面，给予非编教师同等机会，提升非编教师质量和职业认可度。

---

① 参见《金华市区普惠性民办园认定和管理办法》。（金市教基〔2014〕30 号）

② 参见《关于做好杭州大江东产业集聚区 2018 年幼儿园非事业编制教师收入待遇补助工作的通知》。（大江东社发 2019—29 号；大江东财发 2019—48 号）

③ 参见《乐清市财政局乐清市教育局关于印发乐清市扶持民办幼儿园发展奖补暂行办法》的通知。（乐财行〔2018〕71 号）

第三，建立帮扶机制，加大师资力量扶持。多地市都明确提出要采取结对帮扶和派驻公办教师支教等方式进一步提高民办幼儿园的保教水平。有些地区还进一步明确了结对帮扶机制。如舟山定海区探索建立公、民办幼儿园师资定期交流机制，选派公办园在编教师赴普惠性民办园支教，帮扶支持薄弱园内涵提升。绍兴新昌县实施公办园与民办园一对一结对，交流换岗，公办园派名园长、名师常驻民办幼儿园指导园务管理和保教工作，民办园派园长、老师常驻学习。

（四）不断健全民办幼儿园监督管理机制

为规范民办园办园行为，促进民办园保教质量提升，我省各地充分利用信息化管理技术，创新监管方式，强化过程性监管和动态监管，不断健全民办园监督管理机制。综合来看，主要体现在以下四个方面：

第一，大力推进无证园整治。由于历史欠账多、基础弱、底子薄，无证园长期制约着我省学前教育事业的发展。为实现无证园清零，各地纷纷出台专项整治行动方案，因地制宜，精准施策。比如衢州开化以建立教学点的形式来分流就读无证园的幼儿；遂昌县向全社会公告各幼儿园教师持证情况，让社会和家长知晓幼儿园的办园水平，断绝无证园生源；绍兴新昌县对完成消防设施设备改造升级、取得消防验收合格的幼儿园按其消防改造审计投资额的30%给予补助，对主动关停的民办园给予5万—10万元补助；舟山定海区对辖区内低等级、办园条件较差的幼儿园进行专项督查指导，对于无法整改或者整改后还是达不到标准的幼儿园，取消其办园资格。

第二，加强民办幼儿园的财务监管。一方面加强民办园内部财务规范管理，要求民办园建立健全规范的会计、资产管理和预决算制度，实行园务、财务公开，严格按项目和标准收费，依法接受政府财务审计。另一方面为提高奖补资金使用效益，加强对财政资金使用的监管和审计。一是对奖补资金的使用途径做出限定性规定。如杭州等地要求普惠性民办园政府补助资金只可用于补助幼儿园运行支出，比如提高教职工待遇、改善办园条件、教师培训等，不得用于经营性支出、捐赠、偿还债务、付息、支付罚款、回报举办者、赞助投资等非基本办园支出。[①] 有些地区对使用用途

---

① 参见《杭州市普惠性民办学前教育机构认定和管理办法（试行）的通知》。

做了特别规定，如嘉兴规定生均补助经费的 80% 必须用于幼儿教师工资福利、"五险一金"支出，20% 用于幼儿生均公用经费和教师素质提升支出。① 二是对财政资金实行专户管理。如温州乐清市、台州市路桥区等地区对奖补资金实行银行专户管理，要求接受政府监督。②③

第三，强化信息公开。要求民办幼儿园建立健全信息公开制度，通过教育行政部门和幼儿园官网或新闻媒体定期向社会公示办学相关信息，如普惠性民办园认定名单、招生规模、师资情况、收费标准、财政补助标准、财政资金使用情况等，并开通举报电话，接受家长和社会的监督。

第四，强化督导评估。一方面加强日常动态监管，充分运用学前教育管理信息系统做好民办幼儿园的数据统计与运行监管工作，在日常工作中开展对民办幼儿园安全、质量方面的常态化督查，实现动态监管；另一方面综合采取年度检查、督导评估、专项检查、暗访调研等多种形式对幼儿园的安全工作、办园条件、师资水平、卫生保健、保教质量、幼儿资助、实际收费等方面进行专项督导和核评，并将幼儿园的绩效评价结果与补助资金挂钩，实施分级管理。

三　浙江民办学前教育发展面临的主要问题与挑战

面对国家的重大战略举措，我省各地在推进普惠性学前教育资源建设、提升学前教育公共服务水平上有积极的政策探索，但在深入推进普惠性资源为主体的学前教育公共服务体系建设过程中，如何协调公、民办园共同发展，不断提升民办园优质教育资源供给能力，在一些关键环节和重要领域还面临着紧迫的、深层次的问题和挑战。

（一）民办园营利性和非营利性分类选择面临制度性瓶颈

实行民办学校营利性和非营利性分类管理是当前我国民办教育发展思

---

① 参见《嘉兴市人民政府办公室转发市财政局市教育局关于嘉兴市本级学前教育财政补助办法的通知》。（嘉政办发〔2017〕45 号）

② 参见《乐清市财政局乐清市教育局关于印发乐清市扶持民办幼儿园发展奖补暂行办法的通知》。（乐财行〔2018〕71 号）

③ 参见《台州市路桥区人民政府办公室关于印发路桥区学前教育生均经费标准及民办学前教育奖补办法的通知》。（路政办发〔2018〕146 号）

路和制度设计的重大调整。新《中华人民共和国民办教育促进法》实施后，浙江在全国率先出台"1+7"分类管理改革政策体系，在退出机制、分类登记、分类扶持、教师队伍建设、落实办学自主权、规范资产与财务运行等方面构建了营利性和非营利性民办学校差异化的政策体系。但新政实施两年多以来，省内各地推进分类管理改革进程总体缓慢，民办园分类选择仍面临着一些制度性瓶颈。总的来看，急需破解的难题主要体现在以下两个方面：

一是推进现有民办园（2016 年 11 月 7 日前设立）分类登记的配套政策仍需完善。对此，需要各地破解一系列政策难题：明确现有民办园分类选择的补偿奖励方案，明晰现有民办园转登记为营利性的改制程序、财产权属、税费缴纳办法等，完善营利性民办园在税收优惠、用地、财政扶持、教师等方面的制度建设，等等。

二是普惠性民办园能否选择营利性的问题仍需进一步明确。2016 年11 月 7 日全国人大常委会颁布"《中华人民共和国民办教育促进法》修法决定"后，浙江各地出台了地方性学前教育法规，但其中对普惠性民办园的"非营利性"属性并未提出明确要求。基于在普惠性民办园认定标准上相关政策之间现有分歧以及可能引致的法律冲突，国家层面应进一步加强对各地普惠性民办园认定工作的指导并对标准适用问题进一步予以明确。

（二）民办园"转普、转公"权宜性政策存在较多隐患

2018 年 11 月中共中央和国务院颁布的《关于学前教育深化改革规范发展的若干意见》对当前我国普惠性学前教育资源建设提出新的战略部署，要求"到 2020 年，普惠性幼儿园覆盖率（公办园和普惠性民办园在园幼儿占比）达到 80%，公办园在园幼儿占比全国原则上达到 50%；配套幼儿园由当地政府统筹安排，办成公办园或委托办成普惠性民办园，不得办成营利性幼儿园"。新政实施过程中，为达成相关事业发展目标，或由于对中央精神的理解偏差，或出于地方政绩需要，或迫于对危机情势的临时应对，有些地区采取了一些权宜性策略和应急性措施，导致出现了一些新情况、新问题。具体来看，比较突出的有以下三个方面：

第一，有些地方政府的有意"不作为"导致一批"新型无证园"出

现。传统的无证园主要是因为消防、师资等办学条件不达标而无法通过教育行政部门的审批。"普惠园"政策背景下，有些地方政府为了"做大分子、做小分母"，严控新设民办园的审批指标，非"普惠性民办园"不批，甚至冻结营利性民办园的审批，导致一些符合办学标准的幼儿园处于无证非法办学的尴尬境地。

第二，一些地方政府在引导民办园提供普惠性服务时，未能尊重法律事实、办园实际和举办者的选择意愿，存在比较明显的"一刀切、简单化"思维。比如，通过频繁约谈举办者、多次联合突击检查等方式胁迫民办园举办者"转普"；降低普惠性民办园认定门槛，将原本办园条件不达标的民办园纳入普惠序列；奉行"普惠保底、能公则公"的指导原则，忽视多元化学前教育服务需求，强行将非政府产权的营利性幼儿园转为普惠性幼儿园等。

第三，地方权宜性、应急性政策难以形成稳定的政策预期，容易诱发政策性风险。综合调研发现，已初现端倪的风险因素包含以下几种：（1）在民办小区配套园治理、引导民办园提供普惠性学前教育服务过程中，因地方政府未能依法行政可能引致的法律风险。（2）在扩增公办幼儿园方面，因财政压力、编制紧缺、师资力量不足等可能引致的办学风险。（3）各种基于教育部门和民办园举办者签订的短期协议而诞生的"公办园"因政策不稳定可能存在的法律风险和办学风险。（4）因民办园发展空间"非市场性"萎缩、发展环境恶化可能引致的举办者大量退出风险。（5）民办园举办者的办学预期和营利动机与非营利性民办园法律规范的冲突可能引致的办学风险。

（三）民办园普惠优质发展的规制与激励政策亟待完善

普惠性民办园是当前我省普惠性学前教育服务供给的重要组成部分。尽管目前我省各地基本构建了支持普惠性民办园发展的政策体系，在加大财政资助力度、加强教师队伍建设等方面有积极的政策实践，但当前我省普惠性民办园的生存与发展状况总体堪忧，民办园普惠优质发展仍面临一些明显的制约性因素。总的来看，比较突出地体现在以下两个方面：

一是收费现价、财政补助不足和举办者再投入激励不足导致普惠性民办园普遍陷入生存困境和质量危机。目前浙江省普惠性民办园的收费标准，依据《浙江省财政厅浙江省教育厅关于印发建立浙江省学前教育生均经费制度指导意见的通知》（浙财科教〔2018〕4 号）的有关要求，可以最高不超过当地同等级公办园收费标准的 2 倍，但实际上多数地区普惠性民办园的收费标准偏低。根据我们对全省 11 个地市民办园的随机抽样调查结果显示，194 所普惠性民办园中，28.35% 参照公办园标准收费，31.96% 可以在同类公办园标准上浮 50% 以内收费，9.28% 的收费甚至低于当地公办园收费标准。而我省公办园的保育费一直维持在每月数百元的标准，有些地区甚至十几年没有上调过。

同时由于实际办园成本差异、地方政策差异、补助资金到位不及时等因素，普惠性民办园的财政补助总体不足。据我们分别基于 194 所（2019年 11 月实施的全省随机抽样调查）和 179 所（2020 年 6 月实施的 11 个样本地区分层抽样调查）普惠性民办园的抽样调查数据来看，2018 年46.91% 的普惠性民办园生均补助标准在 500 元以下，13.4% 没有享受过任何生均经费补助；2019 年 29.63% 的普惠性民办园生均补助标准在 500元以下，16.76% 没有享受过任何生均经费补助。数十个园长访谈案例和园所财务数据显示，普惠性民办园的保育费收入和政府补助资金难以弥补真实的办园成本，特别是生源不足、需要支付高额租金的普惠性幼儿园，只能通过延时收费、周末兴趣班等其他方式来弥补办园成本。据 179 所普惠性民办园的调查数据显示，44.69% 的举办者认为近三年保教费收入和财政补助所得能否弥补基本的生均教育成本，已处于严重的收支倒挂状态。面对不明朗的政策预期和发展前景，举办者再投入也激励不足，办园条件改善和教师待遇提升无从谈起。有些举办者为获取有限的盈余空间，还会通过扩大班额、降低师资配备标准、缩减课程、变相收费、降低教师工资水平等方式降低办园成本，保教质量严重"缩水"。

二是生源压力大、师资不稳定、管理和评价同质化严重制约普惠性民办园的发展后劲。具体来看，主要表现在以下三个方面：其一，公办园迅猛发展形势下，普惠性民办园生源面临更大的竞争压力。同一个服务区内，收费更低、办园条件更优厚的公办园往往成为家长的首选。生源不足成为制约普惠性民办园发展的首要障碍。其二，公办园扩编以及我省多地人事创新制度（如报备员额制、雇员制、待聘制等）实施的背景下，民办园教师队伍的流动更为频繁，严重制约民办园保教质量的提升。其三，传统的公、民办一体化管理和评价模式，难以激发民办园基于自身体制机制优势办出特色，导致民办园办学同质化现象严重，也会出现一些民办园通过造假手段应对考核评估等一系列问题。

四 促进浙江民办学前教育发展的思考与建议

立足当前，面向未来，办好新时代学前教育，为百姓提供普及普惠、安全优质、丰富多元的学前教育服务，需要我省各级政府秉持公、民办园共同发展的基本理念，进一步加大财政投入，完善体制机制和政策保障体系。

（一）秉持公、民办园共同发展的基本理念

坚持公益普惠和公、民办并举是我国当前学前教育改革发展的总体思路。李克强总理在 2019 年的《政府工作报告》中再次强调"多渠道扩大学前教育供给，无论是公办还是民办幼儿园，只要符合安全标准、收费合理、家长放心，政府都要支持"。当前，我省民办幼儿园发展规模整体高于全国平均水平，各地学前教育财政性经费投入又总体不均衡，百姓多元的教育需求与优质学前教育资源供给不足的结构性矛盾比较突出，在大力推进普惠性学前教育资源建设过程中，如何将督查督政下的应急性措施转化为普惠性学前教育服务供给的长效机制，为幼儿提供充分而有质量的学前教育服务，需要我省各级政府坚持公益普惠和公办民办并举的基本思路，进一步发挥公办和民办各自的体制机制优势，建立更为完善的学前教育管理体制、办园体制和投入体制，加快推进公、民办幼儿园共同承担、共同发展的学前教育公共服务体系建设。

（二）完善民办幼儿园财政资助政策体系

当前虽然我省各地普遍加大了对民办园的财政资助力度，但总的来看，民办园财政资助政策体系在一些难点和焦点问题上还有待优化。具体来看，主要有以下三点：

第一，实施普遍的财政资助。当前随着民办学前教育系列新政的实施，民办园内部存在营利性和非营利性的法人属性之别、普惠性和非普惠

性的身份类属之分。积极营造各类民办园公平有序、协调发展的政策环境，政府既要实施差异化的分类扶持机制，又要保障各类主体平等享有公共财政资助的权利。当前大力支持非营利性和普惠性民办园发展是各地政策实践的基本导向，但无论从营利性民办园同等的财政贡献和儿童同等的权利保障角度考虑，还是从因办学成本和社会风险增加、办学环境恶化而难以吸引民资提供优质教育资源的角度考虑。对营利性民办园的财政资助方式，除相关文件明确的政府购买服务、奖助学金、转让和出租闲置国有资产外，各地也可实施普遍的绩效奖励或项目支持。美国、加拿大等国家面向非公立学前教育机构购买学位也并未将营利性机构排除在财政资助范围之外。[①]

第二，加快资助标准建设。目前，各地对民办园的财政资助标准普遍存在随意性强、简单化、一刀切等问题，导致民办园财政补助水平县域之间差异较大。有些地区设置较多的前置条件和烦琐的程序，导致一些民办园望"普"兴叹，补助政策难以兑现。建立合理的成本分担机制，实现公共财政分类补贴和购买机制，需要各地加快公共财政资助民办园的标准建设。首先，鉴于当前各地民办园财政补助水平普遍以公办园生均经费标准为上限，各地应加快出台有关制度文件，明确当地公办园生均经费拨款标准和生均公用经费标准。其次，对于承担普惠性学前教育服务的民办幼儿园，各地应综合当地经济发展状况、家庭经济承受能力、公办园生均教育经费支出水平和民办园实际办园成本和质量，在收费限价和政府补助之间建立起适宜的联动机制。此外，合理确定政府和家庭的分担比例，并根据当地居民可支配收入和消费水平、财政投入和办园成本等因素，建立公办园、普惠性民办园保教费的动态调整机制。

第三，创新质量导向的财政扶持和监管方式。质量提升是充分发挥财政资金杠杆作用的应有之义。基于幼儿园等级实施分类补助、给予教师综合素养提升综合奖补、把教师最低待遇保障作为财政补助的前提、奖补资金实行因素分配法、财政扶持资金实行专户管理等财政扶持和监管方式是目前我省各地将办园质量作为财政扶持重要评价指标的探索和实践。创新

① 刘颖、冯晓霞：《向非公立机构"购买学位"发展学前教育——以美国幼儿班（Pre-K）项目为例》，《外国教育研究》2013 年第 10 期；加拿大项目；许倩倩：《加拿大营利性学前教育发展与管理模式变革研究》，《比较教育研究》2018 年第 5 期。

质量导向的财政扶持和监管方式，当前各地除进一步完善现有政策体系外，还可充分借鉴国内外的制度实践。比如，探索实施美国、中国香港等地的"教育券"制度，改变公共财政资金的传统配置路径，使学校由原来从政府手中直接竞争公共教育资源转变为通过吸引学生间接竞争，以此激发公、民办园质量的同步提升；又如，重点支持民办学校内涵发展，公共财政资金向办学规范、特色突出、办学质量高、社会声誉好的民办幼儿园倾斜，向举办方投入力度大、办学风险管控严格的民办幼儿园倾斜。

（三）着力促进民办幼儿园内涵发展

在全面推进普惠性学前教育资源建设的进程中，我省民办幼儿园迫切需要从外延扩张转向内涵发展。着力促进民办幼儿园内涵建设，不断增强其优质特色学前教育服务的供给能力，需要各级政府在最薄弱和紧迫的领域出真招实招。

一是进一步加强民办幼儿园教师队伍建设。为破解"身份认同感低、工资和社保待遇差、流动性大、专业能力不强"等固瘤顽疾，建设一支高素质、善保教、结构合理、稳定性强的民办园教师队伍，各地应不断强化以下几个方面的制度保障：（1）加强师德师风建设。推行师德考核负面清单制度，建立教师个人信用记录，完善诚信承诺和失信惩戒机制，着力解决师德失范问题。（2）强化待遇保障，增强职业吸引力。除继续推广实施最低工资保障制度、发放各类奖补津贴等待遇提升举措外，各地应进一步健全民办园教师养老保障体系，允许符合条件的教师参加事业单位养老保险，鼓励幼儿园为教师办理企业年金等补充养老保险，提高企业社保缴费基数。（3）保障同等权益，促进专业成长。全面推行人事代理制度，保障民办园教师在职称评审、评奖评优、专业发展等方面的同等权益。加大民办园教师培训力度，各地在教育行政部门各类年度干训和师训计划中可安排一定数量的民办专项。为避免营利性民办园教师陷入"非公办"和"非学校"的双重歧视，各地应在教师身份、社保和专业发展等方面实施积极的配套政策保障其同等的法律地位。（4）促进公、民办园教师合理流动。鼓励支持在编公办教师到民办园支教和任教，尤其是鼓励考上编制的民办园教师继续留在原园所任教，支持民办园教师到公办园跟岗实习。

二是健全民办幼儿园质量监测和评估机制。一方面，鉴于公、民办园办学特点的差异性和财政分类奖补依据的需要，应逐步健全与民办园办学特点相适应的质量评估标准体系。公民办园在举办主体、经费来源和运行机制上的显著区别，各地可进一步修订当地幼儿园等级评估标准，在课程理念和特色、师资队伍建设、财务管理、办学风险防范等指标和权重设置上体现出公民办园的差异性，或研制出台以民办园（特别是普惠性民办园）为独立评估对象的质量标准体系。另一方面，由于举办者的营利诉求和非营利性法律规范间的冲突长期存在，民办园的持续发展也易受外部环境的影响，各地应加强对民办园的质量监测和办学风险防控。既要做好办园条件、师资队伍管理等结构性指标的日常监测和信息公开，完善办学风险的预警和防范机制，又要健全第三方评价机制，增强评价的专业性、独立性和客观性，加强对民办园过程性质量的评价和改进指导。

三是加强对民办幼儿园的教研支持。教研工作是幼儿园发展和质量提升的重要推动力量。当前，由于各地学前教育教研机构和人员的合并和改组，我省学前教育教研力量整体有所削弱。长期以来，学前教育教研工作也普遍存在重点抓公办园和优质园的倾向，难以覆盖到各级各类民办园，对民办园发展过程中的重点和难点问题也缺乏有针对性的专业引领。因此，加强对民办幼儿园的教研指导，迫切需要教研系统充实力量，转变角色定位和工作机制。一方面，各地应健全各级学前教育教研机构，充实教研队伍，吸纳具有民办园教学和管理经验的园长或骨干教师进入教研系统，基于民办园办学规律和特点，加强对民办园课程建设、教学改革、师资队伍建设、课题研究等多方面的专业支持。另一方面，应加快落实教研指导责任区制度，实现对各类民办园区域教研、园本教研等各类教研指导的全覆盖。健全公、民办园一体化的教研体系，积极探索学习共同体、"传帮带"等多种教研模式，加强对薄弱民办幼儿园的教研支持和实践指导，深入推进公办、民办园先进教育理念、优质教育资源共建共享，促进各级各类民办幼儿园优质特色发展。

（四）加快推进民办学前教育治理体系现代化

当前，政府依法管理、幼儿园自主办学、社会广泛参与的共治善治局面还未在我省民办学前教育领域充分形成，需要各级政府加快推进民办学前教育治理体系和治理能力现代化。对此，既需要省级政府加强统筹，充分衔接国家宏观制度要求，积极推动各县市区出台有关制度文件，为构建广覆盖、有质量、多元包容的学前教育公共服务体系提供制度保障，又需要各地政府、幼儿园和社会形成合力。具体而言，一是提升政府管理服务水平。一方面要改进政府管理方式，转变直接管理、公办化管理的传统模式，综合运用法律、标准、政策引导、信息服务等现代治理手段，创新与民办园办园特点相适应的管理方式。另一方面要健全监督管理机制。充实民办学前教育管理力量，建立健全督学、督政和监测一体化的民办学前教育督导体系，充分利用信息化管理技术，强化对民办园的过程性监管和动态监管。二是加快现代学校制度建设。既要要求民办幼儿园完善法人治理结构，落实法人财产权，健全资产和财务管理制度，又要充分保障各类民办幼儿园依法办学、自主管理的权利，激发办学活力，促进民办幼儿园办出品牌和特色。三是推动社会参与民办学前教育治理常态化。全面推进信息公开，强化公众参与和社会监督，建立健全社会参与民办幼儿园管理和评价的监管机制。积极培育专业教育服务机构，发挥行业协会、学会、基金会等各类社会组织在民办学前教育公共治理中的作用，共同营建公平有序、良性竞争、富有效率的民办学前教育发展环境。

（浙江师范大学　章露红）

浙江省民办中小学教育发展报告（2011—2020 年）

从 2011 年到 2020 年，是《国家中长期教育改革和发展规划纲要（2010—2020 年）》颁布实施的十年，也是《浙江省中长期教育改革和发展规划纲要（2010—2020 年）》发布并实施的十年。本报告对这十年来的民办教育发展尤其是民办中小学教育的发展作一个系统的回顾，以期为浙江民办中小学教育发展留下一些历史见证。

一　浙江民办中小学发展概况

浙江教育事业发展统计公报显示，2019 年浙江民办中小学的发展情况如下：

全省普通高中 601 所，在校生 78.42 万人，其中民办普通高中 220 所，在校生 20.35 万人，分别占 36.61% 和 26%。全省义务教育阶段民办学校共有 440 所，在校生 77.22 万人，分别占 8.71% 和 14.55%。其中全省普通初中 1744 所，在校生 163.7 万人，民办普通初中 273 所，占 15.7%；在校生 28.72 万人，占 17.5%。全省普通小学 3310 所，在校生 367.11 万人，其中民办普通小学 167 所，占 5.1%；在校生 48.5 万人，占 13.2%。全省各级各类民办学校专任教师总数 15.41 万人，占专任教师总数的 23.4%，其中民办中小学（不含民办中职学校）6.73 万人。

从纵向上比较，浙江省民办中小学近十年来发生了显著的变化。这可以从学校数、在校生数、在校生数的占比以及专任教师数的对比情况看出。

表1   **2010—2019 年浙江省民办中小学的发展对比**（单位：所，万人）

年份	民办普通高中			民办普通初中			民办普通小学		
	学校数	在校生数	占比	学校数	在校生数	占比	学校数	在校生数	占比（%）
2010	172	19.0	21.6%	172	19.68	11.8%	186	34.03	10.2
2019	220	20.35	26.0%	273	28.72	17.5%	167	48.5	13.2

表2   **2010—2019 年浙江省民办中小学教师的发展对比**（单位：万人）

年份	民办学校专任教师总数	占全省教师总数的比例	民办中小学专任教师总数	占全省中小学教师总数的比例（%）
2010	11.34	21.2%	3.47	9.78
2019	15.41	23.4%	6.73	16.07

与 2010 年相比，浙江省民办中小学的总量已达到 660 所，净增 130 所。其中，民办普通高中增加了 48 所；民办普通初中的增长速度最快，共增加了 101 所。有一个比较特殊的情况是，民办普通小学呈缩减趋势，共减少了 19 所。说明此阶段浙江的民办学校呈高中递增式发展、初中迅速崛起、小学优胜劣汰态势。

从在校生数的情况来看，目前全省民办中小学在校生数已达到 97.57 万人，比 2010 年在校生总量 72.71 万人增加了 24.86 万人，增幅 34.19%。其中，民办普通高中增加了 1.35 万人，增幅 7.11%；民办普通初中增加了 9.04 万人，增幅 45.93%；民办普通小学的学校数虽然减少，但在校生数却增加了 14.47 万人，增幅达 42.52%。这说明浙江的民办中小学教育尤其是义务教育阶段的民办教育发展良好；民办普通初中的办学业绩最为明显，为广大学生所喜欢；民办普通小学的发展已进入稳定期，现有的学校都日益巩固成为当地优质教育资源。

近十年来，民办中小学教师队伍也有了长足的发展。专任教师总数增加了 3.26 万人，增幅约为 94%，其增长的速度均超过学校增长速度和在校生增长速度；而且，在全省中小学教师中的比例越来越高，已达到 16.07%。这说明浙江的民办中小学教师队伍已经发展成为一支重要的教育力量，推动着浙江的民办教育持续健康发展。

二　浙江民办中小学发展历程

民办教育作为国家教育的一个重要组成部分，它的发展与国家教育政策的改革与发展的路径是相一致的。

2010 年，是中国民办教育史上划时代的一年。一个标志性的事件，就是中共中央、国务院在 2010 年 5 月国务院出台《关于鼓励和引导民间投资健康发展的若干意见》，同年 7 月又颁发了《国家中长期教育改革和发展规划纲要（2010—2020 年）》（以下简称《发展纲要》）。《发展纲要》从国家的层面上对民办教育的表述赋予了新的内涵。在 1997 年颁布的《社会力量办学条例》把民办教育定义为"国家实施义务教育的补充"和 2002 年《中华人民共和国民办教育促进法》把民办教育明确为"社会主义教育事业的组成部分"的基础上，进一步将民办教育阐述为"教育事业发展的重要增长点和促进教育改革的重要力量"，从而将民办教育的地位提升到了一个新的高度。同时，强调"各级政府要把发展民办教育作为重要工作职责"，大力支持民办教育的发展，支持民办学校在办学体制机制和育人模式上的创新。这无疑让广大从事民办教育的工作者看到了新的生机与活力。

同年 12 月，国务院办公厅发布《关于开展国家教育体制改革试点的通知》，并把浙江列为全国唯一的民办教育综合改革试点省，具体开展以下内容的改革试点：清理并纠正对民办学校的各类歧视政策；完善促进民办教育发展的优惠政策，健全公共财政对民办教育的扶持政策，促进社会力量多种形式兴办教育；积极探索营利性和非营利性民办学校分类管理；保障民办学校办学自主权；完善民办学校法人治理结构，加强财务、会计和资产管理；支持民办学校创新体制机制和育人模式，提高质量，办出特色。

2011 年 7 月，宁波市研究制定了《宁波市民办学校分类管理试点实施方案》（以下简称《方案》），确定试点改革的总目标是建立两类学校不同的政策扶持和规范体系，在大力支持非营利性民办学校的同时，也为营利性民办学校创造必要的探索空间。该《方案》的内容包括民办学校分类管理涉及的审批登记、学校产权、教师待遇、税费优惠、财政资助、财务管理、收费政策、退出机制、法人治理、捐赠激励 10 个方面。其中对部分难点问题提出了探索性的处理办法。

温州市在深入调研的基础上，确定了两大试点目标：在政府层面以体制和机制创新为重点，健全教育公共政策，优化发展环境，吸引社会力量投资办学；在学校层面以质量和管理创新为重点，建立现代学校制度，建设优质教育资源。2011 年 9 月下旬，温州市委常委会审议通过了《关于实施国家民办教育综合改革试点，加快教育改革与发展的若干意见》，推出了 10 项新政，包括对民办学校按营利与非营利进行法人分类登记，建立合理回报制度，明晰民办学校产权的归属、使用、收益、处分等方面的权利、义务和责任等。11 月 13 日，新华网报道了温州市率先在全国实施民办教育综合改革的新闻，引起了广泛的关注。

在综合改革试点的推动下，浙江的民办教育获得了政府的支持，营造了相对宽松的政策环境，从而进入了一个全面快速发展的时期。在这一时期里，表现最为活跃、发展速度最快的是民办中小学教育。支持民办教育发展的制度创新，又一次在浙江兴起了社会力量投资举办民办中小学的良好局面，为浙江的民办中小学教育朝着大投入、高水平发展奠定了基础。同时，随着民办学校教师地位的提高和待遇的改善，调动和激发了他们从事民办教育的积极性；广大民办学校拥有了更多的办学自主权，积极主动把精力投入到提高办学质量上。

2015 年 1 月 7 日，国务院常务会议讨论通过了部分教育法律修正草案，明确"对民办学校实行分类管理，允许兴办营利性民办学校"。从而把出台鼓励社会力量兴办教育的政策文件，召开全国民办教育工作会议，研究制定民办学校分类管理配套政策，推进独立学院规范发展等问题提到议事日程上来。

2015 年年初，全国教育工作会议召开，对民办教育改革提出了一系列部署。其中最核心的内容，就是强调对民办学校实施分类管理，研究制定配套政策。主题仍然是发展民办教育，要求实施一体化改革，具体措施包括：保障民办学校教师与学生的合法权益，解决公办学校和民办学校教师待遇差别；完善民办教育管理服务体系，建立民办教育管理部门协调机制，扩大民办学校在教育教学、招生、收费等方面的自主权；依法建立分类管理基础上的财政、金融、土地、人事等方面的差异化扶持政策，健全政府补贴、政府购买服务、助学贷款、基金奖励、捐资激励等制度。

2016 年 11 月，全国人大常委会审议通过《中华人民共和国民办教育促进法修正案》；12 月，国务院印发《关于鼓励社会力量兴办教育　促进民办教育健康发展的若干意见》。法律法规明确了"对民办学校（含其他民办教育机构）实行非营利性和营利性分类管理"。其中规定"非营利性民办学校举办者不取得办学收益，办学结余全部用于办学。营利性民办学校举办者可以取得办学收益，办学结余依据国家有关规定进行分配。民办学校依法享有法人财产权。举办者自主选择举办非营利性民办学校或者营利性民办学校，依法依规办理登记。对现有民办学校按照举办者自愿的原则，通过政策引导，实现分类管理"。同时，还提出要"加强党对民办学校的领导"，完善民办学校党组织设置；要"建立差别化政策体系"，鼓励和大力支持社会力量举办非营利性民办学校；要"探索多元主体合作办学"，推广政府和社会资本合作（PPP）模式，鼓励社会资本参与教育基础设施建设和运营管理、提供专业化服务等。全国各地进入了民办教育分类管理实施办法的研制中。截至 2018 年 11 月，全国范围内 26 个省（自治区、直辖市）共出台 52 个相关配套文件，其中 25 个省（自治区、直辖市）出台了促进民办教育健康发展的实施意见。

纵观这一时期的民办教育改革发展，重点在于民办教育分类管理制度的建立，包括《民促法》的修改和具体分类管理政策的制定。但问题是，虽然新的民促法修改并公布，但具体的实施条例却迟迟没有出台，这就导致了实际上处于有法而难以落实的现象。加上长期以来法律允许出资办学取得合理回报，而新制度却提出营利性和非营利性分类管理要求。为了确保民办学校分类管理改革平稳有序推进，法律实施设立了一个"过渡期"。与其他地方一样，在这个过渡期里，由于政策不完善、缺配套和预期不稳定等问题，浙江广大民办中小学举办者、管理者和教师处于观望、焦虑的状态。但是，仍有许多民办教育人，意识到发展是硬道理，必须进一步把自己的学校做大做强；有的投资人继续看好民办教育，斥巨资新建民办学校。因此，这一时期的民办中小学教育在总体上平稳发展；社会投资办学的脚步放慢，但政府作为主体举办民办学校的现象在一些地区有所加温。于是，一些民办学校开始转型升级，或寻找合作办学，或朝着集团化的方向发展；一些名校举办的"民办学校"、国有民办的民办学校相继成立。

2016年12月国务院颁发的《关于鼓励社会力量兴办教育　促进民办教育健康发展的若干意见》，明确指出要"加强党对民办学校的领导"，要"规范民办学校收费""规范学校办学行为"。

2019年，关于规范民办学校发展的政策密集推出。2019年1月，《关于进一步加强民办学校规范管理的实施意见》出台，全文采用最多的就是"规范"二字。在强调"健全党组织，实现党的工作全覆盖"的基础上，多次提到要规范民办学校的办学行为，包括规范法人治理、规范教学行为、规范招生行为、规范收费管理、规范教师管理、规范财务运行、落实安全责任等等。同年6月，中共中央、国务院颁发《关于深化教育教学改革，全面提高义务教育质量的意见》，在第十七条"完善招生考试制度"中，进一步明确对民办学校招生加强管理，规定："民办义务教育学校招生纳入审批地统一管理，与公办学校同步招生；对报名人数超过招生计划的，实行电脑随机录取"；"公办民办普通高中按审批机关统一批准的招生计划、范围、标准和方式同步招生"。

此后，全国各地都在积极酝酿并出台关于规范民办学校招生行为的政策。2020年3月，浙江省教育厅办公室颁发《关于做好2020年义务教育阶段学校招生入学工作的通知》，共有五个方面17条内容，其中涉及公办义务教育学校的招生政策基本没有变化，调整最大的就是民办义务教育学校的招生政策，主要有三方面内容：一是招生范围变化，民办学校在审批地范围内招生（即审批地招生）；二是招生时间变化，实行民办学校与公办学校同步招生（即公、民同招）；三是招生方式变化，对入学报名人数超过招生计划的民办学校，入学报名对象全部采取电脑随机派位方式录取（即电脑随机录取）；报名人数少于招生计划的民办学校，一次性全部录取。这些招生政策不光浙江各地是统一的，长三角地区也是基本一致的。

为落实新政，各设区市和各县（市、区）教育行政部门相继作出规定，统一招生时间，建立统一报名招生平台，全面推行公、民同招，严格禁止民办学校"跨区域抢生源"。同时，对民办学校相关负责人采取约谈、签署《承诺书》等办法，要求严格执行省招生政策。

这一招生政策的调整，是对民办中小学教育实行规范管理的集中体现。由于它涉及招生范围、标准和方式的改变以及收费政策的变化，必将对民办中小学教育的改革和发展产生重大影响。同时，由于它的调整幅度大、转折速度快，人们的心理准备不足，加上依法行政的体制尚未健全，能否真正落实对民办学校依法管理值得期待，还有事实上存在的教育公平问题，能否通过这一招生政策的调整而从根本上得到解决，对民办中小学教育发展的影响等等，还有待于实践的检验。

三　浙江民办中小学发展特点

2010—2020 年，是浙江民办教育政策变化最大的十年，从综合改革实践到探索分类管理改革再到加强规范化建设，处于不断的变化与调整之中。浙江的民办中小学教育，正是在适应这种政策大变化、大调整的背景下获得健康发展，并已成为整个教育事业发展的重要力量。

（一）办学模式呈现多元

与 20 世纪 80 年代浙江民办中小学崛起之初的办学机制多样化相比，进入 21 世纪第二个十年，浙江民办中小学教育出现了办学模式多元化的特点。具体有以下三方面的表现：

一是集团化。许多民办中小学经过 20—30 年的沉淀与发展，已经成为当地有知名度和有影响力的品牌学校。为了进一步扩大优质资源，增强办学实力，开始探索向其他不同的领域延伸，于是出现了许多"巨舰式"或"航母式"的教育集团。比如，有的民办小学办起了幼儿园、初中；有的民办高中办起了初中、小学和幼儿园；还有的民办中小学开始向外扩张，进行异地办学，形成了多地开花、多所学校一起办学的情况，涌现了一批典型代表。如，浙江海亮教育集团、诸暨荣怀教育集团，杭州锦绣育才教育集团、杭州绿城教育集团，嘉兴南湖国际教育集团，海宁宏达教育集团、宁波慈吉教育集团、宁波万里教育集团、宁波华茂教育集团、台州书生教育集团、上海新纪元教育集团、温州育英国际教育集团、上海金太阳教育集团等等。现以 2018 年统计的全省各地市民办中小学的分类情况为例，可略窥一斑。

表 3　　　　　　**2018 年浙江省各地市民办中小学的分类情况**　　　　（单位：所）

	民办普通小学数	民办普通中学数						在全省占比（％）
		合计	初级中学	九年一贯制	完全中学	高级中学	十二年一贯制	
浙江省	174	478	63	200	67	107	41	／
杭州市	21	88	13	42	11	12	10	16.72
宁波市	53	59	6	26	14	6	7	17.18
温州市	20	85	7	33	10	30	5	16.10
嘉兴市	10	39	6	22	5	4	2	7.52
湖州市	11	22	6	9	1	6	／	5.06
绍兴市	10	23	3	3	4	11	2	5.06
金华市	20	54	4	24	3	15	8	11.35
衢州市	7	15	4	1	5	4	／	3.37
舟山市	1	6	1	3	／	1	1	1.07
台州市	17	69	8	29	14	13	5	13.19
丽水市	4	18	5	8	／	4	1	3.37

二是名校化。这有两种情况：一是以名校为龙头，在教育理念、学校管理、师资培养、信息技术、教育评价等方面进行深度融合，实行合作办学；二是由政府牵头，利用公办名校的优质资源举办民办学校，名校与民校之间既有统一的协调和管理，以保证同样的教育品质，又相对独立，追求各自的办学特色，实现互惠互助和共同成长。名校化办学现象的出现，是现阶段基础教育变革对"人民群众不断增长的教育需求同教育供给，特别是优质教育供给不足的矛盾"所作出的回应；是基础教育体现兼顾公平和质量价值取向的有效教育改革形式；是基础教育积极践行"深化公办学校办学体制改革，扶持薄弱学校发展，扩大优质教育资源，增强办学活力，提高办学效益"在办学模式方面的一种新探索；也是解决基础教育优质教育资源不足和教育选择性需求日趋强烈所采取的举措。它对于推进城乡基础教育均衡发展，满足人民群众对更多优质教育的要求有着现实意义。但是，这类学校尤其是由公办名校举办的民办学校（多数是初中），几乎都凭"掐尖"招生而一路走红，造成了民办教育整体强势的假象，误导了社会舆论；同时也干扰了当地正常的招生秩序，引发了公办初中、民办初中和社会对教育公平、教育生态的诸多质疑。

三是国际化。随着教育的国际交流合作日益频繁，世界各国教育的相互影响、相互融合亦不断深化。在此背景下，民办教育如何优化配置教育资源，培养有创新能力、交往能力等高素质人才，用国际视野来把握和发展教育的未来，成为民办中小学举办者、管理者关注的重点之一，也催生了一批国际化办学项目。有些民办学校以中外合作办班为主要形式，引进外教，为了拓展学生的国际视野，开设国际融合课程；有些民办学校吸纳、引进国外先进的教育教学方法、方式、手段等，实施本土化+国际化的教学；有些民办学校以组织丰富多彩的国际教育交流活动和吸收与国际接轨的教育理念，实施培优教育；有些民办学校组织学生在学段内利用假期到国外对口的学校开展游学活动；还有些民办学校利用互联网的优势，实施部分远程教育课程等等。通过上述实践，较好地提升了民办学校办学水平，推动了国际化教育的研究和体验，营造了国际化教育的氛围，满足了社会需求和教育改革发展的需要。

（二）追求办学质量与特色

以质量求生存，是民办学校办学之初喊出的口号。但是，近十年的教育实践证明，浙江的民办中小学尤其是民办普通初中早已跳出了这一藩篱，正朝着高质量、有特色的方向发展，全省各地相继涌现了一大批具有引领示范作用的民办学校，其教育质量和社会声誉均可与同类公办学校相媲美，呈现了迅速发展的势头。

一是社会认可。在 2010 年 12 月我省颁发的《浙江省中长期教育改革和发展规划纲要（2010—2020 年）》中，明确今后十年我省教育事业发展的基本要求，指出要"着眼于解决我省教育进入'读好书'新阶段遇到的新情况、新问题，在推进教育改革和发展中，始终坚持'促进公平、提高质量、实现协调、增强活力、强化服务'的基本要求"。广大民办中小学正是按照这一要求努力办学，不断提升教育质量，不仅迅速提高了学校的办学声誉，获得了持续发展的动力，也使区域教育质量得到了提升，助力政府实现让适龄儿童少年"读好书"的承诺，为实现我省"到 2020年，全面实现教育现代化，建成教育强省"的目标做出了贡献。在 2018年我省出台的《关于鼓励社会力量兴办教育　促进民办教育健康发展的实施意见》中，提出要进一步"大力培育优质教育资源，形成若干在国内外具有较大影响力和竞争力的民办教育品牌",在一定程度上对我省近十年民办教育的发展给予肯定。

二是家长信任。与全国其他地方的民办中小学发展有些相似,浙江的民办中小学也经历了被家长怀疑—认可—信任—向往的过程。如今许多办得好的、有品牌的民办中小学,已经到了门庭若市的地步。有统计显示,在全省各地都曾出现生源从公办学校流向民办学校的现象。在民办学校读书的学生,不再以自己就读民办学校而自惭形秽,而是感到一种荣耀、一种幸运,因而变得更加阳光和自信,充满学习兴趣。许多公办学校在编教师也愿意留在民办学校任教;许多年轻的大学生主动选择到民办学校教书,并愿意长期留在民办学校工作,这在很大程度上保证了民办学校教师队伍的稳定性,有效地推动了民办学校教育质量的提升。

三是特色鲜明。民办中小学最初是以较高的升学率、严格的教学管理和优越的办学条件为特色的,逐步在办学过程中积累了声誉。但是,进入21世纪的第二个十年,它们的办学特色有了明显改变。从过去一味强调升学率,转变为探索建立实现全面素质教育的育人模式;从过去狠抓"填鸭式"的教学管理,转变为探索实施体现学生成长规律的育人方法;从过去一味重视校园硬件建设,转变为探索实现追求文化浸润的育人效果。这些都为民办学校的高质量发展提供了理论支撑与实践基础。民办中小学教育之所以强势崛起,有着多方面的深层次的原因。

(三) 办学贡献凸显

近十年来,浙江民办中小学教育的成就有目共睹,它对浙江经济社会发展所作出的贡献也是不可低估的。具体地说,其贡献主要有以下三方面:

一是让民办教育的"三个重要"得到体现。民办教育的"三个重要",是由《国家中长期教育改革和发展规划纲要(2010—2020年)》首先提出的。就是把民办教育定位为"教育事业发展的重要增长点和促进教育改革的重要力量,各级政府要把民办教育作为重要的工作职责"。在2012年教育部颁发的《关于鼓励和引导民间资金进入教育领域　促进民办教育健康发展的实施意见》中,则明确表述为:"民办教育是社会主义教育事业的重要组成部分,是教育事业发展的重要增长点和促进教育改革的重要力量。"浙江民办中小学教育的实践，极大地拓宽了社会资金以多种方式进入教育领域，扩大了教育总量；追求高质量和有品牌的教育服务，成为推动教育事业发展不可或缺的力量；同时也在创新教育竞争机制、增强教育发展活力方面具有举足轻重的作用。总之，民办教育的"三个重要"，在浙江民办中小学教育的改革和发展中得到了很好的体现。

二是让老百姓的"教育选择权"得到落实。在教育资源不足和优质教育资源发展不均衡的情况下，广大家长及其子女的教育选择权便无从谈起。近十年来，浙江民办中小学教育高度发达，不仅进一步增加了学校供给，而且进一步提升了民办教育的水平，使得广大家长及其子女对教育多元化的选择成为可能。当然，在现阶段这种教育选择由于缺乏相应的理论指导和实证分析，可还只能停留于浅层次，往往是家长依据某校的办学声誉进行判断，而不可能进一步考虑该校的课程设置、校风学风以及子女自身的爱好、特性等等。所以，这种教育选择的科学性权威性尚未建立。但是，老百姓的"教育选择权"能够得以落实，这无疑是难能可贵的，是民办中小学教育发展的一大贡献。

三是让社会的"教育公平"得到部分实现。我国《义务教育法》规定，适龄儿童、少年在户籍所在地学校免试就近入学，其根本目的在于方便公民子女入学，确保最基本的教育公平。但是，就近入学在一定程度上违反了受教育机会的实质性平等原则，限制了父母及其子女的教育选择权，忽视了个体差异。因此，就近入学只是形式上的受教育机会平等，从其效果来看并未达到实质上的平等。而浙江民办中小学教育的崛起，在相当程度上拓宽了义务教育阶段受教育者对优质教育资源的选择渠道，缓解了受教育机会不平等的矛盾，一定意义上促进了教育公平的实现。

四　浙江民办中小学面临的问题

客观讲，近十年浙江民办中小学教育的改革发展已日趋成熟，也出现了一些新趋势、新特点。但从总体上看这种发展还不够充分，还需要一定的时间和空间完善。面对当前教育宏观政策的改革调整，民办中小学教育势必会受到影响，广大民办中小学举办者、管理者和教师存有困惑。

（一）分类管理在民办中小学教育落实有难度

2016 年 12 月国务院颁发《关于鼓励社会力量兴办教育　促进民办教育健康发展的若干意见》明确提出"对民办学校（含其他民办教育机构）实行非营利性和营利性分类管理"后，浙江民办中小学从最初争论是否应该进行分类管理转向了对分类管理登记的实践和探索。按理说，分类管理的目的是为了给民办学校争取更大的自主发展空间，但是，至今在分类管理中遇到的许多难点问题难以解决，特别是最为关键的出资者的财产权、新旧规定的衔接以及转投和退出机制的设立问题没有根本性的突破，广大举办者在分类管理登记上举棋不定。加上义务教育阶段民办学校不得设立为营利性学校的规定出台，民办普通高中从民非企业转设为营利性民办学校障碍重重，因此，对民办中小学教育实施分类管理任重道远。

（二）属地招生对民办中小学教育发展有影响

早在 2012 年，浙江省教育厅发布《关于做好民办中小学招生工作的通知》，强调原则上不得跨区域招生。当时在民办教育界引起了争议。呼吁厘清对招生的限制。2020 年，浙江省教育厅又颁发了《关于做好 2020 年义务教育阶段学校招生入学工作的通知》，提出了"属地招生、公民同招、超额摇号"三条刚性原则。如何保障民办学校招生自主权，为民办中小学提供与同类公办学校公平竞争的平台，从根本上解决民办学校如何开辟生源的问题，在一定程度上是解决民办学校赖以生存和发展的根本问题。在这方面还需要进一步探索。

（三）民办中小学教育高质量、有特色的发展需继续努力

高质量、有特色发展是《国家中长期教育规划和发展纲要（2010—2020 年）》对民办教育提出的重要任务，是民办教育自身发展的必然要求和长期目标。在现阶段，高质量追求已经在许多民办中小学得以实现。在一些还处于教育补充阶段的民办中小学（包括大量的民工子弟学校），要想达到高质量、高水平发展，还有许多困难。做到有特色发展，更是有一段很长的路要走。随着公、民办同招政策的实施，如何从教育好优生转

变为教育好一般的学生，教出质量，办出特色，是广大民办中小学管理者、教师急需思考的。历史已经向民办学校提出了新使命，需要大家不断地探索、不懈地努力。

（台州市椒江区教育局 王康艺）

浙江省民办中等职业教育发展报告
（2011—2020 年）

进入 21 世纪 20 年代以来，国家对现代职业教育更加重视，多次召开重要会议、发布文件、出台政策，加快发展职业教育。中等职业教育是现代职业教育的重要组成部分，为社会培养输送技能型人才，在整个教育体系中具有重要地位。2014 年 6 月，国务院发布《关于加快发展现代职业教育的决定》（国发〔2014〕19 号），提出中等职业教育是公共服务体系的组成部分，在统筹发展各级各类职业教育时，要"大力发展民办职业教育，促进公办与民办职业教育共同发展"。

浙江是民营经济大省，对各类技能型人才具有强烈的内在需求，这为浙江民办中等职业教育发展提供了良好的环境。十年间，浙江民办中等职业教育为社会培养了大量的技能型人才，广泛开展各类社会培训，为浙江经济的转型升级、打造"浙江制造"名片作出了应有的贡献。在此同时，民办中职学校在从规模发展向内涵发展的转折期艰难前行，也面临着一些新的情况和问题，值得深入探讨和思考。

一　浙江民办中职教育发展的基本情况

1999 年 10 月，在完成了基础教育的"两基"任务后，省政府及时提出到 2005 年实现基本普及高中教育的新目标，初升高达到 85% 左右。作为高中阶段教育的民办中等职业学校顺应教育发展的新形势、新任务，在世纪之交的一个时期里纷纷创办，经过十多年的快速发展，许多学校已经形成规模，上了等级，产生了良好的社会效益，赢得了较好的社会声誉。

（一）为转型升级培养了大量的技能型人才

据 2019 年浙江省教育事业发展公报，全省民办中职学校共有 43 所，在校生 7.72 万人，占中等职业教育（不含技工学校）在校生总数的 14.2%。

2019 年，全省民办中职学校，招生 2.59 万人，毕业生 2.23 万人；生均建筑面积 17.65 平方米，生均图书 24.2 册，生均仪器设备值 4960 元，教职工 4232 人，其中专任教师 3600 人，外聘教师 736 人。在校生校均规模为 1795 人，校均规模在 2000 人以上的有 15 所，约占 1/3；但有 7 所学校在 500 人以下，占了 16%。

2010—2019 年的十年间，浙江省民办中职学校共招生 28.3 万人，毕业学生 25.9 万人，为"浙江制造"提供了有力的人力资源支持。在办学过程中，形成了一批办学特色鲜明、办学成果显著的学校，创造了良好的社会效益。

服务经济社会发展，围绕地方产业特色调整专业结构，加强专业建设。服务于就业，积极开展人才培养模式改革和课程改革，开展"学徒制试点"，探索"3+2""五年一贯制"，开展中职和高职衔接教育，中外合作办学，为培养高层次职业技术人才输送合格生源，为社会培养高技能人才作出了贡献。如安吉上墅私立职业高中近年来开设航空、高铁乘务，城市轨道交通运营等专业，培养社会急需人才，深受学生青睐。

广泛利用办学所形成的教学资源，积极开展社会培训。开设职工培训学校和农民学院，为企业、农村开展职业技能和实用技术培训，为社会开展各种专业技能培训。学校年社会培训人次与在校生人数之比，低的在 2 : 1 以上，高的超过 10 : 1。如杭州市桐江职业技术学校在校生约 2000 人，年培训人次达 2 万多。

通过校企合作，顶岗实习等活动，直接服务于地方经济建设，尤其是在春节假期、新冠肺炎疫情等特殊时期，高年级职高生的顶岗实习为企业的开工复工提供了有力的支持。

广泛参与支持中小学课程改革，开展劳动教育，为中小学生开设有关科学技术、劳动技能方面的选修课，向他们开放实训实践场所。

中职教育在为经济社会发展培养技能型人才的同时，也为城乡低收入群众解决就业创业、脱贫致富提供了一条现实的途径。就读中职学校的学生，来自农村和城镇低收入家庭的比例较高，中职毕业生的高就业率，为他们的家庭脱贫致富奔小康提供了有力的保障。

（二）学校和在校生人数持续萎缩

民办中职学校和在校生，在经过 21 世纪初期的发展高峰后，近十年间都在不断减少，下滑较快，从中明显地看到民办中职教育发展较为艰难。

据浙江省教育统计年报，2010 年至 2019 年间，民办中职学校数从 113 所逐渐下降到 43 所，减少了 62%；在校生人数从 9.89 万人下降到 7.72 万人，减少了 21.94%。在全省中职教育中的比重，民办中职学校数从 23.59% 下降到 13.31%；在校生人数从 15.40% 下降到 14.2%。

表 1　　　2010—2019 年浙江省民办中职学校和在校生人数统计

年份	学校数（所）	在校生（万人）
2010 年	113	9.89
2011 年	109	9.79
2012 年	101	8.93
2013 年	88	7.73
2014 年	68	6.55
2015 年	59	7.09
2016 年	50	6.98
2017 年	43	7.06
2018 年	45	7.49
2019 年	43	7.72

数据来源：浙江省教育厅网络（信息）中心。

表 2　　　2010—2019 年浙江省分设区市民办中职学校数统计

年份	杭州市	宁波市	温州市	嘉兴市	湖州市	绍兴市	金华市	衢州市	舟山市	台州市	丽水市
2010 年	7	8	9	10	11	12	13	14	15	16	17
2011 年	7	9	32	5	3	3	17	13	1	18	1
2012 年	6	8	30	5	2	3	15	12	1	18	1
2013 年	5	9	26	4	3	3	13	8	1	15	1
2014 年	4	8	13	3	2	3	12	8	1	13	1
2015 年	4	8	12	3	2	3	6	6	0	13	1
2016 年	2	8	11	4	2	3	5	6	0	8	1

年份	杭州市	宁波市	温州市	嘉兴市	湖州市	绍兴市	金华市	衢州市	舟山市	台州市	丽水市
2017 年	2	6	9	4	2	3	5	5	0	6	1
2018 年	2	6	9	4	2	4	5	6	0	6	1
2019 年	2	4	9	4	3	5	5	6	0	6	1

数据来源：浙江省教育厅网络（信息）中心。

2010 年出台的《国家中长期教育改革和发展规划纲要（2010—2020年）》，对新时期职业教育工作明确提出了四大任务，即以提高质量为重点大力发展职业教育、调动行业企业的积极性、加快发展面向农村的职业教育和增强职业教育吸引力等，我国的职业教育开始进入由规模扩张向全面提高质量的转折期。

顺应政府号召，浙江的中职教育也从规模扩大进入向内涵提升的转折过程中，在学校布局和专业结构调整时，一批低小散的民办学校被整合，或者停招停办，是符合教育发展规律的正常现象；但是，一些国家级和省级重点职校因办学困难而退出，则是职业教育资源的流失，令人惋惜。创办于 1989 年的衢州市行知职业学校，1998 年 7 月经教育行政部门批准，组建了省内第一个职业教育集团——行知职业教育集团，在校生最多时达3000 人，先后被授予"全国民办教育先进集体""浙江省职业教育先进单位"，曾获得首次举行的全国中职教学成果二等奖。这所省二级中等职业学校却在 2013 年停止招生，2015 年停办。杭州市桐江职业技术学校是一所国家级重点学校，也因"公办、民办双轨制"的不同政策待遇办学困难，2018 年退出了全日制中等职业教育序列，未毕业全日制学生全部转入公办中职学校。

国家有关发展职业教育的文件中，都提出要"大力发展民办职业教育"，但是近十年来除了个别行业主管部门办的中职学校转制以外，基本上少有新的民营资本举办民办中职学校。

（三）进入内涵发展的转折期逐渐落伍

浙江省的中职教育在"十一五"期间，以实施"职业教育六项行动计划"为主要抓手，各级政府投入近百亿元，积极实施学校和专业结构调整，加快职教中心、实训基地和示范专业建设，加强师资队伍建设，办学水平得到极大的提高，为中等职业教育进入内涵发展的新时期奠定了坚实的基础。

浙江省中等职业教育"十二五""十三五"发展规划，从服务于浙江的经济转型升级、浙江职业教育发展实际出发，及时地提出以质量为核心，以改革创新为动力，重点推进职业教育内涵发展，大力提升中等职业教育的市场针对性、经济贡献率和社会吸引力，为经济社会发展培养更多、更好的技能型人才，采取了一系列的发展改革创新举措。

2015年6月，浙江省人民政府发布《关于加快发展现代职业教育的实施意见》（浙政发〔2015〕16号），对职业教育提出了更高的目标，要求形成具有浙江特色和全国领先水平的现代职业教育体系。

十年间，我省先后组织实施了"中等职业教育现代化工程建设""中等职业教育质量提升行动计划"，制定出台了一批有关学校布局和专业建设、课程改革、人才培养方式创新、学校等级评定标准、中职教育免学费、中等职业学校生均经费标准和生均财政拨款标准、教师素质提高计划、深化产教融合、中等职业教育质量年度报告等方面的政策、机制和制度，有力地提升了浙江的中等职业教育发展水平。"基础能力建设、专业结构调整、课程改革、技能比赛等工作走在了全国前列，整体发展水平继续位居全国第一方阵。"

我省各级政府继续重视发展民办中等职业教育。省政府发布的《关于加快发展现代职业教育的实施意见》，在"完善扶持职业教育发展的措施"部分提出，"社会力量举办的职业院校与公办职业院校具有同等法律地位，依法享受相关教育、财税、土地、金融等政策。通过公益性社会团体或者县级以上人民政府及其部门向职业院校捐赠的，其捐赠按照税收法律规定在税前扣除"。2016年9月发布的浙江省中等职业教育"十三五"发展规划在创新多元办学机制部分提出，"研究制定多方参与办学的支持政策，引导支持行业企业、社会力量兴办中职教育，积极探索股份制、混合所有制办学……将民办学校发展纳入当地中职教育发展规划，在招生、专业结构调整、重点项目申报等方面与公办学校享受同等待遇。"按照"明确定位、提升质量、增强服务能力"的原则，引导民办学校做强骨干专业，以特色促发展。

在各级政府的重视和扶持下，浙江民办中职学校也得到了一定的发展，在专业建设、课程改革、人才培养方式创新、办学质量的提升上都有明显的进步。

值得指出的是，由于职业教育的高投入特性，公办、民办两类学校的投入机制和投入力度的不同，所形成的办学水平和基础能力也不相同，与这一时期公办学校大幅度提升内涵发展水平相比较，民办学校的差距进一步拉大了，重点学校、重点专业的数量在减少，比例在降低。

从表3可见，民办中职学校的办学条件与公办学校的差距较大。与全省平均水平相比，民办学校生均校舍建筑面积约占3/4，生均图书约占2/3，生均仪器设备值则不到一半。与全省中职学校在校生人数校均2182人、师生比15.2∶1相比，民办学校前者低了约20%，后者则高出20%左右。

表3　　　　　　2019 年浙江省公办与民办中职学校办学条件统计

	生均校舍建筑面积（不含技工学校）（平方米）	生均图书（不含技工学校）（册）	生均仪器设备值（不含技工学校）（元）	教职工数（人）	
				合计	其中：专任教师
中职学校	22.92	35.09	10868.44	51188	44862
其中：民办	17.65	24.20	4960.17	4232	3436

数据来源：浙江省教育网络（信息）中心。

二　浙江民办中职教育发展逐步萎缩的原因

十年间，民办中职学校数和在校生人数不断减少的原因是多方面的，主要是以下两点。

（一）它反映了教育发展的内在规律

从教育发展的自身规律看，中职教育发展的这种走势，与浙江较早实现高中教育的普及有密切的关系。2010 年，浙江的初升高比例达到97.97%，此后年份都超过了98%。各级教育行政部门的高中教育规划虽然按普职比大体相当编制，但由于多种原因，家长与考生通常首选就读普通高中，而普通高中的快速发展，中职学校的生源就受到了一定的影响。近年来，尽管媒体不断报道一些中考的高分考生按自己的兴趣和特长选读中职学校的新闻，但从总体上看，在"重普轻职""重学轻术"的观念没有得到切实转变的背景下，相当长时期里还只能是零星的个案。

中职教育从规模发展进入内涵提升的新阶段后，学校布局和专业结构调整，必然对低、小、散的学校、对经济社会转型升级服务性不强的专业进行整合。建设面向新兴产业的专业，投入大，专业要求高，难度更大。近年来，各级政府高度重视发展职业教育，大幅度增加财政性教育经费投入，但主要用于公办中职学校改善办学条件，加强教师队伍建设，提升办学内涵，公办学校在与民办学校的办学竞争中更显优势。由于现有的民办职业学校普遍实力不强，缺乏所需要的社会资金大投入，因此，在资源整合过程中对民办职业教育的发展带来的影响也就更大。

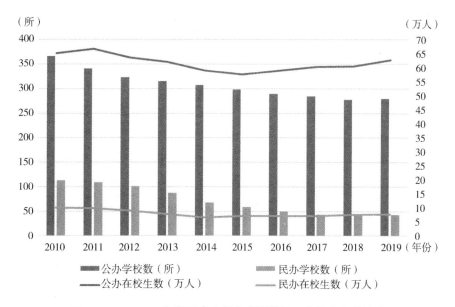

图1　2010—2019年浙江省公民办中职学校、在校生人数统计

由此可见，十年间，全省公办中职学校减少了86所，约为23.5%；在校生人数减少了2.45万人，约为3.76%；在同一时期，两者的减少幅度都远低于民办学校。

（二）中职免学费政策缺乏完善的配套措施

从2009年开始，国家逐步扩大覆盖面，实现了中职教育免学费政策，这是国家高度重视发展中职教育的重大举措，是广大中职学生的大福利，对发展中职教育是一个极大的利好。

2013 年 1 月，浙江省财政厅、省发改委、省教育厅、省人力资源和社会保障厅印发《关于进一步完善中等职业教育学生资助政策的通知》（以下简称《通知》）（浙财教〔2013〕1 号）。《通知》规定，从 2012 年秋季学期起，对公办中等职业学校全日制正式学籍在校学生免除学费（艺术类相关表演专业学生除外）。为保证学校正常运转，对因免除学费导致学校收入减少的部分，由财政根据享受免学费政策学生人数和免学费标准对学校予以补助；有条件的地方要提高对筹措经费困难学校的补助比例。免学费标准按照各地价格主管部门批准、实际收取的学费执行。民办学校按当地同类型同专业公办中职学校学费标准给予补助，高出部分，学校可以按规定继续向学生收取。各地出台的中等职业教育免学费政策和助学金政策，范围、标准大（高）于省政策的，可按照本地的办法继续实施。

民办中职学校也享受到了这一政策红利，但由于配套政策的不够完善，学校的财务困难却加重了。从各地执行的情况来看，主要是以下三个问题。

1. 补助标准低。免学费的财政补助标准，各地基本上都按照此前公办职校同专业的学费标准。据省民办教育协会 2015 年组织的一次调查问卷统计，其补助标准绝大部分都在 3000 元左右，低的只有 2000 元。这样的补助标准与办学成本相差悬殊。公办中职学校原先的学费标准低具有历史原因，有的甚至是十多年未曾调整过的标准，低学费政策设计者的初衷是为了减轻就读中职学生的经济负担。公办学校虽然学费收入低，但教职工工资、办学的项目经费等财政另有安排。

但民办中职学校在实施免学费政策时，以公办中职学校的原学费标准作为财政补助的基数，学校的办学经费就入不敷出了。虽然政策允许民办中职学校可以另向学生收取经批准的学费差额部分，但在招生时学校就更加缺乏吸引力了。

2. 缺乏合理的增长机制。这十年间，国家高度重视教育事业，不断提高教师工资待遇和社会保障水平，加强基础设施建设，学校的办学成本提高很快。免学费后，公办中职学校很快建立起了按生均经费标准拨款的新机制。2012 年 1 月，省财政厅、省教育厅、省人力社保厅印发《浙江省中等职业学校生均经费标准指导意见》，要求各地抓紧制定中等职业学校生均经费标准和生均财政拨款标准，并于2012年起实施。文件提出，对公办中职学校要统筹考虑学校办学成本、学费收入等情况，制定包括人员经费和公用经费在内的中等职业学校生均财政拨款标准，并随政府财力的增长逐步提高。要逐步将中职学校生均公用经费提高到普通高中的1.5倍以上。公办学校执行生均经费标准和生均财政拨款标准制度后，学费也就没有调整的必要了，所以除少数地方近年来调整为按公办中职学校生均事业经费的一定比例核拨外，大部分学校基本上没有提高过计费基数或增加较少。

3. 资金到位迟。学校的学费通常都在学生报名时缴纳，中职学生实行免学费政策后，由于入读学生的学籍登记、统计，从学校到教育行政部门再到财政部门的审核程序，资金到位都很迟，有的甚至在临近学期结束的时候。这样，从资金的预缴变为迟拨，学校需要垫付办学经费，其资金的使用成本也相应地增加了。

在公办中职学校不断加大投入提升内涵发展，教师待遇不断改善的环境下，民办中职学校由于办学经费困难，教师薪酬的优势不再、社会保障待遇的劣势明显，降低了对教师的吸引力，许多骨干教师考编进入公办学校，师资流失严重，教学设施、实训设备投入也严重不足，许多学校就面临着严重的生存危机。

民办中职学校的举办者和校长们在调研座谈中曾普遍反映，在办学过程中学校收费标准远不及民办中小学，政府扶持力度甚至不及民办幼儿园，办学的经济收益还不如民办民工子弟学校。

近年来，民办中职学校为了纾缓办学经费困难，都使出了浑身解数，目前主要是以下几种途径：一是努力扩大社会培训，增加经费收入，这是目前民办学校采取的最主要措施；二是开展中高职衔接教育和中外合作办学，提高办学水平和招生吸引力；三是举办其他学段或类型的全日制教育，增加办学收益；四是部分民办中职学校组建联盟联合办学，减少财务开支成本。

值得指出的是，绍兴市政府2013年出台政策，对市属民办中职学校的免学费财政补助政策及时地调整为按公办中职学校生均培养成本的60%左右核算，确定每生每年财政补助标准为工科7500元，文科6500

元，比较合理地解决了学校的发展问题，在浙江率先实施中职免学费补助政策参考公办中职学校的生均培养成本，具有标杆性意义。这虽未建立起严格意义上的按生均事业经费一定比例财政补助的机制，但为新的探索提供了样板和示范。

三　浙江民办中职教育发展面临挑战与政策建议

进入新时代，我国产业转型升级进入关键期，技能型人才供需面临结构性矛盾，劳动力人口红利进入了从量的增长转变为质的提高。在我国，职业教育在整个教育体制中发展水平相对落后，与经济社会的转型不相适应。近十年来，国家不断加大职业教育的改革发展力度，增加财政性教育经费投入，出台了一系列的扶持政策，改革和完善职业教育体制，构建人才成长的立交桥，职业教育的地位正在逐步提高，这些都将极大地促进职业教育发展。但是，在良好的职业教育发展态势下，如果不重视解决公、民办两类职业教育间的体制性机制性的政策差异或歧视，民办职业教育的步履仍将是艰难的。

（一）　民办中职学校发展挑战严峻

民办中职教育的发展现状，影响着即将实施的分类管理政策的落实，也影响学校选择时的决策，举办者很少会选择举办营利性学校。职业教育的高投入特点，产业升级加快对教学设施和实习实训投入要求更高的当下，如果没有出台强有力的鼓励扶持措施，民办中职学校的发展将会更加困难。

职业教育对产教融合的要求十分强烈，行业企业应该成为职业教育举办的重要主体。行业企业不仅具有资本、知识、技术和管理等优势，更重要的是能促使人才培养同人才使用和需求相结合。《国家中长期教育改革和发展规划纲要（2010—2020 年）》提出，"鼓励行业组织、企业举办职业学校"；2014 年 5 月，国务院《关于加快发展现代职业教育的决定》又提出，"鼓励行业和企业举办或参与举办职业教育"。但是，从浙江省民办中职学校举办者的情况看，行业企业举办中职教育的意愿并不强，近十年间，没有大的行业企业新举办民办中职学校。一批有企业集团背景的教育集团，如宏达教育集团、育英教育集团等，举办有从幼儿园到高校各个层次的多所学校，唯独没有中职学校。

跻身世界500强企业的浙江海亮集团，是全球铜管棒加工行业的标杆企业，旗下的海亮教育集团拥有中小学和幼儿园近百所，但没有一所是中职学校。同为世界500强的著名车企浙江吉利集团在20世纪末创办了浙江吉利汽车工业学校，应该说工学结合，产教融合，办学特色鲜明，办学优势显著，曾经是国家级重点职校，但近十年来的发展也较为曲折，校名几度更换，现校名已是临海市豪情汽车工业学校。这些都从一个侧面反映出，现行的国家鼓励扶持政策，对行业企业举办民办中职教育缺乏足够的吸引力。

社会资本对进入民办中职教育领域缺乏热情，现有的民办中职学校办学困难重重，因此，就目前的情形看，民办中职教育的发展规模将有可能进一步萎缩，许多学校停招停办，也不会令人意外。在国家高度重视发展职业教育，支持和规范社会力量兴办教育的大背景下，民办中职教育却步入了发展的困境，这是一个极大的悖论，应当引起我们的深思和重视。

（二）扶持发展民办中职教育的几点建议

1. 思想认识上要破除制约民办教育发展的政策性歧视。在现行的财政管理体制下，许多教育政策的落地取决于县市级地方政府领导的认识水平和政策水平。中等职业教育作为公共服务体系的组成部分，具有鲜明的公益性质。但在财政政策扶持方面，有的地方领导干部较为普遍地存在着公共财政扶持民办职业教育不如拨款办公办职业学校的片面观点，认为现阶段中职学生生源紧缺的情况下，与其将财政资金扶持民办中职学校，不如投入公办学校进一步改善办学条件。有的地方在招生时，也设置制度性障碍，如让公办中职学校先于民办中职学校招生，对初中学校只考核毕业生升学公办中职学校的情况，更有个别地方为单纯保护公办学校的生源而抑制民办中职学校的发展。不解决对民办教育的这些不正确观念，制度性歧视政策和机制性障碍就不可能得以破除，民办中职教育就难以持续健康发展。

2. 免学费补助政策改按公办中职学校生均事业经费核拨的办法。国家出台的中职免学费政策，旨在减轻就读中职学生的经济负担，引导学生就读中职学校，为社会培养紧缺人才。如果说，政策出台初期财政资金按公办中职学校的学费标准补助民办学校是差之毫厘的话，那么，在办学成本大幅度提升、公办中职学校实行生均事业经费财政拨款标准后学费已冻结多年的现在，不改变原先的财政补助办法，则是失之千里了。据浙江省教育厅、浙江省统计局、浙江省财政厅《关于2018年全省教育经费执行情况统计公告》，"中等职业学校生均支出21546.33元，比上年19688.74元增加1857.59元，增长9.43%"。因此，合理的办法应该是，按当地公办中职学校的生均经费标准，实行按学校等级和专业情况确定相应的比例核拨，并综合考虑办学质量和效益情况予以增减奖罚。补助资金的拨付应按教学进度分月拨付，期末按实结算，虚报冒领者予以重罚。目前有的市县已经出台了按公办中职学校生均事业经费一定比例拨付的办法，也只有个别民办学校的财政补助接近40%的标准，仍是明显过低。

3. 在专业建设规划中对民办学校予以适当倾斜。各地在规划发展职业教育、调整整合学校和专业设置时，给民办学校留出一定的发展空间。鉴于现有的办学条件和投入机制，应适当地把一些投入相对较少的现代服务业的专业规划安排给民办学校。对购置教学仪器、实训设备给予一定的资金补助。职业教育增添设施设备投入大，学生实训耗材多，办学成本很高。建议凡经政府采购渠道新添置的实训设备，财政按一定比例给予扶持补贴，以鼓励民办中职学校提升办学水平。

4. 将民办中职学校的教师培养列入整体计划，将教师培训经费纳入财政专项经费。职业教育教师的专业性强，培养要求高，培训成本大，自行组织培训不太现实。现阶段民办中职学校由于办学经费困难，教师流动性大，部分学校培养骨干教师的意愿不强。建议将民办中职学校的教师培训列入教育部门的整体计划，并由财政经费给予统筹解决。

5. 出台有力度的措施，提高行业企业举办职业教育的积极性。国家教育规划纲要提出"鼓励行业组织、企业举办职业学校"，至今已有十年时间，亟盼国家出台实质性的鼓励政策措施落地，否则，中等职业教育就难以吸引社会力量进入举办。

（浙江省民办教育协会　林晓鸣）

浙江省民办高等教育发展报告
（2011—2020 年）

  2010 年以来，尤其是党的十八大以后，浙江省委省政府高度重视高等教育发展，坚定不移沿着"八八战略"指引的路子，秉持浙江精神，干在实处、走在前列、勇立潮头，高水平谱写实现"两个一百年"的浙江篇章。为了更好适应浙江经济社会高质量发展，加快推进"六个浙江"建设、实现"两个高水平"奋斗目标提供人才和智力支撑，浙江省委省政府提出全面实施高等教育强省战略，推进浙江省高等教育跨越式发展。根据省委省政府要求，省教育厅细化方案，提出高教强省体现在人才培养能力强、科研创新能力强、服务支撑能力强、综合竞争能力强，对基本建成高教强省也提出了一些具体指标：（1）10 所左右高水平大学；（2）50 个以上学科达到一流学科标准；（3）研究生培养规模进入前 8 位；（4）高等教育综合竞争力进入前 6 位；（5）高等教育贡献率明显提高。同时提出各相关高校要对标"双一流"建设目标，实施好重点高校建设计划和一流学科建设工程，聚焦建设 32 个优势特色学科和一批 A、B 类建设学科，形成学科梯队。各类型高校都要在各自类型的高校中争创一流，建设高水平，为高教强省建设作出贡献，把战略目标和要求落到各自学校规划和建设实践中去。

  在区域环境带动下，在民办高教战线全体同仁的共同努力下，浙江民办高等教育紧跟时代步伐，从满足人民对美好生活的目标出发，抓住发展机遇，加快内涵建设，提高教育质量，取得了明显的成效。

一　浙江民办高等教育概况

  民办高校是指经批准设立社会力量举办的实施高等教育学历教育的机

构，包括民办普通高校、独立学院、中外合作大学及高中后非学历教育机构。本研究重点关注独立设置的民办普通高校、独立学院和中外合作大学。浙江省教育厅发布的《2018 年浙江省教育事业发展统计公报》显示：2018 年，全省共有独立设置的民办普通高校 15 所，独立学院 21 所。民办（含中外合作办学）普通本专科招生为 9.5 万人，在校生为 32.07 万人，招生、在校生各占全省普通本专科招生、在校生总规模的 30.7%和 31.5%，接近全省高校招生和在校生的 1/3，其中独立学院的本科招生数 4.57 万人、在校生数 16.64 万人，分别占全省普通本科招生数和在校生数的 27.7%、26.6%①。尽管浙江省教育事业发展统计公报中未将两所中外合作大学计入，但我们从研究的整体性、多样性出发，并考虑中外合作大学的党建与思想政治教育的特殊性，本次报告中将两所中外合作大学在校生数单独列出。民办高校办学基本情况可通过以下几个表得到反映。

表 1　　　　　　　　浙江民办普通高校一览（2018 年）

序号	学校名称	办学地点	举办者	领导体制	建校时间（年）	办学层次	在校生数（人）	教职工数（人）
1	浙江树人大学	杭州	浙江省政协	董事会领导下校长负责制	1984	本科	15932	873
2	宁波大红鹰学院	宁波	宁波开发投资集团	理事会领导下校长负责制	2002	本科	18124	935
3	浙江越秀外国语学院	绍兴	越秀教育发展公司	理事会领导下校长负责制	2001	本科	16609	993
4	温州商学院（原温州大学城市学院）	温州	张汉鸣	董事会领导下校长负责制	2016转设	本科	8400	587
5	浙江东方职业技术学院	温州	温州市现代服务业投资集团有限公司	董事会领导下校长负责制	2002	高职	6965	386
6	嘉兴南洋职业技术学院	嘉兴	上海交通大学教育集团、嘉兴市教育发展投资公司	董事会领导下校长负责制	2002	高职	5232	340
7	杭州万向职业技术学院	杭州	杭州市人民政府、万向集团	董事会领导下校长负责制	2002	高职	6103	338
8	浙江育英职业技术学院	杭州	育英教育集团	董事会领导下校长负责制	1998	高职	6828	370

---

① 《2018 年浙江教育事业发展统计公报》，见 http://jyt.zj.gov.cn/art/2019/4/30/art_1543965_33938077.html。

续表

序号	学校名称	办学地点	举办者	领导体制	建校时间（年）	办学层次	在校生数（人）	教职工数（人）
9	浙江广厦建设职业技术学院	东阳	广厦集团	董事会领导下校长负责制	2002	高职	9248	726
10	绍兴职业技术学院	绍兴	绍兴市政府、兴韦教育集团	董事会领导下校长负责制	1999	高职	11798	619
11	浙江长征职业技术学院	杭州	民革浙江省委员会、嘉宏控股集团有限公司	董事会领导下校长负责制	2000	高职	10614	883
12	浙江汽车职业技术学院	台州	临海市人民政府、浙江吉利控股集团	董事会领导下校长负责制	2006	高职	2152	191
13	浙江横店影视职业学院	东阳	横店集团	董事会领导下校长负责制	2006	高职	5135	355
14	浙江科贸职业技术学院（筹）	金华	浙江一唯教育投资有限公司	董事会领导下校长负责制	2011年筹	高职	1679	136
15	西湖大学	杭州	杭州市西湖教育基金会	董事会领导下校长负责制	2018	本科	142	25
	合计						124961	7757

注：浙江科贸职业技术学院（筹）2011年4月经浙江省人民政府批准筹建，2012年至2016年挂靠金华职业技术学院招生。

表2　　　　　浙江中外合作办学情况一览（2018年）

序号	学校名称	办学地点	举办者	建校时间（年）	办学层次	校生数（人）	教职工数（人）
1	宁波诺丁汉大学	宁波	英国诺丁汉大学、浙江万里学院	2004	本科	7158	866
2	温州肯恩大学	温州	美国肯恩大学、温州大学	2014	本科	2154	305
3	中法航空大学（筹）	杭州	杭州市政府、中国航空航天大学、法国航空大学	2019	本科		

表3　　　　　　浙江独立学院一览（2018年）

序号	学校名称	办学地点	举办者	建校时间（年）	在校生数（人）	教职工数（人）
1	浙江大学城市学院	杭州	浙江大学、杭州市政府、省邮电管理局	1999	12416	1036
2	浙江大学宁波理工学院	宁波	浙江大学、宁波市政府	2001	10934	795

序号	学校名称	办学地点	举办者	建校时间（年）	在校生数（人）	教职工数（人）
3	浙江工业大学之江学院	杭州	浙江工业大学、绍兴县教育投资有限公司（2012 年起）	1999	8470	606
4	浙江师范大学行知学院	金华	浙江师范大学	1999	7310	381
5	宁波大学科学技术学院	宁波	宁波大学、宁波前瞻教育科技发展总公司	1999	10084	554
6	杭州电子科技大学信息工程学院	临安	杭州电子科技大学	1999	8304	479
7	浙江理工大学科技与艺术学院（原嘉泰学院）	杭州	浙江理工大学	2000	5860	388
8	浙江海洋大学东海科学技术学院	舟山	浙江海洋大学	2000	5397	388
9	浙江农林大学暨阳学院（原天目学院）	诸暨	浙江农林大学、诸暨市教育发展投资有限公司	2000	6402	443
10	温州医科大学仁济学院	温州	温州医科大学	1999	6876	575
11	浙江中医药大学滨江学院	富阳	浙江中医药大学、富阳市城市建设投资集团有限公司	2000	4770	324
12	杭州师范大学钱江学院	杭州	杭州师范大学	1999	8935	477
13	湖州师范学院求真学院	湖州	湖州师范学院、湖州市城市建设投资集团公司	1999	7282	463
14	绍兴文理学院元培学院	绍兴	绍兴文理学院	2000	9028	453
15	温州大学瓯江学院	温州	温州大学	2000	7570	506
16	浙江工商大学杭州商学院	桐庐	浙江工商大学、桐庐县国有资产投资经营有限公司	1999	7865	471
17	嘉兴学院南湖学院	嘉兴	嘉兴学院	2003	7735	496
18	中国计量大学现代科技学院	桐庐	中国计量大学与桐庐县人民政府（2015 年起）	1999	5721	319
19	浙江财经大学东方学院	海宁	浙江财经大学	1999	9866	647

续表

序号	学校名称	办学地点	举办者	建校时间（年）	在校生数（人）	教职工数（人）
20	同济大学浙江学院	嘉兴	同济大学、宏达控股集团有限公司、嘉兴市教育发展投资有限责任公司	2008	9247	621
21	上海财经大学浙江学院	金华	上海财经大学、金华市浙中教育集团	2008	6360	450
	合计				166452	10872

注：表1、表2、表3的数据均来自于浙江省教育厅整理汇编的浙江省教育事业统计资料2018年，资料根据2018年下半年各高等学校上报的事业统计学年报表整理。

二 浙江民办高等教育的基本特点

2010年以来，我国高等教育进入发展新阶段，高等教育发展进入内涵建设、质量建设时期。各民办高校纷纷转变发展方式，加快内涵建设。我们对2009—2018年期间浙江省教育厅发布的浙江教育事业发展统计公报中有关民办高等教育的数据进行了收集，浙江民办高等教育的基本情况可以从表1、表2和表3中有个大致的了解。我们对数据进行了进一步的分析，以把握这一时期民办高等教育的新变化。

表4　2009—2018年浙江民办高校（含独立学院）招生及在校生情况一览

时间（年）	民办普通高校（所）	独立学院（所）	民办本/专科招生（万人）	占全省普通本/专科招生比例（%）	较上年增减		在校生数（万人）	较上年增减		在校生占全省总规模（%）
					数量（万人）	比例（%）		数量（万人）	比例（%）	
2009	12	22	8.17	31.3	-0.11	-1.3	28.52	1.1	4	32.9
2010	12	22	8.03	30.9	-0.14	-1.7	28.95	0.43	1.5	32.7
2011	13	22	8.36	30.8	0.33	4.1	29.58	0.63	2.2	32.6
2012	13	22	8.62	30.7	0.26	3.1	30.15	0.57	1.9	32.3
2013	12	22	8.49	30	-0.13	-1.5	30.7	0.55	1.8	32
2014	13	22	8.48	29.8	-0.01	-0.1	31.1	0.44	1.4	31.8
2015	13	22	8.46	29.4	-0.02	-0.2	31.34	0.2	0.6	31.6
2016	14	21	8.51	29.5	0.05	0.6	31.26	-0.08	-0.3	31.4
2017	14	21	8.54	29.1	0.03	0.4	31.32	0.06	0.2	31.2

续表

时间 （年）	民办普通 高校 （所）	独立学院 （所）	民办本/ 专科招生 （万人）	占全省普 通本/专科 招生比例 （%）	较上年增减		在校生数 （万人）	较上年增减		在校生占 全省总 规模 （%）
					数量 （万人）	比例 （%）		数量 （万人）	比例 （%）	
2018	15	21	9.5（含 中外合 作办 学）	30.7	0.96	11.2	32.07	0.75	2.4	31.5

表 5　　　　　2009—2018 年浙江独立学院招生及在校生情况一览

时间 （年）	招生数 （万人）	较上年增 减数量 （万人）	在校生数 （万人）	较上年增 减数量 （万人）	其中本科 招生 （万人）	在校生数 （万元）	占全省普 通本科招 生比例 （%）	在校生占 全省本科 总规模 （%）
2009	4.36	-0.07	17.25	0.33	4.28	16.97	32.2	34.2
2010	4.26	-0.1	17.21	-0.04	4.2	16.98	30.2	32.5
2011	4.42	0.16	17.29	0.08	4.4	17.12	30.1	31.3
2012	4.54	0.12	17.38	0.09	4.51	17.28	29.5	30.4
2013	4.34	-0.2	17.37	-0.01	4.31	17.3	28.4	29.5
2014	4.35	0.01	17.48	0.11	4.32	17.41	28.3	29
2015	4.32	-0.03	17.43	-0.05	4.3	17.36	27.8	28.5
2016	4.03	-0.29	16.38	-1.05	未公布	未公布	26.2	26.8
2017	4.15	0.12	16.39	0.01	未公布	未公布	26.3	26.6
2018	4.57	0.42	16.64	0.25	4.57	16.64	27.7	26.6

注：表 4、表 5 数据来源于浙江省教育统计公报，由笔者进行收集整理。

这一时期，浙江民办高等教育发展呈现出以下几个特点：

第一，学校数增长速度放缓。在这一时期，新增民办高校的步伐明显放缓。一方面，2008 年以来生源持续萎缩，另一方面，社会和政府都要求高校加强内涵建设，提升教育质量，民办院校尤其需要转变过去以规模增长为特征的粗放型发展方式。截至 2018 年年底，15 所民办普通高校、21 所独立学院、2 所中外合作大学，其中 13 所民办普通高校、21 所独立学院、1 所中外合作大学均创办于 2009 年前，2010 年后从学校数量上看，发生变化的有 4 所学校：2016 年原温州大学城市学院转设为民办普通高校温州商学院、2014 年正式建立了温州肯恩大学、2011 年开始筹建浙江科贸职业技术学院以及 2018 年筹建的西湖大学，民办高校量的增加不再成为主流。2003 年，教育部《关于规范并加强普通高校以新的机制和模式试办独立学院管理的若干意见》印发后，浙江科技学院组建科技学院（后更名为理工学院）因合作双方冲突于 2003 年停止招生，浙江理工大学嘉泰学院未经教育部确认批准，2006 年浙江理工大学重新获批建立浙江理工大学科技与艺术学院。从总体上看，民办高校的数量增长在这一时期明显放缓。

第二，招生数、在校生占比微降。根据我们的统计显示，2009 年浙江省民办普通本/专科招生数占全省招生数的 31.3%，在校生占全省本科生总数的 34.2%，之后，招生数和在校生数逐年减少，到 2017 年，浙江省民办普通本/专科招生数占全省招生数的 29.1%，在校生占全省本科生总数的 31.2%，而 2018 年由于新增了一所学校，并且政府适当增加了高职招生指标，使得相关数据有所回升。独立学院占全省本科生总规模更是从 2009 年 34.2%降至 2018 年的 26.6%。尽管原因之一是一所独立学院转设为民办普通高校，但主要是近几年公办本科院校增加相对较多，如浙江音乐学院（2014）、浙江水利水电学院（2013）、杭州医学院（2016）等，另外，由于独立学院转设遇阻，客观上降低了独立学院扩张的热情。从总体上看，2009 年以来浙江民办高等教育的在学规模没有再扩张，甚至是呈现负增长态势。图 1、图 2 可以更为直观地反映这一情况。在校生占比下降，一方面体现了民办院校加强内涵建设的努力，民办院校招生数相对减少，另一方面，客观上减少了一所独立学院，而原有的统计口径上也有些许调整。

第三，着力建设应用型大学。2014 年 6 月，教育部等六部委联合颁布《现代职业教育体系建设规划（2014—2020 年）》明确提出"将引导一批本科高等学校转型发展，支持定位于服务行业和地方经济社会发展的本科高等学校实行综合改革，向应用技术类高校转型发展。鼓励独立学院定位为应用技术类型高校"。这一政策的出台，客观上把 1999 年以后举办的大学都定位在应用技术类型。2015 年 4 月，浙江省教育厅、浙江省发展和改革委员会、浙江省财政厅联合发布《关于积极促进更多本科高校加强应用型建设的指导意见》（以下称《指导意见》），鼓励高校进行应用型建设试点工作。我省民办高校更是把握住应用型转型这个机遇，推动内涵发展。2015 年下半年，42 所高校申请成为试点学校。经过网络评审、

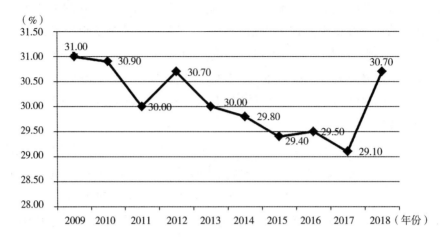

**图 1　2009—2018 年民办普通高校（含独立学院）招生数
占全省高校招生数的比例**

**图 2　2009—2018 年民办普通高校（含独立学院）在校
生数占全省高校招生数的比例**

现场答辩等环节，最终 10 所高校得以进入浙江省首批应用型建设试点示范学校序列。10 所本科高校中，民办普通本科 2 所，独立学院 4 所高校，民办高校占到 60%，体现了民办院校培养应用型人才的导向。以试点为契机，我省民办高校开展了转变办学理念、创新办学机制、改革培养方式、加强教师队伍建设、优化学科专业、增强创业能力等一系列改革探索，学校的应用型特色鲜明并为社会认同，一批民办院校应用型建设走在全国同类院校前列。

第四，尝试高起点民间办学。在高质量办学、推进高教强省战略，满足适应创新型发展的需要，浙江省政府还积极扩大优质高等教育资源，补高水平大学不足、高层次人才培养短缺的短板，举办高水平民办大学，合作举办中外合作大学或二级机构、校区、特色学院、研究生院。"高起点办学"成为新时代浙江省形成民办高等教育人才培养"低中高"全链条办学的重要特征。从全国范围来看，总体上民办教育还处于办学层次较低、发展不够均衡、发展不够充分的阶段，绝大部分民办高校以职业技术教育为主，还未曾在前沿科学研究和高技术领域的高层次人才培养方面进行尝试。结合高教强省战略的实施，浙江省委省政府也注重发挥社会力量在建设高教强省战略中的作用，2018 年 4 月，西湖大学正式获批成立。学校定位于研究型高等学校，着重培养拔尖创新人才，成为社会力量举办、国家重点支持的新型高等学校。作为一所非营利性民办高校，西湖大学瞄准的是一流人才培养、一流学科建设。这种高起点的办学回应了目前地方政府对高端人才的渴求，将在全国范围内形成一种辐射效应。从实践上看，西湖大学的高起点办学有可能会在全国范围内带动民办高校办学整体水平的提升。这也是浙江民办高等教育坚持走创新发展之路的一次新探索，或许这一探索将为中国高等教育的发展做出独特贡献。

引进国内外高起点合作办学方面，浙江省近几年也取得了积极的成效。宁波诺丁汉大学经过 10 多年的建设，已经跻身省属重点名牌高校行列。为落实习近平同志访美促成缔结的相关协议，2011 年 11 月 16 日，国家教育部批准温州大学与美国肯恩大学合作筹备设立温州肯恩大学。2012 年学校正式招生，2014 年 3 月 31 日，国家教育部正式批准设立温州肯恩大学。从此浙江省又多了一所高水平的中外合作大学，再续浙江中外合作高端办学新篇章。2019 年 9 月 19 日，经过一系列的洽谈和协调，北京航空航天大学校长徐惠彬与法国国立民航大学校长奥利维耶·尚苏（OlivierChansou）在北航如心会议中心签署了《北京航空航天大学与法国国立民航大学共建中法航空大学合作协议》，进一步明确了两校将就共建中法航空大学开展合作，并就合作办学的宗旨与目标、关键事项及筹建方案达成一致，为中法航空大学的未来建设奠定了基石。根据《杭州市人民政府、浙江省教育厅、北京航空航天大学共建中法航空大学合作框架协议》相关精神，中法航空大学建在浙江省杭州市余杭区，不久的将来，浙江将再现一所高水平中外合作大学。

第五，具有较浓的公有特色。由于历史的原因，除少数院校外，浙江民办高校大都有些公有的成分。如大红鹰学院（现宁波财经学院）本身为国有企业全资举办，理顺关系以后明确为资产国有的民办院校；浙江树人大学由于举办过程中与四所公办的中专合并办学，办学过程中又有财政性补助，实际上已经成为混合办学的一种类型；浙江越秀外国语学院本身有民主党派少量股份；浙江民革与长征职业学院内部的关系一直紧密；杭州市政府持有万向职业技术学院的半数股份，浙江东方职业学院已经与温州市政府联合办学；南洋职业学院为嘉兴市与上海交大、企业等合作办学、浙江汽车学院与临海市政府合作办学。这种产权结构使得学校办学能够更加贴近地方政府的需求，也比较容易得到政府的支持监管，办学比较规范，学校发展稳定。尽管许多民办高校没有明晰股权的划分，但是能够得到市场和政府的双重资源，对学校发展比较有利。

第六，县城办学成为新风景。浙江省是独立学院的重要发源地，在全国有一定的影响。但是浙江独立学院大部分在大中城市，母体举办为主，少有企业参与，形成名副其实的"校中校"。2008 年教育部 26 号令颁布以来，浙江独立学院的转设迫在眉睫。但是，浙江独立学院没有自己的校园，难以跨越"转设"的鸿沟。浙江大中城市土地资源少，征用经费昂贵，依靠母体和独立学院自身建设校园，既不可能，也不是鼓励之道。而由于历史的原因，母体对独立学院又舍不得放手，资产处理难度大。2010年以来，浙江独立学院开始走出大城市，入住小县城，与地方结缘，开始了规模盛大的迁校工作。通过迁校，独立学院获得了属于自己的独立校园，为转设和发展奠定了基本条件；地方政府有一定的财政支付能力，希望拥有"自己的大学"，可以通过引入高校来帮助推动地方经济社会发展，改善教育环境。据笔者的不完全统计，2010 年以来，在杭的浙江省12 所独立学院开展了新校区建设（见表 6），非在杭的独立学院也在往县级城市转移，如 2015 年，温州医科大学仁济学院在温州市洞头北岙街道新城建设新校园，浙江师范大学行知学院在金华兰溪市上华街道建设新校园，浙江海洋大学东海科学技术学院迁建舟山岱山县项目也正式签约；

2016 年，宁波大学科学技术学院慈溪校区也进入到规划建设阶段。"县域办学"成为浙江省在改革开放后继中心城市办大学、高教园区建设之后的第三次区域高等教育布局调整的重要特征①。从实践上看，高等院校的到来也有力地推动了地方技术创新、人才培养创新、商业发展模式创新、文化建设创新，对于县域经济的转型升级起到了积极的推进作用。

表 6　　　　　　　　　　浙江部分独立学院迁址办学一览②

序号	独立学院名称	旧址	新址	迁址时间（年）
1	浙江财经大学东方学院	杭州	海宁	2010
2	浙江工商大学杭州商学院	杭州	桐庐	2012
3	浙江农林大学暨阳学院	临安	诸暨	2013
4	浙江工业大学之江学院	杭州	柯桥	2013
5	杭州电子科技大学信息工程学院	杭州	临安	2014
6	浙江中医药大学滨江学院	杭州	富阳	2014
7	温州医科大学仁济学院	温州	洞头	2015
8	浙江师范大学行知学院	金华	兰溪	2015
9	浙江海洋大学东海科学技术学院	定海	岱山县	2015
10	宁波大学科学技术学院慈溪校区	宁波	慈溪	2015
11	浙江理工大学科学与艺术学院	杭州	上虞	2017
12	中国计量大学现代科技学院	杭州	义乌	尚在建设中

三　浙江民办高等教育发展的挑战

在过去的十年时间里，浙江民办高等教育发展取得了较好的成绩，特别是在办学质量提升方面如应用型大学建设、高起点民间办学等取得较大突破。但与此同时，我们也应该清醒地认识到，从省委、省政府提出的"高教强省"发展目标和浙江民办高校内涵式发展实际需要来看，浙江民

---

① 胡坤、徐军伟：《县域办学：浙江省独立学院转型发展路径探析》，《宁波大学学报》（教育科学版）2017 年第 1 期。

② 徐绪卿：《关于部分独立学院转设为地方公有民办普通高校的思考》，《教育发展研究》2020 年第五期。

办高等教育发展也存在不少问题和挑战。国务院印发了《关于鼓励社会力量兴办教育 促进民办教育健康发展的若干意见》（以下简称《若干意见》），配套文件《民办学校分类登记实施细则》（以下简称《登记细则》）《营利性民办学校监督管理实施细则》（以下简称《监管细则》）等相继发布，浙江省也结合地方实际出台了系列文件，以贯彻落实《中华人民共和国民办教育促进法》新法。在这个过程中，如何切实地在实践中促进民办教育新法新政"落地"，着力解决浙江民办高等教育发展所面临的问题和挑战，直接影响到浙江省民办高等教育高质量发展。

第一，办学层次有待提升。首先就独立设置的民办本科高校而言，截至 2018 年 12 月，浙江全省只有 4 所，分别是浙江树人大学、浙江越秀外国语学院、宁波财经学院（原宁波大红鹰学院）和温州商学院（西湖大学尚在筹建中）；2020 年年初，教育部批准广厦职业技术学院升格本科院校，成为应用技术大学的试点。全国独立设置的民办高校有 165 所，平均每个省有 5—6 所，浙江独立设置的民办本科高校数低于全国平均数。其次就研究生招生资格而言，浙江民办高校至今尚未突破。西湖大学虽也开始了研究生包括博士生招生，但它仍在筹建中，使用浙大和复旦的招生指标。全国具有研究生招生资格的民办高校包括北京城市学院、河北传媒学院、黑龙江东方学院、吉林外国语大学、西京学院五所，这五所民办高校具有较强的办学实力。但是，从浙江树人大学中国民办高等教育研究院连续多年发布的科研竞争力排行报告来看，浙江的民办高校特别是浙江树人大学、宁波大红鹰学院、浙江越秀外国语学院的科研实力连续多年位居榜首或至少是第一梯队。科研实力是学校办学实力的集中体现，浙江民办高校较强的科研实力显示出浙江民办高校办学实力总体较强，但至今还没有一所民办高校具有研究生招生资格，这是浙江民办高等教育群体所面临的一个挑战。

浙江是经济大省，经济社会发展水平较高，走在全国的前列，这既能够为浙江举办高水平的教育提供比较强大的财力支持，同时也对浙江教育提出了较高的要求，只有举办高水平的教育包括民办高等教育，才能更好适应浙江经济社会高水平发展。当前浙江省委、省政府提出全面实施高等教育强省战略，推进浙江高等教育跨越式发展。浙江民办高等教育作为浙江高等教育的重要组成部分，民办高等教育的高水平发展是实施高等教育强省战略的题中之意。在高等教育强省战略背景下，提升民办高等教育办学层次，一是需要适度新增独立设置的民办本科高校。目前浙江独立设置的民办本科高校还低于全国的平均水平，不能很好满足浙江经济社会发展需要和人民接受更好教育的需要。二是需要着力解决民办高校研究生招生资格问题。浙江民办高等教育总体的办学水平较高，其中部分民办高校的办学实力、科研实力处于国内民办高校的前列或者说第一梯队，如果创造条件使浙江个别民办高校获得研究生招生资格，将有助于民办高校更好发挥优势、释放体制机制效能，全方位对全省乃至全国民办高校的发展发挥示范、带动作用。突破浙江民办高校研究生招生资格，最重要的是需要解放思想，从发挥民办教育体制机制优势出发，不能完全参照公办高校的办学模式，应更加理解和尊重民办教育的实际情况。

第二，学科特色有待培育。近几年，浙江部分民办高校的个别学科逐步彰显特色，国内具有一定的影响力。浙江树人大学的教育学（民办高等教育领域）在国内产生了较大的学术影响，2015 年浙江树人大学校长徐绪卿教授获批国家社科基金重点课题《民办院校办学体制与发展政策研究》，这是近五年来我国民办高校首次主持国家社科基金重点课题。2015 年国家社科基金教育学国家重点课题总共 8 项，除浙江树人大学外，其他 5 家主持单位分别是首都师范大学（1 项）、东北师范大学（1 项）、北京大学（1 项）、华东师范大学（3 项）和中央民族大学（1 项）。另外，浙江越秀外国语学院的语言学和文学在同领域中也产生了较大的学术影响，国家社科基金、高水平期刊论文都比较多。

但是，浙江民办高校作为一个整体，学科特色仍然没有得到充分彰显，趋同化、同质化现象比较严重。当然，这一现象也并不是浙江民办院校所“特有”的，国内其他地方的民办高校也存在这个问题。有调查显示，“涵盖 1—3 个学科门类的民办本科院校有 11 所，占全国民办本科院校的 7.14%，主要集中在办学规模较小的特色类院校；涵盖 4 个学科门类的有 21 所，占 15%；涵盖 5 个学科门类的有 46 所，占 32.86%，这类院校所占比重最大；涵盖 6 个学科门类的有 29 所，占 20.71%；涵盖 7 个学科门类的有 22 所，占 15.71%；涵盖 8—10 个学科门类的有 12 所，占 8.57%”，“除了工学以外，大多偏重于设置管理、经济、艺术、文学等人文社会学科，缺乏特色和优势学科。高达 77.86% 的民办本科院校学科门类在 5 个以上，学科覆盖面太过宽泛、没有侧重"①。国内民办高校的学科结构明显趋同化，在追求多学科、综合化的过程中没有体现各自的学科特色。浙江民办高校大多也存在这个问题，学科门类较多，特色不明显，不利于民办高校更好服务于经济、产业转型升级的需要，也不利于各个民办高校实施差异化发展战略，从而提升办学特色和水平。

第三，队伍建设有待加强。近些年，浙江民办高校着力提升教育质量，加强内涵建设，民办高校的师资队伍建设有了很大改善。但总体而言，特别是与公办高校相比，浙江民办高校队伍建设还是比较弱的。首先从师生比来看，民办高校专任教师偏少，师生比远远高于同层次公办高校。其次从教师结构来看，民办高校教师队伍结构也不够合理。民办高校教师队伍的年龄结构呈现"两头大，中间小"（年龄大和年龄小的教师偏多，中青年教师偏少），中青年骨干教师偏少，特别是具有博士学位的教师偏少。比如浙江树人大学有专任教师近 800 人，博士只有 180 余人，占比不到 20%。而浙江树人大学所具有的博士教师数在全国民办高校中还算是比较高的，大部分民办高校包括浙江省民办高校博士占比还要低。

办高质量的教育，离不开高水平的师资。民办高等教育要实现高水平办学，关键在于拥有一支高素质的教师队伍。浙江部分民办高校走在全国民办高校前列，这在很大程度上要归功于浙江民办高校借助自身优势及其所属浙江的地域、经济、社会发展优势而凝聚着一批较高水平教师。但是，如何在现有条件和基础上，使浙江民办高校的办学水平更上一层楼，不仅能够在国内民办高校中具有竞争力，而且能够与同层次的公办高校同台竞争，或者采取差异化发展战略在某些方面超越公办高校，这是摆在浙江民办高校面前的一个问题，而要破解这个问题，关键还是要提高民办高校的师资水平。民办高校加强队伍建设，一方面固然离不开民办高校自身的努力，如提供有吸引力的薪酬、待遇，创造相对宽松的学术环境，以及尽可能搭建有利于教师成长的平台等；另一方面考虑到政府掌握着大量的（学术）资源，民办高校加强队伍建设也离不开政府的大力支持，特别是涉及人才的相关政策，需要一视同仁地对待公、民办高校教师，这样将有

①　阙明坤：《民办本科院校向应用技术大学转型的困境与策略——基于全国 141 所民办本科院校的实证调查》，《复旦教育论坛》2016 年第 2 期。

助于民办高校教师获得相对同等的成长机会，增强民办高校对于高水平人才的吸引力。

第四，办学质量有待提高。经过近十年的改革和突破，浙江民办高等教育办学质量得到很大提升，为社会输送了大批高素质人才。但总体而言，民办高校的办学质量还是比较低的。首先从国家级教学成果奖来看，民办本科院校至今尚未突破。国家教学成果奖是对学校人才培养工作和教育教学改革成果的检阅和展示，体现了各个学校在立德树人、教书育人、严谨笃学、教学改革方面所取得的重大进展和成就，但在全国范围内民办本科院校至今尚未突破国家级教学成果奖，从一个侧面反映出民办高校办学质量有待提高。其次从高校招生录取分数线看，民办高校招生录取分数线普遍低于同层次公办高校，基本上处于垫底的"尴尬"位置。有些民办高校的部分专业招生录取分数可能稍微高些，但总体而言，民办高校的招生录取分数线还是比较低，很多学生报考民办高校在很大程度上是"没得选择"，因为自己的高考分数达不到自己心目中理想的公办高校的招生录取分数线而"不得不"选择民办。再次从民办高职院校招生来看，很多民办院校近几年招生出现断崖式下滑。民办高职招生出现断崖式下滑是多种原因综合作用的结果，其中有外部原因如本科院校的挤压，但跟民办高职自身的办学质量也密切相关。《中华人民共和国民办教育促进法》（2016 年 11 月 7 日修正案）及配套文件颁布后，有关专家就建议，"民办教育未来发展应秉持'质量第一、增量第二'的原则。以完善监管评估体系为抓手，推动民办学校提高办学质量"①。只有提高质量，以高水平的办学质量和鲜明的办学特色，民办高校才能在激烈的竞争中谋求生存，也才能更好满足国家和人民群众对教育的需要。

第五，独立学院转设有待加快。独立学院作为一种特殊的办学体制，在我国高等教育大众化进程中发挥了积极的作用。浙江省目前有独立学院22 所。为了解决独立学院发展过程中存在的问题，需要按照国家、教育部对于独立学院转设的要求，加快完成独立学院的转设工作。然而从实际情况来看，独立学院转设面临较多困难，转设步伐较为缓慢。在独立学院的办学中，许多母体高校将独立学院视为扩大办学规模、开辟经费来源、

---

① 史少杰：《民办教育改革与发展研讨会综述》，《教育研究》，2017 年第 2 期。

优化师资结构、增强社会影响的重要依托，考虑到巨额管理费收益和机会成本，不愿放弃继续举办独立学院；地方政府在财政经费紧缺的情况下，将公办高校投资举办独立学院作为筹措教育经费的稳定渠道。目前，浙江正在积极推进独立学院转设。2018 年 4 月，浙江大学城市学院宣布 2018 年全面实行公费招生，5 月，浙江大学宁波理工学院也宣布全面实行公费招生，这两所独立学院是浙江高等教育实践过程中"名城+名校""政府+高校"合作的范例。2018 年 4 月，教育部 26 号令《独立学院设置与管理办法》正式实施，一批符合条件的独立学院脱离母体高校转设为独立设置的民办普通本科高校。

　　浙江的独立学院大多属于"内生型"，学院有公办本科院校或其控股企业直接出资举办，由母体院校独立承担学校管理、师资组织、课程教学等具体运行，并负责质量监控。① 从浙江独立学院的实际情况出发，推动浙江独立学院转设为地方公有民办普通高校或许是一个可行的方案。将内生型独立学院转设为地方公有民办高校，既符合教育部对独立学院转设提出的工作意见，也符合国家、政府倡导的混合所有制办学的要求，而且在民办教育分类管理的大背景下还将有助于壮大非营利性院校的数量和队伍；与此同时，无论是地方政府还是独立学院自身，对于转设成为地方公有民办普通高校也有积极性。比如对于地方政府而言，由于地处沿海，经济社会发展水平较高，地方政府都希望在当地举办属于自己的大学，这样不仅可以将"大学"作为地方的一张"名片"，而且也能结合当地经济、社会发展实际，培养适合当地经济、社会发展需要的人才，实现高质量发展。而对于独立学院而言，则有助于解决长期以来困扰着独立学院发展的产权问题以及相伴随的其他系列问题，捋顺各种错综复杂的关系，建构新型的治理体系，推动独立学院更好实现健康可持续发展。

四　浙江民办高等教育发展的基本经验

　　改革开放以来，浙江经济社会建设取得了迅猛发展，社会事业全面进

---

　　①　徐绪卿：《关于部分独立学院转设为地方公有民办普通高校的思考——以浙江省内生型独立学院转设为例》，《教育发展研究》，2020 年第 5 期。

步。浙江是在一个并不优越的自然环境下起步，但浙江人却因地制宜、开拓创新、依靠自己的力量创造了浙江现象。在此期间，浙江的教育事业也得到快速发展，特别是民办高等教育走在了全国前列。回顾发展历程，我们看到，在浙江精神的指引下，在省委省政府的领导下，在有关政府部门的支持下，在全社会的参与下，浙江民办高等教育高举立德树人的旗帜，致力于办人民满意的高等教育，努力为社会提供多元的、优质的高等教育服务，走出了一条独特的浙江道路。我们认为，浙江民办高等教育发展的主要经验有：

1. 政府重视，坚定不移走规范化发展的道路

近十年，浙江民办高等教育能够在保量基础上实现质量的提升，首先就得益于省委省政府和教育厅等部门的重视和支持。民办教育在发展中所遭遇的困局和障碍，不仅涉及法规政策问题，也涉及体制机制问题。其中不少问题和矛盾涉及面广、影响度大，往往牵一发而动全身，已经不是单个部门所能左右，需要由各级政府主要领导亲自协调、各部门同心协力才有可能得到妥善解决。浙江省委、省政府高度重视浙江民办教育的发展[①]。

在浙江省民办高等教育的发展过程中，省委省政府一直坚持鼓励与规范并举，着力促进民办高等教育内涵式发展。2010年底浙江省委、省政府印发了《浙江省中长期教育改革和发展规划纲要（2010—2020年）》，为落实纲要精神，切实推进民办高等教育的发展，2012年浙江省教育厅、省发改委、省物价局印发了《关于进一步扩大民办高等学院办学自主权若干意见》（浙教计〔2012〕78号）（以下简称《意见》），《意见》进一步鼓励支持民办高校规范发展，并从招生、专业设置、收费等环节入手，扩大民办高校办学自主权。《意见》明确了扩大招生计划编制权限。规定民办高校在确保达到校舍、师资、设备等基本办学条件要求的前提下，允许自主制定年度招生总规模和分专业招生计划，审核备案后可面向社会公布招生。在扩大收费自主权上，《意见》提出，民办高校可结合人才培养模式改革，自主选择本校当年专业总数25%以内的专业，在规定

---

① 董圣足：《温州新政：区域民办教育制度创新的典范》，《教育发展研究》2011年第22期。

基准价基础上，在 50% 的浮动幅度范围内，自主制定具体学费标准。《意见》鼓励民办高职院校试行"校考单录""三位一体"等改革，以及进行"注册入学"自主招生改革试点。《意见》改革了专业设置管理办法，按照民办高校的办学规模，放宽 20% 的比例核定专业设置总数。在专业设置总数以内，允许民办高校根据教育部修订的学科专业目录及设置管理办法，自主设置除国家和省控制布点外的专业，并允许民办高校自主确定专业方向。《意见》有着非常明确的政策导向，即积极引导和支持民办高校合理定位，特色发展，提高办学水平和竞争力，满足广大人民群众对高等教育的多样化需求，更好地适应全省经济和社会发展需要。这一文件赋予了民办高校更多的办学自主权，进一步激发了办学活动。

为深化民办教育综合改革，鼓励和引导民间力量进入教育领域，促进民办教育健康发展，2013 年 9 月，浙江省人民政府印发《关于促进民办教育健康发展的意见》（浙政发〔2013〕47 号），文件要求要引导支持民办学校合理定位，办出特色，提升水平，努力满足人民群众多层次、多样化的教育需求。文件从总体要求、民办学校的责任和权益、师生权益、要素保障、监管与服务 5 个方面提出了 18 点具体要求，是内涵发展时期我省民办教育特别是民办高等教育的发展的重要政策，总体上还是体现了鼓励与规范并举的方针。

2016 年 3 月，为进一步理顺独立学院的办学体制，规范独立学院的办学行为，浙江省教育厅、省发改委、省财政厅、省人力资源和社会保障厅、省物价局、省国家税务局联合印发了《关于支持独立学院发展的若干意见》（浙教计〔2016〕50 号），文件意在推动民办高等教育不断深化改革，创新独立学院管理体制，增强独立学院独立发展、规范发展、持续发展能力，积极鼓励独立学院吸引社会力量和民间资本以多种形式开展合作办学，增强办学活力。按照这一文件精神，浙江的独立学院将按照《独立学院设置与管理办法》（教育部第 26 号令），参照普通本科高等学校的设置标准，严格落实"七独立"要求，即：具有独立的校园和基本办学设施，实施相对独立的教学组织和管理，独立进行招生，独立颁发学历证书，独立进行财务核算，应具有独立法人资格，能独立承担民事责任。文件切实保障和落实学校法人财产权，举办者和母体高校应将出资足额过户到独立学院名下，土地使用权证、校舍产权证必须办理在独立学院名下。文件对母体高校参与举办独立学院的行为提出了规范性要求，还特别强调了学校存续期间，任何个人和组织不得抽取、挪用学校资产和办学经费。按照这一文件的要求，从 2016 年起启动独立学院规范设置省级验收工作，成熟一家，验收一家。通过省级验收后，报教育部验收。规范设置完成后，独立学院参照民办普通本科高校，纳入统一管理，独立编报预、决算，并按国家有关教育事业统计工作的规定，独立填报《高等教育基层统计报表》。通过省级验收的独立学院，享受同级政府对民办教育的财政补助政策；获得的省级学科专业等竞争性项目，享受与公办高校一样的省财政补助政策。这一规范性文件出台，是浙江省落实《中华人民共和国高等教育法》《中华人民共和国民办教育促进法》（以下简称《中华人民共和国民办教育促进法》）及其实施条例、《独立学院设置与管理办法》（教育部第 26 号令）等法律法规的重要举措，标志着浙江省在独立学院的建设与管理上更规范。

2017 年，为贯彻落实新修订的《中华人民共和国民办教育促进法》和国务院《关于鼓励社会力量兴办教育　促进民办教育健康发展的若干意见》，浙江省按照"秉持浙江精神，干在实处、走在前列、勇立潮头"的新要求，以实行分类管理为突破口，以促进我省教育事业持续健康发展为目标，制定了《浙江省人民政府关于鼓励社会力量兴办教育　促进民办教育健康发展的实施意见》为主体的 1+7 政策体系，其中主文件围绕完善政策体系、规范办学行为、改进和提高管理服务水平等多个方面提出了要求。政策很好地回应了民办高等教育发展中的现实问题，如产权落实、非营利性的扶持与奖励、师资队伍建设、财务制度等，对于规范和促进民办教育发展起着重要的导向作用。

从上述政策文件和浙江民办高等教育的发展历程中，我们体会：浙江省委、省政府及教育主管部门及时制定的各种政策，引导着浙江省的民办高等教育始终走在全国的前列，也实现了浙江民办高等教育的集体崛起，为我省高等教育大众化的实现、为满足社会的需求、为浙江经济社会的发展做出了贡献。

2. 把握关键，坚定不移走内涵发展的道路

在经过 21 世纪前 10 年的大发展后，高等教育基本上实现了由精英教育到大众化的转变，高校的核心任务也随之发生变化，内涵发展成为首要

任务。我省一批民办高校的创始人、管理者也较快地把握了这一转变。内涵发展是我国新时期高等教育发展转型的必然要求，也是民办高校增强实力、实施可持续发展的必由之路。对于民办高校而言，内涵发展与外延发展相比，是以提高教育质量为核心、水平更高、难度更大的一种发展模式，是民办高校二次创业、苦练内功、提升办学品质的一场空前艰巨的硬仗，也是一次关系学校前途命运、涉及方方面面的深刻变革。民办高校与公办高校具有不同的体制机制，也处在不同发展阶段和发展环境之中，因此，民办高校的内涵发展不能简单套用公办高校的发展模式和路径选择，必须在高等教育纵横交错体系中寻找自己的独特位置、地位和价值。浙江民办高校按照这一要求，在服务经济社会发展上"扎根"，在拓展学科专业发展上"细作"，在适合自己的处女地上不断耕耘、拓荒，从而与公办高校形成差异发展、错位竞争的态势。

党的十八大以来，党和国家对高等教育提出了以提高质量为核心、推动高等教育内涵发展的要求。高等教育内涵式发展的根本要求就是高校要把人才培养作为根本任务和首要职责，把人才队伍作为持续发展的第一资源，把质量特色作为竞争取胜的发展主线，把国家战略需求和区域经济社会发展需要作为创新发展的动力源泉，把学科交叉融合作为品质提升的战略选择，把产学研结合作为服务社会的必然要求。浙江省的民办高校紧紧地围绕这一目标任务，开展了错位发展、培育特色的大量探索，并取得实效，办学质量稳步提升，办学的社会影响力也在提升。

在中国管理科学院自 2016 年以来发布的中国民办大学排行榜上，浙江树人大学连续两年位居全国民办大学首位，宁波大红鹰学院和浙江越秀外国语学院 2016 年在全国 108 所民办大学中分别排名 25、38，2017 年在全国 117 所民办大学中排名 17、31，都有了较为明显的进步。在中国独立学院排行榜上，浙江大学宁波理工学院蝉联独立学院的冠军，浙江大学城市学院蝉联亚军。这个课题组还根据教师创新能力排名、教学科研效率排名、毕业生质量排名、综合实力等情况，确定了 11 所独立学院为 2017 中国高水平独立学院，这 11 所独立学院中浙江就占了 5 所，分别是浙江大学宁波理工学院（排名 1）、浙江大学城市学院（排名 2）、浙江工业大学之江学院（排名 3）、浙江师范大学行知学院（排名 6）、浙江工商大学杭州商学院（排名 11）①。尽管这一排行榜并不能完全反映各民办高校办学的整体情况和各个环节，但至少反映了各高校办学的一些基本情况，也能反映出我省民办高校走在全国前列的态势。

3. 开放办学，坚定不移走国际化办学的道路。

2004 年 3 月教育部正式发文，宁波诺丁汉大学在宁波成立，这是改革开放以来经中国教育部批准，在中国设立的第一家引进世界一流大学优质教学资源、具有独立法人资格和独立校区的中外合作大学，学校由英国诺丁汉大学与浙江万里集团合作创办，学校当年 9 月招生，2012 年年底，英国高等教育质量保障署（QAA）来到宁波诺丁汉大学对学校进行质量把控。2013 年 5 月，QAA 在其官网上正式发布对宁波诺丁汉的质量评估报告，认为宁波诺丁汉的学术水平与学生质量与英国诺丁汉大学一致。这是对中外合作办学质量的一次检验和评价。

2006 年温州大学与美国肯恩大学正式签署《关于合作举办温州肯恩大学的协议》，习近平同志亲自出席在美国肯恩大学举行的合作创办温州肯恩大学签约仪式，并作重要讲话。2011 年 11 月，教育部批准温州大学与美国肯恩大学合作筹备设立温州肯恩大学。2014 年 3 月 31 日，教育部正式批准设立温州肯恩大学。宁波诺丁汉大学和温州肯恩大学的创建工作，得到了中央领导的亲切关心和各级党委政府的高度重视。这两所中外合作大学的成立，是浙江省高等教育发展的一件大事，是浙江省贯彻实施国家教育规划纲要的重要举措，也是浙江省在新时期扩大对外开放，特别是推动浙江省高等教育对外交流合作的重要标志。

从其他民办高校国际化办学的实践来看，浙江越秀外国语学院在国际化办学方面的实践走在全省高校的前列，2013—2015 年连续三年排名浙江省非硕博授权高校国际化总体水平第一，并且多个单项排名第一。2017 年，浙江树人大学"白俄罗斯研究中心"、浙江越秀外国语学院"东北亚研究中心"获教育部"国别和区域研究中心"正式备案并正在结出果实，如 2019 年浙江树人大学获批国家重点研发计划（政府间国际科技创新合作重点专项）立项，该项目由中国科学技术部和白俄罗斯科技委员会共

---

① 排名统计来源于武书连著的《2016 挑大学选专业》（民办大学版）（独立学院版）《2017 挑大学选专业》（民办大学版）（独立学院版），中国统计出版社。

同提供资助，是浙江树人大学首次作为负责单位承担国家重点研发计划项目，这也体现出浙江省民办高校在国际化研究方面的实践和探索取得了一定的成就。

2017 年 6 月，浙江省第十四次党代会报告指出：高等教育是制约我省创新发展的突出短板，必须下大决心全面实施高等教育强省战略。报告特别提出要"大力引进国内外著名高校在浙江办学，努力培养一流人才，发挥好高校在创新驱动中的重要支撑作用"。按照设想，浙江省拟引进 20 所国外一流的高校来浙江，与浙江高校共同举办高水平的大学。我们相信，在新一轮的发展中，浙江民办高校一定会抓住机遇。可以期待的是，在未来的发展中，浙江的开放办学、国际化办学将成为民办高等教育的新亮点。

4. 不断探索，坚定不移走改革创新的道路

2011 年 1 月国务院办公厅印发的《关于开展国家教育体制改革试点的通知（2010—2020 年）》。试点分为专项改革、重点领域综合改革和省级政府教育统筹综合改革这三大类。在重点领域综合改革试点中，浙江省被确定为民办教育综合改革试点，也是唯一的民办教育试点省份，这也充分证明了正是由于浙江民办教育的健康发展、浙江省委、省政府及教育主管部门对民办教育的发展的高度重视，才获得这一试点的机会。

温州作为浙江四个先期试点县市，走在了全国民办教育改革的前列。教育部原副部长鲁昕就曾评价："温州市民办教育改革之力度最大，推进之速度最快，试点之成效最为显著，改革试点之经验值得借鉴。"[①] 自 2011 年承接国家民办教育综合改革试点任务以来，温州市调研梳理出了民办教育在法人属性、扶持政策、管理机制等方面存在的十大突出问题。按照公办、民办同属于国家公益性事业的法律要求，在同等待遇的基础上清理各种歧视性政策，2011 年至 2012 年先后出台包括《关于实施国家民办教育综合改革试点加快教育改革与发展的若干意见》及 14 项配套实施办法、政策在内的系列文件。这些文件所构成的政策体系，破解民办教育在师资、产权、融资等方面的政策障碍，全面进行"制度重建"。温州民

---

① 郑建海：《温州市民办教育试点改革的经验及未来五年蓝图》，《浙江树人大学学报》2016 年第 1 期。

办教育改革的核心就是将民办学校进行分类登记管理。给予非营利性的学校'民办事业法人'身份，而对营利性学校按民办企业法人登记管理，这为2016年颁布的新修订的《中华人民共和国民办教育促进法》实施的分类管理提供了生动的浙江的实践经验和鲜活实例。

从全国范围来看，民办教育总体上还处于发展不够均衡、发展不够充分的阶段，绝大部分民办高校以职业技术教育为主，还未曾在前沿科学研究和高技术领域的高层次人才培养方面进行尝试。这与美国等国外一流高校中私立学校居多刚好相反。为建设高水平的民办大学，2015年3月11日，施一公、陈十一、潘建伟、饶毅、钱颖一、张辉、王坚7位科学家、学者、企业家向国家提交《关于试点创建新型民办研究型的大学的建议》并获得支持。同年5月，上述7人与"国家千人计划"的多位专家学者们商议后达成共识，希望在西湖之畔，创建一所民办的、研究型的、有望在相对较短的时间内成为世界一流的小型综合大学。2015年12月1日，西湖大学的前身浙江西湖高等研究院在杭州注册。2016年12月10日西湖高等研究院正式在杭州成立，该研究院成为中国内地第一所以基础性、前沿性研究为支点，以博士生培养为起点的民办高水平科研教学机构。2017年9月2日，首届19名浙江西湖高等研究院——复旦大学"跨学科联合培养攻读博士学位研究生"项目录取学生正式入学。从倡议、创建到新生入学，西湖大学的前身——西湖高等研究院用了不到三年的时间，展现出令人惊叹的"浙江速度"。按照计划，集本硕博科研人才培养于一体的西湖大学将在2022年正式建成，它将开创中国民间资本支持高端办学的先河，在未来10年内，将有200亿元办学经费逐步投入。作为一所非营利性民办高校，西湖大学将会引领中国民办大学发展新模式，这是浙江民办高等教育坚持走创新发展之路的一次新探索，或许这一探索将为中国高等教育的发展做出独特贡献。

5. 保障有力，坚定不移加强民办高校党的建设

民办高校作为我国高等教育体系中的重要组成部分，它与公办高校一样，需要坚持社会主义办学方向，贯彻和执行党的教育方针，坚持立德树人根本使命。浙江省民办高校的健康发展，很重要的一点是坚定不移地加强民办高校党的建设，让民办高校党委充分发挥政治核心作用和监督保证作用，加强学校思想政治工作，牢牢地抓住全面提高学校人才培养能力这

个核心点，推动学校的发展。近年来，我省多所民办高校党委在全国高校党建工作会议上做了经验交流，如浙江树人大学党委、宁波诺丁汉大学党委、浙江大学宁波理工学院党委，充分表明浙江省民办高校党建工作的创新实践得到了党和政府的肯定。

2016年11月24日，为贯彻落实新修订的《中华人民共和国民办教育促进法》中提出的加强民办学校党的建设的要求，中共浙江省委组织部、省委两新工委、教委教育工委联合印发了《关于进一步加强民办高校党建工作的指导意见》，意见就民办高校发挥政治核心作用提出了规范党组织设置和隶属关系、全面提升党组织建设水平、努力维护民办高校和谐稳定、切实加强对民办高校党建工作的领导四个方面13点具体要求，根据我们的调研情况，这一文件是全国首个落实《中华人民共和国民办教育促进法》党建要求的省级文件，这也充分体现了省委高度重视民办高校党的建设，确保党的领导权在民办高校的实现。正因如此，浙江民办高校的党建工作才能取得较好成绩。

（浙江树人大学　邱昆树　徐绪卿　宋斌）

浙江省民办非学历高等教育机构
发展报告（2011—2020年）

1998年，原国家教委批准浙江省实施高等教育学历文凭考试试点。在试点工作的推动下，全省的民办非学历高等教育机构（以下简称"专修学院"）紧抓机遇，得到了较快发展。到2010年底，全省共有专修学院36所（附表），其中参加高等教育学历文凭考试试点注册入学的学生总数达到52914人，从2001年第一届毕业生开始到最后一届2010届毕业生为止，共有21326名学生取得大专毕业证书，总毕业率40.3%。

一 浙江专修学院发展概况

专修学院从1998年前后开始设立到2020年，以办学的主要内容来划分，大致上可以分成三个阶段：

（一）第一阶段（1998年前后至2004年），主要以开展高等教育学历文凭考试教育为主。

高等教育学历文凭考试是国家对尚不具备独立颁发学历文凭资格的专修学院学生组织的学历认定考试。它是以学校办学和国家考试相结合、宽进严出、教考分离为特点的全日制高等学历教育。教学计划中大约70%的理论课程（约10门左右）结业需参加国家或省的统考，其余30%的理论课以及实践课在有关部门的监督下由学院自己组织考试。学生完成教学计划规定的理论和实践课程的学习，并经考试、考核合格，发给国家承认学历的大专毕业证书。

（二）第二阶段是（2005年至2015年），主要以开展全日制高教自考助学为主。

2008年到2010年这段时间办学规模达到最高峰，多所专修学院全日制高教自考助学在校学生规模达到万人以上。

2004 年 7 月，国家教育部下发了《关于取消高等教育学历文凭考试的通知》（教发〔2004〕24 号），规定"自 2005 年始，所有进行高等教育学历文凭考试试点的民办高等教育机构，一律终止招收学历文凭考试学生"。对已经招收的学生，最后一届到 2007 年 7 月如期毕业。对未能如期毕业的学生，再给予三年的续考期，提供补考的机会，让他们能够完成学业。因此，从 2005 年开始，专修学院在继续完成高等教育学历文凭考试试点工作任务的基础上，大部分学院开始转向开展全日制高等教育自学考试助学工作，同时辅以开展业余性质的现代远程高等学历教育、成人高等学历教育和非学历性质的培训教育。少部分学院则完全转向开展非学历培训教育。根据 2011 年下半年对杭州的 17 所专修学院（浙江三联、新世纪经贸、蓝天文理、东南、人才、建人、育人、远大、华川、职业、法商、女子、青年、求智专修学院和杭州之江、青年、江南专修学院）的统计：有专职行政人员 967 人，其中高级职称 85 人，中级职称 113 人，退休返聘 94 人；有专职教师 688 人，其中高级职称 140 人，中级职称 237 人，退休返聘 31 人；有兼职教师 899 人，其中高级职称 222 人，中级职称 265 人；在校学生数 50787 人，其中参加全日制高教自考助学的学生 18805 人，业余学习类的现代远程高等学历教育学生 13784 人和其他成人高等学历教育和非学历培训的学生 18198 人；当年招生 23004 人，其中全日制高教自考助学的学生 6002 人，现代远程高等学历教育的学生 7676 人，其他成人高等学历教育和非学历培训的学生 9326 人；当年毕结业学生 19087 人，其中全日制高教自考助学学生 7106 人，现代远程高等学历教育 3823 人，其他成人高等学历教育和非学历培训的学生 8150 人。这 17 所专修学院自有校舍建筑面积 2.51 余万平方米，租用校舍建筑面积 50.91 余万平方米，教学仪器设备价值 8047 万元，图书 49 万册，举办者投入及办学积累等资产总值 33701 万元。杭州市专修学院的办学规模大概占全省的一半以上。

根据 2011 年 4 月对省内分布在湖州、嘉兴、台州、温州和宁波地区 6 所专修学院（浙江宇翔外国语、江南理工、现代艺术专修学院和嘉兴市秀水经济信息专修学院、温州求是专修学院、宁波明州职业专修学院）统计，有专职行政人员 302 人，专职教师 493 人；有全日制学历教育注册学生 12524 人，其他类学生 7551 人；自有校舍建筑面积 23.94 余万平方米，租赁校舍建筑面积 5.78 万平方米；学院总资产达到 33725 万元。

杭州市专修学院的数据和其他地市部分专修学院的数据，虽然不能完全反映全省所有专修学院的办学情况，但从面上来说，基本上反映了当年全省整个专修学院办学的概况。因为原先一批办学规模较大、基础条件较好的专修学院，大部分都升格成了高职学院，有的虽然还保留着专修学院的牌子，但已是徒有虚名。有的学院则是因为转型不够理想，面临结束办学的困境。

2011 年专修学院的办学规模，与 2008 年前后的高峰时期相比，规模虽然有所缩小，但在学历教育的范畴内，还是有主打产品，这就是全日制高教自考助学、现代远程高等学历教育校外学习中心和成人高等学校的校外教学点，从事高等学历教育的助学工作。当时规模最大的如浙江三联专修学院、杭州江南专修学院等，每所学校全日制学历教育在校学生规模还能达到万人左右。

（三）第三阶段（2016 年至今），全日制自考助学逐渐萎缩，各校办学内容开始分化。

全日制高教自考助学的招生数从 2008 年的最高峰后开始逐年下降。直至现在，除了学前教育等少数几个专业外，已很少有学生再报读专修学院的全日制高教自考助学。造成这一现象的原因主要是：

1. 随着普通高校的扩招和落榜生人数的减少，能适应高教自考这种教育模式的学生越来越少，而大量的职高、中专、技校毕业生即使想参加学习，最终也很难通过考试取得毕业证书。

2. 参加全日制高教自考助学的学生，大多是高中（职高）应届生，既没有工作经历，更缺乏实践经验，而更重要的是还面临着一个毕业后需要就业的压力。全日制助学高教自考毕业生在就业竞争中与普通高校毕业生相比处于劣势，在实际操作中又没有优势。

3. 参加全日制高教自考助学的办学单位众多，学校之间同质化现象严重。招生当中的恶性竞争现象时有发生，招生成本越来越高，能够用在改善办学条件上的经费严重不足，致使办学声誉受到影响。

4. 一些普通高校举办的技能加学历班和自费出国留学的人数逐年增

加，也分流了准备参加全日制高教自考助学班的生源。

5. 一些专修学院与普通高校联合办学，如成人高校、远程教育甚至利用外省普通高职学院的招生计划进行招生。招生对象主要为中等职业学校毕业生和少量的普高毕业生。

由于专修学院与普通高校联合办学的形式，都是利用了普通高校的教学计划和教学要求，承办学校很难有办学的自主权。这种办学模式，既有政策风险，还增加了办学成本。一些专修学院开始向下延伸，举办普通中小学校或中等职业学校。专修学院开始出现了向一般的非学历培训机构转化的苗头。

专修学院办学二十多年来，在没有国家财政经费投入的情况下，满足了广大青年的求学需求，培养了成千上万的各类大中专毕业学生，对提高劳动者素质、满足社会对各级各类人才的需求、促进经济社会发展，做出了积极的贡献。有一批民办的普通专、本科高校，也是从专修学院起步发展而来，正式进入了普通高等学历教育的序列。

二　浙江专修学院管理体制的调整

根据《中华人民共和国高等教育法》的规定：高等教育由高等学校和其他高等教育机构实施。其他高等教育机构实施非学历高等教育。又因专修学院多系社会力量举办，且不具备独立颁发高等学历证书的资质，所以将专修学院归类为民办非学历高等教育机构。因此，根据《中华人民共和国高等教育法》的规定，专修学院的设立、年检年审、日常管理等均由省教育厅负责。各市地教育行政部门协助省教育厅管理。这种管理体制从专修学院开始设立一直到2013年上半年为止。

（一）专修学院审批管理权限下放

2013年3月13日，浙江省教育厅和浙江省民政厅联合以（浙教计〔2013〕21号）文下发《关于调整民办非学历高等教育机构管理体制的通知》。

通知指出："民办非学历高等教育机构设立、分立、合并、变更、终止审批"的行政审批和管理事项下放至各市、县（市、区）。实施民办非学历高等教育机构管理体制调整后，省教育厅主要负责全省各类民办非学历高等教育机构统筹规划、宏观指导和管理；各地教育部门作为业务主管部门负责日常管理工作。

1. 开展换证工作。

根据文件精神，原在省教育厅审批、省民政厅进行法人登记的专修学院，由所在地设区市教育局、民政局负责换证工作；其他培训机构由所属教育局、民政局负责换证工作。下放管理的专修学院要求在 2013 年 3 月 31 日前凭原办学许可证（原件）直接到所在地设区市教育局、民政局办理换发"两证"手续，其他培训机构凭原件直接到所属教育局、民政局直接办理换发"两证"手续，各地均不作重新审批。各地教育局、民政局在换发证时收回原发证件，转交省教育厅、省民政厅。

2. 加强规范审批。

根据《教育部关于取消高等教育学历文凭考试的通知》（教发〔2004〕24 号），原专修学院开展高等教育学历文凭考试试点工作业务已经终止，因此新审批成立的或更名的民办非学历高等教育机构名称一律不得冠以"专修学院"名称。原已经批准成立的民办非学历高等教育机构的名称可维持不变，也可根据举办者的要求予以更名和规范。

3. 严格招生广告审核。

严把民办非学历高等教育机构招生广告（含简章）审核关。民办非学历高等教育机构每年发布的招生广告（章程），按隶属关系须经各地教育局审核备案。民办非学历高等教育机构法人代表要对学校宣传资料的真实性负责。

4. 完善年检年审制度。

民办非学历高等教育机构应向生源所在地设区市教育行政部门申请审核备案后方可招生。建立健全民办非学历高等教育机构年检年审工作机制，民办非学历高等教育机构须每年进行自查，并于 3 月 31 日前向所属教育局书面报告上一年度办学情况，同时提供会计师事务所出具的审计报告。经各地教育局审查同意后，于 5 月 31 日前报送同级民政局，接受年度检查，并由法人登记机关向社会公布年检年审结果。

表1　　　　　　浙江省民办非学历高等教育机构下放一览

序号	机构名称	办学地址	下放后业务主管部门
1	浙江职业专修学院	杭州市大关苑路58号	杭州市教育局
2	浙江新世纪经贸专修学院	杭州市之江路148号	杭州市教育局
3	杭州之江专修学院	杭州市拱墅区湖州街66号	杭州市教育局
4	杭州江南专修学院	杭州市滨江区浦沿街道明德路1号	杭州市教育局
5	浙江远大专修学院	杭州市东新路重机巷66号	杭州市教育局
6	浙江建人专修学院	杭州市梅灵南路3号	杭州市教育局
7	浙江人才专修学院	杭州市朝晖九区58幢	杭州市教育局
8	浙江华川专修学院	杭州市教工路影业路2号	杭州市教育局
9	浙江三联专修学院	杭州市西湖科技经济园西园九路6号	杭州市教育局
10	浙江育人专修学院	杭州市黄姑山路29号	杭州市教育局
11	浙江蓝天文理专修学院	杭州余杭区塘栖镇塘栖路3号	杭州市教育局
12	浙江正义律师进修学院	杭州市天目山路329号	杭州市教育局
13	浙江法商专修学院	杭州市莫干山路1265号	杭州市教育局
14	浙江社会科学进修学院	杭州市莫干山路长命桥	杭州市教育局
15	浙江长征财经进修学院	杭州市新华路王马巷38号	杭州市教育局
16	宁波明州职业专修学院	宁波市高教园区	宁波市教育局
17	温州求是专修学院	温州经济技术开发区径七路	温州市教育局
18	浙江现代艺术专修学院	台州市高教园区	台州市教育局
19	浙江江南理工专修学院	浙江省玉环县陈屿兴港路	台州市教育局
20	民办浙江经济管理专修学院	台州市临海市城东吉利教育中心	台州市教育局
21	嘉兴市秀水经济信息专修学院	嘉兴市二环西路梁桥村	嘉兴市教育局
22	浙江宇翔外国语专修学院	湖州市安吉县经济开发区灵峰南路438号	湖州市教育局

（二）专修学院开始实行属地管理

从2013年3月开始，各市（地）教育局、民政局根据省教育厅、民政厅文件精神，全面承担起了对纯民办性质专修学院的管理责任。对部分有国有企事业单位参与举办的专修学院，仍有省教育厅管理，但这部分学校到2020年时，基本上都已停办。

各地有关部门在接受上级部门下达的委托任务后，首先是换发了所有专修学院的办学许可证和法人登记证，并且在换证的过程中，解决了一些多年未解决的问题。以杭州市为例：一是为浙江三联专修学院、浙江华川专修学院、浙江建人专修学院、浙江远大专修学院、浙江新世纪经贸专修学院五所学院变更了举办者。这些学院的新、老举办者，有的在几年前就签订了学院举办者变更协议，并且新的举办者已经开始全面接管学校的各项工作，但举办者变更的手续因种种原因一直未能办理。这种情况如果一直持续下去，不利于学院的持续发展。二是核准了浙江三联专修学院、杭州江南专修学院、浙江正义律师进修学院三所学院的院长人选。三是为浙江人才专修学院、浙江新世纪经贸专修学院变更了办学地址。

三　扶持浙江专修学院发展的工作思路

专修学院的逐渐衰落，是否意味着这种民办非学历高等教育机构已经失去了继续存在的价值，或者说就与一般的培训机构无异。实际上的情况应该说要复杂得多，其中最主要的原因还是因为随着形势的变化，专修学院原有的教育产品已经越来越不适应社会发展的需要，而新的教育产品又不能得到有效的培育和发展。如果能够顺应社会发展需要，特别是在高等职业教育或终身教育体系中能够提供一个合适的教育产品，既能保证质量，又能满足经济社会发展对各类技能人才的需求，专修学院的继续发展仍有机会。

（一）发挥专修学院作用，让更多的学生接受高等职业教育和终身教育，服务于产业的转型升级。

与发达国家80%以上的高等教育毛入学率相比，我们国家还有不小的差距。根据教育部和省教育厅2018年的教育统计公报，全国高等教育毛入学率为48.1%，浙江省高等教育毛入学率为60.12%，所以单从毛入学率来看，高等教育还有不小的发展的空间。

从对江苏、浙江、广东三省2016年的常住人口每万人中在校本专科学生数的比例与三省人均GDP进行比较，发现成正相关的关系，详见表2：

表 2 江苏、浙江、广东三省 2016 年的常住人口每万人中在校本专科学生数

序号	省 名	常住人口（万人）	普通本专科在校生数（万人）	常住人口每万人中本专科在校生数（人）	人均 GDP（元）
1	江苏省	7998	174.58	218	95259
2	浙江省	5590	99.61	178	83538
3	广东省	10999	189.29	172	72787

表 2 中显示，三省的自然条件、改革开放程度相近，但人均 GDP 的差异与常住人口每万人中本/专科在校生数的多少有正相关的关系。浙江省第十四次党代会提出全面实施高等教育强省战略，对实现这个战略目标我们应该要从两个方向上去努力，一是要办好现有高校，引进国内外名校来浙江办学，提高现有高等学校办学水平，为实现双一流目标而努力。但仅仅从这个方向上去努力是远远不够的，因为有机会能够接受这种一流高等教育的人，在同龄人当中的比例，毕竟只是一小部分；二是要让更多的人有接受高等职业教育和终身教育的机会，提高常住人口每万人中在校大学生人数的比例。从目前专修学院在校生的调查情况看，大概 90% 左右的学生来自于农村和外来务工人员家庭。在国家还不能包办教育的情况下，从提高全民素质、解决百姓中最基层的实际问题、维护社会稳定出发，有必要发挥专修学院在开展高等职业教育和终身教育中的作用，为满足广大青年的求学需求服务。

（二）专修学院在普及高等职业教育和终身教育方面具有供给侧改革的相对优势。

供给侧改革就是从生产、供给端入手，就高等教育而言，"供给侧改革"是解决"供需错位"矛盾的一把钥匙。

当下的问题一方面是供给不足，企业找不到需要的技能性人才，另一方面一些学校的培养目标、课程设置与社会的需求不匹配，造成部分大学毕业生工作难找。要改变"供需错位"的矛盾，就必须从"改革供给"上下工夫。由于专修学院作为民办高等教育机构，具有顺应市场的意愿和及时调整办学内容的灵活性，再加上有办学的资金和资源积累，具有供给侧改革的优势。顺应经济社会发展对各级各类人才的需求，调整专业设置，改革学习内容和方法，这是专修学院办学几十年来一直坚持的方向。

（三）发挥专修学院作用，可以减少一些因在国内不能继续升学而无奈出国留学的青年学子。

根据浙江省教育厅的统计，全省 2018 年有近 15 万的各类高中应届毕业生未能接受全日制普通高等教育的学习。这些学生的出路在哪里呢？

近几年来，国外教育机构来华招生的势头越来越猛。美国、加拿大、日本等国外高等教育机构近几年在各地中学大搞招生宣传活动。招生对象不仅面对优秀学生，更是主要针对国内估计考不上普通高校的各类应届高中毕业生，有些国家更是直言不讳的要招徕能够移民的学生，通过申请移民抢夺中国的年轻劳动力。据有关资料提供的数据显示，我国出国留学人数激增，已成为世界上最大的国外留学生生源国。2014 年度出国留学人数达 45.98 万人，其中自费留学 42.30 万人。中国留学生为美国每年直接提供超过 44 亿美元的收入，为澳大利亚创造的产值在该国所有出口创汇产业中名列第一。办好专修学院，让其在我国的高等职业教育中继续发挥作用，既可以防止我国年轻劳动力的流失，也有利于国家经济社会的可持续发展。

（四）专修学院通过二十多年的发展和积累，具有一支较高质量水平的教师队伍、适应实训的必要设施设备及一定的高等职业教育办学实力。

专修学院通过二十多年的发展和积累，一方面为社会培养了成千上万的本专科毕业生，另外还培养了一支有较高质量水平的教师队伍和必要的实训设施设备。

根据 2020 年对嘉兴秀水专修学院和浙江三联、新世纪、宇翔等 17 所专修学院的统计，现有教职工 1984 人，其中属于专职教职工 1435 人；现有在校学生 46247 人，其中属于全日制大、中专学历教育的 26295 人，业余学历教育及培训等 19952 人；2010 年以来历年毕结业学生 303591 人，其中属于大、中专学历教育毕业学生 135330 人，非学历教育结业学生 168261 人；现有校园占地面积 79.52 余万平方米，其中自有面积 38.57 余万平方米，租用面积 40.95 余万平方米；现有校舍建筑面积 55.91 余万平方米，自有、租用面积各占 50%，学院总资产（不含自有校园、校舍资产）11.28 余亿元，其中净资产（不含自有校园、校舍资产）7.73 余亿元。

由于近几年专修学院办学规模的逐渐萎缩，专修学院的专职教职工数、学生人数、校园及教学用房面积等，与 2008 年高峰时相比，大概还保留了一半。所以，应让专修学院能够得到健康稳定的发展，保留这部分教育资源不流失。

（五）专修学院在整个教育序列中缺乏一个正确的定位，需要从政策上给予扶持。

专修学院目前面临的最大困惑是在整个教育序列中缺乏一个正确的定位，从而导致办学自主权的缺失，成了一般培训机构的升级版。建议有关部门可以参照当年高等教育学历文凭考试试点的模式，对专修学院的办学加以引导，将其纳入全日制高等职业教育或终身学习体系（如国家已经提出的建立学分银行体系）的范畴，可先进行试点。对进入试点的学校，可采取如下措施：一是以地市为单位，依托一所普通高职学院，承担试点工作管理、质量监督等任务，所需工作经费等可由试点学校按比例分担。在无须国家财政投入的情况下，利用现有教育资源，扩大高职招生的规模。二是严格准入标准，必须有一定的办学历史和良好的声誉，有相应的师资、设施设备和场地等必需的办学条件，这是保证较高质量的前提条件。三是对报名学生进行统一的文化测试，达到一定要求后才能准予入学；对这类学生改变单一的以卷面考试分数多少为衡量标准的传统，辅以个性化的职业修养、实践能力测评。四是为保证毕业生的文化、专业素养要求，对公共基础课和专业核心课程由依托的普通高职学院组织统考。五是各学校之间的专业设置有所分工，鼓励学校在培养应用型、技能型人才上办出特色和品牌。学校可以根据经济社会发展需求，充实和调整课程设置，经充分论证后组织实施；六是对完成教学计划规定课程，考试、考核合格的学员，由依托普通高职学院发给国家承认学历的毕业证书。如果能对有条件的专修学院实行这样一个扶持政策，不但可以满足社会、特别是农村青年的升学需求，为专修学院创造一个新的发展机会，而且也能够为高等职业教育的发展打开一条新渠道。

表 3　　2010 年底浙江省专修（培训）学院名录及 2020 年办学状况

序号	校名	所在地市	2020 年办学状况
1	浙江三联专修学院	杭州市	继续办学
2	杭州江南专修学院	杭州市	继续办学

续表

序号	校名	所在地市	2020 年办学状况
3	浙江新世纪经贸专修学院	杭州市	继续办学
4	浙江长征财经进修学院	杭州市	继续办学
5	杭州之江专修学院	杭州市	继续办学
6	浙江育人专修学院	杭州市	继续办学
7	浙江建人专修学院	杭州市	继续办学
8	浙江华川专修学院	杭州市	继续办学
9	浙江人才专修学院	杭州市	继续办学
10	浙江蓝天文理专修学院	杭州市	继续办学
11	浙江远大专修学院	杭州市	继续办学
12	浙江求智专修学院	杭州市	继续办学
13	浙江正义律师进修学院	杭州市	继续办学
14	浙江法商专修学院	杭州市	校名变更为浙江携职专修学院
15	浙江社会科学进修学院	杭州市	拟变更举办者后继续办学
16	嘉兴秀水经济信息专修学院	嘉兴市	继续办学
17	浙江宇翔外国语专修学院	湖州市	继续办学
18	宁波明州职业专修学院	宁波市	继续办学
19	浙江江南理工专修学院	台州市	继续办学
20	浙江现代艺术专修学院	台州市	继续办学
21	浙江育英文理专修学院	杭州市	升格为浙江育英职业技术学院
22	宁波大红鹰职业专修学院	宁波市	升格为宁波财经学院
23	浙江东方专修学院	温州市	升格为浙江东方职业技术学院
24	浙江经济管理专修学院	台州市	升格为浙江汽车职业技术学院
25	义乌商贸专修学院	金华市	升格为义乌工商职业技术学院
26	浙江广厦专修学院	金华市	升格为浙江广厦建设职业技术学院
27	浙江横店科技专修学院	金华市	升格为浙江横店影视职业学院
28	浙江职业专修学院	杭州市	已停办
29	浙江女子专修学院	杭州市	已停办
30	浙江青年专修学院	杭州市	已停办
31	浙江东南专修学院	杭州市	已停办
32	浙江电信专修学院	杭州市	已停办
33	杭州青年专修学院	杭州市	已停办
34	宁波职业专修学院	宁波市	已停办

续表

序号	校名	所在地市	2020 年办学状况
35	宁波金轮文理专修学院	宁波市	已停办
36	温州求是专修学院	温州市	已停办

注 1：江苏、浙江、广东三省 2016 年国民经济和社会发展统计公报、教育事业发展统计公报。

（省民办教育协会高教助学与培训分会　徐兴刚）

浙江省民办非学历培训教育发展报告（2011—2020年）

著名教育家、中国民办教育协会创始会长陶西平先生强调指出：民办非学历培训教育是我国民办教育体系中最富活力，最有创造力，最具发展潜力的部分。民办培训教育日益成为满足人民群众选择性教育需求的重要力量，对于全面提高国民素质，建设学习型社会和推进社会主义现代化建设具有不可替代的作用。

民办非学历培训教育（下称民办培训教育）是改革开放后，我国最早恢复的民办教育办学形式。20世纪70年代末期，民办培训（业余）学校的出现，结束了新中国成立几十年来，教育领域只有公办没有民办的局面，为我国的教育改革和开放注入了活力。

1978年10月成立的杭州钱江业余学校，是我省改革开放之后由社会力量举办的第一所民办培训（业余）学校。在1978—2010年的三十余年间，浙江的民办培训教育在办学数量、办学规模和办学成效等方面都经历了快速的发展。

2011年至2020年的10年，对于民办培训教育来说，更是风起云涌、大浪淘沙的10年。

从全国范围看，继2006年9月7日新东方在美国纽交所上市，成为中国大陆第一家在美国上市的教育机构后，2010年10月21日学而思在纽交所正式挂牌，成为美股上市公司。可以说，国内两大民办培训教育机构的先后上市，开启了中国教育培训机构登陆美股的热潮，国内的民办培训教育进入了传统机构的蜕变时代。尤其是国家对民办教育营利、非营利的分类管理，更是为资本与民办培训教育行业的结合带来了难得的"历史机遇"。

从我省的情况看，经历了40多年发展的民办培训教育也打开了全新的发展方式。

一　浙江民办非学历培训教育发展概况

根据 2020 年 4 月 30 日浙江省教育厅有关职能处室提供的数据，全省培训机构总数为 12445 家，其中经有关部门认定可经营的机构数为 12438 家。各市的具体数据如表 1：

表 1　　　　浙江省各地市民办非学历培训机构一览

序号	地市名称	合法机构数	已发布机构数	机构总数
1	杭州市	1398	1397	1398
2	宁波市	1822	1769	1822
3	温州市	3049	3033	3049
4	嘉兴市	864	671	871
5	湖州市	389	384	389
6	绍兴市	1037	1037	1037
7	金华市	2222	1998	2222
8	衢州市	581	580	581
9	舟山市	70	70	70
10	台州市	537	535	537
11	丽水市	469	440	469
	合计	12438	11914	12445

2011 年以来的 10 年，由于社会需求结构的变化和互联网技术迅速发展，国家民办教育政策尤其是近年来国家民办培训教育机构（校外培训机构）政策的不断推出、逐步完善，民办培训教育进入了一个新的发展阶段。

1. 机构数量快速增长，办学规模逐年扩大

据杭州市教育局课题组 2010 年 4 月发布的《杭州市教育培训业 2009 年度发展研究报告》，截至 2009 年年底，全市由教育行政部门审批的民办非学历培训机构 302 所，在校生 29 万余人，全年招生 27 万余人，专任教职工 5100 余人；校舍建筑面积 129 万余平方米，仪器设备价值 15300 多万元，图书 101 万余册，民办学校总资产 5.8 亿余元。

10 年后的 2019 年，仅杭州新东方进修学校一家在校生就达到 13 万余人，相当于 2009 年杭州市数据的 44.82%，专任教职工 4700 余人，相当于 2009 年杭州市数据的 92.15%。

截至 2020 年 5 月 8 日，杭州市域范围内，由教育行政部门审批的民办非学历教育培训机构数量已经达到 1533 家，是 2010 年 307 家的 5 倍。其中富阳区 2010 年的机构数量为 6 家，2020 年 5 月增加到 175 家，增加了 29.16 倍。

另据温州市教育局提供的数据，截至 2019 年年底，温州市经教育行政部门审批的民办培训机构数为 961 所（此数据与省教育厅提供的至 2020 年 4 月 30 日温州 3049 所的机构总数估计在统计口径上有差异），在校学生数 142883 人，专职教职员工数 8554 人，校舍面积为 47.83 万平方米。

从全省来看，10 年来，机构数量同样呈快速上升的趋势，这与校外培训机构规范整治具有非常直接的关系，从 2018 年开始，大量只在市场监管部门登记注册的教育咨询公司纷纷转设成为民办培训学校（有限公司）。由于不少机构采取连锁或加盟经营，学校规模不断扩大。杭州纳思教育从十几年前的一家机构，发展到 2020 年 5 月份全省范围内的近 50 家机构，员工数从几十人增加到近 2000 人，在校生人数也增加了近百倍。

2. 从多样化的办学内容向中小学生学科辅导为重点转移

民办培训教育，在 20 世纪 90 年代和 21 世纪初，办学形式、办学项目非常丰富，语言培训、计算机培训、音乐、书法绘画等才艺培训、会计等专项技能培训，各机构特色化、差异化发展，构成了整个培训教育的多样化格局。2010 年开始，一方面随着经济发展，家庭收入水平持续提高，另一方面，家长望子成龙的愿望和焦虑情绪在整个社会就业竞争日趋激烈的背景下变得前所未有的强烈，与这种家长们旺盛的需求相对应的培训机构提供的教育产品也日益集中到针对中小学生的校外学科培训。这是 10 年来我省民办培训教育发展过程中最显著的特点。

据桐庐县教育局 2020 年 5 月 13 日公布的数据，自新冠疫情爆发暂停线下培训以来，第一批核验通过复课的 54 家培训机构中，艺术类培训 5 家，占 9.25%；技能培训 1 家，占 1.85%；其余 48 家均为课外文化课辅导机构，占 88.90%。

3. 办学条件显著改善，城乡实现均衡发展

与民办培训教育机构初创时的"三无"办学相比（三无办学是指无办学场地——以借用普通中小学课后教室为主；无办学资金——多数为白手起家或只有极少的开办资金；无专职教师——任课教师几乎 100% 外聘），办学条件发生了根本的变化，就是与 2000 年左右相比也有显著改善。

以杭州市为例，《杭州市民办培训学校管理办法》（2011 年 1 月 16 日公布，自 2011 年 3 月 1 日起施行）第七条规定，设立文化类民办培训学校，应当达到下列标准：

（1）开办资金不少于 100 万元；

（2）办学场所的建筑总面积不少于 500 平方米，其中教学用房面积不少于总面积的三分之二，租赁办学场所的租赁期不少于 3 年；办学场所应当符合规划、消防、卫生、房屋安全等有关法律、法规和规章的规定；

（3）校长具有中级以上专业技术职务或大学本科以上学历，且有 5年以上的教育管理经验；

（4）有 2 名以上具有大专以上学历的专职教育教学管理人员和 3 名以上具有相应教师资格的专职教师。

2018 年 5 月 18 日由杭州市教育局、杭州市市场监督管理局联合发布的《杭州市营利性文化课程培训机构设置标准（试行）》，对于营利性教育培训机构的办学条件作了进一步的细化，其中：

第五条（开办资金）举办者申请筹设、正式设立培训机构，应按时、足额履行办学出资义务。开办资金数额应与办学规模相适应，不少于 100万元。

投入培训机构的资金和资产须经法定机构验定，并计列在培训机构法人名下，任何组织和个人不得截留、挪用或侵占。

第六条（场地设施）申请设立培训机构，应避开影响学生身心健康和可能危及学生人身安全的场所。办学场地应达到《建筑设计防火规范》（GB50016 - 2014）和《民用建筑工程室内环境污染控制规范》（GB50325 - 2010），并依法通过房屋安全鉴定、消防行政许可（备案），采光、照明、通风、排水良好。居民住宅、半地下室、地下室及其他有安

全隐患的场所不得作为培训机构的注册及办学场所，儿童活动场所应设置在 3 层（一、二级耐火等级）或 2 层（三级耐火等级）以下。以租用场所办学的，应提供具有法律效力的租赁合同，租赁期限自申请办学之日起不得少于 3 年，并应制订安全应急预案。

培训机构办学场所的建筑总面积不少于 300 平方米，其中教学用房面积不少于总面积的三分之二，且同一培训时段内生均教学用房建筑面积不少于 3 平方米。

招收寄宿学员的培训机构，其生均宿舍（公寓）建筑面积不得少于 6.5 平方米，生均居室使用面积不宜低于 3 平方米，应配备与寄宿学员规模相匹配的阅览、生活与运动场所，并符合相关消防要求。

向学员提供餐饮服务的培训机构或配送单位应依法取得食品经营许可证。

全省各地均有类似的地方性规章或政策出台，为保证良好的办学条件奠定了基础。

另外，经济社会的发展和城镇建设的现代化过程，为培训机构提供了大量可供选择的优质的办学场地。在大城市的城市综合体，培训机构的入驻占了相当的比例，即便在杭州钱江新城来福士中心这样的地标性建筑里面，也不乏培训机构的身影。

杭州新东方进修学校新的总部，建筑面积近 4000 平方米，现代化办公条件与氛围，保证了杭州新东方对 40 多个教学点的现代高效管理。

温州市主城区在城市综合体或地标性建筑内办学，经教育部门审批的培训机构约 200 家左右。

十年来，随着浙江的新农村建设和城镇规范化建设的稳步推进，设立在乡镇的培训学校在数量上快速增加的同时，办学条件也在不断提升。以金华市浦江县黄宅镇为例：黄宅是浦江最大的乡镇，浙江省小城镇综合改革试点镇。辖区内工业企业众多，外来务工人员子女进入黄宅 3 所公办小学的比例达到了 50% 以上，加上本地的数量众多的中小学生，催生了民办校外培训机构在黄宅的快速发展。至 2020 年 4 月，黄宅经教育行政部门审批的文化类校外培训学校有 8 家，以书画为主的艺术类培训机构多达 17 家（浦江是著名的书画之乡），专职教师 116 人，年辅导培训学生近 7 千人次。从办学条件看，民办培训机构多数租用的是新建的沿街商铺或写字楼，场地宽敞明亮，设施齐全。

二　浙江民办非学历培训教育发展中值得关注的几个问题

（一）民办教育的新法新政对培训教育的影响

1. 分类管理制度吸引更多社会资本投资举办营利性民办培训机构。

分类管理是我国民办教育新法新政的核心。自 2017 年 9 月 1 日《中华人民共和国民办教育促进法》新法施行后，即吸引了大量的社会资本进入民办教育领域。由于培训学校的投资规模小，准入门槛相对较低，资金周转快，加上浙江省充裕的民间资本，旺盛的培训教育需求，投资教育的偏好和完善的政策配套，我省的营利性民办学校率先在民办培训学校中大量登记设立。

允许设立营利性教育机构的法律规定和各地的实施办法出台后，我省培训学校有限公司的数量呈现快速增长势头。温州市的民办非学历培训机构（学校）数量位居全省首位，至 2020 年 4 月底的统计数据是 3049 家。

2. 民办培训教育机构管理权限下放。

在 2011 年前后，全省各设区市教育行政部门，纷纷将民办培训教育机构管理权限下放。

2008 年 12 月 2 日，杭州市教育局下发《关于下放市局民办培训学校（教育机构）的通知》（杭教成〔2008〕47 号）文件，明确将市属共 96 所民办培训学校（教育机构）下放。由各区教育局（社发局）负责实施对民办培训学校（教育机构）的日常管理、年检年审和办学许可证的核发等工作，市教育局负责对全市民办培训学校（教育机构）宏观管理与指导，区教育局（社发局）要配备专职民办教育管理人员，加强对民办培训学校（教育机构）的管理，并通过建立行业协会，倡导自律等途径，促进全市民办教育培训业健康稳步发展。

从全省情况看，十年来已全面形成了由区县（市）教育行政部门审批管理民办培训教育机构，市教育行政部门宏观管理和指导，省级教育行政部门负责相关政策制定和宏观指导工作的管理格局。

由于民办培训机构办学层次多元复杂，办学规模大小不一，管理水平良莠不齐，加上全省各地对有关政策规定理解、把握、执行等方面存在着一定的差异，对培训机构具体政策和日常管理客观上存在某些不均衡、不公平现象，值得关注。

3. 校外培训机构专项整治。

2018 年 2 月 13 日，教育部办公厅等四部门联合发布《关于切实减轻中小学生课外负担开展校外培训机构专项治理行动的通知》，针对一些面向中小学生举办的非学历文化教育类培训机构办学中存在的突出问题，决定对校外培训机构联合开展专项治理行动。

为加快推进专项治理工作，2018 年 3 月 20 日教育部办公厅发布了《关于加快推进校外培训机构专项治理工作的通知》，要求各地教育行政部门对专项治理务必高度重视，坚定改革决心，压实责任举措，确保专项治理工作取得决定性胜利。

2018 年 8 月 6 日，国务院办公厅发布国办发〔2018〕80 号文件《关于规范校外培训机构发展的意见》指出，近年来一些校外培训机构违背教育规律和青少年成长发展规律，开展以"应试"为导向的培训，造成中小学生课外负担过重，增加了家庭经济负担，破坏了良好的教育生态，社会反映强烈。为切实减轻中小学生过重课外负担，促进校外培训机构规范有序发展，从总体要求、设置标准、审批登记、规范培训行为、强化监督管理、提高中小学育人能力、加强组织领导七个方面，提出意见，全面规范校外培训机构发展。

浙江省教育厅等六部门也于 2018 年 4 月 12 日联合发布了《浙江省开展中小学生校外培训机构专项治理行动方案》的通知，对全省的专项治理工作进行全面部署，明确了治理工作的主要目标和任务，治理工作的步骤安排和职责分工，至此全省范围内，以"政府统一领导，乡镇（街道）属地管理，部门分工合作，社会齐抓共管"为推进机制的校外培训机构专项治理工作全面展开。2020 年 1 月 19 日浙江省教育厅等 12 部门还出台《关于规范校外培训机构设置和管理的指导意见》，就规范校外培训机构的设置和发展进一步提出了具体要求。

在全国全省开展专项治理之前，杭州市的治理工作在 2017 年已经开始，2017 年 12 月，杭州市人民政府办公厅发布《关于开展中小学文化类学科培训机构专项检查整治的通知》（杭政办发〔2017〕11 号），指出为规范教育培训市场，切实减轻中小学生过重的课业负担，杭州市政府决定开展中小学文化类学科培训机构专项检查整治。检查整治的重点包括"无证无照"非法开展培训活动的机构，"无证"超经营范围开展培训的公司，也包括经教育行政部门审批开展违规培训的非学历培训学校。

宁波市为规范全市教育培训市场，从 2018 年 5 月开始全面启动校外培训机构专项治理行动。宁波市教育局等 7 家单位联合发布《宁波市中小学生校外培训机构专项治理行动方案》，明确治理重点和整改要求主要包括：安全隐患、无证无照或无证有照经营、不规范办学行为（超范围办学，在核定办学地点之外进行教学，虚假宣传，夸大培训效果，违规担保培训贷款，抽逃或挪用办学经费，违反教育规律行为，培训与招生挂钩，有偿家教等）。为扎实有效地推进治理工作，完善对培训机构的管理举措，宁波市还同时出台了《宁波市民办非学历教育培训机构审批与管理暂行办法》。

全省各设区市，做到了严格执行国家和省的有关培训机构专项治理的政策要求，有针对性地开展治理工作，经过 2018 年 6 月 10 日前的排查，2018 年 12 月 10 日前的整治和 2019 年 6 月 10 日前的专项督查，专项治理工作取得明显成效，实现了"提升一批、规范一批、整改一批、关停一批"的目标，各地在规定时间内高质量地完成了辖区内培训机构专项治理工作。

本轮专项治理，对全省民办培训教育产生了前所未有的广泛而深刻的影响，初步构建了我省民办培训机构规范有序发展的长效机制，缓解了人民群众反映强烈的中小学生课外负担过重问题，校内外协同育人的良好局面逐步形成。

（二）行业协会对民办培训教育的健康发展，发挥着越来越重要的作用

十年来，行业协会在实现我省民办教育培训行业的规范发展、行业自律、行业维权、行业服务，构建政府职能部门、行业协会与民办非学历培训教育机构之间的良性互动格局，发挥着越来越重要的作用。

民办培训教育机构是改革开放后我省民办教育中最早出现的类型，也

是民办教育体系中市场化程度最高的一个类型。近十年来，民办教育培训机构大量涌现并迅速壮大，与此相应民办培训教育行业协会的建设越来越被各方面重视，行业协会的作用发挥也越来越显著。

《浙江省人民政府关于鼓励社会力量兴办教育　促进民办教育健康发展的实施意见》提出，要改进和提高对民办教育的管理服务水平，要进一步改进政府管理方式，要充分发挥各类社会组织在民办教育公共治理中的作用。

成立于1994年的浙江省民办教育协会，作为行业性、非营利性的社会团体在为全省民办学校提供专业服务、反映诉求、倡导行业规范和行业自律，在维护会员单位的合法权益，引导和促进全省民办教育健康发展等方面发挥着积极作用。浙江省民办教育协会分支机构的浙江省民办教育协会高教助学与培训分会，作为全省性的培训教育行业组织，对于维护会员单位及培训行业的共同权益，进一步规范培训市场，促进培训机构的信息沟通和资源共享，促进行业发展，发挥了重要作用。

从各设区市及区、县（市）的情况看，民办教育（民办培训、校外培训机构）行业协会对完善民办培训教育治理体系建设，健全民办培训教育治理格局发挥着独特作用，但从设置情况来看，全省各地存在着差异。

全省各地多数设区市均建立有市一级民办教育协会，部分民办教育协会建有培训分会。

杭州市至今尚未建立市一级的民办教育协会。但在杭州市成人教育协会设立了二级分会杭州市成协民办教育专业委员会（简称杭州市民专会）。杭州市民专会在1992年杭州市成教协会成立时同时设立，民专会的会员单位均为非学历民办培训教育机构，包括个别在线教育机构和培训公司。十年来，在杭州市教育局的大力支持下，民专会依据《杭州市民办培训学校管理办法》第五条的规定，积极发挥行业代表、行业自律、行业服务和行业协调作用，在规范民办培训学校的办学行为，维护民办培训学校的合法权益，特别是在杭州市教育培训机构专项整治工作中发挥了应有的作用。2019年11月，民专会本着勇于担当，维护行业形象的原则，通过对行业内多家机构的动员沟通，组织30多家会员单位、培训机构伸出援手，开展对因某机构经营不善停业受损学生的行业帮扶行动。

为进一步健全宁波市教育培训行业治理结构，制定行业标准，促进行业自律，协助行业整治，推进行业信用体系建设，进一步规范培训市场，保护消费者的合法权益，2018 年 9 月 20 日，宁波乐恩教育、新东方、学而思培优、学大教育 4 家培训机构联合发起筹设宁波市教育培训行业促进会。经市教育局审核同意，市民政局批复，宁波市教育培训行业促进会正式成立并举行第一次会员代表大会。宁波市教育培训行业促进会在加大依法办学政策法规和制度精神的宣传，开展办学行为巡查；创新教育培训行业管理理念，延伸管理幅度，破解治理难题；建立行业规范，实现自我管理和自我约束；收集行业信息，发布行业报告，提供业务指导，面向社会开展培训、交流、展示等活动；维护消费者权益，协调处理家长投诉，提供行业仲裁等方面发挥着重要作用。

温州市校外民办教育培训协会于 2019 年 3 月 21 日成立。台州市民办教育协会虽然未设立二级分会，但自从对校外培训机构的专项治理以来，开始重视和加大吸收民办培训机构加入协会，共同促进行业协会发挥更大作用。

除市一级之外，省内一些区、县（市）在民办教育协会也设有培训分会或直接设立校外培训机构行业协会。如金华市浦江县民办教育协会就专门设立了校外培训机构分会。此外，近年来，专门设立校外培训机构行业协会的区、县（市）逐渐增多，如杭州的江干区、富阳区。

2008 年成立的杭州市下城区民办教育协会，其会员单位 95% 以上是民办培训学校。下城区教育局通过多种形式授权协会承担相应工作，优化对辖区培训行业的治理结构，如下城区教育局决定对培训机构的星级评定等工作授权给协会，并拨付专项资金。2012 年 9 月成立的下城区民办教育协会党委在下城区民办教育行业中也发挥着先锋引领和核心堡垒作用。

特别值得一提的是，作为浙江省政协 2018 年重点提案的分别由浙江省民革副主委以及丽水市副市长领衔的有关整治我省校外培训机构乱象的提案，都非常明确的提出，为更好地做好校外培训机构的治理工作，完善校外培训机构的治理结构，建议各地成立校外培训机构行业协会，通过协会力量，进一步规范我省教育培训市场健康有序发展。

十年来，行业协会通过诚信办学倡议、帮扶倡议、承担政府部门委托、行业自律、政策建议等等做法，发挥着越来越大的作用。

三 浙江民办非学历培训教育发展存在问题及对策建议

2011年至2020年，民办培训教育的发展特征、发展速度和存在的问题，与学生、家长对课外辅导的旺盛需求，区域经济社会发展的状况，民办教育的新法新政，国家对校外培训机构的全面治理，社会资本的进入以及2019年年末2020年年初爆发的新冠肺炎疫情等等都存在着密切的关系。可以说，十年来，在整个民办教育体系中，民办培训教育异军突起，快速发展，同时也暴露出了许多问题。

（一）存在问题

1. 办学同质化趋势明显，相当比例的学校缺乏自身办学特色

十年来，我省一方面民办培训机构数量逐年快速递增，另一方面由于机构普遍存在战略定位模糊，导致学校缺乏自身办学特色，在学校项目类型、办学水平、学生课程、员工培养乃至场地布置等方面趋于同质化。在很大程度上折损了培训教育对于满足人民群众选择性教育需求的天然优势。

2. 部分培训机构内部运营环境存在问题

培训机构以双向选择为基础的合同制用工形式，使部分教师经过一定教学经验积累，教学水平显著提高后，一些能力出色的教师一旦合同到期，便会离开，攀高薪或自己创业，造成机构教学工作的"断裂"，影响教学质量；一些机构的举办者过多关注投资办学的营利性，关注利润的最大化，忽略办学的公益属性，急功近利，不愿做长远打算及投入，导致最基本的教学科研经费都无法保障，在用人方面，不愿花高薪聘用人才，教学质量难以保障；也有一些机构收费过高，造成家长经济压力过大。

3. 校外培训机构治理排查中发现的主要问题

根据省教育厅提供的资料，2018年，在专项治理工作中，全省通过对校外培训机构的全面排查，发现机构中存在的比较普遍和突出的问题包

括：虚假宣传、超办学范围招生（违规招生）、违规收费、违规集资、私自增设教学点；办学场地存在安全隐患、无安全通道标识或标识不清楚、消防疏散通道堆放杂物、消防器材配备不足；一些机构财务制度不够健全，资产负债净资产合计数小于注册数、学校搬离注册地未及时办理变更手续、教师信息公布不规范；超纲超前教学，违规组织学科竞赛等等。

（二）对策建议

（1）建立社会化的培训机构办学评估机制。

根据培训行业存在的问题，应该建立社会化的第三方评估机构，通过编制有针对性的评估指标体系，建立定期开展评估的制度，帮助培训机构及时发现问题、纠正问题，尤其是要通过评估，建立起规范校外培训机构办学的长效机制，杜绝各种办学乱象的反弹。同时，通过评估，评出优秀办学机构，树立榜样，促进培训行业的健康发展。

（2）加强监管，正确引导，奖优罚劣。

各级管理部门一方面要进一步加强和优化对培训机构的监管。对违规办学，违反财务制度的行为，发现一起查处一起；对于办学特色显著，开展素质教育成效突出的学校，给予相应的奖励。

把培训机构的师资培训纳入教育行政部门师资培训的统一计划或单独编制计划，把培训机构的师资培训，管理人员素质培养与提升作为监管和扶持民办培训学校的一个重要抓手。

（3）进一步改革完善中小学的招生制度，使培训市场回归理性。

要进一步改革和完善中小学的招生制度，进一步推进教育公平，稳步推进高考招生制度改革，切实加强素质教育，从而逐步改善校外培训机构的生存环境，使民办培训教育在满足人民群众多样化、选择性教育需求方面发挥更大作用，使教育培训市场回归理性。

（三）新冠疫情对培训行业的影响及应对措施

1. 新冠疫情对培训行业产生重大冲击。

2019 年年底至 2020 年年初发生的新冠肺炎疫情，使我省的教育培训行业与全国其他地方一样遭遇重创。

新冠肺炎疫情发生之初，教育部提出"疫情期间，严禁开展任何形式的线下培训，不得举办任何形式的聚集性培训活动"。当时正值培训机构寒假培训的旺季，疫情突至给培训机构带来巨大影响。

2020年2月，中国民办教育协会培训教育专业委员会面向全国31个省、市、自治区的培训机构，组织开展了"新型冠状病毒疫情对培训机构影响"的在线问卷调研。调查结果显示，超九成培训教育机构反馈疫情对机构运营产生较大影响，其中近三成机构表示"影响严重"，可能倒闭；36.6%的机构表示"影响很大"，出现经营停顿；25.4%的机构表示"影响较大"，导致经营困难；7.9%的机构表示"影响较小"，经营虽有困难但总体保持稳定；只有1.1%的机构表示疫情对经营活动没有影响。

2. 主要应对举措。

在疫情背景下，不同的培训机构所面临的困境可能有所差异，尤其是其中的课外培训机构，可能还背负着更为复杂的社会情绪。但只要是合法合规运营的教育培训机构，在疫情背景下就同样关乎民生、就业等社会基本议题。作为一般市场主体，它们需要国家从救经济角度出发的政策扶持，作为涉及未成年人群体聚集的行业，也需要国家政策层面更多细致的安排和帮助。

在审验合格允许培训机构复工复课（复训）之后，还需要进一步关注机构在运营过程中遇到的其他实际困难。

当然，此番疫情对各行业的影响不会快速过去，可能给包括教育培训在内的所有行业都提出了很多新的问题和挑战。在国家政策助力市场复苏的背景下，企业主体的自救会伴随着市场的大洗牌同步进行，对教育培训市场而言，同样可能是"危"与"机"并存的状态。

3. 关注资本对培训教育发展的影响。

资本对于教育培训行业的认识、互动经历了模糊—试探，认可—发展，鼓励—追逐几个不同的阶段。教育培训行业作为整个民办教育中市场化程度最高，市场认可度最大的一个模块，与资本有着一种天然的联系，随着民促法（新法）的施行，民办教育分类管理制度的逐步推进，资本对教育培训业的投资意愿日趋成熟，民办培训教育机构的融资需求更加清晰。

在我省民办教育培训机构投资的整体构成中，可以粗略地分成：①滚动发展型。学校创办时间比较早，初期投入不多，发展主要靠自身的办学积累，滚动发展。②举办者投资设立型。学校发展资金首先来源于举办者的投资。这两类，就目前来看，都是属于传统的教培机构办学类型，多数规模不大。

对于教育培训行业来说，在未来值得关注的是社会资本的进入以及行业的内部并购。

到目前为止，浙江本土的教育培训机构没有严格意义上的上市机构。但一些基础较好，实力较强，近几年发展迅速，正在连锁多点经营的机构，都有进行IPO的计划，尝试几年内实现在资本市场上市。

未来培训行业内部的并购也将增多，经过本次疫情，一些机构已经有所行动。譬如桐庐某培训机构，近几年在桐庐区域内的发展速度比较快，形成了一定的经济实力，2020年3、4月间已经在杭州主城区收购了3家培训机构。

政府职能部门对于社会资本进入教育培训行业、区域内教育培训机构的上市计划和教育行业内部的整合并购，要引起足够的关注，并及早地制定出相应的政策，以促进健康发展。

（杭州树人专修学校　吕雪标）

第三部分　专题报告

温州市实施国家民办教育综合
改革试点专题报告

一 基本情况

温州市现有基础教育阶段学校 2465 所，在校生 139 万人，其中，民办学校 1348 所，在校生 44 万人，占全市在校生总数的 32%，民办教育承担了全市近三分之一的教育任务。改革开放以来，温州教育实行公办、民办"两条腿走路"，形成以"多元办学"模式为特点的民办教育，为温州教育事业发展作出巨大贡献。

2010 年以来，按照《国家中长期教育改革和发展规划纲要（2010—2020 年）》的部署和要求，国务院办公厅专门下发了《关于开展国家教育体制改革试点的通知》（国办发〔2010〕48 号），将浙江省列为全国唯一的民办教育综合改革试点地区。浙江省明确将任务落实在温州等地。温州承接任务后，在市委、市政府高度重视下，试点工作获得强力推进，取得了显著成效，为国家民办教育改革提供了"温州样本"。

二 政策框架

（一）分类管理政策演进历程

1.0 版温州民办教育政策体系：2011 年 10 月，中共温州市委、温州市人民政府颁布《关于实施国家民办教育综合改革试点加快教育改革与发展的若干意见》（温委〔2011〕8 号），同时出台《关于民办学校分类登记管理的实施办法（试行）》《关于进一步加强民办学校教师队伍建设的实施办法（试行）》《关于完善民办教育社会保险制度的实施办法（试行）》《关于公共财政补助民办教育的实施办法（试行）》《非营利性民办学校财务管理的实施办法（试行）》《关于明确非营利性民办学校法人财产权的实施办法（试行）》《关于落实民办学校优惠政策的实施办法（试行）》《关于加强民办学校现代制度建设的实施办法（试行）》《关于民办学校办学水平评估的实施办法（试行）》9 个子文件，形成了民办学校分类管理的配套政策，即民办教育"1+9"文件，提出"对民办学校按照营利性、非营利性进行分类登记管理"，全面回应了民办教育在法人属性、办学体制、融资政策、财政资助、税费优惠、社会保障、教师管理、合理回报、治理结构等方面存在的困难，梳理出破解之策。

2.0 版温州民办教育政策体系：2013 年 8 月，中共温州市委、温州市人民政府出台《关于实施国家民办教育综合改革试点加快教育改革与发展的若干意见》（温委〔2013〕63 号文），"1+9"文件升级成为"1+14"文件，新增了《非营利民办学校会计核算办法（试行）》《关于县（市）民办学校教师在市本级临时性参加社会保险的暂行规定》《关于落实民办学校金融支持和优惠政策的实施办法（试行）》《关于民办非企业法人学校改制为企业法人学校的办法（试行）》《关于进一步加强民办学校党建工作的若干意见》5 个子文件，对登记为事业单位法人的非营利民办学校会计制度作出了切合当地实际的规定。

3.0 版温州民办教育政策体系：2018 年 9 月，温州市人民政府出台《关于进一步深化综合改革促进民办教育健康发展的实施意见》（温政发〔2018〕20 号）以及 9 个配套子文件，以适应《中华人民共和国民办教育促进法》修订带来的政策变化，形成温州新"1+9"民办教育政策，9 个子文件分别是《关于进一步加强民办学校党建工作的若干意见》《温州市民办学校分类登记管理办法》《温州市现有民办学校选登记营利性民办学校办法》《温州市民办学校退出办法》《温州市民办教育公共财政补助办法》《温州市民办学校教师队伍建设办法》《温州市金融支持民办教育实施办法》《温州市民办学校办学水平星级评定办法》和《温州市民办学校规范管理和信息公开办法》。

（二）分类管理改革的基本要点

在推进民办学校分类管理改革过程中，温州市遵循的总体思路是：以支持民办教育发展为改革的根本目的，从存在的问题出发，按照公、民办教育同属于国家公益性事业的法律要求，在同等待遇的基础上清理各种歧视性政策，破解民办教育在师资、产权、税费等政策方面的障碍，全面进行"制度重建"。

改革的基本办法是：实施分类管理，从民办学校营利或非营利的属性出发，开展分类登记管理，研究制定不同的政策体系，由民办学校举办者按要求合理选择学校属性，充分发挥各自特点和优势，办出水平和特色。

改革的目标定位是：确立"公办保优质均衡、民办促多元选择"的发展定位。从政府和学校两个层面出发：一是政府层面，以体制和机制创新为重点，健全教育公共政策，优化发展环境，吸引社会力量投资办学，形成公、民办教育共同发展的良好格局，创造区域民办教育改革的优秀模式，为国家民办教育改革发展提供可资借鉴的先进经验；二是学校层面，以质量和管理创新为重点，建立现代学校制度，办好每所学校，教好每位学生，聚集多元、特色的民办教育优质资源，满足群众多样化、多层次的教育需求。

（三）分类管理改革的政策创新

一是创新突出公益导向的分类管理制度。温州改革试点初期，按照营利性、非营利性对民办学校进行分类登记管理。建立非营利性学校由民政部门登记为民办事业单位、营利性学校由工商部门登记为企业法人的分类登记制度。《中华人民共和国民办教育促进法》修订后，温州对现有民办学校实施举办者自愿选择的原则，举办者可自主选择登记为非营利性学校或营利性学校。同时，从积极引导社会力量举办非营利性民办学校的立场出发，特别增加了"选择登记为营利性学校之后，举办者可再次申请转登记为非营利性民办学校"制度，让公益导向在分类管理中得到充分体现。

二是创新对现有民办学校出资者的奖励和补偿机制。学校资产的处置一直是民办学校出资者非常关注的问题，也是事关民办教育事业发展的关键环节。政策规定：现有民办学校终止办学时，补偿或奖励数额综合考虑举办者原始出资和 2017 年 8 月 31 日前投入的后续出资、已取得的合理回报以及办学效益等因素，对市、县政府已出台相关规定或与民办学校有约定且仍具有法律效力的，从其规定（约定）；没有规定（约定）的，民办学校原始出资和经认可的历年累计出资归举办者所有，清偿后的剩余资产仍有结余的，按不低于学校结余资产20%比例给予奖励，具体由民办学校所在地县级以上政府确定。当然，现有民办学校选择登记为营利性民办学校时，在财产权属方面享有现有民办学校终止办学同样的权益。这样奖励和补偿政策，符合了历史性和先行性的原则，有利于民办教育保持稳定发展。

三是创新营利性民办学校用地政策。温州政策规定：现有民办学校选登记为营利性民办学校，原以行政划拨方式供地的，可改为出让、租赁等有偿方式使用土地。需要由划拨改为出让的，原土地使用者按照拟出让时的出让土地使用权市场价格减去拟出让时的划拨土地使用权权益价格的差价，补缴土地出让金；土地使用权不转移给营利性学校的，其原以行政划拨方式取得的土地使用权由政府收回，回收价款按现时点的划拨土地使用权权益价格计算。举办者要求继续使用原有土地的，可以采用租赁方式。

四是创新财政扶持民办教育政策。温州政策在财政方面对优质的民办教育品牌项目进行精准扶持：市财政每年继续在教育发展专项资金中安排3000万元作为民办教育发展专项资金；鼓励对特别优秀的品牌教育引进项目采取"一事一议""一校一策"；通过设施设备补助、项目固定资产投资补助、土地校舍优惠和师资支持等方式，加大对市外优质民办教育品牌项目的引进力度。比如，新引进的优质品牌民办学校，根据当年新增班级数，按每班10万元的标准给予设备设施补助。对当年投资额1亿元以上的新建优质品牌民办学校项目，按项目实际固定资产投资总额给予学校1%、总额不超过500万元补助。在规划允许的情况下，将新建校舍或公办闲置校舍交由优质教育品牌办学的，可以给予低租金优惠。

五是创新民办学校教师保障和激励制度。为保障民办学校教师的合法权利，激发教师服务民办教育事业的积极性，温州完善教师保障制度：（1）建立民办学校教师人事代理制度。凡取得相应教师任职资格并已应聘到各级各类民办学校任教的教师，均要参加人事代理，参加人事代理是民办学校教师参加职称评审、社会保险、评优评先的前提。（2）完善社会保障体系。民办学校教师享受与公办学校教师同等的社会保险和福利待遇。对参加事业单位养老保险的教师，基本退休金以档案工资为依据，享受与公办学校教师同等的退休金。（3）提高工资待遇。建立各级各类民办学校教师工资指导线（最低标准）。民办学校教师工资指导线（最低标准）不得低于当地同级同类公办学校教师岗位绩效工资的70%。（4）促进教师发展，将民办学校教师纳入与公办学校教师同系列、同要求、同待遇的教师培训计划中；民办学校教师参加职务评审、业务竞赛、评优评先等，指标计划实行单列。（5）建立民办事业编制报备员额制度，对登记为事业单位法人的非营利性民办学校，各县（市、区）机构编制部门给予核定不高于同类公办学校编制标准50%的非财政供养民办事业编制报备员额（简称编制报备员额），编制报备员额实行用编计划和实名制管理，参照公办学校同类人员执行。

六是创新民办学校收费政策。为了落实收费自主权，温州根据法人属性分类实行优质优价的收费政策，登记为民办事业单位法人的民办学校，收费项目及标准实行政府指导价管理，由民办学校按不高于当地上年度生均教育事业费3倍的标准自主确定（特别优质学校，经批准可按5倍确定），报价格主管部门备案并向社会公示后执行。登记为企业法人的民办学校，收费项目及标准由学校自主定价，报价格主管部门备案并向社会公示后执行。

七是创新教育投融资机制。鼓励金融机构在风险可控前提下开发符合民办学校资金运行规律的资产证券化、项目收益债、教育公益信托、融资租赁等金融产品；鼓励金融机构为民办学校提供用于扩大办学规模和改善办学条件为目的的信贷支持；民办学校可将产权清晰的非教学设施作抵押，或将学校未来经营收入、办学权、收费权、知识产权、商标权作质押，向银行申请贷款；鼓励营利性民办学校探索创建教育私募股权投资基金。

八是创新民办学校产权归属政策。立足于社会主义初级阶段的现实国情，温州改革初期1.0版和2.0版的政策规定，出资财产属于民办学校出资人所有，出资人产（股）权份额可以转让、继承、赠与，但学校存续期间不得抽回资金。同时，建立合理回报制度，民办事业单位法人的民办学校，可获得合理回报，额度按不超过出资人累积出资额为基数的银行一年期贷款基准利率的2倍计算。企业法人的民办学校按企业机制获取利润。这些务实的产权制度改革，对引导民间资金进入教育领域具有较大的促进作用。《中华人民共和国民办教育促进法》修订后，温州 3.0 版的民办教育政策取消了合理回报。

三　主要做法

（一）坚持党的领导，把牢社会主义办学方向

2013 年，温州市出台《关于进一步加强民办学校党建工作的若干意见》，在全国各地级市中率先将党的建设纳入民办教育政策体系。市县两级教育行政部门成立社会组织联合党委，领导和指导民办学校党的建设，选优配强民办学校党组织书记，鼓励党员身份的举办者担任党组织书记，积极推进"双向进入、交叉任职"，切实发挥党组织的政治核心作用。通过党组织协调好董事会、行政班子以及师生之间关系，确保民办学校全面贯彻党的教育方针、坚持社会主义办学方向。目前温州 1384 所民办学校（含幼儿园）已建立党组织 454 个。其中，党委 7 个，党总支 5 个，党支部 228 个，联合党支部 214 个。近年来，培育市级"一社一品"党建品牌民办学校 10 所、省级示范基地 3 个，如瑞祥高级中学由举办者担任党支部书记，深入开展"红色温暖"行动，积极探索民办学校党组织服务于学校发展的新路径。

（二）完善运行机制，保障改革政策全面落地

温州市委市政府积极构建系统有效的运行机制，推动各级党委政府、相关部门，克服畏难情绪，化解难题，推动工作。一是建立民办教育综合改革联席会议制度。建立由分管副市长为召集人、18 个市属部门分管负责人和 12 个县（市、区）分管领导为成员的联席会议制度，负责政策研究和落实工作，有效地解决了改革推进中遇到的困难和问题。试点开展以来，市委书记为民办教育改革作出 9 次批示，市委市政府先后召开各类专题研讨会、协调会、论证会 40 多次，从顶层设计、政策完善、改革推进等方面抓好组织协调。积极探索现有民办学校选择登记营利性民办学校政策落地，市政府组建 10 个部门参与的选登记工作专班，筛选 5 所试点学校调研，设计现有民办学校选择登记营利性民办学校政策已形成实操流

程，争取早日落地。二是建立市委督查通报制度。温州市委考绩办将民办教育改革试点推进情况纳入重点工作考绩，建立了月督查通报制度，内容涵盖试点分类登记、专项奖补资金、政府购买服务资金、最低工资指导线、人事代理、教师社保等12大项40小项的工作，使改革试点工作得到各级领导的充分重视，强力推动落实。三是建立专项督查制度。温州市人大、市政协有针对性地开展了民办教育综合改革试点专项督查。温州市教育局还建立改革试点工作月例会制度，每月对改革推进情况进行分析诊断，研究对策。

（三）营造良好氛围，形成推进改革试点合力

在科学的运行机制下，温州全面深入宣传民办教育改革，最大限度凝聚改革共识，争取各方理解支持，合理引导改革预期，进一步坚定改革信心，为改革营造良好舆论氛围。开展改革试点政策系列培训，由温州市政府有关部门分13个专题，讲解民办教育改革政策要点，培训对象涉及教育、财政、发改、人社、民政、工商、金融、税务等十多个部门的分管领导、职能处室负责人以及民办学校董事长、校长等，培训量达到800多人次。通过培训，既解读了政策，又达成改革共识。举办民办教育高峰论坛，宣传民办教育综合改革。结合民办教育改革与民办学校内涵发展，探讨交流在改革试点大环境下民办学校的创新与发展，设置了民办学校品质提升与品牌经营、民办学校文化建设与内涵提升、民办教育宏观政策走向与民办学校特色发展等专题，把民办学校引导到与改革共舞、办优质学校的认识上来。

（四）强化规划引领，促进公办民办协调发展

温州通过规划布局调控入手，有效促进公办、民办协调发展。一是明确公办、民办教育发展比例。按照"公办保优质均衡、民办促多元选择"的发展定位，出台了《温州市民办教育改革和发展规划（2015—2020年）》，强化对民办教育发展规模的引导和调控，设置各学段民办教育的学生数比例区间和市辖县民办学校数量区间，防止公办、民办教育发展失衡。二是推动公办、民办学校良性竞争。支持公办学校借鉴民办学校办学机制、管理方式等方面的优势，激发办学活力，提升办学质量和水平。发

挥民办学校"鲶鱼效应"，各县级政府一般在同一办学层次支持一所与当地公办学校办学水平相当的民办学校，推动公办、民办学校良性竞争，促进当地教育质量提升。

（五）加强规范管理，促进民办教育健康发展

温州市以制度建设、主题活动、评价方式为抓手，加强民办学校规范管理。一是完善制度建设。2018年温州专门出台《温州市民办学校规范管理和信息公开办法》，推动民办学校加强行业自律和规范办学，加大对违法违规办学行为的查处力度，避免冲击公办学校办学或影响教育生态。二是开展年度主题活动。组织开展系列主题活动，如2016年开展民办学校法人治理结构建设年活动；2017年开展民办中小学"三项工程"（民办中小学特色品牌建设工程、学生体质与心理健康推进工程、学生饮食放心工程）建设年活动；2018年开展民办教育新法新政学习年活动；2019年为民办学校风险排查化解年活动。通过主题年活动进一步规范了民办学校的办学行为。三是创新评价方式。出台《温州市民办学校办学水平星级评定办法》，评定指标纳入招生、收费、财务等民办学校特色要素，委托第三方机构对全市所有民办学校进行星级认定并向社会公布。星级评定是温州民办教育管理创新举措之一，这种创新的评价方式，也意味着温州民办教育从数量上"兴"办教育进入用"星"办教育的新时代。

四 改革成效

良好的政策加上强有力的推进，温州市民办教育综合改革取得了阶段性的成效，民办教育整体上逐渐发生一些可喜的转变。

（一）实施分类管理登记，各项政策逐步落实

按照营利性、非营利性对民办学校进行分类登记管理，全市2012年推进首批100所试点学校，2013年完成第二批300所试点学校分类登记工作，2015年全面放开分类登记试点工作。全市参加分类登记学校达1068所，其中非营利性民办学校803所，营利性民办学校265所（培训机构为主）。各项政策均得到突破。财政扶持政策：试点以来全市政府专

项奖补资金和政府购买服务资金额共计 15 亿元。教师保障政策：目前全市参加教师人事代理、事业单位社会保险、企业养老保险、按公办教师标准办理医疗保险、住房公积金个人账户总数分别达到 6861 人、4651 人、7890 人、5381 人、5613 人。突破投融政策：2013 年 4 月，龙湾区越秀学校率全国之先，通过学费收费权质押的方式向银行成功贷款 600 万元，开了基础教育阶段民办学校直接向金融机构融资的先河，目前全市共完成 50 笔民办学校向金融机构贷款，总授信额度达 15 亿元。

（二） 发展环境进一步优化，办学体制改革走出新路子

办学体制改革取得成效，办学模式进一步多样化，目前我市已形成五种不同的办学模式。（1）委托办学。有民办学校委托民办学校、公办学校委托民办学校办学两种形式，创新了民办学校委托民办学校管理的新形式。（2）管办评分离办学。永嘉县政府引进翔宇教育集团创办温州翔宇中学，形成由政府出资建校、民办学校管理、引入社会评价的"管办评"分离的办学模式。（3）捐资办学。森马集团捐资 3 亿元，举办温州森马协和国际学校，建成后委托上海协和双语学校管理，将学校办成非营利的公益性学校。（4）PPP 模式。瑞安新纪元小学、平阳新纪元学校等通过 PPP 项目新建、迁建学校。（5）公、民办合作办学。优质公办学校通过战略合作，输出品牌、管理、师资，扶持民办学校快速发展。

（三） 改革政策得到充分肯定，示范效应不断扩大

温州市的民办教育试点改革工作得到了各级领导的充分肯定和媒体、同行的密切关注。试点以来，国务院办公厅、教育部、财政部、发改委、民政部等部委，省人民政府、中国民办教育协会以及有关科研机构、地方政府等，近 150 次来温州考察调研，均对温州改革给予充分肯定，原教育部副部长鲁昕专门给全国各省（直辖市、自治区）分管教育的省（市、区）长写信推介"温州样本"，把温州经验作为典型向全国推广。中民协 2011 年以来 6 次邀请温州市政府领导在中国民办教育发展大会上作典型发言。《人民日报》《中央电视台》《光明日报》《中国教育报》等几十家媒体对温州民办教育改革给予宣传报道。民办教育新政还获得 21 世纪教

育研究院组织的第三届地方教育制度创新奖优秀奖。

（四）引资引智工作成效显著，优质资源快速扩张

试点以来，社会力量举办教育的热情得到激发，民间资金纷纷流向教育领域，初步统计已达 90 亿元以上，其中投资额 1 亿元以上的项目 28 个，建筑面积达 161 万平方米。试点以来民办学校引进高级教师、特级教师、省名师、名校长 643 人。过去几年，江苏翔宇、上海协和、上海世外、北京新东方等一批品牌入驻温州，温州本地民办学校组建了 14 大教育集团，满足了老百姓多样化、选择性的需求。

五　改革试点经验

温州民办教育综合改革之所以能在取得明显成效，我们主要有以下五点体会：

（一）深度调研、有的放矢是启动改革的"金钥匙"。调研是改革作出科学决策的重要依据。改革要以调研为基础，解决问题，突破难点，将调研的成果转化为务实的举措。温州市民办教育改革，正是从调研入手，发现问题、分析问题、探究原因，形成共识，从而有的放矢地制定改革方案。2011 年在接到浙江省实施国家民办教育综合改革试点任务后，市委、市政府全面研究部署改革试点工作，组织教育、政研、发改、财政、国资、人事、金融、社保、土地、规划等部门牵头开展 6 项相关课题研究。课题组分别对我市民办教育发展历史及现状，上海、深圳、昆明等国内发展民办教育的做法，国外先进地区私立教育发展经验以及现阶段我国民办教育发展策略和政策导向等方面，开展了 7 个多月的调研和论证，形成系统的《温州市实施民办教育综合改革试点课题调研总报告》和七个子课题调研报告。对温州需不需要民办教育、需要什么样的民办教育、如何去发展民办教育，形成了高度的共识。并认为，温州民办教育当前存在很多的困难，这些困境和弊病，既非一日之寒，也非局部病灶，需要从体制、制度层面进行顶层设计和系统改革，全面进行制度重建，才能根除顽疾，获得新生。2011 年 11 月，针对调研概括的法人属性、队伍建设、财政扶持、土地优惠、税费优惠等十个方面的民办教育政策障碍，市委市政府出

台了配套政策，逐一进行破解。温州改革以调研入手，借政府主导之力，集职能部门之智，结合温州实际，逐个深入调研，逐一突破障碍，才使改革试点得以成功实施。

（二）顶层设计、底层创新是实施改革的"导航仪"。改革需要顶层设计，这是改革的大纲和前进的方向，是改革的基本。只有顶层设计，追根溯源，统揽全局，在最高层次上寻求问题的解决之道，才能高效快捷地实现改革目标。在改革初始就明确了总体思路，就是要以支持发展民办教育为改革的根本目的，从存在的问题出发，按照公、民办教育同属于国家公益性事业的法律要求，在同等待遇的基础上清理各种歧视性政策，破解民办教育在师资、产权、税费等政策方面的障碍，全面进行"制度重建"。确立了改革的目标定位，即政府层面，以体制和机制创新为重点，形成公、民办教育共同发展的良好格局，为国家民办教育改革发展提供可借鉴的先进经验；学校层面，以质量和管理创新为重点，建立现代学校制度，建设多元、特色的民办教育优质资源，满足群众多样化、多层次的教育需求。

如果改革光有顶层设计，缺乏底层创新，缺乏具体的实现手段，缺乏配套的政策体系，则改革很可能成一番空想。所以我们在顶层设计的基础上，注重系统改革，底层创新，按照营利性、非营利性对民办学校实行分类登记，配置有区别的政策体系，来支撑我们的改革。配套文件的政策设计在全国具有突破和创新意义，如分类登记管理、投融资改革、公共财政扶持、收费税收、土地优惠、教师队伍建设、合理回报、产权制度改革、现代学校制度、民非改制企业等政策，多个政策开全国之先，打破传统的思维，突破了法律法规的束缚，但又不触碰法律红线，为实现改革的顶层设计提供了基本的保障。

（三）突破创新、敢为人先是推进改革的"发动机"。民办教育综合改革没有样板可学习，没有现成经验可借鉴，只能靠发挥主观能动性，靠创造性的实践能力，靠突破创新、敢为人先的精神。突破，就是以改革试点为契机，舍弃不符合、不适应、不利于当前教育科学发展的政策条规；创新，就是要在处理政府、市场、学校的关系中，构建教育发展新机制。可以说，突破与创新是温州市民办教育综合改革的主旋律。如引入"民办事业单位"，来突破民办非企业法人属性对民办学校的种种约束；以非营利性民办学校举办者对原始投入拥有所有权，来突破民办学校法人财产权；以政府购买服务，来突破公共财政对民办学校扶持的政策障碍；以办学权、收费权质押和非教学资产抵押等金融创新，来突破民办学校融资难题等等，这些突破和创新都在全国产生广泛影响，具有开民办学校先河的意义。

民办教育综合改革敢想、敢试、敢闯，"敢为人先"的气魄和胆识，一是来自不断解放思想，把自己从"稳"的思想、"守"的观念、"怕"的心理中解放出来，打破束缚改革的思想观念和条条框框，做到先干不争论，先试不评论，使得"过程很难看，结果很漂亮"。二是来自超前的思路。从改革试点之初，我们就研究分析世界发达国家私立教育的走向，紧盯国内民办教育的最新动态和走向。与教育部及全国各地的民办教育研究机构、专家学者建立紧密的联系，跟踪最前沿的民办教育研究成果。

（四）服务民生、促进发展是有效改革的"风向标"。我们始终把是否有利于促进民办学校及师生的发展，是否有利于民办教育整体水平的提升，形成优质、特色、多元的民办教育品牌，是否有利于调动全社会举办民办教育的积极性，引导民间资金举办优质民办教育，作为评价改革的主要依据。改革最大的受益者是民办学校的举办者和师生。目前，全市民办学校教师已参加人事代理 6861 人，参加事业保险 4651 人；民办学校得到政府财政扶持资金达 12 亿元；民办学校教师参加各类培训达 4 万人次；民办学校办学信心得到提振，学校骨干教师渐渐趋于稳定，民办学校改善办学条件的热情不断高涨。改革使民办学校得到实惠，也使民办学校对改革的支持、配合表现出极大的热情，形成上下联动的良好局面。

（五）构建机制、科学运行是深化改革的"保护伞"。民办教育综合改革是一个系统工程，涉及的政策法规和职能部门很多，没有党委、政府的主导，任何一个部门都无法完成；没有部门的通力合作，政策就无法"落地"；同样，政策如果得不到民办学校的认可，民办学校不与改革共舞，所有的政策也将成为一纸空文。因此，构建有效的协调机制、督查反馈机制、快速的诊断机制，保持改革顺畅的运行机制，是民办教育综合改革取得阶段性成效的保证。在改革运行中，建立了温州市和县（市、区）政府民办教育综合改革联席会议制度，以分管副市长担任召集人，各有关部门和县区分管领导为成员，负责政策研究和落实工作，解决改革推进中遇到的困难和问题。温州市委考绩办将民办教育改革试点推进情况纳入重点工作考绩，建立了月督查通报制度。市政府民办教育综合改革联席会议办公室抓好月督查通报，使改革试点工作得到各级领导的充分重视，强化了县（市、区）政府的推进力度。政府各部门团结协作的程度之深前所未有，民办教育调研报告由各职能部门负责撰写，改革试点配套政策由各职能部门负责起草，报市委市政府发文，改革试点中遇到的困难和问题由各部门共同研讨和解决。

（温州市教育局　戚德忠）

宁波市民办教育综合改革专题报告

一 宁波市民办教育的概况

宁波民办教育起步于20世纪90年代初期，经历了萌芽壮大发展、规范有序提高和内涵特色彰显阶段，目前已呈现出模式多样、主体多元的发展态势。在办学主体上，有企业、个人出资办学，也有股份合作、中外合作等模式；在办学层次上，从非学历教育到学前教育、中小学教育、高等教育各层次学历教育全覆盖。同时，各级政府将民办教育发展纳入国民经济和社会发展规划，统一布局，全面统筹，民办教育的规模快速扩大、办学条件持续改善、教育质量稳步提升，成为我市教育体系的重要组成部分。

1. 全日制民办学校数量已占半壁江山。截至2018年年底，全市共有全日制民办学校1015所，在校生33.59万人，分别占比总量的50.55%和25.89%。分类占比方面，幼儿园、普通高中和高校列前3，民办学校数量分别占比73.28%、32.14%、23.08%，学生数量分别占比59.86%、22.88%、22.68%（见表1）。

表1 **2018年宁波市全日制学校和在校生数量**

		幼儿园	小学	初中	普通高中	中职学校	高校	合计
学校数（所）	全部	1220	433	220	84	38	13	2008
	民办	894	53	32	27	6	3	1015
	民办占比（%）	73.28	12.24	14.55	32.14	15.79	23.08	50.55
在校生（万人）	全部	28.97	49.03	20.91	8.61	6.6	15.60	129.72
	民办	17.34	7.33	3.33	1.97	0.08	3.54	33.59
	民办占比（%）	59.86	14.95	15.93	22.88	1.21	22.68	25.89

2. 办学条件不断完善，亮点频现。现有全日制民办学校的办学条件不断完善，尤其是民办小学的生均占地面积和建筑面积均超过了全市平均水平；目前民办星级幼儿园 882 所，占民办幼儿园总数的 98.7%；义务教育标准化学校占比超过 90%；相当一部分的民办基础教育学校办学质量受到社会各界的肯定和称赞，涌现出万里教育集团、慈吉教育集团、华茂教育集团等一批较高知名度的集团与学校。

表 2　　　　　　　　　2018 年宁波市全日制学校办学条件

	生均占地面积（m^2）					生均建筑面积（m^2）					计算机生机比（人/台）	生均纸质图书册数（册）	固定资产总值（万元）
	小学	初中	普高	中职	总平均	小学	初中	普高	中职	总平均			
全部	18.64	37.95	75.45	47.18	44.81	9.41	19.07	41.48	26.18	24.04	5.57	43.66	2193540.24
民办	21.36	21.11	53.92	37.06	31.51	9.95	12.28	29.76	25.87	17.06	4.36	35.43	470650.50

表 3　　　　　　　　　2018 年宁波市全日制专任教师情况

	师生比例（%）							中级及以上职称教师的比例（%）						
	幼儿园	小学	初中	普高	中职	高校	平均	幼儿园	小学	初中	普高	中职	高校	平均
全部	7.60	17.59	13.10	9.96	12.49	12.35	12.18	0.54	0.89	0.69	0.70	0.65	0.65	0.70
民办	8.23	24.36	10.60	4.90	16.37	3.11	11.26	0.54	0.63	0.80	0.83	0.1	0.63	0.59

3. 社会资本投入逐年增加。据初步统计，近三年全市民办教育累计吸引社会资本 14.54 亿元。其中，民办幼儿园 6.40 亿元，民办中小学 5.66 亿元，民办非学历文化教育培训机构 2.48 亿元。2018 年财政对宁波民办教育支出 96092 万元，占当年财政教育支出的 3.87%。

表 4　　　　　　　　　2018 年度宁波市民办教育投入统计

财政对民办教育的支出占财政教育支出的比例			举办者投入（万元）	捐赠（万元）
2018 年财政对民办教育支出（万元）	2018 年财政教育支出（万元）	占比（%）		
96092	2481646	3.87	13428	774

4. 未来发展仍有较大空间。与城市高质量发展对优质教育资源的需求相比，特别是与广州、深圳、苏州、青岛、大连等竞争城市相比，宁波在民办学校总量、结构、质量和特色培育等方面仍有较大提升空间。特别

是民办中职学校和高校，急需奋力追赶。

二　宁波市民办教育综合改革的举措及影响力

宁波作为浙江省民办教育改革发展的试验区，一直以来走在全省、全国前列。民办学校的可持续发展，一方面需要政府的扶持，另一方面也需要民办学校自身的规范管理，并且离不开政府的有效监管，这才是贯彻民办教育"积极鼓励、大力支持、加强引导、依法管理"十六字方针的要义所在。因此，在扶持政策方面，宁波市政府不遗余力。

（一）形成一定规模，为可持续发展厚积待发

至2019年11月底，全市共有民办学校1012所。其中，民办高校3所，在校生4.53万人；民办中小学（含幼儿园）1009所，在校生共34.53万人；民办教育培训机构1622所。

改革开放以来，我市在民办教育发展过程中主要经历了以下三个时期：第一阶段是1978年至1998年，是宁波民办教育萌芽初生和发展壮大时期，万里教育集团、大红鹰教育集团、华茂教育集团、慈吉教育集团等较大规模民办教育机构相继诞生，宁波民办教育实现从零星发展到形成集团化发展的历史跨越。第二阶段是1999年至2015年，是宁波民办教育规范提高时期。宁波市出台了地方性法规《宁波市民办教育促进条例》，重点明确了设立民办教育发展专项资金、教师养老保险、税收优惠、政府委托办学、举办者出资权益、风险保证金六个方面的规范要求，突破了许多民办教育发展所需要的政策。2015年，市政府出台《关于进一步鼓励民间资本进入教育领域的实施意见》，积极鼓励民间资本进入教育领域，率先在国内提出了民办教育分类改革，分类扶持的政策，为国家修法提供了鲜活的地方实践。第三阶段是2016年至今，是推动我市民办教育高水平有特色可持续发展的关键时期。2016年，国家重新修订了《中华人民共和国民办教育促进法》，推动民办教育分类登记，分类扶持，分类管理，国家与省也相继出台了政策框架。2018年，我市专门成立了工作团队，调研走访，历时两年，易稿20余次，在2019年11月份，向市政府提交了《关于进一步鼓励社会力量兴办教育　促进我市民办教育高质量发展

的实施意见》等1+9系列政策文件文稿，并顺利通过了市政府常务会议的审核，陆续下发。文件中创新性地提出了鼓励和支持民办教育发展的新举措，如：清算确权，奖励补偿；建立教师发展基金，确保教师权益；落实差异化的扶持政策，建立生均公用经费补助标准；完善学校法人治理，保障学校办学自主权；鼓励民办教育有特色高质量发展，建立特色发展基金；完善大额资金监管，创新风险防控等。

经过40多年的发展，我市民办教育主要呈现以下几个特点，一是模式多样。全市已形成了企业出资办学、个人出资办学、股份合作办学、中外合作办学、委托管理办学等多种模式并举的局面，并逐步向集团化、规模化办学方向发展。二是主体多元。从民主党派办学发展到企、事业单位办学，中外合作办学，以及其他各种社会团体组织、个人投资办学等。三是层次齐全。民办教育已从过去的非学历教育发展到学前教育、中小学教育、高等教育及非学历教育的全覆盖。四是布局合理。我市各级政府将民办教育纳入国民经济和社会发展规划，对各类民办教育的布局规模、办学条件、生源、师资进行全面统筹。

（二）出台系列文件，为可持续发展保障前行

我市民办教育具有起步早、发展快的特点，良好的政策环境是促进民办教育发展的有力保障，一系列鼓励性政策和规范性文件，促成了民办教育的繁荣。2006年就出台了地方性法规《宁波市民办教育促进条例》，重点明确了设立民办教育发展专项资金、教师养老保险、税收优惠、风险保证金、政府委托办学、举办者出资六个方面，取得了民办教育发展实质性的政策突破。2007年以来，先后制定了《宁波市人民政府贯彻实施〈宁波市民办教育促进条例〉若干规定》《关于鼓励和规范我市民办中小学校的实施意见》等文件，重点就专项资金使用管理制度、风险保证金分类管理制度等作出了具体的规定和细化的要求，有效破解了制约民办教育发展的瓶颈因素。2015年9月份，出台了《关于进一步鼓励民间资本进入教育领域的实施意见》（甬政发〔2015〕109号）。文件以实施分类登记管理制度为重要突破口，明确了鼓励民间资本兴办全日制学校（含幼儿园）和教育培训机构、参与教育合作共建项目和教育服务四大领域，进一步激发教育活力，满足人民群众多层次、多样化的教育需求选择。2016

年，联合市编委印发了《宁波市非营利性民办学校开展事业单位登记管理暂行办法》，并以"非营利性、有国资成分、代表性强、办学规范"为原则，启动对民办学校实施分类登记、分类管理工作，并选择宁波荣安实验中学进行事业单位登记管理试点。目前，已登记事业单位法人的有宁波荣安实验中学、宁波诺丁汉大学附属中学、江北区上海世界外国语学校、鄞州区蓝青小学等 8 所学校。

随着国家和省级层面陆续出台一系列民办教育相关法律法规和政策文件，我市结合实际，将陆续出台《关于进一步鼓励社会力量兴办教育促进我市民办教育高质量发展的实施意见》等"1+9"系列文件。目前已出台《关于进一步鼓励社会力量兴办教育　促进我市民办教育高质量发展的实施意见》《宁波市民办学校分类登记管理办法》《宁波市公共财政扶持民办教育高质量发展的实施办法》《宁波市民办学校教师队伍建设办法》《宁波市民办教育培训机构诚信办学星级评估实施办法》，其他的如：民办学校党建工作、办学自主权、非营利性民办学校监管、现有民办学校变更登记类型、民办学校收费管理等文件，也将陆续出台。

按照《宁波市民办学校分类登记管理办法》，各级教育部门会同民政、市场监管等部门积极稳妥落实民办学校分类登记管理。对 2017 年 9 月 1 日前成立的 817 家民办教育培训机构启动变更登记类型，目前共有 300 家存量民办教育培训机构完成了变更登记类型。2017 年 9 月以后新增的培训机构在审批时直接确定登记类型。

表 5　　　　　　　　　我市民办教育 2010 年以来主要政策一览

政策名称	主要政策内容
《关于民办学校民营医院参加事业养老保险人员医疗保险有关问题的专题会议纪要》（2012 年）	对符合一定条件的民办学校教师享受公务员医疗补助金待遇；同时，政府对全日制民办中小学和幼儿园具有专业技术职务的教师按规定缴纳社会保险单位缴纳部分，给予 1/2 的补助
《关于民办学校教师参加事业医疗保险有关事项的通知》（2012 年）	民办学校具有中级以上专业技术职务的教师可参加事业医疗保险
《关于鼓励和规范我市民办中小学校的实施意见》（2013 年）	促进民办学校的规范发展，提高民办学校的办学水平，依法对民办学校进行指导、管理和监督
《关于进一步鼓励民间资本进入教育领域的实施意见》（2015 年）	优化民办学校融资的制度环境以吸引民间资本和多渠道地筹措办学经费

续表

政策名称	主要政策内容
《宁波市非营利性民办学校开展事业单位登记管理暂行办法》（2016年）	对民办学校实施分类登记、分类管理工作，并选择宁波荣安实验中学进行事业单位登记管理试点。目前，已登记事业单位法人的有宁波荣安实验中学、宁波诺丁汉大学附属中学、江北区上海世界外国语学校、鄞州区蓝青小学等8所学校
《关于做好2018年义务教育阶段学校招生入学工作的通知》（2017年）	规范"小升初"招生行为、合理配置生源对促进区域义务教育优质均衡发展意义重大，也是办好老百姓家门口学校的基础性工作
《宁波市民办非学历教育培训机构审批与管理暂行办法》（2018年）	对培训机构审批权限、培训机构准入门槛、规范培训机构办学等方面做了调整和说明。要求培训机构全面贯彻国家的教育方针，全面推进素质教育，保证教育质量，培养合格人才
《宁波市民办学校分类登记管理办法》（2019年）	建立健全民办学校分类登记、分类管理机制，规定了民办学校设立审批、组织机构运作机制、内部规范化管理、现有民办学校分类登记等方面的内容，重点解决非营利性民办学校和营利性民办学校"到哪里登记""如何登记"的问题，并进一步明确了相关部门对民办学校监督管理的职责
《宁波市公共财政扶持民办教育高质量发展的实施办法》（2019年）	健全财政扶持制度，市、区县（市）人民政府设立民办教育发展专项资金，纳入财政预算
《宁波市民办学校教师队伍建设办法》（2019年）	民办教师享有与公办学校教师同等的法律地位，各地政府、民办学校及其举办者应当依法保障民办学校教师的合法权益和各项待遇
《宁波市民办教育培训机构诚信办学星级评估实施办法》（2019年）	有力推进"信用宁波"建设的重要举措，通过以评促建，以评促管，建管结合，进一步引导民办教育培训机构依法、诚信、规范办学，构建和完善民办教育培训机构长效治理机制，促进我市民办教育事业持续健康发展
《关于进一步鼓励社会力量兴办教育　促进我市民办教育高质量发展的实施意见》（2019年）	由当地教育行政部门认可的民办学校的名优骨干教师享受与公办学校同等待遇，标准由各地制定，由各校负责落实； 2014年9月30日以前参加工作符合享受一次性退休补贴的民办学校教师可由退休时所在学校予以发放，市财政对市属民办中小学校给予50%补助，各区县（市）可参照执行； 　民办学校应按照当年学费收入5%的比例建立教师专项发展基金，定向用于教师医保、教龄补助等教职工职业激励和待遇保障。市本级对学校承担的名优骨干教师、2014年9月30日以前参加工作符合享受一次性退休补贴的民办学校教师等补助1/2的经费

（三）落实优惠政策，为可持续发展夯实后劲

一是设立民办教育发展专项资金。设立民办教育发展专项资金，以生

均经费补助、社会保险补助为重要突破口，强化财政对民办学校的支持力度。从 2007 年开始，市级设立民办教育发展专项资金 1400 万元，2014 年专项资金提高到每年 3200 万元，2019 年提高至 5700 万元。二是加大对民办学校生均经费的补助力度。对市级实施义务教育和中等职业教育的民办学校，按同类公办学校生均事业经费的 1/4 给予补助，2013 年调整财政资助额度和方式，坚持扶持与考核相结合原则，补助额度由 1/4 提高到 1/3，并按考核得分补助经费。2019 年，对市级生均经费按照全额和考核得分进行补助。三是切实保障民办学校教师权益。我市从 2007 年开始就组织符合条件的民办学校为具有中级以上专业技术职务的教师办理事业养老保险。2012 年，根据市政府《关于民办学校民营医院参加事业养老保险人员医疗保险有关问题的专题会议纪要》要求，对符合一定条件的民办学校教师享受公务员医疗补助金待遇。同时，政府对全日制民办中小学和幼儿园具有专业技术职务的教师按规定缴纳社会保险中的单位缴纳部分，给予 1/2 的补助。2013 年，在民办学校考核中单列"学校专任教师平均工资水平"是否达到同级公办学校水平指标，促使学校逐年提高教师工资水平。2015 年，市政府《关于进一步鼓励民间资本进入教育领域的实施意见》鼓励民办学校设立年金等补充保险制度，并给予一定财政补助。2019 年，在市政府《关于进一步鼓励社会力量兴办教育　促进我市民办教育高质量发展的实施意见》中明确提出：一是由当地教育行政部门认可的民办学校的名优骨干教师享受与公办学校同等待遇，标准由各地制定，由各校负责落实。二是 2014 年 9 月 30 日以前参加工作符合享受一次性退休补贴的民办学校教师可由退休时所在学校予以发放，市财政对市属民办中小学校给予 50% 的补助，各区县（市）可参照执行。三是民办学校应按照当年学费收入 5% 的比例建立教师专项发展基金，定向用于教师医保、教龄补助等教职工职业激励和待遇保障。市本级均对学校承担的名优骨干教师、2014 年 9 月 30 日以前参加工作符合享受一次性退休补贴的民办学校教师等补助 1/2 的经费。

（四）规范办学行为，为可持续发展稳固内力

一是加强督查考核。每年教育行政部门组织专家对全日制民办中小学校实施考核。对学校生均经费的补助根据考核得分按百分制比例进行奖

补。针对民办教育培训机构，教育部门采取日常管理和专项检查相结合、正面引导和违规查处双管齐下的监管模式。二是完善民办学校风险防控机制。①设立办学风险保证金制度。民办学校实行分类、定额设立风险保证金制度，降低民办学校在办学过程中可能出现的办学风险。全日制民办中小学按学费收入的2%提取风险保证金，非学历教育学校和成人学历教育学校按学费收入的5%提取风险保证金，幼儿园按学费收入的10%提取风险保证金。幼儿园风险保证金最高定额为10万元。非学历教育学校和成人学历教育学校风险保证金最高定额为20万元。全日制民办中小学在校学生为1000人以下（含1000人）的，风险保证金最高定额为50万元；在校学生在1000人以上（不含1000人）2000人以下（含2000人）的，风险保证金最高定额为100万元；在校学生超过2000人的，风险保证金最高定额为150万元。②全面推行民办教育培训机构风险防控综合保险。2019年1月，市教育局联合市银保监局对宁波大市范围内经各级教育行政部门审批许可，并在民政、市场监管或编委办等部门登记注册的民办教育培训机构试行"保障+服务"模式的风险防控综合保险。该举措属于全国首创。目前共有955家民办教育培训机构投保，风险保障金额累计达23.89亿元，其中营业场所安全类风险金额保障20.99亿元，合同履约类风险保障金额2.90亿元。③全面开展民办学校防范化解办学风险专项行动。今年3月至4月，全市开展民办学校防范化解办学风险专项行动。活动要求主要针对民办学校党建和思想政治教育、举办者资质、法人财产权落实（财务管理和学费收取使用）、学籍管理和招生工作、校园安全管理、教职工管理、年检和政府履职8个方面进行排查化解。④开展非法集资风险排查。每年的5月份，全市开展校外培训机构非法集资风险排查。三是健全民办学校信用体系。①推行信息公开制度。2016年底，依托宁波民办教育网，我市在全国率先建立民办学校网上信息查询平台，将全市经过教育部门审批的民办学校、培训机构、民办幼儿园的法人基本信息、师资队伍、收费情况、培训品目等信息进行整合并面向社会提供公众查询服务，受到社会广泛认可。同时，对接"全国中小学生校外培训机构管理服务平台"，逐步实现校外培训机构全过程网上管理服务。截至2019年11月，全市共有2629家（含1622家校外培训机构）在宁波民办教育网发布机构基本信息。此外，宁波民办教育网上民办教育培训机构的招生简章（广告）备案868条，竞赛、内部测试等活动备案51条。2017年和2018年，市教育局将此项工作列入对区县（市）年度目标考核内容。②建立校外培训机构信用管理制度。联合市信用办，建立校外培训机构信用档案和联合惩戒机制，创新校外培训机构监管模式，进一步规范教育培训市场，震慑违规违法办学行为。③开展校外培训机构诚信办学星级评估。制订民办教育培训机构诚信办学星级评估标准，委托第三方机构开展评估，旨在通过以评促建、以评促管、建管结合，引导培训机构依法、规范、诚信办学。四是推进民办教育培训机构规范化管理。制定校外培训机构规范化建设标准，构建长效管理机制。2019年8月，出台了《宁波市校外培训机构培训服务合同》，拟定了《宁波市民办教育培训机构规范化设置标准》。通过长效机制的建设，规范校外培训机构办学行为，实现事前、事中、事后的校外培训机构全过程管理。建立培训机构"黑白名单"制度，及时公布培训机构情况。利用全国文明城市创建将校外培训机构规范化建设作为考核内容的契机，11月份开展全市校外培训机构规范建设检查。五是成立行业自治组织。2018年9月20日，正式成立宁波市教育培训行业促进会。通过成立行业组织，以促进行业自律，建立行业标准和第三方监管机制，保障消费者的合法权益。2018年至今，组织会员单位召开了民办教育政策解读会、教师资格证考前辅导、首届教育培训行业教育展等活动。促进会成立了行业调解委员会，调解业内纠纷，有力推进了行业的规范发展。

三　宁波市民办教育未来的展望

　　未来一个时期，宁波民办教育的改革发展仍充满着各种挑战，一些深层次的问题尚未从根本上消除，而发展中又产生了不少新的问题和矛盾亟待破解。我们认为，应适应形势发展和环境变化的需要，从宁波实际出发，完善民办教育治理体系，改进民办教育治理方式，构建起政府主导、多方参与的民办教育共同治理体系，鼓励和引导社会力量兴办教育，并通过规划引领和政策激励，促进和推动民办学校转型升级，做精做特，做大做强。

（一）凝聚各方共识，完善配套政策体系

民办教育改革进入深水区，需要破解的瓶颈不少，涉及多个部门，触及方方面面的利益。相关部门在研究制定民办教育配套政策时，要加强调查研究，深入基层，问计于民，积极回应民办教育举办者、教师、学生的多元诉求和重大关切。具体包括：一是出台相关配套政策。根据宁波市人民政府《进一步鼓励社会力量兴办教育促进我市民办教育高质量发展的实施意见》精神，出台相关配套文件，切实把责任和举措落细、落实。二是落实民办学校办学自主权。依法保障民办学校在专业设置、招生规模、层次、收费等方面的自主权，给予民办学校在招生、评优、参赛、奖励、培训、组织建设等方面与公办学校同等的权利。三是切实保障民办学校教师权益。探索建立民办学校教师与公办学校教师统一的人事管理机制和社会保障体系，支持民办学校从省外、国外引进高学历、高素质人才。四是完善民办学校评价督导机制。遵循管、办、评分离原则，加快引入民办学校办学质量、财务管理和法人治理结构等方面的第三方评价制度，并适时推出与评价相结合的民办教育财政性教育经费投入配套政策，逐步形成民办教育机构科学的评估督导机制。

（二）秉持公平原则，推进分类管理制度

实行营利性与非营利性分类登记管理是法律的规定要求，也是逐步理顺民办教育管理体制的必然趋势。下一步，我市将对民办学校和民办教育培训机构按照营利性、非营利性进行分类登记管理。营利性机构由市场监管部门依法予以登记，非营利性机构由民政部门按照民办非企业单位法人登记，符合有关规定的，也可按照事业单位法人登记。现有的民办学校可以按举办者自身意愿，登记为非营利性的民办非企业法人或事业单位法人。民办教育培训机构一般确定为营利性，如要选择非营利性的，由登记管理部门依法审核并确定。在逐步推进分类管理时，在价值判断上应秉持公平正义原则，防止在倡导和鼓励非营利教育机构发展的过程中，有意或无意产生对营利性民办教育机构新的制度歧视乃至道德绑架，否则将可能导致举办者的"政策性恐慌"。从法律上讲，无论是营利性教育还是非营利性教育，都是教育事业的有机组成部分，都应有其存在的社会价值和生

存空间，只要依法诚信、规范办学，都应得到鼓励、支持和尊重。

（三）引领内涵发展，健全财政扶持机制

随着社会需求不断变化升级，今后一个时期，宁波民办教育必须也只能走创特色、提质量、显特色、塑品牌的内涵发展道路，才能更好地生存发展。除了少数区县（市）、个别学段对民办教育尚有一定补充性需求外，多数区县（市）、多数学段的民办学校，都要从满足补充性需求为主转向满足选择性需求为主上来。为此，除了学校层面的意识自觉和不懈努力外，迫切需要政府层面的积极引导和大力扶持。市和区县（市）两级财政都要按照"财权与事权对等原则"，逐年加大民办教育的扶持力度，将支持民办教育发展资金列入同级财政预算，并做到与总体教育经费增长幅度保持基本一致，使民办教育财政投入与本区域民办教育的发展规模和客观需求相适应。有关部门应尽快研究制定在民办教育方面"健全政府补贴、政府购买服务、助学贷款、基金奖励、捐资激励等制度"的具体办法，明确财政支持的对象、项目、标准，重点支持非营利性民办学校的生均经费、教师保障、实习实训基地建设等，并加强经费使用的监管和绩效评价。通过启动和实施"高水平民办学校建设""特色创建项目"等举措，引领和支持民办学校夯实发展基础提高办学水平，促进民办教育内涵提升、转型发展。

（四）维护行业秩序，规范民办学校管理

从维护民办教育行业整体利益角度讲，规范也是一种促进。通过制度性安排，确保民办学校依法诚信办学和良性稳健运行，是十分必要的。新法新政新规背景下，在规范管理上，要突出抓好以下四个环节：一要完善民办学校法人治理结构。有关部门要督促民办学校建立健全理事会或董事会决策机制，逐步推进监事制度，规范和落实成员的构成、议事规则、运作程序等要求，依法制定学校章程，推进民主管理，保障校长依法行使职权，加快探索建立现代学校制度。二要落实民办学校法人财产权。在尽可能减免资产过户所涉规费和帮助学校解决必要融资需求的基础上，有关部门要监督民办学校举办者依法履行出资义务，将出资用于办学的土地、校舍和其他资产，足额过户至学校名下，任何组织和个人不得侵占、挪用、

抽逃，防范办学风险。三要规范民办学校财务管理。有关部门要指导和督促民办学校严格执行相应会计制度，规范资金资产管理，并将民办学校财务规范管理的成效作为财政补助、评优评奖等的重要指标和依据；建立跨部门的联合监管机制，将民办学校学费收入纳入财务监管专户，严厉查处恶意套取、抽逃、转移资金资产等事件。四要强化行业组织自律作用。鼓励和支持各类民办教育行业协会、社会中介机构和其他非营利性联盟组织，参与民办教育共同治理，维护民办教育行业秩序，强化民办学校自我约束能力。

（五）加强内涵发展，提升办学层次和水平

一是加快推进优化调整。鼓励民办学校融资扩股，增强办学实力。鼓励薄弱的民办学校向名校转让办学权，或终止办学。鼓励支持有条件的企业、名校采取合并、兼并或组建教育集团的方式，对薄弱或运转困难的民办学校进行资源重组。鼓励支持有实力的民办学校通过联合重组或相互持股的方式进行强强联合。二是特色优质发展。民办学校要积极适应新修订的《中华人民共和国民办教育促进法》，根据市场的变化和学校办学条件，适时调整办学方向，拓展办学渠道，找到适合自身发展的生源市场和生存空间。要创新办学理念，加强个性化品牌创建，避免同质化竞争，积极创办特色专业，开设特色课程，开展特色教学、特色管理，发展特色校园文化，培养特色人才，打造特色品牌，努力做到"人无我有，人有我优"。三是建立现代学校制度。民办学校应重新调整内部关系，完善学校内部治理结构，建立健全董事会领导下的校长负责制和监事会制度，健全学校科学决策、民主管理、专家治校、自主自律、关系和谐、健康发展的管理体制和机制。

（宁波市教育局　陈鸿洋）

浙江省民办学校党建与思想政治
工作专题报告

民办学校是社会主义教育事业的重要组成部分，党中央对民办学校党建工作高度重视，习近平总书记也作出一系列重要论述和重要指示，2016 年 12 月中共中央办公厅印发了《关于加强民办学校党的建设工作的意见（试行）》，更是为新时代民办学校党建工作提供了基本遵循。浙江省各级各类民办学校，切实落实中央及各级党组织的要求，探索了各具特色的党建工作和思想政治工作路径，有效地推动了学校的健康发展，也为浙江省较好地完成民办教育综合改革试点任务提供了组织保障。

一 浙江民办学校党建与思想政治工作的实践成效

2010 年以来，特别是党的十八大以来，浙江民办教育领域党的组织建设进一步加强，党的全面领导进一步落实，党的各项工作进一步创新，从政治上、思想上、组织上、制度上为民办学校的发展提供强有力的保证，引领和保障了浙江省民办教育事业规范健康发展。

（一）坚持应建尽建原则，推动党的组织实现全面覆盖

党的基层组织是党的全部战斗力和基础，是确保党的路线方针政策和决策部署贯彻落实的基础。开展党的工作，必须依赖于党的组织。2016 年修订的《中华人民共和国民办教育促进法》（以下简称《中华人民共和国民办教育促进法》）在总则中专门增加了"民办学校中的中国共产党基层组织，按照中国共产党章程的规定开展党的活动，加强党的建设"。这也充分体现了组织建设的重要性。

1. 加快实现党的组织全覆盖

2010 年以来民办学校均落实应建尽建、同步建设的要求，加快实现党的组织全覆盖。在办学相对稳定、党员数量相对较多的民办高校，根据党章的规定和参照《中国共产党普通高等学校基层组织条例》的要求，建立健全"学校—院系—支部"三级党的组织体系，并重视学生宿区、校外实习海外研习基地、教学科研团队、网络虚拟群体等新型组织中的党组织建设，确保组织生活正常化。为了不让一个党员游离在党的组织之外，台州市根据"党委统一领导，协会协助指导，区域共同促进，学校优势互补"的原则，按照"1+N+X"型模式（1 所中心学校+N 所联建学校+X 所辐射学校），打造联合共建编组架构，成立联合党组织。金华市婺城区 34 家民办培训机构依托其中规模最大的"雏鹰培训部"建立联合党支部，发挥其行业引领作用，并由区教育局党建科党员干部任第一书记；对民办幼儿园，除符合单建条件的以外，以社区、村为单位区域兜底抓好党建工作。

2. 加快实现党组织的同步延伸

浙江省民办教育在 2010—2020 年得到了长足的发展，部分民办学校组建了教育集团，办学的层次向多元化发展，办学的物理空间也由一地扩展到多地。在民办学校或民办教育集团的发展过程中，部分教育集团党委坚持办学到哪里，党的组织建设就同步延伸到哪里。2010 年以来，我省独立学院相继建设独立办学校园，学校也坚持党的组织建设与学校建设同步延伸。宁波诺丁汉大学针对赴海外学习学生党员多的情况，在英国诺丁汉大学建立海外党小组，实现国内海外标准一致，培养同步。育英职业技术学院涉及重大活动（如服务 G20 杭州峰会）和学生集中在校外实习，党委通过组建临时党总支或临时党支部的方式，保障党员按照规定开展活动和发挥作用。浙江锦绣育才教育集团根据办学规模壮大、党员人数增加的变化，及时调整优化党的组织设置，成立集团党委，在学校建立党总支或支部，年级组或学科组建立支部或小组，把原来分散在各地的学校党组织，由集团党委集中统一领导，建立了横向到边、纵向到底的党的组织体系。

3. 加快实现党组织工作的要素保障

如何保证民办学校党的工作有人、有场地、有经费，成为民办学校组织建设的基础性工作。湖州市按照有场所、有设施、有标志、有党旗、有书报、有制度的"六有"标准，在民办学校开展规范的党建阵地建设。浙江东方职业技术学院党委在新校区建成包括"机关党建文化示范带""二级学院特色党工团文化群""学生公寓青春党建圈"在内的 8 个党建文化阵地。舟山市正行双语幼儿园党支部争取到投资方对党建工作的支持，来自于投资划拨经费、两新党建经费和党费反馈经费使党建经费足额到位，标准化党建阵地党员之家建设到位，为党组织生活正常化创设了要素保障。

（二）坚持创新工作原则，推动党组织政治核心作用有效发挥

民办学校的党组织是党在民办学校中的战斗堡垒，发挥政治核心作用。浙江省民办学校将加强党的领导贯穿学校发展始终。民办学校党组织在坚持社会主义办学方向上发挥了引领作用，在参与办学决策中发挥了引导作用，在队伍建设上发挥导向作用等。越来越多的民办学校都将党建工作优势视为学校发展优势，以党风带师风、促教风、正校风正在逐步成为民办学校发展的新途径。

1. 坚持立德树人，保证办学的政治方向

民办教育事业属于公益性事业，是社会主义教育事业的重要组成部分。正如习近平总书记所指出那样："民办高校的办学方式、组织结构、运行模式可以不同，但在坚持正确政治方向、正确育人导向上没有例外。"民办学校党组织发挥其政治核心作用的首要任务就是要坚持教育的公益属性，管好学校的办学方向，特别要管好办学的政治方向、学校的发展走向、学校的舆论导向、育人的价值取向和学校的资金流向，确保学校始终把社会效益放在首位。基于这一要求，党建工作的根本是要从体制上解决投资主体与党委的政治核心地位的统一问题，只有解决好民办学校发展的投资取向，党委的核心地位才能凸显，核心作用才能体现。温州育英学校党总支摸索出了"办学方向指引人、教师发展领路人、学生成长看护人、道德风尚带头人"的职责定位，通过"支部建在分校、小组设在（年）级段"，把党组织覆盖到学校教育的各个阵地；通过推进"交叉任职、深度融合"，坚持当好办学方向指引人；通过实施"党员人才工程"，

坚持当好教师发展领路人;通过建立"党建需求库",坚持当好学生成才看护人;通过组建育英义工社,坚持当好道德风尚带头人,有力推进了学校健康发展和学生成长成才。

2. 凝聚师生员工、推动学校健康发展

学校事业的发展离不开广大的师生员工。只有通过党组织不断教育、引领,凝聚全体党员、干部教职工的人心,集聚和激发他们对学校的爱心、热心和无私奉献的主人翁精神,学校才能得到健康发展。嘉善新世纪学校党支部把推进校务公开、民主管理作为党建工作的切入点,设立"金点子信箱",广泛征求和听取教职工的意见和建议,并把梳理好的意见和建议及时地向校长室汇报,以供决策参考,营造了民主决策、民主管理、民主监督的良好氛围。星星幼教集团党支部充分发挥先锋引领作用,成立以党、团、骨干教师为主干的联动帮扶小组,与云和县周边的 6 所姐妹园结对,开展业务指导。党支部每年派一位教师到农村薄弱幼儿园去支教,使高水平民办幼儿园的办学经验能惠及更多学校。2017 年被授予"丽水市民办学校党建工作示范基地"。

3. 创新工作机制,切实加强党的建设

民办学校是一个自负盈亏的法人团体,其生存必须按照市场经济的规律,既要主动地全方位地适应区域经济的发展和百姓对美好生活的需要,更会注重投资的效率,形成了以最少机构获得最高管理效率,以最少投资获得最大办学效益的学校运行机制。而保证民办学校的党建工作目标和任务的真正实现,必须处理好影响工作的各因素的结构、功能及其相互关系,建立相应的党建工作机制。浙江越秀外国语学院党委通过参与决策机制、组织工作机制、管理监督机制"三个机制"建设,把党建工作融入学校建设发展、融入人才队伍建设、融入人才培养,形成学校发展合力。学校党委创新载体,完善机制,为学校实现可持续健康快速发展提供了坚强的政治保证。2014 年学校党委被浙江省委组织部、省委"两新"工委确定为"党建强、发展强"省级双重管理社会组织党组织。宁波财经学院党委完善了"党委主决策、党务办公会议细化方案、党务工作领导小组落实执行、纪委负责监督检查"的党建工作机制。海宁宏达教育集团党委推行民办学校"三联三会"机制,即教育集团党委书记联系集团董事长,党委班子成员联系行政管理层,党员联系教师职工,定期召开民主恳谈会、党群议事会、党企联席会，使党组织全面参与教学、科研、人才队伍建设等工作。

（三）坚持参与决策，构建科学的学校治理结构

构建科学与完善的民办学校法人治理结构，既是党和国家对民办学校的要求，更是民办学校有序运行的需要。2010 年 12 月浙江省委、省政府印发了《浙江省中长期教育改革和发展规划纲要（2010—2020 年）》，纲要中特别提出要规范民办学校内部管理制度。完善民办学校法人治理结构，督促民办学校规范运行方式和决策程序。理顺民办学校党组织与决策机构的关系，保证学校党组织参与学校重大决策，确保党组织在民办学校中发挥政治核心作用等。

1. 推进党组织负责人进入董事会

坚持党的领导是中国特色社会主义民办学校最显著特征。从实践来看董事会领导下的校长负责制是符合当代中国民办教育发展道路的治理模式，在这一领导体制下，民办学校党组织通过党组织负责人进入董事会参与学校最高决策、通过党政联席会议等方式参与学校治理，使党组织在确保正确办学方向、育人导向、发展走向、资金流向等方面切实发挥作用。从笔者所收集的资料显示：大部分民办学校将党组织书记进入董事会写入了董事会章程，以内部制度规定方式把党组织参与重大政策的要求落到实处。浙江华维外国语学校董事会把党组织的地位、职责写入学校章程，以法定的形式明确党组织在决策、监督和执行等环节上发挥党组织的作用，用"机制内核"明确党的核心地位，推动实现党建与学校的教育教学创新发展同频共振，相融共促。

2. 完善党政联席会议制度

在董事会领导下的校长负责制这一民办学校领导体制下，大多数民办学校建立了党政联席会议制度，通过领导班子集体议事的会议形式，来决策学校日常运行和管理中的重要事项。这也是民办学校党组织参与学校的重要方式。台州书生中学坚持现代学校管理制度运行，实行党政班子双向进入、交叉任职，确保党政同步运行、管理同心。学校党委书记由执行校长担任，保证了党组织的话语权，更好地教育引导教职员工听党话、跟党走。学校把"党的领导全方位、党的组织全覆盖、党员示范全发挥"作

为工作定位写入了《书生中学 2016—2020 年五年发展规划》，在方向的把握和两个主体责任的落实上充分体现党的领导。

3. 探索多种形式的决策方式

浙江汽车职业技术学院党委探索成立了教育管理委员会，负责学校的全面管理工作。学院董事会委托党委书记主持教育管理委员会日常工作，每个月召开一次教育管理委员会会议，听取学校行政和党委各方面工作汇报，研究部署下一阶段工作安排，成为学校日常工作的最高决策形式。金华市荣光国际学校党支部在人事任免、评优评先等工作中拥有"一票否决权"，吸引在校的 34 名党员教职工全部将组织关系转到学校。

（四）坚持制度规范原则，推动党建工作创新开展

制度建设具有全局性的作用。为防止党建工作行政化、边缘化的倾向，大部分民办学校建立了严格执行党建工作的制度体系，以确保党组织有话语权、决策权和监督保证权。同时学校党组织牢固树立依法治校的理念，帮助行政从民办学校自身的特点出发，依法建立健全管理规章，建立现代大学制度和法人治理结构，严守规范，从而保证学校的健康发展。

1. 构建民办学校党建工作的外部制度环境

2000 年，中共中央组织部、中共教育部党组印发了《关于加强社会力量举办学校党的建设工作的意见》，这是第一个针对民办学校党建工作的指导性文件。2004 年，根据浙江省民办教育的实际情况，中共浙江省委组织部、中共浙江省委教育工委印发了《关于加强社会力量举办高校党的建设工作的实施意见》，就浙江省民办高校党建工作进行了专门指导。也正是在这一文件的执行过程中，我省民办高校探索了独特的党建工作经验，2005 年 12 月浙江树人大学党委、2013 年 1 月宁波诺丁汉大学党委分别在第 14 次、第 21 次全国高校党建工作会议上作了典型发言。

2016 年，根据高等教育形势的变化和中央的要求，中共浙江省委组织部、两新工委、省委教育工委印发了《关于加强民办高校党建工作的指导意见》（浙两新〔2016〕10 号）对民办高校党建工作提出了新的要求和进行了新的工作部署。2017 年，在浙江省促进民办教育健康发展的"1+7"配套文件中，也对加强民办学校党的建设做出了具体要求。2019 年 5 月，教育厅党委印发了《高校院（系）级单位党组织建设标准（试

行）》《高校基层党支部建设标准（试行）》，同年 12 月，中共浙江省委办公厅印发《关于深化推进新时代高校党建工作的意见》，就加强新时代高校党的建设工作提出了十条意见。上述三个文件成为规范民办高校党建工作开展、提升党建工作质量的重要指导性文件。2019 年 12 月，为统筹推进全省民办学校党建工作，经浙江省教育厅党委同意，浙江省民办教育协会成立了党建工作专业委员会，这是我省民办学校通过加强党的建设提升自身政治站位，确保正确办学方向的自觉行动，专委会将建设一个全省民办学校共建、共商、共享的平台。

有关市地也出台专门文件，推动民办学校党建工作。如温州市《关于进一步加强民办学校党建工作的若干意见》、湖州市 2018 年出台《关于加强民办学校党的建设工作的实施意见（试行）》。台州市持续加强民办学校党的建设，印发了《关于加强全市民办学校党的建设工作的意见》《台州市两新组织"双强争先、先锋引领"三年行动计划（2019—2021）》《台州市民办学校联合党建工作实施办法》等，有力地推动了台州市民办学校党建工作的高水平开展。宁波镇海区以三个举措着力根植规范办学，党建引领把方向，出台十余个规范性文件，引导民办教育出资人端正办学思想，规范办学行为。同时结对帮扶促提升，推行公办学校资深书记、后备党员干部到民办学校挂职制度，实现个人发展和学校管理水平双提升①。

2. 以内部制度建设推动民办学校党建工作高质量发展

浙江树人大学根据新修订的《中华人民共和国民办教育促进法》及相关文件精神，及时修改了董事会章程，完善了《学校党政联席会议制度》《二级学院党政联席会议议事规则》，出台了《中共浙江树人大学委员会工作条例》等 10 个制度，从制度上保障了校院两级党的委员会的政治核心和监督保证作用的发挥，构建了较为完善的党建工作制度体系，促进了党建引领下的教学科研、思想教育、群团工作的融合，形成学校党建工作基本格局。海亮教育集团 2002 年成立党委时就设立纪律检查委员会，在省内民办学校中首开先河。教育集团先后成立"纪检监察小组""廉正监察室""诚信监察室"，从严治党，对群众反映的问题和党员干部违纪违规的现象持"零容忍"态度。

---

① 浙江省宁波市镇海区委组织部，以党建引领繁荣民办教育，《非公有制企业党建》2018 年。

（五）坚持首要责任原则，思想政治教育与德育工作有效推进

领导思想政治教育与德育工作，是民办学校党组织的首要政治责任。中共中央、国务院《关于加强和改进新形势下高校思想政治工作的意见》中特别强调要"高度重视民办高校、中外合作办学中党的建设和思想政治工作"。

1. 推动党的知识与德育进课堂、进教材、进头脑

在我国，无论公办学校还是民办学校，人才培养的政治目标都是一致的，所有的课程、所有的工作都具有育人的职能。落实全国、全省高校思想政治工作会议精神，绍兴职业技术学院通过"党建+大思政"，让思政课堂实起来、活起来、动起来。嘉兴南洋职业技术学院实施"思政理论课教学质量提升计划"等"六个计划"，构建了思想政治理论课、综合素养课、专业教育课三位一体的全课程协同育人体系构建。乐清市育英寄宿学校党委根据红色文化资源的特色、学校的教学条件和学生的认知年龄特点，自编党建校本教材《育英红》（四册）。2019 年 9 月新学期开学第一课让红色经典走进了课堂，成为温州最早最完整的学校党建与德育教材。

2. 师德师风建设得到加强

教育大计，教师为本。教师承担着传播知识、传播思想、传播真理的历史使命，肩负着塑灵魂、塑造生命、塑造人的时代重任，是教育发展的第一资源。民办学校办学质量的好坏，最关键的因素是教师队伍建设。其中师德师风建设又是教师队伍建设的关键。温州市瓯海区艺术学校党支部把师德师风建设放在办人民满意的教育的突出位置，加强对师德师风的培训、指导、检查力度，完善师德个人档案，制定《师德修养二十条》《教师师德规范》等制度，多举措加强师德师风建设。萧山衙前镇中心幼儿园以开展"向感动杭城十佳最美教师学习活动"为载体，激励广大教师学先进、争先进，爱岗敬业，在平凡的岗位上创新进取。

3. 思想政治工作成效明显

民办学校将立德树人作为立身之本，着力使学校思想政治工作更好地适应和满足学生成长诉求、时代发展要求、社会进步需求。2018 年以来，浙江省教育厅实施了省高校思想政治工作质量提升工程，根据浙教办宣〔2018〕94 号、浙教办函〔2020〕6 号等文件，我省多所民办高校的项目

入选，也体现了民办高校在工作方面的创新实践与探索得到了肯定。

表1　　　　　　民办高校思想政治工作省级成果一览

项目	单位	项目名称或主持人
浙江省高校文化育人示范载体	宁波财经学院	"阳明讲堂"——"阳明文化"的传承与光大
	浙江万里学院	"四季歌"校园文化活动
	浙江大学宁波理工学院	阳明学堂：中国文化体验与传播基地
浙江省高校实践育人示范载体	浙江树人大学	扣好大学生涯的第一颗扣子
	浙江万里学院	雷锋营
	浙江越秀外国语学院	以创建"周恩来班"为载体加强和改进大学生思想政治教育
	浙江大学城市学院	走进新时代·知行合一促"三进"
	浙江大学宁波理工学院	"益立方"公益学院
	同济大学浙江学院	"红橙绿"社会实践平台
	浙江东方职业技术学院	金海·匠谷实践育人示范基地
	浙江长征职业技术学院	浙商博物馆
浙江省高校思想政治理论课名师工作室	浙江树人大学	尹晓敏、宋斌
	浙江万里学院	孙叶飞
	浙江大学城市学院	钟学敏
	浙江大学宁波理工学院	韩世强
	宁波财经学院	姜帆
浙江省高校"易班"建设试点	浙江树人大学	不一般的树人"易班"

2019年浙江省教育厅印发了《浙江省全面深化高校"三全育人"综合改革实施方案》（浙教党办〔2019〕7号），并公布了"三全育人"综合改革重点支持高校名单，6所民办高校的8个项目得到支持。

表2　　　　入选浙江省"三全育人"综合改革重点支持民办高校一览

项目	单位	建设内容
浙江省高校"三全育人"综合改革重点支持高校	浙江树人大学	管理育人、组织育人
	浙江万里学院	实践育人、心理育人
	浙江大学城市学院	资助育人
	浙江越秀外国语学院	服务育人
	同济大学浙江学院	服务育人
	温州大学瓯江学院	组织育人

（六）坚持特色发展的原则，推动民办学校党建工作创建品牌

2010 年以来，我省民办学校落实中央和上级党委的要求，从学校的实际出发，较好发挥了"红色引领"作用，在建设特色品牌、创新结对共建等方面取得较多实践成果，探索了民办学校党建工作的新经验，树立了党建工作新标杆。

1. 培育了一批党建工作特色品牌

2017 年省委组织部和省委两新工委授予 22 所民办学校为全省首批民办学校党建工作示范基地。一些市、县也相应建立本地民办学校党建工作示范基地。

表 3　　　　　　　浙江省首批民办学校党建工作示范基地

地区	名称	地区	名称
杭州市	浙江锦绣育才教育集团党委	湖州市	湖州新世纪外国语学校党委
	杭州市崇文实验学校党总支		南浔区南浔锦绣实验学校党总支
	杭州市富阳区永兴学校党委	绍兴市	浙江海亮教育集团党委
宁波市	余姚市实验学校党总支		浙江华维外国语学校党委
	宁波市镇海蛟川书院党总支	金华市	金华市荣光国际学校党支部
	宁波东海实验学校党总支		东阳市中天高级中学党总支
温州市	乐清市育英寄宿学校党委	衢州市	开化县天地外国语学校党支部
	平阳新纪元学校党总支	舟山市	舟山市田家炳中学党总支
	瑞安市瑞祥高级中学党支部	台州市	台州市书生中学党委
嘉兴市	海宁宏达教育集团党总支		路桥区蓬街私立中学党支部
	嘉兴一中实验学校党总支	丽水市	丽水市莲都区花园中学党支部

2019 年 7 月，中国民办教育协会组织了首次全国民办学校党建特色项目评选活动，在全国范围内共评选出 70 个特色项目，其中浙江省有 6 个项目入选。

表 4　　　　　　　　2019 年全国民办学校党建特色项目

项目名称	学校
以"支部四日"为载体，有效提升组织力	浙江树人大学
用"周恩来精神"育人铸魂—"周恩来班"创建活动	浙江越秀外国语学院
实施"六大行动"，打造"三品"党建	浙江工业大学之江学院

续表

项目名称	学校
同心圆，共发展	同济大学浙江学院
党校课程化，党课校本化	浙江省乐清市育英寄宿学校
实施"四四策略"，加快青年教师发展	浙江省台州市书生中学

2. 树起了一批党建与思想政治工作标杆

我省民办学校党建工作多次得到上级的表彰。2016 年，中共中央授予浙江锦绣育才教育集团党委"全国先进基层党组织"称号。全国仅 300 个基层党组织获此殊荣。在全国 15.8 万家民办学校和教育机构中，浙江锦绣育才教育集团是唯一一个获此殊荣的民办学校。2018 年以来教育部组织开展了两批新时代高校党建示范创建和质量创优工作，我省共有 14 所民办高校 17 个党建特色品牌项目入围。

表 5　　　　　　民办高校入选全国党建工作培育创建单位一览①

项目	单位
2018 年第一批"全国党建工作标杆院系"（1 个）	浙江大学宁波理工学院土木建筑工程学院党总支
2018 年第一批"全国党建工作样板支部"（4 个）	浙江树人大学生物与环境工程学院教工第一党支部
	浙江越秀外国语学院大学生教官队党支部
	浙江师范大学行知学院行政直属第一党支部
	浙江工业大学之江学院商学院经贸学生党支部
2019 年第二批"全国党建工作样板支部"（12 个）	浙江东方职业技术学院马克思主义学院社科党支部
	浙江工业大学之江学院设计学院学生工业设计党支部
	浙江大学宁波理工学院机电与能源工程学院教工第二党支部
	浙江树人大学信息科学院教工第一党支部
	杭州师范大学钱江学院艺术与传媒分院全媒体中心党支部
	浙江广厦建设职业技术学院建筑工程学院建筑工程技术党支部
	浙江育英职业技术学院商务贸易分院教工党支部
	同济大学浙江学院电子信息工程计算机科学与技术学生联合党支部
	嘉兴南洋职业技术学院计算机应用技术专业党支部
	温州医科大学仁济学院医学一系第一党支部
	宁波财经学院象山影视学院教工第一党支部
	绍兴职业技术学院机电工程与交通学院第二党支部

---

① 根据教育部网站公布的相关材料整理。

2019 年教育厅党委开展了全省高校党"双百工程""对标争先"建设计划，共遴选产生 10 个高校党委、52 个院系党组织、108 个基层党支部为首批全省高校党建示范高校、标杆院系、样板支部培育创建单位。其中：民办高校有浙江树人大学党委、浙江大学城市学院党委 2 个高校党委、3 个院系党组织、18 个党支部成为培育创建单位。

二　浙江民办学校党建与思想政治工作存在的突出问题

十年来，尽管浙江各级各类民办学校在民办教育改革试点中创新地探索了许多行之有效的做法和积累了有益的经验，但是从客观上看，仍然面临着一些新问题新挑战，在党建与思想政治工作方面仍存在诸多不足，需要在新时代，根据国际国内环境的变化以及办好人民满意的教育的要求出发，加以完善。

（一）党组织隶属关系不规范，党组织和党的工作覆盖仍有空白点

民办学校党组织隶属关系实行主管部门管理与属地管理相结合的原则。在我省，民办高校党组织隶属关系原来基本上是按主办原则（举办者）、属地原则（学校法人注册地）等确定。从浙江省民办普通高校和中外合作大学的情况来看，由于办学主体多元，党组织的主管部门比较分散，有的隶属于省、市党委教育工作部门党组织；有的隶属于企业集团，有的隶属于学校法人注册地党组织。由于党组织隶属关系的多元化，客观上带来了工作步伐的不一致和不平衡，影响了民办高校党建工作的整体推进。根据中发〔2016〕78 号文规定，民办培训机构党组织一般隶属于县级教育行政部门，人力资源社会保障部门党组织或社会组织党工委。在实际工作中，由于培训机构办学地点不固定、人员不稳定、党员数量不足，党组织的自身建设面临更多的困难，党组织的设立和党的工作覆盖仍有空白点，由谁来承担培训机构党建工作的主体责任并不明晰，民办培训机构党建工作的管理体制不顺畅，使培训机构的党建工作较大程度上体现为自发状态。在部分地方，教育局为民办学校的业务主管部门，民政局和市场

监管局为民办学校和培训机构的行政审批部门，业务主管部门、行政审批部门、党组织管理隶属没有形成健全的工作机制。由于社会组织管理民办学校和培训机构党建工作的定位不明晰，出现民办学校党建工作由教育局党委、社会组织党工委、非公企业党工委"三线管理"状态。

（二）党建工作发展不平衡，部分类型民办学校党的建设仍待规范

从总体上来看，民办高校和民办中小学党建工作开展比较规范，但是民办幼儿园和培训机构的党建工作则发展不平衡。中办发〔2016〕78 号文最后一条，要求要高度重视民办幼儿园党的建设。实践中，因其教育的对象、队伍等具有的特殊性而使得民办幼儿园党的建设中仍存在组织生活不规范、党的制度不完善等情况。教育培训行业市场庞大，民办培训机构党的建设情况更为复杂。一些培训机构在创业初期受到经营及办学经费等的压力冲击，对党建工作并不敏感和重视，党建工作基础薄弱、力量不强、氛围不浓等现象较为普遍。部分培训机构党组织对党建研究不多、工作时间和精力上投入较少，组织涣散，组织生活不正常，活动内容相对单一，不能把党务工作的开展与单位的业务工作开展有机结合，造成党组织活动没有形成应有的吸引力和凝聚力。

（三）党建工作氛围不浓厚，党组织政治功能仍有虚化现象

部分民办学校党组织政治责任淡化，党建工作主体责任没有切实履行，党建工作责任没有层层压实，存在重教育教学轻党建思政、以教学科研代党建思政的情况，党建工作与行政工作也未能有机融合，客观上影响了党组织作用的发挥。部分民办学校虽有党建工作意愿，但存在支部工作规划和工作目标不够明确，思路不够清晰等情况，使党建工作浮于表面。部分党员主体意识不够强，未能充分发挥党员的先锋模范作用，个别党员甚至形象不佳。基层党组织工作定位迫切需要进一步精准把握、政治核心作用需要进一步凸显。部分党组织负责人没进入董事会的民办学校，党组织的政治优势难以体现。

（四）党建工作队伍不充足，党的工作仍存在不平衡性

民办学校党建工作需要有工作部门去负责和主抓，需要有专门的队伍

去做专业的事，这是民办学校党建工作得以顺利开展的基本条件，也是民办学校党建工作的基本保障。为此，中办发〔2016〕78 号文要求民办高校要按有关规定健全党务工作部门，明确相应力量从事党的组织、宣传、纪检等方面工作。专职党务工作人员配备，应根据实际需要保持一定数量。民办中小学要保证党建工作有人管、有人抓。实际工作中，已建立党组织的民办高校会根据学校的工作需要和实际情况设置工作机构和配备人员，但多数是合署办公，且普遍存在党务工作人员身兼多职的现象。在干部队伍建设上也大多采用"双向进入，交叉兼职"的方式，但在工作中存在突出行政工作而弱化党务工作的倾向。在民办中小学、培训机构，党务干部兼职多，岗位设置、人员配备与党建工作实际需要不相适应。有些学校的党建和思政工作队伍被工具化，视为维护校园安全稳定的"消防员"，基层工作的主要责任是不要出事，保安全稳定，思想政治教育职能被弱化。

（五）思想政治理论课建设水平不高，思想政治教育针对性需要加强

专职教师配置不足、教学任务繁重，是我省民办高校存在的普遍情况。据调研：部分民办高校的思想政治理论课教学中有相当一部分任务需要通过聘请外聘老师来完成。思想政治理论课教学名师、学术带头人、中青年骨干教师缺乏，以老带新、以高带低的队伍培养机制尚未形成，年轻教师对教材内容的把握能力不足；兼职教师过多、队伍稳定性差，直接影响了民办高校思想政治理论课的教学效果。此外，为了节约办学成本，大班授课现象在民办高校也不同程度存在。民办高校的思想政治理论课教师队伍总体比较年轻，大量的精力用于站稳讲台，在科研方面相对投入不足，研究水平低，争取高级别课题的能力不足。笔者对浙江省哲学社会科学规划"高校思想政治工作专项"立项情况进行了统计，2015—2019 年共立项 202 项，民办高校占其中 16 项，仅占 7.9%，与民办高校教师占比还有较大差距。

三　加强浙江民办学校党建与思想政治工作的建议

民办教育是教育事业发展的重要增长点和教育改革的重要力量。进入

新时代后，民办教育更多的任务是为满足人民对美好生活的需要和更高质量教育的需要。民办幼儿园、教育培训机构发展速度较快，民办中小学日益规范、民办高等教育则面临着生源萎缩、教学模式、内涵建设等新的挑战。面向未来，党建工作将会成为民办学校党建工作科学化的一个基本考量，也成为各级教育主管部门和党组织落实教育均衡发展的重要举措。

（一）提高认识，分类厘清各级民办学校党建工作的着力点

思想认识是行动的指南，民办学校党组织是党在民办学校中的战斗堡垒，发挥政治核心作用。要以更高的政治站位进一步增强对做好民办学校党建工作重要性的认识，明确抓好民办学校党建工作的重要意义。要在全面加强思想政治工作的基础上，结合不同类型、不同层次民办学校中心任务开展党建工作。要进一步把握各类民办学校党建工作职责，做到理顺关系抓党建，源头做起抓党建，围绕中心抓党建，推进基层党组织建设科学化、规范化、标准化，不断提升民办学校党建工作整体水平。

表6　　　　　　民办学校党组织政治核心作用及发挥作用的着力点

学校类型	民办学校党组织政治核心作用及发挥作用的着力点
所有民办学校	保证政治方向、凝聚师生员工、推动学校发展、引领校园文化、参与人事管理与服务、加强自身建设
民办高校	突出坚持马克思主义指导地位，把握党对意识形态工作的领导权、管理权、话语权，加强对青年教师、党外知识分子和大学生的思想引导，促使他们增强政治认同，增强政治敏锐性和政治鉴别力，坚定社会主义道理自信、理论自信、制度自信、文化自信
民办中小学	突出学生良好思想品德养成，推动学校把爱党、爱祖国、爱社会主义教育贯穿各项工作中，抓细抓小抓实，使之在学生心中生根发芽，为培养德智体美劳全面发展的社会主义建设者和接班人奠定基础
民办培训机构	突出诚信守法，引导培训机构端正培训思想、严格内部管理，规范招生、收费等行为，防止培训造假及以不正当手段谋取非法利益，切实提高培训质量和社会效益

在当前国家扶持规范社会力量办学，加快推进民办教育分类改革的大背景下，民办学校党的建设只能加强。在营利性民办学校，党组织要特别重视参与学校重大决策，牢牢把握好办学方向，确保教育的公益性。

（二）灵活多样，确保党的基层组织全覆盖

基础不牢，地动山摇。要坚持把组织建设作为重中之重，在党的组织

建立上可大力推行属地管理机制，民办高校党组织隶属关系调整到市委或市教育局党委或社会组织党建工作机构统一领导和管理。规模较小的民办中小学、培训学校的党组织可由当地乡镇教委办（科教局）或街道党组织负责，实行归口管理。加大党组织组建力度，可以按照"先发展后组建，先联合后单独，先群团后党建"的思路，灵活设置学校党组织。对党员人数在3名以上，符合组建条件，并且有合适书记人选的学校，单独组建党支部；党员不足3名的学校，可采取"挂靠组建""联合组建""派入党员单独组建""按行业组建""按区域组建"等方法，打破单位界限，就近就便实现应建尽建，确保党组织的全覆盖。

（三）抓好领头雁，选齐配强民办学校党组织负责人及工作队伍

党组织书记队伍建设是抓好民办学校党建工作的重中之重，党建工作要取得成效与党组织负责人积极主动、认真负责、努力工作直接相关。目前，我省已部分开展了向民办学校选派党组织负责人工作，要进一步总结凝练选派工作中已有的成功经验和有效做法，把实践成果有效地转化为政策措施，转化为工作机制。

其中，向民办高校选派党组织负责人，既是落实政策要求，也具有产权归属依据。一是从政策层面上看，中发〔2016〕78号文明确提出"推进向民办高校选派党组织书记"。国发〔2016〕81号文明确提出"民办高校党组织负责人兼任政府派驻学校的督导专员"。向民办高校选派党组织负责人兼任督导专员在法理上有据可依。二是从我省民办高校的产权结构看，多所学校的产权中有国有资产属性，如：宁波财经学院、浙江东方职业技术学院、嘉兴南洋职业技术学院均由国有企业和高校投资兴建；浙江树人大学的资产已纳入省国资委的管理；浙江汽车职业技术学院51%的股份属于临海市政府；杭州万向职业技术学院、绍兴职业技术学院等三所学校各有部分股份分别属于杭州市人民政府和绍兴市人民政府所有。两所中外合作大学的投资方浙江万里教育集团和温州大学均属国有性质。基于我省民办高校的产权现状，学校党委或派出的党委书记可以代表政府在学校的法人治理结构中占据重要地位，把坚持党的领导与民办学校法人治理有机地融合起来。

同时要通过举办民办学校党组织书记示范培训等形式，解决好业务不熟的问题，能够时刻牢记职责，善谋事、想干事，确保党建工作"有人想"；坚持严格管理和关心激励相结合，建立健全符合民办学校特点的管理考核和激励约束制度，使民办学校党务工作者干事有平台、待遇有保障、发展有空间，确保党建工作"有人干"。

（四）建章立制，推动党建工作的标准化建设

党建标准化建设是将党建责任明晰化、工作规范化、考核精细化的"金钥匙"。党的十八大以来，党和政府高度重视党建工作的规范化开展。2015 年中共中央办公厅印发了《关于加强社会组织党的建设工作的意见（试行）》，强调指出社会组织是党的基层组织建设的重要领域，对培训机构、营利性民办学校等民办非企业单位的党建具有重要指导意义。2016年 6 月中央组织部、教育部党组印发了《关于加强中小学校党的建设工作的意见》（中组发〔2016〕17 号），尽管意见主要适用于公办中小学校（含中等职业学校）、公办幼儿园参照执行，但对于民办中小学、幼儿园，也具有积极的重要的指导意义。民办高校党建工作则要重心下移，落实好2019 年省教育厅党委印发了《高校院（系）级单位党组织建设标准（试行）》《高校基层党支部建设标准（试行）》，开展党组织规范化、标准化建设，充分发挥党员教师在教书育人中的示范带动作用。

（五）突出重点，以思想政治教育提升育人质量

民办学校党组织要主动担负起抓党建和德育的主责，把握党对意识形态工作的主导权，引导学校全面贯彻党的教育方针，将党的思想政治要求纳入学校日常管理，贯穿学校工作各方面。

各类民办学校要以实际的举措加强思政课程建设和课程思政建设。民办高校还要落实好本科生生均 40 元、专科生生均 30 元的思想政治理论课建设经费，用于思想政治理论课教学改革与教学研究、教师学习考察和学术交流、教师社会实践等。同时要推行"大班授课、小班讨论"的教学方式，将班级规模控制在较合理的范围内，增进教学效果。重视民办本科高校探索重点马克思主义学院建设和马克思主义理论学科建设，以学科建设带动课程建设。

党建工作中要将师德建设摆在师资队伍建设的首要位置，切实按照2019年11月教育部等七部门印发《关于加强和改进新时代师德师风建设的意见》精神，把立德树人的成效作为检验学校一切工作的根本标准，把师德师风作为评价教师队伍素质的第一标准，将社会主义核心价值观贯穿师德师风建设全过程，严格制度规定，强化日常教育督导，加大教师权益保护力度，倡导全社会尊师重教，激励广大教师努力成为"四有"好老师，着力培养德智体美劳全面发展的社会主义建设者和接班人。

（六）加强领导，探索民办学校党建工作的浙江经验

改革开放以来，浙江民办教育一直走在全国前列。面向未来，加强和改进民办学校党建与思想政治工作是民办学校党的各级组织的重要使命，而如何帮助、引导、督促民办学校加强和改进党建与思想政治工作也是党的各级组织和教育主管部门高度重视的工作。

目前，多个省市探索了一些有效的经验，如青岛市（各区县）全部成立了民办教育机构行业党委，明确主管科室，形成了齐抓共管的党建工作格局。江西省教育厅成立了社会力量举办学校党委，在省委教育工委领导下直接管理南昌地区民办高校党组织，对其他设区市民办高校党建工作进行指导。建议省委两新工委和省教育厅党委在理顺关系和职责的基础上，加快成立专门的民办学校党建工作机构，帮助民办学校的党建工作实现统一平台，同一标准开展工作。要发挥好省民办教育协会和协会党建工作专业委员会在推动民办学校党建工作规范开展中的作用。可以向民办幼儿园和培训机构选派党性意识强、党务工作熟、党建能力高的党员干部担任党建工作指导员，使民办学校和培训机构在业务管理和党建工作上，逐步规范，健康发展。要把民办学校党建工作情况作为民办学校注册登记、年检年审、评估考核、管理监督的必备条件和必查内容。对不重视党建工作的民办学校，通过教育引导，督促整改；对民办学校党的建设和意识形态工作薄弱的严肃问责，持续规范民办学校办学行为，以过硬党建引领民办教育健康发展。

2020年4月，习近平同志对浙江提出"努力成为新时代全面展示中国特色社会主义制度优越性的重要窗口"的新期待。2020年5月，浙江

省委、省政府印发了《浙江教育现代化 2035 行动纲要》。面向 2035 年，浙江民办学校在社会力量办学方面的探索可以大有作为，期待有更多的民办学校能在党建与思想政治工作方面有更多的创新探索。

（浙江树人大学　宋斌）

浙江省民办中小学教师发展状况调研报告

百年大计，教育为本。教育大计，教师为本。2010年之后，随着浙江省各级政府加大对教育的投入，公办中小学的教育质量进一步得到提高，能提供的中小学学位也有所扩大，加上生源本身的萎缩，民办学校的生源市场受到一定程度的影响。为适应新形势，浙江省民办中小学也在转型发展，逐渐从规模发展进入到内涵发展阶段。教师队伍是支撑民办中小学内涵发展的一个核心因素，因此，加强民办学校教师队伍建设不仅是民办中小学十分重要的工作，也是迫切需要国家及地方政府制定和完善民办教育支持政策的最重要的内容之一。

近年来，随着全国民办教育综合改革的逐步深入，民办学校开始进入到一个分类管理的全新时期。新时期民办学校教师生存和工作状况如何，面临什么样的困难和挑战？受浙江省民办教育协会委托，特对浙江省民办中小学教师队伍开展调研。受新型冠状病毒性肺炎影响，本次调研方式采取在线问卷调查，调查对象为现在民办中小学校工作的教师群体。期望从一个侧面获取信息，为各级政府和民办中小学办学者开展民办学校教师队伍建设与管理提供参考。

一　调研基本情况

本次调研共发放调查问卷800份，回收试卷608份，回收率为76%。在调查对象中，小学教师数量占绝对多数，占比达到77.5%，中学教师（含初中和高中）占比为22.5%。辐射区域为杭州、宁波、温州、丽水、金华、嘉兴、湖州七个设区市。

从图1调查数据显示，绝大多数教师在设区市级、区县级城市的民办学校工作，两者占比达到98.2%，其中在区县级城市工作的民办学校教

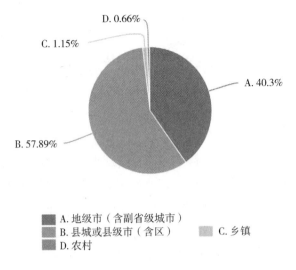

图1　调研教师所属学校的区域占比

师占比达到 57.89%，这也可能反映了我省民办中小学校在区县级城市数量居多。

从调研对象的年龄层次来看，处于 25 岁至 50 岁之间的中青年教师仍然是民办中小学教师的主体。

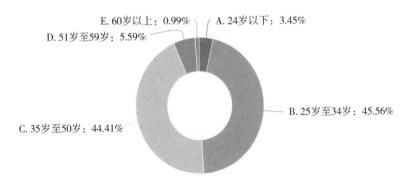

图2　调研对象的年龄结构

学历和职称通常被视为评价教师专业能力的重要指标，图 3 调研数据显示：参与调研的中小学教师的学历以本科为主体，占比达到 87.83%。图 4 显示参与调研教师的职称以初级职称为主体，小教一级、二级和中教二级、三级的人数总占比近 60%。

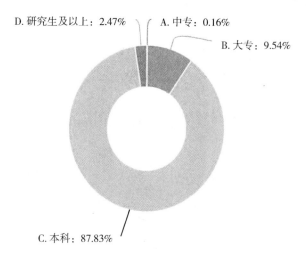

图 3 调研对象的学历结构

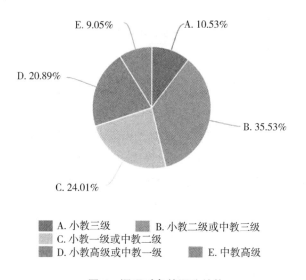

图 4 调研对象的职称结构

民办中小学教师从哪儿来？图 5 调研数据显示：应届大学毕业生仍然是民办中小学教师的重要来源。数据还告诉我们，教师在不同的民办中小学之间流动已经成为常态。还有超过五分之一比例的公办学校在编教师在民办中小学工作，这个比例随着 2022 年（浙江民办学校公办教师调整的政策期限）渐近，应该有所下降。此外，还有少量的教师来自于非教育行业，显示了民办中小学教师构成多元化的一面。

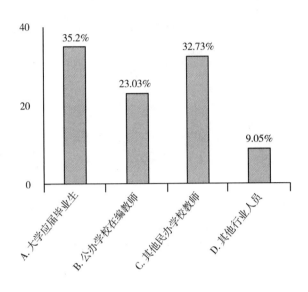

图5　民办学校教师的主要来源

二　民办中小学教师的职业状态

民办中小学教师选择到民办学校工作的原因有哪些？在调查问卷中尽管设计了较多的选项，但最终是较为模糊的其他原因项成为选择比例最高的选项，占比超过四成。这也说明老师们选择到民办中小学工作的个性化因素比较复杂。为求职而到民办中小学工作也成为相当一部分老师的选择原因，占比超过五分之一。民办学校工资待遇高、体制机制灵活的优势在此也有不同程度的体现，分别有近14%的教师冲此而来。

为保护劳动者的合法权益，《劳动合同法》以及其他相关政策均要求民办学校作为用工单位应与教师签订劳动合同。调查显示，民办中小学校在这方面的工作做得较好，与教师的签约比例达到94.57%。这是稳定民办中小学教师队伍的重要前提。

为教师办理社会保险，既是国家法律政策的要求，也是保障民办中小学教师的合法权益，让他们安心工作的关键。图8调查数据显示，浙江省的民办中小学校为教师们办理社会保险的比例较高，总比例达到

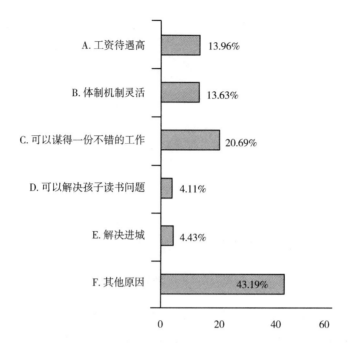

图 6 民办学校教师就职动机

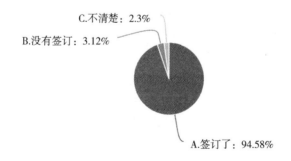

图 7 民办学校教师劳动合同签约率

96.55%。其中，有三分之一的教师办理了事业单位社会保险，这可能是浙江省民办教育政策中"符合规定条件的民办学校教师，可参加机关事业单位养老保险并同步建立职业年金"的要求所致。①

---

① 浙江省 2018 年颁布的《浙江省民办学校教师队伍建设实施办法》。

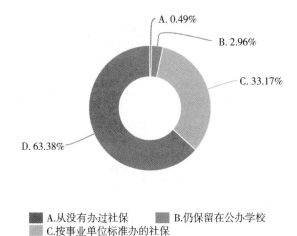

图 8　民办学校教师办理社保情况

　　薪资水平是民办中小学教师最为关心的问题之一。浙江省民办中小学的薪资情况怎么样？教师们对自己的薪资待遇是否满意？图 9 调查数据显示：教师总体认为：民办中小学的薪资处于中低水平。从满意度上来看，仅有三分之一的教师对自己的薪资待遇表示满意。（见图 10）

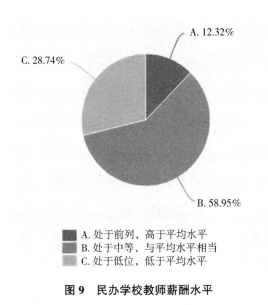

图 9　民办学校教师薪酬水平

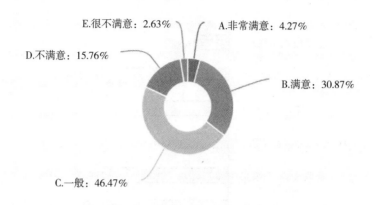

图 10 民办学校教师对薪酬水平满意度

三 民办中小学教师对民办教育的未来信心

民办中小学教师对民办教育的未来是否有信心？图 11 调查数据显示，尽管教师们对自己的薪资待遇的满意度不高，但参与调研的教师中，有三分之二的教师对民办教育的未来是抱有信心的。

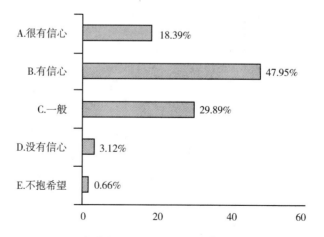

图 11 民办学校教师对学校未来发展的信心度

对于自己在民办学校里工作最大的收益是什么，问题回答较为分散。

28.41%的教师看重的是个人的成长与发展，也有 23.81%老师看重的是收获一份事业。（见图 12）

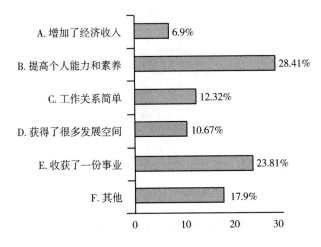

图 12　民办学校教师职业收获

民办中小学教师在民办学校工作，最大的顾虑是什么？图 13 调查显示的数据与人们的一般性判断是一致的，即"退休后的保障"和"学校是否稳定"成为他们最担心的事情，选择占比分别为 37.17%和 23.36%。

2020 年全国各地对民办中小学采取了新的招生政策。义务教育阶段

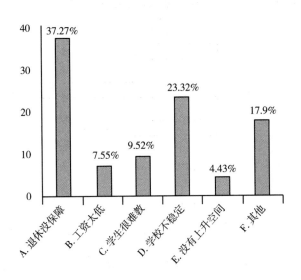

图 13　民办学校教师的职业顾虑

的民办学校实行"公民同招、电脑派位"，对于普通高中的跨区招生进行限制，这些政策的施行必然会影响到民办中小学的生源质量和数量。民办中小学未来如何发展？参与调研的教师给出了自己的答案。民办中小学应该抓住机遇，加快发展转型，加快以队伍建设为核心的内涵建设，高度重视教师队伍的建设和成长，努力提高学校的培养能力和市场竞争力，只有这样，才能实现学校的可持续发展。

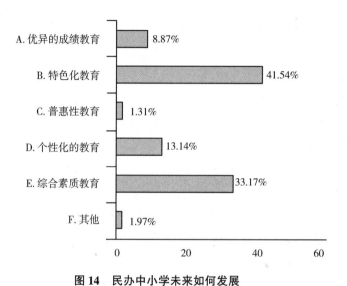

图14　民办中小学未来如何发展

四　调研总结与建议

本次调研采取的方式是无记名问卷点对点在线提交，教师的选择受外部因素干扰较小，表达的意思是真实可信的。另外，本次调研覆盖面广，回收率高，调研结果的可信度较高，能相对反映出浙江省民办中小学教师队伍的真实状况。

调研数据显示民办中小学教师队伍年龄结构上相对于公办学校而言，具有一定的优势，但在职称方面，高级职称的教师比例不高，一方面与教师的年龄结构有关，另一方面反映了民办学校更注重骨干教师引进，而相对忽视了对存量骨干教师的培养。希望我省民办学校要充分发挥教师年轻、有活力、有上进心的优势，加大对在校教师的培养力度，建立学校和教师个人的教师发展规划并予以保障，充分调动教师的积极性，增强教师的归属感。

通过调研的结果反映，近几年随着公办学校教师收入的提高，民办学校的薪资待遇已不具有优势，导致教师的满意度下降和不稳定感增加。对此应当引起地方政府与民办学校办学者的重视，通过政策设计和制度实施给予保障。

尽管在浙江省以及一些设区市、县（市、区）的民办教育政策中，规定了"符合条件的民办学校教师可以办理事业单位养老保险"，甚至在公共财政上给予了不同程度的补助，但受各种因素影响，民办学校教师中参加事业单位养老保险的比例并不高，这也引发了相当比例的教师担忧民办学校退休后的保障问题，未来各级政府和民办学校的办学者仍需要在"民办学校教师退休保障"这一问题上多做些探索。

新时期新形势下，民办中小学未来如何发展，仁者见仁，智者见智，大力开展素质教育、特色教育、个性化教育已成为共识。如何把这种共识变成现实，未来民办中小学仍有很多路要走。首先，民办学校要努力打造一支高素质的教师队伍。既要重视教师的引进，更要重视存量教师的培养，积极鼓励教师专业发展，还要保障教师合理的待遇，关心他们的工作生活。其次，建议各级政府要做好民办中小学科学、健康发展的引导工作，民办中小学校的办学者也应提前布局、积极探索，全力做好学校的稳定和持续发展的保障工作。

（浙江省发展民办教育研究院　田光成）

浙江省市县区域民办教育
发展政策专题报告

进入新世纪之后，随着规模的不断扩大，浙江民办教育事业发展逐渐由需求驱动阶段过渡到需求与政策驱动并重的阶段。尤其是 2010 年之后，一方面政府加大对教育的投入，有效扩大了公办中小学学位的供给，同时受到人口因素的影响，民办教育生源供给相应减少；另一方面，政府规范民办学校办学行为、引导民办教育发展的力度明显增加。民办中小学发展趋于平缓，而民办社会培训机构却得到较大的发展。为了支持、引导、规范民办教育的发展，我省各级政府及有关部门陆续出台了一系列规范性文件，对我省各地的民办教育发展产生重大影响。

党的"十六大"之后，党中央和国务院对民办教育的指导思想也在悄然发生变化，从党的"十六大"（2002 年召开）提出的"鼓励社会力量办学"到"十七大"（2007 年召开）提出的"鼓励社会力量兴办教育"，再到"十八大"（2012 年召开）提出的"鼓励和引导社会力量兴办教育"，尤其是"十九大"（2017 年召开）进一步明确了"支持和规范社会力量兴办教育"。这些变化清晰地显示了，"支持"和"规范"将是民办教育政策中的两大主题。

本文将通过对浙江省市、县已有的一些民办教育政策文本进行解读，重点梳理这些政策中在市、县层面民办教育政策中的"扶持"和"规范"措施，从而为其他区域民办教育政策的制定和执行提供一些思考。

需要说明的是，本文所采用的民办教育政策文本均来自于本省各地市、县的教育局官方网站，多数文件颁布的时间在 2010 年至 2017 年之间，有少量文件颁布于 2000 年以后 2010 年以前，但目前显示的状态仍然是生效状态，其中一些条款可能与民办教育综合改革的新法新政冲突处于失效状态，在分析时不再提及。还有部分文件颁布于 2017 年新法新政颁布实施之后，其中与中央和浙江省文件有重复的内容或规定在此文中尽可能不再涉及。

一　浙江省区域民办教育政策综述

从 2010 年到 2020 年，这 10 年对于中国的民办教育而言，是一个既重要又特殊的阶段。2010 年 7 月 29 日中共中央和国务院发布《国家中长期教育改革和发展规划纲要（2010—2020 年）》，从国家层面对于民办教育的改革与发展提出了方向性指导思想。一方面从"大力支持民办教育"的角度，对各级政府提出"要把发展民办教育作为重要工作职责，鼓励出资、捐资办学，促进社会力量以独立举办、共同举办等多种形式兴办教育""清理并纠正对民办学校的各类歧视政策，制定完善促进民办教育发展的优惠政策"的改革要求；另一方面从"依法管理民办教育"的角度，提出"积极探索营利性和非营利性民办学校分类管理改革""完善民办学校法人治理结构""积极发挥民办学校党组织作用""落实民办学校法人财产权"等治理要求。自 2010 年起，从中央到地方以"民办学校分类管理改革"为核心，围绕着"促进发展"和"规范管理"两大方面，掀开了民办教育综合改革的序幕。

2010 年 12 月，经国务院批准，浙江省被批准为"全国民办教育综合改革试点"省份，在省内又确定了宁波市、温州市、德清县、安吉县两市两县为"浙江省民办教育综合改革试点"具体落地区域。从 2011 年起，浙江省各市县也启动了民办教育综合改革工作，陆续颁布了一系列民办教育发展的政策文件。其中，温州的民办教育综合改革取得了较大的成功，成为全国民办教育综合改革的示范区，其所颁布的民办教育政策"1+14"文件（一个主文件和十四个附件），也成为区域民办教育政策的亮点和范本。

截至 2019 年，浙江省共有 11 个地级市（其中杭州、宁波为副省级城市，在本文中一并统计），下辖 89 个县级行政区，包括 37 个市辖区、20 个县级市、32 个县，1 个自治县。根据所搜集到的各市、县区教育行政部门网站上登载的有关民办教育的政策文件。以地级市（含杭州、宁波）为单位颁布的民办教育政策文件数量汇总如下：

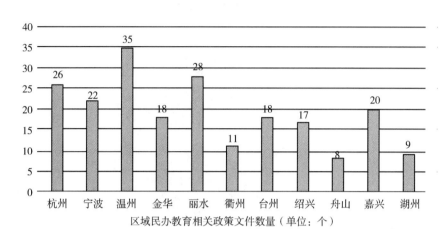

图1　2010—2019 年市县民办教育发展政策文本数据

图 1 数据显示，区域民办教育政策文件的数量与全省民办学校的数量分布与民办教育的活跃程度呈正比关系。温州、杭州、宁波作为浙江省民办教育最活跃的区域，与这三个地区的经济、文化、教育发展水平是密不可分的。丽水地区近些年来在民办教育政策方面给了民办学校较大空间，后来居上之势明显。

从政策内容上来看，区域民办教育政策文件的内容主要集中在民办教育综合改革、学前教育（含普惠性学前教育补助和认定管理）、财务管理、专项资金、规范培训机构、收费管理、招生管理、教师管理等几个方面，这个与地方市县政府对民办学校的管理权限是一致的。对于民办学校而言，基本上除民办高校外全部覆盖。（见图 2）

纵观浙江省区域民办教育政策的内容，以 2016 年 11 月 7 日第十二届全国人大常委会审议通过《关于修改〈中华人民共和国民办教育促进法〉的决定》（以下简称《中华人民共和国民办教育促进法》修正案）为时间点，大致可以分为前后两个阶段。

在前一阶段中，政策的制定和执行仍然是以原《中华人民共和国民办教育促进法》及《民办教育促进法实施条例》为基本依据。在这一时间段，全国民办教育综合改革刚刚拉开序幕，关于"民办学校的法人分类""民办学校营利性与非营利性选择与登记""民办学校的税收政

各类民办教育政策占比

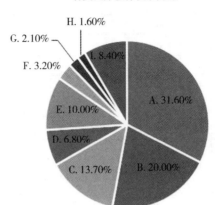

■ A.民办教育综合改革　　■ B.学前教育　　　　■ C.培训机构

■ D.收费管理　　　　　　■ E.专项资金　　　　■ F.义务教育

■ G.财务管理　　　　　　■ H.教师管理　　　　■ I.其他项

图2　市县民办教育发展政策文件内容分类

策、土地政策、收费政策"等政策尚不明确。与此同时，浙江省作为全国民办教育综合改革试点省，以温州、宁波两地为代表，已开始了先行先试的改革探索。

这一阶段，根据试点要求和具体内容，区域民办教育政策中有两大内容引人关注：

一是关于民办学校的分类登记。在民办学校分类管理改革探索中，需要把民办学校分为营利性和非营利性两大类。在法人登记时，营利性民办学校登记为企业法人，非营利性民办学校除了继续保留原有的民办非企业单位法人登记外，温州、宁波和衢州三市民办教育政策中，直接允许登记为民办事业单位。

以温州政策为例，对于民办学校的分类如下，"对民办学校按照营利性非营利性进行分类登记管理，非营利性的全日制民办学校按照民办事业单位法人进行登记管理，营利性的全日制民办学校按照企业法人进行登记管理，非全日制的民办学校按照企业法人进行登记管理，确属非营利性的也可以登记为民办事业单位法人"①。首次提出将非营利性民办学校登记为民办事业单位法人。在非营利性学校中又分为捐资举办、不要求取得合理回报和要求取得合理回报的民办学校三类。衢州市政府 2014 年颁布的《衢州市人民政府关于促进民办教育发展的若干意见（试行）》中亦有相同的规定。

二是关于"合理回报"的设计。在 2003 年实施的《中华人民共和国民办教育促进法》第五十一条规定："民办学校在扣除办学成本、预留发展基金以及按照国家有关规定提取其他的必需费用后，出资人可以从办学结余中取得合理回报。" 2004 年颁布的《民办教育促进法实施条例》对于"合理回报"虽有规定，也更多是在程序上限定，可操作性并不强。在浙江区域民办教育政策中，为了让"合理回报"更好地落地，市、县级地方政府大胆创新。温州提出"登记为民办事业单位法人的民办学校，在扣除办学成本预留学校发展基金以及提取其他有关费用后，在办学有结余的前提下，经学校决策机构研究决定，并报教育行政部门批准，可从办学结余中提取一定比例的经费，用于奖励出资人，年奖励金额按不超过出资人积累出资额为基数的银行一年期贷款基准利率的 2 倍计算，即 12%"，类似规定在湖州、绍兴、台州等地的民办教育政策中亦有不同程度的呈现。

后一阶段为 2016 年 11 月《中华人民共和国民办教育促进法》修正案通过之后，随着《民办教育促进法》新法的颁布，民办学校分类管理改革的政策方向进一步清晰，国务院及各省级人民政府也陆续制定并颁布了各省的"鼓励社会力量兴办教育促进民办教育健康发展""民办学校分类登记""营利性民办学校监督管理"等区域政策文件，民办教育分类管理改革进入了中期。

在浙江，作为全国民办学校分类管理改革的试点地区，也是为了与新修订的《中华人民共和国民办教育促进法》及相关文件相适应，浙江省人民政府在原来政策的基础上，及时推出了"1+7"文件（见本书文件政策部分）。随着省级民办教育政策的出台，各市、县人民政府及教育行政

---

① 2011 年温州市委、市政府颁布的《关于实施国家民办教育综合改革试点加快教育改革与发展的若干意见》。

部门根据本地实际情况，围绕民办学校分类管理改革，相继出台了地方性配套政策。从而形成了相对完整的浙江省区域民办教育政策体系。

二　浙江省区域扶持民办教育发展的政策导向

浙江省区域民办教育政策扶持措施，总体上是与中央和浙江省的民办教育政策内容保持一致的，在公共财政资助、教师队伍建设、办学自主权、税费优惠、用地、收费等方面完全落实中央和浙江省级民办教育政策精神。除此之外，各地市县政府及教育行政部门根据本区域民办教育发展的实际情况，就如何扶持本区域民办教育的发展，制定了一些具体举措，归纳起来，主要表现为三个方面：

（一）进一步完善公共财政对民办教育的奖补制度

2018年3月9日，浙江省财政厅、浙江省教育厅联合颁布了《浙江省公共财政扶持民办教育发展实施办法》，在这个办法中较为亮眼的内容有两点：

第一点，提出公共财政配比要求。要求地方可研究设立公共财政配比资金，对非营利性民办学校在民政部门登记设立的基金会接受的捐赠收入进行配比，具体配比比例、配比资金管理与使用等由各地研究制定。

第二点，通过转移支付方式支持地方民办教育发展。浙江省财政每年按经第三方审计确认的市、县级民办学校举办者投入数的15%和上年市、县财政对民办学校补助数的15%安排预算资金，通过转移支付方式支持市县各类民办教育发展。

在市、县级层面民办学校扶持政策中，公共财政扶持措施是重要的也是最有力的。根据实施方式不同，表现为三种形式。

第一种形式，对民办学校直接提供政府补助。在补助的计算标准上，有些市、县级政府突破了全国普遍采用的生均教育公用经费标准，而是以生均教育事业经费为依据。在补助项目上除了常规补助外还增加了一些特定项，如"教师人事代理""贷款贴息""校车购置""食堂量化提升"等项目补助。

以杭州市政策为例，杭州提出"建立生均教育经费为基本依据的民办中小学、幼儿园公共财政扶持政策"。要求"各级财政要按民办中小学、幼儿园学籍人数，以当地同级同类公办学校（幼儿园）上年度市级预算内教育经费为依据给予一定的补助。义务教育的学校补助基准不低于30%，学前教育、高中教育段学校补助基准不低于20%"[1]。

嘉兴市提出"对非营利性全日制民办学校，符合补助条件的，按同类公办学校生均教育事业经费的一定比例给予生均补助，市本级非营利性民办学校在原有补助政策的基础上，到2020年义务教育阶段补助比例达到20%，高中阶段补助比例达到15%"[2]。

在温州市2013年修订的《关于公共财政补助民办教育的实施办法（试行）》（以下简称《财政扶持政策》）中，明确了"自2011学年起，市财政每年安排3000万元作为温州市民办教育专项奖补资金，用于民办教育各项财政扶持项目支出。各县（区、市）也要参照公办学校经费拨款水平，结合民办教育规模，设立民办教育专项奖补资金，加大民办教育财政奖补力度。"并提出补助的特别项"民办学校教师培训培养补助""民办学校人事代理补助""民办学校贷款贴息。"

湖州市德清县提出"对于有办学经验、信誉良好、项目融资总额低于项目总投资50%的非营利性全日制民办学校，根据首次项目融资计划，三年内给予30%的基准利率贴息贷款扶持"[3]。

第二种形式，是对民办学校进行奖励。市、县区域民办教育政策中除常规的"升等创优"奖励外，一些市县还设立了"年检"和"办学投资"奖励项目。

如在温州市《财政扶持政策》中，把奖励项目定为"升等创优""年检优秀""优秀举办者、校长、教师"方面，以年检为例，规定为"参加分类登记的民办学校在年检中被评为优秀单位的，一次性奖励10万—20万元。"

---

①　杭州市2016年颁布的《杭州市人民政府关于促进民办教育持续健康发展的实施意见（试行）》。

②　嘉兴市2019年颁布的《嘉兴市人民政府关于进一步深化民办教育综合改革促进民办教育健康发展的实施意见》。

③　德清县2015年颁布的《德清县人民政府关于进一步完善民间投资办学机制促进民办教育健康发展的实施意见》。

在台州市天台县的民办教育政策中，"对办学成绩显著，经教育行政部门年检合格的民办学校（幼儿园），且自建规范化校园的给予奖励，按当年毕业生人数计算，高中段按每生 600 元计算，义务教育的按每生 300 元计算，学前教育按每生 200 元计算"①。

在台州市玉环县民办教育政策中，规定："对新审批的符合等级标准的优质高端民办学校，一次性给予 20 万元奖励。""年度考核优秀的学校奖励每校 3 万。"②

绍兴市则规定："被评为国家级、省级综合性示范高校的，分别奖励 50 万元、30 万元，被评为省一级特色示范高中和省一级中职学校的奖励 30 万元；评为省二级特色示范高中和省二级中职学校的奖励 20 万元；被评为省标准化学校（义务教育阶段）的奖励 10 万元。"③

在丽水市松阳县的民办教育政策中，则规定"通过政府招拍挂取得土地使用权的新建民办幼儿园，建设标准达到省一级、二级、三级幼儿园创评指标的，给予每班 25 万元、15 万元、10 万元的奖励"④。

第三种形式，政府购买服务。目前政府对于民办学校的购买服务主要体现在义务教育和高中段教育的委托培养上，市、县级政府基本上以同类公办学校生均教育事业费为依据，给予民办学校一定比例或全部的培养成本费用。

如温州的民办教育政策中，关于政府购买服务，《财政扶持政策》规定"因财政部门按当地上一年同类公办学校生均教育事业费，给予一定的补助，义务教育阶段补助标准为 30%—50%，学前教育、高中段教育补助标准为 20%—30%，高等教育补助标准，15%—20%"。

舟山市政策中规定："对非营利性民办学校按照当地教育行政部门指令性任务招收的学生，可按不低于当地同类公办学校生均培养成本 30%

---

① 天台县 2011 年颁布的《天台县人民政府关于进一步扶持和鼓励民办教育发展的若干意见》。

② 玉环县 2014 年颁布的《玉环县人民政府关于进一步促进民办教育发展的若干意见》。

③ 绍兴市 2015 年颁布的《绍兴市人民政府关于促进民办教育健康发展的意见（试行）》。

④ 松阳县 2015 年颁布的《松阳县促进民办教育健康发展的实施意见（试行）》。

实行行政购买服务。"①

绍兴市则规定"凡列入当地教育行政部门招生计划的公费班,由政府按上年度同类普通高中生均公用经费和人员经费的30%购买服务","义务教育阶段根据教育部门要求免费招收施教区内学生的,由政府按照上年度生均公用经费和人员经费购买服务","凡符合办园条件且收费标准不高于同级公办幼儿园2倍的普惠性民办幼儿园,应给予同等级公办幼儿园一样公用经费补助"②。

嘉兴市的民办教育政策规定"对受政府委托承担义务教育和高中段教育的民办学校,以其招收计划内且执行公办学校收费标准的学生数为准,按同类公办学校生均教育事业费的标准予以补助"。③

衢州市政府则规定:"对承担政府安排免费入学任务的义务教育阶段民办学校,按实际免费入学学生数,参照同类公办学校生均办学成本给予经费补助。"④

这些政策,对于国家提出的教育购买服务相关政策的落实,起到了积极的作用。

(二) 加大民办学校教师队伍建设扶持力度

民办学校要实现高质量的发展、特色化办学,必然离不开良好的师资队伍。在浙江省区域民办教育政策的扶持措施中,对于民办学校教师队伍建设也进行了不同方面不同程度的规定。

浙江省教育厅、机构编制委员会办公室、财政厅、人力资源和社会保障厅于2018年联合发文《浙江省民办学校教师队伍建设实施办法》,在该文件有两个内容比较突出:

第一,符合规定条件的民办学校教师,可参加机关事业单位养老保险

---

① 舟山市2018年颁布的《舟山市人民政府关于鼓励社会力量兴办教育促进民办教育健康发展的实施意见》。

② 绍兴市2019年颁布的《绍兴市人民政府关于鼓励社会力量兴办教育促进民办教育健康发展的实施意见》。

③ 嘉兴市2019年颁布的《嘉兴市人民政府关于进一步深化民办教育综合改革促进民办教育健康发展的实施意见》。

④ 衢州市2014年颁布的《衢州市人民政府关于促进民办教育发展的若干意见(试行)》。

并同步建立职业年金。对为教师办理机关事业单位养老保险的民办学校，当地政府可给予适当的补助。

第二，对于符合区域规划、弥补教育资源短缺、促进区域均衡发展的薄弱民办中小学校，当地政府可通过挂职、支教等形式，派遣一定数量的公办学校在编教师予以支持，派遣数量不得超过该民办中小学校教师总数的 20%。同一名公办学校在编教师在民办中小学校累计任职、任教时间不超过 6 年。

在省级民办教育政策的大前提下，市县区域民办教育政策中，关于教师队伍建设的扶持措施，也有不同程度的显示。

其一，对于符合条件的教师允许按机关事业单位办理养老保险。

丽水市政府提出："经有关部门批准聘用为职业员工，且符合具有相应的任职资格、在职在岗的民办学校教师，按照公办学校教师标准参加事业单位社会保险，享受与公办学校教师同等的社会待遇和福利待遇。"[①]

杭州市的政策中也有此类规定，"符合规定条件的民办学校教师经人事等部门审核同意，可在属地参加机关事业单位养老保险"[②]。

宁波市规定，"符合规定条件的民办学校专任教师，可参加机关事业单位养老保险并同步建立职业年金。对建立年金等补充保险制度市本级民办学校，市财政按民办学校年金支出的 50% 给予补助"[③]。

舟山市的政策是："民办学校教师参加事业单位养老保险，享受事业单位养老保险统筹部分待遇，统筹外部分由民办学校解决。"[④]

温州市在配套政策《民办学校教师队伍建设办法》中则规定："对登记为民办事业单位法人的民办学校，凡落实教师社会保障政策，足额缴纳社会保险费的单位应缴部分，并落实当地民办学校教师工资指导线（最低工资）要求和相应的会计制度的，由当地政府通过购买服务的方式，

① 14.19 丽水市 2014 年颁布的《丽水市人民政府关于促进民办教育加快发展的实施意见》。

② 杭州市 2016 年颁布的《杭州市人民政府关于促进民办教育持续健康发展的实施意见（试行）》。

③ 16.18 宁波市 2019 年颁布的《宁波市人民政府关于进一步鼓励社会力量兴办教育促进我市民办教育高质量发展的实施意见》。

④ 舟山市 2018 年颁布的《舟山市人民政府关于鼓励社会力量兴办教育促进民办教育健康发展的实施意见》。

根据民办学校在校生人数，按当地上年度生均教育事业标准给予相应的补助。”

其二，通过财政资助保障民办学校教师退休待遇。

在民办学校，教师最大的顾虑是退休后与公办学校教师之间的待遇差异，在浙江省市、县区域政策中，对这一问题也有所考虑。

宁波市的政策规定是这样的，“2014 年 10 月 1 日前参加工作，并符合条件的教师，可享受由所在民办学校发放一次性退休补贴，市财政对市本级民办中小学校承担的一次性退休补贴，给予 50% 的补助”。

丽水市的政策是：“各级财政要通过一定比例标准资助，支持民办学校建立社会保障制度，提高教师退休待遇。”①

衢州市的措施更为详细，提出“登记为民办事业法人单位的民办学校中的教师，符合相关条件的，可以参照《衢州市人民政府关于印发衢州市本级民办教师参加基本养老保险办法的通知》（衢政发〔2006〕65号）规定按中档或高档标准参保缴费，不受衢州市户籍限制。对按高档标准参保缴费的，其基本养老保险单位缴费比例由原来的 55% 调整至35%；对按中档标准参保缴费的，其养老保险单位缴费比例由原来 33% 调整至 23%。按高档标准参保且缴费达到规定年限的民办学校教师，退休时待遇不低于公办学校同类同档教师”②。

其三，建立公办学校与民办学校之间的教师交流制度。

打通公办学校与民办学校教师之间的制度障碍，建立公办学校教师与民办学校教师之间的合理流动，有利于民办学校教师队伍的整体提升和相对稳定。浙江的区域民办教育政策中不仅强调了单向流通，还提出了反向流通的要求。

在丽水市的民办教育政策中，提出“各地要对民办学校师资队伍进行分类扶持。捐资举办的非营利性民办学校，教育行政部门可按需派驻优秀公办学校教师任教，工资、社会保险等人员经费均由当地财政承担。其他非营利性民办学校，组织派驻支教的公办教师比例原则上不低于 30%。营利性民办学校组织派驻支教的公办学校教师比例原则上不超过 10%”③。

---

① 丽水市 2014 年颁布的《丽水市人民政府关于促进民办教育加快发展的实施意见》。

② 衢州市 2014 年颁布的《衢州市人民政府关于促进民办教育发展的若干意见（试行）》。

③ 丽水市 2014 年颁布的《丽水市人民政府关于促进民办教育加快发展的实施意见》。

舟山市要求"打通公民办学校之间教师流通渠道，公办学校教师经教育行政部门委派，到非营利性民办学校任教，原有事业身份、档案关系、工资和社会保障均保持不变，同时享受民办学校待遇，任教期间由派出学校支付的工资由所在民办学校每年一次返还给派出学校；任教期满后由教育行政部门统筹安排到公办学校工作"①。

温州市的政策提出了反向要求，"民办学校也应积极派遣本校教师或管理人员，到公办优质学校挂职锻炼，改进学校教育教学及管理工作"②。

金华也与温州一样，提出同样的要求，"各级政府教育主管部门要建立双向的教师交流学习制度，每年委派一定数量的公办教师到民办学校支教，同时组织一定数量的民办学校教师到公办学校跟班学习"③。

以上政策的实施，对于民办学校加强教师队伍建设，起到较好的推进作用。

（三）更加灵活的用地政策

在用地政策上，除了按照国家及浙江省颁布的民办教育新法新政的规定外，市、县级政府因地制宜、因校制宜，制定了更为灵活多样的用地政策。

嘉兴市规定，"社会力量投资教育建设项目，利用闲置的厂房、学校、商业设施等存量土地和用房资源进行整合改造后用于办学的，五年内可暂不办理土地用途和使用权人变更手续。持续经营满五年后，经批准可采取协议出让方式，办理用地手续。鼓励采用租赁方式供应教育设施用地，支持实行长期租赁、先租后让、租让结合的土地供应方式"④。

在金华的地方政策中，也有类似思路，"在规划许可的前提下，民办学校可以依法依规通过土地置换迁建、扩建学校，做大做强优质资源。鼓励民办学校在符合规划条件的情况下，利用原有厂房临时改变用地性质建

---

① 舟山市 2014 年颁布的《舟山市人民政府关于促进和规范民办教育健康发展的实施意见》。

② 温州市 2018 年颁布的《温州市民办学校教师建设实施办法》。

③ 金华市 2014 年颁布的《金华市人民政府关于加快推进民办教育健康发展的实施意见》。

④ 嘉兴市 2019 年颁布的《嘉兴市人民政府关于进一步深化民办教育综合改革促进民办教育健康发展的实施意见》。

设民办学校"①。

在宁波的民办教育政策中，规定的更为详细。"举办者在不改变土地使用权主体、容积率和建筑物主体结构，且保证建筑和消防结构符合安全标准的前提下，可对闲置办公楼、厂房或者学校等场地进行改造，并向属地教育行政部门提出申请，经第三方机构鉴定合格后，由教育、财政、自然资源规划、生态环境、住建、国资等部门按照各自职责进行审查，凡符合条件的，可将上述场地调整为民办职业学校、义务段民办流动人口子女学校、老年教育学校、特殊教育学校或者民办普惠性幼儿园等办学场地。"②

（四）搭建丰富多元的民办学校融资渠道

办学资金是民办学校生存和发展的关键，然而受政策限制，民办学校很难从金融机构中获得资金支持。如何借助国家和社会金融渠道，缓解民办学校办学的资金压力？在国家新政的基础上，浙江省及市、县区域民办教育政策中提出了许多落地措施。

关于融资，浙江省政策中提出"民办学校功能清晰，产生独立的非教育教学不动产，可用于学校自身债务抵押，抵押登记，信息报批准设立的审批机关备案后，由相关登记机关办理抵押登记手续"③。

在温州的民办教育新政中，金融政策最为突出的亮点是"成立交投集团民办学校金融服务部，为民办学校提供一站式金融综合服务，包括短期应急融资服务、民办学校资产管理和融资咨询服务、资产租赁服务"，"搭建协会、银行、担保三方对接平台，通过'协会参与，银保互动'方式以学校作为授信主体，由民办教育协会提供信息和技术支持，银行给予信贷资金支持和现金流管理，温州教育发展投资集团有限公司提供贷款担保服务，三方配合，互相监管"。"由温州市民办教育协会发起成立民办学校互助合作组织，建立民办学校组织互助基金，加强民办学校之间的资

---

① 金华市 2014 年颁布的《金华市人民政府关于加快推进民办教育健康发展的实施意见》。

② 宁波市 2019 年颁布的《宁波市人民政府关于进一步鼓励社会力量兴办教育促进我市民办教育高质量发展的实施意见》。

③ 浙江省 2017 年颁布的《浙江省人民政府关于鼓励社会力量兴办教育　促进民办教育健康发展的实施意见》。

金和信用合作。"①

宁波市政策中则"鼓励和引导担保机构开展针对民办学校，民办教育培训机构的信用担保业务，鼓励社会力量向非营利性民办学校进行捐赠，探索建立捐赠配比制度"②。

针对融资问题，舟山市政府提出"健全民办教育投融资体制，支持民办学校与多层次资本市场对接，开展股权等方式融资，帮助民办教育实现集约化发展"。"鼓励融资担保公司为民办学校贷款提供担保服务。"③

三　浙江省区域规范民办学校办学的主要措施

在国家层面民办教育新法新政和浙江省民办教育政策中，关于规范民办学校办学行为可以归纳为完善学校的法人治理结构、健全资产管理和财务制度、规范学校办学行为和落实安全管理责任这五个方面。在浙江省市、县区域民办教育政策中关于规范民办学校办学的措施的内容除了执行国家和省级政策中的共性内容外，在关于"办学风险基金"、信用管理等方面有自己的特点，体现在很多市、县的民办教育政策文件中。

比如在宁波市的政策中，规定"加强民办学校风险防控，鼓励购买风险防控综合保险，完善重大责任事故处理和终止办学善后事宜处理机制。加强民办学校财务监管，督促学校建立学杂费专用账户，严控账户最低余额（重资产运营学校并保持在学宿费年收入的5%以上，没有将校舍和重要固定资产登记的轻资产运营学校账户最低余额保持在学宿费年收入的10%以上），对账户最低余额低于规定比例的学校要列为重点监控对象，并依法增加检查频次"④。

在绍兴市政策文件中，特别规定了"风险基金"。"民办学校要按学

---

① 温州 2012 年颁布的《关于落实民办学校金融支持和优惠政策的实施办法》。

② 宁波市 2019 年颁布的《宁波市人民政府关于进一步鼓励社会力量兴办教育促进我市民办教育高质量发展的实施意见》。

③ 舟山 2018 年颁布的《舟山市人民政府关于鼓励社会力量兴办教育促进民办教育健康发展的实施意见》。

④ 宁波市 2019 年颁布的《宁波市人民政府关于进一步鼓励社会力量兴办教育促进我市民办教育高质量发展的实施意见》。

费等收入的一定比例提取风险基金，主要用于一旦出现办学风险时退还学生学费、补发教师工资、偿还债务等支出。民办幼儿园、民办中小学和民办高校按学费收入的 1% 提取，到最高定额时不再提取。"①

同样是建立"风险基金"，舟山、嘉兴又有不同规定。舟山要求"健全民办学校风险应对机制，凡在学校名下没有独立校舍的民办学校，审批主管部门要督促其按年总收入的 5% 提取风险基金；风险基金累计提取额达到当年度学费收入的 20% 及以上的，可不再提取"②。嘉兴则规定"建立办学风险预警机制学校并提取年学费总收入的 5%，作为风险基金，并存入由审批机关指定的银行专款账户，风险基金累计提取额达到当年年度学费收入的 20% 以上的，可不再提取"③。

另外，在规范民办学校办学行为的政策措施中，各省虽然都强调了信息公开制度，但浙江省走得更远，并为此于 2018 年 3 月 26 日，颁布了《民办学校信息公开和信用管理办法》。该文件是管理"民办中小学校（含幼儿园、文化教育类培训机构）信息采集、公开、使用、监管和信用信息管理活动"重要依据，规定"民办中小学校在办学过程中存在违法、违规等行为，以及发布虚假信息、误导信息和不及时发布信息的，一经认定，即分别记入学校和法定代表人的失信记录。""各级教育行政部门在开展学校等级评估和政府购买服务等活动时，应将民办学校信息公开和信用情况作为一项重要参考指标和依据。""各级教育行政部门要将信用状况不良的民办中小学校列为重点核查和监管对象，通过下调政府购买服务比例、核减年度招生规模、取消各类表彰奖励等方式加强监管，直至恢复信用。"

根据这一政策要求，要求市、县地方政府加强"研究制定民办学校信息公开和信用管理办法，建立违规失信惩戒机制，将违规学校及其举办者和负责人纳入黑名单"。

此外，从引导和规范视角出发，温州市政府专门出台了《关于民办

---

① 绍兴市 2015 年颁布的《绍兴市人民政府关于促进民办教育健康发展的意见（试行）》。

② 舟山市 2018 年颁布的《舟山市人民政府关于鼓励社会力量兴办教育促进民办教育健康发展的实施意见》。

③ 嘉兴市 2019 年颁布的《嘉兴市人民政府关于进一步深化民办教育综合改革促进民办教育健康发展的实施意见》。

学校办学水平评估的实施办法（试行）》，教育行政部门将幼儿园等级评估、义务教育学校办学水平评估、普通高中、中职学校等级评估、素质教育示范校和现代化学校评估等对民办学校的督导评估，作为引导和规范的重要手段。

综观浙江省市、县区域民办教育政策，如果单从"支持"和"规范"角度看，仍有许多需要完善的地方，如非营利性民办中小学的收费政策有待进一步研究，区域间的民办教育政策仍存在着不平衡性，一些地方政策落实不到位，还有一些政策受时间的局限性需要及时地调整修改等等。但从区域民办教育制度的创新考虑，各市、县级人民政府、教育行政部门及其他职能部门从地方现实出发，颁布的这些政策仍具有一定的创新性和示范性。这些区域民办政策为浙江省民办教育高品质发展提供了有力的政策支撑，也为我国其他省市区域民办教育的政策制定和执行提供了"浙江样板"。

（浙江省发展民办教育研究院　田光成）

第四部分　咨政报告

陕西、吉林两省调研报告和我省民办高等教育发展建议

7月8日至11日，浙江省教育厅、省民办教育协会和部分民办高校的领导一行9人，先后赴陕西西安、吉林长春开展民办高等教育发展调研，了解两省民办高等教育的发展现状与规划、规范与扶持政策等，为破解我省民办高校发展瓶颈找方法、寻路径、树标杆。调研组认为：在我省重点高校超常规建设"双一流"的同时，也要进一步完善浙江高等教育的结构布局。目前我省民办高等教育占高教规模的三分之一，民办高校发展水平高低和教育质量好坏，直接关系全省高等教育的总体实力，关系高等教育强省目标的实现。

一　调研基本概况

本次调研历时4天，共组织了4个座谈会，听取了2个省教育厅关于民办高等教育发展的情况介绍，与13所民办高校的负责人进行了座谈交流，对2所民办高校进行了实地考察。

7月9日，陕西省委教育工委委员、省教育厅副厅长王紫贵接待调研组并主持了陕西民办高等教育改革发展情况座谈会，重点介绍近年来陕西省从制定发展政策、落实平等待遇、划拨专项资金、引导转型升级四个方面对民办高校给予的大力支持，促进民办高等教育持续健康发展。陕西省教育厅相关处室负责人就调研组关注的民办高等教育改革发展、扶持政策、学科建设及硕士点培育等问题作了详细介绍和深入交流。调研组实地考察了西京学院，该校是2011年全国首批率先获得硕士专业学位培养项目的五所民办高校之一，现有专业硕士点5个、全日制在校研究生148人；调研组还与西京学院、西安培华学院、西安翻译学院、西安欧亚学

院、西京学院、西安信息职业大学等民办高校负责人进行了座谈交流。

7 月 10 日，吉林省教育厅副厅长、省委教育工委副书记（兼）潘永兴接待调研组并主持了座谈会，重点介绍了吉林省民办教育基本情况，并就着力加强民办高校内涵发展、党建与思政工作等方面介绍了吉林的实践与经验。调研组与吉林省教育厅有关处室负责人就选派党组织负责人、民办高校专项扶持资金、学位点建设等进行了交流。7 月 11 日，调研组实地考察了吉林外国语大学，该校也是 2011 年全国首批硕士专业学位研究生培养的五所民办高校之一，目前共有硕士学位授权一级学科 1 个、专业硕士学位授权点 5 个，全日制在校研究生近 500 人，2018 年 10 月由吉林华桥外国语学院更为现名。调研组还与吉林外国语大学、长春光华学院、长春建筑学院、吉林建筑科技学院、长春大学旅游学院、长春信息技术职业学院等民办高校领导对口交流，共同探讨了民办高校发展中的共性问题。

二　取经学习陕西、吉林两省民办高校发展概况及主要举措

（一）两省民办高校发展概况

1. 陕西省民办高校发展概况。截至 2019 年 7 月，陕西省有民办普通高等学校 30 所（其中，独立设置的本科院校 11 所、高职高专 7 所，有 2 所于 2019 年升格更名为职业大学；独立学院 12 所），在校生本专科 27.59 万人、研究生 148 人。在全省普通高校中，民办高校数和在校生数占比分别为 29% 和 25%。

2. 吉林省民办高校发展概况。截至 2018 年年底，吉林省有民办普通高等学校 18 所（独立设置的本科院校 7 所、高职高专 6 所，独立学院 5 所），在校生本专科 16.21 万人、研究生 500 人。在全省普通高校中，民办高校数量占比 29%，在校学生数占比 22.3%。

（二）两省民办高等教育发展的主要举措

调研发现，得益于党和政府的重视及各种有力举措，陕西、吉林民办

高校综合办学位于全国较为前列水平。两省民办高等教育发展主要政策举措有以下几个方面:

1. 顶层谋划,引导民办高校分类发展。

思想重视。两省政府及相关主管部门清醒地认识到,民办高校是推动高等教育改革的生力军,是提高高等教育质量的着力点,是本省教育改革开放的标志性成果之一。陕西省委省政府认为"没有民办高校良性发展,就没有高等教育的健康发展,没有民办高校质量提升就无法建成高等教育强省",对民办高等教育的理念很新、站位很高。

目标明确。陕西省在高等教育顶层设计上将"建立制度健全、机制灵活、管理规范、特色鲜明、充满活力的民办高等教育体系,使民办高等教育保持在全国的优势地位,成为建设教育强省的重要力量"确立为发展目标,明确将民办高校发展与公办高校一同谋划、共同部署、分类实施。吉林省 2017 年印发《吉林省教育事业发展"十三五"规划》,将"引导民办教育规范办学,支持优质民办学校发展"列为主要任务之一,重点实施民办教育发展促进工程,推动落实民办学校质量提升项目和优质民办学校发展支持计划。吉林外国语大学已经成立,用省名命名一所民办的外国语大学,可见政府对民办高校的信任与器重。

合理定位。引导民办高校科学合理定位,两省明确民办高等教育以应用型本科教育为主体,以专科教育和继续教育为两翼,在特色、高水平民办高校中积极推进以专业学位为主的硕士研究生教育,突出民办高校质量发展,为区域经济社会发展和产业转型升级培养高素质创新型、复合型、应用型和技能型人才。

2. 加强党建,确保民办高校健康发展。

突出党建引领。两省高度重视民办高校党建工作,做到党建工作与高等教育大发展同时推进、同步落实。

全面选派党组织负责人。两省省委教育工委、省教育厅把民办高校纳入高校党建和思想政治工作整体布局,将选派党委书记作为破解民办高校党建工作薄弱难题的重要举措,形成向民办高校委派党委书记(督导专员)的机制。自 2015 年起,陕西省开始在省属高校在职领导干部(一般为副职校领导,离退休尚有 5 年以上时间)中择优选派民办本科高校委派党委书记(督导专员)人选。政策明确派到民办本科高校的党委书记

（督导专员）在原单位享受正厅级待遇，派到民办高职院校的党委书记在原单位享受副厅级待遇；不转工资和行政关系，不在任职的民办高校领取薪酬。吉林省于 2015 年印发了《民办高校党委书记（督导专员）选派管理办法》，已从公办高校选拔 18 名干部到民办高校担任党委书记兼督导专员。

财政落实党建经费。吉林省将全省民办高校基层党组织工作经费纳入省级财政预算，按每校每名党员每年 200 元标准列支。同时，还为基层党组织书记和党务工作者按每人每月 200 元、100 元标准发放工作补贴。吉林省委教育工委为每所民办高校党务干部培训补贴 5 万元专项经费，同时为每个党支部划拨每年 2000 元活动经费。上述举措虽然经费数额不大，但产生政策导向影响力很大。

建章立规加强考评监督。吉林省出台《民办高校党委书记（督导专员）考核办法（试行）》，规范民办高校党建工作年度考核制，规定每年第四季度统一组织民办高校党委书记述职评议考核。实行民办高校党建工作联系点制度，压细压实主体责任，省委教育工委领导班子成员、相关部（处）负责人分别包干民办高校，定期调查研究、指导督促工作。

3. 扶持与规范并举，支持民办高校优质发展。

两省在全国率先出台了扶持民办高校发展的相关政策，将"重点实施民办教育发展促进工程"作为"十三五"教育事业发展规划的重点工程，实施民办高校质量提升项目，支持优质民办高校特色发展。

设立专项资金。两省均设立了民办高等教育发展专项资金，支持民办高校内涵发展。陕西省财政从 2012 年起设立每年 3 亿元的民办高等教育发展专项资金，用于支持非营利性民办高校（不包括独立学院）开展高水平民办大学建设和改革创新，以项目带动民办高校教学质量、科研水平和教师能力的整体提升。通过考核，每个民办本科高校每年可得到专项经费 3000 万—4000 万元，累计八年各校平均得到超过 2 个亿的扶持经费。吉林省委、省政府 2013 年颁布《关于建设高等教育强省的意见》，把民办高校纳入"高等教育本科教学质量与教学改革工程"项目建设资助范围，省财政每年专项安排 6000 万元用于支持民办高校的发展。

规范办学行为。为加强对民办学校的监管，防止资金抽逃等行为，2013 年陕西省出台《陕西省民办普通高校、独立学院年度检查实施办法

（试行）》。2018 年陕西省还修订了《陕西省营利性民办学校监督管理实施办法》等系列规范民办高校办学行为的政策文件。近期正在草拟民办高校举办者、校长出国审批制度。2019 年 7 月 3 日陕西省召开了全省民办教育管理大会，就民办学校财务管理等进行了研究部署，努力从源头上减少办学风险。

设立专职处室。两省教育厅均单独设立了民办教育处（据悉全国有 16 个省市设立），负责全省民办教育发展的统筹协调、政策研究；依法办理民办高校的行政审批事项；承担民办高等院校办学行为的监督检查；负责民办学校的办学许可证管理；协调对民办教育的扶持奖补工作。

4. 鼓励体制机制创新、推动民办高校快速发展。

激发改革活力。两省积极推进民办高校收费、专业设置、职称评聘等改革，支持民办高校创新管理体制，充分释放自我发展的活力。其中吉林省自 2016 年秋季学期起，取消民办高校新增专业、名称修订专业、全日制研究生、学分学费以及服务性收费标准的审批。目前两省已经初步形成学校依法办学、政府依法监管、社会依法监督的良性互动机制。

实施助优计划。为推动民办高校高质量发展和品牌建设，陕西实施了优质民办学校发展支持计划，如重点支持西京学院成为以工科为主的多学科综合性一流民办高校，西京学院筹备升格大学已列入陕西省的"十三五"规划。吉林省委省政府将吉林华桥外国语大学列为 10 所省重点大学之一，成为全国第一所经国家批准的民办"大学"，大力支持该校"建成国内领先的民办大学"。继该校 2018 年通过计划单列申报硕士点获得成功后，又将该校列为博士授权单位立项建设高校，成为全国第一所具有硕士培养资格和博士点培育的民办高校。

建设一流学科专业。2016 年陕西省委、省政府印发相关文件，将民办高校纳入省内高校"四个一流"建设计划，提出到 2020 年，要建成 3 所、培育 3 所国内一流民办高校。其中西安翻译学院、西京学院、西安外事学院列为省重点建设高校，西安欧亚学院、西安培华学院、西安医学高等专科学校列为省重点培育高校；同时全省民办高校有 5 个专业入选建设项目，48 个专业入选培育项目。2017 年，吉林省确定 8 所高校为 2017—2020 年博士学位授权单位立项建设高校，其中 1 所为民办高校（吉林华桥外国语学院），16 所高校为 2017—2020 年硕士学位授权单位立项建设高校，其中民办高校 9 所。目前吉林省民办高校中，有特色高水平学科 4 个，特色高水平专业 A 类 16 个、B 类 7 个。

三　对照检查我省民办高等教育存在的主要问题

在中央改革开放基本国策指引下，在浙江省委、省政府的正确领导下，浙江敢为人先走出了一条适合浙江省情的教育发展新路。时任省委书记习近平同志 2003 年在教育系统考察调研时，全面总结了我省教育改革的三条经验，其中重要一条就是"利用民营经济先发优势，深化办学体制改革，出台一系列优惠政策措施，促进了社会力量办学的大发展"。回顾浙江民办高等教育发展历史，1984 年创办浙江树人大学，是改革开放以来全国最早成立并经教育部首批批准具有独立颁发大学文凭资格的全日制民办院校之一。习近平同志 2004 年到该校视察时就明确指出，"多元化、多渠道、全社会，整合我们的力量优势，树人大学证明这条路是正确的"。1998 年浙江率先开办国有民办二级学院（后规范为独立学院），民办高校起步早、发展快、规模大。2018 年借鉴世界一流大学办学理念和办学模式，成功创办研究型大学——西湖大学，大胆探索由博士研究生教育起步建设高水平大学的新路子。

民办高校一直是我省高等教育事业发展的重要增长点和闪光点，是我省高等教育快速进入大众化、普及化的重要支撑，浙江民办高校在满足社会需求、提高国民素质、促进市场经济发展和推动高等教育办学体制改革等方面做出了重大贡献。

但是，我省民办高等教育仍面临实力水平不充分和结构发展不均衡的问题。截至 2018 年年底，浙江省共有民办高校 36 所（独立设置的研究型大学 1 所、本科院校 4 所、独立学院 21 所；高职高专 10 所），在校生 32.07 万人。在全省普通高校中，民办高校数量占比 33.0%，在校学生数占比 29.1%。浙江与陕西两省民办高等教育发展的情况对比（见表 1、表 2）：

表 1　　　　　　　　　　　民办高校发展规模对比

省份	民办高校数（所）	占高校数比例（%）	在校学生数（万人）	占高校在校生比例（%）
陕西	30	29.0	27.59	25.0

续表

省份	民办高校数（所）	占高校数比例（%）	在校学生数（万人）	占高校在校生比例（%）
吉林	18	29.0	16.21	22.3
浙江	36	33.0	32.07	29.1

表 2　　　　　　　　　民办高校办学层次及类型分布对比　　　　　（单位：所）

省份	民办高校数	大学	学院	独立学院	职业大学	高职学院
陕西	30	0	10	12	1	7
吉林	18	1	5	5	0	7
浙江	36	1	4	21	0	10

三省比较，浙江民办高校在全省高等教育体系中学校数占三分之一、在校生数占近30%。无论是高校数还是在校生数，占比均高于陕西、吉林，浙江民办高校为全省人民解决"有书读"问题的贡献最大，同理浙江考生进民办高校学习的概率也更大。进入新时代，浙江民办高校更迫切需要对全省人民群众做出回应：如何为人数占比更多、缴纳学费更高的学生，提供更高水平、更高质量的高等教育？与陕西、吉林两省比较，我省民办高等教育的发展水平与改革开放前沿、经济发展大省的地位存在不小的差距。查找我省民办高等教育的短板、弱项、瓶颈等问题主要有以下几个方面：

1. 综合实力偏弱、办学层次不高，与我省经济社会地位不相匹配。

据武书连2018—2019年民办高校综合实力排行榜，前百强以湖北省最多有15所，我省有4所，位列全国第九。2011年，西京学院、吉林外国语大学、北京城市学院、黑龙江东方学院、河北传媒学院5所民办院校率先取得专业硕士学位点，实现了民办高校硕士研究生教育零的突破，但我省迄今为止尚无民办高校获得研究生培养资格，有的民办高校虽然实力超过上述5校，却未能跻身其中，这与我省民办高校现状、与浙江经济发展水平和人民群众对高层次教育需求不匹配、不相称。

2. 内涵建设水平低发展慢，办学质量有待提高。

我省民办高校发展至今，没有经历过粗放型原始积累，也缺乏大手笔投资，学校建设大多依赖自身办学积累，滚动发展，导致内涵建设方面起步较迟、投入不足、发展滞后。加上全省高等教育大平台设置单一赛道竞争，政策性制约了民办高校缺席许多显性指标或比例极低，如省重点大学、省级重点学科（A）、"2011"项目，民办高校为零；省级重点学科（B）、省级重点专业、省级优秀课程等民办高校占比过小。还有一些政策尚不覆盖，至今民办院校引进高端教师难以享受相关政策，教师获教育厅科研项目但经费不落实，等等。在全省高等教育大发展的背景下，民办院校与公办院校在内涵建设上的距离渐行渐远。

3. 办学经费来源渠道单一，巨额负债存在隐患。

我省民办高校投入不足，主要依靠"以学养学、滚动发展"。目前，部分民办高校经过前期的规模扩张，后期负债运行，个别学校负债高达4亿—5亿元，只能采取低成本办学、收取高额学费的办法偿还贷款。学校高负债可能对教育质量留下隐患，也可能给学校的稳定带来风险。

四　对标先进，促进我省民办高校融入教育强省建设的对策建议

实施高等教育强省战略，办人民满意的大学，必须有序推进公办和民办高等教育协调发展。民办高等教育能不能继续发挥体制机制优势，再创教育改革新辉煌，需要借鉴兄弟省的经验，更需要我们发扬敢为人先的浙江精神，进一步解放思想改革创新。

1. 加强党的建设，确保党在民办高校发挥政治核心和监督保障作用。

民办高校虽然具有特殊性，但坚持党的领导、坚守立德树人的办学目标，在办学的政治方向和育人导向上是统一标准同样要求。习近平总书记曾经指出"这些高校在坚持正确的政治方向、正确的育人导向上没有例外"。要按照2016年12月29日中共中央办公厅的通知的精神，从理顺民办高校党组织隶属关系和选派党组织负责人两项工作入手，实现民办高校党建工作全覆盖，党建要求同标准，确保民办高校办学方向和育人导向不变形不走样。

2. 强化顶层设计，优化民办高校在全省高等教育发展中定位与布局。

要从高教强省建设的高度和站位，加强民办高校发展的顶层设计，将民办高校与公办高校在"高教强省"一张蓝图里共同谋划、共同部署、

分类发展，将"支持、引导民办高等教育健康发展"列入我省"十四·五"教育事业发展规划，在积极支持民办高等教育发展的同时，进一步加强对民办高校依法依规管理，试行预警机制、退出机制等，推进民办高校高水平建设、高质量发展。

3. 扶特推优撑强，建设一批高水平民办高校。

在政策导向上，建议实施"高水平民办高校建设计划"，为民办高校专设赛道、专定门槛、专拨经费，定向设置民办高校省级重点学科、特色专业、教学科研团队、精品课程、研究基地等质量提升项目，大力支持民办高校充分发挥自身的体制机制优势，彰显自身的特色，形成自身的核心竞争力。通过若干年的努力，建成一批国内一流的民办高校，补齐高等教育强省建设的短板。

参考陕西、吉林两省经验，支持有条件的民办高校举办研究生教育，落实专门指标和公办院校对口支援，重点帮助学科建设早、办学实力强、教育质量优的民办高校尽早实现硕士学位、博士学位授予权的突破。同时支持特色鲜明、应用性强的民办高职院校转型职业教育大学，从而使我省民办高等教育形成研究生教育、本科教育和职业教育等层次结构合理、多种形式协调发展的应用型人才培养体系。

4. 加大财政经常性补助，扶持民办高校稳定良性发展。

陕西、吉林两省的实践经验说明，民办高校只要一有阳光就会灿烂、一有雨露就会苗壮。民办高等教育健康、良性发展不仅需要依法办学，同时需要政策扶持、财政支持。浙江作为经济强省和教育大省，在省级层面设立民办高等教育专项资金，不仅体现政府支持民办高教，而且有利于政府规制民办高校。建议针对民办高校加大财政补助性投入，给予生均经常性补助、加大专项经费，对非营利性民办高校给予基本建设补助经费等。

浙江省教育厅　李鲁

2019 年 7 月 31 日

（注：本建议获省教育厅主要领导批示）

对我省贯彻国家民办教育新法
新政的若干建议

全国人大常委会新修订的《中华人民共和国民办教育促进法》（以下简称"新《民促法》"）和《国务院关于鼓励社会力量兴办教育　促进民办教育健康发展的若干意见》（以下简称《若干意见》）等新法新政的颁布，是民办教育改革发展新的里程碑，是推进教育领域综合改革、促进民办教育健康发展的重要机遇，是规范民办学校权利与义务的根本遵循。其核心在于对民办学校进行分类管理，通过地方政策的制定和实施，落实国家法律法规、实现民办教育规范健康发展。

国家民办教育新法新政颁布后，我省各地对贯彻落实国家民办教育的新法规、出台浙江省民办教育地方政策方面有一些较为集中的诉求。本报告基于专题调研组的问卷调查、实地走访、座谈研讨和我省民办教育的发展实际，就我省贯彻落实国家民办教育的新法新政，提出 6 个方面的建议。

一　制定合理的学校分类选择政策

能否通过地方制定合理具体的分类政策，引导民办学校进行分类登记，鼓励民办学校举办者选择非营利性民办学校并继续办学，将决定分类管理能否顺利成功进行，改革能否稳妥有序推进。民办学校举办者对分类的选择存在观望、困惑心理，政策如何，直接影响举办者对分类登记的选择。

（一）主要问题

1. 有意向选择登记为非营利性民办学校的举办者高度关注补偿或奖

励的相关政策。根据新《民促法》中对于民办学校终止时补偿或奖励的相关规定，准备选择非营利性民办学校的举办者，如果政府的相关扶持发展政策不确定，加上对未来办学风险的顾虑，他们可能会产生界定补偿或奖励部分财产权属的迫切愿望。有的民办学校举办者可能存在为获得补偿或奖励而先行选择终止办学，取得政府补偿或奖励后，视情况再次进入的想法，以避免将来选择终止办学时自身权益蒙受损失。

2. 有意向选择登记为营利性民办学校的举办者高度关注财产清算的过程、各种税费补缴的问题，以及后续对营利性民办学校的税收优惠等政策。一方面，举办者担心清算过程复杂、各种税费补交额度大，负担重。民办教育的新法新政明确了新建、扩建民办学校土地政策。同时，教育部等五部门印发的《民办学校分类登记实施细则》规定：现有民办学校选择为营利性民办学校的，应当进行财务清算，明确财产权属，以及缴纳相关税费，重新登记，继续办学。对于拥有大量固定资产，特别是拥有政府划拨土地的民办学校，举办者如果选择营利性民办学校，将面临补交巨额土地出让金及其他税费的资金压力。另一方面，根据《若干意见》的规定，选择登记为营利性学校之后，地方政府可以通过税收优惠政策支持营利性民办学校的发展，税收优惠政策如何制定也是欲选择为营利性民办学校举办者做出选择时关注的焦点。

此外，有意向选择登记为营利性民办学校的举办者，有的也可能先行选择终止办学，根据未分类之前的非营利性质，进入非营利性民办学校终止办学时的补偿或者奖励程序，待取得补偿或奖励之后再重新举办学校。但也不排除有的举办者选择真正终止办学，由此可能会产生影响教师和学生权益等一些后续问题，并给当地政府带来一定的社会压力。

（二）政策建议

1. 明确对选择登记为非营利性民办学校的举办者给予的补偿或奖励。地方政府应制定相关政策和工作流程，根据新《民促法》促进民办学校稳妥转型、健康发展的立法精神，由有资质的中介机构对举办者应该获得的补偿或者奖励进行资产评估，综合考虑新《民促法》施行前的出资、已经取得合理回报的情况和办学效益等因素，确定学校法人财产权和举办者应得的补偿或奖励部分。其中，办学效益可以民办学校历年的毕业生数以及在当地同级同类学校教育中所占的份额作为计算基础。对于确定后的补偿或奖励部分，鼓励举办者将这部分财产继续用于办学，在不影响学校正常办学的前提下，可以由学校董事会制定合理支付利息的方案。这样既可以保障举办者的合法权益，使存量民办学校能够平稳过渡，又能够激发举办者未来办学的主动性和积极性。

2. 对选择登记为营利性民办学校的转设过程中的重点是清算，主要是清算所涉及的土地及税费补缴问题。可借鉴温州民办教育综合改革试点的经验，切实减轻民办学校转设成本。

一是对原划拨土地转出让的，给予补缴土地出让金的优惠政策，或允许由原划拨转为租用。按照相关法律规定补缴的土地出让金，应充分考虑学校已经使用的土地的历史及学校用地后对土地本身增值的影响等因素，协议确定合理的土地出让价。或按现行土地出让价出让，或按现行成交价的一定比例折算，或由地方政府在土地出让的地方所得范围内返还一定的补缴土地出让金的优惠政策。

二是对补缴、减免各类税费提供多种选项。（1）在补交时间限定的条件下，允许分期支付。（2）根据《若干意见》第九条的规定，探索多元主体合作办学，允许民办学校将一部分待缴的土地出让金折算成股权出让为国有资产或交给当地民办教育公益基金会；（3）参照温州的改革经验，可允许选择直接分期补缴、租用、出让部分股权多种形式相结合的方式实现顺利过渡，这也是各地开展民办学校产权重组、探索混合所有制等改革试点，维护民办学校知名品牌的市场影响力的创新机遇。

三是在今后的分类管理中，对营利性民办学校实行一定的税收优惠政策（本建议第三部分对该问题有详细阐述）。

二　保障民办学校教师合法权益

要提升民办学校的办学水平，是否拥有一支高素质、相对稳定的教师队伍是关键。当前，民办学校教师权益仍未得到有效保障，这是影响民办学校教师队伍稳定与质量提升的主要因素。

（一）主要问题

1. 民办学校教师与公办学校教师待遇差距较大，突出体现在退休待遇上。民办学校中的在编或非在编教师均无法达到公办学校在编教师的退休待遇水平，由于政策制定和落实的原因，各地即使按事业纳保的，差距也很大；按企业纳保的，差距更大。其主要原因是民办学校退休教师无法获得政府的各项津贴、年终绩效奖励和政府财政资助的职业年金。此外，部分民工子弟学校和普惠性幼儿园在职教师工资较低。这已成为影响民办学校教师队伍稳定的主要因素。

2. 不同地区、不同身份的民办学校教师社会保险缴费政策差异明显。近年来，一些地方有条件（学历要求、职称要求）的给民办学历教育学校的教师参照公办学校教师按事业单位缴纳保险，如宁波市还为参保教师的保费提供一定比例的财政补助，但许多地方只为民办学校教师购买了基本养老保险。各地民办学校中都有公办学校派来的或调来的部分事业编制教师，因此，造成同一学校不同身份教师社保政策的差别。一些地方即使按事业单件标准缴纳社保，也存在以下两方面的问题：一是社保同样按事业单位标准缴纳，但民办学校退休教师领不到地方津贴、一定比例年终绩效奖。二是原来按事业单位标准缴纳社会保险，最近缴费也遇到了困难（社保暂停受理）。

由于上述种种差异，部分民办学校反映，在民办学校工作的具有公办学校事业编制身份的教师，须在退休前几年回到公办学校去，以公办学校教师身份退休，方能享受事业编制退休教师相应待遇。但由于种种客观原因，这些教师回到公办学校的可能性很小。在可预见的未来，随着这一类教师逐渐接近退休年龄，此类矛盾可能会更加集中和尖锐。同时，这些差异也影响教师的合理流动。

3. 民办学校为教师缴纳补充养老保险的经费压力大。国家机关事业单位工作人员养老保险制度改革前，民办学校在编教师退休时的养老金平均仅为同等条件公办学校教师退休金的 40% 左右。改革后，公办、民办学校教师养老保障水平的制度性歧视虽然消除，但一方面，民办学校无法登陆缴纳平台并建立相关户头；另一方面，需要民办学校出资为其教师购买补充养老保险或设立职业年金制度，这既不能体现民办学校教师与公办学校教师具有同等职业身份的事实，又会大幅度增加民办学校办学成本。以台州市为例，去年实行机关、事业单位养老金并轨后，民办学校为教职工缴纳养老保险的金额由每人每年 9000 元提高到 36000 元。而民办学校还需为本校具有事业编制身份的教师补缴 27 个月的职业年金。以慈溪育才中学为例：该校去年共需为具有事业编制身份的教师缴纳 640 多万元，其中个人应缴合计 230 多万元，学校应缴 400 多万元，人年均 5 万多元。为稳定教师队伍，所缴职业年金实际上全部由学校承担。从 2017 年开始，人均职业年金缴纳额度逐年增至 2 万—3 万元，学校的经费压力显而易见。

4. 民办学校教师培训进修、职称评定和评优评先未完全纳入统一体系或需要承担大量相关经费成本。目前，大部分市县的民办学校教师已经被纳入统一的教师培训进修、职称评定和评优评先之中，但是有些市县还未纳入；已经纳入的，其中大部分培训经费则全部由民办学校承担，未在省市县的教师培训经费中列支；另外，培训机构的专任教师尚无法参加相关的培训进修、职称评定、评优评先等。

（二）政策建议

1. 逐步实现以职业身份对公、民办学校教师一体化管理。根据《中华人民共和国教师法》、新《民促法》和国务院《若干意见》（十八）完善学校、个人、政府合理分担的民办学校教职工社会保障机制。）等法律法规和相关政策，民办学校教师与公办学校教师具有同等的法律地位。从发展趋势来讲，分类管理实施之后，虽然营利性民办学校教师身份转为企业职工，但仍然具备教师的职业身份。教师打破公、民办界线按照职业身份进行统一管理，从根本上消除公、民办学校教师待遇上的差距，有利于稳定民办学校的教师队伍，保障教育质量、保障纳税人的权益。如实现有困难，可依照新《民促法》的精神，对营利性和非营利性学校适用差别化政策管理，率先在九年义务教育阶段实现按照职业身份对公、民办学校教师的一体化管理。

2. 建立和完善面向非营利性和营利性民办学校的相对应的补充养老保险和职业年金制度。落实省市县"民办教育专项发展资金"（浙政发〔2013〕47 号）政策。优先为义务教育阶段民办学校和其他层级的非营利性民办学校教师建立补充养老保险和职业年金制度。具体实施可分为以下三个方面：

第一，打通养老保险缴纳平台，允许民办学校与公办学校一样，按照事业单位标准为民办学校教师缴纳养老保险。

第二，非营利性民办学校教师的养老保险由政府给予补贴，补贴范围为按照非营利性民办学校的办学规模、教师数量核定一定的专任教师岗位员额，补贴额度参照《国务院关于机关事业单位工作人员养老保险制度改革的决定》（国发〔2015〕2号）中适用于公办学校教师的缴纳标准，由政府补贴学校应缴纳部分，补贴比例由各地自主确定。

第三，营利性民办学校可以选择为本校教师购买补充养老保险或者按事业单位标准缴纳养老保险。2014年10月1日已经按规定参加事业单位养老保险统筹的民办学校教师，可允许继续参加机关事业单位养老保险。

3. 妥善处理好由于历史原因而产生的民办学校内几类特殊教师的退休待遇问题，如民办学校中目前按照企业缴纳养老保险的中高级职称教师、拥有公办学校事业编制身份的民办学校教师等。其中，以公办学校事业编制身份在民办学校任教的教师，在职期间的工资待遇由民办学校负责，已为政府节约了这部分成本，因此这部分教师退休后应可以享受公办学校教师退休待遇。另外，可以参照浙江省人力资源和社会保障厅、浙江省财政厅《关于机关事业单位养老保险制度改革若干问题的意见》（浙人社发〔2015〕153号）中对于民办学校参保政策衔接的规定，即符合事业单位进人条件、具有中级及以上职称的教师，可属地参加机关事业单位养老保险；同时，根据《浙江省人民政府关于促进民办教育健康发展的意见》（浙政发〔2013〕47号）的规定，教师在不同养老保险制度间转移养老保险关系，其缴费年限可按规定连续计算。应促使政策在各地的落实。

4. 完善民办学校教师的专业发展和成长进步的制度支持及经费扶持机制。根据《若干意见》，民办学校教师在资格认定、职务评聘、培养培训、评优表彰等方面与公办学校教师享有同等权利。因此，应将民办学校纳入统一的教师培训进修、评优评先、职称评定体系之中，培养培训等相关费用，由当地政府和学校共同承担，承担的比例由各地自主确定。民办培训机构的专任教师，可以采取两种方式解决培训和职称评定的问题：一是采取挂靠的方式，参与相邻系列的培训及职称评定；二是单独拟定培训师的相关行业标准，针对培训行业单独设置相关培训课程，解决培训机构教师的职称评定问题。

三　完善政府经费资助和税收优惠政策

为保证分类管理的顺利实施，政府对非营利性和营利性两类学校制定和完善合理的经费资助、争取税收优惠政策是关键。

（一）主要问题

1. 政府经费资助不平衡现象突出，大多数的市、县同地域的不同学校之间政府的扶持政策差异较大。国务院 2015 年 11 月发布的《国务院关于进一步完善城乡义务教育经费保障机制的通知》（国发〔2015〕67号）文件中规定，统一城乡义务教育"两免一补"政策，民办学校学生免除学杂费标准按照中央确定的生均公用经费基准定额执行，对城乡义务教育学校（含民办学校）按照不低于基准定额的标准补助公用经费。对于民办学校按照生均公用经费进行扶持的政策，一些地区存在落实不到位，或者未落实的现象。

2. 国家实行营改增改革之后，民办学校所需缴纳的税费不减反增，营利性民办学校期望通过本次修法的实施获得税收优惠，减轻办学负担。营改增后，虽然根据 2016 年的测算，全国减税金额将超过 5000 亿元，但是民办学校的税负却由营业税的 5% 上升到增值税的 6%，增加了民办学校的办学成本，不符合国家的政策导向。新《民促法》第八项明确了非营利性民办学校享受与公办学校同等的税收优惠政策，但是对营利性民办学校的税收优惠则没有明确；《若干意见》中提出各级人民政府可以以税收优惠的形式对营利性民办学校给予支持，但税收优惠到何程度、营利性民办学校具体按什么类型和标准缴税，举办者非常关切。

（二）政策建议

1. 落实"民办教育专项发展资金"。各地按照民办教育所占份额建立相应的生均经费补助总额比例，落实省市县"民办教育专项发展资金"的设立和使用，保障民办学校的在读学生享有和公办学校在读学生享受同等的公共教育资源权益。

2. 明确非营利性民办学校政府经费补助的基本标准。义务教育阶段的民办学校，建议参照《杭州市人民政府关于促进民办教育持续健康发展的实施意见（试行）》（杭政函〔2016〕21号）的规定，以当地同级同类公办学校（幼儿园）上年度生均预算内教育事业费为依据给予一定的补助，其中义务教育段学校补助基准比例不低于30%，非义务教育阶段学校补助基准比例不低于10%，并且鼓励当地政府随着社会经济发展适当逐年提高补助标准。目前，温州、宁波、绍兴等地已经出台相关规定，其中温州在义务教育阶段补贴的比例为30%—50%；学前教育、高中段教育补助比例为20%—30%（温委〔2011〕8号）。对于民办高等院校，也可采用建立专项资金或者生均经费补助的方式给予支持，具体资助金额和比例由省和民办高校所在地区共同确定。

3. 积极争取或出台对从事学历教育和学前教育的营利性民办学校（幼儿园）税收优惠政策，有效分担民办学校的办学成本，在合理的范围内加大对民办教育的扶持。

（1）争取营利性民办学校的企业所得税优惠。可向国家财政部、税务总局争取，参照高新技术产业所得税标准（15%）执行，为营利性民办学校减少10%的税负。

（2）争取免征从事学历教育和学前教育的营利性民办学校的增值税。可向财政部、国家税务总局争取，参照《财政部国家税务总局关于教育税收政策的通知》（财税〔2004〕39号）文件的规定，免收增值税。

（3）由地方税务局向民办学校征收的税负部分，可以根据各地实际情况采取一定比例的先征后返。

4. 根据《若干意见》第六条的规定，政府可以通过购买服务的方式为民办学校的发展给予支持。

5. 建立对民办学校的奖励制度。可设立专项资金，对办学成绩突出、社会声誉优异的民办学校（含民办高等院校）及举办者，组织定期评比，给予表彰奖励，让举办者享有办学的荣誉感，引导举办者办好学校。

四 保障民办学校办学自主权和受教育者的选择权

目前，困扰民办学校的另一个重要问题是办学自主权仍然没有得到充分的保障。为了维护当地的教育和办学秩序，民办学校的诉求和地方行政部门的管理需要很难避免产生一定的矛盾。

（一）主要问题

1. 民办学校的收费标准与实际成本核算差距较大，收费标准偏低。不同的民办学校由于教学设施、住房条件、后勤保障、教师待遇、服务质量等的差异，成本不一，主管部门要求民办学校计算办学成本实际较为机械，限制过多。在收费自主权方面，新《民促法》规定营利性民办学校的收费标准，实行市场调节，由学校自主决定；而非营利性民办学校收费的具体办法，由省、自治区、直辖市人民政府制定。目前，根据《浙江省民办教育收费管理办法》，民办学校举办学历教育收取的学费、住宿费标准，实行政府指导价管理，许多民办学校的校长和举办者反映，政府指导价限定的民办学校收费标准难以覆盖办学成本，更无法留存学校的发展基金，不利于民办学校的发展。

2. 学段内学费招生时统一规定，无法进行调整。很多学校反映，根据《浙江省民办教育收费管理办法》，民办学校在招生简章中必须写明学校性质、办学条件、收费项目和收费标准。但是，随着物价的上涨、教学环境的改善以及教师待遇、社保缴纳额度的提高，民办学校的办学成本逐年涨幅较大，招生当年核定收取的学费却是根据几年前的情况确定的，无法随着办学成本的增长而提高，造成高年级学费比低年级还低的现象。

3. 民办学校招生自主权未得到充分落实。调研中我们发现，民办学校希望能够充分享有招生自主权、自主决定招生的范围和原则，行政部门则希望维持招生秩序，造成了一种两难的困境。

4. 民办高校难以自主根据市场需求确定专业设置。随着新技术的发展和新行业的萌生，民办高校越来越需要根据新产业和新业态的要求、适应市场需求设立新的专业，但目前只能按照原有的专业目录进行招生，无法适应市场需求的快速变化和发展。

（二）政策建议

1. 非营利性民办学校的收费标准建议实行学校自主定价，或政府最高限价，改变原有的审批制或政府指导价的管理方式。目前，全国已经有包括江西、湖南、河北等多个省市实行民办学校自主定价收费的政策，如江西省出台的《关于放开民办教育收费有关事项的通知》（赣发改收费〔2015〕221号），给出了民办学校自主收费的详尽方案。此外，根据国务院的《若干意见》，非营利性民办学校收费，通过市场化改革试点，逐步实行市场调节价，因此，采取学校自主定价的政策符合未来民办学校扩大办学自主权的政策趋势，也符合国务院推行简政放权、放管结合、转变政府职能的政策要求。

营利性民办学校的收费标准按照新《民促法》的相关规定完全放开，实行市场调节。

2. 民办学校在招生简章中注明收费标准的同时，可规定学制内收费将跟随每年物价指数、在合理范围内调整。为了保证获得学生在校期间的基本办学成本，同时兼顾受教育者的权益，可以考虑老生的学费调整允许提高的额度不高于新、老生学费差价的一定比例。

3. 允许民办学校在核定招生总量的基础上通过统一招生平台在固定期限招生，解除其他形式的招生限制。贯彻落实国家民办教育新法新政对于民办学校招生的相关规定，以及《教育部办公厅关于进一步规范中小学生学籍管理相关问题处理的通知》（教基一厅〔2016〕2号）中对于跨省就学、转学的规定，可尝试建立民办学校招生平台，并于每年招生时段定期开放，避免随时招生情况的发生。按照国家和浙江省的有关规定，在民办学校核定的办学规模内，采取备案制度，对民办学校招生进行总量控制，以保障民办学校的招生自主权，同时维护招生秩序。

4. 允许民办高校设置符合学校办学特色和内涵发展的新专业。落实《教育部等五部门关于深化高等教育领域简政放权放管结合优化服务改革的若干意见》（教政法〔2017〕7号）文件的规定，支持民办高校对接产业行业需求，经学科和产业行业专家充分论证后，按照专业管理规定设置经济社会发展急需的新专业。

五　合理界定并引导民办幼儿园选择设立为普惠园

随着全面二孩政策的落地和实施，未来几年全国各省对于幼儿园的需求都有可能大幅度提高。根据《2015年全国教育事业发展统计公报》和

《2016 年浙江教育事业发展统计公报》的数据，全国民办园占比已超过
65%，浙江省民办园占比超过 74%；全国民办园在园儿童占比约 54%，浙
江省民办园在园儿童占比约 62%。民办幼儿园数量的发展远超过公办园，
在我省更为明显。民办幼儿园在量和质两个方面都对我国学前教育的发展
做出了突出的贡献，但在发展过程中也遇到一些急需研究解决的问题。

（一）主要问题

普惠性幼儿园认定标准不尽合理，扶持力度与社会需求有一定差距，
为落实国家有关政策，部分民办幼儿园在落实政策过程中被强制认定为普
惠性幼儿园。有的市、县为了落实国务院《关于当前发展学前教育的若
干意见》（国发〔2010〕41 号）中对于扶持普惠性幼儿园的意见，要求
普惠性幼儿园覆盖率需达到 85% 以上，而对于普惠性幼儿园的认定标准
又过于严苛和矛盾。如对城镇校区配套幼儿园，要求收费标准不能超过本
区域内同类型、同等级公办幼儿园收费标准，这种认定标准使得一部分优
质民办幼儿园必须将收费标准压低，民办园得到政府的财政资助又十分有
限，办学成本普遍比公办高，种种因素的叠加，不利于这部分民办幼儿园
基本办学质量的保证和持续健康发展。

（二）政策建议

1. 加大普惠园扶持力度，完善普惠园认定标准。目前按"民办园收
费不高于同级同类公办园收费标准"作为甄别是否为普惠园的标准不尽
合理。应调整为"民办园收费加上其所取得的政府补贴不高于同级同类
公办园办学成本"作为普惠园的认定标准。同时，加大政府对于普惠性
幼儿园的扶持力度，吸引民办园申请成为普惠性幼儿园。

2. 保障民办幼儿园自主选择纳入普惠性幼儿园范畴的权利。应允
许民办幼儿园按照自身发展定位、政府支持力度选择是否成为普惠园，
若政府扶持力度小、扶持金额不足以支持民办园发展，应允许民办幼儿
园自主选择，通过在一定范围内调高收费标准，维持相应的办学水平并
实现持续健康发展。这样既可以保障普惠性幼儿园的基本比例，强化政
府承担普惠性幼儿园发展的责任，同时又可使民办幼儿园具有应有的办
学、收费自主权，以利于民办幼儿园在全面二孩政策落实后，更好地发

挥作用。

六　加强统一规划、依法管理

新法新政的实施要求政府转变职能，对民办教育实施"放管服"相结合的管理方式，除了做好政策设计、简政放权、优化服务之外，还要加强科学管理，实现公办学校和民办学校的一体化协调发展。

（一）主要问题

1. 俗称的"国有民办"学校相对于"纯民办"学校来说更具有政策优势，往往导致不公平竞争。一些地区存在拥有部分国有资产的"国有民办"学校，利用从公办学校调配的优质师资、土地、校舍等方面的资源，并借力于政府的招生、教师待遇等优惠政策，形成不尽公平的竞争环境，影响了当地原有公办学校和民办学校的发展。

2. 在项目评审中对民办学校扶持力度不够。部分民办学校在一些科研或其他项目的评比竞争中没有优势，又得不到相关部门的大力扶持，在这方面的发展较慢、提速较难，尤其是民办高校。

3. 民办学校的行业自律有待加强。有的民办学校缺乏自觉接受社会监督的意识。例如：信息披露不全，尚未在学校官方网站或校务公开栏中向社会公开学校办学章程等关键信息，不利于建立民办教育的行业信息透明化，也不利于完善社会监督、行业自律机制。

（二）政策建议

1. 统一规划、对公、民办学校实行一体化管理，保障公平的竞争环境。目前，民办中小学校的审批权已经下放给市县，政府在审批新的民办学校时，既要吸收民间资本，激发当地的教育活力，又要注重整体规划，保障竞争环境公平公正，促进当地公办与民办、已有民办和新设民办的合理有序竞争、发展机会均等。主要应从三个方面抓起：

第一，明确政府权责，建立准入负面清单制度，保障民办学校自主发展和有序竞争。根据《若干意见》的规定，政府制定准入负面清单，列出禁止和限制的办学行为。除禁止和限制行为之外，充分保障民办学校的自主发展和有序竞争。

第二，通过政策引导，鼓励民办学校根据需要为地方经济社会发展服务。政府可以通过土地使用、财政资助、政府和社会资本合作的 PPP 模式、教师支教、表彰奖励等政策，引导民办学校立足地方，服务地方。

第三，进一步规范"国有民办"学校的性质和办学行为，营造公平办学的良好氛围，促进公办学校、民办学校和谐发展。对办学资产国有、以公办教师为主的"国有民办"，原则上应转为公办学校；对其他的"国有民办"学校，可依法通过项目形式统一规范成 PPP 模式转成民办学校，扶持政策上与其他民办学校一视同仁。对现存"国有民办"学校，可根据实际情况，采取"一校一策"的方式进行个案处理。

2. 在相关科研项目的立项及一些项目评比中，考虑民办学校的发展特点、自身优势，从扶持其发展的角度，将评比办法和政策适当向民办学校倾斜。

3. 加强民办学校行业自律机制的建立和运用，接受社会监督。

第一，根据《若干意见》的规定，应推进民办教育信息公开，要求民办学校对于学校办学章程等重要信息向社会公开，建立民办学校信息强制公开制度。

第二，加强信息披露，建立和完善诚信平台、违规失信惩戒机制，强化社会监督。发挥诚信平台和违规失信惩戒机制功能和作用，将违规办学的学校及举办者和负责人纳入"黑名单"，规范学校办学行为。

第三，充分发挥各级行业协会的作用，促进民办教育行业自律机制的形成，规避不正当竞争。

浙江省民办教育协会　葛为民

2017 年 5 月 16 日

（注：本建议获省委、省政府主要领导和省政府分管领导批示）

关于我省落实《中华人民共和国民办教育促进法》新法的若干建议

《中华人民共和国民办教育促进法》（以下简称《中华人民共和国民办教育促进法》）新法将于 9 月 1 日实施。由于新法实施地方政府政策创新空间较大，时间紧、任务重，由此也带来了巨大的工作压力。近半年时间，为积极推动《中华人民共和国民办教育促进法》新法的贯彻落实，浙江树人大学民办高等教育研究院国家社科基金教育学重点项目《民办院校办学体制与发展政策研究》课题组带着问题调研 10 多个省市，采用召开会议、实地走访、调查问卷和深度访谈等多种形式，结合我省实际，就贯彻落实《中华人民共和国民办教育促进法》新法中的一些重点问题开展研究，并提出以下建议：

一　关于制订地方新政牵头单位。从各地状态来看，普遍存在内紧外松、观望焦虑的状态。从课题组走访的全国 10 多个省市情况来看，大多数地方是由教育部门牵头组织，但是教育部门本身资源不足，协调有难度，落实新法又涉及多个部门。有的省市成立了领导小组，省市领导亲自挂帅，工作进展相对顺利。从实际工作来看，建议由省政府领导牵头为宜，便于工作协调和开展，保证进度、质量和走在前列。

二　关于地方新政出台时间。《中华人民共和国民办教育促进法》新法 9 月 1 日实施，地方新政是实施的关键，建议克服困难，争取在 9 月 1 日前出台新政，为民办学校选择登记创造条件。否则几年来围绕民办教育一揽子修法的努力将付诸东流，并丧失立法的权威性，还将对整个民办教育今后的立法和管理带来不可估量的影响和难度。

三　关于地方新政的文本形式。由于贯彻落实《中华人民共和国民办教育促进法》新法工作量大，涉及面广，且任务重，时间紧，从工作涉及的技术问题和工作职责考虑，建议文件框架以 1+X 的形式为好，即以省政府出台一个指导性、宏观性、综合性的贯彻落实文件，再由相关部门根据工作内容出台专业的部门文件加以细化，这样既能争取时间，也有利于调动政府各部门参与工作的积极性。

四　关于地方新政的目标。尽管当前我省教育资源已经相对丰裕，但是继续发展民办教育，形成公、民办学校共同发展的格局仍是教育体制改革的重要方向，并且就全省而言教育发展总体水平还不充分、不均衡，层次结构也不平衡，民办教育仍有广阔的发展空间，因此，政府仍应将"促进"和"鼓励"放在新政制定的重要地位。只要不退出办学，选择营利性民办学校也应得到政府鼓励，尽力解决民办教育发展中的问题，创设和巩固民办教育发展的软环境，营造尊重投入教育、尊重举办学校的良好环境，引导和鼓励社会增加对教育的投入。当然，政府教育部门也应阐明支持"非营利"办学的导向。

五　关于新政涉及的几个具体问题：

1. 关于财产清算。法律要求，选择营利性民办学校的需要进行清算。考虑到非营利学校也需落实"补偿和奖励"，省外有的地区也在考虑对选择非营利的民办学校开展审计评估。此动机无可非议，但也可能引发其他问题，造成不必要的猜测和不稳定因素，建议非营利民办学校的资产评估暂不开展，确有必要的以自愿为好。

2. 关于土地评估。土地问题是财产清算的难点，且各地差异巨大。我们在调研中发现，这一问题解决的难度很大，涉及国家层面的政策。为稳定办学，建议对继续用于办学的土地暂缓评估，待深入调查研究以后，由国家相关部门提出具体指导意见后再实施。

3. 关于税收政策。这里主要是营利性民办学校的税收政策。考虑到各地发展中的现实政策，对营利性民办学校的税收政策较难把握。在本轮选择中，建议不分类别（营利与非营利）明确先免缴几年营业税，或者营利性民办学校在一定时期内可按照高新企业标准纳税；对于营利性民办学校资产过户的相关税费也应根据独立学院转设的方法尽量予以减免，以体现对营利性民办学校继续鼓励的政策。

4. 关于财政支持。这里主要是针对非营利性民办学校。实行分类管理，为政府资助扫清了障碍。但是不能再走"规范办学一个都不能少、支持政策一条都做不到"的老路。建议从实际出发，从财政性教育经费比例和增加量等具体指标上，制定实实在在优惠的财政资助政策，让非营利民办学校真真切切享受到分类管理带来的实惠，引导和激励绝大多数民办学校坚定地走非营利办学的路子。

5. 关于准入条件。当前贯彻落实《中华人民共和国民办教育促进法》新法的重点和难点，是存量民办学校的问题。由于国家顶层设计的滞后，给处理这些历史遗留问题带来难度。但新法实施后的民办学校准入标准也很重要。建议加快制定民办学校准入条件，并严格执行标准，规范新校举办的准入，可以避免产生新的问题和矛盾。

6. 关于落实办学自主权。这一块是当下民办学校最需要的政策。尽管法律法规多次明确，但是进展不大。按照《中华人民共和国民办教育促进法》和五部委《关于深化高等教育领域简政放权放管结合优化服务改革的若干意见》，结合我省实际，建议在招生方面扫清障碍，在专业设置方面鼓励面向经济建设主战场，在学费收取方面拟尽快放开，以改善非营利民办学校的办学条件，调动办学积极性，增强办学实力和水平。

7. 关于队伍建设。根据省政办发〔2016〕14号文规定，可以明确给予非营利民办学校自收自支事业单位登记资格，以稳定民办学校教师队伍。实施分类管理后，营利性民办学校教师队伍建设将面临新的挑战，而队伍不稳最终受损的将是广大受教育者的利益。建议对于营利性民办学校的教师队伍建设给予高度关注，在出台非营利性民办学校教师队伍建设的相关政策时，也能对营利性民办学校教师队伍建设有所惠及，以保障营利性学校教师队伍的稳定和教学水平的提高。

8. 关于退出机制。《中华人民共和国民办教育促进法》新法颁布以来，总体是稳定的，据我们的调查，绝大部分民办高校都选择非营利办学。但是就全国来看，个别学校的退出也是可能的。我们在调研中发现，确实也有民办高校举办者在"处理"资产。因此，在贯彻落实《中华人民共和国民办教育促进法》新法的过程中，个别学校出现一些不稳定因素，也是可能的。建议高度关注民办学校动向，有所准备，甚至要有托盘的预案，以稳定大局，保证新法的贯彻落实。

我省是全国唯一的民办教育综合改革试验区，稳定民办教育发展态势，弘扬勇立潮头的改革创新精神，营造民办教育健康可持续发展的良好环境，鼓励和支持社会力量举办教育，是我省民办教育可持续发展的基本要求，但这需要政府与广大民办学校的共同努力。相信这一项工作浙江省还是能够继续走在全国前列。

特此建议

浙江树人大学　徐绪卿

2017 年 4 月 8 日

（注：本建议获省政府分管领导批示）

全面实施高等教育强省战略
急需扶优做强民办高校

省第十四次党代会指出:"高等教育是制约我省创新发展的突出短板,必须下大决心全面实施高等教育强省战略。"党的十九大报告再次强调将教育事业放在优先的地位,加快教育现代化,办好人民满意的大学。在此背景下,本文从分析我省民办高校发展现状与问题出发,提出扶优做强我省民办高校的对策建议。

在省委、省政府重视下,我省民办普通高校办学规模持续扩大,质量和水平不断提升,数量和规模均占全省高等教育的1/3,是浙江高等教育事业发展的重要增长点;同时目前也面临发展瓶颈、凸显诸多问题,已成为高等教育发展中的短板。在新《中华人民共和国民办教育促进法》(以下简称"新《民促法》")颁布之际、地方立法启动之时,唯有深化改革、创新体制机制,才能扶优做强我省民办高校,从而推进实施高等教育强省战略。

一 我省民办高校发展的现状与问题

截至 2017 年 6 月,我省普通高校共 107 所,其中民办高校 36 所(含独立学院 21 所),占 33.6%;2016 年,我省普通高校全日制本专科在校生共 99.61 万人,其中民办高校 31.26 万人,占 31.5%。民办高校在满足社会需求、提高国民素质、推进我省高等教育大众化、促进市场经济发展、推动高等教育办学体制改革等方面都做出了积极贡献。当前,我省民办高校发展存在的突出问题和主要困难在于:

1. 发展迅猛,内外部管理机制尚不完善。1984 年 8 月全国第一所国家承认学历的民办高校成立。1998 年 12 月浙江省政府出台了《关于鼓励社会力量参与办学的若干规定》，此后加大了国有民办二级学院（后规范为独立学院）建设，民办高校得以迅猛发展。发展速度迅猛，造成办学的顶层设计、投资机制、内部体制等制度设计跟不上，分类管理、分类发展、法人治理等基础性制度还不完善。

2. 经费来源渠道单一，办强办大困难大。早期一般从培训、助学起步，逐步过渡到学历教育。1999 年以后通过公办转制、国有民办、民营民办等方式，办学趋于多元化，目前形成了合作股份制、独立学院、（中外）合作型 3 种形式。但投资主体较单一，初创阶段以后的办学主要依靠以"学"养"学"。虽然一些县（市）也出台了各具特色的财政资助政策，但尚局限在局部地区且一般在前期基本建设投入后也不再投入，学校依靠的还是"滚动发展"。

3. 综合实力较弱，与我省经济社会发展地位不相匹配。全国现有民办高校 746 所，广东省最多有 54 所（本科、专科各 27 所），我省 36 所，总数位于广东、江苏、湖北、山东、河南、福建、河北 7 省之后。据武书连 2017 年民办高校综合实力排行榜，排名前 100 位学校以湖北省最多有16 所，我省 4 所，居于湖北、河南、黑龙江、山东、吉林、陕西、福建 7省之后。2012 年北京城市学院、吉林华桥外国语学院、黑龙江东方学院、西京学院、河北传媒学院 5 所学校率先取得专业硕士学位点，实现了研究生教育的突破。无论学校数量、规模，还是办学层次、水平，我省民办高校现状与浙江经济、人口和民营经济发展的地位不相匹配。

4. 师资队伍数量不足、结构不合理，流动性大。2016 年我省普通高校平均生师比 17.6 : 1，民办高校为 20.6 : 1；我省普通高校专任教师中副高职称以上比例为 45.4%，而民办本科高校在 40% 左右、民办专科院校这一比例不足 30%。师资队伍不仅数量不足，结构不合理，"两头大中间小""兼职多专职少"，而且流动性大。目前，我省民办高校教师管理分两种情况：一是按事业单位编制人员管理，人员经费由学校承担，其他都一视同仁；另一种是按企业人员管理，"五险一金"和退休后待遇执行企业标准，养老金发放总体要较前者低 40% 左右。

二　扶优做强我省民办高校的对策建议

目前，制约民办高校发展的瓶颈是两个：一是不完善的政策环境，二是民办高校自身存在的问题。急需通过综合配套改革，消除体制机制障碍，建设现代大学制度，让改革的红利成为民办高校发展的动力源。重点应在财政税收政策、教师保障、分类管理、投资融资体制、内部治理等方面予以突破。

1. 完善财政政策，加大投入和资助。2013 年浙江省政府出台了《关于促进民办教育健康发展的意见》，2014 年起设立了支持民办教育发展奖励性资助，但总的来说支持力度还不大。例如：地处西部的陕西省自 2012 年起就每年投入 3 亿元专门支持民办高校发展。浙江省教育厅虽把民办高校纳入省级教育教学政府支持类项目申报范围，但还是以竞争性分配为主，大多数民办高校还是申请不到。新《民促法》实施后，对高校的投入不能按姓"公"还是姓"民"区别对待，需要进一步完善分类评价机制，细化分类支持政策；完善省市财政分级资助机制，提高经常性补助、加大专项建设；对非营利性民办高校给予基本建设补助经费，支持其改善办学条件。

2. 制定营利性、非营利性办学的税收优惠政策，吸引民间资本投入。2016 年我省高等教育毛入学率达 57%，已进入高等教育普及化阶段，教育经费不足的问题随之也会更加突出。高等教育经费一般有五个来源：政府财政拨款、学费、社会捐资、社会投资和银行贷款。就目前而言，完全依靠政府增加投入已不现实，依靠社会捐资、增长学费也不可能，继续依靠银行贷款更不可行。依靠社会资金和民间资本发展民办高校是缓解人民群众持续高涨的高等教育需求和教育经费紧张的有效途径。我省有完善的民营实体经济、强大的民间资本存量，近年来民营资本已大量进入公共福利领域，如：医疗卫生行业向民营资本开放。高等教育应借鉴这一经验，引入更多社会资源。因此，需要对营利性、非营利性办学分别实行税收优惠政策，对捐资兴学、助学者减免有关税收，采取低息或无息（政府贴息）贷款政策。

3. 健全社会保障制度，保障民办高校教师的平等权益。随着 2017 年五部委《关于深化高等教育领域简政放权放管结合优化服务改革的若干意见》的实施，公、民办高校教师的待遇差别在制度层面将会逐步缩小，民办高校有可能沦为优秀教师跳槽的跳板，这需要引起关注。既要消除壁垒、建立教师合理流动的双向机制，更要健全社会保障机制，消除民办高校教师的后顾之忧。建立民办高校教师安心工程基金，缩小民办与公办教师在退休、医疗、住房等方面的待遇差别；对民办高校中符合任职条件的专任教师，应予参照事业单位人员标准享受养老医疗等社会保障。

4. 完善分类评价、分类发展机制，建设一流民办高校。我省现有民办本科高校 27 所、专科 9 所，类型层次相对单一。民办高校的定位应多样化和"独树一帜"。要顶层设计分类评价、长远规划分类发展，既要加强教育质量监督和评估，对师资队伍薄弱、就业率低、硬件不达标、社会认可度不高的学校实施预警机制、严格退出机制；同时，要实施一流民办高校、特色学科专业建设，支持办学实力强、教育质量优、社会声誉好的民办高校发展研究生教育，形成研究生教育、本科教育和职业教育等多种形式协调发展、各具特色的人才培养体系。如，2013 年山东开展民办本科高校"特色名校"建设，遴选出 3 所学校分别资助 1000 万元；2014 年广东省出台"创新强校工程"，2014—2015 年有 40 所次的民办本科高校共获得 3500 万元支持。

5. 构建高校联盟集团，引入市场机制，实现多渠道融资。我省民办高校目前规模不大、层次较低、影响力小，应打破传统办学观念束缚，通过强强联合、兼并收购等措施，整合若干所民办高校资源形成知名品牌，集中打造拥有一流师资、具有一流管理、招收一流学生的一流民办高校。随着教育大行业的发展，国内一个又一个民办高教集团正在崛起，如：民生教育在重庆拥有 3 所大学，形成了区域性高校联盟已成功上市，类似的还有"北方国际大学联盟"（16 所）、"当代教育联盟"（3 所）、"珠江教育联盟"（3 所）等。解决办学资金这一问题，不能走单纯依靠学费或银行贷款的"自我滚动发展"老路。要引入市场机制，与国内外高校、企业合作，探索多元投资、混合所有制办学，让政府、社会资本和教育专家三者优质资源良性互补、合作共赢；通过股份制、集团化等多种形式，以 VIE 和 ABS 等模式，在资本市场上获取经济利益。2017 年以来出现了民办高等教育集团"上市热"，民生教育、三一学院、新高教集团等以高等教育为主业的公司登陆港股、新三板。可以预测，未来这一现象会持续增多。

6. 创新人才培养模式，走内涵发展之路。民办高校内部治理，不仅要体现现代企业运作规律，更要体现现代大学治理规律，关键是要完善相关制度、明晰各方职权，实现党委政治领导、董事会决策、教育家（职业校长）管理、教授治学和民主监督。建立规范的内部管理体制机制，遵从教育规律，硬件、软件两手抓，牢固树立教育公益性意识，克服短期寻利行为。以需求为导向，建设各具特色的专业建设与人才培养机制，切忌"攀高""贪大""盲目跟风"，通过外塑形象、内强素质、强基固本，实现由"以量谋大"到"以质图强"的转变。

浙江越秀外国语学院　魏小琳

2017 年 11 月 2 日

（注：本建议获省委和省政府分管领导批示）

关于部分独立学院转设为地方公有民办院校的建议

　　独立学院是我国高等教育举办体制改革的一种创新和探索，在我国高等教育大众化过程中起到积极作用，独立学院在我国高等教育发展中已经占有一定的比重，成为国家高等教育资源的重要组成部分。

　　在独立学院的发展中，有一种办学模式称为"内生型"，学院由公办本科院校或其控股企业直接出资举办，由母体院校独立承担学校管理、师资组织、课程教学等具体运行，并负责质量监控。学院的资产归属母体院校，按民办的机制运行，学校按规定收取学费，政府不投入。有学者指出，这些院校走的是一条主要"依附于普通公办高校的发展道路"。而在面上看，这种院校更多地类似于"公办院校内设的二级学院"，是公办院校的"校中校"。"内生型"独立学院在全国有一定的数量。而从区域来看，全国各省市区都有分布，大致占有现有独立学院的1/3左右，浙江、江苏、河北等地相对集中。

　　2003年以来，回应社会的呼声和要求，教育部下发了多个文件对独立学院办学进行一系列的规范。2009年2月1日教育部办公厅下发《关于编报省级"独立学院五年过渡期工作方案"的通知》（教发厅函〔2009〕1号），要求各省市区"区分不同情况，逐校、分类转设"。独立学院转设从此进入"5年过渡期"。

　　但是，从现有的情况来看，10年多时间过去了，全国独立学院只有65所转设为独立设置的民办普通高校（截至2019年年底），尚有260多所独立学院待转设。《中华人民共和国民办教育促进法》新法颁布以后，教育部积极工作，要求各地加快独立学院转设步伐，甚至制定了时间表，推动力度很大。

　　我们认为，独立学院转设速度慢，原因是多方面的。独立学院的产权构成多样；举办者成分复杂，举办动机多元；学院规模大、稳定工作压力重等等。尤其是对于内生型独立学院的转设，各方矛盾错综纠缠，进退两难。迄今为止尚有未转设独立学院还有 265 所，占总数的 80.3%。客观地看，要实现全部转设的任务，时间相当紧张，任务十分艰巨。

以浙江为例，原有 22 所独立学院，内生型独立学院占多数。十八大以来，已有 12 所独立学院，走出大城市，入住小县城，初步解决了独立转设的校园所需。但是，由于产权为地方政府投入，难以转设为独立设置的公有民办院校，而转设为地方公办院校，则又因可能大幅增加政府财政负担而搁浅。目前，除浙大两所独立学院转为地方公办院校外，浙江只有一所独立学院转设为民办院校，工作难度很大。为推进这项工作，我们建议本着实事求是和鼓励创新的精神，允许部分内生型独立学院转设为地方公有民办院校。以浙江为试点推进独立学院的转设工作，并为全国各地相关的独立学院转设积累经验。我们的理由有：

第一，有利于处理这些学院的产权问题。将部分独立学院转设为独立设置的公有民办院校，现有学院资产属于地方政府和母体院校"持股"的"公有"性质，既为学院持有法人财产创造了条件，为学院转设扫除障碍；又符合地方政府投入的财产处理原则，并且不会改变独立学院继续按照民营机制运行，保证学校转设过程的稳定。实行公有民办可能更符合学校资产处理的现实。

第二，有利于得到地方政府的持续支持。大学在县市发展，必须得到地方政府的持续支持，学校才能持续的发展。将部分独立学院转设为独立设置的公有民办院校，让独立学院在某种程度上真正成为地方"自己的大学"，能激发地方政府办学的积极性，愿意而且会自觉地担当起支持学校发展的任务。

第三，有利于得到母体院校的支持。内生型独立学院长期在母体的"怀抱"里办学，母体对于独立学院犹如子女，既有资源的投入，也有感情的投入。如果转设为公有民办的院校，母体院校参与办学，资产性质与母体院校一致，不存在"分手费"的争执，也会一如既往得到母体院校的支持和指导，有利于学校发展。

第四，有利于学院正确定位提高质量。如若将部分独立学院转设为独立设置的公有民办院校，学院与政府之间建立起更加紧密的合作关系，产教融合，协同育人，能够精准规划，科学安排，发展地方特色的专业学科，提高应用型人才培养的质量。从而实现办学思路和思想观念上的"转设"和"迁址"。

第五，有利于架构和完善法人治理结构。目前许多独立学院的董事会组织不健全，机制不完善，决策不独立，优势难发挥。如若将部分独立学院转设为独立设置的公有民办院校，法人属性明确，法人治理结构就会比较顺利地得到建立和完善，从而推动学院健康和可持续发展。

第六，有利于保持学院发展的稳定。将部分资产公有属性较浓的独立学院转设为独立设置的民办院校，可能引发学校事件。浙江"绍兴文理学院元培学院转设为民办院校因引发大量学生的投诉而暂缓"的案例就是证明。而将其转设为独立设置的公有民办院校，相对来说教师和学生容易接受，转设办学能平稳过渡。

将部分独立学院转设为独立设置的公有民办院校，既有实践需要，也有现实可行。首先，符合国家相关规定。教育部文件（教发厅函〔2009〕1号）中对独立学院转设提出了多种选择，可以理解，转设为公有民办院校也是其中的一种选择。其次，符合政府倡导的混合所有制院校方向。教育部于2012年出台的《关于鼓励和引导民间资金进入教育领域促进民办教育健康发展的实施意见》、国务院印发的《国家职业教育改革实施方案》（国发〔2019〕4号）都为独立学院转设为独立设置的公有民办院校提供了依据。再次，地方政府有积极性。在一些经济发达的县市，由于经济和社会的发展，希望举办"自己的大学"，培养适应自身产业发展需求的人才更为迫切，财政也能够承担部分办学经费，支持学院建设。又次，壮大非营利性院校队伍。在分类管理背景下，将部分独立学院转设为独立设置的公有民办院校，在保证国有资产不流失的基础上，继续延续民办体制办学，能够壮大非营利民办高校队伍，也能为学校新的发展注入活力。最后，改革成功经验可供借鉴。浙江万里学院从一个公办专科转设为公有民办院校以后，学校获得快速健康的发展，成长为国内知名的"转制"学院，事实证明公有民办学院也有较好的发展前景，应该成为高等教育大众化多样化路径的选择之一。

将部分独立学院转设为独立设置的公有民办院校，是一个庞大而复杂的系统工程，需要做大量的工作。这里提出几点建议：

第一，加快顶层设计，推动独立学院多样化转设。独立学院转设是教育部一项急迫而艰巨的任务。建议政府部门专题研究，如若允许采用"公有民办院校"的转设目标，需要加快顶层设计，明确制度要件，提前做出规范，防止出现"换汤不换药"，"名转实未转"等状况。

第二，抓住迁址机遇，推进转设工作。根据一事一议、一校一策的原则，确定科学的转设目标，设计好转设的线路流程和时间步骤，克服不利因素，积极创造条件，扎实推进转设。公有民办学院的转设，需要教育部门的允许，应制订周密、科学的独立学院转设方案。

第三，理顺政校关系，建构学院治理体系。根据学院的资产结构，构建起完善的法人治理结构。要制定好学院章程，董事会、院长和党委会合理分工，健全各项制度，区分各自职责。董事会成员除了学院代表、母体院校和地方政府的代表以外，还应该有地方企业界、产业界等代表。

第四，加快制定规划，布局学科专业特色。学院转设以后，需要加快师资、课程和实验实习实训条件等内涵建设，提升人才培养的质量，形成新的学科专业优势，使学院发展有一个新的风貌。

第五，发挥体制优势，广泛集聚资源。要调动地方政（府）校（母体）院产（业）多方面的积极性，面向市场，公私兼得，用好用足政策，形成学院发展的强大资源。要加强制度建设，规范管理行为，杜绝腐败和其他违规行为发生，保持学院的健康发展。

第六，增强办学实力，力促可持续发展。学院应该不失时机，在自身的发展定位、发展规划指导下，抓好各项措施落实，大力充实自身实力。要做好广大教职工的思想工作，做好转设解释，听取师生意见，争取更多支持，力促学院的稳定和可持续发展。

以上事项，特此建议。

浙江树人大学　徐绪卿

2020 年 3 月 28 日

（注明：本建议获省政府分管领导批示）

第五部分　研究成果

近十年浙江民办教育研究概述

2010—2019 年，伴随着民办教育的发展，浙江学者针对民办教育发展中的问题，开展了大量的研究，获得了一批较好的研究成果。浙江省民办教育的迅速发展，丰富的实践为理论研究提供了坚实的现实基础；另一方面学者围绕时代发展主题，更加注重从经济学、管理学以及社会学等其他学科中汲取知识和方法，开展跨学科研究，从而形成对民办教育研究问题更为深入的认识。浙江民办教育研究成果中以学术论文最为丰富，而且其中不乏颇具重要影响力的佳作。省部级及以上项目中也有不少以民办教育为主题。部分学者还撰写了专著或获得了重要奖励。本文主要就浙江学者的民办教育论文作一分析。

最近十年来，浙江学者对民办教育的研究，主要集中在以下方面：

一 贯彻落实《教育规划纲要》，深化改革献计献策

《国家中长期教育改革和发展规划纲要（2010—2020 年）》（以下简称《纲要》）是对该阶段教育发展的战略部署，也为民办教育深化改革提供了重要背景和契机。徐绪卿分析了《教育发展规划纲要》的颁布实施给民办高等教育发展带来的机遇和挑战，指出全面贯彻落实《纲要》对民办高等教育今后的发展有重大影响。为促进我国公、民办高等教育和谐发展，就民办高校如何贯彻落实《纲要》提出了基本思路：全面理解和把握《纲要》的精神、科学树立办学思路准确定位、努力提升办学质量树立学校品牌、实施差异化的办学思路凸显人才培养的特色，同时尊重高等教育发展规律，依法规范办学。陆勇以宁波市为例，提出在《纲要》颁布后，如何贯彻落实以改善民办教育发展环境促进民办教育可持续发展。一是加大财政投入力度，实现民办学校公共财政资助全覆盖；二是完

善教师社会保障，落实民办与公办学校教师同等法律地位；三是启动分类管理改革试点，探索建立民办教育科学发展的长效机制。配合纲要实施，学者还就开展民办学校治理、建设高水平民办学校等主题开展了大量的研究。

二 学习研究《中华人民共和国民办教育促进法》，积极参与顶层设计

2016年11月7日，《民办教育促进法新法》颁布以后，我省也开始了相关实施办法和配套措施的制定工作，其贯彻落实《中华人民共和国民办教育促进法》（以下简称《中华人民共和国民办教育促进法》）新法问题也相应成为教育界的重要议题。吴华围绕《中华人民共和国民办教育促进法》的修订发表了相应成果，对于新法修订中的分类管理、税收优惠及补偿奖励等都进行了阐释，提出地方实施民办教育新政要坚持市场取向的变革方向，实施新政需要鼓励地方进行民办教育政策创新，同时地方之间的政策竞争将成为民办教育新政实施的重要特征。徐绪卿根据《中华人民共和国民办教育促进法》新法的精神，围绕民办高等教育的顶层设计、制度创新及政策贯彻等问题发表了系列论文，如从把握六大区别、消除六大误区的角度指出如何更好地贯彻落实《民办教育促进法》新法；立足民办学校产权制度的确立与明晰，提出了《民办教育促进法实施条例》修订的建议。周朝成围绕《民办教育促进法》新法提出非营利性与营利性分类管理方案进行剖析，建议国家科学定位新时期民办教育的发展战略地位，进一步扩大试点，循序渐进推进分类管理改革，及时研究制定民办学校的分类发展政策，促进民办教育的可持续发展。尹晓敏认为在《民办教育促进法》新法实施落地过程中，立法机构及相关政府职能部门应加强宣传并作深度解读；各地政府应当因地制宜地进行富有地方特色的立法；举办者及民办学校应摒弃"空窗"心态，找准自身定位，明确差距积极作为；全国及地方人大常委会应当适时启动专项执法检查和监督问责，务求新法实施掷地有声。与此相同，《民办教育促进法实施条例（修正案）》的公示也牵动着许多民办教育研究者的心，发表了许多建设性的研究成果，获得有关

方面的肯定。葛为民、李鲁、徐绪卿、魏小琳等还根据研究成果撰写了咨政报告，获得上级有关领导的肯定性批示。

三　加快民办学校内涵建设，努力提高教育质量

在民办教育内涵建设方面，高等教育领域的成果最为丰富，此外还有部分研究涉及基础教育和教育培训机构。高教领域的研究涉及内部治理、人才培养、师资队伍、资金筹集以及质量保障等主题，在内部治理上，王一涛分别就民办高校举办者、校长及党委书记的产生及优化问题撰写了论文，黄小灵归纳了我国高水平民办高校面临的困境与实践路径，郑雅萍等探讨了独立学院转设的必要性、困境及路径设计。部分学者也对于非营利性与营利性两类高校的特点进行了阐释。在人才培养上，不少学者总结了民办高校在教育教学方面强调应用、注重实践以及关注创新的特点，戴海东和顾志刚基于企业办学的视角，以浙江省高职为例，指出民办院校应构建多主体参与的人才培养模式、建立多层次动态化的项目课程体系、进行多样化的人才培养过程设计并构建多元化人才培养质量评价机制。阙海宝和雷承波指出，在转型发展背景下民办高校教师队伍构建需要民间办学主体参与建立统一管理平台、完善教师激励机制构建多元的薪资结构并构建和谐校园环境加强教师内涵建设。皮江红提出采取"基准额+上浮线"模式可以成为民办高校收费标准确定的新选择。高飞提出了后大众化背景下我国民办高校质量文化的建设方略，需妥善处理好民办高校与外部环境之间、民办高校内部管理主义和专业主义间以及质量文化内部技术手段和文化精神要素之间的关系。

在基础教育领域，也有不少关注于浙江实践与特色的成果，如戚德忠针对温州市民办教育改革，阐述了民资和教育的关系、公共财政对民办教育的支持、民办学校师资建设、捐资办学与投资办学以及市场与计划等民办学校发展中的重要问题。刘珍以温州民办教育改革为例探索了营利性民办学校制度的建设问题。毛丽雅和汪杰峰分析了宁波市民办中小学特色创建的困境及出路：转变学生评价机制、完善法人治理结构、走内涵发展的道路、多渠道融资同时发挥政府的主导作用。陈俊瑾基于浙江省统计数据及28个县（市）的调查，认为公共财政扶持民办学校教育具有以县

（市）政府为投入主体、专项补助为主要形式、规模快速增加的特征，同时在公办民办的认识、投入体制机制以及相关配套制度建设方面仍存在改进空间。在教育培训领域，魏文迪提出浙江现存的民办专修学院通过举办全日制自考助学坚守阵地，尽管近年来仍获得不同程度的发展，但面临着生源危机、政策缩紧、师资缺乏和资金不足等诸多问题。

四　加强民办教育政策研究，助推民办教育发展

民办教育的发展与政策的制定执行息息相关，相关研究层出不穷并涌现了一批代表性成果。黄新茂早在 2011 年就指出民办教育分类管理改革势在必行，通过开展试点破除制约民办教育发展的瓶颈和体制障碍，引导社会资金以多种方式进入教育领域；非营利性和营利都要明确举办者权利，在大力支持非营利性民办学校发展的同时，也为实施学历教育和学前教育的营利性民办学校创设必要的发展空间；社会保障、税收优惠、财政资助、土地征用以及收费定价等配套政策应及时跟进；同时要引导现有民办学校合理分流。施文妹等通过对六个省区的民办高等教育政策进行分析发现：在招生自主权、收费自主权、专业设置权、教育教学权等民办学校尤为关注的权力上得到了一定释放，但尚存在政策规定的笼统性、权力使用的局限性、区域实践的不平衡性和学校办学的不规范性等问题，需要从政府主动放权、举办者积极赋权、学校合理用权及社会有效督权等方面予以强化。章露红指出当前贯彻新法新政，地方政策创新需要聚焦以下六个重要议题：推进现有民办学校分类管理过渡、建立健全差异化的政策扶持体系、落实民办学校办学自主权、加强民办学校教师队伍建设、完善民办教育治理体系和丰富民办教育组织形态。邱昆树等指出教育行政部门迫切需要加强对民办教育培训机构的监管。按照"谁审批、谁监管"的原则，需解决如何界定"其他文化教育"概念、"前置"审批还是"后置"审批、同一培训机构的不同教学点是否需要办理独立的许可证等棘手问题。

五　纪念建国 70 周年，总结民办教育发展经验

通过考察民办教育的发展历程，致力于分析特定发展阶段民办高等教

育的改革变化与趋势特点，如宋斌分析了改革开放 40 年来浙江民办高等教育的变化，提出浙江民办高等教育历经从无到有、从小到大和从大到强，可归纳为恢复办学、发展起步、多类型发展和内涵发展四个时期，并在发展过程中创下了多个全国第一的纪录，成为浙江"高教强省"的重要力量，浙江民办高等教育为我国高等教育改革与发展提供了浙江经验。沈莉萍和张伟东总结了改革开放 40 年来浙江民办高职的贡献与启示，在开拓社会办学资金来源节约政府教育经费、起到"兜底"作用普及高等教育、提升民众的受教育程度提高社会就业质量等方面发挥出了重要作用。王磊等则概括了新中国成立 70 年以来民办高等教育的历史经验与保障机制，经历了新中国成立初期的院系调整、改革开放后的恢复与重建、法制化发展和分类管理等历史进程，在不断协调处理宏观统筹与地方探索、政府管控与市场活力、规模扩张与内涵发展关系的过程中得以在规模扩张后探索内涵发展之路。

（浙江树人大学 高飞 徐绪卿）

民办教育分类管理改革势在必行

近期，对于民办教育进行分类管理的呼声越来越高，然而，对于什么是分类管理，如何进行分类管理以及如何引导合理分流等，各方评说很多。浙江省是全国唯一的民办教育综合改革试点省份，在经过调研之后，一致认为开展"分类管理"是民办教育综合改革的突破口。笔者受浙江省教育厅的委托，参与了试点方案的调研与起草工作，现就开展分类管理面临的几个问题谈点想法。

"分类管理"势在必行

调研发现，现有民办学校基本上属于投资办学而非捐资办学。出于多种原因，在办学许可证上注明"不要求取得回报"的民办学校，其举办者多数是想取得合理回报的。

然而，我国民办教育的现行法律法规和一整套政策是基于教育的非营利性而设计的。《中华人民共和国民办教育促进法》（以下简称《民办教育法》）允许出资者在办学结余中取得合理回报，然而，这一规定未得到有关部门认同，在长达8年的时间里处于被"搁置"状态。

现有民办学校基本上靠收取学费来维持运行。这种"以生养校"的发展模式，在收费受限而财政资助和社会捐赠又难以到位的情况下，民办学校面临日益严峻的考验。义务教育阶段的公办学校实施绩效工资改革后，这一问题显得尤为突出，不少民办中小学已陷入进退维谷的困境。

上述种种纠结告诉我们，试图用大一统的制度和政策来规范不同类型的民办学校，注定是行不通的。开展与社会主义市场经济体制相适应的民办教育"分类管理"改革，已势在必行。

开展营利性和非营利性民办学校分类管理试点，要着力破除制约民办教育发展的瓶颈和体制障碍，引导社会资金以多种方式进入教育领域。要敢闯敢试，敢吃"螃蟹"。

为此，应力争在几个重点问题上取得突破：一是纠正"民办非企业"这一"非驴非马"的定性，明晰营利性和非营利性民办学校的法人属性；二是纠正对民办学校教师的身份歧视，落实民办学校教师与公办学校教师平等的法律地位、同等的社保和退休待遇；三是明晰产权，确认举办者对投入资产的所有权并认可其资产保值；四是形成公共财政资助体系，建立省、市、县三级民办教育发展专项资金和表彰奖励制度；五是保障民办学校招生的"三个自主"，扩大收费定价权；六是完善民办学校法人治理结构，在非营利性民办学校建立监事制度，在营利性民办学校董事会设立独立董事。

非营利性和营利都要明确举办者权利

在界定非营利性民办学校时，如果根据我国现行的《民间非营利组织会计制度》，那么举办者出资部分形成的校产所有权将被剥夺，《中华人民共和国民办教育促进法》规定的合理回报政策将无从落实。依据这一会计制度来界定非营利性民办学校，必定会使"分类管理"的实施陷于十分尴尬的处境。

在创办民办学校初期，举办者在办好学校服务社会的前提下获取一定的经济回报，合乎情理，应予允许和支持；不愿把办学投入当做捐赠，也无可厚非，应予理解和尊重。将这部分人举办的学校排除在"非营利性民办学校"之外，在理论上说不通，在实践上肯定有害而无益。

因此，我们主张将非营利性民办学校的界定标准明确为：（1）不以营利为宗旨；（2）举办者不享有办学结余资产的所有权；（3）终止时，归还举办者投入后的剩余资产用于发展教育。

作为非营利性民办学校，收支结余自然不能用于分配，但对办出高质量、高水平的学校，政府应对举办者给予奖励；终止办学时，可在扣除政府投入资产和社会捐赠资产后的办学结余中，提取一定比例奖励举办者。

同时，应允许举办实施学历教育和学前教育的营利性学校存在。值得一提的是，2002年制定的《中华人民共和国民办教育促进法》，在述及民间资本投入时一律称"出资"，而2010年的国务院关于鼓励和引导民间投资健康发展的《若干意见》首次改称"投资"，并首次将民办教育定性为"民办社会事业"。

既然是投资，就应该允许获取一定的经济回报，即允许营利性学校的存在。

既然支持民间资本以投资方式兴办各类教育，就应该允许举办实施学历教育和学前教育的营利性学校。

既然要修改完善《民办教育促进法实施条例》（以下简称《实施条例》），就应该让试点地区先行一步，在大力支持非营利性民办学校发展的同时，也为实施学历教育和学前教育的营利性民办学校创设必要的发展空间，从而为日后修改《实施条例》提供实践案例。

配套政策应及时跟进

依据举办者投入资产和办学结余资产的归属，拟将新办和已办的民办学校区分为捐资型、出资保值型和投资型三种类型。前两种为非营利性学校，后一种为营利性学校。捐资型民办学校的举办者放弃对投入资产的所有权，也不享受办学结余的分配权。出资保值型民办学校的举办者不享受对办学结余的分配权，但对投入资产保留权属并允许按银行存款或贷款利率保值，允许继承和转让。投资型民办学校的举办者同时拥有对投入资产的所有权和办学结余的分配权。

按照上述分类，试将主要的配套政策设计为：

社会保障政策。具有国家规定任教资格的教师，不论在哪一类民办学校任教，均享受与公办学校同等的社保和退休待遇。捐资型民办学校教师的社保和退休待遇，由当地政府予以保障。出资保值型办学学校教师的社保待遇由当地政府为主予以保障，退休待遇由当地政府予以保障。投资型民办学校教师的社保和退休待遇，主要由学校予以保障，政府给予必要的支持。

税收优惠政策。捐资型和出资保值型民办学校享受与公办学校同等的税收优惠政策。投资型民办学校免征营业税，企业所得减半计征或享受高新企业的税收优惠政策。

财政资助政策。让非营利性民办学校沐浴公共财政的雨露阳光，捐资型民办学校享受公共财政的全方位资助，出资保值型民办学校享受公共财政的部分资助。投资型民办学校可获取政府购买教育服务的支持。

土地征用政策。捐资型民办学校一律以行政划拨方式提供建设用地。

出资保值型民办学校可以参照行政划拨价出让的方式提供建设用地。投资型民办学校一律以出让方式提供建设用地。

收费定价政策。捐资型和出资保值型民办学校的收费，实行政府指导价管理，指导价参照公办学校生均经费的一定比例确定。投资型民办学校的收费由市场调节，实行备案公示制。

引导现有民办学校合理分流

开展"分类管理"面临的突出问题，是如何引导现有民办学校合理分流，让多数实施学历教育和学前教育的民办学校转为非营利性民办学校。为此，有必要对转为捐资型和出资保值型的非营利性民办学校采取补偿政策：

（1）原以出让方式取得建设用地的，当时出让价与行政划拨价的差额部分，可在办学结余款中扣除，返还给举办者。

（2）对开办以来未取得回报，积累净资产超过原始投入部分，可按一定比例以一次性奖励的方式给予合理回报。

（3）举办者无资产投入，靠滚动发展起来的学校，对开办以来未取得回报的实际办学者，

可按一定比例以一次性奖励的方式给予合理回报。

（4）举办者原始投入占建校总投入的比例较大的学校，转为出资型学校后，经举办者提出申请，可以政府参股的形式，置换举办者的部分原始投入。

（5）实施分类管理后，遵循财产保值原则，允许出资保值型学校按出资人的实际出资额和当年金融机构存款或贷款基准利率的乘积，从办学结余款中返还给出资人，或计入其新增出资额。

对转为投资型的营利性民办学校也应采取必要的政策扶持，笔者建议：（1）原以行政划拨方式取得建设用地的，当时出让价与行政划拨价的差额部分，可以由举办者补交，也可以计入民办学校国有资本公积金；（2）实施分类管理后，三年内享受与公办学校同等的税收优惠；三年后免征营业税，企业所得税减半计征。

（黄新茂，原文载于《中国青年报》2011 年 6 月 20 日第 11 版）

地方实施民办教育新政要坚持
市场取向的变革方向

  2016 年 11 月 7 日，全国人大发布《中华人民共和国民办教育促进法》（以下简称《民办教育促进法》）修改决定，确立了对民办学校按营利性和非营利性进行分类管理新的法律框架；2016 年 12 月底，民办教育界期待已久的《国务院关于鼓励社会力量兴办教育　促进民办教育健康发展的若干意见》（以下简称《若干意见》）及其配套文件《民办学校分类登记实施细则》和《营利性民办学校监督管理实施细则》（以下简称"1+2"）发布，进一步明确了国家今后在民办教育领域改革与发展的基本政策思路，中国民办教育迎来新的发展机遇，同时面临更加严峻的挑战。

  今年 9 月 1 日以后，分类管理将进入实施阶段，成效如何仍存在较大的不确定性，原因在于从新政设计到新政落实必须通过地方的理解和政府与民间的有效互动才能完成，其中地方政府对新政精神的理解尤为关键。

  1. 理解新政的关键是坚持市场取向的改革。从《民办教育促进法》颁布实施到 2016 年年底的十三年间，民办学校从当年的 6 万多所到现在的 17 万所，民办学校在校学生也从当年的 1400 万人增加到现在的 4800 万人，民办教育不但实现了巨大的规模扩张，而且实现了明显的质量提升，从学前教育到高等教育，无论学历教育还是非学历培训领域，都涌现出一大批知名品牌，成为我国教育事业重要的增长源泉和引领推动教育改革的重要力量，适应了我国社会主义市场经济发展的需要，一定程度上满足了老百姓对多样化、优质教育的需要。这些成就的取得，雄辩地回答了人们关于利用市场机制发展教育事业的必要性与可能性的疑问，成为民办教育在新的历史时期进行制度选择和政策设计的实践依据。

  认真学习全国人大关于《民办教育促进法》的修改决定、深刻领会国务院《若干意见》等配套文件（"1+2"）不难发现，坚持和深化市场取向的改革今后依然是国家发展民办教育的基本指导思想。在国务院《若干意见》中，第七条放宽办学准入条件、第八条拓宽办学筹资渠道、第九条探索多元主体合作办学、第十条健全学校退出机制、第十一条加大财政扶持力度、第十二条创新财政扶持方式、第十三条落实同等资助政策、第十四条落实税费优惠等激励政策、第十五条实行差别化用地政策、第十六条实行分类收费政策、第十七条保障依法自主办学、第二十七条改进政府管理方式、第二十八条健全监督管理机制等近半条款都是典型的市场化改革举措，为地方各级政府促进民办教育发展提供了明确的政策导向。

　　但是，从以往各地的政策实践来看，坚持市场取向的改革并没有成为地方民办教育发展中的普遍自觉。以民办学校招生规制为例，尽管《民办教育促进法实施条例》第二十七条已经明确规定"民办学校享有与同级同类公办学校同等的招生权，可以自主确定招生的范围、标准和方式"；"县级以上地方人民政府教育行政部门、劳动和社会保障行政部门应当为外地的民办学校在本地招生提供平等待遇，不得实行地区封锁，不得滥收费用"。但各地教育行政部门几乎都对民办学校跨区域招生越权违法设置行政许可，严重侵犯民办学校招生自主权，反映了政府职能部门在面对市场化改革需要时内心的迷茫、纠结和困扰。再说民办学校收费规制，虽然《民办教育促进法实施条例》第三十五条（民办学校对接受学历教育的受教育者收取费用的项目和标准，应当报价格主管部门批准并公示；对其他受教育者收取费用的项目和标准，应当报价格主管部门备案并公示。具体办法由国务院价格主管部门会同教育行政部门、劳动和社会保障行政部门制定）、《民办教育收费管理暂行办法》第四条（制定或调整民办学校对接受学历教育的受教育者收取的学费、住宿费标准，由民办学校提出书面申请，按学校类别和隶属关系报教育行政部门或劳动和社会保障行政部门审核，由教育行政部门或劳动和社会保障行政部门报价格主管部门批准）规定了对实施学历教育的民办学校收费实行"审批制"，但其后的实践普遍反映"审批制"已经不能适应民办教育发展需要，也不符合《行政许可法》第十三条关于在"市场竞争机制能够有效调节的"可以不设行政许可的规定，甚至在国家民办教育综合改革实验区（温州）已经用实践证明了更加市场化的"最高限价"远优于原来的"审批制"时，各地也少有国家价格管理职能部门（物价局）愿意改变以往低效又不合理的"一校一议"式的"审批制"，凸显了在教育领域深化市场取向改革的艰难与观念和制度障碍。

在上述两个问题上，深化市场取向的改革在本次民办教育新政中都有了更加明确的政策导向。国务院《若干意见》第十六条再次重申了民办学校的招生自主权（中等以下层次民办学校按照国家有关规定，在核定的办学规模内，与当地公办学校同期面向社会自主招生。各地不得对民办学校跨区域招生设置障碍）全国人大修法决定第五条、《若干意见》第十七条不但完全放开了营利性民办学校收费，而且对非营利性民办学校收费也确定了市场化改革方向（非营利性民办学校收费，通过市场化改革试点，逐步实行市场调节价，具体政策由省级人民政府根据办学成本以及本地公办教育保障程度、民办学校发展情况等因素确定）。

2. 实施新政需要鼓励地方进行民办教育政策创新。发展不平衡是我国民办教育发展格局的一个基本特征，一方面是空间分布呈现明显的集聚模式，不但省与省之间发展水平差距显著，就是在一个省内，市与市之间、县与县之间的民办教育发展水平也存在显著差距；另一方面是民办教育内部结构上的不平衡：在全国水平上，学前教育占比超过 50%，义务教育占比 26%，高中阶段占比 9%，高等教育占比 15%；还有，各级各类民办教育之间在市场竞争力上差距悬殊：在义务教育阶段，民办学校特别是其中的民办初中已经成为优质教育的象征；与此同时，民办中职却普遍处境艰难。对上述现象的系统分析表明，地方政策是影响民办教育发展的重要因素，因此，继续鼓励地方因地制宜制定民办教育发展政策才会更有利于民办教育的健康发展。正是由于这种现实需要，在全国人大的修法决定中明确授权地方制定民办学校收费办法，改变目前对民办学校收费采取"一校一议"和"学历教育审批制，非学历教育备案制"的价格规制模式，从而拓展了地方在民办学校收费问题上的政策空间，9 月 1 日以后，各地（省、自治区、直辖区）将会根据当地的省情在"自主定价""最高限价"和"成本加成"三种模式之间进行选择，为民办学校的价格决策提供了更多的可能性；同时，全国人大还授权地方对修法决定前（2016年 11 月 7 日）已经设立的民办学校制定转型方案，为地方促进民办教育发展进行制度创新提供了合法性依据。

在国务院《若干意见》中，除了税收政策的权限在中央以外，其余财政扶持、政策引导、简政放权、放管结合、优化服务等各个方面的政策从制定到实施到检查评估都必须也只能由地方来落实，这就给了地方极大的制度（政策）创新空间。比如在财政资助问题上，目前全国既有如深圳对民办学校按学生人数给予高额资助的"准教育券"模式，也有如宁波等地为民办学校缴纳社会养老保险的社会统筹部分由政府分担二分之一的"成本分担"模式，还有如温州等地对民办学校实施普遍的"政府购买服务"模式。当然，作为负面案例也有一些地方甚至连国发〔2015〕67号文件规定的将义务教育阶段民办学校以生均公用经费为限纳入公共财政保障范畴的规定也不执行的情况；其他如市场监管、风险防控、政策评估、中介服务、资源共享、委托管理、金融创新、PPP（政府与社会资本合作）等各个政策领域，各地的政策实践也都呈现出非常丰富的创新图景，有效地促进了当地民办教育的发展。

3. 地方之间的政策竞争将成为民办教育新政实施的重要特征。由于全国人大修法决定和国务院《若干意见》赋予地方在民办教育发展中享有更大的政策空间，今后地方民办教育发展格局将更加显著地受到地方民办教育政策的影响，民间资本将会更加明显地沿着政策优惠梯度流动，各地政府也会竞相出台优惠政策以吸引民间资本，从而在民办教育和优惠政策之间形成更加稳定的相互促进关系。这个判断目前已经受到多个方面的证据支持，证据之一是，目前民办学校在校学生已经占全国在校学生总数约17%，但所分享的财政资金只占预算内教育事业费的1%左右！这一方面说明民办教育没有受到平等对待，另一方面也意味着民办教育对地方财政的巨大贡献和公共财政资助民办教育存在巨大的提升空间，地方也因此更有积极性促进民办教育健康发展；另一个证据是，近年来，各地为促进当地民办教育发展纷纷出台优惠政策，比如土地划拨、零租金供地、提供公办教师编制与财政工资、对民办学校学生提供生均经费资助、允许民办学校进行事业单位法人登记以及各种PPP模式，有效降低了民办学校办学成本和控制了民办学校办学风险。从理论上说，基于学生权利平等的宪法精神和公平正义的社会主义核心价值观，对民办教育的任何财政资助或者公共资源分享制度设计，只要不超过公办教育相应的权益和权利，就都具有普遍的合理性。因为民办教育为社会提供的公共产品及由此产生的社会效益与经济效益，受益主体并非只有举办者，在使举办者合法获益的同时，消费者、政府与社会才是最大的赢家。因此，我们可以合理预期，随着民办教育在国家教育发展中战略地位的进一步明确，发展民办教育正日益成为推动地方社会、经济、教育发展的战略资源和体现地方政府政绩的有效载体，地方之间开展民办教育发展竞争将会成为普遍现象。

当党的十八届三中全会提出"让市场在资源配置中发挥决定性作用"的重要论断时，教育界很多人出来解释说它并不适合成为教育资源配置的基本原则。但是，毫无疑问的是，无论是过去的经验还是当前的实践都已经证明并将继续证明，只有继续深化市场取向的改革，充分利用市场机制的积极作用，才是保证民办教育新政顺利实施、促进民办教育健康发展的必由之路。

（吴华，原文载于《教育发展研究》2017 年第 3 期）

试论民办幼儿园办学体制改革的政府责任

摘要： 以宁波市为例，探讨以民办化为主的学前社会公共机构发展中存在的一些问题：民办幼儿园可持续性发展潜力有限；民办幼儿园教师队伍不稳定、素质不高；政府监管不到位。政府对社会公共机构具有不可推卸的责任：政府的财政责任、师资建设的责任、监管服务的责任。

关键词： 民办幼儿园；办学体制；政府责任

目前，全国各地都在积极探索学前教育办学新模式，宁波作为"强化政府发展学前教育责任"的国家级学前教育体制改革试点城市，在2011年已经基本解决"入园难"问题。但是，由于体制性缺陷，学前教育仍然存在不少亟待解决的问题，尤其是占学前社会教育主体的民办幼儿园的可持续发展遭遇"瓶颈"。如何强化政府职责，破解民办幼儿园发展的难题，构建公平有效的"普惠性"学前教育公共服务体系，是政府面临的一项艰巨任务。笔者于2012年初对宁波市下辖的余姚市、慈溪市、鄞州区、镇海区、北仑区、象山县、奉化市、宁海县8个县（市、区）的335个民办幼儿园（包括全额、差额、公立民办、合作制、附属性、私立、联合等各种法人类型）进行了专题调查。

一 当前民办幼儿园的问题

（一）办学经费不足，民办幼儿园可持续发展潜力有限

据笔者的调查显示，有72%的民办幼儿园年均投资回报率在10%以下；若根据生均教育收支水平指标，仅50.2%幼儿园有微利且盈利幅度

在100—300元/生/年；还有约50%幼儿园分别处于持平或亏损状态。这种较低的投资回报率直接导致幼儿园自身运营艰难。而且，政府对民办幼儿园的财政支持也十分有限，"巧妇难为无米之炊"，幼儿园要进一步发展的潜力不大。

（二）民办幼儿园教师队伍不稳定，整体素质不高

据笔者的调查显示，有12.3%的民办幼儿园存在招收不合格教师的现象，总计有50.3%的从业者尚未持证上岗，而且，在一学年内流动的教师比例超40%。此外，有三四成民办幼儿园教师在职称评定、评优评先等专业发展上与公办幼儿园不均衡。这种情况在强调"教育均衡化"的新要求下显得极不适应。

（三）政府监管不到位

调查还发现，政府相关部门在教学业务、校园安全、招生等方面对民办园缺少相应的监管，放任某些不规范办学现象的存在。这将对民办园的健康发展造成一定的危害。

以上问题都直接或间接地与政府对民办幼儿园的各项责任密切相关，尤其体现在经费投入、监管服务、民办幼儿园教师专业发展政策制定等方面。从民办幼儿园产生、发展的历史来看，政府对民办幼儿园亦负有不可推卸的责任。20世纪90年代，"市场机制"在经济领域的成功，推动了当时宁波民办幼儿园像"雨后春笋"般迅速增长。当然，社会在客观上也要求教育借用市场机制来提高效率，增加民众对教育的选择和自由。不过，直接拉动民办幼儿园"市场化"进程的，恐怕须归结于社会发展导致的幼儿入园需求增加与政府提供的入园机会不足之间的矛盾，以及一部分家庭对幼儿教育要求的提高。民办幼儿园迅速壮大的根本原因在于原来公立学前教育体系所出现的若干问题。例如，公立幼儿园缺乏活力，而民办幼儿园可以给孩子提供更大的活动空间和学习机会；公立幼儿园资源有限，无法提供更多幼儿入园的条件；民办幼儿园可以根据社会需求开设具有一定特色的幼儿课程，以飨家长的要求；等等。因此，民办幼儿园在本质上并非全属于私立教育，而是学前公共教育体系的重要组成部分。

二　政府职责

在明确政府责任的前提下，政府应积极采取行动、制定政策，引导民办幼儿园走上健康发展的道路。

（一）统一思想

承担财政责任民办幼儿园虽然是由社会团体或个人举办的教育机构，但这并不排斥政府对其进行财政资助。[①] 从国际来看，政府的财政资助一直是许多国家和地区私立教育发展的根本保障。由于宁波市民办幼儿园法人类型的构成比较复杂，政府首先要根据一定的原则对民办幼儿园机构的类型进行细分，然后具体分解政府的财政责任，做到有所为有所不为。

1. 理清各类民办幼儿园的性质

由于种种原因，宁波市各级政府对于民办幼儿园的性质界定标准以及相应的财政补助政策有所不同。譬如，经济发达乡镇的界定比较宽泛，对包括个人举办的村幼儿园都有数额较大的财政补助，反之，标准比较狭窄，连一些公立民办幼儿园都没有一定的政府补助。在调研中发现，宁波市民办幼儿园类型众多，如表1所示。这种状况并不利于政府行使其应有的财政责任，因此，政府必须要明确对不同类型民办幼儿园的性质进行细分的依据，并加以归类，这是政府承担其财政责任的前提。

表1　　　　　　　　　　宁波市民办幼儿园类型分析

类型	全额拨款	差额拨款	公立民办幼儿园				合作制	团体或者企业附属	私立	联合	性质不明	合计
			公办民营公助	民办自营公助	国有民营	公立转制						
数量	2	35	5	31	9	5	13	5	221	1	8	335
%	0.6	10.4	1.49	9.25	2.67	1.49	3.9	1.5	66.0	0.3	2.4	100.01

在发达国家或发展中国家，这种做法很普遍。譬如巴西，政府把私立

[①]　周永明：《宁波学前教育事业发展的制度设计（上）》，《学前教育研究》2010年第2期。

学校分为营利与非营利两种，分别采用不同的政策。对于非营利性学校，可获得政府一定的资助，其财务收支情况逐月公开，接受社会监督；对于营利性学校，等同于经营性公司，利用税收手段管理，收取相当于学费收入 35% 的税负。① 在荷兰和意大利，私立学校可以分为三种：一种是完全依靠政府资助运转的学校，主要是中小学；一种是部分依靠政府资助、部分依靠学费的学校，主要是大学；还有一种是完全依靠自身经费运转，与政府没有任何财政关系的学校。政府明文规定：凡是政府资助给私立学校的经费，一律不得用于营利性活动，学校每年必须对政府资助的经费做独立性财务报告，以利于政府对其经费使用的监督和管理。而一旦学校有了利润，并把利润用于个人收入分配时，就向政府上缴利润的 40% 作为税款。② 因此，政府"有所为"应该体现在对各类民办幼儿园的性质界定，并为合格办园者提供一定比例的资助，或"购买"他们提供的教育服务。

2. 协调地方各级政府及其相关部门的责任，保障政府财政经费落实到位 2010 年 11 月 21 日，《国务院关于当前发展学前教育的若干意见》（国发〔2010〕41 号）指出："地方政府是发展学前教育、解决'入园难'问题的责任主体"，但没有进一步对各级政府之间的责任分工做出明确要求，这在客观上容易造成上一级政府将责任转移至下一级政府，及至基层而最终导致责任缺失的问题。

调研中也发现，各级地方政府实施对民办幼儿园的财政责任存在较大差异，具体表现在政府的责任意识及其具体的财政责任担当等方面。个别地方政府因经济因素大幅度缩减对民办园的财政资助经费，如某县级市对民办幼儿园的财政资助仅包括：幼儿教师工资补助和奖励性资助（指幼儿园、个人获得各类荣誉、职称晋升等情况下获得的资助）。而有些地方学前教育财政经费虽然不少，却向公立幼儿园倾斜。如某县 2011 年用于学前教育的财政性经费达到 3762 万元，占财政性教育经费的 7.2%，较往年提高了 5.3 个百分点，而民办幼儿园获得的扶持经费只有 150 万元，仅占 3.9%。当然，不少地方政府对民办幼儿园的财政资助非常到位。由此

---

① 胡卫：《办学体制改革：多元化的教育诉求》，教育科学出版社 2010 年版。

② 周永明：《宁波学前教育事业发展的制度设计（下）》，《学前教育研究》2010 年第 3 期。

观之，全面统筹地（市）、县（市、区）、乡（镇、街道）三级地方政府对民办幼儿园的财政责任，科学、合理地分配财政经费，做到预算有科目、增量有倾斜、投入有比例、拨款有标准、资助有制度，是落实各级地方政府财政责任急需解决的一个问题。

需要特别强调的是：在三级政府责任分工中，县级政府的责任尤为突出。因为它是承上启下的一级政府，而且，民办幼儿园大多数分布在县（市）、乡级政府及其以下区域。因此，县级政府根据本县实际情况明确县、乡政府具体的财政责任，是保障各级地方政府财政责任得以落实、避免出现责任缺失的关键。

3. 拓宽政府兑现财政责任的途径

据笔者的调查，目前宁波市各级地方政府对民办幼儿园进行财政资助和支持的具体措施大致有以下几种方式（见表2）：第一，支付一定额度的生均经费，或者相关的财政补助，占35.6%；第二，由政府或村集体为教师提供一定的工资补助、社保补助，或者在年终予以一次性奖励，占15.7%；第三，免费或低价提供建园土地、园舍，占9.2%；第四，教师资源配置方面的支持（主要面向公立民办幼儿园），占7.5%。第五，拨发教学所需的仪器设备、玩具、图书资料等大型教育资产（主要面向差额拨款幼儿园），占7.2%。

表2　　　　　　　　　　政府资助民办幼儿园途径分析

途径	A	B	C	D	E	F	G	H	无资助
频次	28	11	22	109	23	48	7	25	82
%	9.2	3.6	7.2	35.6	7.5	15.7	2.3	8.1	26.8

由此可见，政府通过财政拨款手段资助民办幼儿园的方法多样化，这也是各个县（市、区）因地制宜的结果。不过，由于财政经费普遍有限，各类资助对民办幼儿园办园的贡献率并不高，在提及"政府的各项资助占民办幼儿园办学成本的比例是多少"选题中，有220个样本选择5%以下，具体见表3。这表明政府的财政资助对于民办幼儿园的运营来说简直就是"杯水车薪"，考虑到资金问题，民办园较之其他公立幼儿园会更加关注幼儿园经营过程中存在的经济学意义上的成本核算。而当前，宁波市民办幼儿园的投资回报率普遍不高。因此，在"市场经济"面前，民办

园为了解决自身运营这一基本问题，首要出发点是"营利"，而不是"公益"。这样一来，很可能导致民办幼儿园为了追求经济效益而出现一系列不规范的办学现象。

表3　　　　　　　政府的各项资助占民办幼儿园办学成本的比例

选项	低于 5%	5%—10%	10%—20%	20%以上	合计
数量	220	27	15	30	292
%	75.3	9.3	5.1	10.3	100

为了解决上述矛盾，政府除了增加财政拨款以加大资助力度之外，拓展政府资助民办幼儿园的途径，如税收调节、信誉担保等，是政府实现其财政责任的有力保障。实际上，政府通过税收调节的方式支持私立教育发展的事例在各国比比皆是，当然，具体做法千差万别，最为普遍的法就是让私立学校与公立学校一样享受政府所列举的免征税款或专用税项。信誉担保则是指：由政府出面提供信誉担保，帮助某些民办幼儿园获得发展所需要的资金，从某种意义上来说，政府的这种行为可以理解为政府对民办幼儿园实现财政责任的间接表现。当然，多种途径的拓展必然会涉及政府其他部门的工作，乃至社会其他资源的调动，因此，促进民办幼儿园的健康成长需要我们全社会共同关注。

（二）重视师资，提升教师素质

加强师资建设是办好学前教育的关键。[3]针对当前民办幼儿园教师流动性强、素质偏低、社会地位和薪资待遇不公等问题。笔者以为：

1. 构建合理的幼儿教师培养、培训体系。

20 世纪 90 年代末，宁波市幼师培养体系经过高校整合之后，幼师队伍未见明显提升。从历史经验来看，符合宁波实际情况的做法是：加强"五年一贯制"大专学历的幼儿专任教师的培养力度，首先，在具备培养条件的职高中，开设保育员专业，培养专业保育员。其次，推行幼儿园教师资格认定和注册制度，并严格执行民办幼儿园教师、保育员准入制度，保证教师和保教员的专业素质。最后，对在职的教师和保育员，实施免费的专业化培训，以促进其专业素养的提升。

2. 提高民办幼儿园教师的地位和待遇。

据笔者的调查，民办幼儿园教师在享受政府财政补贴方面，只有157家（调查总数319家）享受到了政府财政补助。而在职培训中只有59.6%的享受到了同等待遇、67.5%的非编教师在职称评定等方面享受到了同等待遇。各级地方政府首先要进一步落实财政补助政策，尤其是农村地区的民办幼儿园；其次，采取措施，促进民办幼儿园非编教师与公立在编教师在专业培训、职称评定、评优评先等方面的同等待遇。

（三）加强政府的监管责任，保证办园质量

为了保证民办幼儿园的健康发展，政府还要进一步加强监管。从调研情况来看，目前存在监管主体不明确、监管手段单一、监管制度不完善、监管执行力不强等问题。具体表现在：在园长上岗资格中，有54.7%的园长原来为自由职业者和企业下岗人员，而且仅21.5%的园长达到本科学历（包括学前教育以外的专业），这些因素直接或间接地影响到幼儿园办学质量。有23.2%民办幼儿园的课程与教学没有政府相关部门的实质性监管，5.5%处于"放羊"状态，这会带来办学质量低下的隐患。3.3%的民办幼儿园在交通安全、建筑设施、食品卫生安全等方面没有接受政府相关部门的监管。此外，因法人制度不完善、教育产权不明晰而导致部分民办园（主要在农村地区）出现招生、收费等方面的不规范办学行为。

改进的措施有：完善幼儿园园长上岗制度；设立独立的幼儿园督学评估机构，对包括民办园在内的各类幼儿园进行质量评估，并与办园等级挂钩；规范民办幼儿园的办学行为，制止各种不正当竞争；加强教育行政部门对民办幼儿园的办学经费使用情况进行检查，以确保学杂费收入的主要部分用于学校日常教育教学活动。对违反相关规定的办学行为，视情节轻重，对违规幼儿园及其当事人分别作出通报批评、经济处罚、行政处分、减少招生，直至停止招生、吊销办学许可证、追究当事人法律责任；开展幼儿园安全保障行动；进一步明确民办园的收费审批导向，并采取相应措施支持民办园区别于公办园的活力机制，等等。

三　结语

本文根据调研所归纳的三项政府责任，即财政投入、师资队伍建设和监管服务，在民办幼儿园体制改革中具有一定的代表性。因为宁波各县市区在这三方面的不同做法，实质性地对当地民办幼儿园的发展产生一定的影响。为此，笔者建议其他地区在民办园体制改革中必须要认真对待这三个问题，统一思想，切实承担责任。另外，调研中发现的政府责任缺失或不到位对其他地区而言也具有一定的警示，其他地区不妨从中吸取教训，采取更为积极、妥当的措施，促进当地民办幼儿园的可持续发展。

[辜筠芳，原文载于《宁波大学学报》（教育科学版）2016 年第11 期]

民办中小学教师流失的困境与出路探索

我国民办教育无论是在解决教育资源紧缺、增加社会就业方面，还是在推动教育改革、创新教育体制方面，都发挥了重大作用。然而，目前民办教育的发展处于非常关键的时期，教师流失严重、队伍极为不稳，发展前景令人担忧。针对民办学校教师流失问题，本文从完善政府政策法规、履行政府责任的角度分析如何稳定民办学校教师队伍、促进民办学校的发展。

一　教师流失的现实困境：以 A 校为例

近几年来，随着公办学校办学条件的改善、民办学校办学竞争优势的丧失，民办学校教师流失越来越严重。如中山市部分民办学校一个学期结束教师辞职的超过 60%，有的两三年下来教师流失率达 90%。再如北京某知名民办学校，仅 2006—2007 学年，就有 25 名骨干教师主动离开学校。

宁波市民办 A 校的教师流失问题也同样严峻。A 学校是一所创办于 20 世纪 90 年代末的九年一贯寄宿制民办学校。在当时全国民办教育迅猛发展的背景下，当地教育行政主管部门为了缓解由于人口高峰期的到来导致的教育资源严重不足的矛盾，顺应民办教育发展的良好趋势，填补该地教育强县中民办学校的空白，积极鼓励、扶持兴办民办学校，于是 A 校应运而生。经过十年的艰辛努力，A 校终于发展成为一所设施一流、成绩卓越、享誉全市的品牌民校。然而，表面繁荣的背后却潜藏着严重的生存危机———A 校教师队伍极不稳定、流失十分严重。目前该校教师近 200 人，由三类不同性质的教师组成：一类是拥有公办教师编制的教师约 100 人（拥有事业单位的编制和"四金"），只不过挂名在某公办学校，人在

A 校上班，奖金和福利由 A 校负责（当时他们当中很多人就是冲着民办学校的奖金和福利待遇高而过来的），但随着公办学校教师待遇的提高，这部分教师倒流的现象也较严重，如 2008 年一次就走掉 15 人。另一类是公办学校辞职过来的教师，这类教师所占比例约 20%，他们主要是来自经济状况不太好的地区或者出于进城、子女读书等目的来到 A 校的。现在城乡差别缩小，交通越来越便利，教师进城的日渐减少。再一类就是从应届大学毕业生中招聘过来的教师，约占 30%，他们大多将民办学校作为成长的训练基地和通向公立学校的跳板，待条件成熟时，只要一有机会就往外跳。近几年，学校骨干教师每年至少更换 30%。建校初的 36 位骨干教师，现在已所剩无几，严重影响了学校的发展。

二　教师流失的原因分析：政策的视角

造成民办学校教师流失的原因很复杂，这里只从政策的视角加以分析。

1. 法律条文模糊，教师身份认定不清。

经过长期的不断改革，我国的教育体制和相关法律制度日趋完善，但是，《中华人民共和国教师法》（以下简称《教师法》）及相关法律法规对教师法律地位的规定过于笼统，对民办学校教师权利的规定更是十分模糊，在法律的适用上存在一些有待研究和解决的问题。如我国《教师法》的第二十一条规定："社会力量所办学校教师的工资、津贴、住房、医疗等待遇，参照本法的有关规定，由举办者确定并予保障。"《教师法》该条中提到"参照本法的有关规定"，但是《中华人民共和国教育法》的条文中没有与上述第二十一条相对应的、可以参照的有关规定。

第二十一条中的"……由举办者确定并予保障"，几乎是一句空话，目前，在许多民办学校纷纷倒闭的情况下，那些幸存的真正民办学校的处境举步维艰。在法律条文含混不清的情况下，相关教育行政主管部门很难确保教师的上述待遇兑现；在民办学校自身难保的境况下，很难保障民办教师的待遇到位，即使有这个能力给教师提供上述待遇，但是如果没有相关配套的监督机制来督促他们履行相关的职责，也很难确保民办教师的权利得到保障。正是因为相关法律条款含混不清，导致目前许多民办学校的教师不能享受公办学校教师同等的事业单位编制、养老保险和医疗保险等待遇。据调查发现，公、民办学校教师即使工作年限、职称等情况相同，退休后民办学校教师拿到的养老保险金只有公办学校教师的一半。这样造成公民办学校教师待遇差距拉大，民办学校教师的既得利益受损、法律地位不平等。上述种种原因致使民办学校教师无法安心从教，原先辞职来 A 校的教师及学校自主招聘的教师纷纷参加公务员考试或者参加公办教师招考，想方设法地向其他部门和公办学校跳槽，想尽一切办法跳出民办学校，最终导致民办学校教师大量流失，师资队伍极不稳定。

2. 教师工资明增暗降，经济待遇下降。

《教师法》条款中另一个模糊之处是，《中华人民共和国民办教育促进法》第二十七条规定："民办学校教师与公办学校的教师具有同等的法律地位、享受同等的类似公务员的待遇……"而在我国《教师法》的第二十五条中规定："教师的平均工资水平应当不低于或者高于国家公务员的平均工资水平，并逐步提高。"但是事实上，教师的工资待遇在许多地区都没有达到国家公务员的平均工资水平，致使每年我国总有一部分教师想方设法考公务员，但公务员报考教师的却寥寥无几。

据有关报道：2000 年，某地一农村初中教师的月薪是 450 元，当时可以买 75 斤猪肉，或者 12 斤香油，或者是 7 瓶液化气。工作 7 年后，到了 2007 年，该教师的工资为 854 元，可以买 60 斤猪肉，或者 10 斤香油，或者 6 瓶液化气。从实际购买力来看，工作很长一段时间了，工资不但没有提高反而降低了。另外，从居民消费价格指数来说，据统计，2008 年 3 月，全国居民消费价格指数与上年同期相比为 108.2，城市为 107.8，而农村为 108.8。这表明，对于农村教师来说，增加的工资和津、补贴更多的只是弥补了物价上涨带来的货币实际支付能力的差额。

公务员的待遇从来没有人这样对比过，可想而知，教师的待遇与公务员的待遇是有很大差距的。民办学校的教师在大多数人的眼里是"二等"公民，他们就更不应奢望其待遇与公务员相比较了。

3. 相关法律缺失，教师压力太大。

在应试教育愈演愈烈的情况下，国家出台了《中华人民共和国义务教育法》和《国家教育考试违规处理办法》等法律法规。法律法规中突出了素质教育的地位，但是也并没有明文规定不能搞应试教育，法律中更没有对应试教育的泛滥采取任何惩治措施。这样，使得素质教育在全国范围内喊得轰轰烈烈，但是在民办 A 校应试教育更是抓得扎扎实实。举办者打着所谓的"为了教学质量"的旗帜、喊着所谓的"为了学生前途"的口号，实施不顾学校师生死活的"题海战""演练战"，教师整天就是忙于备课、上课、批改作业、分析试卷……这样日复一日的机械劳作，弄得身心疲惫、情感衰竭，实在不堪负荷的情况下，只好选择离去。这是民办学校教师队伍不稳的另一重要原因。

4. 相关法律作用不大，民校前景未卜。

（1）民办学校的法律地位定位不当。《民办教育促进法》规定民办教育是公益性事业，民办学校与公办学校具有同等的法律地位，而 2001 年有关部门联合制定的《教育类民办非企业单位登记办法（试行）》（国务院，2001）把民办学校定为民办非企业单位法人。这一定性并没有因为《中华人民共和国民办教育促进法》的出台而修改，一直沿用到现在。正是"民办非企业"这一含混不清的法人定位，使得民办学校在教育环境中，乃至整个社会大环境中其社会地位都没有一个明确的定位，有时甚至就连已有法律法规——《中华人民共和国民办教育促进法》和《民办教育实施条例》等规定的法律地位也难以保证，同时，也就使得民办学校教师的合法权益因身份不明而难以落实。

（2）"合理回报"难以操作，投资者投资热情受挫。《中华人民共和国民办教育促进法》第五十一条规定，作为国家对民办教育的"扶持与奖励"措施，"民办学校在扣除办学成本、预留发展基金以及按照国家有关规定提取其他的必需的费用能谈回报，使得民办教育的投资者投资办学的积极性减退，对学校的追加投资减少，办学经费难以保证，影响学校发展。学校在自身难保的情况下，也就更加无力顾及教师的权利实现了。这种制度环境下的民办学校教师更是没有安全感和归属感，尽快调离民办学校也就成了教师无奈的选择。

三　教师流失的出路探索：法制是关键

解决民办学校教师大量流失的问题，关键在于出台或完善相关的教育政策法规。

1. 明确民办学校教师身份和法律地位

一方面，教育行政主管部门应依法明确、落实民办学校法律地位，将公益性的民办学校归属于事业法人类型，使民办学校的平等地位和合法权益得到充分保障；另一方面，认定民办学校的合格教师具有与公办学校教师相同的事业身份，列于事业编制，享受事业单位的养老保险、医保等，但是，工资由民办学校自行解决，不增加国家财政负担。

从全国各地的经验来看，有很多地方都按学校班级数、人数，提供一定的公办教师编制，通过教育部门的统一招考录用后，均直接定向调配到民办学校工作，经费由民办学校自主解决等途径来帮助民办学校解决这一现实困难。从现实层面上看：教育行政主管部门仅提供人事编制，费用由民办学校自主承担，有利于稳定民办学校教师队伍，保障民办学校持续、健康发展，又可以推动地方教育事业的发展，满足社会的教育消费需求，政府完全有能力也有责任做好这个一举数得的好事。

2. 完善相关法律法规，规范管理，保证学校按教育规律办学

（1）国家应在完善《教育法》这部母法的前提下，尽快修改《中华人民共和国民办教育促进法》和《民办教育促进法实施条例》中法律文本前后不一致之处，确保民办学校的法人权益得到合法维护，使《中华人民共和国民办教育促进法》成为真正促进民办教育发展的法律。

（2）基于目前民办学校教师社会地位和法律权利不保的现状，尽快出台《民办学校教师保护法》，使教师遭受的违法、侵权事件得到及时的处理。此外，为了体现民办学校教师工作的公务性，必须建立一套完整的、彼此相协调的有关教师职业准入、教育教学活动、专业权利和责任等有关教师管理的法律制度，使民办学校教师的权益受后，出资人可以从办学结余中取得合理回报。但是据调查发现，仍然有不少人对民办学校的"合理回报"存在认识上的偏差，误认为民办学校既然是公益性的事业，就不到法律的维护。

3. 建立有效的监督制度

显然，相关教育法律法规的完善，必然带来举办者和教师权利与利益的重新调整。公共选择理论认为，不论是作为私人角色代表的个人，或者是相互协作的投资群体，还是政府教育主管部门，其行为选择都是按照"经济人"的假设进行的，即各投资主体天生追求效用的最大化。只要风险不够高，在制度不健全而缺乏严密监督的情况下，教师的权利遭到侵

犯、利益遭到削减等行为就不可避免。同样，当教育行政主管部门的权力在不受约束或约束不严的条件下，必定也会利用这些权力来追求自身的最大利益，出现"道德风险"。监督制度的缺失和人品的不足带来的是教育部门领导者和投资者大肆追逐个人利益，侵吞和危害教师的利益。因此，问题解决的关键在于建立行之有效的监督制度。

参考文献

黄新茂：《推进民办教育法制建设的若干思考》，《教育发展研究》2007 年第 3B 期。

劳凯声：《改革开放 30 年的教育法制建设》，《教育研究》2008 年第 11 期。

劳凯声：《教师职业的专业性和教师的专业权力》，《教育研究》2008 年第 2 期。

李春玲：《理想的现实建构：政府主导型学校变革研究》，浙江大学出版社 2007 年版。

李茂森：《教师的身份认同研究及其启示》，《全球教育展望》2009 年第 3 期。

李茂森：《教师身份认同的影响因素分析》，《教育发展研究》2009 年第 6 期。

卢乃桂、王夫艳：《当代中国教师教育改革与教师专业身份之重建》，《教育研究》2009 年第 4 期。

蒲蕊：《政府与学校关系的重建——一种制度分析的视角》，《教育研究》2009 年第 3 期。

王康、吴志宏：《中国民办教育研究（2004—2005）》，上海人民出版社 2005 年版。

杨云兰：《教育公平视野中农村教师工资问题》，《教育理论与实践》2009 年第 3 期。

袁振国、周彬：《民办教育政策分析》，中国社会科学出版社 2003 年版。

（刘鸿昌　徐建平，原文载于《教学与管理》2011 年第 7 期）

浙江民办职业教育的现状分析及发展建议

摘要：民办职业教育作为职业教育的重要组成部分，有其特定的发展规律。浙江民办职业教育经过近二十年的发展，既面临着新的问题，也面临着国家民办教育综合改革试点的新机遇。文章介绍浙江当前民办职业教育的发展情况，分析浙江民办职业教育的发展态势和发展瓶颈，并提出民办职业教育可持续发展的若干对策。

关键词：民办教育；民办职业教育；民办高等职业教育；发展态势；浙江

民办职业教育是我国现代职业教育体系中的一个重要组成部分，属于公益性事业。自 2014 年国务院印发《关于加快发展现代职业教育的决定》后，民办职业教育面临着新的发展机遇。浙江民办职业教育有自身的特殊性，在起步时间和发展空间上均显现了生机与活力。为更好地了解浙江民办职业教育的现状，笔者对浙江民办职业教育发展过程中的系列数据进行梳理与分析，以促使浙江民办职业教育又好又快地发展。

一 浙江职业教育的基本情况改革开放后，浙江职业教育伴随着地方经济的飞速发展而迅猛崛起，不仅在数量上排全国前列，而且在教育教学综合实力、示范与骨干院校等建设方面也走在全国前列，为浙江经济社会发展提供了强有力的人才保障。根据《浙江省先进制造业基地建设规划纲要》及教育部加快发展现代职业教育的精神，职业教育应培养更多的社会所需的职业技能型人才，以满足市场的需求。据《2013 年浙江教育事业发展统计公报》显示：全省共有中职（含职高、中专、技校）学校 366 所，其中国家级重点中等职业学校 72 所，国家级重点技工学校 27 所（共占中职学校总数的 27.04%），在校生人数 666233 人，教职工人数 45098 人，毕业生人数 220614 人，招生人数 215744 人，毕业生获取职业资格证书率达 89%；共有高职高专学校 49 所，其中国家"示范、骨干"院校 11 所（占高职高专学校总数的 22.45%），在校生人数 372219 人，教职工人数 23461 人，毕业生人数 116674 人，招生人数 131688 人；共有应用型本科院校（仅指独立学院）22 所，占全省本科院校总数的 38.59%，在校生人数 173018 人，教职工人数 10989 人，毕业生人数 39980 人，招生人数 43123 人（见表 1）。①

表 1　　　　　　　2009—2013 浙江职业教育基本情况统计

年份	学校类型	学校数/所	毕业生数/人	招生数/人	在校生数/人	教职工数/人
2009	中职学校	445	218510	266039	694072	38929
	高职高专院校	48	119218	128603	370428	23582
	应用型本科院校	22	37560	43608	172516	10209
2010	中职学校	426	199273	265330	715200	40352
	高职高专院校	47	124876	121225	362695	22365
	应用型本科院校	22	39299	41991	169775	10174
2011	中职学校	106	199568	260078	728977	42590
	高职高专院校	49	121607	125106	361191	22728
	应用型本科院校	22	39797	43950	171164	10506
2012	中职学校	385	217217	224417	690040	44234
	高职高专院校	49	121315	127588	363104	23332
	应用型本科院校	22	41044	45131	172757	10896
2013	中职学校	366	220614	215744	666233	45098
	高职高专院校	49	116674	131688	372219	23461
	应用型本科院校	22	39980	43123	173018	10989

注：中职学校包括职业高中、普通中等专业学校、技工学校，不含成人中等专业学校；应用型本科院校（仅指独立学院）。数据来源于 2009—2013 年的《浙江教育事业发展统计公报》。

二　浙江民办职业教育的发展态势

作为民营经济大省的浙江，民办教育起步较早。20 世纪 90 年代初，为满足社会民众对教育的迫切需求，温州民办初、中等教育在全省率先兴起，历经探索与尝试取得了良好的发展。2012 年，教育部将温州市作为

①　浙江省教育厅：《2005—2013 浙江教育事业发展统计公报》，2014-07-10，http：//www.zjedu. gov. cn／gb／zhejiangedu／edustat. html。

全国首批民办教育综合改革试点市进行探索尝试。浙江省委、省政府非常重视民办教育，早在 1998 年就出台了《关于鼓励社会力量参与办学的若干规定》等文件，按照"积极鼓励、大力支持、正确引导、依法管理"方针，通过鼓励民间资本投资办学，对民办学校采取相对宽松的收费政策、重视民办师资队伍建设、加大财政支持力度以及加强对民办学校管理等一系列举措，打破了以往浙江民办职业教育发展缓慢、单一的格局，形成了以政府公办职业教育为主、民办职业教育为辅的发展格局。① 民办职业教育办学规模持续扩大，质量和水平不断提高，民办职业教育成了浙江教育事业发展的重要增长点和促进教育改革的重要力量。

1. 民办中等职业教育的发展态势。浙江省民办中等职业教育起步较早，比如浙江省安吉上墅私立高级中学诞生于 1984 年，是全国第一所民办中职学校。该校设有普通高中、职业高中和职业中职等学历层次，办学三十年来形成了鲜明的办学特色及集团化办学模式，在民办中职学校中具有典型性。2008 年，浙江省已有民办中职学校 127 所，占中职学校总数的 27.43%，民办中职在校生数 9.88 万人，占中职在校生数的 14.31%，民办中职教职工 0.41 万人，占中职教职工数的 10.37%；到 2013 年，浙江省有民办中职 88 所，占中职学校总数的 24.04%，减少了 3.39%，在校生数 9.88 万人，占中职在校生数的 11.60%，减少了 2.71%，教职工 0.41 万人，占中职教职工数的 7.32%，减少了 3.05%。2008—2013 年的数据反映出中职学校数量正在逐年减少，6 年时间减少了 97 所，其中民办中职数减少了 39 所。② 究其原因，是因为各地为促进经济发展组建职教中心，以扩大办学规模和完善教育教学质量体系，形成以少数特色专业为主的办学趋势，同时对部分规模较小、不合格的专业采取合并、停止招生、黄牌警告等措施。总的来看，中职招生总数及在校生总数趋于平稳，但民办中职在校生数有下降趋势，6 年间减少了 2.15 万人（见表 2）。

---

① 《加大财政支持力度 浙江省民办教育改革和发展情况》，2011-06-20，http：//news. xinhuanet. com/edu/2011-06/20/c_ 121557296. htm。

② 浙江省教育厅：《2008—2013 年浙江教育事业发展统计公报》，2014-07-10，http：// www. zjedu. gov. cn/gb/zhejiangedu/edustat. html。

表 2　2008—2013 年浙江民办中职发展情况及其占全省中职教育比重统计

年份	中职学校总数/所	民办中职学校/所	占比/%	中职在校学生/人	民办中中在校生数/人	占比/%	中职教职工数/人	民办中职教职工数/人	占比/%
2008	463	127	27.43	690626	98800	14.31	39535	4100	10.37
2009	445	120	26.27	694072	98300	14.16	38.939	4100	10.53
2010	426	113	26.53	715200	98900	13.83	40352	3900	9.66
2011	406	109	26.85	728977	97900	13.43	42590	3700	8.69
2012	385	101	26.23	690040	89300	12.94	44234	3700	8.36
2013	366	88	24.04	666233	77300	11.60	45098	3300	7.32

2. 民办高等职业教育的发展态势。20 世纪 80 年代以后，民营经济在浙江遍地开花、发展迅猛，而当时民办高校少之又少，使得民众对技能专业知识与学历提升之间的需求不成正比。浙江省民办高等职业教育在 1998 年出现转折：1998 年前，浙江省具备独立颁发民办高等学历文凭资格的学校只有浙江树人大学，且学历层次也仅限专科，在校师生规模为 2000 人以内；1998 年后，民办高职院校得到快速发展，到 2005 年达 10 所，占全省高职院校总数的 21.28%，招生数达 22096 人，在校生数达 51523 人，分别占全省高职院校招生数的 19.21% 和在校生数的 17.08%。如今，民办高等职业教育已形成一定的规模，占高等职业教育一定的比重，在数量、规模上已逐步放缓（见表 3)[1]。

表 3　　　　　　浙江民办高等职业教育发展情况统计

年份	学校类型及占比	学校数/所	毕业生数/人	招生数/人	在校生数/人	教职工数/人
2005	高职高专院校	47	78467	115003	301708	—
	民办高职院校	10	15476	22096	51523	—
	占比/%	21.28	19.72	19.21	17.08	—
2009	高职高专院校	48	119218	128603	370428	23582
	民办高职院校	9	21078	24124	68145	3537
	占比/%	18.75	17.68	18.76	18.40	15.00

① 浙江省教育厅：《2005—2013 浙江教育事业发展统计公报》，2014-07-10，http：//www. zjedu. gov. cn /gb / zhejiangedu /edustat. html。

年份	学校类型及占比	学校数/所	毕业生数/人	招生数/人	在校生数/人	教职工数/人
2013	高职高专院校	49	116674	131688	372219	23461
	民办高职院校	10	21110	22830	65095	4137
	占比/%	20.41	18.09	17.34	17.49	17.63

注："—"表示未获取数据，数据来源于 2005 年、2009 年与 2013 年的《浙江教育事业发展统计公报》。

3. 民办应用型本科职业教育的转型发展态势。应用型本科职业教育在职业教育中已属于较高层次的职业教育，民办应用型职业本科更稀少。目前，教育部门对应用型本科高校的界定主要有以下两种：一种是指综合性大学下属的职业技术学院、职业大学和高等专科学校升格而来的本科院校[①]；另一种是指改革开放后新建的地方高校。区分高校是研究型还是应用型，主要取决于学校确立的人才培养目标，即学术型、工程型、技术型和技能型。

目前民办应用型本科职业院校直接面向区域经济及生产企业一线培养本科层次的高级技术型人才，要求专业符合当地产业特色，学科建设及科研转化均服务于当地地方产业。虽然没有表面上的"职业性"，但民办应用型本科职业院校乃至公办应用型本科职业院校在内涵建设上的"行业性""应用性""区域性"等隐性特点，其实都映射出"职业技术教育"的功能定位，与我国台湾地区的科技大学具有很大的相似性，都实施高等职业本科教育乃至研究生层次的职业教育，因此相当于高职本科院校。

民办应用型本科职业院校应走技术、技能型人才培养之路，应属技术本科，要理性回归职教属性，不能走研究型高校之路。民办应用型本科职业院校要坚持"质量立校、特色兴校、人才强校"的定位进行转型升级，如"特色兴校"要以地域特色为参考，坚持错位发展思路，避免与其他本科院校雷同化，树立主动服务地方区域与经济发展的办学意识，与行业、企业共同培养职业性人才，改变当前传统教学模式，逐步引入"学徒制"等教学模式，真正培养高素质及岗位所需的技术技能型人才。

---

① 常秀娟、丁钢、许庆豫：《现代职教体系中应用本科的定位与构建》，《中国职业技术教育》2013 年第 18 期。

截至 2013 年，浙江共有独立设置的民办本科院校[①] 3 所，毕业生 12899 人，招生 18927 人，教职工 4637 人，在校生 68928 人，占本科院校在校生总数的 11.73%；独立学院 22 所，毕业生 39980 人，招生 42123 人，教职工 10989 人，在校生 173018 人，占本科院校在校生总数的 29.45%。[②]

三　浙江民办职业教育发展的瓶颈浙江民办职业教育经过近二十年的发展，取得了一定的成绩和经验，但总体上还处于初级发展阶段，在品牌特色、资金来源、生源竞争和师资力量等方面均存在较突出的问题，生存发展能力相对较弱，成为制约其健康发展的瓶颈。

1. 品牌缺乏问题。浙江民办职业学校当前面临的突出问题是学校专业培养与社会岗位需求脱节。究其原因，主要是学校间办学思路雷同、专业设置重复、培养目标相近等。学校间的竞争表面上是分数的竞争，实质上是影响力和品牌的竞争。浙江民办职业学校要想突出重围，必须认真思考一个现实问题：民办学校凭什么以高昂的学费来吸引学生？目前，浙江民办职业学校中还没有一所学校具备很高的知名度，主要原因仍在于缺乏品牌效应。民办职业学校没有品牌影响力，在政府资助、师资建设与毕业生就业等方面就得不到社会的认同和关注。

2. 资金短缺问题。资金问题始终是制约浙江民办职业学校教育教学质量提升的重要因素。尽管有杭州万向职业技术学院由万向集团设立总额 1 亿元的教育基金，每年从基金增值收益中提取 800 万—1000 万元用于学校开支的案例，[③] 但大部分民办职业学校得到的资助极少。如，个别学校建成近十年的计算机基础实训室还在使用，导致计算机类的实训脱离时代

---

① 浙江省独立设置的民办本科院校为浙江树人大学、宁波大红鹰学院、浙江越秀外国语学院。浙江万里学院办学模式较为特殊，虽 是由浙江万里教育集团举办，但教育部在对万里学院的办学批复中写道："浙江万里学院由浙江省万里教育集团举办，试行民办学 校的运行机制，学校一切资产均为浙江省教委管理的国有资产，应确保保值增值。"因此，浙江万里学院未在教育部公布的民办院 校名单中。2005 年成立的宁波诺丁汉大学、2014 年获批的温州肯恩大学 2 所中外合作大学，未列入本次调研。

② 数据来自《2013 年浙江省教育事业发展统计公报》，浙江省教育厅网站 . http：// jyt. zj. gov. cn。

③ 《杭州万向职业技术学院简介》，2014-07-10，http：// www. wxpoly. cn / danye /2. sht-ml。

发展的步伐。浙江民办职业学校以"文、经、管"类专业为主，开设理工科专业的较少，原因在于理工科类实训室建设经费开支较大、更新较快；在师资引进方面，由于不能提供优厚的待遇，很难吸引高职称、高学历、高技能的教师来校任教。

3. 生源萎缩问题。随着我国生源"红利"的逐年下滑，竞争加剧，加上公办高校长期发展积累下来的优势，民办学校首先面临生源危机。由于浙江民办高校的生源主要来自省内，加上国外和我国港澳台地区高校对大陆生源的吸引，民办高校几乎包揽了低端生源市场。

4. 教育质量薄弱问题。师资是学校生存与发展的重要保障，浙江民办职业学校师资队伍大体建设良好，但也存在一些问题：一是师资队伍稳定性较差；二是年龄、职称呈非正态分布；三是学科带头人相对缺乏；四是师生比不协调。民办学校的教师以刚毕业的青年教师为主、退休教师与兼职教师为辅，师资结构"两头大、中间小"。新进青年教师教学经验不足，难以把握职业教育规律；退休教师虽有丰富的教学经验，但存在年龄偏大随时不干等其他不稳定因素。民办学校的人事关系、医疗保险、住房公积金及养老保险等实行企业化管理模式，加剧了师资队伍的不稳定性，教育教学质量难以保障。

四 促进浙江民办职业教育发展的对策。

浙江民办职业学校要科学把握时代发展机遇，努力恪守职业教育规律，克服体制、机制、理念以及办学经验等方面的先天不足，充分利用民办教育综合改革试点之机，构建特色品牌和多元化融资渠道，构建灵活多样的办学模式与人才培养机制，构建优质的服务供给机制，进一步发展、完善浙江民办职业教育。

1. 构建特色机制。民办职业学校要把特色放到学校生存与发展的战略高度，与办学理念、人才培养、学科建设及学校特色相联系，将其作为学校的价值导向，形成"特色兴校"的战略。浙江民办高职院校中有不少具有自身办学特色的学校，如，浙江汽车职业技术学院以汽车检测与维修技术、汽车制造与装配技术专业为主要特色；浙江育英职业技术学院以空中乘务、物业管理专业为主要特色；浙江广厦建设职业技术学院以建筑工程技术、工程造价专业为主要特色；浙江长征职业技术学院以会计、工商企业管理专业为主要特色。但是，在浙江民办应用型本科院校中仍有部分院校缺乏特色或特色不明显，其中独立学院较为突出。这是因为：第一，独立学院来自母体学校，办学模式大致雷同，导致部分独立学院缺乏自身定位；第二，师资共享，教学内容及方式趋同，导致人才培养目标缺乏特色，偏离了本科职业教育的技术型、技能型人才培养之路。

2. 构建多元融资机制。目前民办职业学校的融资渠道主要有：收取学费、企业投资、社会捐赠、个人筹资、银行贷款、政府资助、辅助设施盈利（经营性收入）、后勤社会化、股份制化集资、由建筑单位或设备供应单位垫资等。① 民办职业学校的融资渠道貌似多元，实则单一，绝大部分学校的学费占办学经费的90%，社会服务及运营收入甚少，政府给予的资助与补助更少，社会捐赠几乎为零。因此，若要构建多元化的融资渠道，地方政府资助显得尤为重要。例如，温州市作为国务院民办教育综合改革的试点市，2011年颁布《中共温州市委温州市人民政府关于深入实施国家民办教育综合改革试点　加快教育改革与发展的若干意见》（温委〔2011〕8号），出台温州民办教育"1+9"新政。文件分别从管理登记、办学体制、财政扶持、融资政策、税费优惠、土地政策、师资建设、合理回报、产权属性和治理结构等方面进行重新设计，为深化民办教育综合改革提供了政策保障。2013年温州又推出了民办"1+14"新政策，在社保补充规定、最低工资指导、金融支持办法等方面予以细化，进一步理顺和完善了民办学校的政策体系。自2011年起，由于民办学校管理登记属性的转变，80%的民办非营利性学校从原来的"民办非企业"转变为"民办事业"法人单位，政府向民办事业登记的学校购买教育服务，按照生源数量给予补助，经费用于教师的培训、社保等开支，在很大程度上解决了民办学校资金短缺等问题，给民办教育创造了良好的政策环境和舆论环境，同时有效地监管了民办学校的办学条件与教学质量。这些都给民办职业教育带来了勃勃生机。

3. 构建灵活多样的办学模式与人才培养机制。民办职业学校的办学模式与人才培养应跟市场需求紧密结合，随市场的发展而变化，模式灵活而多样。如，杭州万向职业技术学院与香港理工大学"联姻"，获香港理

---

① 戚建平：《民办高校融资环境分析》，《商业经济》2009年第5期。

工大学全力支持并合作办学，不仅师资双向流通，而且优秀毕业生可申请
香港理工大学的本硕学习机会；又如，浙江育英职业技术学院与韩国光州
女子大学举办"3+1"模式本科班，与日本京都信息大学院大学合作"2+
1+1"模式本硕连读班；再如，横店影视职业学院与英国考文垂大学合作
"3+1"模式本科班等。在人才培养模式上，浙江民办职业学校跳出校园，
大力提升专业服务能力，实现产、教深度融合，以培养符合社会需求的复
合实用型人才为目标。如，浙江育英职业技术学院与浙江省会展行业、杭
州杭港地铁公司等开展战略合作，联合培养专业人才，聘请行业专家为学
院特聘教授并指导学院专业建设，使专业与行业实现了嵌入式融合发展。
民办职业学校提供的优质服务不仅要面向专业教学课堂，还要面向校园文
化和日常生活，把优质的教育服务提升为个人品质的隐性职业素养，渗透
于今后的就业岗位中。目前浙江民办职业学校还未从规模导向转向质量导
向，以教学质量为中心的工作地位还未得到保障，使教学质量受到一定
影响。

随着国家对职业教育和民办教育的日益重视，浙江民办职业学校正在
努力提炼品牌特色、完善多元融资渠道、优化办学模式与人才培养机制、
提供优质的服务供给等，以提升民办职业学校的综合实力及社会认可度，
将民办职业学校推向良性发展之路。

（沈高峰，原文载于《浙江树人大学学报》2015 年第 3 期）

浙江民办专修学院的发展困境与出路

摘要：浙江民办专修学院作为一支特殊的教育力量，为浙江高等教育的大众化作出了贡献。随着学历文凭考试的取消，浙江民办专修学院的发展步履维艰，纷纷寻求转型，有些甚至退出了办学。浙江现存的民办专修学院通过举办全日制自考助学坚守阵地，尽管近年来仍获得不同程度的发展，但面临着生源危机、政策缩紧、师资缺乏和资金不足等诸多问题。文章阐述浙江民办专修学院为寻求新的发展增长点而采取的现实举措，重点探讨该类院校拓展办学思路、寻求办学转型的可行性路径。

关键词：民办高等教育；民办专修学院；转型；浙江

20世纪90年代，在国家政策扶持下，以学历文凭考试为主要形式的民办专修学院应运而生并获得快速发展。2005年取消学历文凭考试后，民办专修学院的发展陷入困境。民办专修学院如何走出发展困境，成为学界探讨的一项课题。已有的研究成果可分为三类：一是对转型模式的研究。黄新茂指出："具备条件的专修学院应准予升格为职业技术学院，不具备实施高等自考助学条件的，应限期转向从事非学历培训，有条件也有意向从事中外合作办学的，应予以支持。"[①] 徐兴刚等梳理了民办专修学院转型的方式，包括升格为普通民办高职院校、转向全日制高教自考助学和逐步走弱或停办。[②] 二是发展定位的研究。有记者解读浙江民办专修学院代表性人物的观点：浙江三联专修学院董事长胡正认为，民办专修学院

---

① 黄新茂：《教改新政下的民办专修学院路在何方?》，《人民政协报》2010年11月17日，第C01版。

② 徐兴刚、胡正：《浙江民办专修学院的"突出重围"》，《人民政协报》2011年8月24日，第C02版。

更大的发展空间在于继续教育；浙江新世纪经贸专修学院董事长俞建明认为，民办专修学院的生命力在于从单一满足学历要求转向满足开放型、技能型和应用型人才培养的需求上来①。三是对困境与发展对策的研究。余溢多指出，民办专修学院在办学条件、生源、教学观念和管理等方面存在问题，建议成立精干的领导班子，重视与企业、政府部门的合作，将发展方向定位到继续教育上②。不过，该类研究仅作了概要性陈述，并未具体展开。

当前，以举办全日制自考助学为主要形式的浙江民办专修学院的外部环境又发生了变化，高考录取率提高、生源减少、自考招生市场竞争白热化、自考政策重新调整以及自考难度加大等，使得浙江民办专修学院从招生到毕业生就业都陷入困境之中。因此，总结浙江民办专修学院遭遇的现实难题，探寻其在新时期的有效发展举措和可行性发展路径，具有重大的现实意义。

一 浙江民办专修学院的发展背景

民办专修学院作为我国高等教育的特殊组成部分，在特定时期生存于特定的市场土壤中。20 世纪 90 年代初，为弥补高等教育资源不足，让众多适龄人口有机会接受高等教育，以学历文凭考试为主要办学形式的民办专修学院应运而生。

1993 年，国家教委首先在北京市的民办高等教育机构中开展学历文凭考试试点工作。1996 年，国家教委发放《关于进一步做好高等教育学历文凭考试试点工作的意见》，要求各地方教育主管部门进一步做好学历文凭考试试点及推广工作，使高等教育学历文凭考试迎来了大好的发展契机。到 2001 年，在全国范围内开设学历文凭考试的民办高等教育机构达436 所，在校生规模达 32.1 万人③，以学历文凭教育为主导的民办专修学

---

① 解艳华：《民办专修学院没落或者重生?》，《人民政协报》2010 年 11 月 17 日，第C01 版。

② 余溢多：《民办专修学院可持续发展对策分析》，《成功（教育版）》2013 年第 4 期。

③ 徐兴刚、胡正：《浙江民办专修学院的"突出重围"》，《人民政协报》2011 年 8 月 24日，第 C02 版。

院的发展达到顶峰。

2005 年，教育部取消了学历文凭考试，全国民办专修学院面临新的发展问题，浙江民办专修学院也纷纷寻求转型。以浙江育英文理专修学院和浙江东方专修学院为代表的民办专修学院，抓住时机升格为独立设置的民办高职院校，招生纳入省统招计划，同时获得颁发学历文凭的资格，实现了向普通高校的成功转型。以浙江宇翔外国语专修学院、杭州江南专修学院和浙江新世纪经贸专修学院为代表的民办专修学院，另辟蹊径，通过举办全日制的自考助学坚守阵地。还有一些办学规模较小、办学设施简陋甚至租赁办学场地的民办专修学院，则逐步淡出教育市场。① 近年来，依靠举办全日制自考助学的浙江民办专修学院得到不同程度的发展，但也面临着不少问题。根据《2016 年浙江省自考全日制助学院校招生计划》，参与招生的院校共有 50 所，而浙江民办专修学院仅 20 所，包括浙江女子专修学院等 3 所省管助学院校以及浙江新世纪经贸专修学院等 17 所市管助学院校，办学区域主要集中在杭州市，在湖州和嘉兴也有分布。② 当前发展较好的民办专修学院主要有浙江新世纪经贸专修学院、杭州之江专修学院、杭州江南专修学院、浙江三联专修学院、浙江宇翔外国语专修学院和嘉兴秀水专修学院等。

二　浙江民办专修学院的发展困境

目前我国民办高校还难以真正享有与公办高校同等的地位，在办学过程中遭遇不少发展瓶颈。与民办本科院校、民办高职院校相比，民办专修学院的发展更为艰难。浙江不少民办本科院校和民办高职院校均享有一定的政府公共财政拨款，有一定数量的事业编制岗位，招生也统一纳入国家计划，而民办专修学院则享受不到这些待遇，且主要面向落榜生招生。随着自考政策的日益缩紧，浙江民办专修学院面临着生源危机加深、考试难度加大、师资队伍不稳和办学经费不足等难题。

---

① 徐兴刚、胡正：《浙江民办专修学院的"突出重围"》，《人民政协报》2011 年 8 月 24 日，第 C02 版。

② 浙江教育考试院：《浙江省教育考试院关于公布 2016 年自考全日制助学院校招生计划的通知》，2016 年 4 月 25 日。

（一）　生源危机加深

生源是民办专修学院的生存之本。浙江民办专修学院的生源主要来自于省内高考落榜生，但近年来，除了普通本科院校扩招，部分高职高专院校也开始实行自主招生并不断扩大招生规模，导致录取率逐年提升，落榜生逐年减少。[①] 据统计，2015 年浙江省有 28 万考生参加高考，统一招生录取 24.4 万人，录取率为 87.1%，比上年略有提高；3.8 万中职毕业生参加高职院校单考单招，共录取 3.1 万人，录取率为 81.6%。[②] 同时，高考落榜生也并非都选择民办专修学院：有些选择复读，有些选择就业或进入家族企业，有些选择参军入伍，有些选择函授、网络教育等形式获取相应的学历文凭，有些选择出国留学，还有些进入公办普通高校就读自考。很多公办高校本身就是自考的主考院校，与民办专修学院相比有得天独厚的招生优势，吸引了大批落榜生前往就读；民办本科院校和民办高职院校也利用自身优势招收全日制自考助学学生；最后才有一部分学生选择到民办专修学院就读。

（二）　考试难度加大

以往学生通过获取非学历证书来顶替自考课程学分或通过"衔接沟通的委托考试"来代替相关自考统考课程的方式，获取自考本、专科文凭"相对容易"。根据《2014 年浙江省自学考试综合改革实验区工作意见》，2015 年 1 月 1 日后取得的教育部考试中心和省级教育考试机构组织实施以外的非学历证书不再认定学分，2015 年 7 月 1 日后各类"衔接沟通的委托考试"也全部取消。这就意味着自学考试的政策日益缩紧，考试难度加大，对本就招生困难的民办专修学院而言无疑是雪上加霜。

（三）　师资队伍不稳

浙江民办专修学院师资队伍存在兼职教师过多、专职教师偏少的问

---

① 　余溢多：《民办专修学院可持续发展对策分析》，《成功（教育版）》2013 年第 4 期。
② 　鲍夏超：《2015 浙江高考录取完毕普通高考和高职单考单招共招生 27.5 万余人》，2015-08-26，http://edu.zjol.com.cn/system/2015/08/26/020805608.shtml。

题，且年龄结构呈现"两头大、中间小"的特征，教师大多为公办高校的退休教师和高校毕业生，学校对他们缺乏必要的约束，教师流动较频繁，教学质量难以保证。公办高校退休教师有丰富的教学管理经验，对年轻教师可起到一定的"帮扶带"作用，但受年龄和身体状况的影响，精力投入较为有限。

刚走出校门的高校毕业生转换到教师身份、适应民办专修学院需要一个过程，从普通高等教育到自考教学也需要一个学习、钻研的过程，在这些过程中随时都要经受优胜劣汰的考验。那些能够胜任民办专修学院工作的教师，也存在不稳定性，因民办专修学院属于民办非企业性质，教师存在失业风险，且福利待遇不高，每年都有大量教师报考公务员和事业单位岗位，教师流失较多。此外，教师队伍中还有一批管理人员，他们是民办专修学院发展中不可小觑的一股力量，除引进之外，主要在本校有多年工作经验的中年教师中选拔。但中年教师人数本就缺乏，管理人员的选拔空间异常狭小，这显然不利于民办专修学院的健康发展。

（四）办学经费不足

办学经费不足主要体现在三个方面：第一，浙江民办专修学院主要依靠学费收入维持运转，缺少公共财政支持，也极少有民间资本或校友资助。他们较少有独立产权的校舍，以租赁为主，且随着场地租赁成本的增加，办学压力不断增大。第二，受生源危机影响，学费收入相应减少，民办专修学院被迫加大招生宣传力度和招生投入，甚至出现了少数学校之间的恶意竞争，一些招生机构对潜在生源"明码标价"，直接导致招生成本的增长。第三，为稳定师资队伍，民办专修学院通过不断提高教师待遇来留住校内教师和吸引校外人才，造成人力资源成本上升。以上种种情况，让经费本就不宽裕的浙江民办专修学院的生存与发展之路变得更为艰难。

三　浙江民办专修学院的发展出路

要真正解决浙江民办专修学院所面临的困境，还得靠学校自身的努力，比如：通过拓宽办学思路来解决生源危机难题，通过转型来规避自考政策缩紧、全日制自考助学生存空间日益狭小的问题，通过创办适合民办专修学院自身特色的"三留人"用人机制解决师资队伍不稳定问题等，通过转型，探索出一条适合民办专修学院发展的新路径。教育主管部门也要有所作为，给予其必要的政策和财政支持。与民办本科院校、民办高职院校相比，民办专修学院有其独特的发展定位和运行模式，教育主管部门在给予支持时应考虑其特殊的现实诉求。

（一）拓展办学思路，寻求办学转型

在当前的高考模式下，一些落榜生有继续求学的意愿，加上自考文凭认同度的提升，全日制自考助学还有存在的空间，这也意味着民办专修学院在一定时期内仍有生存的土壤。但从长远来看，浙江民办专修学院的发展前景不容乐观：第一，浙江经济相对发达，必将率先进入高等教育普及化阶段；第二，随着海外留学市场的进一步壮大，越来越多有经济能力的家庭选择送子女出国深造；第三，网络教育、函授和电大等灵活多样的高等教育供给形式，对费用相对昂贵的全日制自考助学教育产生较大冲击；第四，浙江省正在酝酿成人高考改革方案，以规范成人教育的招生和就读工作，今后成人教育文凭的含金量会有所提升，将对全日制自考助学产生一定影响。因此，浙江民办专修学院未来的生存空间将日益狭小，转型势在必行。

1. 参照国内一般本科院校向应用型大学转变的思路，走民办应用型专修学院之路。浙江民办专修学院可实行"自考文凭+技能培训"的模式，培养应用型学生。受办学成本提升和自考难度加大等影响，民办专修学院设置的专业多以文科为主，主要培养学生的应试能力，旨在让学生更便捷地通过考试、顺利取得文凭。但这样培养出来的学生缺乏实践能力，与社会的实际需求相脱节，即使拿到文凭，也很难在就业市场中找到理想工作。因此，民办专修学院可开设培养社会急需的高技能应用人才的专业（须教育主管部门在专业设置上作相应调整），与企业合作共建实训基地，增强学生的实践能力；鼓励学生考取职业资格证书，增强就业砝码和竞争力，通过提升自考助学的社会效益和社会影响拓展生存空间。

2. 加强与中等职业学校的对接与合作，拓展生源。近年来，国家通过政策扶持与资金投入，使中等职业教育获得了较大发展。2014年全国中等职业学校（包括普通中专、成人中专、职业高中和技工学校）招生

628.9万人，在校生1802.9万人，毕业生633.0万人①。从学生的年龄和知识结构来看，中等职业教育不应该是教育的终点，绝大部分毕业生还需继续接受学历与技能的再教育，这是浙江民办专修学院的潜在生源。要挖掘这些生源，必须在"民办"上做文章，因为民办教育办学机制更为灵活、办学特色更易彰显。浙江民办专修学院要根据中等职业学校学生的现实需求，在专业设置、课程教学、技能培养和社会实践等方面为他们"量身定制"，实现中等职业学院与民办专修学院教学上的"无缝对接"。同时，要在校园管理与校园文化建设上下工夫，既让学生"学有所成"，也让学生"玩有所乐"，努力提升校园生活的幸福指数，争取与公办、民办高职院校共同录取中等职业学校的生源。

3. 努力寻求与国外教育资源、知名企业合作，打通出国留学与订单式培养相结合的通道。尽管落榜生获取学历文凭的方式多种多样，但成教、函授、电大和网络教育等形式的文凭并未受到学生及家长的完全认同，而含金量稍高的自考文凭获取难度又大，国外大学文凭自然成为较佳选择。

同时，就业也是学生及家长关注的重点，在大学生就业竞争异常激烈的形势下，民办专修学院毕业生的就业更加困难。如果学生能在国外取得文凭的同时获取订单式培养的定向就业机会，对落榜生及家长将极具吸引力。此外，浙江省属于经济发达省份，相当多的落榜生家境殷实，具备支付高额学费的能力②。至于具体的实施形式，民办专修学院可以先与普通高校合作，通过成人高考的形式，让学生取得普通高校成教学籍。民办专修学院作为普通高校的成教教学点开展教学工作，保障学生在就读期间获取大专学历，并开设语言课程和相关预科课程，为学生出国学习做准备。同时，与国外高校进行"订单培养班"合作，学生在专科毕业后进入国外高校学习，获取本科甚至研究生学历，毕业后到定向单位就业。此种模式类似于浙江宇翔外国语专修学院开办的"日本丰田就业班"，将民办专修学院的发展之路与学生出国留学、出国就业结合起来，开创新的生存空间。

---

① 数据出自国家统计局的《2014年国民经济和社会发展经济公报》。

② 应光明：《转型期杭州市民办高等教育机构发展对策研究》，硕士学位论文，华中师范大学，2008年。

4. 与地方公办高职院校合作办学，为申办独立设置的民办高职院校积累实践经验。一些办学条件较好的民办专修学院，可与地方公办高职院校合作办学，共同成立单独分院，开展计划内招生的普通高职教育，这也不失为一条新型的发展之路。以浙江宇翔外国语专修学院为例，该校有独立产权，校园设施完全按照普通高职学院标准建立，2006 年经浙江省教育厅批准，与湖州职业技术学院合作办学，变身为湖州职业技术学院安吉分院，纳入省教育厅计划内招生管理，实行独立代码招生。所招学生第一年在安吉分院就读，依照湖州职业技术学院的教学大纲、学生管理规范进行教学与管理，后两年在本部就读，毕业后获得湖州职业技术学院颁发的普通大专毕业文凭。通过此种模式，浙江宇翔外国语专修学院得到了充分的锻炼与提升，教学与管理更加规范，对原有的全日制自考助学教育也是一个极大的促进。该合作模式还可以机动调整学生在两地就读的时间，使民办专修学院更好地实现转型升级。

（二）建立"三留人"制度，稳定师资队伍

为保障师资队伍的稳定性，举办者要充分发挥民办专修学院特有的办学灵活性和自主性，开创独具特色又切实可行的用人机制，做到待遇留人、感情留人和机制留人。待遇留人即进一步提高教师的待遇水平，有条件的可适当提高教师待遇，吸引更多的教师留下来。感情留人即为教师创造良好的工作环境，多为他们解决实际困难，让教师拥有归属感。机制留人即建立合理的激励机制，让教师拥有发展空间和发展前景，也要建立约束机制，对违约行为给予一定的处罚，增加教师的"违约成本"，还要建立和完善管理人员选拔机制与考核机制。

（三）力争政策支持，获取财政补助

党的十八大明确提出深化教育领域的综合改革、大力促进教育公平，这些利好政策给民办教育带来了新的发展契机。浙江作为民办教育综合改革试点省份，理应在民办教育的政策扶持上做表率。

在政策支持方面，一是重新分配全日制自考助学招生市场。让公办高校退出全日制助学的招生市场，原有的自考主考院校继续承担服务工作，并让浙江民办本科院校和民办高职院校也逐步退出，由民办专修学院全力

承担起自考助学工作，做到各司其职、各尽其责①。二是"适当放权"。浙江教育考试院近年来推行"过程性评价考试"，赋予民办专修学院在学生自考成绩中 30% 的权限，这既有利于学校对学生的日常管理，又有利于学生顺利通过自学考试。三是探索民办专修学院教师的保障机制，可参照温州民办教育综合试点改革"1+9"政策，给予民办专修学院教师与事业编制教师同等的待遇。四是重点扶持省自考助学优秀院校，做大、做强一批民办专修学院。

在财政补助方面，地方政府应把民办专修学院纳入公共财政的支持范畴，也可将政府部分培训项目交由民办专修学院承担，并给予一定的经费补助。这样既可缓解民办专修学院经费短缺的问题，又可充分发挥民办专修学院服务地方经济的辐射和带动作用，让民办专修学院承担起更多的社会责任、产生更多的社会效益。民办专修学院是高等教育人才培养体系的组成部分，却未获得任何财政资助，这也有失社会公平。政府对民办专修学院的财政支持可有别于公办高校、民办本科院校和民办高职院校按计划内实际生源数的补助方式，尝试按照民办专修学院每年实际培养的毕业人数给予一定的奖励或补助，以更好地激发民办专修学院的办学积极性。

浙江民办专修学院正遭遇着一系列发展困境，亟须政府给予有针对性的政策支持和财政补助。民办专修学院也要勇于探索，主动与政府对接，寻求"造血式"的帮扶；依靠特有的灵活性开创独具特色的用人机制，以稳定师资队伍；通过拓展办学思路实现办学转型，如走民办应用型专修学院之路，加强与中等职业学校的对接与合作，与国外教育资源、知名企业及地方公办高职学院开展合作等。在区分浙江民办专修学院与公办高校、民办本科院校、民办高职院校不同特点的基础上，根据浙江教育新形势，总结部分优质民办专修学院的创新做法，探讨民办专修学院转型的可行性途径。

（魏文迪，原文载于《浙江树人大学学报》2017 年第 3 期）

---

① 黄新茂：《教改新政下的民办专修学院路在何方?》，《人民政协报》2010 年 11 月 17 日，第 C01 版。

改革开放 40 年浙江民办高职教育：发展历程、贡献与启示

摘要： 改革开放 40 年来，浙江民办高职教育从无到有、从小到大、从特到优，经历了初创快速发展、评估诊断规范发展和内涵建设特色发展三个时期，为全省教育事业及区域经济社会的发展作出重大贡献：开拓社会办学资金来源，节约政府教育经费；起到"兜底"作用，普及高等教育；提升民众的受教育程度，提高社会就业质量。展望未来，民办高职教育须紧跟政策方向，坚持"立德树人"的育人宗旨，服务地方经济内涵建设、特色发展，与公办高职教育协同发展。

关键词： 民办高职教育；民办高职院校；改革开放 40 年

改革开放至今，我国高职教育已走过 40 年发展历程。1995 年颁布的《中华人民共和国教育法》，进一步明确了高职教育的法律地位，使高职院校获得迅速发展。此后各级政府出台的一系列高职教育政策，进一步推动高职院校走上探索发展之路。截至 2018 年年底，浙江现有民办高职院校 11 所（含筹）。浙江越秀外国语职业学校（现为浙江越秀外国语学院）和宁波大红鹰职业技术学院（现为宁波财经学院）于 2008 年升格为民办本科高校。借改革开放 40 年之契机，回顾浙江民办高职教育的发展历程，有助于总结经验、规划未来。

一 浙江民办高职教育的发展历程

浙江民办高职教育的发展历程，可划分为初创快速发展（2005 年前）、评估诊断规范发展（2006—2015 年）和内涵建设特色发展（2016 年至今）三个时期。

（一）初创快速发展阶段（2005 年前）

党的十一届三中全会确立了"解放思想，实事求是"的思想路线，国家把工作重点转移到经济建设上来。1982 年《宪法》第十九条第四款"国家鼓励集体经济组织，国家企业事业和其他社会力量依照法律规定举办各种教育事业"，第一次对社会力量办学作出规定，激发了一批热爱高等教育的知识分子和有识之士的办学热情，他们租借场地、聘用教师并自筹资金，纷纷举办民办高校①。

浙江高等教育资源一直稀缺，大学录取率始终在低位徘徊，录取分数居高不下。此时，一些知识分子开始考虑创建民办高校，以帮助解决浙江考生大学录取率低的问题。借高等教育学历文凭考试②政策出台之机，1998 年原浙江省教委批准首批 15 所民办专修学院进入试点行列，共设置 13 个试点专业（每校各设置 2—5 个），并于当年开始招收学历文凭的专修学生，首批招生 2696 名③。试点的民办专修学院就是现在民办高职院校的前身。尤其是 1999 年国家实施高等教育扩招政策后，高职院校数量快速增加，招生数、在校生数剧增。2000 年，浙江省委发布《浙江省教育现代化建设纲要（2000—2020 年）》，提出高等教育毛入学率在 2002 年达到 15%、2010 年达到 25%、2020 年达到 40% 左右。

与大多数民办学校一样，由于缺乏政府公共财政资助，浙江民办高职院校为获得更多的学费，采用"宽进严出"的招生政策。即使有政府的教学项目专项资助，资助金额也以学生数为计算依据，从而加剧了民办高职院校的扩招行为。截至 2005 年，浙江高职院校招生规模从 1999 年的 1.2 万人发展到 7.2 万人，增长 6.2 倍；在校生规模由 2000 年的 3.8 万人发展到 17.9 万人，增长 4.7 倍；毕业生人数由 2001 年的 1317 人增长到

---

① 宋斌：《改革开放 40 年浙江民办高等教育的发展历程、变化及启示》，《浙江树人大学学报》2018 年第 6 期。

② 2004 年教育部发文取消高等教育学历文凭考试，各试点民办学校于 2005 年起停止招生，国家和各省统考课程于 2007 年后停止。

③ 白锡定、朱椿龄：《足迹——浙江省高考教育学历文凭考试试点实践与评析》，东北师范大学出版社 2011 年版，第 3—4 页。

39171 人，增长近 30 倍[1]。在此期间，浙江民办高职院校筹建了 9 所，约占全省高职院校总数（37 所）的 1/4。

（二）评估诊断规范发展阶段（2006—2015 年）

该阶段浙江民办高职教育已初具规模。在发展初期，民办高职院校往往找不准发展方向、不清楚办学定位，在人才培养目标和教学模式上趋同于本科高校，以理论教学为主，注重学科知识的系统性，忽视实际操作能力的培养。对此，教育主管部门全面开展高职院校人才培养水平评估工作，并配套发布评估方案、评估工作指南和专家组工作细则等一系列文件，如教育部《关于印发〈高等职业院校人才培养工作评估方案〉的通知》（2008 年）、《浙江省高等职业院校人才培养工作评估实施细则（试行）》（2009 年）等。评估工作的方针是"以评促建，以评促改，以评促管，评建结合，重在建设"。通过评估，引导学校准确定位，坚持以服务为宗旨，以就业为导向，走产学研结合的发展道路，加强教学基本建设，深化教育教学改革，努力办出特色。紧随公办高职院校评估的步伐，浙江民办高职院校也迎来了教育主管部门的评估。对于民办高职院校的规范建设，人才培养评估工作具有引领方向的作用。

为贯彻国务院 2015 年颁布的《关于加快发展现代职业教育的决定》，建立职业院校教学工作诊断与改进制度、引导和支持学校全面开展教学诊断与改进工作、建立常态化的职业院校自主保障人才培养质量机制等，是持续提高技术技能人才培养质量的重要举措。为此，各级教育主管部门同年发布系列文件，如教育部办公厅发布《关于建立职业院校教学工作诊断与改进制度的通知》、浙江省教育厅发布《关于建立全省高校教学巡回诊断检查制度的通知》等。之后，专家组到各民办高职院校进行教学巡回诊断检查，指导各校发挥教育质量保证主体作用，民办高职院校的内部质量保证制度体系和运行机制不断完善。凭借规范的建设，浙江越秀外国语职业学校和宁波大红鹰职业技术学院脱颖而出，成功升格为民办本科高校。浙江雄厚的民间资金和相对不足的高职教育资源，不断吸引着社会力量投资高职教育领域，如浙江汽车职业技术学院、浙江横店影视职业学院

---

① 浙江省教育厅：《浙江省教育事业统计资料摘编（2005—2013）》，第 186 页。

和浙江科贸职业技术学院先后筹建成立。

（三）内涵建设特色发展阶段（2016 年至今）

内涵建设、特色发展，是民办高职教育发展的永恒话题。在浙江民办高职教育前两个阶段的发展过程中，公办高职教育也经历了初步发展、示范建设和后示范建设等阶段，包括优势专业建设、现代职业教育体系建设、数字化校园建设、高职教育国际化建设、创新创业建设、骨干院校建设及四年制本科教育等内容①。民办高职教育与公办高职教育的发展阶段有重叠，但总体而言，民办高职院校的内涵建设比公办高职院校要慢一些。

《浙江省中长期教育改革和发展规划纲要（2010—2020 年）》提出，要引导和支持民办学校科学定位、办出特色及高质量发展等。党的十八大以来，国家又对高等教育提出了以提高质量为核心、推动内涵式发展的要求。这一时期，浙江民办高职教育呈现从数量增长向质量提升的新变化。民办高职教育的生源是高考录取的末批考生，生源质量相对较差。在这种情况下，民办高职教育更应以注重教学质量、提高毕业生素质为要务，为社会培养急需的人才，使毕业生更具就业竞争力。专业建设是高职院校内涵建设的重要途径，专业内涵建设首先应是特色专业诉求，只有形成特色专业才会有优势。根据《浙江省"十三五"高职高专院校拟推荐评审类特色专业》，浙江育英职业技术学院、浙江广厦职业技术学院两校获得了5 个特色专业拟推荐评审，占 9 所民办高职院校特色专业拟推荐评审总数的 1/3②，远多于公办高职院校。

二　浙江民办高职教育的贡献

改革开放 40 年来，浙江民办高职教育为全省社会经济发展作出了一定的贡献，主要表现在：开拓社会办学资金来源，节约政府教育经费；起

---

① 王振洪、成军、邵建东：《浙江省高职教育发展报告（2006—2015）》，浙江大学出版社 2016 年版，第 4—28 页。

② 张伟东、沈莉萍：《浙江省民办高职院校内涵建设研究》，《浙江树人大学学报》2017 年第 4 期。

到"兜底"作用，普及浙江高等教育；提升民众的受教育程度，提高社会就业质量。

（一）开拓办学资金来源，节约政府教育经费浙江民营经济发达，可充分利用民间资金比较充裕的优势，调动社会各方面的积极性，促进浙江高职教育发展，满足人民群众日益增长的对优质教育资源的需求。公办与民办高职教育共同发展，是浙江高职教育发展的显著特征之一。1997 年国务院颁布《社会力量办学条例》后，浙江省政府就社会力量参与办学的若干问题作了明确规定："全面贯彻'积极鼓励、大力支持、正确引导、加强管理'的方针，逐步建立以政府办学为主体社会各界共同参与、公办学校与民办学校共同发展的办学体制；积极鼓励社会力量以多种形式参与办学；只要符合国家有关法律、法规，有利于增加教育投入，有利于扩大教育规模，提高教育质量，有利于满足社会的教育需求，各种办学形式都可以大胆试验，积极探索。"之后，教育主管部门发布了一系列指导社会力量办学的文件。

目前，浙江高职教育已形成公办与民办高职教育协调发展的态势。从投资主体来看，有政府办学、部门办学、社会力量办学和个人办学等；从管理体制来看，有独立办学、股份制办学和集团化办学等；从经费体制来看，有公办、民办和公私合办等，其中公私合办又可分为民办公助、公办民助等。[①] 浙江现有的 11 所民办高职院校都属于社会力量办学，占全省高职院校总数的 1/5。现有民办高职院校又可分为两种类型：一是由企业集团独资举办，如浙江广厦建设职业技术学院由浙江广厦控股集团创建；二是由教育集团投资办学，如绍兴职业技术学院由兴韦教育集团投资。可推算，社会力量投资为浙江高职教育发展节约了 1/5 左右的政府教育经费。

（二）起到"兜底"作用，普及浙江高等教育浙江高等教育在 21 世纪初实现了跨越式发展，2007 年浙江高等教育毛入学率提高到 38%[②]，已

[①] 王振洪、成军、邵建东：《浙江省高职教育发展报告（2006—2015）》，浙江大学出版社 2016 年版，第 55—56 页。

[②] 杨建华：《2008 年浙江发展报告》（社会卷），杭州出版社 2008 年版，第 9 页。

进入大众化阶段；2014 年浙江高等教育毛入学率达 54%[1]，已进入普及化阶段。浙江高职教育处于高等教育的底层，为浙江高等教育发展作出了贡献。一般而言，考生按高考分数先填报公办高职院校，再填报民办高职院校，民办高职院校的生源是高考招生的末批。2018 年浙江高职教育招生，民办高职院校中仅浙江育英职业技术学院一次性投档完成录取招生计划，其他 10 所都通过降分补录才完成招生计划，有些甚至降分也未能完成招生计划。如果说浙江高职教育是全省高等教育大众化的生力军，那么民办高职教育则为全省普及高等教育起到了"兜底"作用。

（三）提升民众受教育程度，提高社会就业质量为满足青年学生上大学的需要，改革开放后我国恢复发展民办高等教育。从浙江的情况来看，1998 年全省招生数只有 4.7 万人，高等教育毛入学率为 8.96%，低于全国 9% 的平均水平[2]。随着高职教育的发展，浙江考生就读高职院校人数逐渐增多，2006 年全省高职院校毕业生人数达 72447 人，到 2015 年，全省高职院校毕业生人数达 114237 人。10 年间，高职院校毕业生人数增长 57.68%，显著提高了社会就业人员的受教育程度。高职院校为浙江培养生产、管理和服务一线高技能人才 869750 人，年平均就业率为 97.49%[3]。2018 年，浙江高职院校毕业生人数呈稳步、持续增加态势，

---

① 陈志伟、朱振岳、蔡继乐：《打好强化教学中心地位"组合拳"———访浙江省教育厅厅长刘希平》，《中国高等教育》2015 年第 12 期，第 24 页。

② 宋斌：《改革开放 40 年浙江民办高等教育的发展历程、变化及启示》，《浙江树人大学学报》2018 年第 6 期。

③ 张伟东、沈莉萍：《浙江省民办高职院校内涵建设研究》，《浙江树人大学学报》2017 年第 4 期。

王振洪、成军、邵建东：《浙江省高职教育发展报告（2006—2015）》，浙江大学出版社 2016 年版，第 55—56 页。

杨建华：《2008 年浙江发展报告（社会卷）》，杭州出版社 2008 年版，第 9 页。

陈志伟、朱振岳、蔡继乐：《打好强化教学中心地位"组合拳"———访浙江省教育厅厅长刘希平》，《中国高等教育》2015 年第 12 期。

宋斌：《改革开放 40 年浙江民办高等教育的发展历程、变化及启示》，《浙江树人大学学报》2018 年第 6 期。

王振洪、成军、邵建东：《浙江省高职教育发展报告（2006—2015）》，浙江大学出版社 2016 年版，第 44—45 页。

全日制高职院校在校生数为 35 万人①，其中民办高职院校在校生数约占 1/5。可见，民办高职教育是全省普及高等教育的"塔基"，对提升浙江民众的受教育程度、提高社会就业质量发挥了重要作用。

三　浙江民办高职教育发展展望

党的十九大提出中国特色社会主义进入新时代的新论断，社会主要矛盾已经转化为人民日益增长的美好生活需要与不平衡不充分发展之间的矛盾。新时代提出了新要求，也给浙江民办高职教育的发展提供了新的契机。从外部环境来看，公办与民办高职教育若要协同发展，民办高职教育亟须得到政府支持；从自身建设看，民办高职教育应紧跟政策方向，主动服务地方经济社会发展。

（一）进一步改善民办高职教育外部环境

1. 公办与民办高职教育协同发展。高等教育发达的国家，往往都是公立教育与非公立教育协同发展、相互补充。浙江是民营经济大省，中小微企业数量多是其重要特点，民营企业贡献了全省 60% 的税收、70% 的 GDP、80% 的外贸出口和 90% 的就业机会②。在这种情况下，通过民办高职教育来补充人民的美好教育需求，在理论上也是合理的。民办高职院校的基本特点是举办者对学校既有所有权又有管理权，责权利高度统一，职责分明、机制灵活。浙江民办高职教育要充分利用社会闲置资源，引入竞争机制，通过与公办高职教育的协同发展，共同提高浙江高职教育水平。

2. 民办高职教育需要得到政府的支持。改革开放以来，浙江民办高职教育的快速发展，离不开政府的政策支持和引导。浙江高职教育的大发展，是从民办高职教育开始的。1994 年金华市开始筹办民办金华

---

① 浙江省教育厅：《浙江省高等职业教育质量年度报告（2019）》，第 5 页。

② 范跃红：《浙江：多举措服务非公经济》，2018-05-23，http：//www. spp. gov. cn/spp/dfjcdt/201805/t20180523_ 379487. shtml。

理工学院，1998 年经教育部批准成立金华职业技术学院（2003 年转为公办）①。经过民办模式运营转为公办后，金华职业技术学院已成为浙江高职教育领域具有重大影响力、办学质量位居前列的示范和骨干院校。政府支持公办和民办高职院校的差异，主要在于办学用地、办学经费和教师编制等方面。以办学经费为例，截至 2018 年年底，浙江 11 所民办高职院校的办学经费主要由企业和学校自筹；而在 40 所（含筹）公办高职院校中，以省级财政支持为主的有 22 所，以地方财政支持为主的有 18 所，即公办高职院校办学经费主要来自于财政支持。相比之下，民办高职院校的投入机制还不健全，办学经费总体不足的情况较为普遍。在公共经费投入上，浙江省属高校财政投入采用"定额拨款+绩效拨款+专项拨款"的方式，市属高校则采用生均定额、"基数+增长"等方式，经费投入水平参差不齐。2012 年，浙江市属公办高职院校财政经费平均为每生 1.1 万元（最高为 3.8 万元，最低为 0.6 万元），而民办高职院校的生均经费收入仅为公办高职院校的一半，且收入来源主要是学费，财政补助、专项收入两项之和不足 10%②。2013 年公办高职院校校均收入为 18291 万元，是民办高职院校的 2.5 倍；公办高职院校生均投入为 24041 元，也是民办高职院校的 2 倍之多③。2014 年公办高职院校校均收入为 19081 万元，生均收入为 24049 元；民办高职院校校均收入为 7696 万元，生均收入为 11924 元④。公办高职院校生均收入，基本也是民办高职院校的 2 倍以上。

　　政府对公办和民办高职教育政策的不同，造成两类高职院校发展水平的显著差异。因此，政府应正视民办高职教育的作用，制定土地和税收方面的优惠政策，优化教育体制和政策环境，完善奖励评价机制，科学规划民办高职教育的发展，加大公共财政对民办高职教育的扶持，推动各级政府通过购买服务、以奖代补及补助生均经费等方式，扶持民办高职教育发展，打造公办与民办高职教育协同发展的良好局面。

　　①　王振洪、成军、邵建东：《浙江省高职教育发展报告（2006—2015）》，浙江大学出版社 2016 年版，第 62、88—89 页。

　　②　同上。

　　③　浙江省教育厅：《浙江省高等职业教育质量年度报告（2014）》，第 8 页。

　　④　浙江省教育厅：《浙江省高等职业教育质量年度报告（2015）》，第 5 页。

（二）进一步加强民办高职教育自身建设

1. 紧跟政策方向，坚持"立德树人"的育人宗旨。浙江民办高职教育的健康发展需要政策支持，民办高职教育举办者更需要遵行政策方向。2016 年 12 月在全国高校思想政治工作会议上，习近平强调必须坚持把"立德树人"作为中心环节，把思想政治工作贯穿教育教学全过程，实现全程育人、全方位育人，努力开创我国高等教育事业发展的新局面。"立德树人"作为现阶段我国教育的根本任务与目标，从本质内涵来看存在着三个维度、六种性质，即本土性和世界性、历史性和未来性、价值性和教育性。这些维度和性质不仅规定了"立德树人"的本质属性，也规范了教育实践的未来走向，对我国的教育改革与发展具有深远的意义①。"立德树人"是浙江民办高职教育必须贯彻的教育实践方向，也是紧跟政府政策方向的重要体现。浙江民办高职教育的发展，既要遵循教育的一般规律，也要探索浙江民办高职教育自身特有的规律，确保浙江民办高职教育健康持续发展。

2. 强化内涵建设和特色发展。专业是民办高职院校和地方经济社会发展的对接点，但浙江高职院校普遍存在专业设置盲目且重复的现象②。区域产业结构调整后急需的专业，如与新能源、新材料、新技术及新产品等新兴产业相对应的产业，民办高职院校的专业设置跟不上；因优势特色专业稀缺，民办高职院校的专业往往不能有效服务于区域经济社会发展。因此，内涵建设是民办高职教育发展的重中之重，只有差异发展，才能凸显特色。为此，民办高职院校需集中三方面的精力：一要集中校领导的精力，对于学校今后一段时间应该做什么、怎么做，需要认真听取各方意见，汲取各方研究成果；二要集中全校教师的精力，高职教育的特点决定内涵建设不仅涉及学校的方方面面，而且与区域经济、行业企业密切相关，教师要在其中发挥重要作用；三要集中全校学生的精力，学生是学校的主体，如果没有学生的积极参与，内涵建设、强化特色和提高质量都会

---

① 崔允漷、陈霜叶：《三个维度看"立德树人"的本质内涵》，《光明日报》2017 年 5 月 9 日，第 13 版。

② 麦可思研究院：《2011 年中国大学生就业报告》，社会科学文献出版社 2011 年版，第 118—120 页。

成为一句空话。浙江民办高职院校之所以能在激烈的市场竞争中始终占有一席之位，与其紧密联系区域经济、注重内涵建设和凸显特色发展是分不开的。如浙江育英职业技术学院以培养高端服务业"职业人"为办学目标，相关专业在浙江高职院校竞争中优势明显、特色突出。也有一些民办高职院校通过设置热门专业、加大招生宣传力度及拓展就业渠道等措施，实现做大做强。当然，随着社会发展和区域经济的变化，已有的特色、优势会慢慢转为平淡，因势而变、服务地方经济建设和特色发展，是浙江民办高职教育发展的永恒话题。

（沈莉萍　张伟东，原文载于《浙江树人大学学报》2019 年第 4 期）

国家级高水平民办院校建设的若干思考

摘要：民办院校已经成为国家高等教育的重要组成部分。提高民办院校的办学质量，补齐民办院校的质量短板，是全面提高高等教育质量，满足人民群众接受优质高等教育向往的迫切需要。在"双一流"建设背景下开展国家级高水平民办院校建设，既要统一认识，协调推进，也要从民办院校特有的发展阶段和办学实际出发，积极引导，加大投入，改善治理，使之明确定位，凸显特色，加快建设，成为标杆，以作示范之作用。

关键词：民办院校；办学质量；示范院校；大学治理

一 国家级高水平民办院校建设的时代背景

近几年来，我国高等教育发展的一件大事，就是高等院校的"双一流"建设。"双一流"建设，是指"世界一流大学和一流学科建设"。2015年8月18日，中央全面深化改革领导小组会议审议通过《统筹推进世界一流大学和一流学科建设总体方案》，对新时期高等教育重点建设做出新部署，决定统筹推进建设世界一流大学和一流学科。"双一流"建设的目标是"高等教育整体实力显著提升"和"基本建成高等教育强国"，满足新时代社会主义现代化建设科技创新和对高质量人才的需求。因此，"双一流"建设需要发挥示范性的带动作用，以使更多的院校能够得到启示，树立信心，把更多的精力放在提高质量上，培养更好更多高质量的人才。配合"双一流"的建设，相关项目逐步拓展，受益院校进一步增加。国务院发布的《关于印发国家职业教育改革实施方案的通知》中，"高水平高等职业学校"的建设项目，要求"到2022年，职业院校教学条件基本达标，一大批普通本科高等学校向应用型转变，建设50所高水平高等职业学校和 150 个骨干专业（群）。建成覆盖大部分行业领域、具有国际先进水平的中国职业教育标准体系"。这可以看作是"双一流"建设在高等职业教育中的延伸和拓展。"高水平民办院校建设"，是指 2010 年以后，根据《国家中长期教育改革和发展规划纲要（2010—2020 年）》（以下简称《纲要》）的有关精神，在全国民办院校开展的以加强内涵建设为核心，以提高民办院校办学质量和办学水平为目标的民办院校质量建设工作。《纲要》提出，要"支持民办学校创新体制机制和育人模式，提高质量，办出特色，办好一批高水平民办学校"[①]。2012 年 6 月，教育部印发《关于鼓励和引导民间资金进入教育领域　促进民办教育健康发展的实施意见》（教发〔2012〕10 号），也提出要"积极支持有特色、高水平、高质量民办高校发展"[②]。在此背景下，许多民办高校领导和研究人员，也开始了高水平民办院校建设的研究和实践。目前，相关研究还不多。以"高水平民办院校""高水平民办高校"等关键词搜索中国知网，可得相关论文 63 篇，其中 2010 年（含）以前年份和 2016—2018 年的各有 6 篇，占比均不足 10%；而 2011—2015 年，共 51 篇，占比达 81%，足以体现教育中长期规划纲要的颁布对高水平民办高校建设研究的推动和促进作用。具体数据如表 1 所示。

表 1　　中国知网中历年"高水平民办院校建设"研究相关论文数量（单位：篇）

年份	2005 年前	2006	2007	2008	2009	2010	2011	2012	2013	2014	2015	2016	2017	2018
篇数	3+1	0	1	0	0	1	6	13	14	11	7	2	3	1

注：截止统计时间为 2018 年 12 月。

2017 年，《国家教育事业发展"十三五"规划》颁布，要求着力开展各级各类学校的高水平建设，明确提出了国家层面的世界"双一流"高水平建设，明确了"加快建成一批为地方经济和社会发展服务的高水平应用型高等学校和高等职业学校"的导向，高水平民办院校建设得到

---

　　① 国家中长期教育改革和发展规划纲要工作小组办公室：《国家中长期教育改革和发展规划纲要（2010—2020 年）》，教育部网站：http://old.moe.gov.cn/publicfiles/business/htmlfiles/moe/info_ list/201407/xxgk_ 171904. html。

　　② 教育部：《关于鼓励和引导民间资金进入教育领域　促进民办教育健康发展的实施意见》，教育部网站 http://old.moe.gov.cn/publicfiles/business/htmlfiles/moe/s3014/201206/138412.html。

重视。随着"双一流"建设的推进，国家级高水平民办院校建设的呼声高涨。由于历史的和客观的多方面原因，中国民办院校总体办学水平不高，与公办院校之间存在不小的差距。诚然，国家"双一流"建设有着特定的内涵、标准和要求，民办院校要达到这一目标和要求是不现实的。因此，学界认为，从民办院校特有的办学阶段出发，在国家层面开展"高水平"民办院校建设，建设民办院校的国家队，树立标杆，典型示范，引导民办院校的发展方向，带动和推进民办院校的整体发展，可能更加符合中国民办院校的办学实际。2019 年以来，笔者受有关部门的邀请和委托，作为主要成员参加了国家高水平民办院校建设的相关研究和方案制定，相关工作正在推进之中。

二　中国民办院校发展的现状

中国民办院校是高等教育体制改革的产物。经过 40 多年的努力，尤其是最近 20 年的发展，民办院校从无到有，从小到大，逐步具有了一定的办学规模，承担起高等教育大众化、多样化发展的重任，成为"教育事业发展的重要增长点和促进教育改革的重要力量"。根据教育部最新统计，2018 年全国民办普通高校 749 所（含独立学院 265 所），约占全国普通高校总数的 28.13%，民办院校普通本专科招生 183.94 万人，约占普通高校招生总数的 23.25%，在校生 649.60 万人，约占全国普通高校在校生的 22.63%①。规模的庞大，凸显了民办院校在国家高等教育发展中的地位。而民办本科院校是中国民办院校群体中的排头兵，在高等教育办学体制改革创新中走在前列。从统计数据来看，2018 年全国民办本科院校有419 所（含独立学院 265 所），招生数为 1051654 人，占全国本科院校招生数的 24.9%，在校生 4170860 人，占比达到 24.57%。中国民办院校的办学规模，已经接近了美国私立大学占比的规模比例，成为名副其实的高等教育大众化重要的方面军。

然而，在国家开展"双一流"建设和重点大学建设，全面提高高等

---

① 见教育部：《2018 年全国教育事业发展统计公报》，教育部网站：http://www.moe.gov.cn/jyb_ sjzl/sjzl_ fztjgb/201907/t20190724_ 392041.html。

教育办学质量的进程中，民办院校却被疏忽。有些项目文件明确民办院校不能申报，如中央和省级财政支持地方高校改革与发展资金专项，明确规定民办院校不得申报；国家投资数百亿建设的国家示范性高职院校，民办院校无一入选。有的项目，表面公平，实则不利于民办院校，由于体制不同，制定的项目规则是将公、民办院校置于同一"赛道"，本身就没有可比性。2018 届国家级高等教育教学成果奖获奖总数共计 452 项，民办高校获奖成果数量仅仅只有 2 项，占比为 0.44%；在国家级特色专业、精品课程、教学团队、教学名师等以及其他众多的高等教育质量项目中，民办院校也很少能够参与，在其他省级层面的高等教育改革和质量项目中也难得见到民办院校的校名。这些问题既有民办院校本身的问题，也有相关文件中许多不适合民办院校参与的"标准""指标"的制约。忽视民办院校的特点，不加区别一刀切，本身就将民办院校排除在外。举例来说，所有项目申报都要求民办院校与公办院校具有同一标准的校园、设施、师资、投入和成果，客观上就忽视了民办院校与公办院校办学体制的区别，实际上就将民办院校排除在参与这些项目之外。通过研究发现，近几年来随着国家对高等教育投入的加大，公、民办院校之间的质量差距继续扩大。民办院校在"双一流"建设和各项高等教育重点建设中被边缘化了。开展高水平民办院校建设，补齐民办院校发展的短板，推动公办、民办院校齐头并进、和谐发展，对于建设高等教育强国目标的实现非常重要，非常迫切。

三　国家级高水平民办院校建设的意义

当前开展高水平民办院校的建设，建设国家级高水平民办院校，全面提高民办院校的办学质量，有着重大的战略意义和现实意义。

第一，开展高水平民办院校建设，建设国家级高水平民办院校，是增强国家核心竞争力，全面完成教育中长期规划纲要提出的各项任务的需要。高等教育是国家和民族振兴的重要基础。党的十八大以来，党和国家继续实施科教兴国战略，高度重视高等教育在国家核心竞争力中的地位和作用，加快发展高等教育，推出"双一流"建设等各项措施，努力提高高等教育质量，为经济和社会发展提供高质量的人力资源，取得了明显的效果。民办高等教育是中国高等教育的重要组成部分。建设高等教育强国既要做强公办高等教育，也要做强民办高等教育。民办高校的办学水平质量提升缓慢，将严重影响高等教育强国建设的进程。在全国普通高等教育中，民办院校学校数占 1/3、学生数占 1/4、专任教师数占 1/5。没有民办院校整体质量的提高，建成高等教育强国是不全面的。因此，开展高水平民办院校建设，遴选一批基础条件较好、办学水平较高的民办院校进行重点建设，加快提高民办高校的办学水平，补齐高等教育质量发展的短板，缩小民办高校与公办高校的差距，对推动公办、民办高等教育齐头并进、和谐发展，克服高等教育发展不平衡、不充分问题，增强国家核心竞争力，建设高等教育强国，具有重要的战略意义。建设高水平民办院校也是全面完成教育中长期规划纲要各项任务的需要。"支持民办学校创新体制机制和育人模式，提高质量，办出特色，办好一批高水平民办学校。"这是教育中长期规划纲要提出的重要任务之一，也是促进民办院校提升质量健康发展具有重大意义的举措，得到社会的肯定和欢迎。但是由于多方面的原因，这项工作迟迟没有启动。现在，距离完成教育中长期规划纲要各项任务还有 1 年时间，应该尽快启动，加快建设，争取全面完成。

第二，开展高水平民办院校建设，建设国家级高水平民办院校，是办人民满意的高等教育，满足人民群众"上好学"美好向往的必然需要。读书学习知识，知识改变命运，人才服务国家。随着经济和社会的发展，社会对人才培养的要求提高了，人民群众迫切希望上好的学校，上好的大学，接受更高质量的高等教育。每年有数百万青年学生进入民办院校学习，千家万户的家庭寄希望民办院校的高质量发展，为国家服务，为家庭造福。高等教育既是经济和社会发展的重要动力，也是满足人民群众"上好学"美好向往的重要内容。民办院校同样肩负教书育人、立德树人的崇高职责。民办院校大规模的学生培养，其质量将直接影响中国社会主义现代化建设、小康社会建设和中华民族伟大复兴的中国梦的实现进程和品质。过去几十年，民办院校在拾遗补缺，补充高等教育资源不足，推进高等教育大众化和科技创新，满足社会对人才的巨大需求和人民群众上大学的急切需求方面，已经做出了很大的努力，得到了社会的好评和认可。但是实事求是地说，当下民办院校的办学质量还不尽如人意。许多民办院校的招生分数贴着"地平线"，成为高校招生的垫底群体；培养质量不高，难以满足人民群众接受高等教育的"质量选择"和"个性需求"。开展高水平民办院校建设，建设高水平民办院校的国家队，可以树立标杆，培育示范，带动民办院校办学质量的全面提升，更好地满足人民群众的多样化、高质量需求。

第三，开展高水平民办院校建设，建设国家级高水平民办院校，是民办院校自身可持续发展的需要。随着中国高等教育大众化、普及化的推进和深化，随着经济、社会和科技的进步，人民群众对于民办院校办学质量的要求也在不断提高。高等教育资源不断丰富，高校之间的竞争日趋激烈。从高等教育市场动向来看，社会接受高等教育的自主性、选择性快速发展，有特色、高质量的高等教育深受青睐，而质量不高、收费不低的民办院校面临严峻的挑战。最近几年来，有关民办院校招生不足的新闻报道越来越多，经常出现招生"断崖式"下滑的现象。新生报到率创新低的民办院校不在少数，有的民办院校甚至停办破产，从反面印证了民办院校提升办学质量的重要性和急迫性。开展高水平民办院校建设，引导民办院校加快内涵建设，可以增强民办院校的办学实力和竞争力，发挥优质民办院校的典型示范和辐射作用，带动、促进和激励民办院校质量的整体提升，进一步增强社会对民办院校的认可度，从而促进中国高等教育事业的科学协调、可持续发展。

第四，开展高水平民办院校建设，建设国家级高水平民办院校，是贯彻落实《中华人民共和国民办教育促进法》（以下简称《民办教育法》），稳定和鼓励社会力量办学的重大举措。2016 年 11 月，《中华人民共和国民办教育促进法》新法颁布实施，决定实施营利性、非营利性民办学校分类管理，许多政策需要重构。但是目前来看法律要求和政府倡导的支持措施并没有得到很好的落实。规范到位，支持虚位。规范具体，支持原则，引发部分民办学校举办者认识模糊，信心动摇，忧心忡忡，踌躇焦虑等现象，出现了一些不稳定的因素。这对《中华人民共和国民办教育促进法》新法的贯彻落实不利，也会对坚持走非营利性道路的民办院校产生负面影响。开展高水平民办院校建设，建设国家级高水平民办院校，出台高水平民办院校建设的各项措施，给予民办院校明确的质量导向和政策支持，能够鼓舞和提振民办高校发展的士气，稳定举办者的信心和市场大局，创设稳定良好的发展环境，激发和鼓舞社会力量对民办高校的投入热情，激励民办院校的举办者、管理者和全体师生员工为中国民办高等教育的发展而努力奋斗，从而保证分类管理的平稳过渡，促进民办院校的健康可持续发展。

第五，开展高水平民办院校建设，建设国家级高水平民办院校，也是世界高等教育发展的重要经验。国内外高等教育发展的一条重要经验，就是以重点建设带动整体发展，以品牌高校作为示范带动其他高校的发展。在私立大学办学进程中，高等教育发达国家的其中一条经验，就是不断提升私立大学的办学质量，培育私立大学的国家名校和品牌，带动私立大学办学质量的稳定和提高。在世界大学排名前五百名乃至一百名中，私立大学均占有一定的比例。美国、日本等国是公认的高等教育较为发达的国家，其私立高等教育的发展也是世界各国借鉴的模式之一。美国私立院校的数量占到高校总数量的75%，在国家高等教育名牌大学中，私立高校占到绝对的比重，如哈佛大学、耶鲁大学、斯坦福大学、普林斯顿大学、麻省理工学院、康奈尔大学、宾夕法尼亚大学、哥伦比亚大学等都是私立大学。日本和韩国的私立大学也很发达，政府非常注意私立大学质量的提高和名牌私立大学的培育，日本的庆应义塾、早稻田大学、立命馆大学和韩国的高丽大学和延世大学等都是世界名校。中国是社会主义国家，民办院校是国家高等教育的重要组成部分，为着办人民满意的高等教育的要求，必须要有一批民办院校成为国家的高等教育品牌。诚然，民办院校与公办院校之间还存在多方面的差距，开展高水平民办院校建设，不能简单地复制和照搬"双一流"建设的做法，这也正是对民办院校采用"高水平"建设而不是"双一流"建设的区别含义所在。建设国家级高水平民办院校，更准确地说，就是在国家层面，实施提高民办院校办学质量的项目工程。通过国家层面开展高水平民办院校建设项目实施，将"双一流"建设的效应贯彻延伸到民办院校中，带动各地民办院校办学质量的提高，促进高等教育质量均衡和全面提升，更好地服务国家发展战略。从民办院校本身来看，经过30多年的发展，响应政府的积极引导，民办院校抓住机遇、乘势而上，内涵发展已经成为民办院校发展的自觉行动。各校结合自身实际，主动而为，进行了积极大胆的探索和实践，取得了可喜的成绩。部分民办院校已经拥有硕士研究生培养资格；民办院校拥有省级重点实验室、省级工程技术研究中心，国家级教学成果奖、省级教学成果奖，国家自然科学基金、社会科学基金及其他国际资助项目的总数在逐年增加；已有一批在体制机制上有突破、学科建设有成效、规范管理有特色、社会声誉好、公信力强、有较高水平和较大影响的民办院校，所有的这些都为开展国家级高水平民办院校的建设奠定了良好的基础。

四　建设国家级高水平民办院校的几点建议

国家级高水平民办院校建设，首先是要在全国范围内选拔一批党建成效显著、办学基础厚实、办学质量较高，社会信誉优良、内部治理规范的民办院校进行重点建设，逐步形成民办院校的"国家队"，并针对民办院校办学体制特点，设计一批项目开展相关建设，努力培育和形成一批示范性民办院校，发挥示范效应，带动和推进民办院校办学质量的提高。为此，主要有以下工作需要关注：

第一，加快研究论证，出台国家级高水平民办院校建设的行动方案。在"双一流"建设不断深入的背景下，需要统筹兼顾，抓紧启动国家级高水平民办院校建设工程项目。将建设高水平民办院校提升为国家重点项目，作为"双一流"建设工程的重要延伸和深化，通过相关程序和路径支持一批条件较好的民办院校建设成为国家级高水平民办大学，作为建设高等教育强国战略的重要组成部分。在高等教育资源相对集中的背景下，在国家层面开展高水平民办院校建设，能够促进全社会对民办院校发展的关注和重视，吸纳更多的社会资源和政策资源，营造民办院校办学的质量环境，推进民办院校办学质量的快速提升。

第二，结合"民办"特点，制定国家级高水平民办院校选拔和建设标准。民办院校不同于公办院校，其自身的体制和机制，既是面向市场办学的优势所在，在某些方面也可能带来负面的影响。因此，国家级高水平民办院校建设选拔条件和建设标准，应当从实际出发，结合当下民办院校发展的阶段和特点，从民办院校发展的实际需求来考虑和制定，而不能照抄照搬"双一流"建设或其他项目的文本。当前尤其要在民办院校党的建设、队伍建设、学科和专业建设、内部治理结构建设和校园文化建设等方面，明确政策导向，完善管理制度，规范办学行为，树立榜样示范。

第三，加大政策支持，落实国家级高水平民办院校建设项目资金。建设国家级高水平民办院校，需要具体的配套政策和项目资金，否则项目建设不可能顺利开展并取得成效。在国家级高水平民办院校建设项目中，建议比照其他重点院校建设项目的管理，由财政部和教育部协商，根据民办院校建设的实际需求和部分省市的经验，参照安排"双一流"建设相关项目专项资金安排的方法和机制，分期分批、有针对性地支持民办院校的综合建设和学科、专业、师资队伍建设，培养高水平民办院校的"国家队"和一批民办院校的重点学科、专业，支持民办院校高端教师队伍和"双师型"教师队伍的引进和培养。结合民办院校发展的特点，完善税收优惠等政策，鼓励社会资金参与国家级高水平民办院校建设。多方筹集资金，形成高水平民办院校建设经费来源多元化格局。

第四，加强宏观指导，引导民办院校在建设和竞争中提升质量和水平。高水平民办院校的建设是一项复杂的系统工程，也是一个长期的建设积淀过程，不可能一蹴而就。从某个意义上讲，民办院校的质量提升和高水平建设永远在路上。政府应加强宏观指导和过程跟踪，克服过度市场化和功利性，引导民办院校加强内涵建设，把主要精力和经费用于学校的人才培养。民办院校高水平建设，是一项长期的艰巨的任务，没有捷径可循。要引导民办院校克服浮躁心态，抓实建设，不断积累，循序渐进。从长远建设目标而言，高水平民办大学应是在中国所有民办高校中处于高水平地位的院校；而从中近期建设目标而言，则要求这些院校首先在民办院校中处于高水平地位，继而在地方高校中处于高水平地位[①]。

第五，民办院校应抓住机遇，致力于建设高水平民办院校。民办院校提高质量和办学水平，首先是自身发展的需要，因此，建设高水平民办院校，首要的也是自身作用的发挥。外因是变化的条件，内因是变化的依据，高水平民办院校建设的成功与否首先取决于民办院校自身的努力。在同样的条件下，有的民办院校办学好，社会认可度高，而有的民办院校办得不好，危机四伏，体现的都是各民办院校之间为提升办学质量所作努力的个性差异。在整个高等教育都在提升质量、创建品牌的背景下，民办院校面临空前的质量压力，必须抓住机遇，加快建设，后来居上。根据当前民办院校的发展实际，尤其是要在民办院校党的建设和思政工作、人才培

---

① 钟秉林：《创建中国高水平民办大学》，《教育与职业》2013年第1期第8页。

养和教学改革、专业学科和队伍建设、内部法人结构治理等方面狠下工夫，规范办学，提高质量，做出成效①。只有民办院校自身的积极性、主动性和创造性提高了，民办院校的高水平建设才有希望，高水平民办院校建设的目标才能真正实现。

（徐绪卿，原文载于《高教发展与评估》2020 年第 1 期）

---

① 　徐绪卿：《建设国家级高水平民办高校的若干思考》，《教育发展研究》2012 年第 7 期。

民办高等教育研究发展又十年：特征与变化

——以 2009—2018 为统计年

摘要：改革开放以来，我国民办高等教育蓬勃发展，已成为高等教育事业的生力军。文章综合运用词频分析、共词分析以及知识图谱等方法，从年度论文发表数量、期刊分布、作者分布、机构分布以及主题分布等角度，对我国 2009—2018 年民办高等教育研究成果进行计量分析。研究结果表明，相较 1999—2008 年，新近十年我国民办高等教育的研究力量已经发生根本性变化，即论文作者大都来自于民办高校，来自于公办高校的作者比重已经很小；论文发表渠道泛化，发表在主流刊物的论文比重较小；研究主题越来越微观，大多集中在民办高校的内部管理方面。未来研究，应朝着提高论文质量的方向努力。

关键词：民办高等教育；文献计量分析；词频统计法；共词分析法；知识图谱方法

2009 年，本文第一作者在《近十年来国内民办高等教育的研究足迹——基于 1999—2008 研究论文的计量分析和可视化识别》一文（以下简称"前十年文或文［1］"）中，选择中国知网期刊数据库 1999—2008 年所发表的民办高等教育研究论文，运用词频分析、共词分析、社会网络分析和信息可视化等科学计量学方法，对国内民办高等教育研究成果的规模和增长态势、发表期刊、主要研究机构、高产作者、高频关键词、主要研究内容及其动态演变趋势等进行计量分析和可视化识别，揭示出国内对民办高等教育研究的关注程度、研究的主要内容及动态演变趋势、研究中存在的问题等①。现在距离该文发表已过了整整十年，那么在这个新的十年里，我国民办高等教育研究发生了哪些变化，有什么新进展？为此，本文对该问题进行跟踪研究。

一　研究方法与数据收集

为便于对比前后两个十年的数据，本文的研究方法和数据收集方法与上次的做法一致。具体来说，研究仍综合运用词频分析、共词分析、社会网络分析、信息可视化等科学计量学方法及数据挖掘技术，着重对年度发表论文的数量、主要作者和主要机构分布、发表期刊分布、研究主题分布等进行计量分析与可视化呈现。在论文数据采集方面，仍选择从中国知网期刊数据库中获取，检索关键词依然选择"民办高校""民办高职""民办高等教育""民办高等学校""民办普通高校""民办高教"和"民办大学"，检索条件设置为"精确"，检索时间跨度为 2009 年 1 月 1 日至 2018 年 12 月 31 日（数据采集时间为 2019 年 3 月 18 日）。下载数据后，再剔除刊物征稿、会议公告和会议综述等类型的文献，最后剩下 13830 篇有效文献作为本文的研究对象。

二　研究结果

（一）年度发表论文数量分析2

2009—2018 年，中国知网数据库收录的论文总数为 13830 篇，较前一个十年的统计量同比增长 384.07%。结合 1999—2008 年的数据，可以绘制出反映 1999—2018 年历年论文数变化的折线图，同时得到一条拟合曲线，拟合方程式为 $y = 88.37x + 0.3842$，可决系数 $R2 = 0.9674$，说明回归直线对数据的拟合程度较好（见图 1）。从整体看，1999—2018 年这 20 年间，国内民办高等教育研究论文发表量总体呈急速上升趋势，除个别年

①　汤建民：《近十年来国内民办高等教育的研究足迹———基于 1999—2008 研究论文的计量分析和可视化识别》，《现代大学教育》2009 年第 2 期。

份外，研究规模一直在不断扩大。

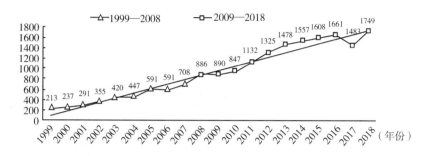

图1　1999—2018 年发表的民办高等教育论文数/篇

（二）期刊分布分析

本次统计涉及期刊共 1383 家，其中发表 1 篇的有 520 家，发表 2—15 篇的有 684 家，发表 16—35 篇的有 96 家，发表 36—64 篇的有 43 家，发表 65 篇及以上的有 40 家（见表 1）。

表1　　2009—2018 年发表民办高等教育论文最多的期刊（前 40 家）

期刊	篇数	期刊	篇数	期刊	篇数
《浙江树人大学学报》	464	《经济研究导刊》	132	《河南教育》	83
《才知》	629	《科技信息》	129	《科技资讯》	82
《教育与职业》	221	《现代经济信息》	127	《中外企业家》	73
《教育教学论坛》	217	《现代商贸工业》	118	《北京城市学院学报》	72
《黄河科技学院学报》	214	《产业与科技论坛》	111	《当代教育实践与教学研究》	71
《科教文汇》	180	《湖北开放职业学院学报》	104	《教育发展研究》	71
《科教导刊》	165	《教育现代化》	104	《民办教育研究》	69
《新西部》	153	《现代交际》	97	《人才资源开发》	68
《价值工程》	149	《佳木斯职业学院学报》	93	《商》	67
《赤峰学院学报》	144	《人力资源管理》	88	《中国高等教育》	67
《知识经济》	142	《太原城市职业技术学院学报》	87	《高教学刊》	65
《中国成人教育》	139	《亚太教育》	87	《科技视界》	65

期刊	篇数	期刊	篇数	期刊	篇数
《中小企业管理与科技》	139	《中国校外教育》	87		
《学理论》	137	《西部素质教育》	85		

由表 1 可见，前 40 家发表论文较多的期刊主要有三类：一是被列入全国中文核心期刊目录的优质刊物，共 3 家，分别是《教育发展研究》《中国高等教育》和《教育与职业》；二是质量较高的民办高校学报，如《浙江树人大学学报》《黄河科技学院学报》以及《北京城市学院学报》，共 3 家；三是其他类期刊，共 34 家。由此可知，民办高等教育研究成果所发表的期刊水平整体质量不高，发表的渠道较杂，一定程度上反映出研究人员的学术层次较低。另外，对比本文第一作者在前十年文中列出的1999—2008 年发表论文最多的期刊目录①可以发现，《教育研究》《高等教育研究》《中国高教研究》《江苏高教》《高教探索》《高等工程教育研究》《现代大学教育》以及《清华大学教育研究》等核心期刊，都已在表 1 中消失，说明高质量研究成果所占的比重明显减少。

（三）作者分布分析

根据第一作者及其所在机构的数据整理统计，发现共有 10589 位学者发表了民办高等教育研究论文，比起 1999—2008 年的 2081 位，同比增长408.84%。表 2 列出了发表论文数量排在前 20 名的高产作者，发表论文较多的作者主要来自于民办本科高校，如徐绪卿、王一涛、李维民、胡大白和史迎霞等，占了 16 席。这些作者中不少是民办高校的领导，如徐绪卿现任浙江树人大学校长，李维民曾任西安思源学院校长，胡大白现任黄河科技学院董事长，杨雪梅现任黄河科技学院校长，丁晶现任西安翻译学院董事长，李钊现任湖南涉外经济学院副校长。对比 1999—2008 年的情况可以发现，新近十年高产论文作者的组成已发生较大变化，即来自于公办高校的作者大幅度减少，比如，前十年文中列出的宁波工程学院的王培

---

① 汤建民：《近十年来国内民办高等教育的研究足迹———基于 1999—2008 研究论文的计量分析和可视化识别》，《现代大学教育》2009 年第 2 期。

英、厦门大学的潘懋元、华中科技大学的柯佑祥、北京石油化工学院的罗道全、厦门大学的邬大光、广州大学的吴开俊、义乌工商职业技术学院的贾少华以及广东商学院的郑确辉等，在前一个十年中都很活跃，但现在都已在表2中隐退，相反，来自民办高校的作者占据了高产作者中90%以上的比重。

表2　2009—2018年发表民办高等教育论文最多的作者（前20名）

作者	篇数	所在机构	作者	篇数	所在机构
徐绪卿	29	浙江树人大学	李文章	9	广东教育研究院
王一涛	14	浙江树人大学	王鑫宏	9	黄河科技学院
李维民	13	西安思源学院	谢冬兴	9	广东培正学院
胡大白	11	黄河科技学院	杨雪梅	9	黄河科技学院
史迎霞	11	辽宁对外经贸学院	周江林	9	上海教育科学研究院
张韦韦	11	教育与职业	陈文联	8	中南大学
张晓红	11	黄河科技学院	丁　晶	8	西安翻译学院
刘国辉	10	大连艺术学院	李　钊	8	湖南涉外经济学院
吕春燕	10	黄河科技学院	于馨颖	8	钟山职业技术学院
成迎富	9	黄河科技学院	邹芳芳	8	大连艺术学院

（四）机构分布分析

按照论文署名的第一机构进行统计，得到前20名发表论文数最多的机构名单（见表3）。进入高产机构的全都是民办高校，但前一个十年高产的18个机构中，公办高校占13个，民办高校仅占5个。根据新近十年数据的统计结果可知，原来的高产机构如厦门大学、华中科技大学、北京大学、北京师范大学、华中师范大学、苏州大学、广州大学、武汉理工大学及浙江大学等公办高校，均未能进入高产机构名单，表明民办高等教育研究已经主要转由民办高校自身来承担，其中黄河科技学院、浙江树人大学和湖南涉外经济学院是主要代表。

表3　发表论文最多的机构排名（前20名）

机构	篇数	机构	篇数
黄河科技学院	404	西安培华学院	128

续表

机构	篇数	机构	篇数
浙江树人大学	328	西京学院	127
湖南涉外经济学院	224	长春财经学院	125
辽宁对外经贸学院	199	西安思源学院	107
三江学院	194	长春建筑学院	106
西安外事学院	188	长春光华学院	103
广东培正学院	186	宿迁学院	95
西安翻译学院	183	广州工商学院	93
黑龙江东方学院	155	郑州科技学院	92
陕西国际商贸学院	136	北京城市学院	91

由表 3 可见，进入高产机构的全部都是民办高等院校，这与上一个十年的情况也有很大的不同。上一个十年的数据统计，在发表论文最多的前 18 个机构中，公办高校占了 13 个，民办高校占了 5 个。而根据最近十年数据的统计结果可知，原来的高产机构，如厦门大学、华中科技大学、北京大学、北京师范大学、华中师范大学、苏州大学、广州大学、武汉理工大学、浙江大学等公办高校均未能进入高产机构名单中，这表明民办高等教育研究的主体机构已经主要由民办高校自己来组成，其中黄河科技学院、浙江树人大学、湖南涉外经济学院、西安外事学院以及北京城市学院这 5 所民办高校是其主要代表。

（五）关键词统计和论文主题分布分析

按照论文的关键词统计，共出现了 12310 个不同的关键词，总体使用次数为 50324 次。表 4 列出了频次在 60 次及以上（去除"研究""学校"等无意义词）的关键词，共计 74 个。这些高频词有助于分析新近十年有关民办高等教育研究的主要方向。将表 4 与前十年文中列出的 1999—2008 年高频词进行对比，可以发现两者的不同：前一个十年的高频词表明，当时的研究内容大多围绕民办高等教育的发展历程、定位、政策支持以及启示等进行，而新近十年的研究则偏向于大学生、教学改革、图书馆、实践教学、财务管理、师资队伍建设、课程设置、招生及就业等，也出现了一些以较为成功的民办高校为典范进行分析总结的经验类研究，如对浙江树人大学的分析讨论。与此同时，前十年文中列出的"大众化""WTO""管理体制""办学体制"及"公办高校"等关键词在表4中消失，一些新兴的关键词进入高频行列，如"校园文化""党建工作""思想政治理论课""创新创业""创业教育""应用型""转型""校企合作""非营利性"及"浙江树人大学"等。图2展示了"创业教育""应用型"和"校企合作"三个关键词在近二十年中频次变化的轨迹，在一定程度上可以反映出上述新兴关键词增长变动的规律。

表4　　　　　　　　　　　频次在60次以上的前74个关键词

关键词	频次	关键词	频次	关键词	频次	关键词	频次
民办高校	9047	教师	155	策略	98	教学	71
民办大学	893	校企合作	141	教学模式	95	党建	70
民办高等教育	876	发展	139	创新创业	88	人力资源管理	69
民办学校	779	建设	139	教学管理	88	激励机制	67
对策	604	管理	138	分类管理	87	民办高等学校	67
民办高职	385	可持续发展	135	影响因素	87	实践	67
大学生	336	民办	132	学堂	86	培养模式	66
问题	308	改革	125	校园文化	84	师资队伍建设	66
独立学院	273	民办院校	124	培养	82	浙江树人大学	64
教学改革	257	高职院校	119	转型	82	思考	63
现状	238	公办高校	119	队伍建设	80	民办高等教育研究	62
辅导员	217	应用型人才	118	大学英语	78	转型发展	62
创新	201	教学质量	115	私立高等教育	77	教学方法	61
高等教育	198	党建工作	113	核心竞争力	76	困境	61
思想政治教育	195	青年教师	112	建议	76	非营利性	60
图书馆	183	财务管理	111	就业	75	教育	60
实践教学	181	师资队伍	110	思想政治理论课	73	应用型	60
人才培养	168	人才培养模式	102	创业教育	72		
民办教育	162	学生管理	102	学生	72		

将表4和文中列出的1999—2008年的高频词进行对比，可以发现二者的不同。根据前一个十年的高频词，可以发现当时的研究内容大多围绕民办高等教育的发展历程、定位、政策支持以及启示等进行，而新近十年

的研究则偏向于大学生、教学改革、图书馆、实践教学、财务管理、师资队伍建设、课程设置、招生、就业等进行，也出现了一些以较为成功的民办高校为典范，进行分析总结的经验类研究，如对浙江树人大学的分析讨论。与此同时，文［1］中列出的"大众化""WTO""管理体制""办学体制""公办高校"等关键词已从表 4 中消失，一些新兴的关键词则进入了高频行列，如"校园文化""党建工作""思想政治理论课""创新创业""创业教育""应用型""转型""校企合作""非营利性""浙江树人大学"等。图 2 展示了"创业教育""应用型""校企合作"三个关键词近二十年来频次变化的轨迹，在一定程度上可以反映出上述这些新兴关键词的增长变动规律。

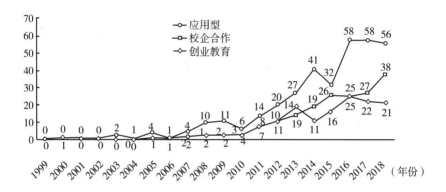

图 2　1999—2018 年"应用型""校企合作"和"创业教育"
三个关键词的频次变化

在上述新兴关键词中，特别值得一提的还有"浙江树人大学"这个词，因为按常理来说，机构名一般不可能出现在论文关键词中。为此笔者重新核对了数据，并对该问题进行了一番探究，发现在论文关键词中最早出现该词的论文是 2001 年时任浙江树人大学副校长的徐绪卿发表的《浙江民办高校的发展态势及问题》① 一文，该文分析了浙江民办高校的发展情况，此后几乎每年都有关键词中出现"浙江树人大学"的论文（见图3），共计 64 篇，其中数量最多的年份是 2009 年，共 15 篇，2010 年的论文数量也高达 12 篇。究其原因，主要与浙江树人大学校领导特别重视并

---

① 　徐绪卿：《浙江民办高校的发展态势及问题》，《教育发展研究》2001 年第 2 期。

带头开展"院校自身研究"有关，如时任浙江树人大学校长的朱玉教授在 2005 年出版了《树人为本》① 一书，2009 年又出版了《树人探究》②，原任该校副校长、现任校长的徐绪卿教授也一直倡导并带头开展院校自身研究，由此在该校形成了开展自身研究的一种研究风格。

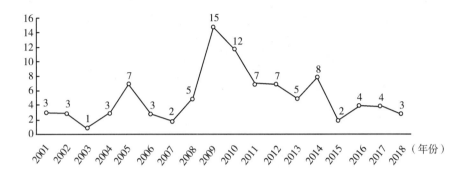

图 3 2001—2018 年论文关键词中出现"浙江树人大学"的论文数量/篇

在研究主题的整体结构方面，仍使用 Ucinet 软件绘制出高频关键词共现图谱，结果见图 4。图中节点的大小表示关键词出现频次的多少，线的粗细表示共现关系的强弱③。

将图 4 和文中绘制的图谱进行对比可以发现，前一个十年的图谱中有三个大节点，分别是"民办高校""高等教育"和"民办高等教育"；而近十年的图谱中，几乎只剩下一个大的节点，即"民办高校"。这一结果的出现，其实并不意外，因为本文作者之一的汤建民在文 [1]④ 中即已作出预测，即随着民办高等教育研究自身的积累和发展，它必然会走出依附，走向独立。

在研究内容方面还可以发现，1999—2008 年的民办高等教育研究主要围绕"民办高校""民办教育"和"民办高等教育"等关键词而展开，

---

① 朱玉：《树人为本》，浙江人民出版社 2005 年版。

② 朱玉：《树人探究》，浙江人民出版社 2009 年版。

③ 汤建民：《基于中文数据库的知识图谱绘制方法及应用：以创新研究论文的分析为例》，浙江大学出版社 2010 年版。

④ 汤建民：《近十年来国内民办高等教育的研究足迹———基于 1999—2008 研究论文的计量分析和可视化识别》，《现代大学教育》2009 年第 2 期。

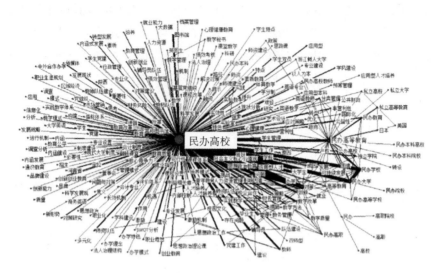

图 4　2009—2018 年民办高等教育论文关键词共现图（共现次数≥8）

与它们共现连接的词主要是"发展""问题""对策"和"大众化"等，节点数量少。而 2009—2018 年与中心词共现连接的词数量庞大但节点很小，说明现有研究侧重于对民办高校的某一具体方面而展开，论述范围已较广，涉及领域也较全面。当然，出现多词共现的还不多，在一定程度上说明现有文献具有研究广度发展良好而深度有待提高的特征。

三　结论及进一步讨论

通过对中国知网期刊数据库新近十年（2009—2018 年）有关民办高等教育研究论文的计量分析，并与 1999—2008 年发文情况进行对比，可以得出以下结论：一是从论文数量看，自 1999 年以来，有关民办高等教育研究的论文产出量总体一直呈上升趋势，且趋势线的斜率较大，表明增长势头强劲；二是从研究力量看，研究队伍人数在不断壮大，但与 1999—2008 年相比，其组成结构已发生很大变化，即核心研究力量大多来自民办本科高校，以往的公办高校力量已大幅度减少；三是从研究论文发表的载体看，高质量论文的比例较低，大多数研究仍停留在定性分析层面，泛泛而论的不少；四是从研究主题看，覆盖的范围非常广泛，已从早期的"发展""问题"和"对策"等面上研究转向更多、更广的具体化研究，但深度还有待加强；五是本文第一作者曾在前十年文中预言，由于民办高校自身独立地位的确立和前期研究基础的累积，民办高等教育研究已经迎来"轻装上阵""快马加鞭"的繁荣发展新阶段，并建议未来研究应该朝系统性、理论性和深入性方面迈进①。时过十年，论文数量方面的繁荣现象已经得到确认，但未来研究要真正在系统性、理论性和深入性方面取得明显进步，则仍需假以时日，因此，未来研究必须更关注论文质量的提升。

（汤建民 容瑀航，原文载于《浙江树人大学学报》2019 年第 5 期）

①　汤建民：《近十年来国内民办高等教育的研究足迹——基于 1999—2008 研究论文的计量分析和可视化识别》，《现代大学教育》2009 年第 2 期。

第六部分　典型案例

坚守立德树人初心，提升本科教育质量

浙江树人大学

浙江树人大学创办于 1984 年，是改革开放以来我国最早创建并经国家批准成立的民办院校。2003 年升格本科。2004 年 9 月，时任浙江省委书记的习近平同志视察我校，给予学校工作高度肯定，认为"树人大学的发展证明这条路是正确的"。党的十八大以来，全体树大人牢记总书记的嘱托，不忘立德树人初心，牢记为国植贤使命，探索了一条独特的民办高校发展之路。

一 坚持党建引领，守好立德树人初心，牢牢掌握新时代民办高校的办学方向

（一）把握好民办高校的办学方向

习近平总书记在全国高校思想政治工作会议上强调指出："民办高校的办学方式、组织结构、运行模式可以不同，但在坚持正确政治方向、正确育人导向上没有例外。"浙江树人大学从创办之初就把坚持社会主义办学方向、为国植贤写入学校章程，学校的校名"树人"和校训"崇德重智 树人为本"也展示了学校立德树人的价值追求。在决策层，董事会作为学校最高领导决策机构，负责学校重大事项的决策。实行董事会领导下的校长负责制，主持学校日常运行；学校党委书记进入董事会写入学校章程，学校建立党政联席会议制度，确保党委在政治上的领导权，学校"三重一大"事项均实行集体决策；在二级学院层面，配备专职党委书记、副书记，学院党委全面参与教学、科研、学科和人才队伍建设等工作，对各项工作落实情况进行有效监督。

（二）精准定位明确办好教育的时代责任

2010 年，《国家中长期教育改革与发展规划纲要（2010—2020 年）》强调，"促进高校办出特色"。为落实纲要精神，2011 年学校制定中长期发展规划，明确提出"到 2020 年，把学校建设成为一所综合实力在民办高校中处于一流、部分学科和研究领域在全国高校中有重要影响、富有自身特色和开拓创新精神的教学服务型大学"的办学目标定位，将服务国家要求、服务社会需求、服务学生诉求作为学校教学、科研和管理工作的出发点。学校陆续推进了教学服务型大学建设的相关制度建设，将理论成果物化到具体的学校制度设计中，直接运用于学校的育人工作中，2016年，"教学服务型大学的应用型人才培养探索与实践"研究成果获得省高校教学成果一等奖。2018 年下半年，落实全国教育大会精神和根据社会主要矛盾的变化，学校进一步凝练了"五个坚持五个满意"的办学愿景，即"坚持社会主义的办学方向，办一所让党放心的大学；坚持特色质量引领，办一所让人民满意的大学；坚持改革面向应用，办一所让社会欢迎的大学；坚持一流民办高校目标，办一所学生心中理想的大学；坚持内部共同治理，办一所和谐向上充满活力的大学"。这一办学目标成为师生共同的奋斗目标，并成为凝聚全校师生齐心协力共谋学校发展的强大精神力量。

（三）创新探索民办高校党的基层组织建设

学校发展的基础在人，而把人动员起来的核心力量在于党的基层组织。学校党委以党支部战斗堡垒作用和党员模范作用发挥为着力点，努力把党支部打造成组织力的承接点和汇聚点，使党员成为组织力的闪光点和能量点，进而带动教研室、学科团队、团支部等其他基层组织和全体师生同向发力。学校建立了支部学习日、党员政治生日、党员示范日和主题党日等"支部四日"制度，使支部工作有要求、有载体、有影响。坚持将教工党支部建在教研室，将学生党支部建在专业，强化党建"神经末梢"的敏感度和支持度，使党建工作与教育教学、人才培养有机结合，把基层党建各项任务落到实处，确保工作质量，提升党建工作实效。2019 年 10月，我校成为全省同时获得首批"全省党建工作示范高校""全省党建工作标杆院系""样板支部"这三项荣誉的八所高校之一。

二　遵循教育规律，不忘为国植贤使命，探索民办高校应用型人才培养的特色路径

（一）找准民办高校本科人才培养的定位

2011年以来学校根据"学科—行业—职业"的专业构建逻辑，对高级应用型人才培养目标进行了细化分类，提出了"复合应用型、技术应用型、职业应用型"三类专业人才培养目标，从知识、能力、素质三方面提出人才培养的具体规格要求，明确了应用型人才培养的方向和路径，提高了人才培养的针对性和有效性。目前我校已初步形成了"1234"高级应用型人才培养模式：围绕"1个目标"——高级应用型人才培养；强调"2个突出"——德育为先、能力为重；构建"3大体系"——理论教学、实践教学、素质拓展；实施"4大改革"——应用型导向下的专业、课程、课堂和综合领域的改革。

（二）探索本科应用型人才培养模式

学校以应用型人才培养为主线，不断满足社会和学生的多样化需求。2015年学校入选浙江省首批应用型试点示范建设高校，开始探索从企业到产业，从企业到政府，从国内到国际的多元合作，形成了与政府、行业协会、企事业单位及国外高校"四轮驱动"共育应用型人才的行业学院模式，截至2019年年底共建设了11家行业学院。通过实施共同构建治理结构、共同制定培养方案、共同组建教学团队、共同实施教学管理、共同打造产学研基地、共同开展项目研发等"六个共同"，行业学院的人才培养模式由校企松散合作变为紧密合作，合作领域由联合人才培养扩大到教学培养科学研究的融合，从培养链的物理对接转变成类化学生物的融合。其中，绍兴黄酒学院2018年获批双方合作的新工科背景下历史经典产业"政—产—校"协同育人模式的研究与实践（地方高校新工科综合改革类项目）；同年，获批浙江省高等学校第一批省级产教融合人才培养示范基地称号。

（三）遵循教育规律促教学改革

学校始终尊重高等教育的育人规律和规范，围绕应用型人才培养，坚持以学生为中心，合理设置课程体系，科学划分学、用比例，加强实验实训实践环节，强化应用能力的培养。学校鼓励学院改革教学内容、方式方法及课程评价方式，打造一批校企合作的行业模块课程、案例、教材，使专业核心课程企业业师的协同教学率达70%以上。先后有多位老师获浙江省青年教师教学技能大赛思政组、工科组特等奖和理科组一等奖。在浙江省连续两届的教学成果奖评比中，荣获了省教学成果一等奖2项、省教学成果二等奖6项。2019年，我校教师在"第五届（2019）全国高校数学微课程教学设计竞赛全国决赛"中荣获全国一等奖，是本届比赛浙江省获得的唯一一个单位，学生创新实践应用和创业能力得到提升。浙江省教育评估院调查结果显示，我校学生创业率连续位居全省本科高校前十名，在研的国家（省）大学生创新创业项目有300余项，省大学生新苗科技计划64项。在2019年全国互联网+创新创业大赛中我校学子获得银奖一项，成为全国获得银奖的八所民办高校之一。在各类学科竞赛中我校学子也有不俗表现，如在浙江省大学生结构设计大赛连续多年获得省赛金奖，并挑战全国诸多双一流名校，2018年、2019年连续2年获得国赛一等奖。

三　改善办学条件，夯实办学基础，围绕人才培养形成协同发展的良好机制

（一）补足办学资源不足的短板

办学空间和办学资源不足一直是学校发展的短板，从创办之初的三无学校，到四校合并之后的舟山东路校区，校园面积不达标成为历任董事会和学校领导着力解决的大问题。从2014年6月立项，到2020年6月二期完工，学校占地面积从432亩扩大到1232亩。学校办学空间不足、资源不足的短板得到有效弥补，学校从单一校区办学转变为两校区办学模式，以学科建设为引领的两校区办学整体运行模式进入实质性运行阶段。也正

是由于办学条件的改善，2019 年学校在全国 243 所高校竞争中成功申请到仅有 6 家获准的临床医学专业，正如中国工程院院士、北京大学常务副校长詹启敏在医学院成立大会上的发言中所说，"成立树兰国际医学院是中国医学教育史上的一个创举"。学校将集聚顶尖院士和专家团队，引进国际最先进的医学教育经验，开展全新的器官系统教学方法，探索以问题为导向的医学教育模式，着力在新医科教育的探索中闯出一条新路。

（二）突破师资队伍建设的瓶颈

教师是人类灵魂的工程师，"承载着传播知识、传播思想、传播真理，塑造灵魂、塑造生命、塑造新人的时代重任"，是办好学校的关键。近年来，学校坚持"人才强校"战略。重点实施了"高层次人才引智工程""青年教师培养工程""双师双能型师资建设工程""师资队伍国际化建设工程"四大工程，实现了国家千人计划等高层次人才的突破，先后引进博士 180 余人，已初步形成了一支结构基本合理、素质相对优良、具有创新能力和合作精神的、专兼结合的师资队伍，能较好满足本科人才培养的需要。学校实施"百业培师""千人业师"计划，建立了企业员工与教师岗位互派制度，鼓励青年教师进企业，引进企业技术骨干、专家协同教学，形成校企合作教学团队 100 多个。目前，每学年有超过 1000 人次业师参与 500 多门课程的教学。李兰娟院士、郑树森院士亲自为护理系、医学系新生开讲大学第一课，护理学《专业德育》课由医院 7 名护士长加学校 3 名老师任教，临床医学生从大一开始实行一对一学业导师制，从入学开始就进入临床观摩学习等，改革了传统的教学方式方法，增强了学生的职业认知认同。

（三）提升学科科研发展的引力

学校贯彻学科强校战略，教师人人进学科已成为共识。坚持科研反哺教学的原则，努力实现科研、学科与教学同步提升的目标，在相关排行榜中，我校科研水平连续多年位居全国民办高校首位。"十二五"期间，学校有 7 个学科入选省级重点学科，"十三五"期间 5 个学科入选省一流学科（B）。学校共开展了三批中青年学术项目团队建设，组队开展科研攻关，连续三年科研经费突破三千万元。与浙江工业大学、常州大学、浙江海洋大学等联合培养研究生。积极拓展国际科技合作，服务地方和企业的能力大幅度提升。2012年《浙江树人大学学报》"民办高等教育"栏目入选教育部名栏，成为全国民办高等教育研究成果展示的重要平台。

（四）形成全员协同育人的机制

十年来，学校党委和行政班子密切配合，构建了协同工作机制，强化教育、管理、服务的精准性、有效性、亲和性和协调性，助推学生全面发展。一是领导机制协同。明晰校院两级党政班子的任务清单，全面压实工作主体，有效推动学校教育教学、党建思政各项目标任务落细、落实。二是教育机制协同。形成课内课外联动，新媒体助力的良好局面。思政课程与"课程思政"同步推进，线下活动与线上教育有效联结，构筑师生的精神家园，学校官微获2017年全国高校官微百强称号。三是服务机制协同。通过网格化管理、后勤"半小时响应"服务机制和行政服务"最多跑一次"，及时解决师生的生活问题，提升服务质量。四是队伍建设机制协同。学校基本形成了一支数量充足、责任心强的思想政治工作队伍，并对思想政治工作和党务工作队伍在职称评审上实现单列计划、单设标准、单独评审，重在育人实绩。学校在教师评价中把"育人"作为教师业绩考核的刚性要求，引导广大教师以德示范、以德立学、以德施教，以良好的师德师风培育优秀的校风学风。

2020年5月，省委省政府印发的《浙江教育现代化2035行动纲要》提出：到2035年，浙江教育在全国率先高水平实现教育现代化。浙江树人大学也将努力朝着"成为全国民办高校发展的排头兵和改革的先行者、为中国民办高等教育发展提供生动的浙江实践和经验"的目标而奋进。

深耕"双创"教育改革，
凸显创业型人才培养特色

宁波财经学院

宁波财经学院坚持立足区域经济建设和产业发展需要，坚守"成为中小企业发展的首选大学"的办学理想，致力于培养中小企业中高端技术、管理岗位所需要的高素质应用型人才；将"创业型"人才培养作为学校应用型教育的基本定位，把深化创新创业教育改革作为提升应用型人才培养质量的重要途径，从 2010 年开始，在深入考察分析国际国内创业教育开展现状的基础上，围绕人才培养体系、校企合作机制、专业课程建设、实践孵化平台建设等方面，积极推行创新创业教育改革实践，改革成果《基于校企深度融合的"三位一体"创业人才培养体系构建与实践》荣获 2016 年浙江省高等教育教学成果奖一等奖，学校获评"浙江省普通高校示范性创业学院""全国民办高校创新创业教育示范学校"。

一 主要改革举措

（一）更新创业教育理念，系统构建"三位一体"创业人才培养体系

学校根据学生个体发展、社会产业需求、多方要素互动的三结合创业教育理念，按照"以校政企三维合力、企业深度参与为基石，既呼应区域经济建设和产业发展需求，又充分考虑学生需求差异性和多样性"的创业人才培养改革思路，从创业教育内涵和创业人才成长规律出发，全面引入企业资源，系统构建了校企深度合作、校政企联动共促，涵盖创业教育和创业人才培养各要素的"创业教育与实践、创业培育与引导和创业

服务与支持"三位一体的创业人才培养体系。

其中，创业教育与实践：主要面向四年制创业管理专业、"3+1"创业班和全校学生，开展创业课程教育、创业实践指导和创业演练等；创业培育与引导：主要面向项目团队与创客团队的创业孵化项目开展项目识别、过程辅导、前期融资、创业孵化等指导与服务；创业服务与支持：主要面向学生注册成立的公司提供商业模式设计、管理咨询、资本对接、财务咨询与代管等服务，给予人才与技术支持、场地支持和政策支持，包括已毕业创业的学生（校友）。

（二）创新校企合作机制，形成校企事业与利益共同体

以资金、人才、知识、技术、信息为纽带，建立市场机制主导的双向介入、全程参与、责权明确、利益同享、风险共担的校企深度合作，培养创业人才的机制，构建校企事业与利益共同体，从根本上解决了企业参与动力问题和外部资源整合共享问题。与深圳国泰安教育技术有限公司、北京长城战略管理咨询公司合作共建"混合制"创业学院，建设经费共同投入，风险及利益按比例共担共享，实行理事会领导下院长负责制，学院运行管理和社会资源整合以企业为主，人才培养成效与管理团队考核激励直接挂钩。

（三）创设四年制创业管理专业（方向），推动创业教育多层面发展

依托创业学院工商管理专业，以"培养民营企业高素质接班人和职业经理人、中小企业新一代创业者"为目标，开设纳入普通高校招生计划的四年制创业管理专业（方向）；依托创业学院的校企资源，开设"3+1"创业实验班，同时深化面向全校学生的创业通识教育，形成了满足学生多样性需求和个性化发展要求的多层面创业教育同步推进格局。

（四）校企共建课程体系和师资队伍，共同推进创业培育与孵化

校企合力构建涵盖通识教育、专业学习、创业演练、创业实战、创业体验等环节的模块组合式课程体系，课程内容融入中小企业和民营企业家

创业经验与创业案例，专业课程全部采用"课程总监+专家主讲+课程助理"教学模式；引入企业高管担任课程总监，行业专家担任课程主讲，学校教师到企业锻炼并获得企业运行与管理经验后担任课程助理；校企双方组建的师资团队合作开展教材建设和课程教学。四年制创业管理专业、"3+1"创业班学生均须参加项目团队或创客团队，由创业型企业和投资机构高管担任创业导师，全程指导创业项目培育与孵化，同时对接天使投资基金，促进项目有效孵化。

（五）校政企共建创业实践与孵化平台，共构创业服务与支持体系

学校与宁波市教育局、宁波市国家高新区科技局、宁波市人才培训中心、深圳国泰安教育技术有限公司、北京长城战略管理咨询公司等政府部门和公司企业紧密合作，校政企共建创业模拟实训中心、商业模式验证实验室、创新创业教育服务中心、创客空间、大学生创业园区等创业实践与孵化平台，平台由企业主导管理，实行市场化运作，支撑创业人才培养全过程。同时，校政企联合创立"大学生创业投资基金"，成立人才猎头公司、财务咨询公司和孵化器公司，对接政府创投基金和社会创投机构，聘请企业家和风险投资家担任创业顾问，为在校生和毕业生注册成立的公司提供全方位服务与支持，促进创业人才的持续发展。学校每年举办贯穿全年、全员参与的"双创博览会"，以创新创业项目立项培育为起点，以创新创业成果展示、评比、表彰为终点，引领创新创业活动开展。

二 主要实践成效

（一）形成了"以点带面、点面结合、覆盖全校"的创业教育局面

创业学院创业管理专业（方向）被列为浙江省新兴特色专业，其人才培养模式和教学方法改革受到教育主管部门和兄弟院校充分肯定，该专业深受考生青睐，报考学生连年爆满，迄今已形成每年200人的招生规模，累计毕业生800余人；面向全校大一学生的创业意识教育、面向大二

大三学生的创业理论普及、面向大四学生的创业实践训练常态化开展；学校以创业管理专业（方向）建设为引领，"以点带面、点面结合、覆盖全校"的多层次创业教育日益完善。

（二）创业训练成果显著，创业人才培养成效明显

改革实践以来，学生累计获得全国大学生创业大赛等省部级以上创新创业类大赛奖项 1277 项，国家大学生创新创业训练项目 200 项；12 家毕业生公司年产值达 1000 万元以上，毕业生刘荣杰、林海等创办公司事迹在中央电视台作了深度报道；涌现出一批在校学生创业典型案例：如创业管理专业学生孙国同在校 3 年间先后创办 2 家公司，带动 30 余位同学一起创业，被《人民日报》专门报道；创业管理专业学生赏吉飞的"区块链跨境供应溯源管理系统"项目获得天使投资 200 万元，公司估值 2000 万元；学校毕业生创业率始终高于全省本科院校平均，其中 2012 届、2014 届毕业生创业率位居全省本科院校第一。

构建"三三三"工作机制，切实发挥党组织政治核心作用

浙江越秀外国语学院

浙江越秀外国语学院（以下简称"越秀"）创建于1981年，2008年升格为本科院校，现有14个二级党委，1个直属党支部，67个党支部。学校积极探索党建工作机制，从"1+3"到"三三三"制，切实为基层党组织建设保驾护航。

作为实行"理事会领导下校长负责制"的民办院校，越秀党委一直在坚持规范党组织建设的基础上，积极探索、创新。从2011年开始，随着学校本科教育发展特色的凝练，探索构建了"三三三"党建工作机制，切实加强了党建引领作用发挥，有力促进了学校可持续发展。学校党委于2014年4月被浙江省委组织部、省委"两新"工委确定为"党建强、发展强"党组织，已12年被上级党组织评为"五好"基层党组织。2018年，机关党委教官队党支部被教育部列为首批"全国样板支部"创建单位，《以创建"周恩来班"为载体加强和改进大学生思想政治教育》入选为浙江省高校思想政治工作质量提升工程实践育人示范载体。2019年，学校《用"周恩来精神"育人铸魂——"周恩来班"创建活动》项目被评为全国民办学校首批党建特色项目，学校被绍兴市教育工委列为绍兴市首批"五星育人、三名争创"示范学校。

一 构建"三个机制"，确保党组织的政治核心作用发挥

1. 围绕理事会、学校、学院议事规范，健全参与决策机制。在实行"理事会领导下校长负责制"基础上，突出发挥党的政治优势、组织优

势，积极构建"党委政治领导、理事会决策、教育家管理、教授治学、民主监督"的内部治理架构，形成了"理事会—党政联席会议—学术委员会—教职工代表大会"为核心的治理机制。探索二级学院党政领导双向进入、交叉任职，强化党政同责、一岗双责，使基层党组织成为学校教书育人的坚强战斗堡垒，制定并完善二级学院党政联席会议议事规则。

2. 围绕学习型、服务型、创新型党组织建设，健全组织工作机制。一是健全机制，搭建平台，开展学习型党组织建设。坚持"校长书记讲党课"制度，开展"党课大家讲"活动。以上党课、座谈会、报告会等形式，推进"不忘初心、牢记使命"等主题教育活动常态化制度化。二是坚持以人为本，拓展服务内容，开展服务型党组织建设。学校党委组织党员干部广泛开展"四个一"活动，以"最多跑一次"为目标，全面提升服务水平。党员志愿服务形成了品牌，实践育人项目获省教学成果二等奖，"绍台大学生义工服务"被国台办立项为"重点交流项目"，学生党员参加G20杭州峰会、世界互联网大会志愿服务，被中国青年志愿者协会评为志愿服务先进集体，浙江省委省政府授予G20杭州峰会志愿服务先进集体。三是优化平台，创新载体，构建全员育人格局。学校党委开展了党建特色品牌创建活动，各基层党组织建立起一批主题鲜明、能够常态运行并具有推广价值的"一院一品"党建特色工作品牌。

3. 围绕重要工作、重大问题、重点环节，健全管理监督机制。党组织保证党的教育方针在学校的贯彻落实，保障学校的各项任务能够顺利完成。学校成立了党风廉政建设工作领导小组，牢固树立"不抓党风廉政建设是失职"的意识，切实做到重要工作亲自部署、重大问题亲自过问、重点环节亲自协调。出台落实党风廉政建设党委主体责任、纪委监督责任的实施意见，确保"一岗双责"落实到位。

二　坚持"三个融入"，强化基层组织和党员示范引领作用发挥

1. 坚持把党建工作融入学校建设发展。以"五星三名"建设为契机，夯实党建引领，在顶层设计上主动围绕清晰办学定位、编制战略规划、明确发展目标、深化教育教学改革等重大工作开展一系列深入细致的调研。

几年来，学校人才培养模式改革不断推进，专业结构和布局不断优化，成果不断涌现。外国语言文学为浙江省一流学科，外国语言学及应用语言学、法语语言文学为绍兴市重点学科；朝鲜语专业为浙江省重点专业，英语、法语、传播学、国际经济与贸易等4个专业为浙江省新兴特色专业，英语和日语等2个专业为绍兴市特色（重点）专业，《高级英语视听说》等14门课程被认定为省级一流课程。

2. 坚持把党建工作融入师资队伍建设。按照"四有""四个引路人""四个相统一"要求，加强师德师风建设，制定实施方案，出台负面清单和失范行为处理办法。深化推进新时代高校党建工作，坚持党管干部原则，党委在学校重要干部的选拔、任用、考察方面做好预审关、考察关、政审关。在人才引进计划、人才引进审议、人才待遇的确定与落实、重要人才项目的推进落实等工作都由党政联席会研究决定。通过制订《师资队伍建设十三五规划》、专业技术职务评聘三年评聘规划等，积极落实"稽山学者"计划、博士研究生引进和培养"双百工程"等重要政策。

3. 坚持把党建工作融入人才培养。以学校文明校园"2118工程"建设为抓手，大学生文明课堂、文明寝室等为载体，开展大学生文明修身系列活动。利用丰富的绍兴文化资源，共建"历史文化""红色文化""社会主义新农村"等社会实践教学基地。开展"社区义工"项目，突出发挥学生党员示范引领作用，切实培养学生社会责任感和奉献、服务意识。自2008年启动以来，累计有2.5万人次参与G20志愿服务、五水共治、抗洪救灾等志愿服务，服务时间多达127万小时。组建"大学生教官队"，把军队的优良传统和作风根植于大学校园，引导大学生坚定理想信念，实现全面发展，学校被教育部授予"国防教育特色学校"。用人单位对于"毕业生的综合素质满意度"排名位于全省本科高校前列。学生CET四、六级通过率超过全国211大学平均水平。五年来累计获国家级奖项共317人次，省级奖项共790人次。

三 创设"三个指数"，提升党建工作的规范化水平

1. 创设"堡垒指数"，夯实基层基础。坚持在学校建设中，党的建设同步谋划、党的组织同步设置、党的工作同步开展，把学校工作特色转变

为党建工作亮点。目前学校二级学院党委均配备了专职党委书记、副书记，兼职组织员、党支部书记享受党务工作津贴。完善基层党建工作绩效考核责任制，制定完善《基层党建工作绩效考核办法》，将"五好"标准细化成19个观测点，对党组织在保障教育教学改革、推动重点项目建设上的作用发挥情况实行重点考核。每年举行"七一"表彰节，筑牢基础、多措并举，涌现了一批省高校先进基层党组织。

2. 创设"先锋指数"，树立党员旗帜。加强民办高校党建工作，必须加强党员思想作风建设，把政治建设放在首位。学校党委设立"先锋指数"，分设5个一级指标、16个二级观测点开展党员评议和推优。通过"最受师生喜爱的书记""张巨昌教育奖"等评选，让党员成为一面旗帜，近几年涌现出了一大批优秀共产党员代表。

3. 创设"积极指数"，强化质量保障。严格规范程序，确保党员发展工作公开透明。加大高知群体发展力度，实行青年教师导师制，落实"双带头人"制度，把优秀青年教师发展为党员。强化党员发展工作目标管理，明确学校各级党组织负责人和培养联系人的责任，对入党积极分子实行量化考核。近三年，参与"积极指数"量化考核的入党积极分子达到3000名以上，其中优秀占比率达到72%以上。

以课程为依托的"职业人"优势品质培养

浙江育英职业技术学院

一 "四大教育载体"的由来

浙江育英职业技术学院以"厚德载物，自强不息"的校训精神为引导，立德树人，以课程为依托，着力培养"职业人"优势品质，逐渐形成"生命健康教育""无偿献血""体育活动"和"重大社会服务"优势品质培养的"四大教育载体"，积淀为"育英精神"，收到良好的效果。

二 "四大教育载体"的具体实践

（一）生命健康教育，让教育充满生命的关爱

学校开设"卫生健康教育"课程，培养学生对生命关爱与敬重的情怀，激发学生奉献精神和追求高品位的幸福人生，提高自我保健能力，推进健康生活方式的养成，成为立德树人、全面育人工作的有机组成部分。

工作思路：以立德树人为根本，面向每一位学生，与"职业人"培养的课程体系融合，与教书育人工作融合，与校园文化建设融合，与核心价值观教育融合，形成"以培养方案为支撑，以必修课程落实，以知识与技能竞赛推动，理论与实践结合，知识与技能并重"的工作原则和策略。

工作机制：院长牵头负总责，医疗保健中心作为责任部门具体落实，教务处负责编制培养计划与课程安排，红十字会、爱委会、学生处、团委及各分院团总支协调联动组织实施。同时，将卫生健康教育纳入学院每年

的党政工作要点进行考核，形成落实保障机制。

将卫生健康教育作为公民素养课程板块的必修课纳入大一学年教学计划，学生必须完成 12 课时的课程学习，经操作考核通过后，赋予学分。

每年以问卷形式，开展卫生健康知识、健康行为习惯和心理健康状况专项调查，学生独立完成问卷。调查内容涵盖生活保健、运动、睡眠、卫生习惯、饮食健康以及常见传染病、艾滋病等知识，所形成的分析报告供学院领导和心理咨询室、学工干部做工作参考，并为调整健康教育课程内容、完善教材提供依据。

学校还不定期地组织卫生健康知识和救护技能大赛，推动相关工作，巩固学习成效。

（二）体育活动为载体，磨砺拼搏奋进品质

体育是育人的重要工作，是培养全面发展的具有优势品质与技能的合格职业人的重要教育内容，是健全人格，激发自信心，培育自强不息育英精神的载体。

学院坚持党和国家教育方针，始终将体育作为育人和学院文化建设的重要内容，上升到学院层面进行系统设计，实施体育工作立体化、综合性改革，使体育教学、体育活动和校外体育赛事成为立德树人和强化专业育人的内在实践。

坚持普及与提高相结合的方针，在丰富体育群体活动，使体育活动成为团队凝聚力建设的重要载体的同时，着力打造特色体育竞赛团队，通过训练和竞赛实现体育所特有的育人功能。

建立田径、武术、游泳、篮球、排球 5 支特色体育运动队。每个特色队配主教练，实行主教练负责制，建立激励与竞争机制，实施目标管理，动态考核，确保运动队建设高水平。

竞赛成绩与主教练考核挂钩，主教练指导学生训练计入工作量。对队员制定相关激励政策，在评优评奖、学业成绩考核等方面予以激励。制定重奖政策，设立董事长、院长特别奖，对取得好成绩的主教练和队员予以奖励。

近五年来，学生参加省、全国比赛，夺得 178 金、115 银、94 铜，并在 2015 年浙江省第十四届大学生运动会中，一举夺得专科组团体总分的

冠军。在 2019 第十九届全国大学生田径锦标赛中获高职组团体总分第一名。

2015 年 12 月 24 日中国教育报以"一所高职院校缘何重视体育，体育与人才培养之间有怎样的联系——依托体育培养职业人精神品质"为题，报道我院体育工作。

（三）无偿献血，弘扬"奉献、友爱、互助"精神

无偿献血是公民的义务，是引导学生关爱生命、敬畏生命，关注健康、奉献他人的实践载体。从 2001 年起，每年由学院红十字会、院团委、党校牵头开展无偿献血。

为激励大学生为生命奉献和推进入党积极分子教育，学院将无偿献血作为大学生党建和思想政治教育的工作载体，要求凡符合献血条件的共产党员、共青团员、学生干部、优秀学生率先垂范，带头无偿献血。学院领导和教师也积极加入无偿献血行列，院级领导全都献过血。

20 年来，以卫生健康课程普及献血知识的科学教育为指导，以红十字精神传播为核心，以关心关爱为基础，以精心组织为保障，以宣传表彰为激励，形成学院无偿献血文化，使无偿献血成为风气。

2001—2019 年，共有 15508 名师生参与无偿献血活动，累计献血 4566780 毫升。千人献血率 230‰。

2020 年 4 月 28 日，浙江省血液中心、杭州市献血服务中心公布了杭州市 2019 年团队献血光荣榜，院 1777 人参与无偿献血，人数在教育系统及在杭高校中排名第三，在杭州地区所有的各级政府团队、医疗系统、教育系统及在杭高校、机关、企事业单位和爱心团队中，千人献血率排名第一。

学院获得杭州市无偿献血先进单位、杭州市红十字奉献奖、浙江省无偿献血奉献奖、浙江省无偿献血促进奖、浙江省红十字志愿服务先进集体、浙江省志愿服务先进集体、第六届高校无偿献血感恩月活动"杰出团体奖"、2015"感动你温暖我"——十大优秀"热血英雄"评选"热血绿巨人（团体）"称号和第七届高校无偿献血感恩月"模范标兵奖"。2016 年，荣获 2014—2015 年度全国无偿献血促进奖单位奖；2019 年，荣获"全国无偿献血先进典型集体代表"殊荣，入选《爱满人间　红动中

国——全国无偿献血群英谱》，在全国仅 34 家获此殊荣的单位中，我院为浙江省唯一。

（四）重大社会服务，涵养崇高精神和担当情怀

以志愿者为主体的社会服务，是学生了解社会、增长见识、增强能力，更好地服务社会的有效途径，也是学院办学使命和责任。依托民航专业办学优势，学生从 2003 年起，服务于国际性大会、省市"两会"和其他大型活动。

随着民航安全检查等专业的建设，学院服务领域逐渐扩大。2014 年起，服务"第一届世界互联网大会·乌镇峰会"。2015 年 11 月，864 名师生成功完成"第二届世界互联网大会·乌镇峰会"的礼宾和安检任务。自此，每届的"世界互联网大会·乌镇峰会"都是育英学子展现使命和担当、素养和技能的舞台。

从 2016 年 3 月 28 日与杭州市安保服务集团总公司正式对接 G20 杭州峰会安全保障任务开始，5000 余名师生在上岗前进行了长达 160 多天的技能训练和文化素养培训，为峰会提供最充分的人员准备，候选最精干的力量。

上岗期间，从 8 月 5 日到 9 月 10 日晚 11 时，历时 37 天，2323 名师生分别在西湖国宾馆、西子国宾馆、洲际酒店、萧山机场、地铁各条线路、绕城高速、车站等 86 个站点，以 750 多万次人身安检、231 万个 X 光机过包量、查获 8500 多件违禁品的成果，完成所承担的礼宾和安检任务，实现了万无一失的工作目标，得到领导的好评。

此外，我们还服务联合国世界地理信息大会，受到省政府的表彰；在 2018 年第 14 届 FINA 世界游泳锦标赛上，所有升旗和颁奖礼仪都由我院志愿者担当，中外嘉宾评价："形象颜值高！职业素养高！服务标准高！"

三　"四大教育载体"的实施成效

（一）让学生有了更重要的发展本领

"四大教育载体"的实施培养了学生的优势品质，让他们拥有了一种

担当、进取的可贵精神，形成了一种负责、敬业的态度，滋养出一种奉献、大爱的情怀和敬爱、感恩的心。在 2020 年新冠疫情防控期间，校友们积极为学院筹措防疫物资，亲自送到学校。其中的一位校友还向宁波市鄞州区红十字会捐赠人民币 50 万元。这些品质，是最重要的发展本领。

（二）沉淀了最宝贵的精神财富

服务 G20 杭州峰会所展现的维护国家重大利益的责任担当精神，广大师生无偿献血的无私奉献精神和体育团队的勇敢拼搏精神，让"厚德载物，自强不息"的校训精神得到生动的诠释，成为育英人内心深处的集体记忆和永远的精神财富，伴随并助推育英成长、发展。

（三）促进了校企合作

参与重大社会服务，让我们在社会树立了良好的口碑，密切了以往与企业之间的关系，而且不断有新的企业谋求合作，为提高人才培养质量和服务社会水平创造了有利条件。

现代学徒制典型案例

浙江汽车职业技术学院

我院由吉利汽车和临海市政府合作办学。"依托集团、立足地方"已成为学校办学体制上的独特优势。吉利汽车的跨越式发展，为校企合作创造了得天独厚的有利条件。从 2015 级开始，学校"汽车制造与装配技术"专业实施现代学徒制人才培养模式，效果良好，深受企业好评。几年来，学院现代学徒制持续推进，在创新人才培养、服务区域经济方面取得了显著成效。

一　实践成果

1. 建立了校企"双主体"育人机制。汽配专业实施"1.5+0.5+1"现代学徒制人才培养模式，即：前三个学期在校内理论和实训学习；第四学期由企业根据定向培养需求，按企业的要求设置专业课程和实践教学，并与吉利集团培养新进大学生的"成蝶计划"有效对接，和学校共同实施教学过程；最后一年定向到企业顶岗实习。

2. 实现了招生招工一体化。校企联合签订了项目合作协议书，确定招生的专业和规模；开展校企联合招生宣传、录取工作，录取的学生具有双重身份，既是学生，又是学徒；学校、企业、学生共同签订三方协议书；建立了"现代学徒制"学生企业成长档案。

3. 形成了人才培养制度和标准。将企业专家纳入专业建设委员会，双方研究确定人才培养目标定位、培养模式；共同制订了人才培养实施方案。企业全程参与学生的学业及思想道德评价，作为三年后学生录用的条件之一。建立了校企联合答辩的学生质量评价模式。

4. 培养了校企互聘共用的教师队伍。专业教师与企业工程师及管理人员双向挂职锻炼渠道畅通；吉利集团优秀的高层管理人员、高级技能人才、明星员工以客座教授、技术顾问、兼职教师的身份融入学校和基地的人才培养过程，促进了协同育人。专兼职教师队伍带来了校企文化交融，为培养"原生态"的员工打下了基础。

5. 逐渐完善了现代学徒制模式的管理制度。双方共同建立了《校企合作共建实训基地协议书》《校企人员"互兼互聘"管理办法》《指导教师工作职责》《校企定期会商制度》《学员考评管理办法》《现代学徒制学生上岗前培训计划》等管理制度，保障了模式的良好运行。

二　实施过程

1. 改革培养模式。以提高学生技能水平为目标，按照"学生→学徒→准员工→员工"四位一体的人才培养总体思路，实行三段式育人机制。通过深化教学改革，本专业创新实施的"1.5+0.5+1"现代学徒制人才培养模式，学生最后一年定向到企业顶岗实习，有效促进了学生实践能力的提升。

2. 改革教学模式。以适应职业岗位需求为导向，改革教学方法，加强实践教学，着力促进知识传授与生产实践的紧密衔接，构建现代学徒制。推行工学结合，实施双导师制，学院确定专业教师作导师，下实习单位指导学生理论学习；实习单位选派技术人员作师傅，负责实习生岗位技能教授。以现代化实习场所作为教学的重要阵地，注重能力培养和技能训练，促进知识学习、技能实训、工作实践的融合，推动教、学、做的统一，帮助学徒在实习中积累国家职业资格评估所需的证明材料，实现学生全面发展。

3. 创新实习内容。以人才培养对接用人需求、专业对接产业、课程对接岗位、教材对接技能为切入点，深化实习内容改革。将相关岗位分解成若干个技能元素，并进一步提炼为训练点，校企共建实训基地，把技能训练纳入在校实训。

4. 加强队伍建设。以教师培养、评聘和考核为核心，强化"双导师制"队伍建设。坚持以教师全员培训、集中专题培训为主要形式，建设高素质专业化教师队伍。实施学院与企业管理人员双向挂职锻炼，提高专业教师的实践能力和教学水平。推动专业教师与企业共同开展技术研发，及时完善和更新相关理论知识。鼓励企业选派有实践经验的行业企业专家、高技能人才和社会能工巧匠等担任学院的兼职教师，并建立了企业兼课专家库。

5. 改革评价模式。将教师评价和企业师傅评价、企业评价相结合，以评促教，以评促学，切实提高学生的就业基础能力、岗位核心能力、职业迁移能力，实现"人人有技能，个个有特长"的目标。

三　案例的创新点

学校"汽车制造与装配技术"专业实施的现代学徒制人才培养模式，由于所学、所练与实际生产岗位能力无缝对接，知识结构与职业能力过渡无障碍，学生本人深感学有所获，学有所用，企业评价很高，少数学生甚至已经走向生产现场技术管理岗位。该模式的主要创新点有：

1. 校企合作的"双主体"育人机制。汽配专业实施的"1.5+0.5+1"现代学徒制人才培养模式，企业管理和学院管理两条主线对学生成长起到了重要的助推作用。

培养示意图如下：

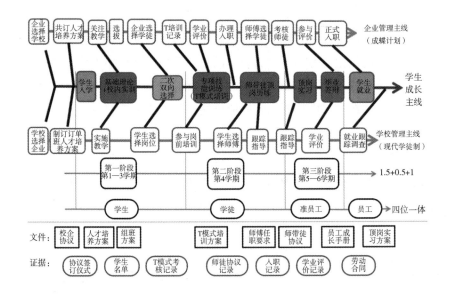

2. 校企共建人才培养制度和标准。通过座谈研讨，双方研究确定人才培养目标定位、培养模式；共同制订了人才培养实施方案，企业全程参与。2019 年起，学院专职教师和辅导员与企业工程师组成联合答辩组，对在企业"现代学徒制培养"的学生进行毕业答辩。通过联合答辩，校企双方对合作育人的理念更清晰，对学生的能力培养和过程性评价形成了一些新思路，并用以指导下一步更广泛和深入的校企合作。

3. 校企合力改善学徒实训条件。为了解决学生真实上岗前培训问题，通过企业捐赠、校企合作等方式，2017 年，校企共建了汽车制造工艺技能训练中心，面积近 2000 平方米，培训容量达 2000 人次/年以上。目前，该实训中心已升格为吉利企业研修学院，校企共建共管共用。作为"学生"和"准员工"之间的培训纽带，该基地同时作为企业新员工培训场所，有较好的社会效益。

4. 形成契合"现代学徒制"培养模式。学院逐渐确立了学长返校座谈惯例，在"老学徒"与"新学徒"之间建立了沟通桥梁和精神传承。

四　项目的影响

现代学徒制大大拉近了校企距离，双方合作更加紧密，互利共赢，形成了良好的发展共同体。该项成果也在校内外逐步推广，一定程度促进了职业教育和经济发展。

2018 年，项目获批为浙江省第二批现代学徒制试点单位，在吉利集团人才峰会上，全国与吉利合作的一百多家院校中，我院获"优秀校企合作单位"。2019 年，学院领导在全国机械职业教育教学指导委员会汽车类专业教学指导委员会会议上，对全国近百所院校介绍我院校企合作和现代学徒制培养特色，得到与会人员的高度评价。

与时俱进，顺应社会需求办学

浙江三联专修学院

  我院的前身是 1993 年 3 月成立的杭州三联培训学校。2001 年 3 月，接收了原浙江联信经济管理专修学院，同时经省教育厅批准更名为浙江三联专修学院。目前，学院设有中专、大专、本科等多层次教育和经管类、教育类、理工类、护理类等共 23 个本科、专科专业以及护理、口腔修复工艺、学前教育、电子商务等 9 个中专专业。专职教职工 100 余人，全日制在校生 2000 余人，各类业余学历和非学历教育在校生 3000 余人。办学 27 年来，学院始终秉承"正德厚生、务实创新"的院训，以社会需求为导向，搭建开放性、多元化的育人平台，现已形成多学科、多层次、多规格的特色办学体系，为社会培养了一大批优秀毕业生，赢得了良好的社会声誉。学院已为社会培养输送各类专业技术人才十多万名，为带动一方经济发展、提高国民文化素质和促进民办教育的发展发挥了积极作用。学院也先后获得"全国高等教育自学考试先进集体""全国示范学习服务中心""中国民办高等教育优秀院校""杭州市先进基层党组织"等 60 余项荣誉。

一　坚持不懈，深耕全日制自考助学

  随着高考人数的下降及社会需求的变化，自考全日制助学人数迅速下滑，我院招生规模经过几年的波动后，于 2014 年开始逐步趋于稳定。

  学院以坚持质量立校，实施品牌战略，提升自考全日制助学特色。学院积极实施名师领航工程，不惜高薪聘用名师领航执教；实施教师培养计划，提高教师的职业素质和业务水平，打造专业化的师资队伍；严格按专业计划要求，精心组织教育教学，狠抓教育教学质量；强化教学过程管理，开展各种形式的教研交流活动，积极探索教育管理的创优创新手段。学院以专业建设为突破口，进一步优化专业结构，通过校企合作、加大投入等进行实训场地建设，突出专业品牌优势。

学院注重实践能力和专业技能培养，会计和行政管理专业是杭州市专修学院首批评定的特色专业。根据经济和社会发展需要，近几年加大了对护理、学前教育等专业的投入，增加校企合作的办学比例，真正提高学生的优质就业率，并逐渐以此形成新的特色。

学院于1998年首创"双专职班主任制"，浙江多所自考全日制助学院校已借鉴推行。"慈母+严师"的双专职班主任制，保障了低进高出、高进优出的自考助学教育质量目标的实现。

优良的校风、优质的教风和严谨的学风构筑了三联过硬的全日制自考助学品牌，自考报考率、实考率、合格率、毕业率一直高于全省全日制自考助学平均水平。

三联从办学初期就一直注重校园文化建设。1997年9月创办校刊《三联院刊》，至今已出刊91期。这是全国第一本以自考生为受众群体的刊物。《浙江考试》杂志是浙江省教育考试院主办的、浙江自考领域的权威杂志。自2001年以来，三联师生在该杂志上刊发了100多篇文章，这反映了三联师生对自考事业的执着努力，也反映了浙江省教育考试院对三联的肯定。学院自2004年起举办"自考大学生"文化艺术节，至今已举办了十六届，通过开展各类文化艺术活动，为自考生提供一个展示才艺的舞台。另外，学院还建有40多个学生社团，包括有新闻社、跆拳道社、街舞社、动漫社、书法社、志愿者协会、音乐社、汉萱社等，还办有广播站。定期开展各种校园文化活动，丰富学生的课余生活，促进了学生素质的全面提升。2016年赢得了"浙江省民办学校校园文化建设先进单位"的荣誉。

学院党团组织健全。自党组织成立以来共培养入党积极分子4943名，发展党员456名。学院通过党团建设，强化学生思想政治和道德教育，鼓励广大优秀青年学生积极向党组织靠拢。学院党委于2011年被杭州市教育局党委授予"先进基层党组织"，是全市唯一获此殊荣的民办高等教育助学院校。学院组织广大党团员、入党积极分子和师生骨干开展多种形式的教育活动，积极发挥政治核心和先锋模范作用，把党员思想政治工作全面渗入学院教育教学工作中去。

二　及时拓展，大力发展护理专业

学院 2015 年开设护理专业。现有护理专业大专全日制在校生 339 人，中专全日制在校生 251 人，共计 590 人。学院医学护理专业专职教师组建护理教研组。负责指导护理教学工作，规范教学计划，以及开展护理操作和护理教学实习。其余专业教师主要是从各大医院、养老护理院和浙江大学医学院研究生中聘请，形成了一支比较稳定的师资队伍。学院通过建立实验实训教室和与有关医护单位合作建立学生教学实习基地等措施，营造良好教学氛围，使教育质量得到了保证。

根据护理专业的特点，学院在原有实验设备基础上，投资十多万建立了护理实训室，并根据实践教学情况，不断添加护理器材，以满足实践课程需要。让学生在理论学习的基础上，注重护理操作技能的训练，以提高学生的学习积极性，为以后走上工作岗位打下坚实的基础。我院还在积极筹备建立护理专业重症监护室和口腔护理实验室，为学生提供更多的实践能力锻炼机会。

2017 年 11 月 1 日，杭州市民政局发文确定浙江三联专修学院等四所院校为杭州市养老服务人才培训基地。经过教学研讨后，我们在课程中适当加入有关养老课程，如老年护理、养老护理等课程，增加课时量，并在护理实践操作课程中，增加老年护理实践操作内容。每年的护理专业学生实训实习，有一半以上是我院择优推荐到医院。

三　热心公益，培养学生社会责任

三联的校训之一是"正德厚生"，"正德"就是有正确的人生观，崇高的品德，"厚生"就是要把厚爱传递给广大众生。因此，三联从建校开始，就把公益事业纳入学校发展的一部分，担当起社会责任，建立长效机制，持之以恒。

三联从事公益事业主要有五个方面：

1. 资助学院的贫困学生和农村贫困小学、幼儿园。

通过民盟组织牵线搭桥，革命老区桐庐县新合乡幼儿园成为我院一直资助的一所幼儿园。2017年"六一"儿童节期间学院出资5000元和校友们捐款5000元，为江西省石城县大由乡王沙小学的孩子们，准备了80份精美礼品。同时，学院再出资1000元为王沙小学购置一台打印复印一体机。

积极参与民盟中央"烛光行动"，从2010年至2016年，我院每年的9月都会为这两个学校捐赠一批2000多元的图书，切实为杭州教育均衡发展贡献力量。

2. 响应政府及组织号召，为行业协会服务。

学院承接多个国家及省、市级课题，通过调研、考察，为民办教育事业的集体诉求发声。并且长期以来，学院关注杭州的外来务工人员及其子女的工作、生活、教育、文娱等各方面的问题，并从理论及实践两方面出发，献力献策。《杭州市经济产业园区外来民工社会管理的现状分析与对策研究》《杭州市西湖科技经济园外来民工文化建设初探》等课题的研究成果，被有关部门评为优秀论文。《关于在工业园区建立企业职工文化活动中心丰富企业职工文化生活的建议》的提案，经区政协会议初审后此提案被立案并交相关部门办理落实。西湖区文广新局和西湖科技园管委会将"西湖科技经济园区企业职工文化活动中心"设在三联，我院图书馆、篮球场等文体设施也免费向园区内企业职工开放。

2017—2019年，我院连续三年作为协办单位为三墩镇总工会组织的"2019年西湖区'小候鸟'暑期关爱活动"全程免费提供场地和设施设备。

新冠病毒疫情暴发期间，我院向江西革命老区石城县大由乡卫生院捐赠一批紧急防疫医药物资。2020年2月9日至2020年2月19日期间我院多方筹集共捐赠一次性医用口罩1000个，防护面罩80个，手皮肤消毒液60瓶。尽自己的一份微薄之力，切切实实能帮助到一线抗疫的医护人员。

3. 立足教育本职，为场地所在园区企业提供免费培训及服务。

作为地处西科园的民办高等教育机构，我院为园区浙江天煌科技有限公司等近30多家企业员工进行了计算机基础、CAD制图、双证制等近3000余人次的免费培训。同时还为园区的管理人才及中层干部举办了关于税收、人力资源管理、合同纠纷等专题讲座。

4. 参与杭州的文化事业、浙商企业家的活动。如《西湖文化研究会》《全国岳飞思想研究会》的活动，

5. 参加浙江长三角知识经济俱乐部、杭州通衡企业家俱乐部，参与活动，提供经费、提供活动场地、课题研究，给予人力、资金支持。

坚守初心使命　建高品质民校

浙江新世纪经贸专修学院

浙江新世纪经贸专修学院创办于 1996 年，成为当时浙江省知名度较高的 14 家学历文凭考试试点学校。2004 年国家政策调整后，通过整合多家学校资源，开创浙江全日制自考助学办学模式。2012 年创办九年一贯制杭州余杭区新明半岛英才学校和英才新明半岛幼儿园、2014 年创办杭州英才高级中学，将发展方向投向中小学教育，形成以自考全日制助学为主业、以中小学教育为支撑、以高品质教育为目标、独立法人学校结成的"浙江新世纪教育联盟"集团新模式。党的十八大以来，我校积极践行习近平新时代教育思想，秉承"立德树人"办学宗旨和"学有所教、学有所得、学有所长、学有所成"办学理念，坚定自信地朝着"办国内高品质的民办教育"目标稳步迈进。

一　"三观"教育，培基固本

习近平总书记指出：教育是民族振兴、社会进步的重要基石，是功在当代、利在千秋的德政工程。青少年阶段是人生的"拔节孕穗期"，最需要精心引导和栽培，要给学生心灵埋下真善美的种子，引导学生扣好人生第一粒扣子。我们要办好中国特色社会主义教育，要理直气壮用新时代中国特色社会主义教育思想铸魂育人。

学校始终把对学生的"三观"教育置于重中之重位置，引导学生扣好人生第一粒扣子。在用好思政课这一主渠道、主阵地进行正面教育的同时，以校园系列活动达到春风化雨、润物无声的效果，并拓展家校共育渠道，真正实现全员、全过程、全方位育人。

（一）弘扬传统文化，构筑精神高地

开展传统文化"进校园、进课堂、进头脑"活动。形成了以新世纪学院的"新年诗会"、英才高中的"国学讲堂"、英才学校的"经典诵读"、英才幼儿园的"英才童声"等固定模式，通过吟咏、唱诵、表演等方式感受传统文化魅力、增强文化自信和价值观自信，涵养讲仁爱、守诚信、崇正义、尚和合、求大同的时代价值，为爱国主义立根铸魂。

（二）丰富校园文化，促进内涵发展

学校开展丰富多彩形式多样的校园文化建设活动。新世纪学院每年度毕业季举办"筑梦追光"文艺晚会为青年学子提供展示青春自我、追求自信人生的平台。英才高中举行"青春、成长、感恩、责任"为主题的成人礼仪式，勉励英才学子坚定理想信念、勇于担当负责。英才学校的校园文化艺术节培养孩子们崇尚艺术、敬畏自然人生情怀。英才幼儿园则以"绘本故事"的方式濡染稚嫩的心灵、播撒真善美的种子。

（三）积蓄道德力量，培树先进典型

用心发掘社会及校内的先进典型，坚持推选"五心"好老师活动、疫情防控期间师生"战疫之星"评选活动；新世纪工作十年以上"最美教师"遴选等。学习先进，崇尚先进，弘扬正能量，培树好典型。

（四）丰富活动载体，拓宽教育渠道

一是利用校园广播、网站、微信公众号、板报、橱窗、党刊简报等平台广泛宣传，展示榜样力量，形成聚合效应。二是通过特定日期和节日凸显特定主题，如 3 月 5 日雷锋纪念日"服务奉献"主题；三八妇女节、九九重阳节、5.10 母亲节、9.10 教师节"敬老感恩"主题；中秋国庆节"家国情怀"主题等等，尤其是今年的 5.12 护士节，开展"致敬最美逆行者"活动。三是常态化开展志愿服务活动，感受和体验作为社会公民的责任担当，新世纪学院团委联合学生会、青协组织团员青年到街道社区、乡镇开展公益讲座、义工义诊、义务献血、平安创建等活动；英才高中成立由校领导、老师和学生组成的校园环境卫生志愿服务队；英才学校团员少先队员到居民小区进行垃圾分类宣传体验活动。四是常态化开展主题班队活动，增强班级凝聚力、培育集体荣誉感。五是开展"阳光体育"趣味运动会，凝聚团队合作、拼搏进取力量。

此外，我们还开办家长学校，成立家校委员会，定期举行家长开放日活动，主动让家长参与、主动接受家长监督，让家长走进校园、走入教室、走近教师，实现家校信息共享、措施共谋、责任共担、学生共育的目标，达成家庭助力、家校共育效果。

二 党建引领，架梁立柱

习近平总书记在党的十九大报告中强调：党政军民学、东西南北中，党是领导一切的。同时指出：要全面贯彻党的教育方针，解决好培养什么人、怎样培养人、为谁培养人这个根本问题。新时代贯彻党的教育方针，要坚持马克思主义指导地位，贯彻新时代中国特色社会主义思想，坚持社会主义办学方向，落实立德树人的根本任务，坚持教育为人民服务、为中国共产党治国理政服务、为巩固和发展中国特色社会主义制度服务、为改革开放和社会主义现代化建设服务，扎根中国大地办教育，同生产劳动和社会实践相结合，加快推进教育现代化、建设教育强国、办好人民满意的教育，努力培养担当民族复兴大任的时代新人，培养德智体美劳全面发展的社会主义建设者和接班人。

我院始终围绕"培养什么人、怎样培养人、为谁培养人"这一根本问题，按照新时代党建总要求和基层党组织建设基本要求，全面加强学校党建工作，为民办教育把舵定向、为学校发展立柱架梁。

（一）"两个覆盖"一体化。

充分发挥党组织政治核心作用，强化党委统一领导、落实党建主体责任，在理顺隶属关系基础上，合理设置各基层党组织，有效覆盖各基层单位。在完善组织设置的同时将党建工作及时延伸扩展。2018 年 5 月开设业余党校少年班，让十六七岁的青春学子接受学习培训，提前了解党情、感受党温。"党旗所指、团旗所向"，又将党校少年班与业余团校有机衔接，从而真正实现党建工作"两个覆盖"一体化推进。到目前已举办 32

期培训班、近千人次接受业余党校和团校学习培训，并通过学生社团联合会、青年志愿者协会等载体，把握学生特点和形势变化要求不断创新内容和形式。

（二）党建体系品牌化

在多年的探索和发展中，我院党委积极构建以"立德树人"为核心的党建工作质量体系，并将这一体系熔铸提炼，培育出具有浓郁校本特色的党建品牌——"12345青春党建"，其内涵即"坚守一条主线、利用两个抓手、凭借三个平台、依托四个节日、丰富五个长廊"五个方面。

一条主线即坚定新世纪学院"求真知、做真人"的办学宗旨和"学有所教、学有所得、学有所长、学有所成"的教育理念，立德树人、以文化人，为培养社会主义合格公民奠基，努力办好人民满意的美好教育；两大抓手即党组织和团、队、工、青、社组织；三大平台即新世纪学院党建文化陈列室、《新世纪青春党建》刊物、新世纪学院党建工作交流微信公众号；四大节日即传统文化节、科技节、艺术节、成人节；五大长廊即敞开式阅读长廊、开放式钢琴长廊、党建历史文化长廊、中国古典文化展示长廊、幼儿科技生活体验长廊。

通过这一党建品牌，对院、校（园）各项工作进行高位引领、聚向发力，形成持续不断地发展原动力。

（三）主题教育常态化

我院2019年9—11月开展了为期三个月的"不忘初心牢记使命"主题教育活动，活动虽已结束，但工作远未停顿，按照"学进去、讲出来、做扎实"九字要求，继续保持工作的制度化、常态化，让初心使命永远在路上。

1. 开辟三个课堂、用好三支队伍、管好三类人员

坚守"阵地课堂"，以党员活动室为主阵地，采取集中培训、体验式培训、典型宣讲、课件观摩等方式常态化开展党日活动、业余党校讲堂活动。打造"掌上课堂"，以"学习强国""西湖先锋""新世纪党员微信群"等为固定学习平台，推送学习信息、共享教育资源。开辟"微课堂"，创设"微党课"模式，以"微"为特点，发挥小而巧、简而精的优

势，以小见大、见微知著，提高吸引力，党员闲暇之余都能听党课、受教育。

用好"原生队伍"，党委书记带头讲、支部书记轮流讲、优秀党员交流讲。聘请"三老队伍"，邀请政治涵养深、经历丰富、群众认可度高的老领导、老书记、老党员，讲党史、讲家风、讲经历。借力"讲师队伍"，定期邀请民协领导、党校教授专家、先进典型来校宣讲。2018年9月2日新学年开学报到第一天，中国民办教育协会会长受邀莅临英才高中，为全体师生和家长代表举行一场题为"学习习近平教育思想，贯彻新时期教育方针"的宣讲会，发人深思，影响深远。

始终把党委领导班子、党员干部、师生党员三类人员作为管理和教育的重点，形成促进发展、推动工作的核心力量。

2. 疫情大考，鉴证初心使命

面对"新中国成立以来在我国发生的传播速度最快、感染范围最广、防控难度最大的一次重大突发公共卫生事件"，新世纪学院认真学习贯彻落实习近平总书记关于疫情防控系列重要讲话精神，及时行动，靠前指挥，抓紧抓实抓细疫情防控工作，积极发挥各党组织战斗堡垒和党员先锋模范作用，广大党员师生积极响应，踊跃奔赴抗疫阵地，践行初心使命，彰显责任担当。

学校党委书记、董事长从1月下旬开始到5月上旬陆续开学复课这近四个月的时间里，用"抗疫日记"的形式记录了新世纪联盟党委及所属各院、校（园）全体党员干部和师生守护校园、同心抗疫的艰辛历程和动人场景，全篇5万余字，言之有情、言之有物、言之有据、言之有法，真情展示了一个民办教育掌舵人的政治站位、教育情怀、坚毅执着与责任担当。

联盟副理事长大年初三就抛家别子，第一时间投入疫情防控战斗之中，协助董事长及时拟发通知要求、转发权威信息、撰写发布各校、院（园）动态，协调各校、院（园）守岗值班事宜，筹购分发防疫物资等等。展现了一个年轻干部不计名利、真情奉献、勇于担当、越是艰险越向前的优秀品质和精神风骨。

17级本科2班有一位同学积极主动奔赴防疫一线，在完成临安区淤潜镇青春街天宇小区值守任务后，又与北斗救援队和红十字会志愿者二十余人一起参与抗疫物资生产与运输工作，前往杭州可靠口罩厂开展志愿服务。"青春因磨砺而出彩、人生因奋斗而升华"，新世纪学子用实际行动作了最好诠释。

各校、院（园）也积极开展"停课不停学"线上教学，开辟了家校互动、师生连心具有特别意义和独特体验的"人生大课堂"。

英才幼儿园以"幼有所育的居家实践"为课题，开设《英才童声》25 期、《绘本故事》《趣味游戏》各 20 期，通过趣味游戏、分享故事、童声表白等方式让小朋友直面疫情灾难，引导孩子们崇尚英雄、学习英雄、争当英雄，在幼小心灵中烙下中国最伟大、人民最可亲、英雄最可敬的深深印记，英才幼儿园的"故事"还在继续……

英才学校师生"战疫之星"在这一疫情灾难面前已俨然蜕变成"希望之星、胜利之星"，形成了凝聚人心、激发斗志、拼搏进取的强大正能量。

英才高中的《"艺"起战"疫"》美术作品，为在特殊时期下的长臂辅导和管理、实现弯道超车提供了最佳"修炼正果"的契机、更是中国精神、中国力量在新世纪的最美最有力的展示。

新世纪学院 5 月 11 日在"新世纪青春微阅"发布开学报道——"新世纪暖门，欢迎'回家'"，年逾八旬的老书记对此作了如下充满深情的评价："朋友圈中看到我校的新闻报道《新世纪暖门，欢迎'回家'》，只有这个时代，只有我们的学校，才能享受到如此比春天还温暖温馨的待遇，他们太幸福了。这篇报道图文并茂，语言极具穿透力，看了很舒心。"这是老书记对新世纪的鞭策、期许和殷殷嘱托，更是见证了一个老党员、老英雄永不褪色的初心！

三　专题依托，强筋壮骨

（一）开展国际交流，培育国际视野

2019 年 5 月 16 日国家军委主席习近平在"国际人工智能与教育大会"贺信中指出：中国愿同世界各国一道，凝聚共识、深化合作、扩大共享，加快发展伴随每个人一生的教育、平等面向每个人的教育、适合每

个人的教育、更加开放灵活的教育。携手推动构建人类命运共同体。

积极倡导以汉语推广为主旨的国际文化交流。早在 2010 年，新世纪学院就被杭州市教育局列为杭州市高等教育机构中唯一一家允许招收外国学生来校进行汉语教学、实施汉文化推广工作的单位，打通了外籍学生来新世纪学院学习汉语的通道。一直以来，"新世纪"通过国际交流传播中华文明和汉语言教学，积极开展国际理解教育，为探索新时期教育"一带一路"、培养具有平等友爱、包容互惠、行远升高、积厚成器的新时期世界公民不懈努力。

2014 年，学校董事长应联合国教科文组织世界委员会的邀请，出席"2014 亚欧教育论坛"并作嘉宾演讲，着重介绍了新世纪学院在汉语推广及中华传统文化传播中的实践经验和今后工作推进措施。继 2011 年搭建招收以汉语学习为基础的烹饪班学员这一交流平台后，2015 年开始招收马来西亚、印度、日本、文莱、印度尼西亚、韩国等国青年学生，开设书法、汉语、民族器乐、生活风俗等文化体验课程。2016 年，与澳大利亚墨尔本堪伯威文法学校和雷顿女子学校建立姐妹学校关系，以汉语推广和双语教学为抓手，融入国际教育元素，提升了学生对合格世界公民的认知水平，扩大了教师的国际视野，使国际友好学校对中国文化的认知和中国人民的感情大大增强。2017 年 11 月和越南河内阮秉谦学校共同倡导，在河内建立了由中国、越南、泰国、日本、新西兰等国家的学校组成的国际教育联合体，开展多国学校之间的合作与互动，为国内高校输送外籍学生；2018 年与美国巴尔博亚学校合作开设面向高中毕业生开设三年制美国证书班，以双证书的优势实现在校生赴美国留学深造的愿望。

2018 年 7 月中旬、越、泰"三国四校"在杭城合作举办以"中华文化炫"为主题国际文化夏令营，42 名留学生在杭走访了世界互联网大会会址，学习了中国的电子商务；参观了茶叶博物馆、丝绸博物馆，学习杭州的民俗乡土文化。还通过学习书法、国画、学讲汉语等方式，多维、立体地了解了杭州，感受了中国的传统文化。为期一周参观、交流和学习，是一次多个国家民营学校自主举办的文化公益活动，是一次中外民间教育合作的有益尝试。

不仅如此，还派出教师赴越南等国家开展汉语教学，扩大汉文化的传播力度，培育和拓展新世纪师生的国际视野。为传播汉文化，促进国际理解教育，搭建"教育丝绸之路"、构建"人类命运共同体"理念，进行了创新实践。

（二）既要研究教学，又要教学研究

质量是学校永恒的主题，更是学校的生命线。新世纪教育联盟所属各校、院（园）始终坚持"质量立校、科研兴校"目标，结合各自实际进行有效探索。

作为浙江省知名校长和特级教师的英才高中校长，将自己数十年的教学和管理经验凝练总结，提出"五化六心教学常规"。"五化"即锐化目标、精化知识、强化能力、优化过程、段化成果，其要旨在于优化课堂教学结构和策略，向课堂 40 分钟要质量。"六心"即精心备课、用心上课、耐心辅导、细心批改、公心评价、静心反思，其要旨在于要注重每个环节的"有效"，形成聚合效应。

针对师生现状，积极实施"长臂管理和长臂辅导，提升学生'三自'水平"。这些务实有效、接地气的方法策略得到师生家长的广泛欢迎和积极回应。

英才学校着重于提升教师团队整体素质为目标，设立特级教师工作室，每月开设专题讲座集中培训、公开课示范引导；开展师徒结对活动，一对一、手把手、面对面交流传授，即听即评、分享心得、共同提升。近几年一批中青年教师，脱颖而出，成为核心骨干和教学能手，学校质量也逐年攀升，2019 年有 3 名学生被重高录取。

联盟集团大力推进教科研制度化、机制化、常态化，2017 年专设教科所全面负责工作实施，制定《浙江新世纪教育集团教科研工作条例》，创办《科研动态》期刊，以"人人都参与课题研究、个个都是办学主人翁"为引领，形成了"一师一优课、一课一名师"的良好效果。

发挥自身优势，打造高等学历
教育服务品牌

浙江今明教育集团

浙江今明教育集团成立于 2002 年。经过近 19 年的发展，已经成为集高等学历继续教育，职业教育，中等教育，全日制高职校企合作，人力资源服务为一体的有较大影响力的教育集团。目前，集团有从事高等学历继续教育服务的学校有 20 所，从事职业教育的学校 8 所，全日制中专 1 所，与高职院校校企合作项目 2 个。目前，集团正朝着以建立大人力资源生态圈业务构架的目标积极推进。

一 顺势而为，全力为求学者拓展深造和发展的空间

（一）与强校合作，稳定和发展高等学历继续教育

集团自从 2002 年与宁波大学、嘉兴学院合作开展成人高等学历教育学习支持与服务起步，经过近 18 年的发展，已经与南开大学，天津大学，中国石油大学，华中科技大学，西安交通大学等国内三十多所大学开展成人高等学历教育合作。旗下先后创建或并购了浙江远大专修学院、江西女子专修学院等 20 所学校。通过建设校外函授站，校外远程教育中心和区域管理中心等模式，在业内具有广泛的影响力，成为浙江、江西等省高等学历继续教育的品牌。"今明教育"被中央电视台列为国家创新工程品牌计划。集团每年都得到多项奖项，譬如：招生先进集体，优秀函授站，优秀校外学习中心，最佳合作伙伴，突出贡献奖等。天津大学宁波学习中心和南开大学绍兴学习中心在 2017 年、2018 年连续两年获得全国优秀校外学习中心。

（二）多点布局，规范发展成人高等学历继续教育

1. 建立函授站，让学生在"家门口"接受名校教育。从 2002 年至今，我集团先后在宁波大学、嘉兴学院、华中科技大学，华中农业大学，湖北大学，武汉科技大学，长江大学、西安交通大学等高校建立了成人教育函授站，既有利于招生，更方便了学生就近学习。以 2003 年到 2006 年为例，集团每年的成人函授招生人数均在 3000 人以上，为集团后来的发展奠定了良好的基础。

2. 运用新技术，让远程网络教育惠及万家。2006 年 1 月我集团启动了远程教育项目，创建了区域管理中心新模式。经浙江省教育厅批准，我们先后与郑州大学网络教育学院、中国石油大学（华东）网络教育学院建立了合作关系，设立了远程教育校外学习中心，并经两所高校同意，在浙江省设立区域管理中心。区域管理中心的设立，统一了高校在浙江省的网络教育市场布局，规范了学习支持与服务、考试管理、毕业管理等，解决了因同一高校在同一省份有多家依托建设单位学习中心、无法统一管理网络教育服务质量及无法提升学习支持与服务质量等问题。省级远程教育区域管理中心的创立促成了成人函授教育与远程教育同步发展的局面，至2010 年，集团全年高等学历教育招生达到 6000 余人，在籍学生达到20000 余人。

二　追求教育质量，努力在规范与服务中提升品牌

（一）依托资源优势，在抢占市场先机中求发展

浙江今明教育集团的快速发展，主要是充分发挥集团资源优势。集团不断积累市场需求数据，不断完善高等学历教育管理经验。通过优势互补，充分发挥自身的优势，吸引和高校的愉快合作。集团管理层进取心强，紧跟时代发展步伐，善于在招生管理、教学管理、学习支持与管理、班主任服务等方面改革创新。由于学习中心函授站多，跨地区发展达到了一定的规模，超越了其他一般校外学习中心与成人函授站的资源优势，为教育集团的健康发展奠定了基础。

（二）依法依规办学，在不断规范中求发展

集团在高等学历教育教学服务的过程中，坚持依法办学，规范办学，集团所有的依托建站学校均经过当地政府主管部门审批注册，主动接受当地政府的监管。集团的所有学习中心，在招生、运营管理、学生服务中均严格执行教育部和相关高校关于成人高等学历教育的要求，在教育教学过程中把善于创新服务手段与服务方式作为改革发展的重点，锲而不舍。

（三）注重团队建设，在强化内涵建设中求发展

高等学历教育分成人函授教育和远程教育，成人函授教育是经过高校授权，函授站不但负责招生宣传，还要在高校的监督与指导下负责教学实施过程。为了保证教学质量，我们严格按照教育部函授教育的五个环节的要求，确保自学、作业、面授、复习和考试五个环节高质量地实施，在流程管理，授课老师聘请，试卷命题，考纪考风等环节细化了质量指标，明确了奖惩措施。提升教育教学质量，核心是有高素质的教师队伍和热心服务的团队。集团通过多年努力，目前有一支以"211""985"高校毕业生为主的服务保障团队，有一支以高校博士生为主的兼课教师队伍。他们爱岗敬业，善于学习研究，能够在学习支持与服务过程中保证学习辅导的质量。

（四）强化过程管理方法创新，在把握教育、市场两个规律中求发展

高等学历继续教育一般是在职学习，对象一般是在职场上积累了一定职场经验，需要提升学历的社会青年。高等学历教育要解决的最突出难点是：其一，如何解决学习过程中遇到困难，能够及时得到帮助，保证学习过程不中断；其二，如何解决学生没有学习氛围，缺乏及时激励的问题。浙江今明教育集团多年来，坚持服务为先，想学生之想，解学生之困，帮学生之难，重点做好及时的学习支持与服务，通过QQ群、微信群及时与学员保持联系；积极营造学习氛围和出台激励对策。例如：精心准备每个学期的开学典礼，做好开学的准备，在开学典礼上，重点是做励志讲座，邀请往届毕业生做学习与职场成功经验分享。再如：定期开展学员回家活

动，利用春游，秋游和各种节日开展各类交流与游戏活动，解决学员在高等学历继续教育中缺乏的参与感，归属感。

办学质量和办学规模都很重要。集团管理层注重研究、尊重教育规律和市场规律，力求质量效益、社会效益和经济效益统筹兼顾。

育才样态：民办学校反哺区域教育优质均衡发展的新探索

育才教育集团

一 问题提出：探索优质民办学校承担反哺区域教育社会责任的新样态

党的十九大报告指出：我国社会主要矛盾已经转化为人民日益增长的美好生活需要和不平衡不充分的发展之间的矛盾。在教育领域，这一主要矛盾体现为人民群众对高质量教育的迫切需要与优质教育资源供给短缺且发展不平衡的矛盾。如何在均衡战略中避免造成"削峰填谷"效应？如何从依赖政府教育资源倾斜性配置转向学校内生性变革力的培育？教育领域是否有可能借助"标准输出"实现优质均衡意义上的协同创新发展？这些问题，需要在教育深度变革中探索新经验，建构新路径。

育才中学作为一所民办学校，从 2000 年创校时的 16 位教师、210 名学生、1 亩地 5 间教室的校园，到发展成为具有品牌影响力的教育集团。学校在自我价值提升和质量改进的过程中，主动承担社会责任，为推进区域教育优质均衡发展提供了独特的经验。在主要依靠原有干部和教师的情况下，带动薄弱学校、新建学校快速实现优质均衡发展的教育发展新样态，为区域推进教育优质均衡发展提供了另一种破解思路与操作路径。

二 一套标准·四种方案·四大策略：育才样态的 3S 架构与运作

一个民办教育集团主动承担社会责任，反哺区域教育优质均衡，这一具有创新价值的新样态，可总括为 3S 架构，即："一套标准（Standard）""四种方案（Scheme）""四大策略（Strategy）"（见图 1）。其中标准是基础，方案是路径，策略是保障。

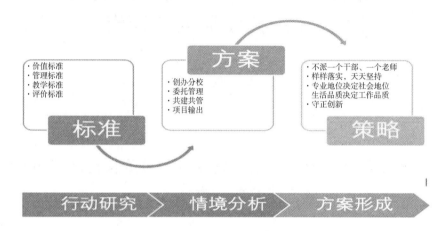

图 1 育才样态的基本架构图

（一）一套标准：建构反哺区域教育的高水平标准体系

育才教育集团在创校三年后即取得骄人的办学业绩，2003—2005 年连续三年教育教学质量位列当地首位。随着办学愿景的提升和社会使命的变化，学校开始聚焦"标准建设"，把工作中成熟的、个别化的东西上升到一般，使之标准化、稳定化、理论化。"标准"凝练之后，学校开始尝试在更大范围内实现标准的输出与辐射。这一标准体系由价值标准、管理标准、教学标准、评价标准四个模块构成。

1. 价值标准。育才中学坚持以朴素正直的价值观引领全体师生，基于这一朴素的理念，学校形成了双螺旋式价值标准：一是六条核心价值观：一身正气；敬业习惯；激情快乐；决胜课堂；服务至上；坚强刚毅。二是"六不"承诺：不接受家长宴请和馈赠；不以任何形式委托家长办私事；不做有偿家教；不在校园吸烟；不在工作日饮酒；不体罚和变相体罚学生。

2. 管理标准。价值如何渗透进学校师生的日常生活方式中？学校推行全流程"六维管理"模式，即"立足文化、提炼特色、拥抱变化、依托创新、融会艺术、重在执行"。"六维管理"从不同的视角对学校发展、管理、教学等进行策划和实施，实现学校精细化、品质化、品牌化发展。

3. 教学标准。教学是立德树人的重要环节，也是实现学校价值的重要维度。学校经过课堂实践和教学研究，凝练出具有校本特色的"六步教学法"：三次备课、分层授课、全批全改、个别辅导、阶段测试、分析调整。六个步骤既彼此独立，又相互统一，共同组成了一个完整的教学流程。

4. 评价标准。学校坚持"六要素"评价标准，推行"理念—内容—主体—方法—周期—信息"全要素、全流程评价。学校坚持"以评促学""以评促教"的形成性评价理念，引入自我评价和同伴评价，促进学生反思和学习；以"周—月—学期—学年"的评价周期，诊断学生学习，积累学生学习轨迹，为学生提供全面具体的评价信息。

（二）四种方案：探索针对不同区域教育特点的多形式反哺路径

育才样态的探索，既是对标准之适用性和适用范围的检验，也是主动寻求跨区域、跨层次、跨类型发展的自觉尝试。这四种方案分别为：创办分校、委托管理、共建共管、项目输出。

1. 创办分校。创办分校是育才教育集团在拓展辐射过程最先采用的方案。新校在起步发展的过程中，主要依托已经相对成熟、成型的标准，努力实现标准的校本化。2005 年创办的锦绣中学、2007 年创办的育才小学，2009 年创办的东南中学，均是这一方案的实践。这一方案的"内逻辑"在于以同质孵化、跨学段孵化、跨区域孵化三种类型创办民办体制学校，在对目标区域做非常深入、精细的文化生态调研的基础上，实现与"育才标准"的精准一致。

2. 委托管理。委托管理是地方政府以契约的方式，引入区域内或跨区域的第三方优质教育资源，将区域内薄弱学校或新建学校委托给第三方管理的制度安排。随着学校办学影响力的扩大，一些优质教育资源相对匮乏的区域，开始主动把薄弱学校委托给育才教育集团的学校进行运营管理。育才教育集团先后于 2011 年和 2014 年接受托管遂昌育才中学和常山育才中学。

3. 共建共管。即民办学校与地方政府共同建设和管理公办学校的一种制度创新探索。前两种方案的成功，虽然类型不同，区域不同，但是都局限于民办教育领域。为进一步检验"育才标准"的有效性和适用性，育才教育集团开始尝试与政府共建共管公立学校。2015 年，作为"优质民办学校托管公办学校"的有益尝试，育才教育集团与区政府共建共管育才京杭小学。这一方案采用双主体办学，其主体架构是公办体制，但实施民办机制管理。

4. 项目输出。即不改变原合作学校的运营管理权限，仅通过一个或多个具体项目的方式输出"育才标准"，从而实现合作学校办学质量提升的方案。2016 年，集团以"质量改进"项目的方式，将管理标准、教学标准和评价标准无偿输出到上海市普陀区兴隆中学和延河中学，2017 年输出到遂昌万向中学。这一方式的服务对象学校既有薄弱的公办学校，也有薄弱的民办学校。育才教育集团对薄弱学校的项目输出，通常采用无偿扶持的方式，这是育才教育集团主动承担公益事务、回应社会需求的责任和情怀所系。

（三）四大策略：反哺区域教育的强辐射推进举措

在反哺区域教育的过程中，为使辐射的举措更落地、效果更好，育才教育集团提出了具有自己话语特征的推进策略，使高水平的标准能够合理、有效地辐射扩散到不同层次、不同地域、不同类型的其他学校中。

1. "不派一个干部，不换一个教师"。育才教育集团不采用"削峰填谷"的方式进行资源输出，即不向托管学校、共管学校或项目输出学校派驻干部，不撤换原有的教师，主要依靠标准输入，激发学校发展内生动力，增强学校自身"造血"功能，实现学校的创新性发展。这一独具特色的推进策略，确保了母体学校优质师资不稀释，让多点复制具备了可持续性。这一经验具有极强的样本意义和示范价值。

2. "样样落实，天天坚持"。样样落实，强调的是"全覆盖"，即教师的教、学生的学、行政的管、家长的"合"，每一个环节都做到样样落实；天天坚持，强调的是"日常化"，即实现规范坚持、习惯坚持、原则坚持、信仰坚持。当坚持日益成为一种"信仰"，也就成了一种内在的生命自觉。育才教育集团坚持把标准的贯彻落实转化为日常化的专业实践，杜绝临阵磨枪。学校办学 20 年如一日，学生从入学到毕业始终坚持标准不走样，量变最终转化为质变，学校不仅获得了新生，更为自己的可持续发展，创造了极好的社会文化生态。

3. "专业地位决定社会地位，生活品质决定工作品质"。首先，坚持"日习、周研、月训、期结"，打造高水平专业团队，培养自己的特级教师。其次，搭台唱戏，打造一年一度"好课邀请赛"。集团内人人开课人人评课层层选拔，极大地提升了教师的专业水平。最后，创新激励机制。在全国首创班主任职级制，搭建初级—中级—高级—特级的班主任进阶通道，让教师的专业晋升多了一条渠道。集团评出了全国首位特级班主任，月津贴提高到 5000 元。极大地提升了班主任教师的职业尊严和幸福感。最后，坚持学生低收费，尽可能提高教师收入，把收入的主要部分用于教师，让老师的生活优雅而体面。

4. "守正创新"。"守正创新"是集团话语体系中的高频词。守正，是守住一套标准不走样；创新，是鼓励与支持各个学校对统一范式进行校本化改进与落实。集团鼓励各个学校通过访谈、调查问卷等形式，对学校的情境有更深入的了解。根据学校实际情况，制定学校差异化、动态化发展目标，鼓励学校在坚持标准核心架构的基础上，基于本校的校史校情，积极制定基于标准的校本化实施方案，形成了统一性与多样性交相辉映的丰富办学样态。

三　成效：在迭代创新中创造了民办学校改善区域教育生态的新典范

（一）主动承担社会责任得到党中央的肯定

育才教育集团的办学业绩和公益精神，得到了党和政府以及人民群众的高度赞誉，2016 年 7 月 1 日，中共中央授予集团党委"全国先进基层党组织"荣誉称号，这是当年全国 16.27 万所民办学校中唯一获此殊荣的单位。

（二）形成了民办学校反哺教育优质均衡发展的新样态

育才教育集团在近 20 年的办学历程中始终怀抱强烈的公益精神和社

会责任感，依托高品质的标准输出，不仅促进了薄弱地区民办教育的发展，更通过共建共管的方式，确证了"育才标准"在公办学校的有效性，从而创生了民办教育反哺公办教育、推进区域教育优质均衡发展的新样态。

（三）改善了区域教育质量与生态

育才教育集团在各个地区托管或创建的学校，均在很短的时间内成为当地学校中的"金名片"，如遂昌育才、常山育才等，有的成为全地市范围内质量指标名列第一的学校，杜绝了教育薄弱地区的儿童成为"教育移民"，让当地的孩子实现了"在家门口享受优质教育资源"的愿望，极大地促进了当地教育生态的优化。

（四）实现了教育集团自身的跨越式发展

从2000年学校初创，艰辛创业，迄今为止形成包括17所学校在内的在省内外享有盛誉的教育集团，集团在提升学校办学品质的同时，在文化理念、治理规范、教学模式等方面形成了独具特色的"育才标准"，创造了以集团化办学实现区域教育优质均衡发展的新范式。集团在浙江省各地捐建了八所希望小学，设立了专项教育基金，构建了横跨浙江杭州、丽水、衢州三个地市，纵贯高中、初中、小学、幼儿园四个层级的办学体系。集团在标准输出的同时实现了自身的迭代创新和跨越式发展。

育社会英才，储国家精英

宁波华茂教育集团

宁波华茂教育集团创建于 1999 年，是宁波市最早创办的民办学校之一。下辖 4 所学校：宁波华茂外国语学校（小学至高中）、宁波华茂国际学校（幼儿园至高中）、龙游华茂外国语学校、衢州华茂外国语学校，设有教育实业公司及美术馆、科技馆、体育馆、艺术体育文化公司等服务于英才教育的相关机构。

"华茂教育"创办之初至今，始终坚持"承认差异，提供选择，开发潜能，多元发展"的 16 字办学理念，坚持"立足本土的国际化教育"，坚持因材施教的英才教育。求精务实，创新求变，不断探索多样化、个性化的办学模式。经过 20 多年的发展，形成了双语教育、艺术教育、环境育人三大特色。如今，学校已是宁波市文明单位、浙江省一级重点中学、浙江省首所 CITA 鉴证学校、浙江省第一所 IB 国际认证学校、世界方圆组织成员、联合国教科文组织授予的中国首家"科创教育实验学校"，为国家输送了大量杰出人才。

一 挖掘潜质，搭建通道，让每个孩子站在学校正中央

个性化教育，发掘孩子的无限可能，为孩子提供多元的发展空间，这是未来教育的大趋势。而华茂 20 多年前提出的 16 字办学理念，就朝着这一方向努力。

"承认差异，提供选择，开发潜能，多元发展"，就是尊重自然、尊重天性、遵循社会多元发展的趋势，发现每个学生不同的天赋，挖掘每个学生成才的潜质，平等地对待每个学生，尊重并珍惜每个学生的独特性。

在个性化因材施教这一教育理念的基础上，华茂教育努力为孩子搭建多元发展的平台。十二年一贯制的华茂外国语学校和十五年一贯制的华茂国际学校，为孩子提供更加多元的选择。

一名华茂的初中毕业生，在自己学校就有 5 条发展路径——华茂外国语学校的普通文化课高考之路，由具有丰富因材施教经验的教学和管理团队，将入学成绩处于不同层次的学生，送入理想的国内外名校；艺术专业高考之路，开设了美术、音乐、传媒三个专业，引进了国美、浙音等专家教授团队，强化专业教学，使文化课成绩并不拔尖的学生，圆顶尖艺术院校的梦想；华茂国际学校的 IBDP，具有完整的 IB 认证资格，中外合作师资团队助力学生跨入世界名校的大门；美加项目与加拿大、美国著名学府合作办学，以独具特色的模式直升理想大学；绚彩华茂国际艺术项目，有20 多个专业为学生提供个性化选择，确保学生进入全球专业排名前 20 的艺术院校，完成人生逆袭。

同时，学校开设了射箭、马术、机器人、航模、书法、游泳、舞蹈、钢琴等各类兴趣课 70 余种，涵盖了学科拓展类、艺术拓展类、体育拓展类、科技创新类和综合素养类五大板块，来满足孩子们更为广泛的兴趣爱好。

在多通道的个性化人才培育模式下，近年来华茂学子的学科成绩屡创佳绩，创造了多个"浙江第一"乃至"全国第一"。

航模、机器人也是学校的强项。在宁波市首届"青少年科学嘉年华"比赛中，华外学子在青少年电脑机器人竞赛项目中获得一金三银，在航模、车模上揽下一、二、三等奖。去年，在第 20 届全国中小学电脑制作活动中，华茂学子从全国三十几个省冠军队里脱颖而出，获得全国第一。

二　"三双"特色，国际视野，让学生"出得去，回得来"

随着人工智能时代对学校的课程和教学提出了新的挑战，华茂教育也进入了一个办学转型和重建的新时期。学校经过深入思考，决定将教育国际化作为新时期重要的生长点，探索培养学生中国情怀、国际视野的教育实践，真正实现"立足本土的国际教育"。而"双语教育"正是华茂教育着力打造的特色和品牌，是华茂教育体系中最为突出的亮点之一。

华茂双语教育的特色可以用三个"双"来概括："双语言浸润、双文化培育、双通道发展。"

"双语言浸润"，不是简单地在母语学习上叠加第二语言的学习，而是在深耕母语的基础上，从听、说、读、写各方面培养学生第二语言的综合能力，培养学生用双语言思考、解决问题的能力；"双文化培育"，是倡导"中气十足、中西融合"的文化育人理念，让孩子对两种语言背后的文化融会贯通，从而能顺畅地进行跨文化的沟通交流；"双通道发展"，则是学生在初中八年级时，可以自由地选择国内或国际高中，学校为他们做好了高中课程学习的充分准备。

课程是学校教育的核心，是学校培养未来人才的蓝图。经过七年的探索，在上海双语教育专家团队的引领下，华茂双语创建了三大课程群：双语核心课程（国家基础教育核心课程和英语融合课程），双语拓展课程（英文创意探究课程群、中文创意探究课程群和拓展课程群），以及双语少年之七轮项目（关爱地球、社会考察、个人领导、全球文化、商业管理、生活技能、艺术行走等七个项目化学习领域）。此外，还成立了学生生涯指导中心，关注孩子的家校联合教育和个性化的学业成长规划。

为了进一步提升华茂双语教研团队的专业素养和教学研究水平，接轨中国一流的双语教学，学校从 2017 年开始，引进了全球双语教育专家团队，并打造了"双语工作坊"。通过工作坊，让一线教师们近距离接触世界一流的双语教师，共同探讨，集聚华茂智慧，提高教学水平。

随着华茂"研学并举"之路纵深推进，以东钱湖教育论坛为主体，汇聚全球教育界"最强大脑"的"华茂教育研究园"也为以华茂双语为核心的教育国际化提供理论指导与学术支持，推动世界最先进最前沿的教育研究成果在华茂落地实践。

对于华茂双语学生而言，扎实的中文能力有助于深入学习优良的中华文化和历史传统，提高跨文化交际能力，在学习其他学科方面他们可以通过来自中英文的信息来源来获取知识，比较反思，进一步提高学习效果。

三　环境育人，美育化人，让学生从小接受艺术熏陶

近年来，我国对学生的艺术教育也越来越重视，教育部将艺术素养纳

入学生的综合素质评价。习近平总书记强调，要全面加强和改进学校美育，坚持以美育人、以文化人，提高学生审美和人文素养。

而追求英才培养，华茂始终注重艺术教育的全方位和综合性，重视环境育人、美育化人。艺术教育一直以来是华茂的一大特色，华茂美术馆作为国内最大的校内私立美术馆之一，收藏了郑板桥、唐寅、提香、鲁本斯、雷诺阿等国内外名家的四千多件珍品佳作，供学生参观、临摹。华茂目前已建、在建、将建的主要包括了世界知名建筑设计师设计的华茂美术馆、华茂国际教育论坛、华茂艺术教育博物馆、华茂国际教育图书馆等，连同华茂校舍构成了分布两处的大师建筑群落，这将成为当地一个具有鲜明特色的人文和艺术景观，让孩子从小接受艺术的熏陶。

在华茂的校园里，操场、教室与美术馆、收藏厅，毗邻相接，时常能看到美术、舞蹈、音乐等各科艺术样式，成为学生们课外学习的一部分。通过打造艺术氛围浓郁的校园环境来启迪学生的心智，塑造学生的审美观念、审美意趣、审美理想。

在教学管理、师资力量、课程建设上，学校也是将艺术教育置于重点。近年来，学校引进国美、浙音等国内外知名专家教授团队，联合本校名师，逐步建立起有华茂特色的艺术教育校本课程体系。通过华茂艺高项目签约600多名国内国际艺术大师，定期开展校园艺术大师课，让学生与大师面对面，聆听大师的点拨指导。东钱湖教育论坛顾问，十三届全国政协常务委员兼副秘书长、民进中央副主席朱永新说，华茂多年来一直注重艺术教育，做了很多很好的探索，在艺术教育方面分享、交流全世界艺术教育的经验，探索未来艺术教育的方向。

对艺术的重视，使华茂艺术教育成果"繁花似锦"。2017年，华茂学子钱晓娴夺得了中央美术学院建筑类全国第二名的成绩，这是宁波市近年来考取中央美术学院最好名次，更是2017届浙江省考取中央美术学院最高名次。2019年，华茂学子包晗取得了浙江省音乐类专业统考第一名，创造了宁波市音乐省联考的最佳成绩，并在浙江省音乐学院校考中获得全国第三名的优异成绩。去年夏天，华茂学子还在亚洲最大的阿卡贝拉组织VOCAL ASIA主办的全国少儿阿卡贝拉比赛中斩获了包括季军在内的四大奖项。

育社会英才，储国家精英，这是华茂教育的定位和目标。华茂不但要培养学习成绩过硬的未来英才，更要培养综合素养深厚、社会领导力卓越的国家栋梁！为学生的终生发展奠基，关注学生的身心健康，为学生健康成长创造有利和宽松的环境，既管学生"一阵子"，更管学生"一辈子"。

"两驾马车"：助力海亮教育扬帆远航

海亮教育集团

近年来，海亮教育持续加大"精品化、特色化、国际化"建设力度，聚焦聚力于"创新英才培养工程"，加快人才引进，一大批国际国内金牌教练、特级教师、名师、名校长纷纷加盟。同时，海亮教育高度重视内部人才挖掘和培养，先后创办"海亮教育干部铁军学校"和"海亮名师发展学校"，全面提升教育管理水平，不断壮大海亮名师队伍，努力打造海亮教育人才培养高地。

一　创办干部铁军学校，培养海亮教育管理人才

（一）明确办学目标，创新培养模式

海亮教育干部铁军学校旨在建立金字塔式干部梯级培养机制，制定海亮教育干部培养标准与课程体系，组建全面合格的导师队伍并形成科学的考评体系，实现可持续的管理人才标准化、规范化、专业化、精准化培养，为海亮教育发展提供源源不断的管理人才供给。

1. 重新定义"人才"内涵。铁军学校确立学校管理者"人才胜任素质模型"，不仅重学员的绩效，更重学员们学习能力、领导能力和未来发展的潜力。

2. 重新定义"导师"角色。铁军学校的导师不仅是学员专业能力、通用管理能力的帮助者，还是学员非专业领域的引导者，更是学员生活中的温暖者，要和学员结成为责任共同体、利益共同体、事业共同体，乃至命运共同体。

3. 重新设计培养方式。铁军学校不仅重理论学习，更要加强跟岗学

习、实操实训的实践积累，让管理经验从一线中来、再回到一线中去。

4. 重新设计培养周期。学校根据对干部培养需求的紧急程度，按照"红橙黄"三类不同需求，对应制订不同的培养计划和对师徒的考核要求。

（二）建立需求体系，实施梯级培养

根据海亮教育干部需求紧缺程度，将干部培养分成一般储备干部、定向培养干部两个类别，并且根据紧急程度，将培训需求分为红色需求、橙色需求、黄色需求三类。铁军学校实施"金字塔式"五层梯级干部培养机制，明确各层级培养对象的选拔标准、培养人数与培养目标，逐层输出，动态培养。

1. 第一层（精英班）为虚拟层，培养对象为海亮教育优秀青年教职员工、优秀应届毕业生和采用定制管培形式的高校在读优秀生；

2. 第二层（致远班）培养对象为优秀后备干部，50 人左右；

3. 第三层（步云班）培养对象为优秀中层正职或副职干部，20 人左右；

4. 第四层（云峰班）培养对象为优秀副校长或校长助理，10 人左右；

5. 第五层（卓越校长班）为虚拟层，由第四层优秀者进入。

（三）坚持实践为主，推行六大培养策略

铁军学校建立导师库，根据干部培养方向和导师库中数据，进行精准匹配，建立师徒结对。坚持岗位实践为主、理论培训为辅的培养原则，践行"721 法则"，即 70%实践学习、20%导师带教与 10%理论学习。

1. 实践学习。铁军学校注重学员的实操性培训，突出岗位实践与项目实践。通过学员的跟岗实践、挂职锻炼、"影子校长"、团队模拟、考察交流等方式，让大家在实践中成长。为寻找并解决海亮校园的"疑难杂症"、培养及提升铁军学员的"铁军精神"，铁军学校在 2019 年 10 月推出"十大王牌项目"，由学员自行调研、提出项目、认领项目、制订方案、解决难题，大家都干劲十足，进步很大。

2. 导师带教。铁军学校导师与学员上级形成互补，为学员的发展提

供更多的有效资源，拓展学员发展的宽度、深度和高度，加快学员成长速度。学校从培养计划制订、过程跟进、结果考核等方面全面落实导师带教制度，对部分特别优秀或属于红色需求需要定向培养的学员，铁军学校采用"聚焦个体，重点培养""一徒多师，定向培养"等方式提高导师带教实效。

3. 理论学习。学校通过专家分享、主题学习（学校管理经营沙盘模拟、铁军微沙龙等）、线上自主学习等方式组织铁军学员开展理论学习，提升管理工作技能。铁军学校自建学习平台，通过内部开发与外部引进相结合的方式加强课程资源库建设，目前已优选 60 门导师课程。

二　办好名师发展学校，搭建海亮名师队伍梯队

（一）重视价值引领，建立名师队伍序列

海亮名师发展学校秉承"以教师发展为本"理念，积极营造激励教师发展的管理文化，使变革与成长成为全体教师的内在需求，学校建立了新秀教师、骨干教师、领军教师的队伍序列。

1. 新秀教师。他们是年青教师中的佼佼者，是骨干教师储备力量，师德良好，教有创意，富有思想，掌握所教学科的教材内容和教学要求，学科专业知识扎实，教育教学工作出色。

2. 骨干教师。他们是学校教育教学的中坚力量，是领军教师的后备人选，师德优良，教学有方，富有特色，具有一定的教育理论水平，有较强的教育教学研究能力，教学实践能力强，教育教学成绩突出，有较强的带教青年教师的能力。

3. 领军教师。他们是学校教育教学的领军人物，是省、市级名师的后备人选。领军教师应在团队中发挥核心引领作用，学校将以他们为领衔者，建设创新型团队，打造优势学科，逐步形成符合学校发展需要、具有鲜明特色的课程体系。

（二）强化校本研修，提升名师素养

海亮名师发展学校以校本研修为基础，以实践提高为宗旨，积极营造

民主、开放、多元的研修氛围，建立有效的校本研修机制，提高师德水平和专业素养。

1. 现代教育理论培训。通过自学、讲座、报告、研讨交流等形式，让学员了解和掌握现代教育的基本理论和基本知识，使其进一步端正教育思想、更新教育观念。

2. 推行集中备课制度。以集中备课为杠杆，提高教研质量。落实核心素养，通过举办不同层面的优质课比赛、教学能手比赛等活动，引领全体学员在相互学习中提高教学水平和能力。

3. 学科教学能力培训。一是加强教学基本功训练，使所有新秀教师都能达到规定水平；二是开展"携手工程"活动，充分发挥骨干教师和领军教师的作用；三是实践练兵，通过举办汇报课、研究课、示范课和观摩课等活动，提高教师的教学能力。

4. 研训一体。以课题研究为载体，以课堂教学为主阵地，以行动研究为杠杆，通过自上而下的指导和自下而上的研究带动培训，实现教育、教学、科研和师训的有机结合。

5. 国内外培训项目。名师发展学校在国内外知名高校或中小学建立培训基地，开展项目合作，选送导师、学员外出进修培训，努力培养一批具有国际视野、体现海亮特色、在省市区有一定影响力的名优教师。

6. 发挥专家专业引领作用。充分发挥省内外名师专家的专业引领作用，组建教师专业发展专家顾问团，帮助和扶持学员向更高层次发展。

（三）搭建成长平台，加强资源建设

名师发展学校满足不同层次名师培养对象的培养需求，积极开拓各种渠道，整合现有的名师培养项目，以理论学习和实践引领为途径，搭建个性化的成长平台，提供多样化的培训资源，让更多教师有发展的空间和成功的机会。

1. 定期举行专业竞赛与交流活动。学校持续开展全员性的教师专业能力的竞赛和评优活动，加强互联网技术的传播应用。围绕师德建设、教育理念、课程开发、教学方式、教学的有效性等开展竞赛和评优。鼓励学员著书立说，学校提供出版支持。

2. 强化资源库建设。学校把适合校情的教师培训课程、有效的校本研修课程与教育研究案例、精致实用的现代信息技术课件、教师的课堂教学实录、教学经验汇编及个人成长专辑等作为教师培训资源库的建设内容，打造"过程性资源库"。

3. 有效推进双师课堂项目。学校以互联网、人工智能等信息化技术为依托，通过双师同步教研、同步备课等形式，实施推进海亮教育"双师课堂"项目。

4. 建设"海亮星师训"项目。打造标准化、体系化、专业化师训体系，针对不同教师梯队分层分级管理，以课程研发与培训为主线，萃取教学经验与技术，形成可操作的标准化手册，加快学员成长速度，实现资源库建设与名师影响力打造的双赢。

（四）实行科学管理，突出绩效考核

海亮名师发展学校实施动态管理，定期对学员的职业道德、业务素质、科研能力和教育教学实绩等进行考核与评估。

1. 实行动态管理，保证目标达成。建立定期考核、科学评估、动态调整的管理机制。学员必须履行规定的义务，充分发挥示范和专业引领作用，对各序列教师的规划实施情况进行月度、季度、年度考核，考核不合格者可申请退出或回炉培养。

2. 建立导师联系制，推行学员积分制。名师发展学校及时了解和掌握学员的思想、工作和生活状况，建立导师联系制，推行学员积分制，关心、指导、帮助和促进各序列教师的专业成长。

3. 实施绩效考核，健全激励机制。学校充分发挥绩效考核和奖金激励的杠杆作用，采用多元化的评价方式和多样化的激励方式，激活名师培养对象自身发展的内驱力，激励广大教师对照个人发展方向，规划自身专业成长，主动完成发展任务。

三 办学成果初显，助力海亮教育扬帆远航

（一）人才培养与输出

秉承海亮教育干部"胸怀天下、四海为家"的精神，目前已外派铁

军学校学员 18 人奔赴甘肃兰州、江苏泗洪、山东肥城、安徽芜湖等地的海亮学校；学员挂职或晋升学校干部 74 人次，占全体学员人数 60.7%，其中正职校长 5 位。名优教师外引内培，成效显著，截至目前，海亮教育仅诸暨校区就拥有正高级教师 7 人，特级教师 9 人，金牌教练 16 人，博士 16 人，硕士 312 人；省市级学科带头人、教坛新秀、教学能手等获县市级以上荣誉称号的 643 人。

（二）资源库建设

建设"过程性资源库"，形成了较为丰富的学校管理与名师培训资源库，为今后办学积累了资源和经验。其中，有 60 门内部开发的导师课程和 30 门外部引入的管理课程；有铁军学校的管理案例、特色方案、成长故事 300 余篇；有名师学校的精品课程、教学设计、课题成果等近千例。

（三）引领教育教学变革

铁军学校王牌项目成员主动寻找并解决海亮教育"疑难杂症"，积极引领各校、部门从师德建设、文化提升、品牌挖掘、人才培养等方面实施变革。

（四）办学标准提炼

《海亮教育干部铁军学校办学标准》项目已由海亮教育研究院立项，旨在通过铁军学校办学标准提炼，实现可持续的管理人才标准化、规范化、专业化、精准化培养。项目组已完成三个"1"：1 部专著《铁军神韵》、1 套课程（100 门管理课程）、1 场办学成果汇报展览，献礼海亮教育 25 周年庆典。

顺应新趋势 开创新格局

慈溪市慈吉教育集团

慈溪市慈吉教育集团（以下简称集团），成立于2000年，是慈溪市首家教育集团。

"慈吉教育"创办之初就确立以"打造慈吉教育百年品牌"为终极目标。面向新时代，投身于国际教育合作交流的大潮，以打造基础教育与国际教育齐头并进为方向，勇敢地迈出新步伐。

一 成就集团化办学体系

1999年创办慈吉幼儿园；2000年成立集团，并创办慈吉小学和慈吉中学；2008年与慈溪中学合作创办慈中书院；2017年创办慈吉莉莉培训学校。办学21年，全面构建形成了一个从幼儿园到高中16年一贯制、一条龙教学的集团化办学体系，被国内权威专家评价为民办教育"慈吉模式"和"素质教育楷模"。至今，集团拥有幼儿园、小学、中学和书院等4个独立校区及相配套的慈吉后勤管理服务有限公司，直接总投资22亿元，在校学生8000名，教职员工近2000名。其中拥有一大批高素质的教师，包括省特级教师6名、正高级教师4名、省功勋教师和宁波市名教师20余名、宁波市名校长3名。

慈吉幼儿园是教育部评定的全国先进民办幼儿园，被中国妇女儿童事业发展中心授予"学前教育的楷模"称号。慈吉小学在校学生达3800多名，单体规模居浙江省民办小学榜首，被评为浙江省示范小学、浙江省新锐民办学校（全省仅10所）、浙江省艺术特色学校、全国学生营养与健康示范学校。慈吉中学荣获浙江省示范学校、浙江省教科研先进集体、全国青少年文明礼仪示范学校、全国中小学德育规划课题重点实验学校等称号。慈中书院以"卓越源于要求"为校训，走"做精做强做优"发展之路，已显示出高质量的办学成效。

二 追求优质化品牌内涵

集团所属各校（园）十分注重内涵建设，把以人为本、追求卓越落实在教育行动中，全方位体现为社会服务、为学生服务、为家长服务，不断提升教育品牌的优质化内涵。

慈吉幼儿园以"给我一棵稚嫩的幼苗，还您一株健壮的小树"为园训，注重幼儿新课程的开发和研究，已形成蒙特梭利、乐高、"家+"、双语等一系列适合幼儿教学特点的课程体系；注重开展丰富多彩的幼儿活动，彰显幼儿园办学理念；注重尝试拓展新的婴幼儿教育服务，引入慈溪电视台"精灵姐姐"和妇保医院专家医生入驻幼儿园，为孩子和家长提供更有特色的高品质服务，凸显了幼儿园特色。

慈吉小学以创建"与国际接轨的高标准现代化学校，特色鲜明多样的示范性窗口学校，充满着博爱精神的家园，洋溢着人文气息的乐园"为办学目标，在教学上采用基础加拓展的策略，教学特色明显。实施双轨式大语文教育、分层式数学教育、阶梯式英语教育，注重开展基础课程"1+4X"模式，丰富了校本拓展性课程。目前拓展课程已经增加到68门，不仅覆盖到全体学生，而且课程开发与实施不断走向规范化，实现了由点到面的转变，涌现出一批高质量、有特色的精品拓展课程。文化课教学和学校开展的特色教育如合唱、课堂乐器、乒乓球、跆拳道、国际象棋等项目在比赛中均名列全市第一。

慈吉中学坚持落实健康人、文明人、智慧人"三人"育人目标，全面实施"质量立校、文化润校、特色亮校"三大策略，以"人和为魂、差异发展"为文化特色，高度重视学生的差异化发展，充分挖掘学生的学习潜能，教学质量稳步提升，每年中考和高考成绩在全市同类学校名列前茅，初中办学水平评估连续多年被评为慈溪市优秀级学校、被浙江省教育评估院评为慈溪市义务段素质教育五星级学校。

慈中书院整合优势资源，致力于打造学术型高中，在"教学业绩、教师发展、学科竞赛"三个方面都取得了好成绩。办学12年来，每年高考成绩喜人，均保持全市同类学校首位，重点大学上线率达 80%，已跻身于全省优质高中行列。

三　构建国际化教育格局

慈吉教育集团从无到有、从小到大，21 年来得到快速发展。在目前新的形势下，如何抓住机遇，如何满足人民群众对优质教育、国际化教育的多样化需求，全面打造慈吉教育品牌做好转型升级高质量发展、圆慈吉教育百年品牌梦这篇文章，成为慈吉教育集团内涵提升发展的必由之路。

"进入新时代，慈吉教育事业面临前所未有的机遇与挑战，注重素质教育与学生个人发展，注重培养具有多元文化和全球视野并符合 21 世纪发展需要的人才，教育国际合作交流势在必行。""谁率先推进一步，谁就有可能领先达成民办学校转型发展、达成国际教育品牌。"

在国际化、全球化的时代背景下，教育国际化加速推进。"慈吉教育"创始人不但对推进国际合作交流充满紧迫感和使命感，而且深深懂得，加强国际合作交流将引领民办教育未来发展，推进国际合作交流是"慈吉教育"创新发展的新动力、新引擎。

近年来，在实施国际化教育发展战略中，"慈吉教育"已作了充分准备。集团所属慈吉幼儿园和慈吉小学，自 2017 年起已招收双语班 26 个班，其中幼儿园 9 个、小学 17 个；今年将新招收双语班 14 个班，其中幼儿园 4 个、小学 10 个。与此同时，集团各校（园）还超前开展了相关工作，并初见成效。如慈吉幼儿园，在创办之初，就确立以"培养具有国际视野的高品位的现代儿童、为孩子的终生幸福奠基"为办园宗旨，在办园进程中，率先引进双语教育，聘请外籍教师任教，汉语、英语并行学习，并就"国际多元文化启蒙教育活动"课题坚持多年实践研究，该课题实践研究形成的幼儿教学案例入选浙江省"一园一品"丛书。慈吉小学高度重视英语教育，2000 年创办之初就在一年级开设英语课程。慈吉中学和慈中书院曾与国内名校及外国语学校合作，试办了国际预科班和国际教育。尤其是近年来，集团各校（园）与国内外知名学校建立了良好的合作基础，保持了与华东师范大学的长期教育合作，2018 年起又与美国知名的私立兰尼学校和国内一流的香港维多利亚教育机构、上海市宋庆龄幼儿园等幼儿园、小学、中学实行了合作办学，成效显著。

激励教师成长，优化团队建设

富阳区永兴学校

师资队伍建设是学校工作的重心所在，我校自办学以来，实施了一系列重大措施，全力提升师资水平。如对教师队伍入职关口的把控，组织进重点高校招聘，提高了新教师的招聘质量；加大在职教师的培训力度，先后与北京师范大学、浙江大学等高校开设研究生课程班，与加拿大等国合作开展教师出国研修培训，引进多方专家智库资源，提高教师的专业水平与育人能力；花大气力给教师改善居住条件、提供较高的薪酬待遇，让一批优秀教师能够安心从教。一系列措施总体效果明显，我校教师具有较高的专业水准，在区域范围内认可度较高；教师的吃苦耐劳及奉献精神在富阳老百姓的心中留下了深刻印象；教师对学校的信任度，对学生的爱心、责任心有目共睹。

永兴师资水平总体均衡，整体实力较强，离不开上述各项管理措施，也与学校一贯以来坚持的薪酬方案密切相关。我校教师薪酬体系始终坚持激励成长，优化团队的目标，主要特征是多劳多得、优绩多得，重责多得；效率优先，兼顾公平，尊重劳动，肯定贡献，充分强调团队的合作。

一　指导思想

教师薪酬体系的设计首先是尊重事实，肯定个人的劳动、奉献和工作绩效；其次，强化团队合作，崇尚整体意识，坚持反对单科独进、突出个人，禁止教师抢抓盲干、自私自利的发展倾向。学校坚信：永兴的成绩必须依靠团队，团队的成功才是真正的成功，个人也会因团队的优化而更加强大。所以，学校在管理尤其是在薪酬管理过程中积极处理个人与团队的关系，在肯定个人作用时，凸显并强化团队的力量。

二　教师薪酬体系组成

教师酬薪包括工资、福利等。工资主要包括基本工资、岗位工资、工作量工资、考核工资。基本工资根据教师职称、教龄等基本情况，参照公办学校教师基本工资体系确定，尊重事实，承认资历。岗位工资主要是指其在校内承担的管理岗位，如年级组长、教研组长、班主任、副班主任等，定岗、定责、定薪，重责多得。工作量工资主要是指教师的上课节数，以及学校指定的可享受课时津贴的工作，按劳计酬，多劳多得。

考核工资通过阶段性的绩效评估后发放，优绩优酬，主要有两大内容：

（一）教育教学质量考核

如期中或期末质量考核、学期综合考核、初三中考等，实行捆绑式考核。教育是合力，各科必须合作、平衡发展。为了避免常见的各科抢时间现象，消除不良、恶性的竞争，除了本学科质量考核之外，还同时进行所授班级的捆绑式考核。对教师的质量考核，不单单看其所教的一门学科的成绩，还要看其所在班学生的整体发展状况。

（二）奖优评优项目

一般是一学期评选一次，主要分为：德育类、教学类、后勤服务类、优秀团队、新秀奖、敬业奉献奖等。通过评优，抓住教师发展的专业核心力量，激发教师成长的内在潜能；认定时，严守师德底线，突出专业要求（尤其是教育教学方面的个性化、有效性、智慧性等评价维度），强化校内实绩（主要强化学生进步与成长、同事合作与认可）。注重公众评审，评选公正、公开、公信。评定颁奖，简朴而隆重，有仪式感，让入选教师真正有获得感和成就感。当选后，加强考核，明确职责，动态评选，专项激励。

三　薪酬制度实施需把握的方向

永兴有小学、初中，校情不同，需求不同，校长思路与管理风格有异，关于教师薪酬体系，总校层面定大方向、总原则和评估要求，具体由各校因地制宜出实施方案。各校制度实施过程中，还要充分考虑几个问题：

（一）特殊性

教师必须关注所教学生的身心状态，服务于学生成长的需要。小学老师面对的是一群懵懂无知、对社会几无了解的孩子，这就要求老师侧重于培养常规、激发兴趣、彰显习惯，需要教师投入更多的是情感、态度、耐心和爱心，并且在高段、中段、低段各有侧重。到了初中，老师面对的是一群粗具个性习惯、掌握了一定的知识体系、自我意识急剧发展又极不成熟的矛盾体，他们渴望独立、尊重、认可，内心却总是充满依赖、敏感、叛逆和迷茫，在这个危机重重又极其关键的"心理断奶期"，需要教师付出更多的理解、沟通、机智和尊重，老师要侧重培养学生的信心、恒心、毅力、抗挫力等心理素质，以及思维能力、合作能力、自主学习能力和创新实践方面的能力。

学生不同，对老师的个人素养、教育的理念、专业知识和专业能力也提出了不同的要求。在义务教育阶段，尤其是小学阶段，老师的很多付出与能力都是难以具体量化考核的，在薪酬制度实施过程，要切实关注教育本源，简单的量化评价和唯分数论都不具科学性和导向性。

（二）系统性

不管学校如何发展，环境如何变化，薪酬如何提升，学校始终坚持上述体系及原则，并在此基础上进行整合、完善，增加的收入都与学校原有的薪酬评价体系有效衔接，使之更具激励性和引领性。

充分考虑整体性，处理好团队与个人、各统考科目、考试科目和非考试科目、教育教学一线和二线、过程与结果之间的关系，充分发挥激励效益；充分沟通，听取多方意见，形成一致思想，全面考虑制度可能的影响力（包括可能产生的内耗），精细设计，审慎操作，细则公开，机会公平，考核公正，结果公信，力求效益。

（三）发展性

薪酬体系牵一发动全身，具有极强的导向性，意义重大，操作程序体现公正性和合理性，确保其发挥最大的激励效益。学校均在实施前进行充分的可行性论证，一切以优化团队，促进发展为第一要义；并且及时监控，全程开展阶段性的风险与效益评估，勇于发现和正视实施过程中的新问题与新矛盾，在发展中调整，在调整中完善。各校薪酬方案在坚守上述大原则与方向基础上，因地制宜，根据本校的个性，享有一定的灵活性和柔性。

（四）激励性

激励不是简单的奖励，激励是激发教师自我实现的需要，凡达到评优评先条件的均可给予肯定；激励更不是论功行赏，比谁的贡献大小，激励是根据评价指标对教师的专业成长进行阶段性评估。因此，精细设定各类各岗位专业成长的维度和评估要求后，只要达到要求并且考核通过的，就应兑现奖励。

四　薪酬设计必要的配套管理措施

1. 落实分校主体责任，提升分校治理能力。在总校制定的原则方向的基础之上，由各分校建立符合学校发展的分配、激励、发展性的薪酬体系，激发管理活力。

2. 根据办学规模核定各校教职工人数下拨经费。总额包干，各校结合学校实际，优化分配制度，激发学校办学活力。

3. 做好必要的绩效评估。总校组建或通过第三方机构，每年对各校教师发展情况、教师薪酬制度实施结果等方面进行评估。

4. 除了事业留人，待遇留人之外，还要做好人文关怀，情感留人，关注教师内心世界，肯定贡献，宽容失误，欣赏优点，切实关注教师的减负与增效问题。

解读温州崇文中学崛起的密码

温州市龙湾区崇文中学

温州市龙湾区崇文中学（以下简称崇文中学），2018年1月由上海金太阳教育集团投资创办，是一所名副其实的新学校。

尽管创办才两年多，崇文中学却异军突起，教育教学成绩优异：4个学期的期末质量抽测，总评均稳居龙湾区所有初中学校前三；学校的知名度和美誉度不断提升。

崇文中学堪称龙湾区教育界的一匹黑马，充分引发了"鲶鱼效应"，加剧了龙湾区初中学校的竞争态势，一定程度上改变了龙湾区初中教育的格局。

崇文中学何以迅速崛起，短期内跻身龙湾区初中学校三甲？盘点崇文中学这两年走过的风雨教育路，不难发现崛起的几个关键密码。

一 "校设"高端

一个人有"人设"，一所学校也有"校设"——学校有怎样的顶层设计和定位，就会有怎样的教育路线图。

创办伊始，作为顶层设计的一部分，崇文中学进行构建了校园文化体系，并在教育教学和管理中予以践行。

办学目标：创办具有"厚度、深度、高度、宽度、温度"和"特色、优质、高端"的温州市品牌学校。

办学理念：一切从师生的美好感受出发。

校　　训：崇文尚礼，守正求新。

"五个三"育人目标：

"三意"：善意，暖意，真意；

"三善"：善学，善思，善进；

"三自"：自律，自主，自强；

"三度"：亮度，厚度，气度；

"三有"：有教养，有习惯，有文化。

崇文精神：崇实尚新，团结协作，敬业奉献，砥砺上进。

学校核心竞争力：文化力、团队力、思考力、学习力、创造力。

通俗地说，崇文中学的办学定位是：要办就办一所优质的、让学生成才、家长满意的"好"学校。

定位定了，方向就明确了，目光就长远了，步子就沉稳了，措施就扎实了。两年来，崇文人志存高远，可以说，"争强好胜""不甘平庸"的集体荣誉感，就是崇文人的特质和基因。

为了那一份骄傲和荣光，崇文人埋头苦干。哪怕是教学成绩些微的下落，都会引发崇文人内心的紧张、不安和反思，这种应激反应已然成为崇文的集体无意识。

二　名师团队

温州崇文中学，最知名的标签是"名师团队"，为社会各界和家长所耳熟能详、津津乐道。不少温州学子追随名师，负笈崇文。

崇文中学实打实地构建"名师团队"，以下几点足以证明：

第一，主科，崇文中学聘请的都是具有丰富经验的优秀教师，从来不用当年的应届毕业生。不能说应届毕业生里没有优秀人才，但教学经验是天赋所无法取代的。作为一所新办的学校，行走在教育的快车道上，没有时间和空间来培养年轻的教师，崇文中学需要的是"来之能教、教之能优"的"老司机"式优秀教师。

第二，崇文中学对教师高标准、严要求。在和应聘教师通话时，招师办老师有一句玩笑式的口头禅"崇文中学对教师的要求很高，请您自行评估一下自己"，潜台词是"如果您只是一位拥有教师资格证的平庸老师，那大家就不必浪费彼此的时间了"。

第三，崇尚实干，不务虚名。崇文中学对"名师"有自己的见解：所谓的名师，是指"善于育人、能出成绩"的实干型教师，至于那些令人眼花缭乱的头衔和荣誉，崇文中学其实并不看重，比起"名"，崇文中学更注重"实"——有名有实，这样的老师当然最好；无名有实，这样的老师多多益善；有名无实，中看不中用，这样的老师崇文中学敬而远之。

简言之，崇文中学用的是"真名师"，而不是"假名师"；重在教师当下的实在成绩，而不是过往的荣耀和光环。在崇文中学，教师试图依靠往日的名声和荣誉来吃老本、混日子，是根本行不通的。

第四，能者快上、庸者快下。崇文中学考核教师的最根本指标就是"实绩"。能做出成绩的老师，不问年龄、职称和出处，崇文中学都倍加倚重，委以重任，酬以高薪；不能出成绩的老师，乃至于拖后腿的老师，即便有些资格和名头，也将很快被边缘化，短期内被调整，直至解聘。

崇文中学求贤若渴，礼贤下士，延揽优秀师资不遗余力，使用人才不拘一格。校园里，既有全国优秀竞赛教练、温州高考状元的初中班主任、全国优秀教师、学科带头人、省市优质课一等奖获得者，也有名不见经传的优秀实干型教师。正是依托名师团队，崇文中学迅速崛起，实现了优质办学。

崇文人常常自豪地说：论起校园的硬件设施，崇文稍显逊色；但崇文的师资团队，相比之下，却是有过之而无不及。

三　人文原创力

酒香也怕巷子深，何况是一所创办才两年的学校？而学校的社会知名度和影响力，往往取决于学校的原创力；换言之，有原创力，才有影响力。

崇文中学是一所具有原创力的学校，推出的各项举措、举办的各项活动，不仅具有浓郁的原创人文气息，也有借鉴价值：

崇文年度校园汉字评选。元旦前后举行的年度校园汉字评选和书法创作活动，是崇文中学一项独创的文化传统。元旦前，学校确定4—5个备选汉字，组织师生全员参与评选，每人投出一票，得票数最多的汉字当选为"崇文年度校园汉字"；元旦后，组织师生进行崇文年度汉字的书写活动。2018年度，崇文中学选出了年度汉字"文"；2019年度，崇文中学选出了年度汉字"和"。

学生题写校名和校训。2019年3月7日下午，"温州崇文中学"校名在学校教学楼二楼上墙。题写校名的，既不是书法界声望卓著的名家大腕，也不是初出茅庐的后起之秀，而是崇文中学七年级五班的学生。

2019年4月15日下午，崇文中学教学楼正面、南北外墙上的校训和办学理念，也出自两位学生之手：七（1）班的应信洁同学和八（4）班的金轩如同学。

"无脏话校园"创建活动。德育无小事。比如校园脏话，很容易被忽视，但校园去脏话，崇文中学是认真的：班主任开设一节"无脏话"班会课，让学生认识到，说脏话是缺乏教养和低素质的表现；把脏话列入学生日常行为规范检查的内容，脏话多的班级不能参加学校每周的"文明班级"评选；要求老师们做好榜样，批评学生时不说脏话；设立师生脏话监督员，开展常态化监督——学生发现说脏话的同学，及时报告给班主任或课任教师；老师听到说脏话的学生，立即上前制止并进行现场教育。

创建活动收到了明显的效果，说脏话的学生越来越少了，脏话的发生率越来越低。

弘扬红船精神，构建党建品牌

嘉兴市交通学校党支部

嘉兴市交通学校作为嘉兴南湖红船旁的国家级重点中等职业学校、省级中职改革发展示范校，始终坚守职业教育先进性，一直走在职业教育改革发展前列。在"红船精神"先进思想的指引下，以党建引领学校建设和发展，以党建引领人才培养，怀揣社会各界对职业教育的期盼，点燃百姓对职业教育的金色梦想。近年来，学校党支部按照上级党委的要求认真开展了党的群众路线教育、反"四风"建设、"三严三实""两学一做""不忘初心、牢记使命"主题教育等系列活动，加强思想建设、作风建设、组织建设和廉政建设，深入开展红船精神进校园活动，充分发挥党员的先锋模范作用，以党建引领学校各项工作稳定健康发展。学校党支部 2017 年被嘉兴国资委评为"五型标尖"基层党组织。

一 突出学习抓教育，打造"学习型"党支部

每年制订党支部主题教育学习教育计划、党支部工作计划，要求全体党员干部抓好主题学习教育。

完善"三会一课"制度。学校党支部每月开展主题党日活动，每月开展一次支委会和党小组活动，每季度召开一次支部党员大会。

利用信息化手段开展学习。充分利用党员微信群、qq 群，借助"红船领航"平台，促进党员开展网络学习。

通过开展各项扎实有效的学习教育，全校党员干部统一了思想认识，呈现了新的精神面貌，打造了一支政治思想素质过硬的交校铁军。

二　夯实党建抓管理，打造"效能型"党支部

扎实做好支部书记述职评议工作，每年支部书记参加上级党委组织的述职，同时向全体党员述职，接受监督评议。

认真落实民主生活会和党性体检制度，深入开展"党性体检、先锋指数"评议工作，进一步增强广大党员的政治意识、大局意识、核心意识、看齐意识，激励党员勇立潮头、勇当标杆。

严格党员发展工作，根据《中国共产党员发展党员工作细则》的有关要求，对入党申请人、预备党员的培养教育过程严格把关，严格按计划发展党员。

三　突出培训抓队伍，打造"技能型"党支部

教职工队伍素质的高低影响着学校的发展。我们在全日制教学方面通过全面实行选择性课程改革、加强教学常规管理、开展教师职业能力竞赛等方式提高教育教学水平。在技能培训方面通过每月安全例会学习、技能比武、学员上门回访等方式提高教练员的技能水平和职业素养，在教练员中加强服务意识、责任意识、质量意识的教育，不断提高教练员队伍素质。我们通过各个途径的培训、学习、比武，提高全体教职工的业务水平、技能水平，促使大家成为岗位上的"技术能手"。

近年来，我校各个岗位上涌现出了一大批先进，其中物流教研组被上级党委评为"共产党员示范岗"，拥有浙江省"百千万"高技能领军人才和嘉兴市第十二批学科带头人各一人，多位教师被评为市级教坛新秀、名师、优秀教师和优秀班主任，多位教师在国家与省市技能大赛中获奖。

四　突出品牌抓特色，打造"创新型"党支部

我校是上级党委确定的"一企一品"党建品牌建设试点单位，学校着重建设以美丽校园等为主题的党建品牌。近年来，我校在巩固省文明单位的基础上，开展了美丽校园建设活动。从评选美丽学生、美丽班级、美

丽寝室、美丽教师、美丽教练、美丽课堂开始，积极鼓励全校师生共同参与，充分发挥他们在学校精神文明建设中的作用，引导和支持师生员工把文明创建活动拓展到更加广阔的领域，形成学校文明创建工作中的特色品牌。

2018年以来，我校重点打造红色校园文化，制作了社会主义核心价值观主题宣传牌、红船精神、十九大、大国工匠等宣传围栏，使全体师生深受红色精神的熏陶。

同时，我们重视学生党建工作，弘扬"红船精神"，培育核心素养。我校从源头上做好团建工作和党建工作的衔接、理论学习与实践教育的结合，健全党建工作体系。同时通过徒步革命圣地（嘉兴南湖革命纪念馆）、传唱红色歌曲、诵读红色经典等途径培养学生爱校、爱家、爱党、爱国的情怀。

五　突出廉政抓党风，打造"廉洁型"党支部

学校党支部按照党要管党、从严治党的要求，严格落实党风廉政建设责任制，由党支部书记担任第一责任人，班子成员全面落实"一岗双责"，切实抓好党风廉政建设和反腐败工作。

学校党支部与公司党委签订党风廉政建设责任书，学校与所有教师签订文明从教责任书、与所有教练签订廉教承诺书。

全方位开展岗位廉政风险排查，所有干部进行岗位风险排查，针对风险点制定了相应防控措施。

全面做好党务公开、校务公开工作。严格执行重大事项集体议事规则，认真贯彻执行"三重一大"决策制度实施办法；加强民主管理，发挥工会组织作用，对涉及员工切身利益事项，充分听取职工意见建议。

六　开展服务展风采，打造"服务型"党支部

我校积极鼓励和支持党员参加志愿服务和文体活动，关心关爱党员干部，营造和谐工作环境。

一是发动、指导、联合共青团和工会开展青年志愿者活动。这两年我

校志愿者服务总队走进社区、走入乡镇，为市民进行家电维修、卫生保洁、文明劝导、交通宣传等服务，获得了市民的好评。尤其是我校党支部发动全体党员干部积极参加学校共建北河溇社区的各项志愿活动，结合创建全国文明城市的要求，利用休息时间进社区、上街道，进行宣讲与文明劝导。

二是做好结对帮扶和慰问工作。每学期，学校党支部都会走访与华家新村爱心结对的贫困学生，为其送去慰问品。同时，按照中共嘉兴市委组织部、嘉兴市民政局《关于做好万个党支部结对帮扶困难家庭有关工作的通知》，我校党支部积极做好和嘉兴贫困家庭的结对帮扶工作。

强身励志承传统，文武兼修育英才

湖州市清泉文武学校

麒麟山麓，太湖西岸，有一群红墙青瓦、亭台楼宇的仿古建筑让人慨叹不已，这就是被誉为"太湖西岸璀璨明珠"的湖州市清泉文武学校。自办校以来，清武始终秉承"文韬武略，正直做人"的办学理念，积极构筑独特的"励志教育"体系，培育学生人格为先、文武兼修，最终成长为能为国家建设与发展做出贡献的时代新人。

一　"励志"而生，大有可为

学校的创业史就是一部励志史。学校1994年开始白手起家建校，仅三年时间，学校声名鹊起，办学规模迅速发展。后又在太湖西岸兰香山风景区建起了一所涵盖小学、初中、职业高中三个分部教学的文武学校。可以说，学校的创业史就是一部励志史。

家长信任使"励志教育"应运而生。清武学生来自全国各地乃至海外，学生家长都是慕名而来，他们都希望孩子在此得到文明礼仪、吃苦耐劳、独立自律、强身健体等方面的教育与成长。适应家长的需求，清武"励志教育"应运而生，且不断地有所作为。

二　"励志"主题，武德为先

中国武术内容丰富多彩、文化博大精深，她不仅是中华民族几千年智慧的结晶，也是中华民族坚强不屈精神的体现。但习武之人重视的不仅仅是精湛的武艺，更是高尚的"武德"，其核心就是人格教育。学校在二十多年的办学历程中，确立了"清泉教育一二三四"的理念体系，即：一个校训（文韬武略，正直做人），两个结合（文武结合，动静相济），三康教育（身体健康，心理健康，行为健康）的育人理念，四个学会（学会做人，学会做事，学会生存，学会生活）的育人目标。近十年来，学校以此为指导，从博大精深的中华武术文化中汲取丰富的营养，确定了"励志教育"培养体系。

以此为基础，我校针对不同学段学生特点，具体确立了相应的励志教育主题——小学部为"我在长大"，初中部为"我是一个感恩的人"，高中部为"我的未来职业梦"，从而帮助学生树立励志目标，激励学生为梦想而不懈奋斗。

三　"励志"在育，创新模式

明确的办学方向，超前的办学意识，系统的办学思想和颇具特色的办学模式，让学校形成了明显的特色。我校从生源来看，有许多是天性好动、成绩相对落后而家庭经济条件优越的学生，他们入校后如果按部就班实行传统教育模式，恐难达到良好效果。于是学校结合自身武术教育优势，创编实行了适合不同学段的武术特色课程，并以清武"三康教育"为理念支撑，大胆实施了"文武结合，动静相济"的教育创新模式，这一模式也同样运用于"励志教育"的全程之中。三康教育是相辅相成、缺一不可的整体，其中身体健康、心理健康是前提和基础，行为健康是目标归位，也是"励志教育"成效的体现。

"文武结合，动静相济"，既是清武学校"以文为本、武为特色"理念指导下的教学创新，又是学校"励志教育"达成人格培养的模式创新。清武"励志教育"中的"文"是指中华传统优秀文化和清武精神，"武"是指习武强身磨炼意志。"动静相济"则由学生生理和心理变化规律来决定。我们在教育教学中，把"动"与"静"穿插和糅合起来，并且进行有机地匹配与组合，以发挥学生自身应有的潜能，达到"励志教育"的最佳效果，最终达成"文武双全，德艺双修"的育人宗旨。

四　"励志"策略，催人奋进

环境"励志"。学校坚强校园文化建设，在学校入口处镶嵌"文韬武略，正直做人"鎏金大字；在大门前池水中央横卧着的巨型花岗岩上篆刻"文武相济，德艺双修"；设置了教室门外的励志特色班牌、教室里的"励志之星，我最闪亮"竞赛栏、寝室门上的励志特色室牌等，激励学生"不忘初心、励志前行"……自下而上形成了一条励志文化主轴线。寝室星级化、就餐文明化、晨练军事化……整个校园洋溢着"励志""奋进"的浓浓氛围。

机制"励志"。组织健全，成立"励志教育"工作领导小组和年级"励志教育"研训小组；评价激励，每学期开展班主任励志教育"十大优秀公开课"和学生"励志之星"评比表彰；展播推进，充分利用学校"太湖之声"小记者站采访记录学生中的励志故事，并通过"太湖之声"广播站进行展播，不断推进清武励志精神深入人心。

活动"励志"。一是常态化开展"励志教育"三个一活动。各班每周一个励志故事、一句励志名言、一节励志班会，持之以恒，走向常态化，进一步激发学生奋斗拼搏的热情。二是特色化开展励志教育公开课活动。学校围绕"我在长大""我是一个感恩的人""我的未来职业梦"等主题，每学期向全校展示近 40 节班会公开课，让学生在泪水中体验到感恩的真谛，在畅想中体验到圆梦的美好。三是系列化开展励志教育擂台赛活动。学校依据不同学期和月份特点开展系列"擂台赛"，搭建学生展示文明、礼貌、感恩、技能、才艺、智慧、拼搏、欢乐的舞台，让他们在竞赛中感悟励志的意义。四是个性化开展励志教育"备忘本"活动。以此有针对性地开展个性化的励志教育活动，当学生遇到想要退却的相关情景时，能主动用以激励自己继续前进。

五 "励志"成效，芳华尽展

提炼五字励志特色。学校基于成功经验，提炼了"五字"励志教育管理特色，即：养成良好习惯，体现一个"严"字；磨炼意志品质，懂得一个"苦"字；真情赢得感恩，感受一个"爱"字；文武相济并进，用活一个"导"字；专业引领人生，做好一个"精"字。

人格培养收获成果。清武学子在"励志教育"中成长，在人格养成中收获。清武学生的文明精神深受社会各界的赞誉，校园里听不到一句粗话，人人持抱拳礼，个个阳光自信。感恩行动成为一种校园风尚，更有清明节、中秋节、重阳节等传统节日，在清武都被过成了感恩节。清武校园里有许多历届不变的传统，如每年高三学子去县城高考结束后都要全体主动回学校住一晚，第二天打扫干净全部的校园，登学校后山再看看太湖与校园，邀周校长再上一堂人生大课等。真所谓教育无处不在，励志成就人格。

走出校园尽显风采。学校依托武术特色积极开展"武术六进"活动，参加全国各级武术赛事与表演，以及出国武术交流等活动，学生们表现出来的良好道德素质、竞技水平和精神面貌受到国内外各级人士的好评。近十年来，学校师生受俄罗斯、瑞士、卡塔尔、埃及、英国、意大利、西班牙等国邀请，出国表演访问，得到当地人民的热烈欢迎；并且多次参加全国性和省内各种大型武术活动展示，如新中国成立 60 周年天安门庆典活动、全国国防体育展示大会、浙江省第 16 届运动会开幕式表演等，均获得满场喝彩和高度评价。

德艺双修文武双收。近十年来，学校规模翻番，清武学子参加高考上线率年年保持95%以上；竞技场上共获团体冠亚季军奖杯 300 多座、金牌3500 多枚。学校先后获得全国教育教学管理示范学校、全国中小学德育示范基地、全国人文社会科学普及基地、全国十大武术名校、浙江省优秀民办学校、浙江省中小学生研学实践教育基地、湖州市文明单位等荣誉称号。

面向世界　面向未来

安吉上墅私立职业高级中学

安吉上墅私立职业高中创办于 1984 年，系新中国第一所私立高中、国家级重点中等职业学校，占地 400 余亩，在校学生 2068 人，教职工 150 余名，外籍教师 10 余名。开设专业 20 个。学生遍及浙江省 11 个地市和江苏、安徽、上海等 12 个外省市，毕业生 5 万余人遍及海内外。多年来，在各级政府和各级教育部门的关心、支持下，改革创新职业教育，强化技能，服务地方经济，转型升级，走内涵发展之路，学校健康发展，稳中有升。

一　特色

上墅私立职业高中，从创办开始就是一所以多语种为载体的专门化的"语言+专业+现代技能"的民办职业高级中学。学校以面向世界、面向未来为办学理念，开设英语、日语、韩语、德语、双外语等多语种教育，开展现代技能和有关专业相结合的"三合一"的培养模式，让学生多学习一个技能，将来工作多一分选择。学校开设了涉外型、外向型的"外语+专业+现代技能"，一张文凭，多种证书，培养复合型人才，赢得社会、企业、家长和用人单位的青睐。毕业生的就业遍及长三角的上海、江苏、浙江各地，而且工资较高，在各种外资企业和公司工作的人员多。据不完全统计，在长三角地区就业的毕业生就有两万余人。由于毕业生受用人单位的欢迎，所以，学校的外语教育的"三合一"模式，"外语+专业+现代技能"的成功教育，获得了学生、家长和用人单位的好评和较高的满意度，学校的声誉、信誉大大提高。特别是许多优秀毕业生进入了上海外国语大学深造和出国留学深造，毕业后又回上海、苏州就业，就业的工资高，促进了学校的招生和学校的发展，这是上墅私立职业高中创新教育的一大特色和亮点。

二　内涵发展

学校采取"请进来，走出去"，实行开放式办学，封闭式管理，改革创新办学模式，走内涵发展道路，已和国内 11 所高职院校开展"3+2""五年一贯制"和"3+3"模式的合作办学，同时与海外 11 个国家和地区的高校开展了"3+2""3+4"的合作办学。特别是在新兴的热门专业上，发展前途良好，如我校的动漫专业，与日本的动漫大学接轨开展了动漫专业的合作办学。热门新兴专业的开设，促进了职业教育的发展。2016 年 3月，有 15 位学生由学校帮助办理好出国留学手续，保送升入韩国的本科大学就读，同时可以本科研究生连读，家长和学生非常欢迎。特别是有一位来自山东（铁道游击队）大山里的贫困学生，父母在杭州打工，在学校的帮助支持下读完了英韩双外语专业，成为安吉的美德少年，她想到海外留学，在学校的支持帮助下，圆了她的海外留学梦。

在新兴专业的创设中，2015 年我校开设了空乘专业"3+2"模式，起步良好。同时，在民进中央的关心支持下，又与北京科技职业技术学院合作办学，开展"3+3"模式的航空服务与管理专业。2015 年我校职业教育新增开设了航空、高铁乘务专业，深得学生和家长们的欢迎。目前，我校职业高中开设的"3+2"大专班空中乘务专业和杭州育英高职学院接轨，开设"3+2"空乘专业班。航空高铁"3+3"专业，同北京科技职业技术学院开设了"3+3"合作班，充分考虑学生的升学和就业。

新形势、新常态，迫切需要职业教育按湖州市提出的"4+3+N"产业发展的需求办好职业教育，充分发挥市场机制和民办职校的优势，产教融合，校企合作，构建现代职教体系，为湖州各行各业培养技能型人才，为经济和社会发展提供人才支撑。

三　创新发展

上墅私立职业高中坚持改革创新发展不动摇，把创新作为学校职业教育发展的动力和源泉。创新从校内到校外，国内到国外，特别是在专业创新上，学校不断开设和增设以外语为特色的新兴专业、市场热门专业。如"陆、海、空"（简称）：（1）航空（乘务），（2）高铁（乘务），（3）国际邮轮（乘务），（4）城市轨道运营（乘务）等。这些专业就业有保障，工作后福利待遇高，得到了社会和家长的认可，受到学生们的青睐。

2015 年，学校与新西兰奥克兰大学和奥克兰商学院签订了合作办学的协议，组织了 15 位学生赴新西兰短期留学，并有 6 位学生赴奥克兰商学院留学。随后又达成互派留学生的协议。学校还开设了日语丰田班，上墅私立职业高中与日本大阪丰田公司汽车学校开展合作办学，每年将有 30—50 位学生赴丰田公司汽车学校深造，毕业后由他们安排就业。与国际接轨，有助于办好职业教育，提高办学层次和质量，借梯爬高，借船远航，促进内涵发展。

职业教育的特色创新，给学校带来了生机和活力。2018 年，职高新生招生突破 800 人；2019 年，职高招生突破 1200 人，学校年年稳中有升，健康发展。

师资队伍建设的"四鹰行动"

台州市书生中学

建设一支"有理想信念，有道德情操，有扎实学识，有仁爱之心"的四有好教师队伍，是办好学校的根本。

台州市书生中学实施师资队伍建设的"四鹰行动"，收到良好的效果，具体做法如下：

一 雏鹰出巢，新教师快速成熟

教师的成熟原是教师一生追求的事。新教师零年成熟是学校倡导的一种新型教师成长理念。它通过见习、暑假培训、新教师自学、互助活动、青蓝工程、备课组和教研组的帮扶等方式，使新教师初步成为或励志成为"爱学生、重习惯、善调动、能管理、会教书"的教师。它让新教师充满了自信。雏鹰出巢，新教师零年成熟，解决了教师的成长方向问题，解决了教师的数量问题。在书生中学乃至整个教育集团，随着办学规模扩大，每年都要引进一大批新教师。与许多学校不一样的是，学校对新教师充分信任，大胆放手，提出并实施了"新秀教师零年成熟"的成长理念。

几年前，有一新教师来到北大附属台州书生中学，就担任了班主任。一开始，家长不信任、学生淘气、教学任务繁重曾让她一度想逃离。这时候，学校的"新秀教师零年成熟"方案给她吃了颗"定心丸"。在前辈的引领、扶持下，她很快自信地站稳讲台，如今已是学校的业务骨干。

二 雄鹰展翅，青年教师脱颖而出

青年时期是教师成长的关键时期，青年教师脱颖而出是学校教师发展的重要体现。青年教师脱颖而出主要通过各类的教师评比、青干计划、青桐计划、自学钻研等方式，使青年教师怀揣"有个性、进取心强，能吃苦、顽强拼搏，勤学习、博采众长，敢尝试、标新创特，抓成绩、质量优良"的情怀与目标。雄鹰展翅，青年教师脱颖而出，解决教师队伍的品位问题，解决教师成长的速度问题。

多年来，有一批教师像追光者一样，怀着对教育的热爱，怀着做一位好老师的愿望来到我校。曾有个青年教师初上讲台就接手了一个差班，课堂上学生打架、旷课、睡觉都是常事，毫无经验的她碰到这样的情况，简直是欲哭无泪。后来，在学校领导和教师的帮助下，她豁然开朗，从改变语文课堂开始，用充满人文情怀的课堂温润学生心灵，也惊喜地看到学生的点滴改变。班级的进步增强了她工作的信心和自豪感。

在时下教育新理念、新实践、新名词满天飞的时代，书生中学的教师们似乎有一种特别的教育气质。他们努力做到"松静匀乐"，安享着教育生活的日常，把做事当享受，做好手中的小事，做好当下能做的事，按计划做事，持之以恒地做事。

三　神鹰飞翔，中年教师矗立砥柱

中年教师是学校教师队伍的主体力量，所以是砥柱。实现中年教师矗立砥柱，关键要让部分中年教师实现华丽转身。中年教师寻找自身问题，自身不足，改变自我，实现华丽转身，解决教师的质量问题，解决教师队伍的品质问题，才能保证整体的中年教师成为砥柱。

有一位青年教师在班级管理中，很注重教育的仪式感。父亲节到了，她给学生布置了一份特殊的家庭作业——"爸爸，我想更懂你"。那天晚上她收到许多微信。一个学生说："我问爸爸，'我什么时候让你最骄傲?'爸爸说，'你的出生就是我最大的骄傲!'我顿时泪崩。"一个妈妈说，他们是重组家庭，新爸爸虽然很爱女儿，却羞于表达。当晚，女儿问："爸爸，你爱我吗?"爸爸脱口而出："当然爱呀!"一家三口含泪相拥。像这样，每一个节日都是教育的契机，力争把每一个平凡的日子都过得如诗如画、有声有色。

有一位有着15年教龄的教师，曾经一度觉得当班主任苦不堪言，甚至心生抱怨。来到书生中学，第一次看到挂在墙上的那句名言"少埋怨环境，多改变自己"，心里不由得一震。从那时起，他觉得自己的心态变了。变得勤快了，勤跟班，勤动嘴，勤动手，勤反思，虚心地向同事请教，认真备好每一节课，写好每一篇教学反思，把每一次教学比赛当作成长的契机。"现在我明白了，最重要的是把握好过程，把握好当下，把握好自己。只要曾经努力了，无论结果如何，我都不会后悔。"

显然，对这所学校的教师而言，学校文化是耳濡目染的、近在咫尺的学习资源，他总能给教师们做人的鼓舞、前行的力量。

四　重鹰翱翔，优秀教师超越自我

学习型的教师队伍建设的核心在于"问题教师的华丽转身，优秀教师的超越自我"。老教师要努力突破工作后第一个十二年和第二个十二年的两次高原期，破冰而出，完成自我超越。重鹰翱翔，优秀教师超越自我，解决教师的境界问题，解决教师进取文化问题，解决能否建设一支优秀教师队伍的关键问题。

有个教师提出，"工作25年，我逐渐明白，最美好的教育并不复杂，而往往是朴素而简单的。"25年来，他跟一届又一届学生日夜相守，她班级里教过的历届学生不下1500多人，她越来越觉得，教师最重要的素养不是所谓的智慧，而是超越自我，懂得坚持，学会宽容，保持耐心。几年前，班里有一个叫阿杰的孩子，是出名的"捣蛋鬼"。为了这个孩子，她多次家访，每个周末都义务为他补课。可是，孩子终究是孩子，经常忍不住出去闯祸，打架受伤。面对阿杰，她始终没有放弃，一次次劝导，一次次鼓励，一点点帮助他进步。阿杰因病休学，回校后还要进她的班，她欣然接纳。就是这个孩子，许多年以后给老师发来微信说："谢谢您当年没有放弃我！"看到这句话，让人感动。教育因坚持而美好！

"四鹰行动"，从雏鹰出巢、翔击蓝天，走向雄鹰展翅、搏击长空，再走向神鹰飞翔、直冲九霄，之后走向重鹰翱翔、复上苍穹。也就是说从新秀教师零年成熟到青年教师脱颖而出，再到中年教师矗立砥柱，最后到老年教师超越自我，是教师的再次重大突破，重大飞跃，是又回到教育的原点再出发。

"培优文化"的构建与实践

上海外国语大学附属宏达高级中学

品牌文化是民办学校的魂。学校的发展需要不断重塑文化、积累文化。作为宏达控股集团投资创办的、嘉兴市最大的民营教育实体——海宁宏达教育集团旗下的一所高级中学,自1999年10月建校以来,优秀学生不断地脱颖而出,逐步形成学校特有的"勇于争先、追求卓越"的培优文化,赢得了社会的广泛赞誉。

一 理念引领:让特色为学生发展潜力"提升能量"

理念是生产力。办一所品牌学校,除了依托现代化的办学条件作支撑,更重要的是建构一所学校的立校之魂——办学理念,以此打造学校的核心竞争力。

1. 因时而化,理念指引。学校创办初期,筚路蓝缕求生存,以"宏道宏文,达德达才"为校训,喊出"为学生服务,让家长放心,创宏达品牌"的口号,狠抓教育教学质量;进入跨越式发展时期,学校与时俱进,与上海外国语大学"联姻",秉承"因材施教""分层教学"的教育理念,建立与不同层次学生相配套的班级管理制度和课程建设制度,实施个性化教学,分层设班,让每一位学生潜能得到发展;现在提质发展阶段,学校以"道文兼修,德才兼济"为办学理念,以"外语教学见长的国际化优质民办高中"为办学目标,以"极具开放视野的国际化"为办学特色,把"培养具有国际对话能力与个体核心素养的现代高中生"作为培养目标,走国际化特色发展之路。

2. 国际视野,外语特色。学校长期依托上海外国语大学的优质资源,突出外语教学特色,开展英语口语大赛、暑期英语夏令营、寒假国际夏令营等活动；组织学生参加全国各类各级英语口语比赛；聘请外教任教，增设外教课，定期对外语教师进行系统培训；开设国际班，开通留学直通车，与国际接轨，为优秀学生毕业后就读国外大学奠定了基础。

3. 文化校园，搭建平台。学校重视校园文化建设，积极营造环境，为学生个性发展搭建平台。学校成了社团联合会，与学生会享有同等权利，同时纳入校本选修课程体系。作为精品文化活动之一，学校艺体节已经连续举办了 10 届，艺体节始终贯穿了艺术和体育两条主线，分别是以拔河、篮球赛、校园吉尼斯、定向运动为主题的体育主线，和以"十佳歌手"、舞蹈大赛、话剧小品比赛、现场书画为艺术主线，同时还开展彰显外语特色而设立的英语朗诵、英语电影配音、英语诗文朗诵等比赛。

二　课程改革：让课程为学生成长"活力四射"

选择一种课程就是选择一种未来。优秀学生的成长，最终都将依靠学校的课程来体现和落实。

1. 课程建设，分科定位。近几年，学校紧密围绕培养目标和办学定位，以课程建设为抓手，形成了集"厚德学科课程、国际理解课程、创新实践课程"为一体的国际化特色课程体系。每科结合自身定位，狠抓教学模式研究。如英语课堂"情境化"教学模式、政治课堂"辩论式"教学模式、数学开展"翻转课堂"，物理"问题探究式"教学……

2. 拓宽资源，挖掘潜能。学校与美国白石中学和上海外国语大学海外学院合作办学，吸纳国外课程优质的资源。如与美国白石中学合作办学，在英语课上部分使用国外的教材，或使用新概念英语教材；学生在学习的过程中可直接与白石中学的学生进行网上的互动，作业交流等。

3. 社团锤炼，特色成才。社团是选修课的一大载体，培养国际化高素质人才，同样离不开各项活动的锤炼。近年来，得益于如文学社、话剧社、街舞社、美术社等纳入校本选修课程的多彩社团活动，不少学生毕业后实现"华丽转身"成为特色化人才，在社会上引起很大反响。

三　立足转型：锻造协作奉献的"潮乡师魂"

实践证明，民办学校办学的成功取决于稳定过硬的管理团队和教师队伍。

1. 强师重教，锻造队伍。经过 20 年的锻造，学校已拥有一支包括省特级教师、嘉兴、海宁市名师及学科带头人等在内专家名师领衔的高素质教师队伍。其中海宁市级以上名优教师 47 人，特级教师 1 人，浙江省春蚕奖获得者 1 人。我校教师以"能教书、会教书、教好书""责任心强、服务意识强、吃苦能力强、团队协作能力强"著称，得到社会的一致认可。

2. 与时俱进，转型升级。随着新课程改革的深入推进，学校的决策者深知，教师既是深化课程改革的主力军，也是课程改革要重点改革的对象，没有教师队伍的全面转型，就不可能有课程改革在学校的全面深化。为了促使教师不断的成长，学校制定了"五年教师专业发展规划"，教师个人也制定了"个人发展规划"，并在同伴互助模式下互相督促执行；开设"宏达高中名师论坛"，制定了"名师工程培养方案"，分梯度评选出校级的各级名师，为参评市级及以上名优教师的评选提供足够的后备人员。

3. 有效课堂，优质追求。课堂教学是学校的生命线，学校一直倡导有效课堂。学校每学期邀请市教研室教研员进课堂调研，请名师进行课堂教学指导。要求每学年每位老师开设一堂公开课，同时开展校级"双高课"评比、青年教师课堂比武、名优教师展示课等活动，努力提高教师教学技能。学校建立学生评教制度，通过问卷调查了解教师的课堂教学，及时反馈学生意见和建议，打造优质课堂工程。

文化需要发展、创新。学校"勇于争先、追求卓越"的培优文化的形成不是一朝一夕。随着学校不断发展，早已突破单纯"争第一"的定义，已变成学校、师生不断追求卓越的一种象征，它已赋予其新的内涵，并且不断丰富和发展。展望未来，我校在这一文化的指引下，将坚持外语特色、多元化国际特色和课程特色，倾力打造最具创新力的文化校园，提供更丰富的精品课程和更多样的发展平台，为学生的优质多元发展奠基，以人为本，让教育的价值体现在每一个学生身上。

深耕细作，培养"6C"教师

义乌市群星外国语学校

"6C"教师，即具有"Creativity（创新力）、Cooperation（合作力）、Communication（沟通力）"的关键能力和"Caring（博爱）、Confidence（自信）、Commitment（奉献）的关节品质"；能以科学务实的态度做好教育教学；用自强不息的信念要求专业成长；用追求完美的精神面对日常细节的教师。我校以教师的"6C"素养提升为生命点，来评价、反思、丰富、完善自己的教育实践，形成独具特色的教师培训理念。

一 深执品牌意识，保持专注发展、矢志转型的工作定力

我们立足于教师培养，以教师的素养指数换取学校的品牌指数。

（一）在顶层设计中锻造

我们把教师心灵深处共同的意象挖掘出来并进行凝练，进一步构建共同愿景。开学初，学校领导对教师进行的三次讲座，主题分别是："凝心聚力，打造群星转型升级新高度"；"责任、思变、创新、品牌，锐意进取，激活转型升级新引擎"；"护品牌、重品质、升品位、铸品格、提品级，五品再说群星转型升级新时代"。

（二）在博慧文化中打造

发挥博慧文化的"积极性"和"场效应"，快速实现文化增值和品牌意识的提升。确立了"培养现代教师，锻造幸福教师，成就儒雅教师"为目标，指向"6C"素养，培养对话世界的精英教师的文化策略；实施

了"道德寻根"工程，建设师生内动力文化；优化了四项管理制度，提高教师执行力；细心谋划，精准推进家校共建的书香文化建设。

（三）在教师学习中营造

回到教育原点看教师学习，坚守学习，执着追求，既能成就学校品牌，也能成就名教师的魅力。学校编辑了教师读书感悟集《思变》、教育论文集《思品》、教育叙事集《思享》，惟志惟勤，营造教师学习文化；举行了"最美教师"师德演讲比赛；开展了"感动群星"十大人物评选；协同引领，建构了教师"内生学习"模式。

二　深化精致管理，保持脚踏实地、
登高望远的工作谋划

我们做强文化支撑，尽心、精心，细致、精致，励志、创新。

（一）在高频互动中创生

互动的次数，决定了教师培养效果的强弱。我们以"6C"素养为核心，通过高频互动，在广度与深度上指导教师管理的行为规范。聚焦于学校发生的真实情景，开展了校长述职活动；学期初，分管校长向老师们阐述了精致管理的行动策略；以"精细化"为目标，中层施行了"走动式"管理，强化各项工作的落实。

（二）在交流分享中共生

分享交流，感悟新知，在差异和变动中寻找机会区，筛选机会点，培养教师的深度思维。邀请名校长专门做以"精致管理"的讲座；选派8位教师参加国际教育研讨会；开展"服务标兵"评选活动；实施"走动式无缝隙管理"；引导教师探究管理中的20个问题，重建质感教育生活。

（三）在冲突调试中聚生

冲突带来抉择，抉择决定着教师培养的效果。我们通过冲突调试，解决教师可能存在的问题，修正认知，重构教师的专业素养。开展了2次中层述职活动，增强了管理意识和责任意识；以师为本，出台了《"6C"教师评价的 24 条细则》，标准重构，校正教师培养的航线，引领了教师专业发展。

（四）在资源重组中催生

对资源进行识别与选择、汲取与配置、激活和有机融合，使其具有较强的柔性、条理性、系统性和价值性。举办了 8 期"家长学校·国学讲堂"，提高教师沟通和管理能力；组建了家长讲师团，赋能教师，调动教师整合创新能力；开展了"专业精修，跨界选修"教师拓展课展示活动；整合了教学资源，让课堂更温暖。

三　深固专业课程，保持破浪前行、
　　开拓进取的工作胆识

我们巩固"稳"的基础、强化"进"的态势，精准发力、深度用力。

（一）在现实回溯中推进

课程是学生学习的跑道，但是未来却有可能成为串联他们人生轨迹的那条线，这种联系只有我们回首学校课程过往的时候才能隐约地发现。我们重构了课程理念，以寻找能够突显、强化、放大教师"6C"素养的载体和标识；突围引领，让课程在精耕深作中与世界融通；形成了基于现实回溯的课程推进思路；建设了基于深层变革的小学博慧动力课程。

（二）在对话衍生中跟进

我们创造对话机会，把专业课程纳入对话之中来考察，敞开问题视野，努力实现课程的张力。以稳进态势，建设"三起"英语特色课程；以"智慧专题"为导向，建设"玩转"数学课程；成立"伦宇"书社，开展教师读书活动；启动"绘本主题课程的实践与研究"；清理文化死角，跟进专业课程建设。

（三）在组织变革中改进

管理重心下移，指向管理团队的成，在组织变革中促使课程研究方法的多样务实。以自己的经历和问题作为学习的出发点，促进课程与实践的对接。开发了教师"博雅"形象课程；开发了教师"博纳"文化课程；开发了教师"博爱"行为课程；把课程延伸指向了国际理解；确立了学校课程改进的文化走向。

（四）　在交融协同中促进

共通融合是教育发展的未来。教师培养需要通过与社会、家庭的携手合作，建立信任的关系。开展师生共研活动，每学期组织一次"师生共研成果汇报"；探秘科技之林；融合国际视野；细品地域特色；探索生活气息；细品书香典藏；"师生共研5.0"发布会，表演真正的"技术"；消除盲点，提高教师的课程意识。

四　深思活动载体，保持勤勉尽责、励志创新的工作情怀

聚焦关键事件，化"无形"于"有形"，走深、走实，抓铁有痕。

（一）　在中层团队中夯实

学校中层层面的变革与创新是教师培养的焦点，我们给学校中层管理者提供随时演练本领的"习武场"，发挥他们积极正面思考的力量与智慧。邀请不同领域的专家为教师培训。

（二）　在教师研训中厚实

关注教师的生存空间和生活方式，更大地激发教师的创造热情，使学校更具活力，更有效率。通识培训，定场切入，让教师感悟思想，感悟精神；人格培训，定向发展，找到发展方向，提升自身价值；校际培训，定式研讨，体现教师的主体发展；骨干培训，定点实训，实现以点、线、面的结合；制定"6C"背景下教师培养的四大转型规划。

（三）　在群体共享中充实

项目引领，实践破题，重建教师教研生活，让教师在思维的交融、碰

撞中，在对话、交流、互动中唤醒发展动力。举行了以"深度学习·聚焦思维"为主题的义乌市小学段课堂新样态研讨展示活动。多彩课堂，名师引领，从"心"入手，搭建教育研究的舞台，多维传递，问题认证，在问题、课题中去认识和证明自己的能力。"品牌意识、精致管理、专业课程、活动载体"这 16 个字是伦华教育在'博慧'理念下延伸出的发展方针和策略。这是伦华教育管理团队经过数十载的共同探索所形成的智慧结晶，它从教育实践中来，又指导未来的教育实践，是一切行动的基石和指引。

三年文化育人，首届成绩斐然

上海新纪元武义双语学校

上海新纪元武义双语学校是 2017 年浙江省武义县政府引进、上海新纪元教育集团举办的九年一贯制寄宿学校，位于武义县北岭新区。特级教师、上海新纪元教育集团副总裁谢作黎女士任学校校长。学校目前占地面积 60 亩，建筑面积 21 万余平方米，30 个教学班，1056 名学生，教职工166 人。

学校尊重教育规律，开齐开足国家课程，坚守教育应该坚守的原则，在短短三年的时间里，学生健康多元发展，赢得教育专家的好评和良好的社会声誉。

2019 年在浙江省教育厅对全省 730 所初中学校教育质量监测中，武义双语综合成绩排名第 23 名。

2020 年首届毕业生 209 人被杭二中、金华一中"领军班"、武义双语高中"伟志班"等优质高中提前录取 116 人。

参加浙江省 2017—2019 年初中生数学素养大赛决赛和精英赛，获得一等奖 28 人。

学生合唱团参加 2018 年香港世界青少年合唱节比赛，获得金奖。

在浙江省第"十六届宋庆龄少年儿童发明奖"评选中，获一、二等奖各一项。参加 2020 年浙江省青少年科技创新大赛，小发明、小论文均获银牌。突破了武义县历史上中学生入围省创新赛终评的零纪录。

办学三年来，学校获得了"金华市平安校园建设安全管理示范学校""金华市中小学 STEAM 教育项目联盟学校""金华市民办教育协会优秀会员单位""金华市园林式单位""全国差异教学实验学校"等荣誉称号。

办学三年来，武义双语学校抱着教育家办学的情怀，有理想，有目标，有定力，有坚守。在爱的理念下，学校价值认同高于制度管理，一帮人开拓创新，栉风沐雨，精益求精，在遵守法律、法规和学校的社会责任的基础上，兼顾独立之人格、自由之精神和社会之责任三者的统一，师生形成相应的价值取向和认同感，在学校文化建设方面初见成效，以文化引领着学校的内涵发展。

一　理念文化：办学的精神导向

学校是具有文化品位与精神感召力的场所，核心价值观是学校的灵魂，也是一所学校特色的集中体现。如果把学校文化建设比喻成一艘前行的航船，那么理念文化就是高悬的航标，它决定了航船走向哪里，能走多远。

武义双语学校秉承了集团"尊重差异、提供选择、开发潜能、多元发展"的办学理念，在办学之初，就确定了学校的校训、办学目标和培养目标。

校　训：爱—永不止息（教育缘于爱，教育为了爱，爱成就教育）

办学目标：把学校建成上海品质、浙江知名、金华一流、特色鲜明的现代学校。

育人目标：培养具有国际视野、民族精神、健康体魄和艺术情怀的少年才俊。

二　环境文化：育人的无声教材

创造良好的育人环境，是教育过程最美妙的领域。学校建有"三楼三馆一院"。三楼是指学校以"知之楼、好之楼、乐之楼"命名小学部教学楼、中学部教学楼和多功能楼（取自《论语》：知之者不好之者，好之者不如乐之者）；三馆分别是食育馆、阅读馆和体育馆，一院是剧院。这样的命名表明所有的设施应当以学生为中心，考虑学生的使用、考虑对学生的教育。除了"三楼三馆一院"有名称文字外，学校建筑外墙上都没有别的文字，整体呈现出自然、静谧的氛围。"爱—永不止息"的校训精神体现在学校的角角落落，学校尊重孩子的天性，专门设计了滑滑梯、阅读馆阁楼，种植了爬爬树，采购了跳跳球，布置了涂鸦石……

三　制度文化：校风的建设标尺

制度文化作为学校文化的重要组成部分，是维系学校正常秩序的保障机制，也是学校文化建设和学校发展的保障系统。学校根据实际，研究制定了保证高效运转的相关制度，包括学校章程、岗位职责、常规管理制度、评价制度、激励制度等。

"武义双语，美好有你！"为了引领而非强制，学校特别制定了《武义双语教职员工行为守则》，共分为"热爱学校、有规则意识、做负责任的同事、注重健康、注重个人仪表、行为信念"六部分25条。它是学校文化和价值坐标的具体体现，是武义双语员工的行为准则，也是学校评价员工修养和优秀与否的标准之一。

四　课程文化：保障学生的个性发展和快乐成长

学校课程设置和教学以国家的教育方针为指导，以课程改革方案和学科标准为依据，遵循教育规律和学生成长规律，落实立德树人的素质教育目标，面向全体，发展潜能，改进育人模式，促进学生全面发展。武义双语学校课程建设以"国家课程为主、集团课程为辅、学校课程为特色"，使学生"文理兼修、内外兼顾、中西兼融"。

英语戏剧课程能够提高学生的文学、艺术、表演、音乐、舞美设计等综合素养；能够提升学生面对公众自如表达的能力；通过角色互换，产生同理心，英语戏剧还具有德育的功能。武义双语学校把英语戏剧课程开设为学校的必修课程，全国超前。

学校开设的"心灵滋养课程"和"国际理解课程"，通过经典阅读、书香伴眠、爱之声双语广播、爱之光影双语电影、海外游学等，使学生受到潜移默化的熏陶，中西融合，有国际视野；与心灵对话，有心灵港湾。

通过快乐时光选修课程，孩子们走出冷冰冰的"分"，走向活生生的"人"，体验成长的快乐。

五　教学研究文化：让课堂绽放生命的精彩

学校通过名师工程、青蓝工程、成长工程保障队伍建设，以三题（例题、习题、考题）、四课（汇报课、示范课、研究课）的活动研究为平台提升教师专业素养，保障教师的"备、上、说、听、评"等五种基本能力发展。学校根据课程的本质要求，开展"教学评一致性"的研究，整体一致地思考"为什么教""教什么""怎样教""教到什么程度"等问题，为有效教学、高效教学的推进，为建立以目标为灵魂的"三位一体"的关系，进而矫正种种偏差，建立专业自觉提供了依据和可能。从"教学目标的设计、观察与分析""核心任务的设计与展开""促进学习的课堂评价"等不同主题出发，将每一次的公开课作为样本进行专题研讨。同时，重视教师个人在日常教学中的课后反思，以促进教师的教学研究常态化，

通过教学研究、课堂改革，让生命绽放精彩，"高分数"仅是高效课堂的一个副产品。

六　评价文化：把学生放在舞台的最中央

为了尊重差异，因材施教，武义双语实行平行分班，分层走班，等第评价。

七年级新生入校，根据学业水平平行分班，平等对待每个学生。在七年级实行部分时段部分学科分层走班，以解决学生在学科发展水平上的差异。八、九年级部分学科全时段分层走班。根据学生学科水平，按15%、80%和5%分三层。对80%中间的学生而言，教学针对性更强，内容更加丰满，不受15%的牵制；对15%的学生而言，加大难度，加大容量，赶超自己；对5%学生而言，辅导薄弱学科。这样以拉主干、带两端为策略，尊重差异，为学生提供最适合其个人学力程度的教学。

学校追求整体学业水平的提高，关注孩子的学业等第而非名次，关心孩子的学习状态、身体状态、精神状态而非分数。在期中期末等统一检测中，学校提供给家长的是等第评价，没有分数，只有等第。把语、数、

英、科、社的原始分折算成标准分（根据试卷难度、分差、区分度等因素），划分共 10 个等第（A+3、A+2、A+1、A、A—1、A—2、A—3、B、B—1、B—2），确定标准分的一个分值或区间分 A 为优秀，作为学业目标。这样解决同分不同质、名次带来的无谓的压力、学科之间不可比较等问题，更好保全绝大多数学生的学业利益。

小学部还探索出情景测评法，通过设置"森林王国""科学殿堂"等情景，以检测小学部学生的综合能力与素质。

事实证明，只要我们这么坚持，考试分数就会自然而来；学生成长，就会水到渠成。

边缘地区民办学校也能实现超越

永康古丽中学

长期以来，"生源决定论"，即生源好坏决定学校质量优劣是业界和社会的共识。对于一些生源参差不齐、享受优惠政策有限的民办学校而言，要实现教育质量上的超越，必须下苦功夫、大功夫。

2010年初，古丽中学推动学校进行了一系列的改革探索，重视对学生非智力因素的培养，以"最近发展区"理论为指导，设计出一整套方案，开启了对传统教学模式颠覆性的再造，产生了明显的教学效果：2012年高考，古丽重点率、本科率超过了第二批生源的学校；最好成绩的同学，高考以714分的高分，勇夺永康市第一名，在社会上产生了强烈的反响，同时也鼓舞了古丽师生的士气，坚定了古丽师生坚持改革创新的信心。近8年来，大批量的同学考上C9、双一流名校。高考成绩实现跨越式进步，重点率、本科率已超过全省许多省一级重点中学。

与高中部一样，初中部秉承面向全体学生全面发展、水涨船高的理念，帮助学生打下扎实的基础。不仅为尖子生不断地涌现提供了平台，而且为高中的可持续发展提供了坚实的后盾。

学校重视艺术教育。2016年、2017年连续两年代表金华市参加浙江省中小学生艺术节，并获合唱一等奖、舞蹈一等奖；2019年，古丽小学蓓蕾童声合唱团获浙江省中小学生艺术节合唱比赛一等奖。

随着学校教育教学质量不断地提升，社会影响力越来越大。全国有140多所学校和政府主管部门前来考察学习。2016年浙江省教研室和浙江省数学学会举办的"浙江省高中数学拔尖学生培养研讨会暨省赛颁奖大会"在古丽召开，新华社以"浙江一民办中学成功实践启示教育改革路径"为题报道了古丽的改革成果。

取得这些成绩，我们主要有以下几点做法：

一 重视对学生非智力因素的正向培养

"信心比分数更重要"。由于招收的大多数是生源成绩较差的农村学生,因此,学生普遍有"失败者"的心理,容易自暴自弃,对自己丧失超越的信心。学校领导认为,许多同学中考成绩不好,并不代表他们智力水平低下,学习能力不好,很可能是初中时学习习惯不够好或环境、家庭、学校、老师等多种因素造成。只要重视非智力因素的正向影响,教学过程中让学生有更多的成功体验和获得感,就有可能改变他们中考失败的心理,重塑进步的信心。

学校注重运用多种形式对学生进行非智力因素的正向培养。每学年举行 6 次学生讲坛,分享学习心得和收获的喜悦;每学年举行 6 次校考奖学金的发放;每周进行国旗下讲话和定期不定期的时事报告;每天进行激情跑操,各年级各班都有积极向上的口号,增强了体质和集体荣誉感;每年举办文艺会演,如庆祝抗战胜利暨世界反法西斯战争胜利 70 周年大型文艺演出、庆祝新中国成立 70 周年大型演出等,每场都有数百名师生同台演出,全体师生参与观看和互动,不断增强学生为中华民族伟大复兴而学习的使命感。

二 引进"最近发展区"理论,构建动态 发展的因材施教模式

"最近发展区"理论是苏俄早期心理学家、教育家维果茨基提出的。这一理论的要义是,每个学生的发展都有两种水平:一种是已经达到的实际水平,另一种是在教师指导下可能达到的潜在水平。这两种水平之间的差距就是"最近发展区"。我校学习运用这一理论,在教学实践中着眼于每个学生的"最近发展区",发挥主导作用,为学生构建"跳一跳,够得着"的教学"脚手架",引导和调动不同能力水平的学生根据学校制定的动态目标发挥其潜能,不断攀登和超越自己的"最近发展区",然后在新起点上制定下一个"最近发展区"的目标。

(一)独立限时作业。学校统筹大多数学生可能实现的潜力目标,精

心设计实施"低起点、碎步走"教学方案。学生每天作业，以一页纸考试的方式，当日集中，限时完成。教师当日批改，教务处当日将数据结果反馈给相关任课教师、班主任和校长。这样做的好处是，学生每天一页纸的作业试卷，内容不多，又贴近当天教学内容，考完后不再有家庭作业，无形中疏解了学习负担。而学校可以精确掌握学生每天的学习情况，并且依据相关数据，既及时而又有针对性地调整下一步教学，强化了对不同能力学生的教学效果。

（二）过关制。各门学科必须根据教材内容，由基础到提优，循序渐进，实现节节过关、章章过关、模块过关、综合能力过关。每个知识环节过关都须经教务处验收，不达标不能上新课。目的是让学生对学科知识由点到面地牢固掌握，从而大面积提升教学成绩。

以数学为例，它不仅是一门重要的基础学科，也是许多学生望而生畏的学科。学校实施这套教学模式后取得了明显的效果，学生不再害怕数学，甚至有许多同学喜欢上了数学。因此，数学成绩大面积提升。在历次教研室组织的金华十校联考中，古丽的平均分和高分段人数都大幅领先许多省一级重点中学。数学已成为古丽中学的强势学科。

（三）走班听课、分层教学解决"吃不饱"和"消化不了"的问题。学生在学习过程中，特别高二以后，在同一学科上会出现"吃不饱"和"消化不了"的明显分化。为了适应这些同学不同层次的"最近发展区"，学校因人而异动态地设置了走班听课、分层教学的模式。

三　以绩效为导向，放手培养年轻教师队伍

不拘泥教师职称的高低、教龄长短，而是重师德、重教学水平、重班级管理、重教学实效，同时实行优教优酬、多劳多得的绩效考核制度。大胆将新招聘的应届毕业生放在教学第一线培养锻炼，随着学校改革的推进，大批应届生快速成长，已成为学校的中坚力量。

温暖如家，给予教师更多的人文关怀

江山实验中学

浙江省江山实验中学位于"四省通衢"的浙江省衢州市江山市。学校创办于 1999 年。现有初中 18 个班，学生 850 人；高中 36 个班，学生 2015 人；教职工 202 人。作为一所年轻的学校，浙江省江山实验中学在建校二十年来的历程中不断探索前行，在向社会输送了很多优秀毕业生的同时，也打造了一支富有凝聚力和温度的教职工团队。曾在实中任教的老师，不论身在何方，对学校的情感几乎都是一致的怀念与不舍。这也正是多年以来，学校对教职工人文关怀的集中体现。

一　力减后顾之忧

（一）个人发展有期待

职业发展有目标。从新教师入职的师徒结对入门，到新教师基础教学素养的磨炼提高，再到优秀教师的锻炼提拔，学校在制度建设上为教师个人能力的提升与发展铺平了道路，提供了充足的空间和可能。

同时，为了教师能安心在实验中学任教，校长沈明积极奔走市委市政府，为民办教师争取政策支持保障。为确保民办教育的稳定与可持续发展，市政府也响应了我校的呼声，鼓励公办学校的在编教师到实验中学任教，保留公办身份，来去自由。并于 2011 年确定了一项新的政策：每年公开从学校高中部自聘教师中定向招考 2 名事业编制身份教师。2020 年 4 月 22 日，学校在江山市编办登记为民办事业单位，为许多自聘的骨干教师争取到了公办编制教师同等的事业单位标准的养老保险和职业年金待遇。这些措施，给在实验中学任教的教师们送上了定心丸，进一步稳定了学校教师队伍。

（二）家庭生活有保障

尽力保障职工食住。以人为本，切实帮助教职工解决困难是教职工人文关怀的重点也是难点。为更好地解决在城区没有住房的教职工的食宿问题，学校投资建造了教师公寓楼，设立了教职工食堂，并建立了《教职工食堂测评制度》，不断调整对教师食堂的管理方案，确保教职工在食堂用餐良好以上的满意率。

妥善解决职工子女求学意向。学校为在职教职工子女上学提供了较好的优惠求学政策，优先保障适龄教职工子女的需求，并力所能及地给予学习费用的支持。

稳步提高教职工的工资收入。学校的薪酬制度在参照公办学校教师工资发放办法的基础上，增加了额外的绩效考核和工资增长机制，即确保教师工资收入高于公办的基础上，同时具备了更好的工资增长机制。

热情关心适龄青年教师婚姻。学校不仅关注教师的个人职业发展，同时也非常关注教职工的人生大事。目前在职教职工中夫妻均为实中在职的有 19 对。

二　充满家的温暖

教书育人，需要教师倾入大量的心血，民办学校更是如此。为了学校的生存与发展，教职工往往要投入更多的努力，承担更大的压力，在这种情况下仍能保持强大的团队凝聚力和战斗力，这离不开教师们的敬业精神，也离不开学校营造的家的氛围。

（一）工会活动有成效

学校建校之初，便建立了非常完备的工会组织和教职工关怀体系。通过教职工代表大会，学校选举出工会主席、副主席、组织委员、财务委员、女工委，各年级段和总务处选举出工会小组长。从工会主席到女工委到工会小组长，岗位分工明确，职责明晰。

教职工入校后，对应的工会小组马上就会吸纳该成员，了解具体情况，知晓个别需求。通过工会组织来畅通学校关怀体系，使学校的各级领导能够及时知晓学校教职工本人和家庭发生的变化，并及时送去学校的关怀，让每一位教职工都能感受到学校"家一般的温暖"。层层有分工，层层有落实，只要有教职工的地方，就有工会的关怀。

每个学年之初，学校工会便会制定出该学年的教职工活动方案，主要包括三个方面：一是美化工作和生活环境，如最美办公室、最美宿舍评比；二是周末陶冶身心，组织教职工喜闻乐见的文体活动，如登山、健步走；三是假期组织教职工集体出游，如教职工春秋游、教职工疗休养等。

（二）外地教师关爱有加

一直以来，外地教师在我校教师队伍中所占比例较大，对这些在异乡奋斗的年轻教师，学校给予了更多的关爱，让他们体会到家的温馨。

红火的年夜饭。校长每年都会带领工会组织未返乡过年的外地教师一起吃一顿热热闹闹的年夜饭。

外地新教师抵达江山，学校都会安排做好迎接工作，确保把每一位新教师都接到家。在高铁开通之前，时常会出现列车到站时间太晚的情况，即便是在深夜，也都有实中人在站台迎接新成员的到来。

探亲和差旅报销。每年外地教职工返乡探亲休假，返校后都可以根据规定报销车旅费。

三　领导关爱员工

火车跑得快，全靠车头带。学校能营造出家的氛围，还是来源于学校领导一直以来对教职工的关爱。每一位教职工都是家人，这是学校坚定的办学理念。校领导经常主动地与教师交谈，掌握每一位教职工的生活情况，了解教职工的困难与需求。关注每一位教职工的困惑与成长，已经成为学校领导一直以来的习惯。关注、关爱教职工，已经在学校里形成了一种和睦友爱的良好团队氛围。

正是因为有这样一个温暖、放心的工作环境，让教职工能够全身心地投入到工作中去，努力提高教学管理水平，向社会输送优质毕业生，为学校的建设和发展贡献自己的能力和担当。

做有温度的教育培训机构

杭州新东方进修学校

一 单位概况

杭州新东方进修学校于2005年成立，作为北京新东方教育科技集团在浙江的一级分校，学校倚重集团二十年成功的办学经验和强大的师资力量，秉承新东方"一切为学生着想，一切以质量取胜"的办学宗旨，以先进的教学理念、独特的教学模式、一流的管理和服务水平、良好的教学设施成为浙江教育培训业的重要力量。

经过几年的发展，在各级政府部门的关怀下，学校凭借先进的教学服务理念和优秀的办学质量取得了一些成绩，2017年11月，学校被杭州市西湖区民政局评为5A级社会组织。

二 强内部治理

（一）组织管理架构

杭州新东方进修学校在杭州市西湖区民政局登记，由杭州市西湖区教育局主管业务。董事会为学校的决策机构。学校实行董事会领导下的校长负责制，董事会由举办者或其委派的代表、校长、教职工代表等5人组成。

（二）人员团队

2019年末，学校有教职工总数3462人，其中专职行政管理人员330

人，专职后勤工作人员 885 人，专职教师 2144 人。学校非常注重企业文化的建设，实行员工全家优享商业保险、员工报班和旅游优惠等福利，意在提升员工对企业的满意度和归属感。

（三）规范化建设

为规范学校的办学行为，不断提高办学质量和效益，实现学校可持续发展，学校结合校情，认真制订切实可行的各项规章制度，如：《学校管理干部工作职责》《学校后勤员工岗位职责和奖励办法》《学校教师教学常规考核细则》《班主任绩效考核细则和奖励办法》《教师教学质量绩效考核细则和奖励办法》等，确保做到事事有法可依，有章可循，增强学校工作的指导性、计划性和科学性。

（四）党组织建设

杭州新东方进修学校党委成立于 2011 年 6 月 28 日，受西湖区北山街道党工委指导。学校下辖 89 个校区，遍布 2 个市、12 个行政区。截至目前，校党委下设 9 个党支部，共有正式党员 457 名，预备党员 6 名，党员平均年龄 26 岁，研究生以上学历 143 名，占全体党员的 30.89%。2019 年 6 月，学校党委被中共北山街道工作委员会评为先进基层党组织。

学校积极参与防控新型冠状病毒战"疫"，众志成城，共抗疫情。学校捐赠 80 箱方便面等物资，为防疫抗疫贡献一份力量。学校第四支部走访独居、失独老人，将口罩及一些日常用品送到特殊困难老年人手中。各位党员老师在疫情期间，积极响应党中央号召，自发为疫情防控工作捐款，与全国人民一道守望相助、共克时艰，坚决打赢疫情防控阻击战。

近年来，校党委以习近平新时代中国特色社会主义思想为指引，结合学校实际，积极发挥基层党组织战斗堡垒作用，以党建为引领助推学校发展，学校发展带动党建工作，二者之间形成了相互借力、相辅相成、共生共赢的良性循环，使得学校不断完善和提高，成为教育体系的"有益补充者"。

三　社会责任行

（一）送教下乡，互助成长

为加强城乡之间的交流合作，有效发挥名师团队的示范引领，促进地区教师的专业发展，更好推动城乡教育的优质均衡发展。2019年10月，学校带领英语教师参与了"浙江省农村英语教师系列培训"送教下乡活动。"送课送教"，促进乡村师生成长，旨在提高教育教学质量。

（二）童心同行，公益助学行动

11月20日是联合国世界儿童日，其目的是为了促进儿童保护、福利和教育等事业的发展。2019年11月，学校给大慈岩中心小学的所有学生捐赠了生活与学习用品，同时选派了五位优秀英语教师进行不同年级的英语体验课，希望能尽自己的力量，让浙江省内的更多学生有机会享受到优质的教育资源。并将创造出更多的机会，以更多的形式进行城乡教育交流，给偏远地区的孩子们送去更多的温暖，为教育的优质均衡做出更多的贡献。

四　品牌打造

一个优秀教师应该是学生的生命里一段美好幸福的回忆，一声简单的"老师好"是尊重，是互相成就的喜悦，也是一辈子的记忆。

新东方教育科技集团明确定义"老师好"三大核心标准："学识深厚，功底好；快乐励志，学风好；用心负责，服务好。"致力于学生的全面成长，一直在不断努力探索，希望能够培养出更多的"好老师"。怀揣这个目标，今年新东方品牌全新升级，并推出了全新的品牌口号：新东方，老师好！时代在不断发展和进步，学校要培育新时代的好人才，首先要培养新时代的好老师。学校推出了2019"TKT项目"杭州教师公益培训计划，希望帮助好学精进的杭城英语老师提升整体教学能力。这项TKT项目向杭州市所有公立学校的在职英语教师开放，2019年共推出200个免费培训名额，该计划总价值 120 万元。为了进一步落实"新东方，老师好"理念和标准，学校成功打造教师展示平台，全面展示教师形象、资质、口碑等 20 余项信息。通过打造"老师好"展示平台，实现教师信息平台化、透明化。

五　思考和发展

在过去的几年中，新东方不断完善教学制度、培育更好的老师，意在给教育行业起到模范带头作用，充分履行社会责任也是新东方的重任。但是在教育大环境面前，仍旧有不足的地方。

比如，此次疫情对传统的教育培训行业无疑是受冲击最严重的行业之一，新东方也必然受到了很大的影响，疫情严峻，学生的学习不能"停摆"。大年三十之前，新东方集团当机立断决定将所有课程转至线上。这个看似简单的决策背后却包含了诸多挑战，课程转移的体量其实相当大，难度也很高，全国范围涉及两百万人次。仅仅杭州一座城市，就有十几万学生要在年后上课。与此同时，新生的问题接踵而至。师生能否适应？家长能不能接受？怎样维持小班教学的质量？课堂互动怎么实现？如此等等，都是一个严峻的考验。

面对诸多问题，新东方率先研发了一套线上授课平台。有别于一般的课程直播，这套平台互动效率更高。我们的老师可以看到每一个学生的头像，还带着他们做眼保健操。比平台更重要的是培训工作，疫情期间，新东方将更多的注意力放在对教师的培训上。在怎样让教师适应平台、善用平台这个问题上，新东方做出了许多的探索。疫情导致的教育方式的变化，促成了线上教育的发展。在社会中充分履行社会责任，发挥品牌最大价值。

美好生活从美好教育开始

绿城育华幼教

绿城育华幼教以"杭州绿城育华幼儿园"为主体，经过十多年的求索和不断拓展，在浙江省、湖南省及安徽省已建有 15 所幼儿园，形成了绿城育华幼教自己的品牌。学校建立了一支以中青年教师为主、具备一定专业素养和拓展能力的师资队伍，品牌影响力和社会认同度不断提升。同时，传承绿城幼教的三大特色：品格教育、健康生活教育、语言教育，倡导美好的心灵（健全的人格），健康的身心，多元的语言，必备的（生活）技能，保护孩子的好奇心、天性、想象力，尊重孩子的身心发展规律，让他们从小学习会生活、乐生活、善生活，引导我们教育者积极反思，不断改进教育行为，培养孩子的良好生活、学习习惯，学会与他人合作的优秀品质。

一 规范办园，科学管理

绿城育华幼教始终坚持正确的办园思想，认真贯彻党和国家的方针政策。坚持绿城教育"仁爱、求真"的核心价值观，坚持"四化一型"（优质化、科研化、国际化、特色化、现代型）的办学路子，提供以婴幼儿社会化情绪能力培育为抓手，以关注幼儿早期品格习性养成、健康体格及早期语言发展为培养目标，塑造良好的人格，为幼儿一生发展奠定基础。

我们认真学习国内外先进的学前教育经验，通过落实 1 个"计划"、2 个"指南"、3 支"队伍"的办园理念，使绿城幼教在激烈的市场竞争中稳步发展。

1 个"计划"。是指彩虹计划，其内涵是坚持"仁爱、求真"的核心价值观，坚持美德教育。七彩颜色象征 56 种品格美德习性，关注幼儿品格成长，以美德引领，传递正能量，赋予绿城育华幼教阳光、健康、开放、包容、大气、现代的彩虹特质，引导教师做"阳光使者"，培育幼儿做"彩虹宝宝"，促进全人发展，并以此为途径实践"理想教育"。

2个"指南"。是指联合国秘书处倡导的教育工程《家庭美德指南》和国家教育部颁布的《3—6岁儿童学习与发展指南》

3支"队伍"。即阳光管理者、阳光教职员工、阳光家长。

绿城育华幼教的发展离不开规范科学的管理。通过十几年的实践摸索出一套适合民办幼儿园的管理方法。从梯队建设到制度建设都已日趋成熟，每项制度都设计了工作流程，对15所幼儿园有统一的标准要求，从园长到中层以上干部都有统一的目标考核，统一的督导检查，保证了制度的落实、管理的到位。我们根据绿城教育集团管理品质要求，结合实践经验，整理形成《绿城育华幼教管理规范标准》（一套7本），含队伍建设、规章制度、教育教学、招生工作、安全工作、家长工作和拓展筹建。通过标准化培训和管理，有效推进绿城幼教事业稳健发展。

绿城育华幼教管理模式，与公办完全不同，更是有别于其他民办园。不但要有质量要求，还需能自我运作、自负盈亏、自我发展。目前绿城育华幼教已形成民办园、公办托管园、普惠园等多样模式。根据不同类型的幼儿园，制定了合理激励机制，探索一条适合绿城幼教长远发展的办园模式。

二 队伍建设，专业提升

对于一所民办园来说，加强师资队伍的建设是提升办园品质的保证。绿城集团董事长多次提出"学校的第一产品是学校的管理者和教师"，因此，我们十分重视队伍建设，在制度、时间、经费上为教师的专业化成长提供保证。通过自培和引进，目前已有省市区教坛新秀、骨干教师、学科带头人30多名。教师一旦被录用，除了享受五险一金的待遇，符合条件的教师还可以享受"事业参保"和优惠价购买教师公寓。还通过分层管理、资格论证、全方位培训搭建教师发展的平台。目前已有一支身心健康、师德高尚、开拓创新、努力工作、朝气蓬勃的年轻教师队伍。

教师专业水平的不断提升，促进了教科研水平的提高。集团幼教中心扎扎实实地抓好各园教育科研工作，优化幼儿一日生活，立足本园实际，挖掘资源优势，深入课程改革，提高各园教科研能力。2019年立项课题就有省级立项1个、市级立项6个、区级立项16个。2019年教师获奖：国家级76人、省级11人、市级7人、区级193人。

三　确保质量，凸显特色

特色是竞争的手段，特色是质量的保证。绿城育华幼教统一三大核心特色课程，根据本地、本园的实际情况，选择适合本园特色的课程，做到百花齐放。近十年我们有了核心课程体系，绿城幼教具备了移植与克隆的条件。

（一）品格美德教育

这是杭州绿城育华幼儿园从2006年起和美国全球整合教育中心特蕾莎博士合作的一项研究课题。我们从培养幼儿良好的心灵习性入手，结合中国传统文化节日先后进行"礼貌""关爱""耐心""感恩""勇气"等十多项整合教学主题，与美国CGIE机构（全球整合教育中心）交流，得到他们的高度肯定。整理出版《学前儿童品格教育的园本探索》《让绿色的旋律悠扬深远——环境教育园本课程》等园本课程书籍。

（二）健康生活教育

包括自主体育游戏、膳食研究和精细化的后勤服务。

我们做到保教工作精细化：从晨间接待到离园回家的一日作息时间，每个环节的工作流程，对家长每次交流的方式和态度，都有规范标准和要求。

生活护理精细化：孩子一日生活中的各个环节都有细致的操作标准和流程。

营养健康精细化是指统一食谱、自制点心、餐前营养等，关注幼儿身心健康，为体弱儿提供特殊饭菜，跟踪和记录特殊幼儿的成长情况，并及时和家长交流沟通；定期组织幼儿营养餐点展示交流活动。

自主体育游戏是指每日因地制宜开展丰富多彩的户外循环自主体育活

动（包括跑、跳、钻、爬、跨越障碍、踢足球等多项活动），以此锻炼孩子全身肌体、发展动作、增强体质，培养孩子坚强、勇敢的意志和乐观向上的品质。我们的目标是"绿城的孩子更健康"。

（三）特色语言教育

幼儿园配有专职外籍英语教师，和幼儿一起进行英语广场和英语游戏活动。每班配置的两位教师中，一位以英语教学为主，开展班级英语教学和日常生活游戏中的英语口语练习。每月幼儿园有一次全园性的英语主题活动。为幼儿充分创设听、说、游戏的浸润式英语环境。

四 坚持践行，收获成果

绿城育华幼教一直把"规范办园，确保质量"作为工作的重点，把"为幼儿、家长服务"作为工作目标，落实到幼儿园的各项工作之中。绿城教育集团下属的每所幼儿园，每年都顺利通过年检，部分园的财务审计还得到免检。我们积极参加省等级幼儿园评定；长沙园、育华园、亲亲园、翡翠园等承担省、市、区的公开课；长沙园成为湖南省教师培训基地园、省国培项目承办园，每年承担全国性公开课1—2次；合肥三个园区的家长每年成立"家长剧团"，免费向在园幼儿公演。每所幼儿园都办出了特色，取得了可喜的成绩：目前，集团旗下已有省骨干幼儿园1所（湖南省），省一级幼儿园3所，省二级幼儿园7所，市一级一类幼儿园2所、区级一级一类1所（合肥市）。

十年花开花落，绿城育华幼教事业根深叶茂，四季常青。在未来的发展中，绿城育华幼教将目光投向"优质教育的实践与研究"，向"大教育"看齐，以幼儿发展为本，着力打造"美好生活"特色课程。并以超越传统的智慧和勇气、坚定的信念，努力使绿城育华幼教成为"开启美好生活的大门，幼儿茁壮成长的乐园，人才孕育培养的摇篮"。

兰迪少儿英语在线培训发展案例

杭州旦悦科技有限公司

2011年，杭州旦悦科技有限公司成立，并推出了面向成人的在线外教英语培训品牌"abc360"，开始从事在线英语培训。

通过努力，abc360英语的业务规模持续增长，2014年付费学员人数已突破1万人，并先后得到了中金资本、华睿资本和湖畔山南基金的投资，旦悦科技及其品牌也逐步走上台面。

一 下定决心"断舍离"，聚焦并创立兰迪少儿英语

2015—2016年，随着abc360英语产品的日益成熟和营收的稳健增长，公司又初步探索了成人商务英语、少儿英语、托福雅思应试口语的业务模式，最终，根据各业务的投入产出比，公司忍痛砍掉了成人商务英语业务和雅思应试英语业务，留下了成人口语业务和少儿英语业务。2016年年底，旦悦科技进一步调整业务场景，把成人业务转给沪江，下定决心"断舍离"，聚焦少儿英语，创立了兰迪少儿英语这一新品牌，并获得了国金投资、清科辰光、腾讯众创空间的B轮投资。在一段时间里，1V1教学风头正盛，而小班课籍籍无名，熟知各种班型特点的负责人在转型过程中思虑再三，最终决定发力小班课。

转型的过程中，公司一直在探索什么样的课程内容更适合孩子，进而发现一个必要条件是班里面要有伙伴，这样能够帮助小孩在面对外教时克服不安全感，更好地融入课堂。抱着这个想法，公司开始在全球范围内寻找经过验证的少儿教学理论，最终，哈佛大学教授Eric Mazur的"同伴教学法"理论成为兰迪少儿英语一系列教学安排的理论基础，这一理论的核心是摆脱传统课堂固有认知，强调课前预习，让小伙伴成为课堂的演

员，老师变身课堂观众，只做适时引导，以期形成"同伴竞争、同伴合作、同伴反馈、同伴示范、同伴指导"的学习氛围。

虽然 1V1 至今仍是线上教育机构的主流教学模式，但在凭借强大营销优势快速扩张后，规模不经济的质疑声渐响，低毛利率和高获客成本两大难题未解，而小班课的成本结构优势凸显，拥有更好的财务模型。不仅如此，小班课对家长来说，也是一个更具性价比的选择。更低的价格并不意味着打折的效果，与 1V1 教学相比，小班课最大的优势在于调动孩子的参与感。在兰迪少儿英语的发展中，我们发现小班课与 1V1 教学并非互相排斥的关系，每一种模式都有它的优势所在，小班课能够在性价比和学习效果上找到一个比较好的平衡；1V1 教学则长于满足个性化需求，灵活性强，关键是要找到每一种模式所对应的核心价值。从这个角度而言，小班课的异军突起是在线教育市场竞争进入纵深阶段的必然结果。

凭借着 abc360 英语的发展经验，公司在推出兰迪少儿英语小班课后，迅速解决了包括排班组课、教学标准化、教师供应链及续费标准化的问题。且伴随着每一个问题的解决，都带来了一次学员的大幅度增长和营收的大幅度提升。

二　高标准重重筛选，持续为学员提供优质外教

无论是 1V1 教学还是小班课，师资都是决定教学质量的最核心因素。理论的引进、课程的研发、内容的打磨，其成果都要由老师在教学过程中传递出来。

但要找到一名好外教，用"百里挑一"来形容并不过分。从 1V1 和小班课头部玩家们的官网数据来看，外教的录取率普遍在 3%—5%。严把关的背后，是各家机构对教学效果的看重。在线英语教学的高获客成本，使利润实现高度依赖续费率和转介绍率。口碑是生存之本，这一点与家长及孩子们的需求在本质上是一致的。但在教学之外，在线少儿英语外教直播机构在价值观上出现分流，一部分机构更希望强化自身的教育属性。

在外教的筛选上，兰迪推出了学员体验官计划，让学员有机会来做兰迪体验官，通过全部机制考核的老师还要经过兰迪体验官的考验才能开始教学，而学员不喜欢的老师将会被淘汰。公司通过招聘环节的场景设计来

考察筛选，再建立模型对抽象标准进行量化，最后设定考核体系来"保证教育的温度"。

在兰迪设立的好外教"三心四力"标准中，要求外教拥有耐心、细心、同理心以及亲和力、感染力、鼓舞力、引导启发力，这些标准被具化为面部表情、肢体动作、对孩子的回应速度等细节，渗透进课堂教学过程中。"让教育温暖起来"是我们的使命，我们希望在线英语教学不仅是知识传递的过程，也是人与人建立情感链接的过程。

情感链接的建立亦有其现实回报，它实现了平台与用户的深度结合。数据显示，兰迪少儿英语的服务学员数量已超百万，放眼行业，这一成绩相当亮眼。

三　回归教育本质，"让教育温暖起来"

互联网的到来，像是给教育行业打了一针兴奋剂，很多人都被这种新鲜感和颠覆感冲昏了头脑，过度追求产品形式的创新，而忽略教育的本质。秉着"让教育温暖起来"的使命，兰迪少儿英语签约了全球同伴学习理念的研究者哈佛大学 Eric Mazur 教授为首席研发顾问，蓄力发展充满生动性和交互性的温暖的在线小班课堂，并引进牛津原版 Starlight 教材，打造完整学习闭环。

课堂上，兰迪少儿英语以学生为中心，采用同伴指导、示范、监督、竞争、评价和反馈等方式，提高学习效率，助力学员提升英语水平和口语交流能力，通过为学员们提供快乐、高效、生动的课程体验，让学员更好地学习，更好地沟通，连接美好世界。

兰迪少儿英语通过多方面进行的深度打磨改变了孩子的学习方式，也培养了孩子的思维方式和综合能力。相信对于教育饱含热诚心与责任感，对教育方法有着深入理解的兰迪少儿英语会在将来走得更远，创造更高的社会价值，温暖更多孩子的英语之路，成为一家有温度的国民教育机构。

"金沙模式"开启西部教育扶贫新通道

余杭区小博士艺术幼儿园

一 "金沙模式"启动的背景

学前教育是国民教育体系的重要组成部分,关系广大儿童的健康成长,关乎国家和民族的未来。长期以来,由于区域间经济社会发展不平衡,导致东西部学前教育水平差距较大,不少西部地区普遍存在着教育理念滞后、教学资源贫乏、师资专业能力欠缺、教学和管理落后、课程与评价体系缺失等突出问题。

党的十八大以来,习近平总书记多次强调,要大力发展贫困地区教育事业,让贫困地区孩子接受良好的教育,阻断贫困代际传递。民进中央积极响应党中央的号召,充分发挥自身教育资源优势,自 2009 年启动了"同心彩虹"智力支边工程以来,将扶贫同扶志、扶智相结合,针对东西部地区学前教育发展水平的落差,在东部地区授牌成立"同心彩虹西部幼儿教师培训基地"。杭州师范大学附属小博士艺术幼儿园,积极参与这一行动,承担了贵州省毕节市金沙县学前教育对口援教任务。我们组建了一支由幼教专家组成的西部援教团队,深入调研、制订计划,投入资金、送教培训、两地交流,完善体系和特色发展等一系列精准帮扶行动。我们称作"金沙模式"。

二 "金沙模式"体系的架构

"金沙模式"以"同心彩虹西部幼儿教师培训基地"为援教平台,以浙江地区优质幼教资源为依托,聚焦师资培训、园务管理、课程建设、评价体系、家园共育，形成五大帮扶体系，各体系自成一体，体系间相辅相成，实施全方位援教。

（一）聚焦教师队伍建设，构建程式化幼教培训体系

东西部学前教育水平的差距，关键在于师资队伍的差距。针对这一首要问题，"金沙模式"以培训为突破口，制定了涵盖幼教主管部门、园长、教研、教学、管理等系统化培训规划，明确各级人员成长目标和评价机制。在实施形式上注重理论与实践相结合，形成点、线、面三合一的立体化培训体系，并更加注重可操作性和实效性，以优质园所的实践为载体形成了一套可建构、可操作、可评价的系列培训，有效提升了专任教师的专业素养。

（二）聚焦园务管理提升，形成标准化制度体系

近年来，西部地区十分重视学前教育发展，加大学前教育硬件设施投入力度，但软件建设相对薄弱，尤其在园务管理、制度文化建设更为突出。针对这一短板，"金沙模式"有效吸收了东部地区二十多家品牌名园的管理经验和评价体系，形成一套切实有效的幼儿园园务管理体系。

（三）聚焦教学内容设置，创设援教活动课程体系

课程活动设置是实现学校教学目标的核心载体，也是提高西部学前教育水平的基础所在。"金沙模式"坚持以当地儿童特性和民族元素为基础来创建特色化课程体系，既导入东部地区先进理念和构架，又契合西部地区幼儿园实际，有效助推西部学前教育持续健康发展。

（四）聚焦家庭教育问题，构建家园携手共育体系

家园共育连接着幼儿园和孩子家庭，是服务需求和服务输出的通道。家园是幼儿个性培养的共同体，目标一致，分工不同，充分发挥家园各自优势互辅互补，培育幼儿良好的行为习惯、认知能力和健康身心。

三 "金沙模式"实践的成果

"金沙模式"西部幼教扶贫，取得了明显的成效。

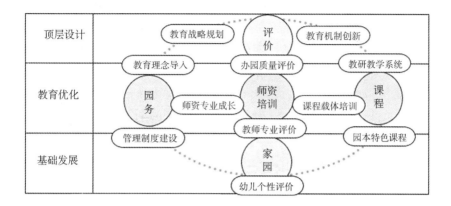

图 1　五大体系运行架构的金沙模式提炼概念框架

（一）"金沙模式"金沙县首试告捷。

"金沙模式"实施八年来，金沙县幼教水平得到迅猛提升，全县幼儿园从 43 家迅速发展到 224 家；师资从 305 人到 2017 人；入园率从 40.53% 提高到 86.68%；入园幼儿从 16278 人壮大到 22447 人。金沙县学前教育一举成为毕节地区的领头羊，被国家教育部、贵州省政府授予毕节地区"学前教育实践基地"荣誉称号。

（二）"金沙模式"在安龙县应用效果显著

2015 年，"同心彩虹西部幼儿教师培训基地"在民进浙江省委会的组织下，将"金沙模式"在安龙县推广应用。在三年的时间里，安龙县"金沙模式"的推广成效显著，援教周期明显缩短，帮扶效率明显提升，安龙县的幼教水平提升十分显著。园所达标率从 2015 年 60% 提升至 100%；幼儿园数量新增 10 所。

"金沙模式"的推广和应用获得成功，得到领导的肯定和称赞。杭州小博士艺术幼儿园被授予"深化同心彩虹行动西部幼儿教师教学实践基地"。

四　"金沙模式"的完善与推广

我国西部地区，包括陕西省、四川省、云南省、贵州省、广西壮族自治区、甘肃省、青海省、宁夏回族自治区、西藏自治区、新疆维吾尔自治区、内蒙古自治区等，占全国总面积的 70.6%；人口 3.795587 亿，占全国总人口的 27.2%。西部地区疆域辽阔，自然条件相对较差，经济欠发达。受其影响，教育资源相对贫乏，发展速度较为低下，特别是学前教育水平，令人担忧。而"金沙模式"在贵州省金沙县和安龙县的成功实践给西部地区其他省市提供了可借鉴的样式。目前培训和实践基地正在 6 个方面完善升级"金沙模式"，夯实拓展，造福西部地区人民。

（一）构建立体的培训体系。结合教育互联网+模式，实现东西间的无缝连接，加大援教工程的覆盖面和延深度。

（二）创建幼教质量评价体系。做好顶层设计，创建适宜西部幼儿园办学质量、幼儿成长、教师发展评价体系，优化人才培育机制。

（三）推进地方学前教育课改。充分发挥地域特色和民族特色，导入先进性课程，注重规范化和标准化运行，增强地方学前教育课程持久生命力。

（四）打通幼教人才"造血"功能。整合民进资源（幼教专业院校+名校幼教集团+援教专家等多方力量），促进西部地区的幼教发展由"输血"到"造血"的良性循环，培养出专业化、本土化的骨干教师和幼教管理人才。

（五）强化"对口帮扶"到"东西协作"。建构资源共享共创的幼教互联网教育与协作平台，从"援教出发"到"援教开发"，形成源源不断的"智力再生"的生命力，切实推动扶贫、扶志、扶智的援教工程。

（六）关爱留守儿童，关注心理健康。实现"为同一片蓝天下的孩子共有一个幸福的童年"。

优化内部人文管理　提升园所品牌形象

杭州小荧星艺术幼儿园

师资是实现幼儿园教育目标的核心和关键，拥有一流的教师团队是幼儿园立足的基石、前进的动力，是形成幼儿园品牌的前提。赢得教师，才能赢得 21 世纪的教育。作为一所民办幼儿园，更应该重视教师团队的建设，不论是刚刚起步还是有一定历史的民办园，师资流动问题始终是摆在园长面前的最大难题。面对社会的需要、家长的需求、幼儿的健康成长，民办园必须提升办园质量，创建幼儿园品牌文化，而这一结果的前提是园内必须有一支稳定的专业的教师队伍。由于体制与政策等诸方面的原因，民办园自己培养的优秀教师难以久留，园长整天被教师队伍的稳定问题所牵绊，让民办园的园长们感到疲惫不堪。我园作为桐庐县唯一一所省一级民办幼儿园，在国家推行公办编制招考的最初几年，也曾一度被教师队伍的不稳定而困扰。今天，我们已经走出了师资不稳定的管理旋涡，拥有了一大批忠诚度高、归属感强的优秀员工，去年暑假当我园又一批教师合同到期时，除个别教师因家庭或特殊原因未续签合同，其余教师全部续签了三年或者五年的合同，这一结果让我园领导班子成员深感欣慰。这是我园最近几年培育管理文化，实行团队人本化管理的重要成果。我们的主要做法是：

一　提高文化认识，培育管理文化

管理文化是幼儿园文化的核心，是决定幼儿园发展方向的关键指引。它不仅是维系幼儿园正常秩序必不可少的保障机制，也是幼儿园品牌建设和发展的保障系统。我园管理注重始终围绕促进人的发展来运作，包括制度建设、管理机制、管理行为，不仅体现人性化，而且要眼于人的持续发展，把每个成员的个体智慧最大限度地加以开发与整合，创新管理制度，从僵硬的"刚性"管理模式转向"以人为本"的柔性管理模式，针对各人不同的发展需要采取不同的管理方式，激发教师工作积极性，使之拥有职业成就感和归属感。我园自创建之日起，就编撰了《教职员工文化手册》，所有员工来到小荧星的第一次培训，就是对"手册"的学习。在日常的管理中，我们也坚持从思想导向、规章制度、精神氛围等多个层面，努力营造激励进取、探索创新的小荧星文化。

管理的重要任务是为了形成管理文化，这种文化形成的标志，是教师对幼儿园倡导的价值理念、文化修养、规章制度、岗位职责、工作规范的熟悉、了解和认同，内化于心并自觉地维护和遵守。我园每学期初的园务计划中，园长都会细心诠释"恪守理念、培植文化"的工作口号，鼓励大家做一个真正的小荧星人——做人要真实，待人要真诚，端正人品，呵护孩子，这是老师的本职。在园领导的带领和影响下，全体教职员工始终保持一种乐观豁达的人生态度和积极向上的工作状态，小荧星的工作不断朝着规范化、精品化的要求进步，园所管理文化正在逐渐形成。

二　真爱渗透文化，打造优良团队

民办幼儿园教师普遍年轻，缺乏经验，但同时又是一个朝气蓬勃的团队。她们年轻时尚，思想较前卫，个性比较突出，更注重自身的生活和心灵感受，对外界保持着强烈的敏感，但是面对一个个天真无邪的孩子，她们更多的表达了伟大的母爱，她们几乎每一分热情都给了孩子，但同时又生活在紧张的工作之中，有着强烈的工作责任和职业使命。面对繁重的工作压力有的人有时会失去信心，认为幼儿教师没有发展前途。所以，我园千方百计的为老师们创造一个十分温馨的幼儿园内在环境，注重团队文化建设，树立以人为本的队伍建设思想，让幼儿园成为老师的另外一个家。

我园每两周就会组织年轻教师开展一次周末团队之旅活动，每月一次组织老教师带家属开展家庭亲子活动，每年暑假组织全园教师参加"幼教之行"免费旅游活动，满十年工龄以上更可享受价值10000元的全家出境游福利，三八节、教师节、年终组织教师们进行各类团队庆祝活动，还邀请老师的妈妈们到酒店一起进行以感恩为主题的母亲节活动。每次活动都会发放礼物，外出活动激励员工家属和孩子参加。教师生日、结婚、生子均有慰问，同时积极开展"青春之星""流动红旗"等评选活动，工作有进步或者有贡献的员工，管理者都以电子邮件、手机短信、书面信函、微信等方式给予激励，人文化的管理，为全体教师创设了温馨和谐的工作环境，极大的激发了教职员工的工作激情。

为留住优秀人才，我园除了为全体教师办理五险一金以外，2010 年起，还推出了富有激励的双重薪酬模式，近一半的教师享受了比公办园教师更好的福利待遇，以此保证了师资队伍的稳定与幼儿园的可持续性发展。

三　重视专业引领，提高队伍素质

历年来，我园始终把贯彻落实《幼儿园工作规程》《幼儿园教育指导纲要》《3—6 岁儿童学习与发展指南》放在首位，采取多渠道、多层次、多方位的学习模式激发教职工的学习积极性，通过"四结合"全面实施园本培训工作，即园内和园外相结合、专业知识和业余知识相结合、请进来和走出去相结合、书面交流和语言交流相结合。

为提高教师的专业技能，我们积极组织每年一次的"教师技能技巧比赛""自制玩教具展评""家长工作辩论赛""一日流程组织现场展示会""自主游戏活动评比"等，还通过"结对子""搭舞台""练技能""压担子"等方式加强教职工的业务素质训练，每年暑期派送老师到广州、深圳、珠海以及北京、上海等多地进行培训，多元化人才培训战略的实施，造就了一批由操作型向研究型转变的专业人才，为幼儿园的品牌建设奠定了人才基础。

幼儿园的品牌建设是一个漫长的过程而不是结果，一个知名的教育品牌是长期沉淀的结果，也是持续不断努力的结果。幼儿园品牌体现在人文化管理和教师团队成长的每个细节中。幼儿园品牌建设是一个不断思考、发展和创新的过程，幼儿园必须适应社会的发展，倾听家长和孩子的心声，确立可持续发展的办园目标和教育目标，培养高素质的师资队伍，优化幼儿园的保教质量，确保幼儿的健康发展，才能使幼儿园品牌形象历久不衰，在竞争中立于不败之地。

从爱的教育着手，提高学校校园文化建设

杭州市上城区小世界幼儿园

一 "小世界"校园文化建设主要目标

我园校园文化建设植根于"小世界"LCL 教育体系中的"爱的教育"，结合集团 1995 年以来的办学理念，以此为基础，在校园文化建设的推进中，加深对"小世界"品牌发展历程的理解与认识，促进对"小世界"校园文化建设的价值体系进一步达成共识。全园的文化是有爱的校园，师生有甜美的笑容，让孩子在平等、和谐、尊重、关爱的文化氛围中，健康快乐地成长。

二 校园文化建设的措施

（一）校风建设：爱满"小世界"，情满"小世界"

"小世界"爱的文化围绕热爱、感恩、尊重、包容四个关键词展开。围绕以爱党、爱国、爱业、爱幼儿这四方面为重点。党员老师多次开展《永远跟党走》《不忘初心，牢记使命》等爱国爱党主题教育学习；园区多次进行"爱国主题教育""师德师风""儿童权益""儿童保护法""我们的责任"等讲座与参与式的培训；邀请美国洛杉矶枝桠艺术幼儿园副园长 Christina Bianch 进行《如何促进爱的教育》讲座。使全体教职工进一步明确爱的教育的含义与爱的行为准则，进一步树立爱的观念，丰富对幼儿爱的情感，规范自己爱的行为，努力创设更加关爱的环境，以使其在培养孩子的爱的情感上，更加有目的与策略。

双语园是"小世界"的特色，爱的文化都被整理成文字和图片的形式编制成中英文双语上墙布置展示，使员工和家长都能从环境中的各个角落感受爱的文化氛围，理解爱的文化内涵，对爱的教育达成了共识。

（二）教风建设：教师心中充满爱

好老师的第一标准就是爱，"小世界"引导教师以德立身，以榜样的精神感染人。围绕园33条工作理念，将对教师价值观的培养与提升，对幼儿核心素养的培养与理解，根植于心。33条工作理念包含了为人处世、家长服务、管理、职场生存等，其中充满了哲理。每年对每位教师都举行1—2场理念的培训，每位职工都将33条贯彻到日常的工作中去。此外，学校常年选派骨干教师到国外培训学习参观，提升教育理念，更好地服务于幼儿和家长。

为了鼓励教师发扬良好的"小世界"师风师德，我园特别开展了为期一年的"我身边的好老师"评选活动，对园内涌现出的"好老师"进行分层次、成系列的宣传，在各个大大小小演讲比赛、会议、论坛、公众活动、家长沙龙中，近100次宣传"我身边的好老师"的故事、将榜样的力量转化为广大教师的生动实践，形成教师人人尽展其才、好教师不断涌现的良好局面。在园区内设立了好老师事迹的展示角，供全园参观学习，对于获得家长和社会表扬信、锦旗的教职工给予公开表扬和激励。

（三）学风建设：学生学会表达爱

我园将在全年的节日中，提炼出爱的教育活动作为载体。如：中国的国庆节——爱国教育、中秋节——团圆与家人之爱，端午节、清明节——承载着深厚民族文化的爱，教师节——尊重，爱戴，母亲节、父亲节等都有着对爱的教育的内涵所在。我园爱的教育尊重孩子的需要。

在爱的教育活动中，全园幼儿以"弘扬传统文化"为主题，对近1000份艺术作品进行拍卖，共有63000多元作为善款。其中，丽水缙云的小学，资助一贫困生2万元、学校1万多元；通过杭州市关爱孤儿基金会资助富阳区常安镇安禾村小朋友1万元；送阳光之家敬老院6000多元等。余款由家委会管理，主要用于有教育意义的项目中。同时，园区开展各种丰富多彩爱的教育活动，如："走访南宋御街""丝绸之路""环保行动""我们的祖国""我爱杭州""共享地球"等，这对爱的文化建设也产生了更大的影响。孩子毕业典礼时，全体家长与幼儿在省人民大会堂一起唱响"我和我的祖国"，歌声嘹亮，全场红旗飘扬，爱满小世界，情满小世界的爱的文化得到共鸣，大家其乐融融地分享着这种爱与幸福。

（四）校园环境优化：以爱提升孩子和教职工的幸福感

2018学年，学校对幼儿园的硬件进行大幅度改造，从门卫、主路绿化、墙面、幼儿沙坑、塑胶地垫建造等，宽敞的路面、惬意的长椅、悦人的装饰、多元的活动区让家长和孩子浸润在小世界爱的氛围中。园区的设施充分考虑了家长和孩子的需求：等候区为家长设置了宽敞的长椅，孩子们则有专属的小沙发和小桌子配合充分的区域材料；风雨长廊和园区定制的晴雨伞保障无论是烈日炎炎的天气还是暴雨天，家长和孩子都不会受日晒或雨淋。家长也纷纷为学校这些工作细节点赞，十分支持学校的工作。

除了公共区域，近年也对学校教工之家进行升级，设立休闲区、办公区、咖啡吧、读书角，教工椅子、桌子等进行全新的配置，为教职工打造更为舒适温馨的工作和学习环境。即便是下班时间，教师也乐于在读书角多花些时间阅读一些新进的教研教材或幼教期刊。两个园区室内外建设硬件投资100万余元。

（五）制度机制建设

校园制度建设作为校园文化的内在机制，包括学校的传统、仪式和规章制度，是维系学校正常秩序必不可少的保障。基于《教师法》《关于干部教师作风建设的规定》等政策文件，集团制订了"教师职级评定方案""奖励机制""考核条项""教工师德细则""教工行为规范要求"等十余类制度，由教师参与共同完成，各园区各级主管和教师代表共同参加审核，达到民主管理，人人遵守的好局面。

持续的校园文化建设取得了显著的成效。首先是全体教职工对"小世界"文化的认同度提高了，热爱幼教，热爱幼儿。我园每学期二十名教师被评为各类星级的爱心工作者，5名教师在省、市有关会议上进行师德师风演讲。调查中显示家长对教师的满意度达99%，在上城区家长满意度调查中排名第三。教师的流动率为3%。全体教职工与家长、幼儿之

间建立起坚实的信任。品牌效应直接体现在招生报名中，新生入园 70%
由老家长提前预报名定学位，家长的二孩 100% 来园续读。"小世界"的
办学品质和影响力不断提升，多家媒体、家长公众微信，评价"小世界"
是一个让家长安心满意的国际化好园。可以说"小世界"多年的校园文
化建设创建了一个和谐文明、健康向上、处处充满爱的幼儿天地。

提升民办幼儿园教师归属感的实践探索

宁波高新区东方幼儿园

宁波高新区东方幼儿园创办于 2005 年，是一所民营股份制、浙江省二级幼儿园。幼儿园现有班级 16 个，近 500 名幼儿，60 多位教职员工。幼儿园目前专任教师 33 人，其中本科毕业 19 人，专科毕业 14 人。教师中 24 周岁以下为 6 人；25—29 周岁为 9 人；30—34 周岁为 10 人；35 周岁以上 8 人。幼儿园成立至今均采用聘用制。从 2005 年到 2013 年，我园每学期教师流失率达到 21%，考编离职、薪资待遇、结婚搬家、外来人员回乡、家园关系等诸多因素，使离职率居高不下，教师缺乏主人翁地位和团体归属感，很难真正融入幼儿园集体之中，一旦在工作中遇困遇阻，便立生离职之念。教师的频繁调换对孩子的身心成长造成不利，间接影响家长对幼儿园的信任感与社会声誉。因此，幼儿园要谋求长远而持续有效的发展，拥有一支相对稳定的教师队伍尤为重要。最近几年，我们对提升教师队伍的归属感做了一些尝试，在留人瓶颈上有了一些突破。

一　增值福利权益

我园在确保教师基础薪资的基础上，建立有效的激励机制，科学地实行"多劳多得"的分配原则，调动老师的积极性，激发教师的工作热情。如：每两年提升老师的工资待遇，年终奖金打破一锅制，实行隐性奖励机制；三年一次大旅游、一年一次小旅游；对于他们的工作成绩更给予肯定表扬，使他们在精神上得到安慰和鼓舞。以此培育员工有更多的归属感和幸福感。

二 营造和谐氛围

教师的价值取向是多方面的。对大多数教师而言，高工资并不是她们唯一的需要，一个和谐的工作环境也至关重要。为此，我园努力为教师营造一个有张有弛的工作环境；同时注重人文关怀，强调领导要全心全意为员工服务，在生活上多关心多帮助；针对年轻教师开展丰富多彩的业余活动，满足教师的交往需要，让教师获得归属感和幸福感。如：工会为老师提供温暖茶歇，开展踏青、登山、野炊等户外活动，园内结合主题节日，开展"我是一个幸福的小女人""我是快乐的孩子王""东方巧妇"等等活动，为使婆婆了解媳妇在幼儿园工作的辛苦，感谢老公对老婆工作的支持，开展了"我和婆婆共祈福""亲爱的老公你辛苦啦""我为婆婆庆三八"等活动，每一次家属活动的开展就是一次凝聚力的提升，就是我们一个大家庭的聚会，家庭的和睦更是带来了老师对幼儿园的认同。

三 打造人文关怀

幼儿园老师既是脑力劳动者，又是体力劳动者。随着社会、家长对老师要求的不断提升，老师面临的压力和挑战也在不断增加。安全、健康、卫生、教学、家长工作等每一项工作都很重要，直接影响着孩子。因此，作为一名幼教工作者面临着诸多问题的挑战和考验。我们开展一年一次的体检，关注老师的身体和心理健康，及时给予老师关爱和帮助，减少负面因素给老师带来的伤害。同时，为教师提供精神食粮，订杂志购书籍，丰厚教师文化底蕴，提高教师看待事物的站位，放大教师的格局，让教师有自己明确的职业规划，不断进行自我突破，每年开展"东方爱心妈妈"团队的公益献爱活动。凡此种种，都促进了全园教师凝心聚力，形成了一定的向心力。

四 健全发展机制

建立健全教师培训体系，做好每位教师的培训规划。我园克服经费不足，落实每位教师5年一周期不少于360学时的全员培训、96学时集中培训的要求，将幼儿园教师培训机制制度化与常态化。同时，积极参与当地教育部门构建区域教科研和园本教研体系建设，将教、研、训三个方面充分结合，通过各项培训活动、教科比赛活动、园所展示活动等，在提高教师专业水平的同时，增强教师的自信心与自豪感。

五　构筑共同愿景

如果幼儿园急功近利，办学不规范，管理不民主、不科学，不以人为本，不能让教师看到自己的发展前途，即使目前的待遇和工作环境再好，教师也难有主人公精神。所以，我园更为教师构筑长远发展的共同愿景，依法办学、民主办学、科学办学，杜绝家族式管理，任人唯贤，让所有教职员工都感到自己的付出能获得相应的回报，自觉将个人的发展前途和幼儿园的未来紧密联系在一起。只有管理科学规范，公平公正，教师能够预见个人及幼儿园的发展前途和未来，才能积极主动地工作，促使幼儿园健康有序、高速优质地发展。

经过几年的尝试，我园教师的流失率逐年在减少。教师流失率2016年为16%，2017年为10%，2018年没有一个教师流失。教师队伍的稳定使幼儿园的办园质量得到了明显提升。2020年的疫情，幼儿园想方设法保障教职工的薪资不缩水，教师们奉献休息时间，提前上班，延迟下班，为孩子安全入园保驾护航。

归属感的形成是一个长期、复杂、动态的过程，关于教师归属感的提升的探索，不会一蹴而就，需不懈努力，持续把这一"软实力"做好做强。

生活为面，探索为线，问题为点

宁波滨海国际幼儿园

自 2013 年开园起，我园就开始了"以儿童为本"ID 课程的探索。ID 课程本质上是一种基于儿童立场与视角、追随儿童兴趣、关注儿童生活，并借以游戏的方式引导其体验、探索、创造，从而激发儿童主动性学习的课程形式。生活化是我们践行 ID 课程理念的重要抓手，立足儿童的生活与游戏是我们推动儿童主动学习与发展的必要路径。经过几年的实践，我们还提出了课程发展的三大关键词：生活、探索、问题。

以生活为课程原点，关注儿童真实完整的生活，夯实 ID 课程的基本内容；

以探索为课程目标，关注儿童持续主动的参与，呈现课程实践的基本样态；

以问题为课程导火索，关注儿童问题的生成与解决，指向课程实施的基本途径。

一　以生活为辐射面，统领整个课程的实践

生活性应是幼儿园课程的特性，它统领着课程的建构与实施。从课程理念、目标、计划、实施到评价，我们都尊重幼儿真实的生活需求与兴趣。在 ID 课程建构中，幼儿所属的生活为课程的辐射面，是我们课程生成与发展的原点，主要内容体现于图 1 中：

图：以生活为面统领整个课程内容图。

通向生活，将幼儿生活经验作为 ID 课程的重要教育资源。

幼儿的生活经验是零散而琐碎的，将幼儿真实生活中出现的具有教育意义、发展内涵的事件纳入幼儿园课程，有利于建立起教育与生活之间的

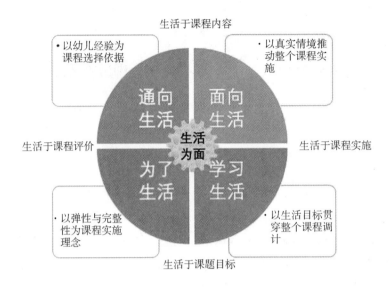

图 1　ID 课程生成与发展示意

联系。例如花海相约主题的诞生，是由孩子在一次散步中发现了一朵黄色迎春花引发的，面对孩子关于迎春花的问题，我们从幼儿生活的视角对课程价值开启审视：

我们拥有优质的花海资源，幼儿园及其周围有几处山林和花海；

春天目之所及皆是花，孩子们更易于采用多元形式去观察探索与花相关的主题；

花的探究可以促进萌发幼儿对大自然以及周边生活美的感受和体验。

源于生活、为了生活，以花海相约为主题，我们开启了花的探索。

在花海相约活动中，我们不以幼儿科学知识的掌握为主要的学习目标，而是在生活中增加幼儿的感知与体验、探索与表达，拉近幼儿与自然的心理距离，理解花存在的、审美的、生态的价值。而这份从生活中汲取的养分会滋养幼儿的心灵，成为一个拥有趣味灵魂的生活人。

幼儿的生活是完整的、连贯的，所以我们的课程也需要富有弹性、灵活性并保障其统整性。在花海探究活动中，我们灵活使用室内室外空间，加强不同活动间的渗透，实现活动时间、空间、探索形式的弹性，以连接幼儿不同的生活与学习经验，促进更好的发展。

二　以探索为延展线，贯穿课程实施的纵向走向

ID 课程以儿童感知、体验为中心，追求探索形式的多样性与真实性。在课程中我们基于自由、合作、主动原则，推动全方面、多主体、广覆盖的探索形式，由点到面，由内而外推动幼儿真实的探究与发展。在 ID 课程中关于探索，我们梳理总结了以"观察—操作—记录—交流"这一策略行进方式，动手动脚动脑，实现多领域的学习，从而推动幼儿思维的参与与情感的提升。

努力创设支持性的探索环境。

与此同时，我们还关注探索活动开展中其他更为隐形和重要的方面，如：注重孩子的兴趣以及关键经验的不断生成，让一日生活成为真实的"学习场"。

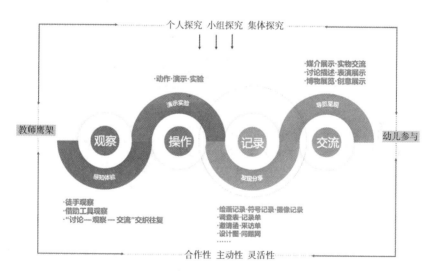

图 2　ID 课程中"观察—操作—记录—交流"探究行进图

借由《春·花海相约》活动，教师引导、鼓励孩子们用多种感官、多种探究形式去探究花，收集与花相关的各类科学知识，在与花接触的过程中，了解花、欣赏花，逐渐养成爱花、护花的习惯，用自己的行动保护周围的环境，并真实达到了"儿童收集关于自然和物理界的知识""儿童理解保护环境的重要性"这些发展关键经验。

三 以问题为切入点，链接课程实施的横向脉络

面向幼儿真实生活的课程一定会面对幼儿主动提出的很多问题，而解决问题的过程便是教师与儿童共同生活的过程。在 ID 课程中我们将这个过程梳理总结为"引—展—促—导"策略。具体内容、策略以及对应的价值如图 3 所示：

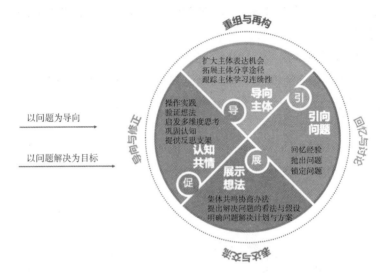

图 3 ID 课程中基于问题"引—展—促—导"策略图

以花海相约为例，"引"是指通过回忆与讨论，幼儿或教师共同提出有价值的问题，进而确定需要探索解决的主要问题。

案例：花的问题网络图。

在寻花的过程中，孩子们对花有了更多的关注，我们一起帮助孩子找与花相关的绘本与故事，开展与花相关的谈话与讨论。慢慢地孩子们产生了很多与花相关的问题：花的颜色、花的种类、花的作用、花的名字等等，我们及时地记录了孩子的问题并形成问题网络图。

"展"是指幼儿通过讨论、集体协商的方式自由表达解决问题的计划与方案。"促"是通过一系列探索方式真正解决问题的过程。"导"则指凸显问题解决过程中幼儿的主体地位。可以说幼儿解决问题的过程就是幼儿主动学习的过程，展现的是我们课程行径最真实的轨迹。

问题的产生激发着孩子继续探索花的热情。于是我们讨论如何解决这些问题，孩子提出各种解决问题的办法：查阅书籍、询问家人、打电话给养花专家等。随后围绕着可食用的花、可药用的花、有毒的花等特殊的花展开大调查。经调查分享讨论后，老师和孩子一起将这些讨论调查结果做成了思维导图，张贴在主题墙上。

在 ID 课程的实施中我们始终聚焦于问题，以彰显其在主动学习中的核心力量。来源于孩子真实观察与发现后的问题是引发幼儿主动学习与探索的导火线。以问题作为课程的重要切入点，随着探索的行进，它会延展和链接出更多有价值的问题，而这些都将成为儿童主动学习的驱动力。

《春·花海相约》探索活动为我们提供了诸多有关"生活·问题·探索"课程模式实施经验。也正是因为这一活动的实施，最终我们形成了"生活·探索·问题" ID 课程实施模式图。

"以儿童为本" ID 课程的探索取得了初步的成效，我们品尝了探索创新的甜头。随着课程的不断实践，我们也开始了新的教育思考：

活用生活这本大书如何更好地保证幼儿学习的有序与有趣？

关注孩子的兴趣以及关键经验的不断生成，教师如何开展教学反思，内在机制是什么？

围绕问题展开关注幼儿的讨论与表征，如何看到真问题并推动真问题的解决？

儿童立场的探究环境如何创设，支持性的探究活动如何坚守适宜的度？

实践园本课程给了我们成功的信心，它极大地践行了 ID 课程的理念。"重要的不是学什么，而是怎么样学"，或许对老师来说："重要的不是教什么，而是怎么样教"。这就是 ID 课程带给我们的另一种思考。

"三力" 齐发 筑牢党建基础

衙前镇中心幼儿园

我园创办于 1985 年 6 月，是原萧山县城南区唯一的一所"区级示范性幼儿园"。2002 年，幼儿园实行体制改革，转换为"民办公助"。异地新建后的新园占地面积 8671 平方米，建筑面积 4860 平方米。现有班级 17 个，在园幼儿 653 人，教职工 68 人。我园于 2017 年 11 月成立党组织，现有正式党员 6 人。近年来，我园党支部在局党委的关怀和指导下，坚持支部建设与幼儿园中心工作并举，以党建工作为引领，以校园文化建设为载体，扎实促进幼儿园的品牌与特色创建，幼儿园整体呈现出观念新、思想正、人心齐的良好局面，充分发挥了党支部的政治核心和战斗堡垒作用。

一　精心打造核心团队，提升凝聚力

为了打造核心团队，党支部积极开展以政治素质好、工作业绩好、团结协作好、作风形象好为主要内容的"四好班子"创建活动。通过加强理论学习、促健康发展，营造民主氛围、促团结和谐，强化自律意识、促廉洁从政三方面建设管理团队，提升管理实效。

二　发挥党员模范作用，增强战斗力

俗话说：火车跑得快全靠车头带。我园党支部认真抓好实践活动，兑现承诺亮身份；认真开展学习活动，提升师德展形象；开好"三会一课"，党群剖析促和谐。充分发挥了党员在教育教学中的先锋模范作用，着力打造了以全体党员为主体的先锋团队。

三 围绕教育抓好党建，彰显品牌力

（一）凸显红色地域特色，做有灵魂的党建

衙前有丰富的红色历史资源与深厚的文化底蕴，给我园发展提供了良好的文化氛围。我园党支部充分利用衙前这一环境的教育价值，特别是2019年下半年，根据萧山区教育局党委《萧山区教育系统开展"不忘初心、牢记使命"主题教育实施意见》的部署和要求，开启"不忘初心、牢记使命"主题教育活动，系列活动围绕"十个一"主题开展，引导党员感受红色历史文化，坚定理想信念，坚守精神追求，弘扬社会正气，牢筑信仰之基，补足精神之钙，把稳思想之舵，从而进一步彰显幼儿园"红色教育"品牌力。

1. 举行一次动员大会。组织全体党员举行"不忘初心、牢记使命"主题教育动员会。

2. 掀起一轮学习高潮。通过"两书一章"的理论学习，引领全体党员教师在多思多想、学深悟透、系统全面、融会贯通、知行合一、学以致用上下工夫。

3. 瞻仰一位名人故居。组织全体党员参观衙前农民运动纪念馆和凤凰村史馆。

4. 重温一遍入党誓词。组织全体党员教师在衙前农民运动纪念馆的宣誓墙前重温誓言。

5. 开展一次志愿服务。在衙前镇义务献血活动中，党员教师积极报名参加献血活动。组织党员清扫园所周边环境。

6. 观摩一部党史影片。组织全体党员观看《特别追踪》《难忘初心》等警示和红色教育影片，汲取榜样力量，争当先锋。

7. 接受一堂党课教育。党支部书记给全体党员作《坚守初心使命，不负时代担当》的主题教育专题党课。

8. 参观一个廉政基地。全体党员来到萧山湘湖德惠祠·道南书院，实地学习杨时老先生的一生清正廉明、安贫乐道，积极宣扬儒家传统思想和道德观念。

9. 了解一段抗战历史。参观河上镇凤坞村抗日战争历史纪念馆，重温峥嵘岁月，了解和铭记这一段历史。

10. 举行一次组织生活会。召开批评与自我批评的组织生活会，坚持问题导向，提出努力方向。

（二）基于美好教育愿景，做有底色的党建

1. 以党建引领，打造骨干梯队。我园把党组织建设成为引领教师业务发展的核心，牢牢把握幼儿园课堂教育主阵地，扎实推进课程改革。通过"不忘初心、牢记使命"主题教育活动，以党员带全体，转变教师观念，提升教师素养，促使广大教职工想在一起、干在一起，大力营造了争当"五心"好教师的浓厚氛围。

2. 以党建带动，培养"五小"伢儿。我园充分挖掘和利用我镇的农运资源，对幼儿系统地进行永不满足、敢为人先的衙前农运精神的教育。通过"红色童谣"主题教学活动的开展，培养"五小"品德儿童，即悦读小主播、创想小能手、智慧小达人、明礼小标兵、爱衙小主人。让吟诵"红色童谣"成为每位幼儿的自觉行为；让"学诵童谣、创编童谣、传唱童谣"成为我园幼儿培养的特色。

（三）落实党务中心工作，做接地气的党建

1. "123"制度，落实到位。近年来，我园党支部扎实做好党务基础，无论是每月一次固定主题党日活动、"两学一做"等学习教育活动，还是"三会一课"活动与"123"制度，都努力落实到位。

2. 党建台账，全面完整。尽管党建工作千头万绪，我园支部坚持注重工作过程的写实和记录，有力促进党建工作的规范化、条理化。如组织设置、换届选举、组织活动、基本信息、党员发展、党员管理、党费收缴、"两学一做"学习教育等，都能按时开展、如实记录，所有党建工作痕迹如实反映在台账当中，使台账成为党建工作的助推器和记录仪，有效促进了党建工作。

"参天之木，必有其根；衙幼之水，必有其源"，党的领导是助推我园保教质量的根本保证。近年来，我园在党建工作的引领下，获得了"萧山区五星级幼儿园""浙江省一级幼儿园""全国优秀民办幼儿园"

等 36 项区级及以上荣誉，党建工作曾先后在萧山区民办学校两新党组织工作会议和浙江省民办协会党建专业委员会成立会上作经验介绍，党建案例《"十一"联动抓党建，红色品牌自彰显》被评为萧山区二等奖，2019年，我园党支部被评为"萧山区五星级党组织"。多名党员教师成为市区级以上优秀教师和教坛新秀，党员教师撰写的多篇论文在市区级荣获二、三等奖。"管理精心、师资精湛、特色精致"的园所发展目标体系已具雏形。

"三力"牢筑党建基础，追求高品质教育没有终点。我园将在做好常规工作基础上继续谱写党建工作新篇章，以"在学习中转变育人理念，以践行科学发展"为主线，创新工作机制，凸显园所文化，追求精心、精致、精细、精品，把我园打造成为"孩子快乐、家长放心、员工幸福、领导满意"的美丽校园，成为萧山区民办幼教的一张新名片！

合美文化打造小童洲幼教品牌

温州市小童洲幼教集团

幼儿园良好的园所文化和人文环境，是推动集团幼儿园发展，树立品牌形象的坚实基础和最大动力。三十多年来，小童洲幼教集团不忘初心，以文化为底色浸润师幼生活，拓展"合美课程"，构建儿童和谐美好的童年，为打造小童洲幼教集团品牌发展而不断坚守努力。

一 文化浸润，名师强园行动

小童洲幼教集团以"文化"为抓手，管理"人文"化，将人文关怀从幼儿延伸到幼儿家庭，延展到每位教职员工家庭，形成了一套让人感受到温暖、亲情味十足的人性化管理模式。建设学习型团队，培养魅力型教师。通过园本培训，提高教师教育教学能力，提高课堂教学的有效性，为教师的专业发展和幼儿的幸福成长奠定良好的基础。

（一）开展常态化师德教育

集团开展了多种形式的师德建设活动，加强人格修养、职业精神、行为礼仪等方面的引领。每个学期初进行始业师德教育，每个星期开展师德案例学习，学期中期开展师德论坛，聘请专家做师德讲座，开展师德演讲赛，学期末举行"夸夸身边人"的总结会，完善师德考核。以不同形式和措施不断充实，循循善诱，让教师明白了什么是儿童立场、应该怎样站在儿童立场上思考问题和解决问题等科学道理。

（二）打造教师阶梯式发展

集团根据每位教师特点，量身定制阶梯式发展空间，分层分批制订发展目标，加强定向听课和随堂听课的措施，加强对年轻教师的指导力度和效度；加强对优秀教师的培养力度，通过"走出去学习，压担子历练"等多种渠道，提高优秀教师的水平，努力培养幼儿园名师。

（三）"五星"评奖评优

集团每年开展独具特色的"五星"评奖评优活动，评选出"优雅、追求、奉献、快乐、合作"之星给予奖励。对在园工作满 10 年、15 年、20 年的优秀教师进行表彰，评选集团星级教师、教学骨干、教坛新秀、中坚教师，给予每月 80—500 元不等的奖励，提升教师的幸福指数，提高了教师的凝聚力。

（四）实施"青蓝工程"

集中智慧，团队共赢。集结集团内部所有智慧和精英，形成培训中心、特色社团。例如："后备干部班""骨干教师研修团""青年教师学习班""个性需要讲师团"，每个团队都有一个种子培养基地。集团教研中心分步骤实施"青蓝工程"，开好新教师见面课、中青年教师教学观摩交流课、骨干教师展示课、名师示范课等。在确保保教质量的前提下，开展多元化尝试。

（五）实行教师"回炉"计划

集团每学期派遣 3 名至 5 名教师带薪脱产到各大院校进行学历、科研再提升计划。在原有学历的基础上，对教师进行学历等级提升。在未来，集团将培养学前教育硕士研究生 1 名。在现有基础上，科研成果提升 30% 以上。

二 合·美课程，科研兴园行动

以"玩""乐""美"为基本课程理念，深化特色课程建设，立足"让每一个生命绽放光芒"的办园理念，集团提出"让幼儿在玩、乐中美好成长"的课程理念。将"玩""乐""美"贯穿于幼儿的生活、运动、游戏、学习，玩而乐，乐而美。"合·美"课程理念强调儿童发展的需求，通过融合教育，让幼儿在玩、乐中美好成长，玩出快乐、玩出智慧、玩出品质。

根据对儿童发展需求的共同性、多元性和个体性，"合·美"课程分为基础性课程（生命、实践、智慧课程）、园本课程（"趣·玩"美劳课程）两大类，它们共同赋予幼儿自主选择和主张成长的权利，让幼儿做自己生命的主人，在孩子的"知、情、意、行"中汇聚真、善、美，和润其生命，美泽其人生，努力成为"乐运动、勤动手、喜探究、善表达、有主张、会审美"的儿童。

（一）开展五大节活动

精心策划三月"阅读节"、四月"读书节"、五月"艺术节"、十月"科技节"、十一月"体育节"等活动，把活动扩展到每一位孩子。通过"五大节"活动，建立"以园为主，人人参与"的机制，促进孩子全面发展。

（二）活动文化建设

"书香文化"系列：营造阅读氛围，展示亲子绘本制作，举办阅读节，评选班级"书香小达人"和书香家庭，让每一个孩子爱上阅读，让每一个家长参与阅读，让每一个教师在阅读中成长，形成幼儿园书香特色。

（三）幼儿十大习惯培养

幼儿阶段是一个人良好个性品质形成的关键期。我们开展了"小童洲十大习惯"教育，要求幼儿养成微笑待人、物有归位、主动向人问好、靠右行走、感谢别人的帮助、及时关水龙头、主动帮助别人、饭前便后要洗手、专注听人发言、垃圾放入垃圾箱等良好的行为习惯。"十大习惯"教育渗透在幼儿的一日生活中，渗透在环境的潜移默化中。

（四）持续开展特色"微运动"活动

一百个孩子就有一百种特点。为保证幼儿每天两小时的运动量，解决由于天气原因造成户外活动不足的问题，根据每个孩子的特点，集团鳌江园区于 2015 年开创了我县首个特色运动"微运动"，打造孩子特色微运动项目。

三　三位一体，构建和谐小童洲文化

（一）以人文化的环境为基点，发挥环境的教育作用

把幼儿园建设成为孩子成长的幸福"绿洲"，让每一个孩子感受到家园之爱、花园之乐。通过人性化的民主管理，让每位教师真切感受到幼儿园大家庭的温暖，积极工作，不断成长。

围绕"玩""乐""美"这一理念，精心设计，点面结合，创设具有浓厚文化氛围的绿色环境。统领整体环境设计，让教职工和家长步入幼儿园就能感受到集团办园的核心理念，并让班级教室的每一个角落，园内的每一块草坪、每一面墙、每一棵树，都成为传播文化的使者、春风化雨的导师、舒心怡情的亲人。

（二）以小童洲家长学院为纽带，形成家园互动良好态势

抓住网络交流便捷、更新、更快的特点，集团及时开辟了"小童洲家长学院"、《小童洲报》和"小童洲公众平台"，推进集团各园品牌建设，树立集团更好的社会形象。"小童洲家长学院"以科学的育儿观念为引领，融合园所精彩、育儿天地、卫生保健、家教课堂、故事荟萃等栏目，为家长提供更丰富的育儿知识，真正把平台办成了家长们的"网上家园"。

（三）以社区为依托，构建幼儿园教育的多元化

社区是教育的重要资源，集团各园充分利用自然环境和社区的教育资源，扩展幼儿生活和学习的空间，"一公里的课程""社区小课堂""生活体验课程"，教师带领幼儿走出幼儿园，回归生活，体会生活本色，开辟了幼儿教育的新途径，建立了新型的教育体系。

小童洲幼教集团不仅是幼儿生活的"绿洲"，也是教师成长的绿色家园。民主科学的管理机制、和谐的工作生活环境、精心营造人文关怀的育

人环境，都给幼儿和教职工创造一个展现自我的多维大舞台。集团将继续打造小童洲特色教育品牌，进一步实行人性化管理，形成园区管理人文化、家园合作和谐化、育儿指导科学化、社区服务经常化、教育活动形式多样化的教育合力。

信守普惠 创立特色 办人民满意的教育

温州市瓯海区新桥第一幼儿园

改革开放 40 年，温州民办教育迅速发展壮大。温州民办幼儿园的基本格局中，普惠性民办园仍占主流，在高端园所发展步伐加快的新形势下，普惠性民办幼儿园求生存、谋发展就要坚持走内涵式发展的道路，办出质量、办出特色，让社会认可，让百姓满意。

瓯海区新桥第一幼儿园是温州心桥学前教育集团的第一所幼儿园，创办于 1997 年，目前已成为温州民办幼儿教育的一面旗帜，幼儿园曾先后被评为全国优秀民办学校、浙江省一级幼儿园、温州市文明单位、温州市首届"魅力民校"等荣誉称号。二十四年来，新桥一幼始终坚守"热心勤奋为儿童，提高素质创特色"的办园宗旨，努力将幼儿园办成面向大众，收费合理，保教质量高的普惠性民办幼儿园。

一 树立起将普惠园办成优质园的理念

普惠园是指普遍惠及广大群众的幼儿园，而不是指普普通通水平的幼儿园。因此，我们要增强质量意识，以正确的理念、正确的内容、正确的方法办群众欢迎的普惠性幼儿园。不因为收费不高，把幼儿园办成粗品，甚至次品，而是以对人民负责的态度，把普惠园办成优质园。平时，我们十分注重幼儿园的规范管理，向管理要质量，以质量铸品牌。首先，我们建章立制，先后编制了《教师绩效工资考核方案》《行政人员值日记录制度》，建立了《幼儿缺勤跟踪联系制度》等几十项制度，做到让制度说话，有章可循，保证幼儿园的一日工作井然有序，使园务管理更加规范。其次，强化常规管理，结合集团的文件精神，幼儿园于 2012 年制订了《幼儿园一日活动保教工作评估细则》《幼儿园文明班级评选标准》，保证严格执行《3—6 岁幼儿学习与发展指南》《幼儿园保教工作规范》，使各生活、活动、学习、游戏等环节能有条不紊地开展，并开展两年一次的常规评估和文明班级评选活动，从而提升幼儿园一日活动的保教质量。

二　树立起将普惠园办成服务园的理念

办园二十多年来，我们积极拓展服务家长项目，不仅提供普惠性的服务活动，而且在服务形式上满足不同家长的需求。我们开设了暑期困难班、周末留园班及每日的延时服务等等。很好地解决了部分家长的接送困难，解家长所需，排家长所难。为了进一步提高与家长沟通、交流的效率，斥资 50 多万元经费建立了"中国宝宝网"的网站，为每一位幼儿建立博客，及时记录了幼儿在园的生活、学习、活动等情况，虽然老师增加了很大的工作量，幼儿园增加了不少的经济开支，但是，为所有的家长提供方便，做到及时沟通交流，能全面了解幼儿在园情况，大大加强了家园联系，使家长对幼儿园的工作逐步从了解到理解到谅解，再到非常满意，并予以大力的支持。

三　树立起将普惠园办成特色园的理念

为满足不同孩子发展的需求，幼儿园开设了多样化的特色活动，推进幼儿全面和谐发展。我们开设国际象棋课程，并在 2003 年被教育部命名为"国际象棋传统学校"。在中班段开设国际象棋自主选择活动，将国际象棋融进区角活动，使幼儿在黑白世界中感受到下棋的乐趣，接受着智慧的启迪，发展孩子的思维和想象等能力。我们开设了幼儿基本体操班，培养小朋友的意志力、团队合作精神以及勇于拼搏的体育精神。同时，培养了一批优秀的体操人才。通过多年的努力，收获了多年的全国冠军奖杯，为国家为温州争得了荣誉。为了让体操由点带面普及到每一位孩子，近年来幼儿园开展了体育特色活动，将体操的动作和精神融入到幼儿的一日生活中，让人人参与体育锻炼，为了保障体育教学工作有效有序，我园制订了《体育活动教学常规要求》，对开展体育活动提出了基本要求，同时，我园结合园本研修工作，要求教师积极开展新课程背景下的体育教学研究，在保证幼儿有足够运动量的情况下，融入趣味性、游戏性较强的教学内容。平时还开展各项体育活动，如：

"阳光早操"将体育特色教育全面推进、普及提高。

"快乐足球"是我园幼儿体育运动的项目之一。我园的足球队还参加了温州市校园足球文化节取得了不错的成绩。

"健康游泳"活动让幼儿熟悉水性，学习基本的游泳姿势，增强体质。

"体育课题"举办每周一次的教研，通过学术沙龙和课例研讨的方式，进行研讨、交流，促进教师的专业发展，为教师如何开展体育活动做专业引领。

"冬季三锻炼活动"，每年冬天开展了丰富多彩的冬季三锻炼体育活动，取得了良好效果。

我们始终将体育活动与幼儿的各项活动相结合，真正让体育特色教学融入制度、融入环境、融入课程、融入幼儿的日常生活，开发了幼儿智慧的潜能，培养了幼儿的观察、思维、想象、创造的能力。在此基础上，幼儿园更深的目标是，让每一个孩子快乐地学到争做第一的"体育精神"，掌握智慧的体操——下一盘精彩的国际象棋。

我国进一步普及学前教育的重要途径仅仅通过扩大公办园规模是难以完全满足需求的，面向大众的幼儿园始终占据着民办学前教育机构的主体定位。发展民办优质普惠园，创办多样化特色园，适应社会不同需求的服务园，这是符合我国国情和广大群众需求的举措，有着重要的社会价值和战略意义。民办普惠性教育品牌决不是口号、标语、公告能堆积起来的，靠的是踏踏实实的努力奋斗，一步一个脚印去拼搏前进，需要教育和服务的质量见证，更需要用爱与责任来成就。我们新桥一幼将一如既往地用心桥集团的"五心"精神去精雕细琢，坚持走内涵发展之路，真正将幼儿园打造成人们向往的民办教育品牌！

运用"主题导研"助推教师园本教研

嘉兴市秀洲区王店镇兴乐幼儿园

一 "主题导研"园本教研的价值及意义

随着新课程改革的推进，园本教研也被提到了议事日程，然而，作为幼儿园，园本教研未成为教师内心的需求，往往是在教研组长的安排下，组织几名教师完成一定量的上课听课审课工作，冠之于园本教研活动。同时，目前的园本教研还是以常规的教研活动为主，没有对整个教研组教师在教学过程存在着怎样的共性问题或突出的个性问题进行梳理与归纳。园本教研缺乏系统性与针对性。教研的内容也往往浮于表面，形成了"只教不研"的一种费时低效的"课堂聚会"活动。

因此，通过建构"主题导研"助推园本研修行动，力求提升教师的反思意识，解读和生成教育对教师和幼儿的意义而非简单的寻找最好的教育方式，能够促使教师成为研究者、艺术家，促进教师实践智慧的成长。

二 "主题导研"园本教研的实施策略

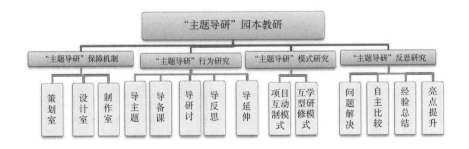

（一）　"主题导研"园本教研的保障机制——建三室，形共识

我园为教师们创设了工作室这一平台，按照教师不同的能力和特长，分别命名为三室："策划室""设计室""制作室"。力求教师们在互帮互助中各尽所能，提升自身专业业务能力，以及提高团队研究力，进一步发挥团队作用。

（1）策划室：帮助要开展研讨课的教师出点子，提供相应的材料，同时收集各种优秀教案，给老师们积累研究素材。

（2）设计室：遴选园内骨干教师承担，主要负责研讨课的改进和教学课例的完善，促使我园教师专业成长在学术团队的研究与协作中前进。

（3）制作室：主要由具有绘画特长、心灵手巧的教师组建。收集各种课例的教具，按年段进行分类整理并做好标签，协助教师制作所需的教具或材料。

通过以上三室的联动，凸显了基础→特长→团体→合作，发挥了教师的特长，塑造了一个专业团队，进行了有效地专业合作。

（二）　"主题导研"园本教研的行为研究——导路径，促行动

根据"三室"功能，我们设计了基于问题的幼儿园主题导研活动的路径："导主题—导备课—导研讨—导反思—导延伸"。

（1）导主题：一读、二研、三审、四议的主题审议。即：判断、解读主题的核心教育价值；研幼儿、研资源，懂得孩子、盘点资源；审目标、审内容、审路径；以幼儿的兴趣、班级的资源、幼儿的经验、能力差异再进行审议，以本班幼儿实际情况再进行调整。

（2）导备课：在确定主题时有意识的引导教师关注幼儿园日常教育教学中的实际问题，寻找问题点、发现研究点。在每次听课前，组长根据教学主题设计好导言稿，让老师们带着问题听课思考，课后针对这几个问题进行观察和分析课堂。

（3）导研讨：在教学过程中，引导教师积极进行反思、查找不足，在教学结束后，根据教学实际再次修整教案。在教学设计上既有主备教师

的设计思路和实践反思，又有同伴对研究主题的思考和探究，每个教师都是参与者和研究者。

（4）导反思：主题导研中我们专门构建交流和反思平台，安排反思的研训环节。在这样的环境中进行经常的、众多的信息交流：

（5）导延伸：在研究点呈现后，教科室对教师所撰写的方案进行诊断把脉，进行深度反思，进一步完善课题方案，为后续研究提供有效保障。

（三）"主题导研"园本教研的模式研究——多形式，展优势

★构建"主题导研"项目互动制模式

"牵手共进—强强联手"：将在"园本教修"中的某一领域都强势的两个班链接。

"同一兴趣—相似联手"：将班级在某一领域存在一定的相似性的两个班链接。

★形成"主题导研"互学型研修模式

教师梯队上下捆绑：

形成两个梯队教师强烈的教学思维冲突，促使两个梯队的教师主动反思，达到"知其然而知其所以然"的状态。

教师梯队平行捆绑：

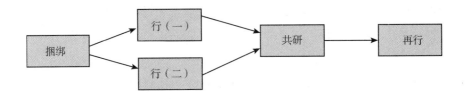

这样的做法在于同一梯队的教师更具备教学经验的相似性，互相之间存在着良性的竞争，提高同一梯队教师的整体水平。

（四）"主题导研"园本教研的反思研究——求内化，有提升

1. 问题解决式：课例研讨活动中发现问题、解决问题形成研究点。如对语言活动的文本合理处理，提炼提问内容的研究。老师们撰写了论文《巧设环境　妙引表述——谈教学中幼儿语言能力的培养》和《师幼交往中教师提问的特征及策略》。

2. 自主比较式：根据同一内容不同课例的研讨，比较提炼产生研究点。例如：我园的老师在多次观摩数学统计活动后，提出了如何让幼儿在数学活动中进行自主探索成了研究点。为此，《生疑　解惑　提升——探究式教学法在幼儿园大班统计教学中的应用实践》的论文撰写点自然产生。

3. 经验总结式：教师在课例研讨中总结在教学中的经验。如我园老师在音乐活动中经常会合理地运用图谱进行教学，根据对教育教学经验的分析及总结，进行基于证据的研究。在研课《兔子舞》过程中，老师撰写了论文《图例导引下的幼儿舞蹈队形创编教学的实践研究》，并产生了课题《图例导引下的幼儿音乐教学的实践研究》。

4. 亮点提升式：教师在课例研讨中发现教学亮点。例如：我园在美术专题课例研讨活动中，老师的生活取材西瓜及用西瓜来借型创想活动，很具特色和亮点。教师们撰写了论文《变出精彩　变出智慧——大班幼儿美术借物联想教学的实践与探索》，以及课题《动手想象创造——幼儿创意美工教学的实践与研究》和《幼儿园"生活体验式"主题活动设计与实施》。

三　"主题导研"园本教研的实践成效

（一）教师课堂教学能力提升

通过开展"主题导研"，解决了教师在课堂中的实际问题，提升了课

堂教学能力。我园获得的省规划课题《幼儿教师专业成长的园本发展机制研究》和省十二五课题《幼儿教师个人知识的园本发展研究》《运用"微课堂"助推园本研修行动的实践研究》《幼儿园新教师"同步联力"式园本教研创新策略的研究》，以及市级课题《基于农村幼儿园教师专业个性发展的"一同五异"式园本教研的实践与研究》，都是基于主题导研实践成效。

（二）教师教科研能力提升

每一次的教科研活动，我们都会用相机捕捉精彩，用笔尖记录过程，使老师们在回味中看到收获。我们注重的是在研讨之后，要求教师将自己的想法用案例、评析、论文、课题等形式呈现出来。在这样的过程中，不仅只是教科研活动的呈现，更是给了教师更多的思考空间，让教师们在梳理的过程中，对问题有了更加深刻的认识，提高了教师的科研能力。

（三）树立了教师的专业自信

"主题导研"园本教研活动，发挥教师特长，了解教师所思、所想及所求，让教师自己发现问题，以此制订出相应的教科研内容和活动计划。"主题导研"园本教研多元活动方式的开展，鼓励教师敢于说出困惑、说出想法、说出经验，让教师大胆尝试新内容、新途径、新方法。让教师专业成长变被动为主动，树立了教师的专业自信，让幼儿园教师有更大的动力投入教科研活动中。

集团化管理——师训"Ⅲ级推进式"体系介绍

嘉兴诺亚舟国际幼教

诺亚舟教育科技成立于 2004 年，专注于为 2—18 岁的幼儿及青少年提供优质的学前教育、基础教育及辅助教育。业务范围覆盖幼儿教育、基础教育、青少年校外培训、国际教育交流服务等。诺亚舟国际幼教是诺亚舟教育集团的主要业务板块之一，是集团的学前教育业务品牌，致力于提供优质的学前教育服务。

公司目前拥有直营幼儿园一百多家，主要分布于浙江、上海、江苏、安徽、山东、湖南、湖北、四川、广东、香港等地区，在园幼儿三万多人，教职工六千多人。公司在幼教领域目前使用中大、文泰、庆安、小新星、代代康、川师、美顿等系列品牌，我集团将根据市场定位和家长需求，逐步完善旗下幼教品牌，打造以诺亚舟国际幼教为统领品牌的学前教育领域平台。旗下多所幼儿园获得省示范幼儿园和全国优质民办幼儿园荣誉，其中省一级（示范）幼儿园九所，其他大部分为省二级（市示范园）幼儿园，教职工多人获得全国教育杰出人物贡献奖、绿叶奖、名校长、园长、学科带头人、教坛新秀等殊荣。

面对集团化办园进程的快速发展，保教队伍的高效培养成为亟待解决的问题。由于各园地理位置分散，横跨全国 15 个省市地区，给即时性的视导协作带来了困难。同时各园在开办历史、规模、收费、等级、所处地域管理要求等方面存在一定差异，为统一化、标准性师资培训体系的构建带来了挑战。面对诸多问题，集团教研中心联同各园在集团化办园模式下不断地摸索与实践，逐渐梳理出一个以《幼儿园教师专业标准》和《幼儿园园长专业素养》为指导思想的完善的"Ⅲ级推进式"师资培训体系，包含具体明确的培养目标、丰富而有特色的培养内容、科学适宜的培养路径、及时有效的评价反馈机制。整个体系通过平台搭建、实践跟进、考核反馈等诸多措施，逐层推进保教队伍的专业化发展进程。

（一）培养理念：师德为先，幼儿为本，能力为重，终身学习

（二）培养目标：

1. 以教师德行为基本，导引"身为人师"内涵。——师德为先

2. 以游戏精神为主旨，明晰"幼儿教育"真谛。——幼儿为本

3. 以特色项目为抓手，提升"保教并重"能力。——能力为重

4. 以终身阅读为延展，深化"修行自身"认知。——终身学习

（三）培养内容：

以集团园所文化"悦"文化为主题，围绕"悦纳、悦泽、悦乐、悦美"四个方面展开，既保证了培训内容的全面和丰富，也将集团特色文化生动深刻地诠释给每一位教职工。

1. 悦纳——"悦"精神文化创建，从接纳自我、接纳儿童、接纳同伴三个层面树立正确的教育服务理念，从团队归属、师德师风、游戏精神认知等视角，正确认知教师专业内涵，触及"接纳"幸福感。

2. 悦泽——"悦"园舍环境创设，唤醒审美意识，提升审美能力，培养"润泽"环境中儿童表征元素的统合运用能力。

3. 悦乐——"悦"家园文化创建，基于"家长成长课程"模式，掌握幼儿园家长工作基本内容，明确活动目标。

4. 悦美——"悦美"课程构建，围绕"悦享感受，悦畅探索、悦扬个性"课程理念核心。以"创意儿童画""快乐美语"系统教学为切入口，践行"将最宝贵的给予儿童"办园理念。

（四）培养路径：

以"Ⅲ级推进式"（中心支持、片组联动、园所发展）为培养路径，自上而下、分类分层，具体通过"启仁新秀学习营""明智进阶学习营""慧思研修学习营""砺行实践学习营"四种学习营的形式展开。

（五）实施网络图：

1. 中心支持——"从全到适"的保驾护航

中心是指集团运营与教研中心，犹如人的大脑，心脏一样，是全集团各园区保教质量运行看齐的核心。中心站在集团发展的高位，用统一的理念指导初入职人员，用标准化作业要求最大化地确保新人对集团文化、办

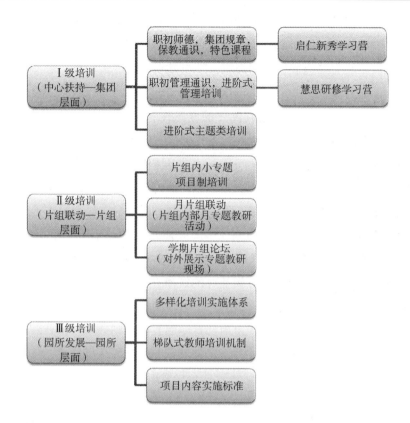

园要求高度一致的理解，以及视导二级、三级内训扎实落地，敦促保教人员从理念到行动的实际转化。"全"来源于集团化发展历程中，逐渐累积完整套系的发展需求，在全面培养的要求下，站在中心扶持的角度，梳理出了高位的"适宜"内容体系，重点从集团文化、师德师风、特色课程项目三个方面进行一级推进，力求在职业底线、团队文化、特色发展三个大方向进行切实有效的发展。

推进一：启仁新秀学习营，启迪仁爱之心，明确专业标准。启仁新秀学习营主要针对集团新入职教师，安排在暑假和寒假进行集中学习，内容包含职初师德、集团规章制度、保教通识和特色课程。

推进二：慧思研修学习营，研究管理学问，增强团队合作。慧思研修学习营主要针对园长层，内容包含职初管理通识、集团规章、进阶式管理培训、专业提升等。

推进三：明智进阶学习营，明晰教育智慧，提升专业技能。如果说初期封闭式阶段培训为园长、教师们打开了一扇门的话，那么接下来的一年中，我们就要通过统一的再次培训指令来确保门里的举止行为合规合范。每学年，中心会结合职初培训内容，不定期安排跟进式研修，对特色课程实施方面尤其重视。

2. 片组联动——"从适到优"的资源共享

集团各园区分布在华东地区的各大省份，各地域的行政部门指导要求也各不相同，面对这些差异性问题，如果单纯依托对浙江省幼儿园办园行为标准熟知的中心来开展扶持，显然存在很大局限的。因此，集团中心对集团下属各园区在年资、等级、收费、体制、地域分布等情况作了充分的调研，根据"新老搭配"的原则，将园区合并为 15 大片组，每个片组内设立一个带头园，具备年资长、等级高、园务管理经验丰富等特点，组员的园所有发展中的园所，也有新开办的园所。在地域相对集中的背景下，在示范辐射基本能力具备的基础上，片组联动机制应运而生。

推进一：月片组联动（片组内部月专题教研活动）

推进二：学期片组论坛（片组对外展示专题教研现场）

3. 园所发展——"从优到精"的全局发展

内训体系中要求最高的当属教师所在园区的细节化引领。园所自身的引领将更微观的规划教师的专业发展，为团队的保教行为提升提供更具时效性和针对性的活动内容，会让活动因按需给予而显得更有价值。因此，在园所层面上，我们推进的是"砺行实践学习营"，磨炼德行品质、追求专业情怀，具体通过体系划分、层次划分和类别划分三个方面实施。实践就是教育发生的现场，能够更直观地反映出教师的教学水平和存在的问题。园所可以根据园内教师的具体情况分层次、分类别地进行细节化引领，给予教师更具体、更适宜、更精细化的指导，支持教师成为德行兼备、专业过硬的优秀教师，并向更高水平迈进。

推进一：体系划分（园本培训、园级教研、小组教研、个人学习）

推进二：层次划分（新手教师、青年教师、骨干教师）

推进三：类别划分（主题课程、特色课程、兴趣课程）

目前集团的"Ⅲ级推进式"培训体系已比较完善，且在实践中收到了不错的成效。保教队伍专业化发展是园所发展的永恒话题，作为拥有一定体量园的大型幼教集团而言，建立科学规划，整合资源，统筹方法，监督实施集团化背景下的内训体系，是需要我们一直践行并积极反思推进的工作。集团在以后的实践中，将进一步优化完善这一培训体系，通过一个中心，15个片组，近百个园部，上下齐心，有效提升保教队伍专业化成长，保障优质的办园质量，增强园所的核心竞争力。

安吉游戏引进与课程改革的探索实践

金华桥西幼儿园

我园创建于 1993 年，2017 年 11 月成为安吉游戏实验园，2018 年 7 月成为浙江省安吉游戏实践园。引进安吉游戏两年多以来，园所整体品质提升加快了步伐，主要体现在自然环境的改造、教师队伍素养的提高、家长观念的转变、游戏课程化的探索等方面。具体的实践主要开展了以下几方面的工作：

一 改造户外环境、提高园所品质

我园毗邻田野和林场，扩建需要租地建设。通过各种努力，做好了租用地块的工作，园占地面积从原来的 2 亩扩大到 8 亩，并根据安吉游戏的相关要求进行了设计改造。2019 年，还陆续扩建草地、树林、长塘、山坡、凉亭、种植园、养殖园、户外功能房、玻璃栈道等游戏场地，每年更新添置游戏场地的种类。利用农村地理优势、因地制宜，把农村的农耕文化也搬进幼儿园，农作物、果树、菜地、水植物等等的引入，促进幼儿开展多样化的户外活动，让幼儿园在安吉游戏的开展下拥有园所自己的特色，这也是我园的长远发展规划之一。

二 线上线下学习，提升教师素养

（一）线上学习，理解内化安吉游戏模式和理念

为了解掌握幼儿游戏行为的特点，理解孩子，放手游戏，利用安吉游戏网站上的个人慕课学习账号开展线上学习，改变老师固有的教育模式，

提高教师对游戏的领悟和理解。

（二）线下交流反馈，带领教师集思广益游戏观察的方法与评价

深入观察，发现惊喜，定期交流思考。每周学习，定时定量地撰写观察记录，从多个维度观察游戏，记录游戏，解读游戏。观察为了"看懂"，"看懂"为了更好的支持。富有智慧地会玩、会看、会思考、会行动，蹲下来做孩子的玩伴。观察的方式有：在同一场地不同的孩子、同一场地同一孩子、不同场地同一孩子、不同场地不同的孩子这样跟踪式的持续观察，并以小组讨论、个人分享等多样化的教研形式让老师把所学的知识内化、实践化。实实在在看到孩子身上的变化，感受到游戏的魅力。

（三）积极参加区教研室组织的各类比赛，提升教研水平

通过努力，在区教育局、教研室领导的关怀指导下，在 2018 年度、2019 年度的区教师课程改革论文案例比赛中参赛论文和案例获优秀奖项，2019 年 9 月申报的 2019 年度金华市教育科学规划研究《农村幼儿园"安吉游戏"园本化实践研究》和 2019 年度金华市国家基础教育改革教师子课题《安吉游戏中游戏故事的跟踪记录研究》已成功立项。

三 家园携手合作，共促科学养育

（一）家长学校培训学习《3—6 岁儿童学习与发展指南》

召开家长会，每学期定期以家长学校的形式给家长培训学习，以《3—6 岁儿童学习与发展指南》为依据，向家长传递安吉精神、安吉游戏的理念，从孩子的角度出发分析安吉游戏带给孩子们锻炼体能的机会、挑战冒险的机会和无限的游戏想象。通过网络信息的渠道多方面去了解安吉游戏。

（二）组织多样的家长讲座、会谈交流，点滴渗透促家园和谐

根据家长层次的不同分别邀请年轻父母家长会、祖辈家长（爷爷奶

奶外公外婆）的座谈会，针对不同的家长群体，解说游戏的价值，用实际的案例交流谈话，让祖辈家长回忆自己儿时的游戏引发共鸣。在这样细化的安排中，家长更接受和理解了安吉游戏，对园所工作配合度越来越高。

（三）组织家长开放日、观摩幼儿游戏、亲子合作写画游戏故事

利用班级微信群分享孩子游戏的照片和视频。在日复一日的班级微信群看孩子们的游戏，家长们对幼儿园好玩的游戏也非常期待。所以我园组织开展家长开放日活动，邀请家长观摩游戏现场，做孩子的玩伴，一起参与游戏，并与孩子一起写画游戏故事，当孩子们和父母一起讲述他们玩了什么、怎么玩、玩了以后有什么样的感受，玩了之后有什么困难和问题，孩子们滔滔不绝的讲述让家长为之惊叹，原来游戏背后有这么多的能力发展。

四　真游戏活教育，幸福伴随童年

以游戏为主要活动形式，有效杜绝小学化现象，把死板的教转变成灵活的学，不断优化幼儿园课程结构，让孩子在前，老师在后，在安吉游戏的实践中读懂孩子、理解孩子。我园的探索实践给老师们提供了提升自己的平台，给孩子们带来了生态自然的活教育。借助课题的研究与实践的思考反思，桥西幼儿园将创建属于本区域园本特色的课程游戏化，游戏课程化模式。

坚持教育情怀努力发展乡镇优质普惠园

衢州市手牵手幼教集团

手牵手幼教集团是以衢州市柯城区手牵手幼儿园为基础组建起来的一家民办教育集团。手牵手幼儿园是"浙江省一级幼儿园""浙江省优秀民办幼儿园""浙江省体育示范幼儿园"。目前，集团在柯城区、衢江区、常山县等地拥有九所高品质、普惠性的幼儿园。

一 始于情怀，打造家门口的优质乡镇园

集团总园长从事幼儿教育工作 30 多年，她一直期望能将优质园所遍及城市与乡村，实现教育均衡。

（一）缘起情怀——情之所系

在总院长任职市政协委员期间，曾多次随同市领导及教育界的委员们一起到柯城、衢江、常山、江山等地的乡镇幼儿园进行走访与调研。在走访过程中，她看到了乡镇学前教育普遍存在教师持证率低，园舍简陋拥挤，设备陈旧，卫生条件差，幼儿安全得不到保障等众多问题。积极向政府提案呼吁《大力扶持乡镇幼儿园建设，促进城乡学前教育均衡发展》等提案。此外，她凭借着自己的教育情怀，强烈的事业心与社会责任感，决定到乡镇办园，让优质资源辐射到乡镇作为自己的一个奋斗目标。

（二）缘起情怀——政策支持

《浙江省发展学前教育第二轮三年行动计划（2014—2016 年）》中提及"大力引导和鼓励城镇优质幼教资源向农村地区延伸，到农村设立

分园、教学点。鼓励新建幼儿园和小区配套幼儿园采用'名园+新园'等方式举办普惠性幼儿园。"为我们办园提供了明确的方向。

（三）缘定乡村——公建民办、利于千秋

在《第二轮学前教育行动计划》推进过程中，浙江省要求"实现乡镇中心幼儿园建设全覆盖"。我们将眼光落在了常山县，作为山区发展较为落后区域，当地政府因财力有限和师资缺口较大而导致学前教育发展滞后，为破解这一难题，县政府坚持"公办民办并举，两条腿走路"的方针，采取"省里补一点，县里出一点，乡镇拿一点，民办助一点"的"拼盘"方式，推出了"公建民办公助"的办园模式。政府期望通过"县政府提供政策层面的奖补、乡镇提供园舍场地、幼儿园举办者负责改造装修和运营"的三方合作方式发展乡镇中心幼儿园，吸引有品牌、有实力、信誉好的幼教集团入驻常山兴办农村幼儿园。

2014 年 5 月，我们以优质的教育资源品牌获得了常山县芳村镇中心幼儿园承办权，开启了常山"公建民办公助"办园模式，也为衢州市树立起农村园的标杆。随后几年，手牵手幼教集团又先获得了东案、大桥、宋畈等乡镇园和湖畔园的承办资格，推广和复制前期乡镇办园的经验和管理模式，得到了省、市领导和专家的高度好评，以及广大老百姓的普遍赞誉。

（四）愿景未来——普惠优质、遍地开花

《浙江省发展学前教育第三轮行动计划（2017—2020 年）》指出"坚持公益普惠。提高公办幼儿园提供普惠性学前教育服务的能力，提供广覆盖、保基本的学前教育公共服务。积极引导和扶持民办幼儿园提供普惠性服务，支持普惠性民办幼儿园发展。"

在常山的几个园区，集团投入 1500 余万元进行园区改建，在保证品质的前提下，所有园区严格按等级实行普惠性收费。打造家门口的优质园，老百姓上得起的品牌园。

二　分析困难挑战，落实有效措施

（一）分析发展困难

截至2014年9月，常山县共有128所幼儿园，其中纯公办园仅有2所，其余均为集体办园和民办园；小规模幼儿园数量多，在园幼儿数50人以下的幼儿园占比58.59%，单班单园幼儿园占比39.06%，存在小、乱、散等突出问题。每个乡镇普遍存在三大突出问题：校园环境不佳、师资力量缺乏、家长观念陈旧。这些都构成了幼儿园发展的困难和挑战。

（二）落实有效措施

1. "1个模式"——有效的科学管理模式

手牵手幼教集团现有九所园，我们以手牵手园为示范，制定科学有效的管理模式，并将这一管理模式统一应用于其他所园，实现一个科学有效的管理模式的复制和应用。

2. "2个高标准"——软硬件高标准投入

（1）硬件的高标准投入

所有乡镇园所，我们都按照省一级标准改造建设。设计突出安全、绿色、环保元素。在硬件设施投入上，按照省一级幼儿园的标准进行教学、生活设施配置，努力为幼儿和教师打造了一个良好舒适的生活、学习环境。

在面对水电信不通，消防设施不全，其他功能设施不配套的情况下，与镇政府、教育局等相关部门通力协调，克服重重困难，先后投资一千多万元，分别对相关园所进行改造装修，实现硬件设施达标，校园环境得到美化。

（2）软件的有效保障，鼓励优秀教师下乡，确保农村园区的教学质量

在师资配备上，集团总园负责教师招聘，统一进行入园岗前培训，再分配到各分园。同时，选派抽调总园班子骨干成员下派到农村分园任职。对分园教师考核标准则沿用总园教师考核细则，严格把好教学质量关。集团在委派政策上给予倾斜，发放下乡津贴；为下乡教师免费提供食宿条

件，每周安排专车接送；对派驻农村任职园长，发放交通定额油费补贴；对委派教师职务晋升和集团内部交流做出制度安排。从而保障了优秀教师到农村幼儿园任教。

3. "3个途径"

（1）家园合作成合力，加强理念引导促进家长育儿观转变。

农村居住分散，留守儿童多，家长教育理念相对落后。如何做好家长工作？我们组织老师挨家挨户上门走访，用心与家长沟通交心；举行入学前新生体验；定期举办家长学校、家长沙龙、亲子活动；针对部分家长长年外出务工的情况，利用家长回乡过年机会，举办新春茶话会，家长约谈会；建立家长微信群，及时发布幼儿在校视频等。通过多种形式和渠道，积极宣传新的教育理念，沟通与家长之间的联系渠道，既吸引家长送孩子入园，也使得农村家长们的教育理念在一天天发生转变，观念在不断更新。

（2）一园一品树特色，专业引领建品牌

为彰显乡镇园所特色，保障园所教学质量，各园都量身定制了自己的特色，各树特色和品牌，如芳村园区的户外体锻工坊、东案园区的自然游戏课程等，让孩子在乡镇园也能享受到城区园的高质量教学。这些特色和品牌已渐渐深入家长心中，得到了家长的肯定。

（3）公助助推强实力，实施"优质园+"战略

根据常山县委县政府关于建立教育强县的要求，针对部分幼儿园存在着无证办学、安全消防不达标、"散乱小"等诸多问题。近年来，我们积极发挥示范引领作用，配合政府实施"优质园+"战略，先后对芳村、大桥、宋畈等地6所不达标园所，通过吸收合并的方式进入手牵手幼教集团，促进全县学前教育整体质量提升。

无条件接收合并园的所有教师和学生，老师的薪酬待遇高于原有标准；吸收并入幼儿的收费仍执行原来标准，不作新的调整；对于被合并的举办者，在乡政府或县教育局的见证下，经双方协商一致给予对方一定的经济补偿。

我们充分发挥老师们能歌善舞特长，通过幼儿园这个平台，组织农村广场文艺会演；安排老师指导乡村文艺爱好者进行排舞演练，形成乡村排舞热潮，丰富了农村文化活动，为乡村小镇增添浓浓地人文气息。

　　回顾这几年来，我们所推行乡镇办园模式，与当前国家出台的教育新政和改革要求是高度吻合的。乡镇办园的心路历程"辛苦并快乐着"，也收获了成就，我们的付出得到了各级领导和教育部门的充分肯定，得到了幼儿家长和社会各界的普遍称赞。发展乡镇优质普惠幼儿园，努力缩小城乡学前教育差距，实现乡镇的孩子在家门口"入好园"的梦想，让很多留守儿童能享受优质的学前教育，努力做到教育均衡，将是我们集团发展的目标和未来，我们会朝着这个目标迈进。

尊重天性　培养灵性
多元花园　创新发展

丽水市莲都区花园幼儿园

我园位于丽水市莲都区市区，2003 年 9 月正式开园，现为省一级幼儿园，园内有 10 个班级，46 名教职工，其中 22 名专任教师，200 多名儿童。园区环境优美、布局合理、设施齐全。

我园办园思想以"爱"为核心，秉承"尊重天性、培养灵性"的办园理念及促进孩子多元发展的办园目标，坚持给孩子一个自主生活的机会；一个自由探索的空间；一个自我展示的平台。让孩子学会学习、学会创造、学会生活、学会做人。用精品意识打造我园，努力创建一个绿色生态、优质创新、和谐共享的幼儿园。

一　生态花园　天性释放

我园园所环境突出一个生态的"绿"，主大楼的前院里四季绿草如茵，院子重点位置种有象征生命之树的四季常绿大树，室内的长廊、大厅、活动室内随处可见各类绿植。

在充满绿色的环境中，让孩子们在树屋里静心听风吹树叶的声音，听鸟的叫声，在草地上听昆虫声。同时，在家长的协助下，开展不同主题的"行走课程"，让孩子有机会走进自然，拥抱自然，认识自然，探索自然，充分释放天性。

我园是一个以孩子为本位的"儿童之家"，在老师们的眼里，每个孩子都是一个独立的儿童，都被充分尊重。他们可以根据自己的喜好，自由选择活动材料并自由游戏，我园丰富的室内外环境，为每个孩子提供了更多自由选择的机会，并满足了不同年龄段孩子发展的需要。

二 多彩花园 个性飞扬

我园的孩子不按年龄分班，实施混龄教育，并尊重孩子的自主学习，自我发展。老师更多关注每个孩子的个体发展，在恰当的时候，给予孩子一对一的指导。

我园积极探索"育爱·生活"园本课程，以"育爱·生活"为核心主题，一年四季相继开展"健康之旅""阅读之旅""艺术之旅""社会之旅""科学之旅"5大主题活动，并根据一年中的"节气"等开展民俗体验及节日文化教育活动，以日主题集体活动、"情景式"自由游戏活动及一日生活活动等形式开展。丰富多彩的活动，促进了孩子健康水平、知识认知、语言表达、艺术表现、探究精神、社会交往等多元智能的发展，满足孩子不同的发展需求，让每一位孩子都能自主而适宜的发展，同时，孩子的独立性、参与性、专注力、合作力、探索意识等品质得到提升。

三 和谐花园 爱融生活

在我园，3—6岁的不同年龄的孩子在一个班级里快乐地相处在一起；他们相互学习如何和较大或较小孩子相处，学习如何尊重别人、互相帮助、相互合作，并学习适当的社交礼仪。

在"行走课程"中，除了让孩子有机会走进自然外，也带着孩子感知多元的社会，如在"社会之旅——牵妈妈的手，文明路上一起走"园本主题活动中，老师、家长陪伴孩子走进敬老院，福利院，社区等，去慰问孤寡老人、关爱残弱儿童，让孩子在懂得付出爱的同时，收获爱。

我园的教师团队也是一个温馨快乐、和谐共融的团队。在老师们紧张的工作、学习之余，利用工会活动丰富团队生活，一方面园里每年拨出一定的经费，保障团队活动的开展，另一方面，创新团队活动方式，促进团队活动质量。寒暑假，老师们走进祖国的名胜古迹；周末，老师们的身影又出现在丽水城区及周边的各大公园、名山；插花、茶艺、摄影、旗袍秀等休闲活动让花园老师的生活变得更美。大家一起在教育中品味生活，又在生活中共话教育，其乐融融。

四　精品花园　硕果累累

从室内外绿色生态环境的打造及全实木的欧式家具配制；从省食品放心示范单位及阳光厨房的创建；从国际蒙特梭利及 STEAM 课程等多元精品课程的开展；从 6S 管理全方位植入及平安校园三化管理等精细化管理，无不体现花园幼教人对建设精品幼儿园的追求。

通过多年努力，花园幼儿园先后被评为全国民办教育先进集体单位、全国民办教育协会学前教育专业委员会副理事长单位、浙江省示范幼儿园、浙江省一级幼儿园、丽水市民办事业 A 级单位，并连续多年获得区教育局年度考核优秀单位、4A 级平安校园、丽水市卫生保健 A 级单位等称号。花园幼儿体操队代表丽水曾连续十届获得浙江省幼儿基本体操比赛一等奖。幼儿园有多个研究课题获得省、市、区奖项，教师有多篇论文分别获得省、市、区奖项。

五　奋进花园　创新发展

"成就更好的自己，做孩子最好的陪伴"是花园幼儿园老师、家长共同秉承的信念，为了老师与家长都能有共同的生活观、教育观，从夏天到冬天，从冬天到夏天，一个个本是可以让老师尽情休闲的寒暑假，成了老师们埋头苦学的进修期。同时还开展多场家长学习坊活动，共同提升家庭的教育观。

第七部分　政策文件

浙江省人民政府《关于鼓励社会力量兴办教育促进民办教育健康发展的实施意见》

浙政发〔2017〕48号

各市、县（市、区）人民政府，省政府直属各单位：

为贯彻落实《中华人民共和国民办教育促进法》和《国务院关于鼓励社会力量兴办教育　促进民办教育健康发展的若干意见》（国发〔2016〕81号）精神，进一步促进我省民办教育健康发展，现提出如下实施意见。

一　切实加强党对民办学校的领导

（1）加强民办学校党的建设。认真贯彻落实党的十九大精神，以习近平新时代中国特色社会主义思想为指导，切实加强民办学校党的政治建设、思想建设、组织建设、作风建设、纪律建设。民办学校党组织要发挥政治核心作用，强化思想引领，牢牢把握社会主义办学方向，牢牢把握党对民办学校意识形态工作的领导权，切实维护民办学校和谐稳定。

（2）加强和改进民办学校思想政治教育工作。把思想政治教育工作纳入民办学校事业发展规划，认真贯彻党的教育方针，全面提升思想政治教育工作水平。切实加强思想政治理论课和思想品德课课程、教材、教师队伍建设。提高思想政治教育的针对性、实效性和吸引力、感染力，引导学生树立正确的世界观、人生观、价值观。大力开展社会实践和志愿服务，积极开展心理健康教育。

二　进一步完善促进民办教育发展的政策体系

（3）建立分类管理制度。对民办学校实行非营利性和营利性分类管理。非营利性民办学校举办者不取得办学收益，办学结余全部用于办学。营利性民办学校举办者可以取得办学收益，办学结余依据国家有关规定进行分配。研究制定民办学校分类登记实施办法，选择登记为非营利性民办学校的，依法修改学校章程，继续办学；选择登记为营利性民办学校的，应当进行财务清算，依法明确土地、校舍、办学积累等财产的权属并缴纳相关税费，办理新的办学许可证，重新登记，继续办学。现有民办学校（2016年11月7日前正式设立的）到2022年底前完成分类登记。

（4）拓宽社会力量办学空间。各地要科学制定教育总体发展规划，合理配置民办教育资源，积极开放教育投资和供给领域。

设立民办学校应当符合当地教育发展的需求，具备法律、法规规定的条件。各地要按照国家有关规定并结合实际制定和完善各级各类民办学校设置标准，放宽民办学校办学准入条件。支持各类办学主体通过融资、合资、合作等方式举办教育或参与办学。推广政府和社会资本合作（PPP）模式，鼓励社会资本参与教育基础设施建设和运营管理、提供专业化服务。支持公办学校与民办学校相互购买管理服务、教学资源、科研成果。鼓励社会力量举办社区教育、老年教育等。探索举办混合所有制职业院校。

（5）健全民办学校退出机制。民办学校终止办学时，应在学生和教职工权益优先、全面保障的基础上，由学校董事会（理事会）提出财务清算和师生安置方案，保证有序退出，维护社会稳定。

捐资举办的民办学校终止时，清偿后剩余财产统筹用于教育等社会事业。现有民办学校选择登记为非营利性民办学校的，终止时，民办学校的财产依法清偿后有剩余的，按照国家有关规定给予出资者一定额度的补偿或者奖励，其余财产继续用于其他非营利性民办学校办学。补偿或奖励数额综合考虑举办者原始出资和2017年8月31日之前投入的后续出资、已取得的合理回报以及办学效益等因素，民办学校所在地政府已出台相关规定或与民办学校有约定且仍具有法律效力的，从其规定（约定）；否则，由民办学校所在地县级以上政府确定。财政拨款、社会捐赠形成的净资产和补偿、奖励后的剩余资产属于社会公共资产，探索通过学校所在地民办教育公益基金会托管等方式进行管理。选择登记为营利性民办学校的，应当进行财务清算，依法明确财产权属，终止时，民办学校的财产依法清偿后有剩余的，依照《中华人民共和国公司法》有关规定处理。2016年11月7日后设立的民办学校终止时，财产处置按照有关规定和学校章程处理。

（6）加大对民办教育扶持力度。积极鼓励和大力支持社会力量举办非营利性民办学校，依法为营利性民办学校创造公平竞争的办学环境。各级政府和有关部门要在政府补贴、购买服务、基金奖励、捐资激励等方面对非营利性民办学校给予扶持；根据经济社会发展需要和公共服务需求，通过政府购买服务及税收优惠等方式对营利性民办学校给予支持。各级财政要高度重视民办教育投入，继续执行好现有对民办学校的支持政策；按照国家要求，将支持民办教育发展有关资金纳入预算，并向社会公开，接受审计和社会监督。义务教育阶段民办学校享受同等义务教育生均公用经费基准定额补助和"两免一补"政策。省级财政加大民办教育转移支付力度，专项用于支持各类民办教育发展；市县财政可根据当地实际设立民办教育发展专项资金。

（7）加强民办学校教师队伍建设。民办学校教师享有与公办学校教师同等的法律地位。各级政府要将民办学校教师队伍建设纳入教师队伍建设整体规划，制定支持和鼓励民办学校教师发展的政策措施。民办学校要重视教师队伍建设，足额提取教师培训经费，加大教师培训力度。

保障民办学校教师权益。全面推行民办学校教师人事代理制度，实行专任教师全员人事代理。民办学校教师在资格认定、职称评审、进修培训、科研课题申请、选优评先、国际交流等方面与公办学校教师享受同等权利。民办学校应依法组织教职工参加养老、医疗、工伤、失业、生育保险和大病保险，按规定足额缴纳社会保险费和住房公积金。符合条件的民办学校专任教师，可参加事业单位养老保险并同步建立职业年金。对为教师办理事业单位社会保险的民办学校，地方政府可给予一定比例的补助。鼓励民办学校按规定为参加企业职工基本养老保险的教职工建立企业年金，改善教职工退休后待遇。民办学校教师在不同养老保险制度间转移关系，其缴费年限可按规定连续计算。鼓励民办学校参照公办学校标准，为教师在参加基本医疗保险和大病保险基础上，办理补充医疗保险。

探索公办与民办学校教师合理流动机制。在编在岗公办学校教师流动到从事学历教育的全日制民办学校工作，除聘用合同另有约定以外，有关部门不得限制人员流动。原在编在岗公办学校教师到民办学校后，可按有关规定选择继续参加事业单位养老保险或参加企业职工基本养老保险。从事学历教育的全日制民办学校中经同级教育部门和人力社保部门备案的原在编在岗公办学校教师，今后若需重新流动到公办学校的，按照工作需要、编制和岗位空缺、专业对口、能否适应等原则，经同级教育部门和人力社保部门同意后直接考核聘用，相关信息应予公开；跨行业流动到其他事业单位的，应按新聘用人员公开招聘有关规定执行。公办学校教师在民办学校任教期间的工龄、教龄可以连续计算。

加强公办学校在编教师到民办中小学校任职任教管理。对于符合区域规划、弥补教育资源短缺、促进区域均衡发展的薄弱民办中小学校，当地政府可通过挂职、支教等形式，派遣一定数量的公办学校在编教师予以支持，派遣数量不得超过该民办中小学校教师总数的20%。同一名公办学校在编教师在民办中小学校累计任职、任教时间不超过6年。违反相关规定配备公办学校在编教师的民办中小学校，必须承担相应区域的公共服务责任，其招生参照公办中小学校实施管理，更不得跨区域招生。

（8）落实税费优惠等激励措施。民办学校按照国家有关规定享受相关税收优惠政策。对企业办的各类学校自用的房产、土地，免征房产税、城镇土地使用税。对企业支持教育事业的公益性捐赠支出，按照税法有关规定，在年度利润总额12%以内的部分，准予在计算应纳税所得额时扣除；对个人支持教育事业的公益性捐赠支出，按照税收法律法规及政策的相关规定在个人所得税前予以扣除。非营利性民办学校与公办学校享有同等待遇，按照税法规定进行免税资格认定后，免征非营利性收入的企业所得税。

对营利性民办学校增值税等按规定给予相应的税收优惠。民办学校用电、用水、用气、用热，执行与公办学校相同的价格政策。

（9）明确土地供应和基本建设政策。各地在规划教育设施布局时，要统筹民办学校和公办学校，并与城乡规划和土地利用总体规划做好衔接，给民办教育发展留出空间。民办学校建设用地按科教用地管理。非营利性民办学校享受公办学校同等政策，按划拨等方式供应土地；营利性民办学校可以按出让、租赁等有偿方式供应土地，只有一个意向用地者的，可按协议方式供地。土地使用权人申请改变全部或者部分土地用途的，政府应当将申请改变用途的土地收回，按时价定价，重新依法供应。

（10）依法保障民办学校办学自主权。实行更加开放的分类定价机制。营利性民办学校学费和住宿费实行自主定价。非营利性民办幼儿园收费实行市场调节价，具体收费标准由民办幼儿园自主确定；非营利性民办中小学校收费政策由各级政府按照市场化方向确定；非营利性民办高等学校学费和住宿费实行市场调节价。各级政府要依法加强对民办学校收费行为的监管。

落实民办学校招生自主权。民办高等职业学校可在核定的办学规模内自主确定招生范围和年度招生计划。中等以下层次民办学校按照国家和省有关规定，在核定的办学规模内，与当地公办同类学校同期面向社会自主招生。各地不得对民办学校跨区域招生设置障碍。民办学校应自觉维护地区招生秩序，严禁提前招生、掐尖式招生、违反规定变相考试选拔等，共同维护良好的教育生态。

鼓励民办高等学校和中等职业学校根据国家战略需求和区域产业发展需要，依法依规设置和调整学科专业。支持民办高等学校在完成国家规定课程前提下，自主开展教育教学、学校规划制订、内部机构设置等。支持民办高等学校承担国家和省重大科研任务，引导民办高等学校开展应用型研究，积极支持有条件的民办高等学校开展研究生教育和基础研究。民办中小学校在完成国家规定课程前提下，可自主开展教育教学活动。

（11）拓宽民办学校融资渠道。创新教育融资机制。民办学校学费、住宿费收费权可用于质押，质押登记信息报批准设立的审批机关备案后，在中国人民银行应收账款质押登记公示系统登记。民办学校功能清晰、产权独立的非教育教学不动产可用于学校自身债务抵押，抵押登记信息报批准设立的审批机关备案后，由相关登记机关办理抵押登记手续。鼓励金融机构在风险可控前提下开发符合民办学校资金运行规律的资产证券化、项目收益债、教育公益信托、融资租赁等金融产品，为民办学校提供多样化的金融服务。

（12）大力培育优质教育资源。实施民办教育品牌战略，鼓励民办学校内涵发展、特色发展和错位发展，加快建设一批高质量、有特色的品牌学校和教育集团，形成若干在国内外具有较大影响力和竞争力的民办教育品牌。积极引进国内外优质教育资源，支持民办学校开展国际交流，开拓全球教育市场。

（13）保障民办学校学生权益。民办学校学生在评奖评优、升学就业、社会优待、医疗保险、助学贷款、奖助学金等方面与同级同类公办学校学生享有同等权利。依法落实各级各类民办学校学生的资助政策，各级政府应建立健全民办学校助学贷款业务扶持制度，督促落实民办学校家庭经济困难学生资助政策。民办学校要建立健全奖助学金评定、发放等管理机制，从学费收入中提取不少于5%的资金，用于奖励和资助学生。

三　依法规范民办学校办学行为

（14）规范法人治理。民办学校要依法制定章程，按照章程管理学校。健全董事会（理事会）和监事（会）制度，董事会（理事会）和监事（会）成员依据学校章程规定的权限和程序共同参与学校的办学和管理。民办学校的法定代表人由董事长（理事长）或者校长担任。探索实行独立董事（理事）、监事制度。

民办学校校长应熟悉教育及相关法律法规，具有5年以上教育管理经验和良好办学业绩，个人信用状况良好。依法保障校长行使教育教学和行政管理职权。学校关键管理岗位实行亲属回避制度。

（15）规范资产管理和财务运行。民办学校应当明确产权关系，建立健全资产管理制度。民办学校举办者应依法履行出资义务，将出资用于办学的土地、校舍和其他资产足额过户到学校名下。存续期间，民办学校对举办者投入学校的资产、国有资产、受赠的财产及办学积累享有法人财产权，任何组织和个人不得侵占、挪用、抽逃。民办学校应将举办者出资、政府补助、受赠、办学积累等各类资产分类登记入账。完善学校内部控制制度，规范民办学校会计核算，非营利性民办学校执行民间非营利性组织会计制度，营利性民办学校执行企业会计制度，建立健全第三方审计制度。

制订民办学校财务管理实施办法，完善民办学校年度财务、决算报告和预算报告报备制度。严格执行教育收费公示制度，主动接受社会的监督。

（16）落实安全管理责任。民办学校应遵守国家有关安全法律、法规和规章制度，落实学校安全主体责任。学校选址、校舍建筑、安全技术防范系统建设等，应符合国家和地方相关标准。加强学生和教职员工安全教育、法制教育培训，强化安全意识，提高安全防护能力。

四　改进和提高管理服务水平

（17）切实加强组织领导。进一步明确政府发展民办教育的责任。加强领导，成立由教育、机构编制、发展改革、公安、民政、财政、人力社保、国土资源、建设、工商（市场监管）、物价等部门参加的民办教育协商机制，协调解决民办教育发展中的重点难点问题。建立民办教育综合改革政策落实情况督查制度和专项督导制度，将鼓励支持社会力量兴办教育作为考核各级政府改进公共服务方式的重要内容。

（18）统筹规划民办教育发展。各级政府要将发展民办教育纳入经济社会发展和教育事业整体规划，积极推进民办教育改革发展。研究制定民办教育发展规划，进一步明确今后一个时期民办教育发展的指导思想、发展目标和工作任务。

（19）进一步改进政府管理方式。按照"最多跑一次"改革的要求，深化教育管理体制机制改革，加快推进民办教育治理体系和治理能力的现代化。各级政府和行政管理部门要减少事前审批，加强事中事后监管。充分发挥各类社会组织在民办教育公共治理中的作用。

（20）健全监督管理机制。强化民办教育监管，完善民办学校年度报告和年度检查制度。加强对新设立民办学校举办者的资格审查。完善民办学校财务会计制度、审计监督制度，加强风险防范。研究制定民办学校信息公开和信用管理办法，建立违规失信惩戒机制，将违规学校及其举办者和负责人纳入黑名单。健全联合执法机制，加大对违法违规办学行为的查处力度。

（21）积极营造良好发展环境。深入推进民办教育综合改革，鼓励各地和学校先行先试。定期开展民办教育发展情况评估，总结推广先进典型经验。加大对民办教育的宣传力度，树立先进典型，努力营造全社会共同关心、支持民办教育发展的良好氛围。

浙江省人民政府

2017 年 12 月 16 日

浙江省财政厅　浙江省教育厅关于印发《浙江省公共财政扶持民办教育发展实施办法》《浙江省民办学校财务管理办法》的通知

浙财科教〔2018〕7号

各市、县（市、区）财政局、教育局（宁波不发）：

为推进我省民办教育发展，我们制定了《浙江省公共财政扶持民办教育发展实施办法》《浙江省民办学校财务管理办法》。现印发给你们，请遵照执行。

浙江省财政厅

浙江省教育厅

2018年3月9日

附件1　《浙江省公共财政扶持民办教育发展的实施办法》

第一条　为贯彻落实《中华人民共和国民办教育促进法》《国务院关于鼓励社会力量兴办教育　促进民办教育健康发展的若干意见》（国发〔2016〕81号）、《浙江省人民政府关于鼓励社会力量兴办教育　促进民办教育健康发展的实施意见》（浙政发〔2017〕48号）等文件精神，进一步建立健全我省公共财政扶持民办教育政策体系，充分发挥财政资金的激励和引导作用，支持我省民办教育事业健康持续发展，特制定本办法。

第二条　公共财政扶持民办教育发展的主要内容是：大力提升民办学前教育质量，鼓励社会力量举办公益普惠性民办幼儿园；鼓励优质民办中小学特色发展；加强民办高等教育内涵发展。

第三条　公共财政主要对非营利性民办学校给予支持，逐步建立以"经费标准化"为主要内容，以政府补贴、政府购买服务等为手段的公共财政扶持体系。

结合当地经济社会发展需要和教育服务实际，可通过政府购买服务、税收优惠等方式对营利性民办学校给予支持。

对办学规范、收费合理、特色突出、教学质量高、社会声誉好以及举办方投入力度大、债务管控严格的民办学校，可给予奖励性支持。

第四条　学前教育阶段，各地要根据《浙江省学前教育条例》要求建立生均经费制度，对辖区内符合条件的普惠性民办幼儿园（办园行为规范，达到等级园标准以上，且收费不高于同级公办园收费标准2倍的民办幼儿园）给予生均公用经费补助，补助水平原则上应与同等级公办园保持一致。对自建园舍办园、租赁办园等非小区配套性质普惠性民办园，应根据办园成本、晋级升等、教师持证率达标等给予一次性奖补。

义务教育阶段，对民办学校实施同等义务教育生均公用经费基准定额补助和"两免一补"政策。

高中教育阶段，各地应根据非营利性民办高中和中等职业技术学校收费情况，结合当地同类公办学校实际逐步建立生均公用经费补贴制度。

高等教育阶段，公共财政重点支持民办高校内涵发展的重点领域和关键环节，推进特色优势学科和专业建设，增强民办高校教学、科研和服务地方经济社会发展的能力；在项目申报、评审、绩效考核等方面，与公办高校公平竞争。

第五条　依法落实各级各类民办学校学生的资助政策。民办学校学生与公办学校学生同等享受国家奖助学金、学费减免、助学贷款贴息等资助政策。各地应建立健全民办学校助学贷款业务扶持制度。

民办学校应按规定从学费收入中提取5%的资金，用于奖励和资助学生。

第六条　为引导和鼓励社会各界向民办学校捐赠，拓宽民办学校筹资渠道，各地可研究设立公共财政配比资金，对非营利性民办学校在民政部门登记设立的基金会接受的捐赠收入进行配比，具体配比比例、配比资金管理与使用等由各地研究制定。

第七条　各地应按照国家法律法规和相关政策要求，因地制宜，调整优化教育支出结构，加大财政对民办教育的投入，并将支持民办教育发展有关资金纳入预算。

第八条　为支持各地民办教育发展，省财政每年按经第三方审计确认的市、县级民办学校举办者投入数的 15% 和上年市、县财政对民办学校补助数的 15% 安排预算资金，通过转移支付方式支持市县各类民办教育发展。

第九条　各地公共财政扶持民办教育发展的政策要与规范民办学校法人治理结构，推进落实民办学校法人财产权，健全民办学校内控管理制度，加强资产与财务管理、财务监督，加强质量监控和评价管理等工作有机结合，切实提高资金使用效率。

第十条　建立健全公共财政扶持民办教育发展资金管理监督机制。各地应进一步加强收支监管，通过组织力量或委托第三方对公共财政扶持民办教育发展资金的管理、使用和绩效情况进行监督检查和绩效评价。公共财政资金管理、使用和绩效情况，应作为下年度安排分配资金的重要因素。

第十一条　建立健全公共财政扶持民办教育发展资金信息报告制度。公共财政扶持资金的使用情况纳入各地民办学校年检财务收支审计范围，其中公共财政补助资金的使用和管理情况应作为专门事项予以单独披露。

第十二条　对各类民办学校存在虚报冒领财政补助等情况的，应视情相应减少、暂停或扣回公用经费补助并追责；发现相关行政工作人员有违法违纪行为的，按照《预算法》《公务员法》《行政监察法》《财政违法行为处罚处分条例》等国家有关规定追究相应责任；涉嫌犯罪的，移送司法机关处理。

第十三条　本办法自 2018 年 4 月 30 日起实施。

附件 2　《浙江省民办学校财务管理办法》

第一章　总则

第一条　为规范民办学校财务行为，加强财务管理，促进民办教育事业健康发展，根据《中华人民共和国民办教育促进法》《国务院关于鼓励社会力量兴办教育　促进民办教育健康发展的若干意见》（国发〔2016〕81号）、《民办高等学校办学管理若干规定》（教育部25号令）、《中华人民共和国会计法》《民间非营利组织会计制度》等有关法律法规、规章制度，结合我省民办教育实际情况，制定本管理办法。

第二条　本办法适用于登记为非营利性的民办学校，包括幼儿园、小学、初中、普通高中、中等职业学校、高等教育学校和教育培训机构等（以下简称民办学校）。营利性民办学校按国家有关规定实施。

第三条　民办学校财务管理的基本原则：鼓励发展与规范管理相结合，明晰产权与风险防范相结合，确保举办者和各类投资捐赠主体以及校长和学校师生员工合法权益相结合。

第四条　民办学校财务管理的主要内容是：建立健全财务管理制度，规范校内经济秩序，如实反映财务状况；依法多渠道筹集办学资金，确保各项资金使用规范安全，防范并降低财务风险；合理编制学校预算，加强预算执行控制和管理；有效配置学校资源，节约支出，切实提高资金使用效益；落实法人财产权，建立完善的财务内控机制，加强资产管理，防止资产流失。

第二章　财务管理体制

第五条　民办学校应建立相应的财务管理体制，规模较大的民办学校可以实行"统一领导、分级管理、集中核算"的财务管理体制。

第六条　民办学校法定代表人对学校的会计工作和会计资料的真实性、完整性负责。

第七条　民办学校应当设置独立的财务机构，统一管理学校财务活动，负责具体财务管理工作，制定符合民办学校特点的财务制度，编制财务收支预算和决算报告，集中管理学校各种资金。

民办学校如果不具备单独设置财务机构条件的，应当在相关机构中配备专职会计人员；未设置财务机构和配备专职会计人员的，应当委托具有代理记账资格的机构代理记账。

第八条　民办学校财务机构负责人（会计主管人员）、财会人员的任职资格、工作职责、工作权限、技术职称等，应当严格按照《中华人民共和国会计法》、财政部颁布的《会计基础工作规范》的相关规定执行。

第九条　民办学校财务机构负责人（会计主管人员）实行回避制度，董事会、理事会或类似决策机构（以下简称决策机构）的直系亲属不得同时被聘任为民办学校财务机构负责人（会计主管人员）。民办学校财务机构负责人（会计主管人员）的直系亲属不得在本单位财务机构中从事会计工作。

第十条　民办学校应建立健全有效的财务监督体系，维护学校正常的经济秩序；制定相适应的内部控制制度，加强内部财务监督，提高会计信息质量和管理水平；积极开展内部控制制度检查和绩效评价考核，切实推进财务公开，自觉接受捐赠与投资主体、师生员工和政府有关部门的监督。

第三章　举办者出资

第十一条　举办者可以货币资金、实物、土地使用权、知识产权以及其他财产作为办学出资。

第十二条　民办学校的举办者应当根据《中华人民共和国民办教育促进法》的规定，按照报批的设立申请、办学协议、学校章程等承诺的出资金额和时间，按时、足额履行出资义务。

举办者以货币资金出资的，要把货币资金转入到民办学校开设的银行账户上。

举办者以实物、土地使用权、知识产权以及其他财产出资的，必须在民办学校法人登记成立后 1 年内办理过户手续，将资产过户到学校名下。资产尚未过户到学校名下的，自本办法实施之日起 1 年内完成过户工作。

资产未过户到学校名下前，举办者对学校债务依法承担相应法律责任。

第十三条　民办学校的借款、接受捐赠的财产、财政性补助资金和办学取得的各项收入，不属于举办者的出资。

第十四条　举办者投入的货币资金、实物、土地使用权、知识产权以及其他财产到位后，必须经依法设立的验资机构验资并出具验资报告。对于实物、土地使用权、知识产权以及其他财产等，还必须通过具有评估资格的中介机构依法进行评估并出具评估报告。验资报告是确定举办者是否履行出资义务、出资份额的依据。

第四章 预算管理

第十五条 民办学校要建立预算管理制度，明确预算编制方法，完善预算审批程序。民办学校校长负责组织财务部门（机构）和有关职能部门拟订年度预算，由民办学校决策机构审批后实施，对民办学校的业务活动具有约束力。

第十六条 民办学校预算是指民办学校根据事业发展计划和任务编制的年度财务收支计划，包括收入预算和支出预算。民办学校预算按照会计年度进行编制，并在年度预算开始执行前完成审批。

第十七条 民办学校预算编制必须坚持"量入为出、收支平衡"的总原则。收入预算坚持积极稳妥原则；支出预算坚持保运转、保稳定、避风险、持续发展原则。

第十八条 民办学校预算未经规定程序不得改变，确需调整时，按照原程序提出调整方案，并报民办学校决策机构批准后调整预算。

第十九条 经民办学校决策机构批准的预算于每年1月底前上报同级教育部门备案。

第二十条 民办学校应建立预算执行情况分析制度，加强预算执行的控制与分析。

第五章 资产管理

第二十一条 举办者出资投入民办学校的资产、财政性补助资金、受赠的财产以及办学积累，属于民办学校法人财产。民办学校对举办者投入民办学校的资产、财政性补助资金、受赠的财产以及办学积累，应进行分类核算和管理。除举办者投入民办学校的资产外，学校接受捐赠的财产，原则上需通过依法设立的验资机构验资或具有评估资格的中介机构依法评估，再进行登记和管理。民办学校的法人财产权依法受到国家有关法律法规保护，民办学校依法独立享有法人财产权。在民办学校存续期间，由民办学校依法管理和使用，任何组织和个人，包括举办者，不得侵占、挪用。

第二十二条 民办学校资产包括流动资产、固定资产、无形资产等。

第二十三条 民办学校只能开设一个基本存款账户，因业务开展需要可开设食堂、基建、工会等专用账户。原则上同一业务性质的资金往来不得多头开户。

第二十四条 民办学校应定期与债务人对账核实各种应收款项，及时清算、催收。

第二十五条 民办学校应建立、健全现金及各种存款的内部管理制度。

完善固定资产管理制度，对出资者投入资产、财政拨款形成的资产、受赠资产和办学积累所形成资产分别登记入账，定期盘点，做到账账相符、账实相符。

应对存货进行定期或者不定期的清查盘点，保证账实相符。

第二十六条 开办费是指民办学校在批准招生之前筹建期间发生的费用，包括人员工资、办公费、差旅费、印刷费等。开办费用应当在学校招生取得学费收入后分期摊销，开办费低于当年学费等收入 5% 的，学校可一次计入当年费用；开办费超过当年学费等收入 5% 的，超过部分可按每年 5% 在下一年度摊销。

第二十七条 民办学校应严格控制对外投资。民办学校若需对外投资，应当在保证学校正常运行和发展的前提下，进行充分论证，经学校决策机构批准，履行相关手续，并报相关部门备案。其中，不得使用各级财政性资金及其结余对外投资。不得从事股票、期货等高风险项目投资，国家另有规定的除外。

第六章　负债管理

第二十八条 负债应当按其性质分为借入款项、应付款项、应付工资、应交税金等。

第二十九条 民办学校必须建立风险预警机制，合理控制学校负债规模，改善学校债务结构，充分考虑民办学校的债务风险承受能力，有效防范财务风险。

第三十条 民办学校借款只能用于学校本身的建设和发展，不得用于对外投资，不得以任何方式转借给举办者及其他单位或个人。举办者通过借款作为投资用于民办学校建设、发展、运转等，仍为举办者本身的债务，不作为民办学校的负债。

第三十一条　严禁民办学校利用学校教学设施及设备为他人或单位提供经济担保或财产抵押。

第三十二条　民办学校应当对不同性质的负债分别管理，应及时清理各种应付款项，并按规定办理结算，不得长期挂账，要保证各项负债在规定期限内归还。

第七章　收入管理

第三十三条　民办学校向受教育者收费、退费按照国家相关规定执行。

第三十四条　民办学校向受教育者收费开具财税部门规定的合法票据。

第三十五条　民办学校的收入分为：业务活动收入（主要包括教学活动收入、科研收入、培训收入等）、财政补助收入、其他收入等。

第三十六条　民办学校的各项收入应存放在民办学校依法开设的银行账户上，且全部纳入预算，统一管理。

第三十七条　财政、教育等部门补助给民办学校的财政性经费，作为限定性收入进行管理，民办学校需严格按照有关经费指定项目和用途使用，并单独核算，接受教育、财政、审计等有关部门的监督检查。捐赠收入有明确指定用途的，需按有关要求使用。

第八章　支出管理

第三十八条　民办学校支出要以教学、科研为中心，根据"确保必需、突出重点、效率优先"的原则安排各项支出。严格支出管理，优化支出结构，提高资金使用效益。财政补助收入形成的支出，作为限定性支出进行管理，实行单独核算。捐赠收入所形成的支出，视情参照财政补助支出进行管理。

第三十九条　民办学校全部支出应当统一分类、统一核算、统一管理。民办学校支出核算应当包括业务活动成本、管理费用、筹资费用和其他费用等项目。其中，业务活动成本是指学校开展教学及辅助活动中所发生的与直接提供教育服务相关的费用，包括：工资、奖金、住房公积金、社会保险缴费、福利费、劳务费、工会经费、折旧、材料费、图书资料购置费、办公费、印刷费、水电费、邮电费、取暖费、交通费、差旅费、会议费、培训费、招待费、租赁费、物业管理费、维修费、医疗费、绿化费、宣传活动费、税费支出及其他费用。管理费用是指学校决策机构进行管理和学校的行政、后勤保障部门提供行政、后勤服务等所发生的各项费用，包括学校决策机构的公务支出（包括办公费、会议费和差旅费等）、行政后勤服务人员的薪酬支出（基本工资、津贴、奖金、住房公积金、社会保障费、福利费等）、中介费、劳务费等。筹资费用是指学校为筹集业务活动所需资金而发生的费用，包括学校获得捐赠相关费用，借款费用及其他与融资筹资有关的费用等。其他费用是指无法归属到上述业务活动成本、管理费用、筹资费用、税费之中的其他各种费用。

有关费用应当在实际发生时按其发生额计入当期费用。学校应区分教育活动收入和非教育活动收入、教育活动支出和非教育活动支出；无法明确区分的支出项目，应按合理的标准分摊归集到有关项目；分摊标准一经确定，本年度内不得变更，下年度确需变更的，通过有关程序办理，并在会计报表附注中说明变更的内容。

第四十条　民办学校应当依法加强各类报销票据管理，确保票据来源合法、内容真实、使用正确，不得使用虚假票据。

第四十一条　建立大额资金支出集体决策、常规资金支付授权审批等为重点的资金安全管理和审批制度。资金支出可按工作实际分金额分权限分级审批等方式合理确定预算支出审批权限。

第四十二条　学校的各项开支和报销应按照事前事后的审批流程规范执行。经费支出前要经过学校相关领导或部门批准。费用报销时要提供完整票据和材料。

第九章　结余管理

第四十三条　结余是学校（业务活动）取得的全部收入扣除全部支出形成的年度净收益（或发生的净亏损）。

根据结余资金形成的来源不同，分为限定性收支结余和非限定性收支结余。其中财政补助结余除另有规定的，均为限定性收支结余。

第四十四条　民办学校可提取并设置职工福利基金、医疗基金、学校发展基金等。要健全民办学校风险应对机制，建立风险基金，凡在学校名下没有独立校舍的民办学校，教育行政部门要督促其在学校生源较好、资金充足之时，按学费年总收入的5%计提风险基金。风险基金用于保障办学过程中产生的非正常损失及相关费用，风险基金累计提取额达到当年度学费收入20%及以上的，可不再提取。

第十章　财务报告和财务分析

第四十五条　财务报告是反映民间非营利组织财务状况、业务活动情况和现金流量等的书面报告。

第四十六条　民办学校应当按照教育部门的规定和学校财务管理的需要，定期编制相关财务报告。

报告内容应包括预算安排和执行情况，资产、负债、限定性和非限定性资产、收入、费用情况，并分析学校财务管理过程中存在主要问题，提出改进措施。

其中，财务分析指标包括出资人投入资本变动情况、社会捐赠变动情况、学校办学积累增减变动情况、固定资产增减变动情况、资产负债率、生均费用（或成本）增减等。学校可以根据本校特点增加财务分析指标。

第四十七条　民办学校每年办学许可证年检时，需向教育部门以及其他有关单位报送上年度财务报表和会计师事务所年度财务审计报告。

第十一章　财务监督

第四十八条　民办学校要完善内部监督制约机制，严格遵守财务制度和财经纪律，接受学校经审机构、教育主管部门财务监督及财税、审计部门的监督。要合理设置会计及相关工作岗位，明确职责权限，形成相互牵制机制，完善会计系统控制。实施严格的贷款审批控制。研究建立并充分发挥内部审计的职能，内部审计机构向学校决策机构负责，定期或不定期开展内部审计工作，审计结果向学校决策机构汇报，及时发现问题，并消除隐患，保护学校的财产安全。

第四十九条　民办学校提供给教育部门年度财务报表时，应明确以下经济事项：

（一）出资到位情况，实物、土地使用权、知识产权等财产出资过户情况；

（二）民办学校的各种收费资金是否进入并存放在民办学校银行账户上，是否被举办者及其关联方、其他单位和个人占有、使用；财政性资金是否单独核算。

（三）民办学校向金融机构或其他单位、个人的借款是否用于学校建设和发展，是否存在用于对外投资，是否存在其他单位占有、使用，或转借给其他单位或个人等情况；

（四）民办学校借出的款项是否存在违反本管理办法和其他不合理情况；

（五）民办学校举办者是否存在在年终结余前获取回报或预提回报，年终结余后是否按本管理办法进行分配或处理；

（六）民办学校是否设立后勤服务公司，有无存在转移收益，有无在学校信息公开网址公示服务内容、服务时间、以及收支构成情况；

（七）民办学校是否按本规定开设账户及账户管理情况；

（八）民办学校是否开设教育基金账户，是否出台教育基金管理实施办法，是否专款用于学校事业发展，有无存在转移资金等情况；

（九）会计师事务所认为有必要反映的其他情况。

第十二章　附则

第五十条　民办学校应结合本校情况制定具体财务管理办法。

第五十一条　本办法所称校长，指民办学校主要负责人，包含且不限于校长、院长、园长等。

第五十二条　本办法自 2018 年 4 月 30 日起实施。

浙江省教育厅关于印发《民办学校信息公开和信用管理办法》的通知

浙教计〔2018〕20 号

各市、县（市、区）教育局：

根据《浙江省人民政府关于鼓励社会力量兴办教育　促进民办教育健康发展的实施意见》（浙政发〔2017〕48 号）精神，为规范社会力量办学行为，加强社会监督，促进民办学校自律，我们研究制订了《民办学校信息公开和信用管理办法》，现印发给你们，请遵照执行。

浙江省教育厅

2018 年 3 月 26 日

民办学校信息公开和信用管理办法

第一章　总则

第一条　为了营造民办教育诚信环境，建立民办学校信息公示和信用档案制度，促进民办教育健康发展，根据《中华人民共和国民办教育促进法》和《国务院关于鼓励社会力量兴办教育　促进民办教育健康发展的若干意见》的有关规定，制定本办法。

第二条　民办中小学校（含幼儿园、文化教育类培训机构）信息采集、公开、使用、监管和信用信息管理活动，按照本办法执行。

第三条　民办中小学校信息的采集、公开、使用应当遵循真实、完整、及时、合法的原则，维护信息主体的合法权益，不得泄露国家秘密，不得危及国家和第三方安全。

第四条　各级教育行政部门是民办中小学校信息公开和信用信息采集、使用和监管的主管部门。

第二章　信息采集

第五条　民办中小学校是信息公开的主体，对公开信息内容的真实性、完整性、及时性、合法性负责。

第六条　教育行政主管部门应当指定责任人，负责信息公开工作的管理和监督。

第三章　信息公开

第七条　民办中小学校应当按时向社会公开以下信息：

（一）党的建设工作情况。包括党组织设置及组成人员情况等；

（二）举办信息。包括举办者、出资人、出资额情况；

（三）登记信息。包括学校名称（全称）、办学地点、办学性质（非营利性或营利性）、办学宗旨、办学层次、办学规模，法定代表人、开办资金、登记时间和登记证号、许可证号等；

（四）内部治理信息。包括经审批机关备案的学校章程，理事会或董事会、行政班子、监事会组成人员及其变动情况，内设机构，学校制定的重要规章制度，联系人和联系方式等；

（五）招生信息。包括招生规模、范围、时间、方式、程序、结果等；

（六）收费信息。包括收费依据、收费项目、收费标准、退费办法、投诉方式等；

（七）教师和其他人员数量及结构情况；民办学校中公办学校在编教师数量和占比及任职任教时间情况；

（八）学校办学条件和年度财务状况；

（九）接受和使用捐赠的信息。包括捐赠的时间、来源、性质、数额、用途等；

（十）自然灾害、安全事故、公共卫生事件等突发事件的应急处理预案、处置情况，涉及学校的重大事件的调查和处理情况；

（十一）教育行政部门认为特别重要的其他信息。

第八条　鼓励民办中小学校根据学校发展情况向社会公开以下信息：

（一）学校5年发展规划和年度工作报告，年度工作报告包括业务活动情况、财务收支情况、年度检查结论等；

（二）课程设置与教学计划；

（三）学生奖学金、助学金、学费减免的申请与管理规定和年度执行情况等；

（四）中介机构出具的教学质量评估报告和年度审计报告，受委托中介机构变动情况及原因；

（五）开展重大活动的信息，包括活动名称、地点、时间、内容、服务对象、资金来源和支出情况；

（六）对外交流与中外合作办学情况，外籍教师与国际学生的管理制度；

（七）荣誉信息。包括所获荣誉名称、荣誉授予机构、荣誉授予日期和有效期等；

（八）工会与教代会工作情况；

（九）民办学校认为应该公开的其他信息。

第九条　民办中小学校应当于每年7月底前，将包含上述内容的信息公开报告通过门户网站、宣传专栏等便于公众知晓的方式进行信息公开。

第十条　民办中小学校信息一经公开，不得任意修改。

第十一条　民办中小学校要自觉接受社会公众监督，学校对社会公众提出的质疑，要及时做出说明和解释。

第四章　信用管理

第十二条　民办中小学校在年检时应当向教育行政部门和登记管理机关报送信息公开报告。

第十三条　民办中小学校在办学过程中存在违法、违规等行为，以及发布虚假信息、误导信息和不及时发布信息的，一经认定，即分别记入学校和法定代表人的失信记录。

第十四条　各级教育行政部门在开展学校等级评估和政府购买服务等活动时，应将民办学校信息公开和信用情况作为一项重要参考指标和依据。

第十五条　各级教育行政部门要将信用状况不良的民办中小学校列为重点核查和监管对象，通过下调政府购买服务比例、核减年度招生规模、取消各类表彰奖励等方式加强监管，直至恢复信用。

第五章　附则

第十六条　民办高校信息公开按照《高等学校信息公开办法》和《教育部关于公布〈高等学校信息公开事项清单〉的通知》的要求执行。

第十七条　本办法由浙江省教育厅负责解释。

第十八条　本办法自 2018 年 6 月 1 日起施行。

浙江省教育厅　浙江省物价局关于印发《落实民办学校办学自主权实施办法》的通知

浙教计〔2018〕22号

各市、县（市、区）教育局、发改（物价）局，各高等学校：

根据《浙江省人民政府关于鼓励社会力量兴办教育　促进民办教育健康发展的实施意见》（浙政发〔2017〕48号）精神，为促进民办教育健康发展，我们研究制订了《落实民办学校办学自主权实施办法》，现印发给你们，请遵照执行。

浙江省教育厅　浙江省物价局
2018年3月26日

落实民办学校办学自主权实施办法

第一章　总　则

第一条　为贯彻落实新修订的《中华人民共和国民办教育促进法》《国务院关于鼓励社会力量兴办教育　促进民办教育健康发展的若干意见》（国发〔2016〕81号）和省政府《关于鼓励社会力量兴办教育　促进民办教育健康发展的若干意见》（浙政发〔2017〕48号）等法律法规和政策，落实民办学校（含幼儿园，下同）办学自主权，积极鼓励和大力支持民办学校合理定位，特色发展，提高办学水平和竞争力，满足广大人民群众对教育的多样化需求，更好地适应全省经济和社会发展需要，现就落实民办学校的办学自主权，制定本实施办法。

第二条　落实民办学校的办学自主权，是我省民办教育提高教育质量、持续健康发展的重要保证，各级政府要将落实民办学校办学自主权作为促进民办教育健康发展的关键内容。

第二章　落实招生自主权

第三条　改进民办学校招生管理方式。民办学校在核定的办学规模内，自主提出年度招生计划和招生范围方案并报教育主管部门备案。民办中小学应主要在办学所在地招生，跨区域招生计划应纳入学校总体招生计划。违反相关规定配备公办学校在编教师的民办中小学校，必须承担相应区域的公共服务责任，其招生参照公办中小学校实施管理，更不得跨区域招生。

第四条　支持民办学校参与招生制度改革。有意愿的民办高校和独立学院，可纳入"三位一体"综合评价招生改革范围。鼓励民办高等职业院校试行高职提前招生、"三位一体"等自主招生改革试点。

第五条　探索科学的民办中小学招生方式。义务教育阶段民办学校必须对适龄儿童少年实行免试入学，不得通过任何形式的文化科目选拔考试或变相选拔考试遴选招录学生。义务教育阶段民办学校招生采用网上报名，不得对报名设置前提条件。民办初中学校招生时，若报名人数超过计划数，可以采用电脑派位摇号确定招收对象或采用电脑派位摇号、面谈、学习能力测评确定招收对象。学习能力测评主要考核学生学习能力，不得考核文化科目知识。普通高中学校应以初中毕业生学业考试成绩和综合素质评价结果为主要依据招收新生。鼓励各地教育行政部门将优质的民办普通高中学校招生名额合理分配到区域内初中学校。

第六条　切实维护招生秩序。中等及以下层次民办学校按照国家和省有关规定，与当地公办同类学校同期面向社会自主招生。民办学校应自觉维护地区招生秩序，严禁提前招生、掐尖式招生、违反规定变相考试选拔等行为，共同维护良好的教育生态。民办学校的招生办法、招生广告及招生简章须报教育行政主管部门备案。发布的招生简章和广告内容必须与备案的内容一致。

第七条　对民办中小学符合规定招收的学生，教育行政部门应及时做好学生电子学籍迁移审批工作。

第三章 实行更加开放的分类定价机制

第八条 营利性民办学校的学费和住宿费实行自主定价。非营利性民办幼儿园收费实行市场调节价，具体收费标准由民办幼儿园自主确定。非营利性民办中小学校收费政策由各级政府按照市场化方向确定。非营利性民办高等学校学费和住宿费实行市场调节价。各级政府要依法加强对民办学校收费行为的监管。

第九条 民办学校要严格执行教育收费公示制度，主动接受社会监督。民办学校收费应当按照有关规定向受教育者出具财税部门规定的合法票据。实施学历教育的民办学校按学期或学年收费，民办幼儿园按月或学期收费，实施非学历教育的民办学校按学习期限或周期收费。学生因退学、开除、休学、转学等原因提前结束学业，民办学校应按有关规定退费。民办学校收费项目及标准应向社会公示 30 天后执行，不得在公示的项目和标准外收取其他费用，不得以任何名义向学生摊派费用或者强行捐资助学。

第十条 民办学校收取的费用应主要用于教育教学活动、改善办学条件和保障教职工待遇。

第四章 落实专业和课程设置自主权

第十一条 支持民办学校按照国家法律法规和宏观政策，自主开展教学活动、科学研究、技术开发和社会服务，自主制定学校规划并组织实施，自主设置教学、科研、行政管理机构。

第十二条 民办学校在完成国家规定专业教学要求前提下，按照教育教学规律和人才成长规律，可自主开展教育教学活动。允许民办学校选用经相关部门审查通过的境外教材。

第十三条 改进学校专业设置。鼓励民办高等学校和中等职业学校根据国家战略需求和经济社会发展需要，依法依规设置和调整学科专业。支持民办高校对接我省产业行业需求，经专家充分论证后，按照规定设置国家和我省经济社会发展急需的新专业。

第十四条 加强对专业设置的事中事后监管。教育行政部门开展专业设置抽查，加强专业建设信息服务，公布紧缺专业和就业率较低专业名单，逐步建立民办高校招生、毕业生就业与专业设置联动机制。对建设条件达不到要求的专业，责令学校限期整改或暂停招生。

第十五条　鼓励民办高校提高学科建设水平。支持民办高校承担国家和省重大科研任务，引导民办高校开展应用型研究，积极支持有条件的民办高校开展研究生教育和基础研究。

第十六条　对符合学士学位授权条件的民办高校依法给予审批。

第五章　落实校长治校

第十七条　建立完善的法人治理结构。民办学校要加强党的建设，建立健全党组织参与决策和监督机制，学校党组织要督促学校决策机构和校长依法治教，规范管理。民办学校应依法制定章程，设立理事会（董事会）、监事会，理事会（董事会）和监事会成员依学校章程规定的权限和程序共同参与学校的办学和管理。

第十八条　公办学校参与举办的民办学校要真正做到具有独立的法人资格，具有与公办学校相分离的独立校园和基本教育教学设施，实行独立的财务会计制度，独立招生，独立颁发学业证书。

第十九条　实行理事会（董事会）领导下的校长负责制，落实校长治校。民办学校的举办者根据学校章程规定的权限和程序参与学校的办学和管理。民办学校实行理事会（董事会）领导下的校长负责制，依法保障校长独立行使教育教学管理和行政管理职权。

第六章　附则

第二十条　本办法由浙江省教育厅、浙江省物价局负责解释，自 2018 年 6 月 1 日起施行。

浙江省财政厅　浙江省教育厅关于印发《浙江省民办学校财务清算办法》的通知

浙财资产〔2018〕26号

各市、县（市、区）财政局、教育局（宁波不发）：

为推进我省民办教育发展，健全和完善民办学校终止退出管理机制，我们制定了《浙江省民办学校财务清算办法》。现印发给你们，请遵照执行。

浙江省财政厅

浙江省教育厅

2018年4月3日

浙江省民办学校财务清算办法

第一条 为了贯彻落实《中华人民共和国民办教育促进法》《国务院关于鼓励社会力量兴办教育　促进民办教育健康发展的若干意见》和《浙江省人民政府关于鼓励社会力量兴办教育　促进民办教育健康发展的实施意见》（浙政发〔2017〕48号）等文件精神，健全和完善民办学校终止退出管理机制，保障民办学校终止清算的顺利进行，保护学校师生、债权人、社会利益相关者的合法权益，维护社会办学秩序，制定本办法。

第二条 非营利性民办学校和营利性民办学校（以下统称为民办学校）财务清算适用本办法。民办学校因资不抵债无法继续办学被终止或因其他原因，经相关当事人申请，由人民法院组织清算的，不适用本办法。

第三条 本办法所称的民办学校财务清算是指民办学校在审批机关的

监督指导下，自行组织清算或由审批机关组织清算。

第四条 民办学校有以下情形之一的，由学校自行组织清算：

（一）完成章程规定的宗旨或者按照章程规定终止办学；

（二）理事会或董事会三分之二及以上决定终止办学并经审批机关核准；

（三）分立、合并；

（四）举办者变更；

（五）其他非法定强制终止。

第五条 民办学校财务清算应在学生和教职工权益优先、全面保障的基础上开展各类清算工作。在审批机关的监督指导下，成立清算组，对资产、债权、债务全面清理，编制财产目录和债权、债务清单，提出财产作价依据和债权、债务处理办法，做好资产的移交、接收、划转等工作，妥善处理各项遗留问题。

第六条 民办学校被审批机关吊销办学许可证，依法撤销的，由审批机关组织清算。

第七条 民办学校除举办者变更清算外，其他清算原则上应在该学校教学周期结束后开始清算，学校理事会或董事会审议通过清算议案之日，或者审批机关核准学校清算之日为清算基准日。

第八条 民办学校财务清算应当自清算基准日起 5 日内，组建清算组，并在清算组成立之日起 15 日内向社会发布清算公告。民办学校自行组织清算的，应书面通知审批机关。

第九条 民办学校自行组织清算的，应成立由举办者、理事会或董事会代表、学校行政班子代表、教职工代表、律师、会计师参加的清算组，人数不少于 5 人，且为奇数。由审批机关组织清算的，清算组成员由审批机关指定。

第十条 民办学校清算时间一般不超过 180 日，如情况特殊，确需延长的，应经审批机关核准。

第十一条 清算组成员中有夫妻关系、直系血亲关系、三代以内旁系血亲以及近姻亲关系的，应实行回避制度。

第十二条 民办学校清算按以下程序执行：

（一）成立清算组；

（二）编制教职工和学生安置方案；

（三）债权人进行债权登记；

（四）清查财产，编制资产负债表和财产清单；

（五）在对民办学校的资产进行估价的基础上，制订清算方案；

（六）执行清算方案。

第十三条 清算组职责：

（一）拟订教职工和学生安置方案，必要时向审批机关提出将学生安置到其他学校的申请；

（二）清理民办学校资产，编制资产负债表和资产清单，制定清算方案；

（三）向教职工、社会、债权人发布清算公告，书面通知债权人；

（四）处理与清算有关未了结的业务；

（五）提出财产评估作价和计算依据；

（六）清缴所欠税款；

（七）处理债权、债务；

（八）处理民办学校清偿债务后的剩余财产；

（九）代表民办学校参与民事诉讼活动；

（十）清算结束时提出清算报告。

第十四条 清算组成立后，学校财务部门应按清算组的要求将会计报表、财务账册、财产目录、债权人和债务人名册等清算相关资料，移交给清算组。

第十五条 清算组自成立之日起 15 日内，在发布清算公告的同时，书面通知债权人申报债权，并应当自清算组成立之日起 45 日内，在有区域影响力的媒体上发布两次公告，两次间隔时间不少于 20 日。

清算公告包含但不限于以下内容：学校名称全称、清算原因、联系人、联系地址、电话、邮箱、清算起止期间、清算组成员名单等。

债权人应当自接到通知书之日起 15 日内，或自第一次公告之日起 45 日内，向清算组书面申报债权，提交纸质证明材料。截止到清算结束日还未申报债权的，视为放弃债权。

第十六条 清算组应在清算基准日起 90 日内，将申报的债权核实结果书面通知债权人，并在与清算公告相同媒介渠道公告。

第十七条 债权人对清算组核实的债权结果有异议的，可以自收到书面通知之日起 3 日内，要求清算组进行复核；对复核结果仍有异议的，可以自收到复核的书面通知之日起 7 日内向有管辖权的人民法院提起诉讼。诉讼期间，清算组不得对有争议的财产进行分配。

第十八条 民办学校审批机关有权监督学校清算工作，必要时可以调阅特定事项相关文件资料，并提出监督意见。

第十九条 清算期间发生的财产盘盈或者盘亏、变卖，无力归还的债务或者无法收回的债权，以及清算期间的收入或者损失等计入清算损益。

第二十条 清算期间发生的管理、变卖和分配学校清算财产所需要的费用，公告、诉讼、仲裁费用、律师费等费用，清算组办公费用以及其他清算工作必须开支的费用，应当在清算损益中优先列支。

第二十一条 清算基准日前成立的有财产担保的债权，债权人享有就该担保物优先受偿的权利，但该债权数额超过变卖担保物所得价款的部分，视同普通债权处理。

第二十二条 为确保相关各方权益，离学校章程规定的终止日前的 180 日内或者因异常情况出现清算情形但尚未进入清算程序前，学校不得无偿转让或捐赠学校财产、非正常低价出售学校财产、新增财产担保、提前清偿未到期债务、放弃本学校债权等。

第二十三条 清算结束后，清算组应制作清算报告，清算报告经中介机构审计、学校理事会或董事会确认后，连同清算收支报表、各项账册、剩余资产分配方案一并报审批机关审批。

第二十四条 清算后的财产在审批机关的监督下，按照下列顺序清偿：

（一）应退学生学费、杂费和其他与学生相关的费用；

（二）应发教职工的工资；

（三）应缴纳的税款和社会保险费用；

（四）其他债务。

上述同一顺序不足以清偿，则按同顺序应偿付资金的比例清偿。

第二十五条 非营利性民办学校按照本办法第二十四条规定分配后的剩余财产，按以下顺序处置：

（一）按照民办学校章程规定执行；

（二）按照理事会或董事会的决议，并报经审批机关核准，捐赠给其他非营利性学校继续用于办学；

（三）作为社会公共资产，按有关规定管理。

第二十六条　营利性民办学校按照本办法第二十四条规定程序清偿后剩余的财产依照《中华人民共和国公司法》和学校章程进行分配。

第二十七条　全国人民代表大会常务委员会《关于修改〈中华人民共和国民办教育促进法〉的决定》公布（2016 年 11 月 7 日）之前设立的民办学校（以下简称现有民办学校），选择登记为非营利民办学校的，依法修改学校章程，继续办学。终止时，其清算后的财产按照本办法第二十四条规定程序清偿后有剩余的，学校所在地政府可按照国家和省有关规定给予出资者一定额度的补偿或奖励。补偿和奖励后的剩余资产属于社会公共资产。

第二十八条　现有民办学校选择登记为营利性民办学校的，应当进行财务清算，依法明确资产权属，其中财政拨款、社会捐赠形成的资产属于社会公共资产。

第二十九条　现有民办学校选择登记为营利性民办学校的，其清算后的社会公共资产，采取以下三种方式处置：

1. 出让。可以按照不低于资产评估价协议出让给该学校经重新登记后的营利性民办学校；或者直接以评估价为底价，向社会公开出让。

2. 出租。可以按照不低于租金评估价协议租赁给该学校经重新登记的营利性民办学校；或者直接以租金评估价为底价，向社会公开出租。

3. 参股办学。可以按照不低于资产评估价入股，参与该学校经重新登记后的营利性民办学校办学。

第三十条　清算后的社会公共资产，各地应加强监管，可探索通过学校所在地民办教育公益基金会托管等方式进行管理，统筹用于民办教育事业。

第三十一条　本办法由浙江省财政厅、浙江省教育厅负责解释。

第三十二条　本办法自 2018 年 5 月 3 日起实施。

浙江省教育厅　浙江省人力资源和社会保障厅　浙江省机构编制委员会办公室浙江省民政厅　浙江省财政厅　浙江省国土资源厅　浙江省地税局　浙江省工商行政管理局关于印发《现有民办学校变更登记类型实施办法》的通知

浙教计〔2018〕28 号

各市、县（市、区）教育局、人力社保局、编办、民政局、财政局、国土局、地方税务局、工商局（市场监管局），各民办高等学校：

　　根据《浙江省人民政府关于鼓励社会力量兴办教育　促进民办教育健康发展的实施意见》（浙政发〔2017〕48 号）精神，为促进民办教育健康发展，我们研究制订了《现有民办学校变更登记类型实施办法》，现印发给你们，请遵照执行。

浙江省教育厅浙江省人力资源和社会保障厅

浙江省机构编制委员会办公室浙江省民政厅

浙江省财政厅浙江省国土资源厅

浙江省地方税务局浙江省工商行政管理局

2018 年 4 月 4 日

现有民办学校变更登记类型实施办法

第一条　为贯彻落实国务院《关于鼓励社会力量兴办教育　促进民办教育健康发展的若干意见》（国发〔2016〕81 号）和省政府《关于鼓励社

会力量兴办教育　促进民办教育健康发展的若干意见》（浙政发〔2017〕48号）精神，推动民办教育分类管理，促进我省民办教育健康发展，根据《中华人民共和国教育法》《中华人民共和国民办教育促进法》和教育部等五部门《关于印发〈民办学校分类登记实施细则〉的通知》等法律法规政策，按照"最多跑一次"改革要求，结合我省实际情况，制定本办法。

第二条　本办法适用于 2016 年 11 月 7 日《全国人民代表大会常务委员会关于修改〈中华人民共和国民办教育促进法〉的决定》公布前设立的民办学校（以下简称现有民办学校）。

第三条　现有民办学校的举办者可以自主选择非营利性民办学校继续办学或者变更登记为营利性民办学校，但是不得设立实施义务教育的营利性民办学校。

第四条　正式批准设立的非营利性民办学校，符合民办非企业单位登记有关规定的，依审批权限到民政部门登记为民办非企业单位；符合《事业单位登记管理暂行条例》等事业单位登记管理有关规定的，到事业单位登记管理机关登记为事业单位。正式批准设立的营利性民办学校，按法律法规规定的管辖权限到工商行政管理（市场监管）部门登记。

第五条　选择登记为非营利性民办学校的，修改学校章程继续办学。

第六条　继续选择非营利性办学的民办学校应修改的章程内容包含但不限于以下事项：

（一）党的建设；

（二）学校法人属性：非营利性法人；

（三）举办者不得取得办学收益；

（四）学校终止退出办学，清偿债务后的剩余财产继续用于其他非营利性学校办学。

修改后的章程及章程修改说明报原审批机关和登记机关备案。

第七条　现有民办学校选择变更为营利性的，需向原审批机关提供现有民办学校理事会（董事会）关于变更的决议、变更申请、变更方案、营利性民办学校股东名单以及同级工商行政管理（市场监管）部门核发的《企业名称预先核准通知书》。开展清产核资，经有关部门依法明确土地、校舍、办学积累等财产的权属并缴纳相关税费。经原审批机关同意后，核发新的办学许可证，再到同级工商部门重新登记。变更后的营利性民办学校办学条件不得低于现有民办学校。

营利性民办学校登记后，现有民办学校应及时办理相关资产、土地等过户手续，并向原登记机关申请注销登记。注销登记后，现有民办学校权利义务由重新登记的营利性民办学校享有和承担。

第八条　在同一校区一贯制办学的现有民办学校分类登记时，若非义务教育阶段申请登记为营利性民办学校的，应对学校资产进行分割登记，并符合相应独立办学条件，否则，应登记为非营利性民办学校。

第九条　现有非营利性民办学校过户给营利性民办学校，涉及原以划拨方式取得土地资产的，应依法办理出让手续，补交土地出让金。

第十条　资产过户手续办理过程中发生的符合国家和省有关减免条件的行政事业性收费予以减免。

第十一条　本办法所称的非营利性和营利性民办学校包括各级各类民办学校（包括幼儿园）以及教育培训机构。

第十二条　本办法由浙江省教育厅、浙江省人力资源和社会保障厅、浙江省机构编制委员会办公室、浙江省民政厅、浙江省财政厅、浙江省国土资源厅、浙江省地方税务局、浙江省工商行政管理局负责解释。

第十三条　本办法自 6 月 1 日起开始施行。

附则：2016 年 11 月 7 日《全国人民代表大会常务委员会关于修改〈中华人民共和国民办教育促进法〉的决定》公布后设立的民办学校分类登记办法按教育部、人力资源社会保障部、民政部、中央编办、工商总局《民办学校分类登记实施细则》规定执行。

浙江省教育厅　浙江省机构编制委员会办公室　浙江省财政厅　浙江省人力资源和社会保障厅关于印发《浙江省民办学校教师队伍建设实施办法》的通知

浙教人〔2018〕32 号

各市、县（市、区）教育局、编办、财政局、人力社保局，省级有关单位：

　　根据《浙江省人民政府关于鼓励社会力量兴办教育　促进民办教育健康发展的实施意见》（浙政发〔2017〕48 号）精神，为促进民办学校教师队伍建设，我们研究制定了《浙江省民办学校教师队伍建设实施办法》，现印发给你们，请遵照执行。

浙江省教育厅浙江省机构编制委员会办公室

浙江省财政厅浙江省人力资源和社会保障厅

2018 年 4 月 8 日

浙江省民办学校教师队伍建设实施办法

第一章　总则

　　第一条　为贯彻落实《国务院关于鼓励社会力量兴办教育　促进民办教育健康发展的若干意见》，建设一支高素质的民办学校教师队伍，促进民办教育健康发展，根据《中华人民共和国教育法》《中华人民共和国教师法》《中华人民共和国民办教育促进法》等法律法规以及《中共中央国务院关于全面深化新时代教师队伍建设改革的意见》《浙江省人民政府关于鼓励社会力量兴办教育　促进民办教育健康发展的实施意见》等文件精神，结合浙江省民办教育发展实际，制定本实施办法。

第二条　建设一支有理想信念、有道德情操、有扎实学识、有仁爱之心的稳定的高素质的现代化教师队伍，是浙江省民办教育提高教育质量和持续健康发展的重要保证。各级政府要将民办学校教师队伍建设纳入教师队伍建设整体规划，制定支持和鼓励民办学校教师发展的政策措施。

第三条　本办法适用于在浙江省内依法举办的民办高等学校、中等职业学校、普通中小学校和幼儿园中任教的教师。

第二章　教师配备

第四条　民办学校可参照同类公办学校编制标准，根据实际教学需要足额配备教师，与教师依法签订劳动合同。

第五条　民办学校要严把教师"入口关"，新录用教师要规范招聘录用程序，严把选人标准和质量，把思想政治和个人品德作为录用新教师的首要条件。

第六条　民办学校教师须持有相应教师资格证，并按规定参加资格注册。民办中等职业学校、普通中小学校和幼儿园新招聘教师须持有教师资格证。民办高校要加强对新入职教师的培训，没有教师资格证的要限期取得教师资格证。在本实施办法出台前已在教学岗位上任教但未持有教师资格证的，要限期取得教师资格证，不能按时取得的要及时调整工作岗位或终止合同。

第三章　职业道德

第七条　民办学校教师要全面贯彻落实党的十九大精神，以习近平新时代中国特色社会主义思想为指导，忠诚于党和人民的教育事业，全面贯彻党的教育方针，确保坚持正确政治方向，强化教书育人责任，践行社会主义核心价值观。

第八条　民办学校教师要遵守《中小学教师职业道德规范》《高校教师职业道德规范》，加强自身修养，做品德高尚、业务精湛、党和人民群众满意的新时代人民教师。民办中小学教师要按照教育部《严禁中小学校和在职中小学教师有偿补课的规定》，自觉抵制各种形式的违规补课，不利用工作便利谋求私利。

第四章　教师保障

第九条　民办学校教师享有与公办学校教师同等的法律地位，各地政府、民办学校及其举办者应当依法保障民办学校教师的合法权益和各项待遇。

第十条　民办学校要按合同约定按时足额支付教师工资及奖金，依法组织教职工参加养老、医疗、工伤、失业、生育和大病保险，按规定足额缴纳社会保险费和住房公积金。符合规定条件的民办学校教师，可参加机关事业单位养老保险并同步建立职业年金。

第十一条　完善学校、个人、政府合理分担的民办学校教职工社会保障机制，民办学校教师参加社会保险，单位应缴纳部分由民办学校承担。对为教师办理机关事业单位养老保险的民办学校，当地政府可给予适当的补助。但对于违反规定配备公办学校在编教师的民办学校，财政不予补助。

第十二条　鼓励民办学校参照公办学校标准，为教师在参加基本医疗保险和大病保险基础上，建立补充医疗保险。鼓励民办学校按规定为参加企业职工基本养老保险的教职工建立企业年金，改善教职工退休后的待遇。

第十三条　民办学校教师在不同养老保险制度间转移养老保险关系，其缴费年限可按规定连续计算。

第十四条　民办学校教师在资格认定、职称评聘、进修培训、科研课题申报、评优评先、国际交流、教龄和工龄计算等方面享有与公办学校教师同等权利。

第五章　教师发展

第十五条　加强教师思想政治教育和师德建设，建立健全教育、宣传、考核、监督与奖惩相结合的师德建设长效机制，开展各种形式的师德教育，促进形成重德养德的良好风气。

第十六条　加大民办学校教师培训力度。民办中等职业学校、普通中小学和幼儿园要参照当地同类公办学校标准，足额提取教师培训经费，保障学校教师达到专业发展培训要求。切实落实教师自主培训选择权，建立教师培训学分制度，分层分类开展专业培训，不断提高教师的业务能力和水平。

第十七条　民办学校可参照同类公办学校岗位设置政策，结合实际自主确定本校的岗位结构比例，自主设置岗位聘任条件和考核办法。

第十八条　民办学校教师参加职称评聘时，不作农村学校或薄弱学校任教经历要求。

第六章　教师流动

第十九条　完善民办学校教师流动机制，进一步落实民办学校的用人自主权。破除教师流动中的体制性障碍，逐步打通公办学校、民办学校教师流动渠道，鼓励教师在公办学校和民办学校间相互有序流动。

第二十条　鼓励支持公办学校在编教师流动到民办学校工作，流动教师应与公办学校依法解除或终止事业单位聘用合同，所在公办学校应协助做好人事劳动关系接转等手续，并按规定报同级教育和人力社保部门备案。除聘用合同另有约定以外，不得限制教师流动。原公办学校在编教师流动到民办学校任教后，可按有关规定选择继续参加事业单位养老保险或参加企业职工基本养老保险。

第二十一条　民办学校中经同级教育部门和人力社保部门备案的原公办学校在编教师，今后若需重新流动到公办学校的，按照工作需要、编制和岗位空缺、专业对口、能否适应等原则，经同级教育部门和人力社保部门同意后直接考核聘用，相关信息应予公开；跨行业流动到其他事业单位的，应按新聘用人员公开招聘有关规定执行。

第二十二条　加强公办学校在编教师到民办中小学任职任教管理，对于符合区域规划、弥补教育资源短缺、促进区域均衡发展的薄弱民办中小学校，当地政府可通过挂职、支教等形式，派遣一定数量的公办学校在编教师予以支持，派遣数量不得超过该民办中小学校教师总数的20%。同一名公办学校在编教师在民办中小学校累计任职、任教时间不超过6年。

第二十三条　本办法发布之日前，符合区域规划、弥补教育资源短缺、促进区域均衡发展的薄弱民办中小学校，已接收公办学校在编教师超过规定比例或同一名公办学校在编教师在民办中小学校任职超过规定年限；或者非上述薄弱民办中小学校，接收公办学校在编教师的，教育部门要制定整改措施，于2022年底之前规范到位。

给民办学校核定事业编制，或者使用其他公办事业单位的编制配备民办学校教师的，由机构编制部门会同有关部门制定整改措施，于2022年底之前规范到位。

第二十四条　公办学校在编教师在民办学校任教期间的工龄、教龄，可以连续计算。

第七章　教师服务

第二十五条　各地要全面推行民办学校教师人事代理制度，实行专任教师全员人事代理，所需相关费用由当地政府或民办学校承担，具体由各地根据实际情况确定。

第二十六条　各地、各单位要加强对人事代理机构的指导，按照"最多跑一次"的工作要求，明确人事代理机构为民办学校教师提供服务的事项目录，规范人事代理服务工作流程，并将参加人事代理作为民办学校教师参加职称评聘、评优评先、事业单位保险等事项的前提。

第二十七条　民办学校要加强对教师的考核，及时将考核结果及教师增减、职称评聘等人事变动信息报人事代理机构备案。

第八章　附则

第二十八条　依托民办学校"双随机"抽查监管工作，重点对民办学校教师的政治思想、职业道德、任职资格和待遇保障等方面进行监管。

第二十九条　对于违反规定配备公办学校在编教师的民办中小学校，必须承担相应区域的公共服务责任，其招生参照公办中小学校实施管理，更不得跨区域招生。

第三十条　对于违反职业道德规范的民办学校教师，当地教育主管部门和民办学校要参照公办学校教师给予相应处理，并在评优评先、职称评聘等工作中实行"一票否决"。

第三十一条　本规定自2018年6月1日起施行，今后国家和省里如有新规定，则按新规定执行。

浙江省教育厅等 12 部门《关于规范校外培训机构设置和管理的指导意见》

浙教规〔2020〕7 号

各市、县（市、区）人民政府：

规范校外培训机构发展，切实减轻中小学生过重课外负担，是党中央、国务院作出的重大部署。为贯彻落实《国务院办公厅关于规范校外培训机构发展的意见》精神，切实解决当前面向中小学生举办的校外培训机构（以下简称校外培训机构）存在的突出问题，促进全省校外培训机构规范有序发展，经省人民政府同意，结合我省实际，现就规范校外培训机构设置和管理提出如下意见。

一　提高思想认识

（1）指导思想。以习近平新时代中国特色社会主义思想为指导，深入贯彻落实党的十九大和全国、全省教育大会精神，全面贯彻党的教育方针，以促进中小学生身心健康发展为落脚点，以建立健全校外培训机构监管机制为着力点，努力构建校外培训机构规范有序发展的长效机制，形成校内外协同育人的良好局面，维护社会和谐稳定。

（2）基本原则。属地管理、协同治理。强化省地（市）统筹，落实以县为主管理责任，压实县（市、区）人民政府属地管理主体责任。建立健全规范校外培训机构治理的工作协调机制，统筹做好审批登记和监督管理，明确部门职能形成监管合力，规范校外培训机构发展。

依法许可、分类规范。重点规范语文、数学、英语、物理、化学、生物、科学、政治、历史、地理等学科知识培训，鼓励发展以培养中小学生兴趣爱好、创新精神和实践能力为目标的培训。坚决禁止应试、超标、超前培训，严禁任何与中小学招生入学挂钩的行为。

标本兼治、疏堵结合。强化学校育人主体，统筹学校、社会和家庭教育，严格规范校外培训机构行为，不断提升中小学教育教学水平。通过集中整治与长效机制建设共同推进，查禁和疏导双管齐下，切实规范校外培训秩序。

二　明确设置标准

各设区市教育行政部门会同当地有关部门要按照"放管服"改革精神，结合当地实际情况，区分培训类别，制定完善校外培训机构设置具体标准，健全和完善校外培训机构准入管理机制。实施与学校文化教育课程相关，或者与升学、考试相关等学科知识培训的校外培训机构应当依法经县级教育行政部门审批，取得民办学校办学许可证，并依法取得法人登记后，方可从事学科知识培训活动。未经教育部门批准，任何校外培训机构不得以家教、咨询、文化传播等名义面向中小学生开展培训业务。对设立实施艺术、体育、科技、研学等有利于学生素质提升、个性发展的校外培训机构由各地根据实际明确审批登记要求，但不得开展学科知识培训活动。举办校外培训机构应当具备下列条件：

（1）举办者资质。申请单独或联合举办校外培训机构的单位均应当具有法人资格，有良好的信用状况，其资产水平与办学规模相适应；国家事业单位利用非财政性资金投资举办及国有独资或控股企业投资举办的，需符合规定要求并履行相关手续；申请单独或联合举办校外培训机构的个人，均应当具有政治权利和完全民事行为能力，有良好的信用状况。鼓励热心教育事业、有相应教育管理经验的个人举办校外培训机构。中小学校不得举办或参与举办校外培训机构。外资投资营利性非学历语言类校外培训机构的举办者资质应当符合《教育部办公厅商务部办公厅市场监管总局办公厅关于做好外商投资营利性非学历语言类培训机构审批登记有关工作的通知》规定。

（2）决策机构。校外培训机构要建立并完善治理结构，其中民办校外培训机构应当设立董事会、理事会或其他形式的决策机构，主要负责人由民办校外培训机构董事会（理事会）聘任，并报审批机关备案。

（3）办学场所。校外培训机构应当具有能够满足教学需要且符合安全条件的相对固定的办学场所，办学场所须符合国家关于消防、环保、卫生等规定，无安全隐患。办学场地同一培训时段内生均使用面积不低于3平方米，应当随办学规模的扩大而同步增加，其他办学条件须配套改善。要按照采光和照明国家有关标准，落实好青少年近视防控要求。应当加强校外培训机构办学场所安全管理，全面落实人防、物防、技防、制度防等各项工作措施，提升安全防范水平。

（4）教职员工。具有与办学规模相适应的相对稳定的专职、兼职教职工队伍。不得聘任中小学在职教师，从事语文、数学、英语、物理、化学、生物、科学、政治、历史、地理等学科培训的专职教师应当具有相应教师资格。聘请外籍人员应当具备有关部门的准入和资格认定手续证件。校外培训机构应当将全体教师的姓名、照片、任教班次及教师资格证号在机构网站和培训场所显著位置予以公示。

三　规范办学行为

（1）坚持党的领导。校外培训机构要全面贯彻党的教育方针，坚持正确办学方向，遵守国家的法律、法规，坚持依法依规办学。坚持和加强校外培训机构党的建设，做到党的建设同步谋划、党的组织同步设置、党的工作同步开展。

（2）践行诚实守信。校外培训机构应当践行诚实守信原则，实事求是制定招生简章、制作招生广告，向审批机关备案并向社会公示，自觉接受监督。严格按照审批机关核准的章程和证照载明的机构名称、办学地址、办学类别和层次、办学项目和内容进行办学，建立并完善各项规章制度，规范内部管理，确保教育教学质量，依法开展办学活动，并接受政府有关部门的管理、监督、评估和审计。

（3）细化培训安排。学科类校外培训机构要将所办培训班的名称、班次、培训内容、招生对象、进度安排、上课时间等报属地县级教育部门备案，县级教育部门应当及时完成备案审核工作并向社会公布。培训内容不得超过国家相应课程标准，培训班次必须与招生对象所处年级匹配，培训进度不得超过所在县（市、区）中小学同期进度，严禁学科类培训的超纲教学、提前教学、强化应试等不良行为。严禁校外培训机构组织举办中小学生学科类等级考试、竞赛及进行排名。应当制定科学的培训计划，每堂课授课时间不超过 45 分钟，结束时间不得晚于 20：30 分。

（4）加强证照管理。校外培训机构严格坚持"一点一证"原则，应当在办学许可证核准的办学地点办学。校外培训机构应当将《办学许可证》《法人登记证书》或《营业执照》等证照，放置在主要办学场所（如招生点、收费点、报名点等）的显著位置，做到亮证办学，并配合相关部门做好监督检查工作。校外培训机构要依法规范使用《办学许可证》，不具备办学资质资格的学校或单位、个人不得办学、办班。学科类校外培训机构跨县（市、区）办学、设立分支机构或培训点，均须报新所在地县级教育部门审批并接受管理。

（5）规范财务资产管理。校外培训机构应当严格执行财务与资产管理规定，收费时段与教学安排应当协调一致，不得一次性收取时间跨度超过 3 个月的费用。培训收费项目及标准以及中途停学、退学的收退费制度等应当向社会长期动态公示，并接受有关部门的监督，不得在公示的项目和标准外收取其他费用，不得以格式合同形式加重消费者责任或减轻经营者责任，不得以任何名义向培训对象摊派费用或者强行集资。校外培训机构在每个会计年度结束时制作财务会计报告，委托具有相应资质的会计师事务所依法进行审计，并公布审计结果。校外培训机构应当合理控制负债规模，防范财务风险；不得利用教学设施及设备为他人或单位提供经济担保或财产抵押。校外培训机构有虚假出资、抽逃办学资金、财务管理混乱等情形的，审批机关可以委托专门审计机构进行审计并依法处理。各地要积极创新校外培训机构资金监管方式，探索建立学费专户管理和第三方监管平台等，对培训预缴费用收支情况进行有效监管。

四　强化监督管理

（1）夯实县级主体责任。县（市、区）应当建立完善政府主导、部门协同的综合治理机制。建立健全由教育部门牵头、有关部门参与的联席会议制度，充分发挥分析研判和协调处置功能。要将规范校外培训机构发展工作纳入政府绩效考核体系和教育工作业绩考核，加大重点督查。

（2）强化日常监督管理。围绕"规范办学、安全办学、有序办学"这一目标，加强风险防范，实施失信惩戒，创新监管举措，实现校外培训机构治理制度化、常态化、智能化。要强化政府统筹领导、部门联动、镇街配合，形成从区县到镇街到村社，条块结合、横向纵向联动的网格化监管责任体系。进一步明确教育、市场监管、应急管理等部门监管职责，通过部门责任清单联手实施管理，形成合力监管态势。创新监管方式，建立完善"双随机"抽查制度，明确监管检查标准，规范执法行为，抽查情况及查处结果要及时向社会公开。地方各级教育行政部门要运用"全国中小学生校外培训机构管理服务平台"，对校外培训机构实现全过程精细化管理，认真组织开展年检和年度报告公示工作，对境外上市的校外培训机构要根据国家要求做好同步公开、监督工作，全面推行校外培训机构"白名单"和"黑名单"制度，指导群众家长合理选择，促进行业自律。

（3）完善联合执法机制。各地要健全教育部门牵头，市场监管部门、应急管理部门等多部门联合执法机制，加大跨部门联合执法力度，依法严肃查处校外培训机构违法违规行为。

教育行政部门要牵头规范校外培训机构的日常监督管理工作，落实专门的管理机构和相应人员。负责学科类校外培训机构的审批。配合有关部门依法查处校外培训机构的违规行为。

市场监管部门要按职责依法加强对校外培训机构相关登记、收费、广告宣传、反垄断与反不正当竞争等方面的监管工作。

应急管理部门要对本行政区域内的消防工作实施监督管理，由同级人民政府消防救援机构负责开展监督抽查、依法查处消防违法行为。对不符合设置要求、消防安全条件不达标的，督促限期整改。

住建部门要按职责依法加强对校外培训机构办学场所新建、改建、扩建工程的消防设计审查和消防验收管理工作。

网信部门要加强对网站、自媒体平台等的监管，规范线上校外培训行为。

公安部门要联合民政部门依法查处"离岸社团""山寨社团"举办的以营利为目的全省性赛事；会同教育主管部门参照《浙江省中小学幼儿园安全防范工作实施细则》要求，指导、监督校外培训机构安全防范工作。

民政部门要规范校外培训机构民办非企业单位法人登记工作，加强监督管理，开展等级评估、年度检查，会同教育行政部门对其违规从事营利性行为进行依法查处。

人力资源和社会保障部门要对职业技能类校外培训机构开展全面检查，及时发现并会同相关部门依法查处违规开展学科类知识培训行为。

卫生健康部门要按职责分工负责校外培训机构近视防控相关工作。

税务部门要加强票据使用管理，严厉查处偷税逃税和虚开发票的行为。

广播电视部门要充分发挥广播电视、新媒体等作用，利用公益广告等形式，多层次、多角度宣传中小学生减负工作，加强对有关媒体的监督和指导，积极引导社会树立科学的教育观。

各地要统筹各方力量，建立社会监督员制度，聘请热心群众担任社会监督员，强化对校外培训机构的日常监管。各部门要将有关违法营利性校外培训机构行政处罚信息通过国家企业信用信息公示系统归集和公示，对无证开展培训、非学科类校外培训机构开展学科知识培训及其他违规开展培训的机构，教育行政部门要会同有关部门予以取缔，依法限制其法定代表人从事面向中小学生的培训业务，并提请市场监管部门依法吊销营业执照。

（4）加强宣传引导工作。加大正面宣传力度，营造良好舆论氛围，广泛凝聚社会共识，努力破除"抢跑文化""剧场效应"等以损害学生健康发展为代价的功利心态，树立正确教育观念。要及时总结集中整治行动及长效机制建立过程中形成的成功经验和创新做法，引导校外培训机构诚信办学、规范办学。

各设区市要根据本意见，抓紧研究符合本地区实际的校外培训机构设置要求，并报省教育厅备案。各县（市、区）要制定具体工作方案，细化分工、压实责任、确保校外培训机构规范有序发展，切实减轻中小学生过重课外负担。

本意见自 2020 年 2 月 18 日起施行。

浙江省教育厅

中共浙江省委网络安全和信息化委员会办公室

浙江省公安厅　浙江省民政厅

浙江省司法厅　浙江省人力资源和社会保障厅

浙江省住房和城乡建设厅　浙江省卫生健康委员会

浙江省应急管理厅　浙江省市场监督管理局

浙江省广播电视局　国家税务总局　浙江省税务局

2020 年 1 月 19 日

民办教育有关法规政策分类汇总
（2011 年 1 月至 2020 年 8 月）

一 关于民办教育的地位和作用

1. 国家层面

"鼓励引导社会力量兴办教育。"

——摘自 2012 年中国共产党第十八次全国代表大会报告。

"支持和规范社会力量兴办教育。"

——摘自 2017 年中国共产党第十九次全国代表大会报告。

"民办教育事业属于公益性事业，是社会主义教育事业的组成部分。国家对民办教育实行积极鼓励、大力支持、正确引导、依法管理的方针。各级人民政府应当将民办教育事业纳入国民经济和社会发展规划。"

——摘自《中华人民共和国民办教育促进法》新法第三条。

"支持和规范民办教育发展，鼓励社会力量和民间资本提供多样化教育服务。"

——摘自《中共中央关于制定国民经济和社会发展第十三个五年规划的建议》（二〇一五年十月二十九日中国共产党第十八届中央委员会第五次全体会议通过）。

"大力促进社会力量办学。着眼于满足人民群众多样化教育需求，统筹规划教育资源配置，宜民则民，宜公则公，积极鼓励企业、团体和个人等社会力量和民间资本通过独资、合资、合作等多种途径多种形式参与办学。"

　　——摘自《浙江省教育事业发展"十三五"规划》。

　　2. 省级层面

　　"民办教育是教育事业发展的重要组成部分和推动教育改革的重要力量。"

　　——摘自《浙江省人民政府关于促进民办教育健康发展的意见》（浙政发〔2013〕47号）。

二　关于民办学校党的建设方面

　　1. 国家层面

　　"民办学校中的中国共产党基层组织，按照中国共产党章程的规定开展党的活动，加强党的建设。"

　　——摘自《中华人民共和国民办教育促进法》新法第九条。

　　"民办学校是社会主义教育事业的重要组成部分，承担着培养社会主义建设者和接班人的重任。各级党委（党组）要充分认识做好民办学校党建工作的重要性紧迫性，按照全面从严治党要求，加强党对民办学校的领导，加强社会主义核心价值观培育，确保学校按照党的要求办学立校、教书育人。要加大民办学校党组织组建力度，理顺党组织隶属关系，健全党组织参与决策和监督机制，充分发挥党组织政治核心作用。要选好管好民办学校党组织书记，从严做好发展党员和党员教育管理工作，提高党性觉悟和素质能力，充分发挥广大党员先锋模范作用。要抓好思想政治教育和德育工作，巩固民办学校思想文化和意识形态阵地。要将民办学校党的建设纳入基层党建述职评议考核重要内容，强化指导督促和基础保障，不断提高民办学校党建工作整体水平。"

　　——摘自《中共中央办公厅印发〈关于加强民办学校党的建设工作的意见（试行）〉的通知》（中办发〔2016〕78号）。

　　"二、加强党对民办学校的领导。""（三）切实加强民办学校党的建设。全面加强民办学校党的思想建设、组织建设、作风建设、反腐倡廉建设、制度建设，增强政治意识、大局意识、核心意识、看齐意识。完善民办学校党组织设置，理顺民办学校党组织隶属关系，健全各级党组织工作保障机制，选好配强民办学校党组织负责人。民办学校党组织要发挥政治核心作用，强化思想引领，牢牢把握社会主义办学方向，牢牢把握党对民办学校意识形态工作的领导权、话语权，切实维护民办学校和谐稳定。民办高校党组织负责人兼任政府派驻学校的督导专员。实现学校基层党组织全覆盖、党建工作上水平，有效发挥基层党组织的战斗堡垒作用和共产党员的先锋模范作用。积极做好党员发展和教育管理服务工作。坚持党建带群建，加强民办学校共青团组织建设。各地要把民办学校党组织建设、党对民办学校的领导作为民办学校年度检查的重要内容。"

——摘自《国务院关于鼓励社会力量兴办教育　促进民办教育健康发展的若干意见》（国发〔2016〕81 号）。

2. 省级层面

"一、优化高校党建工作领导体制和管理体制。坚持和加强党对高校的全面领导，进一步完善党委抓高校党建工作的体制机制，健全党委教育工作领导小组工作制度机制。全面落实《关于深化教育体制机制改革的若干意见》（浙委办发〔2019〕27 号）精神，逐步将省政府举办的本科院校的党组织隶属关系调整到省教育厅党委，将市属高等职业院校党组织隶属关系调整到市委或市教育局党委。省属高等职业院校党组织隶属关系，要按照有利于加强党的领导和党的建设原则进行规范"。

"七、持续加大高校发展党员工作力度。加强精准指导，有计划地增加高校在校生发展党员指标，向重点院校、重点学科、重点群体倾斜，到2022 年底全省高校在校生党员占比不低于 10%。坚持把政治标准放在首位，加强对高知识群体的政治引领和政治吸纳，重视在优秀青年教师、留学归国教师中发展党员，发展指标上做到'计划单列、足额保障'。注重从源头抓起，采取有力措施在低年级学生中加强入党积极分子教育培养。建立健全民主党派在高校发展成员沟通协商工作机制，民主党派发展高校师生员工，应先听取发展对象所在院系或部门党组织意见后，再征求高校党委意见"。

"九、提升高校党建工作保障水平。各级教育行政主管部门抓高校党建工作经费，列入部门预算，由同级财政予以保障，用于高校党员教育、党务干部培训轮训、党建项目课题研究、党建阵地规范提升等。按照党的领导和党的建设只能加强不能削弱的要求，省市教育部门和高校主管厅局、省属企业要明确抓党建的机构，配齐配强工作力量。深入推动"最多跑一次"改革进高校，加强集开展党建、党员活动、服务师生功能于一体的高校党建阵地建设。"

——摘自《中共浙江省委办公厅印发〈关于深化推进新时代高校党建工作的意见〉的通知》（浙委办发〔2019〕75号）。

3. 市、县层面

"（一）全面加强党的领导。充分发挥民办学校党组织的政治核心作用，坚持应建必建，采取联合组建、挂靠组建、派入党员教师单独组建等形式建立党组织。强化党组织对民办学校重要决策实施的监督，推进'双向进入、交叉任职'，做到民办学校党组织班子成员通过法定程序进入学校决策、监督和行政管理层。把党建工作作为民办学校年检年审、评估考核、管理监督的必查内容。"

——摘自《宁波市人民政府关于进一步鼓励社会力量兴办教育促进我市民办教育高质量发展的实施意见》（甬政发〔2019〕68号）。

"二、加强党对民办学校的领导。（三）加强民办学校党的建设。加大民办学校党组织组建力度，采取联合组建、挂靠组建、派入党员教师单独组建等形式建立党组织，做到应建必建，确保民办学校社会主义办学方向。要把党建工作作为民办学校注册登记、年检年审、评估考核、管理监督的必备条件和必查内容"。

"（四）健全党组织参与决策和监督机制。积极推进"双向进入、交叉任职"，推进党组织班子成员进入学校决策层和管理层，涉及民办学校发展规划、重要改革、人事安排等重大事项，党组织要参与讨论研究，董事会（理事会）在作出决定前，要征得党组织同意。"

——摘自《温州市人民政府关于进一步深化综合改革促进民办教育

健康发展的实施意见》（温政发〔2018〕20 号）。

三　关于政府扶持政策

1. 国家层面

"第四十五条　县级以上各级人民政府可以设立专项资金，用于资助民办学校的发展，奖励和表彰有突出贡献的集体和个人。"

"第四十七条　民办学校享受国家规定的税收优惠政策；其中，非营利性民办学校享受与公办学校同等的税收优惠政策。"

"第五十条　人民政府委托民办学校承担义务教育任务，应当按照委托协议拨付相应的教育经费。"

"第五十一条　新建、扩建非营利性民办学校，人民政府应当按照与公办学校同等原则，以划拨等方式给予用地优惠。新建、扩建营利性民办学校，人民政府应当按照国家规定供给土地。教育用地不得用于其他用途。"

——摘自《中华人民共和国民办教育促进法》新法。

2. 省级层面

"（六）加大对民办教育扶持力度。积极鼓励和大力支持社会力量举办非营利性民办学校，依法为营利性民办学校创造公平竞争的办学环境。各级政府和有关部门要在政府补贴、购买服务、基金奖励、捐资激励等方面对非营利性民办学校给予扶持；根据经济社会发展需要和公共服务需求，通过政府购买服务及税收优惠等方式对营利性民办学校给予支持。各级财政要高度重视民办教育投入，继续执行好现有对民办学校的支持政策；按照国家要求，将支持民办教育发展有关资金纳入预算，并向社会公开，接受审计和社会监督。义务教育阶段民办学校享受同等义务教育生均公用经费基准定额补助和'两免一补'政策。省级财政加大民办教育转移支付力度，专项用于支持各类民办教育发展；市县财政可根据当地实际设立民办教育发展专项资金。"

——摘自《浙江省人民政府关于鼓励社会力量兴办教育　促进民办

教育健康发展的实施意见》（浙政发〔2017〕48号）。

"民办学校建设用地按科教用地管理。非营利性民办学校享受公办学校同等政策，按划拨等方式供应土地；营利性民办学校可以按出让、租赁等有偿方式供应土地，只有一个意向用地者的，可按协议方式供地。土地使用权人申请改变全部或者部分土地用途的，政府应当将申请改变用途的土地收回，按时价定价，重新依法供应。"

"（八）落实税费优惠等激励措施。民办学校按照国家有关规定享受相关税收优惠政策。对企业办的各类学校自用的房产、土地，免征房产税、城镇土地使用税。对企业支持教育事业的公益性捐赠支出，按照税法有关规定，在年度利润总额12%以内的部分，准予在计算应纳税所得额时扣除；对个人支持教育事业的公益性捐赠支出，按照税收法律法规及政策的相关规定在个人所得税前予以扣除。非营利性民办学校与公办学校享有同等待遇，按照税法规定进行免税资格认定后，免征非营利性收入的企业所得税。对营利性民办学校增值税等按规定给予相应的税收优惠。民办学校用电、用水、用气、用热，执行与公办学校相同的价格政策。"

——摘自《浙江省人民政府关于鼓励社会力量兴办教育　促进民办教育健康发展的实施意见》（浙政发〔2017〕48号）。

"现有非营利性民办学校过户给营利性民办学校，涉及原以划拨方式取得土地资产的，应依法办理出让手续，补交土地出让金。""资产过户手续办理过程中发生的符合国家和省有关减免条件的行政事业性收费予以减免。"

——摘自《民办学校变更登记类型实施办法》（浙教计〔2018〕28号）中第九条、第十条。

"第四条　学前教育阶段，各地要根据《浙江省学前教育条例》要求建立生均经费制度，对辖区内符合条件的普惠性民办幼儿园（办园行为规范，达到等级园标准以上，且收费不高于同级公办园收费标准2倍的民办幼儿园）给予生均公用经费补助，补助水平原则上应与同等级公办园保持一致。对自建园舍办园、租赁办园等非小区配套性质普惠性民办园，应根据办园成本、晋级升等、教师持证率达标等给予一次性奖补。

义务教育阶段，对民办学校实施同等义务教育生均公用经费基准定额补助和'两免一补'政策。

高中段教育，各地应根据非营利性民办高中和中等职业技术学校收费情况，结合当地同类公办学校实际逐步建立生均公用经费补贴制度。"

——摘自《浙江省公共财政扶持民办教育发展实施办法》（浙财科教〔2018〕7 号）。

"一、及时给予财政补助临时支持。对无法正常开学的民办学校、幼儿园，各地应结合实际及时给予临时性支持，尤其是按学期收费 2020 年延迟开学而暂无学费收入的民办学校、幼儿园，可采取一次性预拨、年终清算等方式给予补助，支持疫情下办学办园和教职工薪酬支出所需。

二、有效落实各项社会保险费用减免等政策。帮助民办学校、幼儿园落实政策，根据学校性质分别兑现免征或减半征收基本养老、失业、工伤保险的单位缴费、减半征收基本医疗保险的单位缴费等政策；受疫情影响出现严重困难无力足额缴纳社会保险费的，可申请缓缴社会保险费。

三、积极落实房租减免补贴政策。对于承租国有资产类经营性房产办学的民办学校、幼儿园，鼓励各地根据实际情况制定免收租金等实施细则。对租用其他经营用房的，鼓励业主（房东）减免租金，各地可根据本地实际给予补助。

四、统筹做好物资供应等工作。及时有效地将辖区内民办学校、幼儿园纳入当地疫情防控工作体系，加强通盘考虑，统筹做好防疫物资的调配、供应工作，尤其要提供平价的防疫物资采购申购渠道。各地要充分评估疫情对民办学校、幼儿园带来的影响和冲击，主动研判形势，及早谋划方案，重点了解开学复工、物资供应、职工薪酬、队伍稳定、学生（幼儿）资助、房租减免等工作，对存在困难的，要落实专班专人，及时协调并采取有效措施给予帮扶，确保办学办园稳定。"

——摘自《浙江省教育厅办公室、浙江省财政厅办公室关于切实做好疫情期间民办学校（幼儿园）帮扶工作的通知》（浙教办函〔2020〕43 号）

3. 市、县层面

"（十九）优化财政扶持机制。各级政府要将支持民办教育发展有关资金纳入预算，并向社会公开接受监督，确保省财政民办教育转移支付资金全额用于民办教育。市财政每年继续在教育发展专项资金中安排3000万元作为民办教育发展专项资金，用于以下项目的奖励和补助：（1）市本级民办学校星级评估和升等创优奖励；（2）市本级民办学校建设项目贷款贴息补助；（3）市本级新建民办学校项目固定资产投资和设施设备补助；（4）全市民办学校年度优秀举办者、校长、教师奖励；（5）全市民办学校教师培训培养补助；（6）其他项目经费等项目。各县（市、区）学校由当地政府参照市本级标准执行，并列入同级财政预算。

（二十）奖补新引进市外优质民办教育品牌项目。通过设施设备补助、项目固定资产投资补助、土地校舍优惠和师资支持等方式，加大对市外优质民办教育品牌项目的引进力度。优质品牌民办学校在正式审批设立时核定的办学规模内，根据当年新增班级数，按每班10万元的标准给予设备设施补助，以相应的学制为一个补助周期，单个项目补助总额不超过500万元。对当年投资额1亿元以上的新建优质品牌民办学校项目，按项目实际固定资产投资总额给予学校1%、总额不超过500万元补助。加大对优质品牌民办学校土地划拨或出让使用费的优惠，在规划允许的情况下，将新建校舍或公办闲置校舍交由优质教育品牌办学的，可以给予低租金优惠。优质品牌民办学校引进的名师名校长，符合《关于高水平建设人才生态最优市的40条意见》规定的，享受同类人员同等优惠政策。各县（市、区）、功能区要切实发挥引进市外优质教育资源的主体作用，党委、政府主要负责人应主动发挥引进市外优质教育资源的关键性作用，鼓励对特别优秀的品牌教育引进项目采取'一事一议''一校一策'。

（二十一）鼓励民办学校升等创优。对民办学校上年度获评星级学校或综合性升等创优荣誉的，给予一次性奖励：民办高中段学校被评为省一、二、三级学校，分别给予30万元、20万元、10万元奖励；民办义务教育阶段学校被评为省义务教育标准化学校，给予6万元奖励；民办学校被评为市级三星、四星、五星级学校，分别给予10万元、20万元、30万元奖励。

（二十二）建立优秀举办者、校长、教师奖励机制。每年评选全市民办学校优秀举办者和优秀校长各 10 名，市财政给予每名 1 万元奖励；每年评选全市民办学校优秀教师 50 名，市财政给予每名 5000 元奖励；以市政府名义给优秀举办者、校长、教师颁发证书和奖金。

（二十三）实施民办学校建设项目贷款贴息补助。对民办学校用贷款资金建设的项目，给予贴息补助，当年贷款贴息总金额不超过 300 万元，其中单个项目年度贴息补助原则上不高于贷款利息的 30%。"

——摘自《温州市人民政府关于进一步深化综合改革促进民办教育健康发展的实施意见》（温政发〔2018〕20 号）。

"第三条　市财政统筹省、市教育发展专项资金，用于扶持市本级民办教育发展。

（一）落实省级财政扶持民办教育发展的政策（以下简称'省级扶持政策'），即义务教育'两免一补'政策、义务教育寄宿生公用经费、中职学校免学费等按省定标准给予补助；依法落实各类民办学校学生的资助政策，民办学校学生与公办学校学生同等享受奖助学金、学费减免、少数民族教育券等资助政策。

（二）落实市本级财政扶持民办教育发展的政策（以下简称'市本级扶持政策'），对符合本办法规定的民办学校，给予生均经费补助和综合奖补。"

——摘自《丽水市本级财政扶持民办教育发展实施办法》（丽政办发〔2018〕109 号）。

"（五）健全财政扶持制度。对非营利性民办学校，主要以政府补贴、购买服务等方式给予支持；对营利性民办学校，结合当地经济社会发展需要和教育工作实际，通过政府购买服务、税收优惠等方式给予支持。充分发挥市民办教育发展专项资金的引导作用，资金主要用于市本级非营利性民办学校师生权益保障、生均公用经费以及民办学校发展质量等方面的奖补。各地要相应设立民办教育发展专项资金，并纳入当地财政预算，资金用途参照市本级执行。各地要落实民办学校生均公用经费补助政策，并建立动态调整机制。普惠性民办幼儿园生均公用经费的最低补助标准应与当地公办幼儿园保持一致。民办义务段学校，应按照不低于省财政厅、省教育厅确定的义务教育生均公用经费基准定额标准，对民办学校进行补助。民办高中段学校，应根据非营利性民办普通高中、中等职业学校和技工学校收费情况，结合当地同类公办学校水平，按照一定比例给予补助。

（六）落实税费优惠政策。非营利性民办学校与公办学校享有同等待遇，按照税法规定进行免税资格认定后，对符合规定的免税收入，免征企业所得税。对从事学历教育的民办学校提供的教育服务，符合规定的，免征增值税。对企业举办的民办学校自用的房产、土地，免征房产税、城镇土地使用税。对举办者以不动产出资，且以原值将不动产登记到民办学校名下的，按规定缴纳相关税费。对纳入产教融合型企业建设培育范围的试点企业，投资举办职业教育，符合条件的，可按投资额的30%，抵免该企业当年应缴的教育费附加和地方教育附加。

（七）加大用地用房政策扶持。民办学校建设用地按教育用地管理，各地在规划教育布局时，要统筹民办和公办学校布点，给民办教育发展留出空间。非营利性民办学校享受公办学校同等的供地方式及税费减免政策，符合《划拨用地目录》的民办学校可以划拨方式供应设施用地。营利性民办学校设施用地，应当以招标、拍卖或者挂牌方式供应。土地出让底价须在市场评估价基础上，依据产业政策等因素，集体决策、综合确定。民办学校在建设过程中，属地应同步推进民办学校周边的公共交通配套设施建设。选择登记为营利性的现有民办学校，其通过划拨方式取得的土地，应按照出让、租赁等有偿方式进行土地资产处置。清算时，土地性质需要由划拨改为出让的，按照有关文件规定，补缴出让金。民办学校功能清晰、产权独立的非教育教学不动产，可用于学校自身债务抵押，抵押登记信息报批准设立的审批机关备案，抵押登记手续由相关登记机关办理。举办者在不改变土地使用权主体、容积率和建筑物主体结构，且保证建筑和消防结构符合安全标准的前提下，可对闲置办公楼、厂房或者学校等场地进行改造，并向属地教育行政部门提出申请，经第三方机构鉴定合格后，由教育、财政、自然资源规划、生态环境、住建、国资等部门按照各自职责进行审查，凡符合条件的，可将上述场地调整为民办职业学校、义务段民办流动人口子女学校、老年教育学校、特殊教育学校或者民办普惠性幼儿园等办学场地。"

——摘自《宁波市人民政府关于进一步鼓励社会力量兴办教育促进

我市民办教育高质量发展的实施意见》（甬政发〔2019〕68号）。

四　关于民办学校办学自主权

1. 国家层面

"民办学校收取费用的项目和标准根据办学成本、市场需求等因素确定，向社会公示，并接受有关主管部门的监督。

非营利性民办学校收费的具体办法，由省、自治区、直辖市人民政府制定；营利性民办学校的收费标准，实行市场调节，由学校自主决定。

民办学校收取的费用应当主要用于教育教学活动、改善办学条件和保障教职工待遇。"

——摘自《中华人民共和国民办教育促进法》新法第三十八条。

2. 省级层面

"实行更加开放的分类定价机制。营利性民办学校学费和住宿费实行自主定价。非营利性民办幼儿园收费实行市场调节价，具体收费标准由民办幼儿园自主确定；非营利性民办中小学校收费政策由各级政府按照市场化方向确定；非营利性民办高等学校学费和住宿费实行市场调节价。各级政府要依法加强对民办学校收费行为的监管。

落实民办学校招生自主权。民办高等职业学校可在核定的办学规模内自主确定招生范围和年度招生计划。中等以下层次民办学校按照国家和省有关规定，在核定的办学规模内，与当地公办同类学校同期面向社会自主招生。各地不得对民办学校跨区域招生设置障碍。民办学校应自觉维护地区招生秩序，严禁提前招生、掐尖式招生、违反规定变相考试选拔等，共同维护良好的教育生态。

鼓励民办高等学校和中等职业学校根据国家战略需求和区域产业发展需要，依法依规设置和调整学科专业。支持民办高等学校在完成国家规定课程前提下，自主开展教育教学、学校规划制订、内部机构设置等。支持民办高等学校承担国家和省重大科研任务，引导民办高等学校开展应用型研究，积极支持有条件的民办高等学校开展研究生教育和基础研究。民办中小学校在完成国家规定课程前提下，可自主开展教育教学活动。"

——摘自《浙江省人民政府关于鼓励社会力量兴办教育 促进民办教育健康发展的实施意见》（浙政发〔2017〕48号）。

"第三条 改进民办学校招生管理方式。民办学校在核定的办学规模内，自主提出年度招生计划和招生范围方案并报教育主管部门备案。民办中小学应主要在办学所在地招生，跨区域招生计划应纳入学校总体招生计划。违反相关规定配备公办学校在编教师的民办中小学校，必须承担相应区域的公共服务责任，其招生参照公办中小学校实施管理，更不得跨区域招生。

第四条 支持民办学校参与招生制度改革。有意愿的民办高校和独立学院，可纳入'三位一体'综合评价招生改革范围。鼓励民办高等职业院校试行高职提前招生、'三位一体'等自主招生改革试点。

第五条 探索科学的民办中小学招生方式。义务教育阶段民办学校必须对适龄儿童少年实行免试入学，不得通过任何形式的文化科目选拔考试或变相选拔考试遴选招录学生。义务教育阶段民办学校招生采用网上报名，不得对报名设置前提条件。民办初中学校招生时，若报名人数超过计划数，可以采用电脑派位摇号确定招收对象或采用电脑派位摇号、面谈、学习能力测评确定招收对象。学习能力测评主要考核学生学习能力，不得考核文化科目知识。普通高中学校应以初中毕业生学业考试成绩和综合素质评价结果为主要依据招收新生。鼓励各地教育行政部门将优质的民办普通高中学校招生名额合理分配到区域内初中学校。

第六条 切实维护招生秩序。中等及以下层次民办学校按照国家和省有关规定，与当地公办同类学校同期面向社会自主招生。民办学校应自觉维护地区招生秩序，严禁提前招生、掐尖式招生、违反规定变相考试选拔等行为，共同维护良好的教育生态。民办学校的招生办法、招生广告及招生简章须报教育行政主管部门备案。发布的招生简章和广告内容必须与备案的内容一致。

第七条 对民办中小学符合规定招收的学生，教育行政部门应及时做好学生电子学籍迁移审批工作。

第八条 营利性民办学校的学费和住宿费实行自主定价。非营利性民办幼儿园收费实行市场调节价，具体收费标准由民办幼儿园自主确定。非营利性民办中小学校收费政策由各级政府按照市场化方向确定。非营利性民办高等学校学费和住宿费实行市场调节价。各级政府要依法加强对民办学校收费行为的监管。

第九条　民办学校要严格执行教育收费公示制度，主动接受社会监督。民办学校收费应当按照有关规定向受教育者出具财税部门规定的合法票据。实施学历教育的民办学校按学期或学年收费，民办幼儿园按月或学期收费，实施非学历教育的民办学校按学习期限或周期收费。学生因退学、开除、休学、转学等原因提前结束学业，民办学校应按有关规定退费。民办学校收费项目及标准应向社会公示 30 天后执行，不得在公示的项目和标准外收取其他费用，不得以任何名义向学生摊派费用或者强行捐资助学。"

——摘自《落实民办学校办学自主权实施办法》（浙教计〔2018〕22 号）。

3. 市、县层面

"营利性民办学校学费和住宿费实行自主定价。非营利性民办幼儿园收费实行市场调节价，具体收费标准由民办幼儿园自主确定。非营利性民办中小学校收费政策由温州市及各县（市、区）政府按照市场化方向确定。各级政府要依法加强对民办学校收费行为的监管。"——摘自《温州市人民政府关于进一步深化综合改革促进民办教育健康发展的实施意见》（温政发〔2018〕20 号）。

"（八）加强分类收费指导。营利性民办学校学费和住宿费实行自主定价。非营利性民办幼儿园收费实行市场调节价，由幼儿园自主确定收费标准；非营利性民办中小学校收费标准按照市场化方向确定。各地、各有关部门应当加强对民办学校收费行为的监管，建立学费专户管理和收费公示制度。

（十二）保障学校办学自主权。鼓励民办高等学校和中等职业学校根据国家战略需求和区域产业发展需要，依法依规设置和调整学科专业。民办中小学校在完成国家规定课程前提下，可按有关规定自主开展教学活动。中等及以下层次民办学校应按照国家和省市有关规定，在核定的办学规模内，与公办学校同步招生。民办中小学校如有违规利用财政性资金办学及配备公办学校在编教师，并在规定时间内未整改到位的，其招生政策参照公办中小学校实施，不得跨区域招生。"

——摘自《宁波市人民政府关于进一步鼓励社会力量兴办教育促进我市民办教育高质量发展的实施意见》（甬政发〔2019〕68 号）。

五　关于民办学校教师队伍建设

1. 国家层面

"民办学校应当依法保障教职工的工资、福利待遇和其他合法权益，并为教职工缴纳社会保险费。

国家鼓励民办学校按照国家规定为教职工办理补充养老保险。"

——摘自《中华人民共和国民办教育促进法》新法第三十一条。

2. 省级层面

"根据《浙江省中长期教育改革和发展规划纲要（2010—2020 年）》要求，采取措施，保证社保待遇落实。民办学校教师应参加各项社会保险。民办学校应为其教师缴纳单位部分的社会保险费，教师本人应缴纳个人部分的社会保险费。民办学校教师参加事业单位养老保险的，按照当地事业单位养老保险统筹缴费标准参保并享受相应养老待遇；民办学校教师参加企业职工基本养老保险的，按照当地企业职工基本养老保险缴费标准参保并享受相应养老待遇。积极鼓励民办学校为教师建立年金等补充保险制度，进一步提高他们的退休待遇。民办学校教师在不同养老保险制度间转移养老保险关系，其缴费年限可按规定连续计算。"

——摘自《浙江省人民政府关于促进民办教育健康发展的意见》（浙政发〔2013〕47 号）。

"保障民办学校教师权益。全面推行民办学校教师人事代理制度，实行专任教师全员人事代理。民办学校教师在资格认定、职称评审、进修培训、科研课题申请、选优评先、国际交流等方面与公办学校教师享受同等权利。民办学校应依法组织教职工参加养老、医疗、工伤、失业、生育保险和大病保险，按规定足额缴纳社会保险费和住房公积金。符合条件的民办学校专任教师，可参加事业单位养老保险并同步建立职业年金。对为教师办理事业单位社会保险的民办学校，地方政府可给予一定比例的补助。鼓励民办学校按规定为参加企业职工基本养老保险的教职工建立企业年金，改善教职工退休后待遇。民办学校教师在不同养老保险制度间转移关系，其缴费年限可按规定连续计算。鼓励民办学校参照公办学校标准，为教师在参加基本医疗保险和大病保险基础上，办理补充医疗保险。

探索公办与民办学校教师合理流动机制。在编在岗公办学校教师流动到从事学历教育的全日制民办学校工作，除聘用合同另有约定以外，有关部门不得限制人员流动。原在编在岗公办学校教师到民办学校后，可按有关规定选择继续参加事业单位养老保险或参加企业职工基本养老保险。从事学历教育的全日制民办学校中经同级教育部门和人力社保部门备案的原在编在岗公办学校教师，今后若需重新流动到公办学校的，按照工作需要、编制和岗位空缺、专业对口、能否适应等原则，经同级教育部门和人力社保部门同意后直接考核聘用，相关信息应予公开；跨行业流动到其他事业单位的，应按新聘用人员公开招聘有关规定执行。公办学校教师在民办学校任教期间的工龄、教龄可以连续计算。"

——摘自《浙江省人民政府关于鼓励社会力量兴办教育 促进民办教育健康发展的实施意见》（浙政发〔2017〕48号）。

"第十条民办学校要按合同约定按时足额支付教师工资及奖金，依法组织教职工参加养老、医疗、工伤、失业、生育和大病保险，按规定足额缴纳社会保险费和住房公积金。符合规定条件的民办学校教师，可参加机关事业单位养老保险并同步建立职业年金。

第十一条完善学校、个人、政府合理分担的民办学校教职工社会保障机制，民办学校教师参加社会保险，单位应缴纳部分由民办学校承担。对为教师办理机关事业单位养老保险的民办学校，当地政府可给予适当的补助。但对于违反规定配备公办学校在编教师的民办学校，财政不予补助。

第十二条鼓励民办学校参照公办学校标准，为教师在参加基本医疗保险和大病保险基础上，建立补充医疗保险。鼓励民办学校按规定为参加企业职工基本养老保险的教职工建立企业年金，改善教职工退休后的待遇。

第十三条民办学校教师在不同养老保险制度间转移养老保险关系，其缴费年限可按规定连续计算。

第十九条完善民办学校教师流动机制，进一步落实民办学校的用人自主权。破除教师流动中的体制性障碍，逐步打通公办学校、民办学校教师流动渠道，鼓励教师在公办学校和民办学校间相互有序流动。

第二十条鼓励支持公办学校在编教师流动到民办学校工作，流动教师应与公办学校依法解除或终止事业单位聘用合同，所在公办学校应协助做好人事劳动关系接转等手续，并按规定报同级教育和人力社保部门备案。除聘用合同另有约定以外，不得限制教师流动。原公办学校在编教师流动到民办学校任教后，可按有关规定选择继续参加事业单位养老保险或参加企业职工基本养老保险。

第二十一条民办学校中经同级教育部门和人力社保部门备案的原公办学校在编教师，今后若需重新流动到公办学校的，按照工作需要、编制和岗位空缺、专业对口、能否适应等原则，经同级教育部门和人力社保部门同意后直接考核聘用，相关信息应予公开；跨行业流动到其他事业单位的，应按新聘用人员公开招聘有关规定执行。"

——摘自《浙江省民办学校教师队伍建设实施办法》（浙教人〔2018〕32号）。

3. 市、县层面

"（十一）落实民办学校师生权益保障制度。全面实施民办学校教师人事代理制度，健全教师社会保障制度。民办学校应依法组织教职工参加养老保险、医疗保险、工伤保险、失业保险、生育保险、大病保险和办理住房公积金，单位应缴纳的各项社会保险费由民办学校承担。符合条件的民办学校专任教师，可参加机关事业单位养老保险并同步建立职业年金。鼓励民办学校按规定为参加企业职工基本养老保险的教职工建立企业年金，改善教职工退休后待遇。民办学校教师在不同养老保险制度间转移养老保险关系，其缴费年限可按规定累计计算。鼓励民办学校为教师办理健康险等补充医疗保险。民办学校要逐步提高教师工资，工资原则上不得低于上年度所在地全社会单位在岗职工年平均工资水平。

（十七）推行编制报备员额制度。对登记为事业单位法人的非营利性民办学校，各县（市、区）机构编制部门给予核定不高于同类公办学校编制标准的 50% 的非财政供养民办事业编制报备员额（简称编制报备员额），编制报备员额实行用编计划和实名制管理，使用时应符合相关规定。使用编制报备员额教师有关招聘、奖惩、年度考核、继续教育、职称评审及岗位晋级等人事管理事项，参照公办学校同类人员执行，符合省规定条件的可参加机关事业单位养老保险。"

——摘自《温州市人民政府关于进一步深化综合改革促进民办教育健康发展的实施意见》（温政发〔2018〕20 号）。

"一、参保范围对象

在我市登记注册并具有法人资格的非营利性民办学校（含民办幼儿园，下同）中的以下人员为参保对象：

（一）符合事业单位进人条件、具有中级及以上教师专业技术职务的教师。

（二）符合省人力社保厅、教育厅、卫计委《关于促进公办与民办学校、医疗机构之间人才合理有序流动有关问题的通知》（浙人社发〔2015〕155 号）规定，从公办学校直接流动到民办学校的原在编教师。其中，非本市公办学校的在编教师流动到本市民办学校的，除符合本市 A、B、C、D、E 类高层次人才标准外，参保时年龄应距法定退休年龄 10 年及以上。

（三）按本处理意见参保后又流动到其他民办学校的教师，且重新录用后到教育行政部门办理参保审核的时间不迟于离开原民办学校时间的次月。

符合条件的参保单位及人员按属地管理原则，在各区、县（市）属地参保，按机关事业单位养老保险规定缴纳基本养老保险费。选择参加机关事业单位养老保险的民办学校、教师，从审核通过之月起参加机关事业单位养老保险。2014 年 10 月 1 日至本处理意见下发之日期间符合参保条件的，经审核后，可从符合参保条件之月起参加机关事业单位养老保险。

2014 年 9 月 30 日（含）前参加工作并符合参保条件的人员，首次参保时的相关基本信息由教育行政部门负责审核。"

"学校应建立健全教师考核制度，每年 11 月底前将参保教师上一学年的考核结果报档案工资管理部门备案。"

——摘自《关于民办学校教师参加机关事业单位养老保险有关问题的处理意见》（杭教人〔2019〕8号）。

"（十三）保障教师同等待遇。民办学校教师享有与公办学校教师同等的法律地位。符合条件的民办学校可试行民办事业单位报备员额管理。民办学校应逐年提高教师工资待遇，其中专任教师人均年收入不得低于上年度所在地全社会单位在岗职工年平均工资水平。民办学校应足额提取教师培训经费，加强教师继续教育。由教育行政部门认定的在民办学校任教的名优骨干教师，享受与公办学校同类同等待遇，其标准由各地制定，并由所在学校负责落实。民办学校按规定程序引进的纳入宁波市人才分类目录的人才，由各地落实相应的优惠政策。民办学校应依法组织教职工参加养老、医疗、工伤、失业、生育保险和大病保险，按规定足额缴纳社会保险费和住房公积金。民办学校可建立补充医疗保险制度，参保标准参照公办学校执行。符合规定条件的民办学校专任教师，可参加机关事业单位养老保险并同步建立职业年金。对建立年金等补充保险制度的市本级民办学校，市财政按民办学校年金支出的50%给予补助。各地应利用财政扶持政策，引导民办学校按照不低于当年学费收入的5%，建立教师专项发展基金，定向用于教师医保、教龄补助等教职工职业激励和待遇保障。民办学校可通过建立年金制度、购买商业保险等补充养老保险方式，改善教职工退休待遇。2014年10月1日前（不含10月1日）参加工作并符合条件的教师，可享受由所在民办学校发放的一次性退休补贴，市财政对市本级民办中小学校承担的一次性退休补贴给予50%的补助。在农村民办学校任教的教师，可享受农村教师任教津贴、农村特岗教师津贴和乡村教师津贴等，津贴补助标准由各地确定，并由所在学校发放。

（十四）健全合理流动机制。完善公办、民办学校教师合理流动机制，加强公办学校在编教师到民办中小学任职任教管理。对于符合区域规划，弥补教育资源短缺，促进区域均衡发展的薄弱民办中小学，各地可通过挂职、支教等形式，派遣一定数量的公办学校在编教师予以支持，派遣数量不超过该民办中小学教师总数的20%。公办学校在编教师在薄弱民办中小学累计任教、任职时间不超过6年。挂职、支教期间，公办学校在编教师原有的编制、人事关系、工资和社会保险等均保持不变，期满后回原单位任教。对存有接收公办学校在编教师任教、任职超过规定比例或年限，非薄弱民办中小学校接收公办学校在编教师，或者给民办学校核定事业编制并使用公办编制配备民办学校教师等行为的学校，各地应于 2022年底前按规定对其整改到位。"

——摘自《宁波市人民政府关于进一步鼓励社会力量兴办教育促进我市民办教育高质量发展的实施意见》（甬政发〔2019〕68 号）。

六　关于民办学校规范管理

1. 国家层面

"民办学校的举办者可以自主选择设立非营利性或者营利性民办学校。但是，不得设立实施义务教育的营利性民办学校。

非营利性民办学校的举办者不得取得办学收益，学校的办学结余全部用于办学。

营利性民办学校的举办者可以取得办学收益，学校的办学结余依照公司法等有关法律、行政法规的规定处理。

民办学校取得办学许可证后，进行法人登记，登记机关应当依法予以办理。"

——摘自《中华人民共和国民办教育促进法》新法第十九条。

"（五）建立分类管理制度。对民办学校（含其他民办教育机构）实行非营利性和营利性分类管理。非营利性民办学校举办者不取得办学收益，办学结余全部用于办学。营利性民办学校举办者可以取得办学收益，办学结余依据国家有关规定进行分配。民办学校依法享有法人财产权。

举办者自主选择举办非营利性民办学校或者营利性民办学校，依法依规办理登记。对现有民办学校按照举办者自愿的原则，通过政策引导，实现分类管理。"

——摘自《国务院关于鼓励社会力量兴办教育　促进民办教育健康发展的若干意见》（国发〔2016〕81 号）。

2. 省级层面

"（三）建立分类管理制度。对民办学校实行非营利性和营利性分类管理。非营利性民办学校举办者不取得办学收益，办学结余全部用于办学。营利性民办学校举办者可以取得办学收益，办学结余依据国家有关规定进行分配。研究制定民办学校分类登记实施办法，选择登记为非营利性民办学校的，依法修改学校章程，继续办学；选择登记为营利性民办学校的，应当进行财务清算，依法明确土地、校舍、办学积累等财产的权属并缴纳相关税费，办理新的办学许可证，重新登记，继续办学。现有民办学校（2016 年 11 月 7 日前正式设立的）到 2022 年底前完成分类登记。"

——摘自《浙江省人民政府关于鼓励社会力量兴办教育　促进民办教育健康发展的实施意见》（浙政发〔2017〕48 号）。

"第三条现有民办学校的举办者可以自主选择非营利性民办学校继续办学或者变更登记为营利性民办学校，但是不得设立实施义务教育的营利性民办学校。

第四条正式批准设立的非营利性民办学校，符合民办非企业单位登记有关规定的，依审批权限到民政部门登记为民办非企业单位；符合《事业单位登记管理暂行条例》等事业单位登记管理有关规定的，到事业单位登记管理机关登记为事业单位。正式批准设立的营利性民办学校，按法律法规规定的管辖权限到工商行政管理（市场监管）部门登记。"

——摘自《民办学校变更登记类型实施办法》（浙教计〔2018〕28 号）。

"民办学校可提取并设置职工福利基金、医疗基金、学校发展基金等。要健全民办学校风险应对机制，建立风险基金，凡在学校名下没有独立校舍的民办学校，教育行政部门要督促其在学校生源较好、资金充足之时，按学费年总收入的 5% 计提风险基金。风险基金用于保障办学过程中产生的非正常损失及相关费用，风险基金累计提取额达到当年度学费收入20% 及以上的，可不再提取。"

——摘自《浙江省财政厅、浙江省教育厅关于印发〈浙江省公共财政扶持民办教育发展实施办法〉、〈浙江省民办学校财务管理办法〉的通知》（浙财科教〔2018〕7 号）第四十四条。

3. 市、县层面

"（三）建立分类管理制度。对民办学校实行非营利性和营利性分类登记与管理。2016 年 11 月 7 日前批准设立的现有民办学校，除义务教育段全部登记为非营利性民办学校外，其他民办学校举办者自愿选择登记类型；2016 年 11 月 7 日至 2017 年 9 月 1 日期间设立的民办学校参照执行。到 2022 年底前，全面完成分类登记。选择登记为非营利性的现有民办学校，要依法修订学校章程，办理新的办学许可证，继续办学。民办学校举办者可以申请在审批机关指导下，进行财务清算，以 2017 年 8 月 31 日为基准日，在依法依规扣除财政补助、国有资产及其权益形成的资产后，经清算有剩余资产的，综合考虑出资者已取得的合理回报、办学效益等因素，从民办学校剩余资产中给予举办者一定额度的奖励，奖励采取一次性结算或分期奖励的形式。选择登记为营利性的现有民办学校，以 2017 年 8 月 31 日为基准日进行清算，依法依规明确土地、校舍、办学积累等财产权属，缴纳相关税费，办理新的办学许可证，重新登记，继续办学。"

——摘自《宁波市人民政府关于进一步鼓励社会力量兴办教育促进我市民办教育高质量发展的实施意见》（甬政发〔2019〕68 号）。

（王君胜整理）

第八部分　附录

附录一 浙江民办教育大事记
(2011—2020 年)

2011 年

1 月，省民办教育协会开展民办教育综合改革省级层面调研。2010 年 10 月 24 日，国务院办公厅印发《关于开展国家教育体制改革试点的通知》（国办发〔2010〕48 号），浙江成为国家民办教育综合改革试点的唯一省份；12 月，浙江决定在宁波、温州、安吉、德清等区域先开展试点工作。受省教育厅委托，省民办教育协会会长黄新茂分别主持召开由不同类别的民办学校举办者参加的 4 个座谈会，就"省试点方案"征求意见。

3 月 11 日，温州市全面启动实施民办教育综合改革试点。副省长、温州市委书记陈德荣于 3 月 11 日主持召开温州市委专题会议，研究民办教育综合改革试点工作。会议决定由教育、发改、财政、人事、社保、国资等部门牵头，成立六个课题组，分别展开政策研究，提出改革建议。

3 月 20 日至 21 日，由国家教育咨询委员会省级政府教育统筹综合改革组组长、教育部原副部长王湛率领的调研组一行 7 人到浙江专题调研民办教育综合改革。省教育厅厅长刘希平、副厅长褚子育、厅副巡视员丁天乐，省编办、省人社厅、省财政厅、省民办教育协会负责人等参加综合改革试点进展情况汇报会。调研组还召开了座谈会，听取各类民办学校举办者的建议意见。

4 月 7 日，由中国民办教育协会中小学专业委员会和省民办教育协会共同举办的"民办普通高中开设国际课程研讨会"在杭州举行。来自北京、上海、浙江、广东、辽宁、河南、湖北、陕西、重庆、福建等省市的 50 余人参加了会议。中国民办教育协会中小学专业委员会理事长郑增仪、省民办教育协会会长黄新茂出席。

4 月底，省民办教育协会就民办教育综合改革省级层面调研情况向省教育厅作了书面报告，就民办教育分类管理改革问题提出建议意见。

5 月，省民办教育协会与国家留学基金管委会留学预科学院开展"对韩国际教育交流项目"合作。25 日至 28 日，国家留学基金管委会留学预科学院副院长崔文斌陪同韩国韩中日友好交流协会副会长玄淳焕一行来浙江访问，协会与国家留学基金管理委员会留学预科学院正式签订"对韩国际教育交流项目合作协议"。6 月 11 日至 19 日，在留学预科学院的组织下，协会负责人和 5 位高中学校的校长赴韩国考察。

7 月 15 日，省人民政府召开民办教育综合改革研讨会。会议就民办教育综合改革所要达成的目标以及面临的问题展开交流讨论。宁波、温州等试点区域的与会代表就民办教育综合改革的设想、进程做了汇报。

9 月 4 日至 6 日，全国人大常委、全国人大教科文卫委员会副主任委员、民进中央副主席王佐书一行到浙江调研民办教育综合改革试点情况，省政协副主席（民进浙江省委会主委）盛昌黎、民进浙江省委会专职副主委穆建平等陪同调研。王佐书一行在省教育厅召开以"完善制度环境，促进民办教育发展"为主题的调研座谈会，省教育厅副厅长褚子育、省民办教育协会会长黄新茂，以及省发改委、社保厅、财政厅、民政厅、工商局等相关部门的领导参加座谈。王佐书还在温州召开了由民办学校董事长参加的民办教育综合改革试点座谈会。

9 月 13 日，省政府副秘书长马林云一行到温州调研民办教育综合改革试点工作。

9 月 24 日至 25 日，第二届长三角地区民办教育高峰论坛在宁波举行，来自上海、江苏、浙江三地的民办教育界代表、专家学者以及有关部门的领导共 120 余人参加。国家教育咨询委员、中国民办教育协会会长陶西平，教育部发展规划司副司长宋德民，省教育厅副厅长褚子育、省民办教育协会会长黄新茂，宁波市副市长成岳冲出席。浙江民办教育综合改革试点情况成了本届论坛关注的焦点，浙江省教育厅、宁波市教育局、温州市教育局分别介绍了民办教育综合改革的情况。

9 月 30 日，省财政厅、省教育厅发布《关于印发浙江省扶持民办幼儿园发展奖补暂行办法的通知》（浙财教〔2011〕183 号）。自 2011 年起，省财政安排一定的专项性一般转移支付资金，对市、县（市、区）扶持普惠性民办幼儿园工作给予适当奖励性补助。

10 月 20 日，中共温州市委办公室印发中共温州市委、温州市人民政府《关于实施国家民办教育综合改革试点加快教育改革与发展的若干意见》（温委〔2011〕8 号），内附法人分类管理、公共财政奖补资金、财产法人权、财产管理、师资队伍建设、教师社会保险、办学水平评估、现代学校制度等九个子文件，形成"1+9"政策体系。文件出台后，在全国引起强烈反响，广东、辽宁、吉林等省市纷纷组团到温州参观考察学习。国家教育咨询委员会委员、中国经济体制改革研究会会长宋晓梧一行也到温州考察调研教师队伍社会保险政策。

12 月 13 日，温州市政府公布浙江东方职业技术学院等 100 所学校为民办教育综合改革试点首批推进学校。其中申报登记民办事业单位法人的民办学校 84 所，申报登记企业法人的民办学校 16 所。同日，温州市政府确定温州华侨职专等 12 所学校为现代学校制度建设试点单位。

2012 年

1 月 18 日，省民政厅发布《关于 2011 年下半年全省性社会组织评估结果的通报》（浙民民〔2012〕6 号），浙江省民办教育协会获评 5A 级全省性社会组织。

6 月 1 日，省教育厅、省发展和改革委员会、省物价局印发《关于进一步扩大民办高等学校办学自主权的若干意见》（浙教计〔2012〕78号）。《意见》规定：改革民办高校专业设置管理办法，允许民办高校自主设置除国家和省控制布点外的专业，自主确定专业方向。

7 月 3 日，省教育厅办公室印发《浙江省教育厅关于做好中小学民办学校招生工作的意见》（浙教基〔2012〕88 号）。《意见》指出，要积极鼓励支持民办教育规范发展，要科学制定招生计划，合理确定招生范围，加强跨区域招生统筹，准确把握招生方式，有序开展招生工作；各级教育行政部门要加强民办中小学招生管理，民办中小学不得违规招生，教育行政部门对合规招生的民办中小学不得采取歧视性限制政策。该文件旨在支持民办学校规范发展，为了贯彻落实该文件，省教育厅刘希平厅长、韩平副厅长等先后 3 次主持召开征求意见座谈会，积极回应和协调民办学校对招生问题的关切。

7 月 17 日至 18 日，教育部副部长鲁昕率教育部发展规划司司长谢焕忠等到温州市调研民办教育综合改革试点工作，省教育厅副厅长褚子育、温州市副市长仇杨均等陪同调研。鲁昕出席在温州召开的鼓励和引导民间资金进入教育领域工作座谈会。

12 月 4 日至 5 日，中国民办教育发展大会暨中国民办教育协会 2012 年会在温州举行。全国人大常委会副委员长周铁农、严隽琪，教育部部长袁贵仁，浙江省省长夏宝龙发来贺信。全国政协副主席张榕明出席大会并讲话，教育部发展规划司司长谢焕忠、教育部综合改革司司长宋德明出席会议，来自全国各省、区、市的 500 余人参加会议。大会由中国民办教育协会、浙江省教育厅主办，温州市人民政府、浙江省民办教育协会承办。本次大会的召开，温州民办教育综合改革的阶段性成果得到更加广泛的传播。会后，广东、湖南、重庆等全国多个省市先后组团到温州考察民办教育综合改革。

12 月 4 日，2012 年中国民办教育城市联盟会议在温州举行，发布了 2012 年中国民办教育城市联盟会议温州宣言。

2013 年

1 月 8 日，省财政厅、省发展和改革委员会、省教育厅、省人力资源和社会保障厅印发《关于进一步完善中等职业教育学生资助政策的通知》（浙财教〔2013〕1 号）。《通知》规定，从 2012 年秋季学期起，对公办中等职业学校全日制正式学籍在校学生免除学费（艺术类相关表演专业学生除外），由财政根据享受免学费政策学生人数和免学费标准对学校予以补助，免学费标准按照各地价格主管部门批准、实际收取的学费执行。民办学校按当地同类型同专业公办中职学校学费标准给予补助，高出部分，学校可以按规定继续向学生收取。各地出台的中等职业教育免学费政策和助学金政策，范围、标准大（高）于省政策的，可按照本地的办法继续实施。

3 月 13 日，省教育厅、省民政厅发布《关于调整民办非学历高等教育机构管理体制的通知》（浙教计〔2013〕21号）。《通知》规定：根据省政府《关于下放部分省级行政审批和管理事项的通知》（浙政发〔2012〕73号）要求，"民办非学历高等教育机构设立、分立、合并、变更、终止审批"的行政审批和管理事项下放至各市、县（市、区）。省教育厅主要负责全省各类民办非学历高等教育机构统筹规划、宏观指导和管理；各地教育部门作为业务主管部门负责日常管理工作。对现有已经设立的专修学院，管理体制调整后，由各设区市教育局作为业务主管部门，各设区市不得再下放到县（市、区）一级；其他培训机构是否下放至县（市、区）一级，由各设区市教育局视具体情况确定。

5月14日至15日，教育部在温州召开"关于进一步促进民办教育发展的若干意见"座谈会，教育部发展规划司副司长郭春鸣一行以及各省教育厅民办教育负责人和专家参加。

5月28日至29日，省政府副秘书长李云林一行11人到温州调研民办教育综合改革工作。

7月10日，浙江省民办教育协会2013年常务理事（扩大）会议在杭州举行，华长慧当选会长。省教育厅副厅长褚子育、省民政厅副厅长梁星心到会并讲话。

7月18日，教育部副部长鲁昕一行到温州市中通国际学校等调研民办教育工作，省教育厅副厅长褚子育、温州市副市长仇杨均陪同调研。

8月26日，温州市委、市政府文件印发《关于深入实施国家民办教育综合改革试点加快教育改革与发展的若干意见》（温委〔2013〕63号），即"1+14"文件。

8月27日，省人民政府在温州召开全省社会力量办学办医工作交流推进会。会议传达了省长李强对全省社会力量办学办医工作交流推进会的批示。副省长郑继伟出席会议并讲话。

李强在批示中指出，各地各有关部门要统一思想，提高认识，真心实意地支持社会力量举办教育和医疗服务。要修订完善区域规划，进一步放宽市场准入，为社会力量办学办医留出空间；要合力破除政策障碍，切实维护民办学校的办学自主权，加快公立医院的改制改革。

9月9日，浙江省人民政府印发《关于促进民办教育健康发展的意见》（浙政发（2013）47号），提出要将民办教育纳入经济社会发展规划和教育事业发展规划，统筹民办教育和公办教育的协调发展，在政府承担发展教育责任不变、保证教育投入依法稳定增长的基础上，留出发展空间，着力优化结构，积极支持有特色、高水平的民办教育，加快形成公办民办互补、有序竞争和良性发展的多元办学格局，构建政府主导、社会参与、办学主体多元、办学形式多样的教育体系。

9月11日，省财政厅印发《支持市县民办教育发展专项资金管理办法》（浙财教〔2013〕196号），省财政自2014年起设立"支持市县民办教育发展专项资金"。

2013年下半年，省民办教育协会会长、部分副会长组团走访调研嘉兴、绍兴两市。9月22日至24日，走访调研嘉兴、海宁、平湖等地的部分民办学校；11月25日至26日，走访调研绍兴、诸暨等地的部分民办学校。

2014 年

3月17日至20日，由全国人大教科文卫委员会副主任委员吴恒、王佐书率领的全国人大调研组一行13人到浙江就民办教育促进法修订问题进行专题调研。此次调研重点有三方面的内容：一是"合理回报"，二是分类管理问题，三是民办学校办学自主权的落实情况。

3月31日，国家教育部批准同意设立温州肯恩大学，这是我省第一所具有独立法人资格的中美合作大学。

4月11日上午，由中国民办教育协会主办、省民办教育协会承办的2014年全国省级民办教育协会秘书长暨中国民办教育协会信息联络员工作会议在杭州召开。中国民办教育协会会长王佐书、秘书长王文源，省教育厅副厅长于永明，省民办教育协会会长华长慧等出席会议。

6月5日，省政府办公厅印发《关于政府向社会力量购买服务的实施意见》（浙政办发〔2014〕72号），符合条件的民办学校，经审核，可承担政府向社会购买服务项目。

9月30日，中共诸暨市委、诸暨市人民政府发布《关于印发诸暨市扩大民间资本进入社会领域改革试点相关实施意见的通知》（市委〔2014〕48号）。该市是全省扩大民间资本进入社会领域改革的试点市。

《通知》提出改革的目标是，"到2015年，全日制民办教育机构在校生人数达到全市在校生人数的25%以上；到2017年，全日制民办教育机构在校生人数达到全市在校生人数的40%以上"。

11月13日至14日，浙江省民办普通高中适应高考改革工作研讨会在诸暨召开。全省11个设区市教育局及义乌市教育局的分管领导和全省140余所民办普通高中的负责人共200余人参加了会议。省教育厅副厅长韩平到会并讲话，省教育厅教研室主任缪水娟作普通高中如何适应高考改革专题讲座。省民办教育协会会长华长慧、副会长兼秘书长钟心诚等到会。会议由省教育厅主办，省民办教育协会承办。

2015年

1月7日，省教育厅召开民办中职校长座谈会。我省从2012年秋季学期起执行中职在校生免学费政策以后，民办中职学校受到很大影响，办学规模日渐萎缩。省教育厅副厅长朱鑫杰和有关处室负责人到会听取意见建议，并对相关问题作了解答。

3至4月，省民办教育协会组织开展民办中职学校办学情况专题调研，形成专题报告《转型升级求生存完善政策盼扶持——浙江省民办中职学校办学情况调查》。上报省教育厅后，刘希平厅长批示，给予充分肯定。

6月3日，省教育厅、省财政厅、省物价局发布《关于普惠性民办幼儿园认定及管理工作的指导意见》（浙教学前〔2015〕40号），旨在进一步优化学前教育资源配置，大力引导和支持民办幼儿园提供普惠性服务，加快构建覆盖面广、质量有保证的学前教育公共服务体系。

9月30日，宁波市人民政府办公厅印发《关于进一步鼓励民间资本进入教育领域的实施意见》（甬政发〔2015〕109号），明确了鼓励民间资本举办全日制学校（含幼儿园）和教育培训机构、参与教育合作共建项目和教育服务等四大领域，进一步激发教育活力，满足人民群众多层次、多样化的教育需求选择。积极鼓励民间资本进入教育领域，率先在国内提出了民办教育分类改革，分类扶持的政策。

12月17日，省民办教育协会第四届会员代表大会在杭州召开。中国民办教育协会会长王佐书、省教育厅副厅长于永明、省民政厅副厅长梁星心等领导出席会议并讲话。会议选举产生了协会新一届常务理事、监事以及协会领导。葛为民任会长、叶向群任常务副会长、林晓鸣任副会长兼秘书长，王建华任监事会主席。

12月25日，绍兴市民办教育协会成立大会暨第一届会员代表大会召开。

2016 年

1月20日，省民办教育协会会长葛为民主持召开《中华人民共和国民办教育促进法》二次审议稿征求意见座谈会。常务副会长叶向群、秘书长林晓鸣出席。各分会会长、秘书长，各类民办教育机构举办者代表参加座谈。会后，分析汇总意见建议，书面上报全国人大法律工作委员会和教育部。

4月13日至14日，浙江省民办学校教育国际化研讨会在诸暨举行。会议由省民办教育协会主办、中小学教育分会和诸暨海亮教育集团共同承办，会长葛为民到会讲话。常务副会长叶向群、秘书长林晓鸣出席。省教育厅外事处处长舒培冬和省教科院原院长、浙江大学博士生导师方展画，分别作了《做好我省中小学对外开放的若干思考》《教育内涵发展的国际视野》专题报告。诸暨海亮外国语学校等7家民办教育机构的负责人在会上作交流发言。

5月3日，教育部正式发文，批准温州大学城市学院转设为温州商学院。

11月21日至22日，中国民办教育协会在全国人大常委会和教育部的支持与指导下，在浙江树人学院召开了学习民办教育促进法新法座谈会，会议由浙江省民办教育协会协办，浙江树人学院承办。全国人大常委、法律委员会副主任委员李连宁，全国人大常委、教科文卫委员会副主任委员、中国民办教育协会会长王佐书，全国人大常委、教科文卫委员会副主任委员严以新，教育部发展规划司副司长郭春鸣，浙江省教育厅副厅长于永明，教育部发展规划司民办教育处处长韩劲红出席会议。中国民办教育协会副会长、监事会主席、副主席，部分民办教育界全国党代表、全国人大代表、全国政协委员，各省级民办教育协会会长，民办教育科研机构专家学者共 80 余人参加了会议。

12 月 18 日，省民办教育协会首次评选表彰"社会公益服务""校园文化建设""特色办学"先进单位。分别有 7 个、14 个、16 个民办学校获奖。

12 月 18 日下午，省民办教育协会面向会员单位举办新修订的《中华人民共和国民办教育促进法》学习培训会，邀请中国民办教育协会法律事务部部长、上海市教科院民办教育研究所所长董圣足作专题讲座。会长葛为民出席会议并讲话，协会常务副会长叶向群主持会议。

2017 年

2 月 7 日，省教育厅、财政厅发布《关于印发政府向社会力量购买学前教育服务实施方案的通知》（浙教计〔2017〕12 号），将"学前教育普惠性服务项目"列为深化我省政府购买服务改革试点项目之一，大力推进学前教育普惠化。

2 月 23 上午，省教育厅厅长郭华巍在温州主持召开民办教育座谈会。省教育厅副厅长于永明、省民办教育协会会长葛为民等出席座谈会。温州、台州、丽水三市教育局主要负责人、10 位各类民办教育学校举办者、办学者参加座谈会。郭华巍厅长指出，民办教育要在破难题、促发展上努力，要在优环境、强规范上努力，要在解放思想、走在前列上努力。

3 月，省民办教育协会按照不同办学类别分别召开座谈会，学习领会新修订的民办教育促进法和国务院有关民办教育改革发展的 3 个行政法规的贯彻实施意见，座谈研讨对制订我省民办教育改革政策、措施的意见和建议。协会还组织调研组先后到温州、丽水、湖州、宁波、杭州等市县及21 所民办学校调研，并相继召开不同类型、层次座谈会 15 个，先后共有260 多人参加了座谈。

3 月 29 日，丽水市民办教育协会成立大会暨第一届会员代表大会召开。

5 月 3 日，省民办教育协会召开会长会议，深入学习新法新政，讨论研究对我省贯彻落实全国人大常委会关于修改《中华人民共和国民办教育促进法》的决定和国务院相关配套文件的相关意见建议。

5月15日，省民办教育协会向省政府、省教育厅分别提交《〈关于我省贯彻落实民办教育"国家1+3文件"基层反映的主要问题及建议〉的报告》。《报告》列举了基层普遍反映的在制定学校分类管理政策、维护民办学校教师合法权益、完善政府经费资助和税收优惠政策、维护民办学校办学自主权、引导民办普惠幼儿园设立、依法管理民办学校等六方面存在的相关问题，并提出相应的意见建议。省委书记车俊，代省长袁家军，分管副省长成岳冲分别对报告做出重要批示。

8月17日，成岳冲副省长主持召开民办教育工作专家座谈会，省政府副秘书长李云林、省教育厅厅长郭华巍、省教育厅副厅长于永明及省编办、省财政厅、省人保厅分管领导、省民办教育协会会长葛为民出席会议。树人学院校长徐绪卿、民办学校举办者汤有祥、陶仙法、冯海良、沈国甫及有关专家参加座谈，围绕贯彻《中华人民共和国民办教育促进法》和《国务院关于鼓励社会力量兴办教育　促进民办教育健康发展的若干意见》，就如何破解困扰民办教育健康发展问题，提出对策建议。省教育厅领导介绍了我省民办教育"1+7"政策文件前期研制情况。成岳冲副省长讲话，充分肯定我省民办教育战线的同志们多年来的贡献，并表示对意见建议要认真研究，争取各方理解和支持；希望各民办学校从大局出发，保持稳定，再接再厉，规范发展，使我省的民办教育始终走在全国前列。

10月17日，中共浙江省委组织部、中共浙江省委新经济与新社会组织工作委员会召开全省民办学校党建工作座谈会，决定22所民办学校为浙江省民办学校党建工作示范基地。

11月16日至17日，来自全国民办教育界近300位代表汇聚诸暨海亮教育园和杭州育才学校，参加中国民办教育协会中小学专委会2017年年会。全国人大常委、中国民办教育协会会长王佐书，浙江省教育厅副厅长韩平出席并讲话。省民办教育协会会长葛为民到会并致辞。诸暨海亮国际学校、杭州育才学校分别介绍学校改革发展的经验。

12月26日，浙江省人民政府印发《关于鼓励社会力量兴办教育　促进民办教育健康发展的实施意见》（浙政发〔2017〕48号），此文件与随后出台的7个配套子文件，共同组成了浙江省贯彻落实《中华人民共和国民办教育促进法》新法地方新政"1+7"政策体系。浙江民办教育新政坚持问题导向，聚焦难点和热点问题，体现了国家要求、社会需求和浙江追求，具有鲜明的浙江特色。

2018 年

1月15日，省民办教育协会与浙江树人学院签署合作协议，合作建立浙江省民办教育政策咨询研究院，在政策制定和实践中发挥智库作用，服务我省民办学校改革发展。

2月11日，省民政厅发布《关于2017年度全省性社会组织评估结果的通报》（浙民民〔2018〕24号），浙江省民办教育协会经复评再度获评5A级全省性社会组织。

3月9日至4月8日，为贯彻落实省人民政府印发《关于鼓励社会力量兴办教育　促进民办教育健康发展的实施意见》，省级政府部门陆续出台了7个配套文件。其间，省财政厅会同省教育厅相继印发了《公共财政扶持民办教育实施办法》《民办学校财务管理办法》《民办学校财务清算办法》3个文件；省教育厅会同相关部门相继印发了《民办学校信息公开和信用管理办法》《落实民办学校办学自主权实施办法》《现有民办学校变更登记类型实施办法》《加强民办学校教师队伍建设实施办法》4个文件。

3月21日，金华市民办教育协会成立大会暨第一届会员代表大会召开。

7月3日，省民办教育协会在杭州召开全省民办学校党建工作交流研讨会，浙江省社会组织联合会会长、省委"两新"组织工委原副书记、省民政厅原副厅长梁星心出席会议并作党建专题报告，会长葛为民讲话。常务副会长叶向群、副会长兼秘书长林晓鸣出席会议。全省民办学校党组织负责人、学校负责人等80余名会议代表参加会议。浙江锦绣育才教育科技集团等9个单位的代表介绍了抓党建、促发展的经验。

7月9日至10日，省民办教育协会在杭州举办我省民办教育法规政策专题培训班。省教育厅副厅长韩平、于永明莅临会议，并分别就我省民办教育发展和政策法规作了主题报告。会长葛为民、常务副会长叶向群、副会长兼秘书长林晓鸣出席，来自全省各地民办学校举办者和管理者约

250 人参加培训。培训班重点围绕我省出台的"1+7"文件体系，邀请浙江树人学院校长徐绪卿、省教育厅和省财政厅相关处室负责人分别围绕民办学校分类管理、办学自主权、教师队伍建设、学校财务清算、财政扶持与财务管理等有关文件进行了政策解读，并现场答疑解惑。

9 月 5 日，省民办教育协会会长葛为民主持召开《中华人民共和国民办教育促进法实施条例（修订草案）（送审稿）》征求意见建议座谈会，全省 30 多位民办学校举办者、校长、专家到会。常务副会长叶向群、副会长兼秘书长林晓鸣等出席。与会者对实施条例送审稿进行了深入讨论，协会将意见建议书面上报了司法部和教育部。

9 月 26 日，司法部、教育部相关司局负责人在浙江树人学院召开座谈会。听取相关方面对《民办教育促进法实施条例》修订的相关意见。司法部法制司副司长金武卫、教育部政法司副司长王大泉、教育部法制办副主任翟州学、浙江省教育厅副厅长韩平等领导出席会议。

10 月 2 日至 12 日，省民办教育协会学前教育分会 20 个会员单位组成幼教考察团赴德国考察。考察了德国 6 家不同类型的幼教机构，与举办者进行了座谈交流。

10 月 27 日，由上海、江苏、浙江和安徽一市三省民办教育协会共同发起的"长三角民办教育一体化发展联盟"在上海成立。教育部发展规划司、中国教育学会、中国民办教育协会、"一市三省"教育行政部门负责人到会祝贺，并与来自"一市三省"的 500 多名民办教育界代表共同见证了"发展联盟"的签约仪式。省教育厅副厅长韩平，省民办教育协会会长葛为民，以及我省民办教育机构负责人共 110 余人参加会议。

12 月 26 日上午，省民办教育协会以转型升级、内涵发展为主题，召开了 2018 年年会暨交流研讨会。省教育厅副厅长韩平到会并讲话。葛为民会长作了"转型升级、提升质量，合力推进民办教育持续健康发展"的报告。会议围绕主题交流研讨，中国民办教育协会民办教育研究院副院长、上海教科院方建锋研究员，浙江省基础教育研究中心副主任、浙江师范大学李伟教授分别作了《未来民办教育的政策走向及应对》《新法新政形势下民办学校转型升级、内涵发展的几点思考》专题报告，海亮教育集团、杭州新东方专修学校和衢州手牵手幼儿园三校（园）作典型发言。会议增补了省民办教育协会常务理事单位，浙江树人学院校长徐绪卿当选监事会委员、主席。

2019 年

年初，省民办教育协会与浙江师范大学教师学院、浙江智慧云公益服务中心签署合作协议，实行远程线上教育扶贫。在宁波华茂学校前期帮扶的基础上，确定贵州省黔西南州贞丰县连环乡中心小学为帮扶对象，对该校 3 至 6 年级学生进行网上英语课程教学。

4 月 20 日，首届中国民办教育发展高峰论坛在杭州隆重举行，来自全国的专家学者和民办教育工作者共 760 多人参加。全国政协常委朱永新、浙江省副省长成岳冲出席开幕式并讲话。21 日上午，论坛移师诸暨海亮教育园举行民办教育名校长分享会，并隆重发布主题为"新法、新政、新发展"的中国民办教育发展"杭州倡议"。本次论坛由中国教育三十人论坛、海亮集团共同主办，海亮教育集团、浙商总会教育委员会承办，浙江省民办教育协会、上海市教科院民办教育研究所、浙江省发展民办教育研究院、慈溪慈吉教育集团协办。

7 月 8 日至 11 日，省教育厅正厅级领导李鲁带队，协会会长葛为民和省民办教育协会高等教育分会会长徐绪卿等会员单位负责人赴陕西和吉林考察调研民办高等教育，调研组撰写的专题报告《扶持与规范并举，推动民办高校融入教育强省建设——陕西、吉林两省民办高等教育调研报告》，省教育厅陈根芳厅长做出批示给予肯定。

11 月上旬至 12 月上旬，协会会长葛为民、常务副会长叶向群、副会长兼秘书长林晓鸣分别带队赴杭州等 7 个设区市、13 个县（市、区）开展民办学前教育新政实施进展情况调研。召开了不同类型的座谈会、实地考察各地的民办园。同时，面向所有学前教育会员单位，采用网络问卷形式，广泛了解情况。梳理民办园普惠发展的基本情况、主要经验和制约因素。

11 月 7 日，省政府印发文件，表章浙江省第二十届哲学社会科学优秀成果奖。浙江树人学院徐绪卿撰写的专著《民办院校办学体制与发展政策研究》荣获一等奖。

11 月 11 日至 12 日，第二届长三角民办教育一体化发展论坛在浙江海宁举行。中国民办教育协会会长王佐书、浙江省教育厅副厅长丁天乐莅临会议并讲话，浙江省民办教育协会会长葛为民主持。国家教育部发展规划司、长三角一市三省教育行政部门领导和民办教育协会负责人等出席。本次论坛以"新法新政背景下长三角民办教育改革发展探索"为主题，深度解读最新政策动向，理性透析最近行业走势，多方谋划发展策略。论坛还根据不同的办学类别开展分组研讨，就当前社会关注的民办高校的"内涵发展"、中小学的"公民办同招"、学前教育的"普惠性幼儿园"、培训机构的"规范发展"等热点问题展开讨论交流，分享经验。本次论坛由浙江省民办教育协会、浙江宏达教育集团承办，来自上海、江苏、浙江、安徽等地的 300 多位民办教育机构负责人参加。

11 月 15 日，受中联部国际交流中心委托，浙江育英职业技术学院接待老挝公安部党委副书记、副部长等省部级高级干部研修班一行 25 人来校考察交流。

12 月 26 日上午，省民办教育协会在杭州召开党建工作专业委员会成立大会。省教育厅党委副书记干武东莅临会议并讲话，省教育厅党委委员、组织处处长应方彩到会祝贺，协会会长葛为民主持。常务副会长叶向群、副会长兼秘书长林晓鸣出席会议。全省各级各类民办学校董事长、校长、学校党建工作负责人共 150 余人参加会议。浙江树人学院党委书记章清担任党建工作专业委员会主任，浙江育英职业技术学院党委书记王锡耀、浙江海亮教育集团党委书记叶翠微、浙江锦绣育才教育集团党委书记郁龙旺担任副主任，叶翠微兼任秘书长。

12 月 18 日，省教育厅、中共浙江省委网络安全和信息化委员会办公室、省通信管理局、省公安厅、省广播电视局、省"扫黄打非"工作领导小组办公室、省科技厅等七部门发布关于印发《浙江省关于规范校外线上培训发展的实施细则》的通知（浙教规〔2019〕87 号），参照校外培训机构治理标准，同步规范校外线上培训。

2020 年

1 月 19 日，省教育厅、中共浙江省委网络安全和信息化委员会办公室、省公安厅、省民政厅、省司法厅、省人力资源和社会保障厅、省住房和城乡建设厅、省卫生健康委员会、省应急管理厅、省市场监督管理局、省广播电视局、国家税务总局浙江省税务局等 12 部门发布《关于规范校外培训机构设置和管理的指导意见》（浙教规〔2020〕7 号）。旨在全面贯彻党的教育方针，以促进中小学生身心健康发展为落脚点，以建立健全校外培训机构监管机制为着力点，努力构建校外培训机构规范有序发展的长效机制。

3 月 5 日，针对新冠肺炎疫情对民办教育机构带来的严重影响，省民办教育协会向省教育厅、省政府、分管副省长分别提交《关于请求给予我省民办幼儿园及其他教育机构扶持政策的建议报告》。省政府领导对此高度重视，并作出批示。

3 月 10 日，省教育厅办公室、省财政厅办公室印发《关于切实做好疫情期间民办学校（幼儿园）帮扶工作的通知》（浙教办函〔2020〕43 号）。

3 月 20 日，省政府正式发文《浙江省人民政府关于正式设立浙江宇翔职业技术学院的批复》（浙政函〔2020〕21 号）。5 月 11 日，教育部正式发布《教育部办公厅关于公布实施专科教育高等学校备案名单的函》（教发厅函〔2020〕22 号），浙江宇翔职业技术学院正式设立为全日制普通高校。

6 月，省民办教育协会荣获浙江省社会组织总会授予的"2019 年度优秀社会组织"称号。

6 月 22 日，教育部发展规划司正式发布《教育部关于同意浙江广厦建设职业技术学院（本科）更名为浙江广厦建设职业技术大学的函》（教发函〔2020〕34 号）。职业技术学院更名为职业技术大学，目前系浙江省唯一一所。

〔浙江民办教育大事记（2011—2020 年）由马国斌整理〕

附录二 浙江省民办教育发展数据
（2010—2019 年）

2010 年

一 教育整体概况

	学校数（所）	毕业生数（人）	招生数（人）	在校生数（人）	教职工数（人）	
					合计	其中：专任教师
一、基础教育						
1. 普通中学	2314	859673	832963	2551480	208249	182865
高中	569	273680	300941	880194	—	62344
其中：民办	163	53258	66994	190028	—	11333
初中	1745	585993	532022	1671286	—	120521
其中：民办	200	55051	70588	196849	—	11018
2. 小学	3989	541309	602117	3333274	186081	171908
其中：民办	186	43535	72650	340347	16636	12318
3. 幼儿园	9863	573712	599221	1830533	157174	95101
其中：民办	7850	366728	384351	1197398	103723	61253
4. 特殊教育	67	1718	1904	13010	1837	1586
5. 工读学校	1	60	59	140	52	42
二、中等职业教育						
1. 职业高中	313	145963	186453	500210	28030	23390
2. 普通中专	46	26982	39757	106199	5447	4326
3. 技工学校	68	26328	39120	10791	6875	—
三、普通高等教育						

	学校数（所）	毕业生数（人）	招生数（人）	在校生数（人）	教职工数（人）	
					合计	其中：专任教师
1. 研究生	—	11156	16575	47991	—	—
博士生		1256	1941	8329	—	—
硕士生	—	9900	14634	39662	—	—
2. 普通本专科（含筹）	80	233741	260111	884867	79785	50969
普通本科	33	108865	138886	522172	57420	35904
其中：民办	3	47318	57542	218296	14267	10951
其中：独立学院	22	39299	41991	169775	10174	7929
高职（高专）	47	124876	121225	362695	22365	15065
其中：民办	9	24622	22718	71182	3639	2540
四、成人教育						
1. 成人高等学历教育	9	117008	106591	250998	1595	1013
2. 网络本专科	—	11427	15492	43051	—	—
3. 成人中等专业教育	44	14416	15318	35829	1748	1106
4. 成人中学	374	109607	—	116494	1848	1285
5. 成人技术培训学校	4226	3601797	—	3265911	23172	12708
6. 成人初等学校	81	2632	—	2910	127	72

二 民办基础教育

（一）幼儿园

	园数	入园幼儿数（人）	在园幼儿数（人）	离园幼儿数（人）	教职工数（人）	
					合计	其中：专任教师
民办	7850	384351	1197398	366728	103723	61253

（二）小学

	学校	本年毕业生数（人）	本年招生数（人）	在校学生数（人）	教职工数（人）	
					合计	其中：专任教师
浙江省	186	43535	72650	340347	16636	12318

（三）普通中学

	学校数 （所）			本年毕业生数 （人）		本年招生数 （人）		在校学生数 （人）		专任教师 （人）	
	合计	初中	高中	初中	高中	初中	高中	初中	高中	初中	高中
浙江省	344	172	172	55051	53258	70588	66994	196849	190028	11018	11333

三　民办高等教育

（一）独立设置的普通高校

学校名称	主管部门 （举办者）	在校研 究生数 （人）	本专科学生数（人）			教职工数（人）	
			毕业 生数	招生数	在校 生数	合计	其中： 专任教师
宁波诺丁汉大学	省教育厅	—	738	1194	4204	868	459
浙江万里学院	万里教育集团	—	4990	5042	20116	1326	1036
浙江树人学院	浙江省政协	—	3377	3923	14323	790	542
宁波大红鹰学院	宁波市政府	—	3369	5807	14537	884	662
浙江越秀外国语学院	越秀教发公司	—	1847	3927	10790	706	518
浙江育英职业技术学院	育英教育集团	—	1883	2050	5981	348	265
绍兴职业技术学院	兴韦教育集团	—	3326	3062	8996	577	420
浙江东方职业技术学院	东方集团	—	1852	759	3793	340	222
浙江长征职业技术学院	民革浙江省委	—	2815	3406	10692	727	517
嘉兴南洋职业技术学院	嘉兴市政府	—	1575	1441	4281	275	189
浙江广厦建设职业 技术学院	浙江广厦集团	—	3651	3620	11104	736	510
杭州万向职业技术学院	浙江万向集团	—	1556	1703	4745	254	196
浙江汽车职业技术学院	吉利集团	—	412	879	1920	189	95
浙江横店影视职业学院	横店集团	—	156	847	1906	193	126

（二）独立学院

学校名称	主管部门 （举办者）	在校研 究生数 （人）	本专科学生数（人）			教职工数（人）	
			毕业 生数	招生数	在校生数	合计	其中： 专任教师
浙江大学城市学院	民办	—	2525	3321	13649	991	759
浙江大学宁波理工 学院	民办	—	2461	2875	11546	707	516
浙江工业大学之江 学院	民办	—	1975	1883	8315	627	419

学校名称	主管部门（举办者）	在校研究生数（人）	本专科学生数（人）			教职工数（人）	
			毕业生数	招生数	在校生数（人）	合计	其中：专任教师
浙江师范大学行知学院	民办	—	2754	2139	9541	636	343
宁波大学科学技术学院	民办	—	2520	2455	9791	496	398
杭州电子科技大学信息工程学院	民办	—	1684	2107	8578	375	353
浙江理工大学科技与艺术学院	民办	—	2535	1573	6680	289	184
浙江海洋学院东海科学技术学院	民办	—	1446	1434	5654	376	251
浙江农林大学天目学院	民办	—	1490	1527	6381	457	355
温州医学院仁济学院	民办	—	1508	1470	7106	395	350
浙江中医药大学滨江学院	民办	—	1182	892	3990	230	201
杭州师范大学钱江学院	民办	—	2313	2142	8848	600	423
湖州师范学院求真学院	民办	—	1574	1811	7261	381	327
绍兴文理学院元培学院	民办	—	2321	1988	8306	381	340
温州大学瓯江学院	民办	—	2365	1736	8406	570	478
浙江工商大学杭州商学院	民办	—	2105	2061	8563	343	336
嘉兴学院南湖学院	民办	—	1994	1868	8057	439	399
中国计量学院现代科技学院	民办	—	1512	1754	7200	421	322
浙江财经学院东方学院	民办	—	1662	2276	8172	467	405
温州大学城市学院	民办	—	1804	2157	7273	441	345
同济大学浙江学院	民办	—	437	2385	6656	472	380
上海财经大学浙江学院	民办	—	221	746	2105	80	45

2011 年

一　教育整体概况

	学校数（所）	毕业生数（人）	招生数（人）	在校生数（人）	教职工数（人）	
					合计	其中：专任教师
一、基础教育						
1. 普通中学	2314	853002	800310	2445018	210521	182630
高中	569	277131	300521	899016	—	63360
其中：民办	163	54090	66992	192519	—	11198
初中	1745	575871	499789	1546002	—	119270
其中：民办	200	54602	65920	183902	—	10482
2. 小学	3818	517786	628821	3440635	185301	174379
其中：民办	187	44364	78868	369470	—	12550
3. 幼儿园	9649	596588	602523	1871437	168497	100019
其中：民办	7571	380460	381138	1232451	110139	64068
4. 特殊教育	78	1544	2174	13048	2095	1794
5. 工读学校	1	64	62	138	56	44
二、中等职业教育						
1. 职业高中	292	144243	181513	501375	28801	24093
2. 普通中专	46	29644	39392	114566	6129	4958
3. 技工学校	68	25681	39173	113563	7660	—
三、普通高等教育						
1. 研究生	—	13046	17565	51846	—	—
博士生	—	1408	2034	8831	—	—
硕士生	—	11638	15531	43015	—	—
2. 普通本专科（含筹）	104	238448	271285	907482	81384	52296
普通本科	55	116841	146179	546291	58656	37187

	学校数（所）	毕业生数（人）	招生数（人）	在校生数（人）	教职工数（人）	
					合计	其中：专任教师
其中：民办	25	48159	61002	227744	14803	11381
其中：独立学院	22	39797	43950	171164	10506	8172
高职（高专）	49	121607	125106	361191	22728	15109
其中：民办	10	24568	22621	68012	3734	2515
四、成人教育						
1. 成人高等学历教育	9	104510	111262	248552	1616	1025
2. 网络本专科	—	13654	18113	47980	—	—
3. 成人中等专业教育	44	14763	17245	36060	1838	1185
4. 成人中学	393	29551	—	43030	2036	1521
5. 成人技术培训学校	4753	3289197	—	3188707	21549	13915
6. 成人初等学校	59	2520	—	3590	170	86

注：1. 特殊教育学生数中包括普通中小学随班就读的学生。

二　民办基础教育

（一）幼儿园

	园数	班数	入园幼儿数（人）	在园幼儿数（人）	离园幼儿数（人）	教职工数（人）					
						合计	园长	专任教师	保健医	保育员	其他
浙江省	7571	44089	381138	1232451	380460	110139	7689	64068	3272	17490	17620

（二）小学

	学校数（所）	教学点数	班数		本年毕业生数（人）	本年招生数（人）	在校学生数（人）
			合计	其中：复式班			
浙江省	187	27	7742	—	44364	78868	369470

续表

	学校数（所）	教学点数	班数		本年毕业生数（人）	本年招生数（人）	在校学生数（人）
			合计	其中：复式班			
杭州市	11	21	1175	—	7328	12548	60731
宁波市	57	2	1540	—	10652	14181	72537
温州市	23	—	1279	—	5836	13203	58051
嘉兴市	2		79	—	1525	2209	12101
湖州市	15	—	619	—	3120	4399	22700
绍兴市	8		381	—	2071	2905	15451
金华市	27	—	811	—	5098	11235	47637
衢州市	4		113	—	578	875	4323
舟山市	3	—	228	—	740	895	4296
台州市	31	1	1290	—	6192	14763	63397
丽水市	6	3	227	—	1224	1655	8246

（三）普通中学

	学校数（所）						本年毕业生数（人）		本年招生数（人）		在校学生数（人）	
	合计	初级中学	九年一贯制	完全中学	高级中学	十二年一贯制	初中	高中	初中	高中	初中	高中
浙江省	363	58	142	47	88	28	54602	54090	65920	66992	183902	192519
杭州市	49	12	22	3	5	7	7656	3425	11009	3599	29032	11140
宁波市	51	6	21	13	6	5	8616	7283	9949	8857	29841	26532
温州市	97	8	39	5	40	5	8853	17619	10962	17216	29682	54042
嘉兴市	25	6	8	4	6	1	5199	5183	5912	6148	16645	16581
湖州市	17	4	6	1	6	—	3064	4318	3316	5707	9592	14880
绍兴市	10	1	2	2	2	3	3460	3901	3553	8848	10648	21758
金华市	28	5	7	3	11	2	3348	5179	4903	7544	12131	22280
衢州市	11	3	1	5	2	—	3954	1894	3753	1921	11574	5608
舟山市	7	—	5	1	1	—	347	176	671	212	1613	560
台州市	50	5	27	7	7	4	6928	3912	8982	5310	23970	14522
丽水市	18	8	4	3	2	1	3177	1200	2910	1630	9174	4616

三 民办高等教育

（一）独立设置的普通高校

学校名称	主管部门（举办者）	在校研究生数（人）	本专科学生数（人）			教职工数（人）								
			毕业生数	招生数	在校生数	校本部教职工						科研机构人员	校办企业职工	附设机构人员
						合计	专任教师	行政人员	教辅人员	工勤人员				
宁波诺丁汉大学	万里教育集团	—	832	1402	4718	476	303	135	38	—	—	—	—
浙江万里学院	万里教育集团	—	4966	5124	20080	1329	1042	85	97	105	—	—	—
浙江树人学院	浙江省政协	—	3599	4061	14441	804	579	92	71	62	—	—	—
浙江越秀外国语学院	越秀教发公司	—	2235	4009	12377	765	561	148	42	14	—	—	—
宁波大红鹰学院	大红鹰教育集团	—	3013	5622	16988	923	724	129	70	—	—	—	—
浙江育英职业技术学院	育英教育集团	—	1856	2140	6149	358	280	48	30	—	3	—	—
绍兴职业技术学院	兴丰教育集团	—	2006	3068	8980	573	417	46	67	43	—	—	—
浙江东方职业技术学院	东方集团	—	1505	1271	3470	302	186	76	31	9	—	—	—
浙江长征职业技术学院	民革浙江省委	—	3543	3636	10653	785	516	74	85	110	—	—	—
嘉兴南洋职业技术学院	嘉兴南洋教育集团	—	1341	1469	4360	284	199	21	24	40	—	—	—
浙江广厦建设职业技术学院	广厦集团	—	3991	3802	10732	716	453	131	109	23	—	—	—
杭州万向职业技术学院	万向集团	—	1487	1802	4945	264	198	38	14	14	—	—	3

续表

学校名称	主管部门（举办者）	在校研究生数（人）	本专科学生数（人）			教职工数（人）								
			毕业生数	招生数	在校生数	校本部教职工						科研机构人员	校办企业职工	附设机构人员
						合计	专任教师	行政人员	教辅人员	工勤人员				
浙江汽车职业技术学院	吉利集团	—	821	534	1150	151	89	27	17	18	—	—	—
浙江横店影视职业学院	横店集团	—	253	1084	2698	250	164	30	18	38	—	—	—

（二）独立学院

学校名称	主管部门（举办者）	在校研究生数（人）	本专科学生数（人）			教职工数（人）								
			毕业生数	招生数	在校生数	校本部教职工						科研机构人员	校办企业职工	附设机构人员
						合计	专任教师	行政人员	教辅人员	工勤人员				
浙江大学城市学院	民办	—	3027	3322	13470	1014	779	187	48	—	—	—	—
浙江大学宁波理工学院	民办	—	2677	2961	11590	709	525	97	86	1	—	—	—
浙江工业大学之江学院	民办	—	1992	1853	7943	528	421	61	36	10	—	60	36
浙江师范大学行知学院	民办	—	2398	2149	9238	647	349	183	99	16	—	—	—
宁波大学科学技术学院	民办	—	2446	2509	9674	454	381	56	15	2	—	—	—
杭州电子科技大学信息工程学院	民办	—	1649	2139	8899	399	377	16	4	2	—	—	—

续表

学校名称	主管部门（举办者）	在校研究生数（人）	本专科学生数（人）			教职工数（人）								
			毕业生数	招生数	在校生数	校本部教职工					科研机构人员	校办企业职工	附设机构人员	
						合计	专任教师	行政人员	教辅人员	工勤人员				
浙江理工大学科技与艺术学院	民办	—	1825	1466	6277	285	185	57	43	—	—	—	—
浙江海洋学院东海科学技术学院	民办	—	1312	1432	5688	387	256	75	56	—	—	—	—
浙江农林大学天目学院	民办	—	1621	1555	6225	436	349	37	32	18	—	—	5
温州医学院仁济学院	民办	—	1623	1485	6943	401	357	19	22	3	—	—	—
浙江中医药大学滨江学院	民办	—	889	1009	4033	261	203	26	23	9	1	—	—
杭州师范大学钱江学院	民办	—	2473	2316	8609	598	424	115	59	—	—	—	—
湖州师范学院求真学院	民办	—	1730	1894	7352	394	329	41	24	—	—	—	—
绍兴文理学院元培学院	民办	—	1987	2101	8366	392	336	33	14	9	—	—	—
温州大学瓯江学院	民办	—	2496	1908	7683	564	450	100	12	2	—	—	—
浙江工商大学杭州商学院	民办	—	2090	2002	8319	346	339	6	1	—	—	—	—
嘉兴学院南湖学院	民办	—	1868	2003	7980	398	355	35	8	—	—	—	—
中国计量学院现代科技学院	民办	—	1608	1803	7286	413	317	53	43	—	—	—	—
浙江财经学院东方学院	民办	—	1703	2413	8774	564	470	55	32	7	—	—	—
温州大学城市学院	民办	—	1984	2185	7323	427	330	65	26	6	—	—	—
同济大学浙江学院	民办	—	758	2391	8224	599	505	56	27	11	—	—	—
上海财经大学浙江学院	民办	—	431	1297	2957	188	135	27	13	13	—	—	—

2012 年

一　教育整体概况

	学校数（所）	毕业生数（人）	招生数（人）	在校生数（人）	教职工数（人）	
					合计	其中：专任教师
一、基础教育						
1. 普通中学	2306	811475	788513	2368787	211509	183361
高中	571	297101	277919	875802	—	64506
其中：民办	164	60023	58645	183501	—	11036
初中	1735	514374	510594	1492985	—	118855
其中：民办	211	56123	69097	190846	—	11151
2. 小学	3698	538276	607186	3467269	190330	179473
其中：民办	197	49570	83646	390444	—	14727
3. 幼儿园	9573	601833	594778	1886304	180518	107289
其中：民办	7466	383228	364206	1214811	115625	67129
4. 特殊教育	79	1550	2741	14425	2185	1915
5. 工读学校	1	60	65	130	58	46
二、中等职业教育						
1. 职业高中	273	155128	154777	475054	29102	24868
2. 普通中专	46	35471	34103	108901	6701	5482
3. 技工学校	66	26618	35537	106085	8431	—
三、普通高等教育						
1. 研究生	—	15112	18748	54369	—	—
博士生	—	1456	2262	9485	—	—
硕士生	—	13656	16486	44884	—	—
2. 普通本专科（含筹）	105	247537	280824	932292	83843	54154
普通本科	56	126222	153236	569188	60511	38666

	学校数（所）	毕业生数（人）	招生数（人）	在校生数（人）	教职工数（人）	
					合计	其中：专任教师
其中：民办	25	52387	64008	236251	15714	11746
其中：独立学院	22	41044	45131	172757	10896	8469
高职（高专）	49	121315	127588	363104	23332	15488
其中：民办	10	23595	22187	65221	3844	2573
四、成人教育						
1. 成人高等学历教育	9	97530	121384	263158	1631	1045
2. 网络本专科	—	15003	18456	51839	—	—
3. 成人中等专业教育	39	12860	14340	34642	1630	1061
4. 成人中学	343	133668	—	143096	1756	1337
5. 成人技术培训学校	4599	3191994	—	3047893	21033	13858
6. 成人初等学校	18	2524	—	769	58	44

二、民办基础教育

（一）幼儿园

	园数	班数	入园幼儿数（人）	在园幼儿数（人）	离园幼儿数（人）	教职工数（人）					
						合计	园长	专任教师	保健医	保育员	其他
浙江省	7466	43931	364206	1214811	383228	115625	7594	67129	3614	19292	17996

（二）小学

	学校数（所）	教学点数	班数		本年毕业生数（人）	本年招生数（人）	在校学生数（人）
			合计	其中：复式班			
浙江省	197	27	8711	7	49570	83646	390444
杭州市	12	22	1515	—	8164	13694	66104
宁波市	56	2	1578	—	10947	14088	72256

续表

	学校数（所）	教学点数	班数 合计	班数 其中：复式班	本年毕业生数（人）	本年招生数（人）	在校学生数（人）
温州市	26	—	1500	—	6604	13533	63406
嘉兴市	3	—	337	—	2139	3523	16113
湖州市	15	—	443	—	3264	3599	19920
绍兴市	10	—	496	—	2678	3685	19403
金华市	30	—	977	—	5680	11867	48186
衢州市	5	—	132	3	675	987	4686
舟山市	3	—	84	—	685	435	2238
台州市	30	2	1403	1	7472	16149	68883
丽水市	7	1	246	3	1262	2086	9249

（三）普通中学

	学校数（所） 合计	初级中学	九年一贯制	完全中学	高级中学	十二年一贯制	本年毕业生数（人） 初中	本年毕业生数（人） 高中	本年招生数（人） 初中	本年招生数（人） 高中	在校学生数（人） 初中	在校学生数（人） 高中
浙江省	375	54	157	48	86	30	56123	60023	69097	58645	190846	183501
杭州市	50	12	23	3	5	7	8110	3611	11360	3546	29748	10551
宁波市	52	5	24	13	5	5	8915	8133	10828	6840	31056	23077
温州市	94	8	38	4	39	5	8508	18255	10909	13140	30002	46117
嘉兴市	25	5	10	4	5	1	5218	4743	5721	5013	15955	14874
湖州市	17	4	6	1	6	—	2991	4462	3289	5874	9465	16545
绍兴市	9	1	2	2	1	3	3197	5259	3902	7844	11118	22264
金华市	34	3	12	3	13	3	3398	7165	5379	6835	12902	21776
衢州市	10	3	1	5	1	—	3892	1689	3735	1909	11374	5424
舟山市	9	—	5	2	2	—	462	937	574	680	1445	2722
台州市	57	5	32	8	7	5	8285	4322	10468	5613	29127	15710
丽水市	18	8	4	3	2	1	3147	1447	2932	1351	8654	4441

三 民办高等教育

(一) 独立设置的普通高校

学校名称	主管部门（举办者）	在校研究生数（人）	本专科学生数（人）			教职工数（人）								
			毕业生数	招生数	在校生数	校本部教职工						科研机构人员	校办企业职工	附设机构人员
						合计	专任教师	行政人员	教辅人员	工勤人员				
温州肯恩大学（筹）	温州大学	—	—	204	204	66	13	37	4	12	—	—	—
浙江科贸职业技术学院（筹）	唯美教育投资公司	—	—	200	200	97	76	3	4	14	—	—	—
宁波诺丁汉大学	万里教育集团	—	1028	1378	4990	560	336	181	43	—	336	—	—
浙江万里学院	万里教育集团	—	5097	5136	19915	1333	1050	80	94	109	—	—	—
浙江树人大学院	浙江省政协	—	3791	4007	14450	804	578	95	72	59	—	—	—
浙江越秀外国语学院	越秀教发公司	—	2681	4307	13881	826	601	164	50	11	—	—	—
宁波大红鹰学院	大红鹰教育集团	—	3641	5804	18725	893	699	119	75	—	—	—	—
浙江育英职业技术学院	育英教育集团	—	2029	2298	6290	372	276	44	52	—	—	—	—
绍兴职业技术学院	兴韦教育集团	—	3114	3340	9084	581	421	48	67	45	—	—	—
浙江东方职业技术学院	东方集团	—	1434	1606	3580	283	172	73	30	8	—	—	—
浙江长征职业技术学院	民革浙江省委	—	3607	3900	10841	806	523	74	92	117	2	—	—

续表

学校名称	主管部门（举办者）	在校研究生数（人）	本专科学生数（人）			教职工数（人）							校办企业职工	附设机构人员
			毕业生数	招生数	在校生数	校本部教职工						科研机构人员		
						合计	专任教师	行政人员	教辅人员	工勤人员				
嘉兴南洋职业技术学院	嘉兴南洋教育集团	—	1471	1504	4369	289	204	23	23	39	—	—	—
浙江广厦建设职业技术学院	广厦集团	—	3526	3850	10851	703	450	115	115	23	—	—	—
杭州万向职业技术学院	万向集团	—	1502	1843	5203	277	188	67	9	13	—	—	3
浙江汽车职业技术学院	吉利集团	—	464	262	2026	170	91	42	20	17	—	—	—
浙江横店影视职业学院	横店集团	—	768	1186	3019	261	172	33	17	39	—	—	—

（二）独立学院

学校名称	主管部门（举办者）	在校研究生数（人）	本专科学生数（人）			教职工数（人）							校办企业职工	附设机构人员
			毕业生数	招生数	在校生数	校本部教职工						科研机构人员		
						合计	专任教师	行政人员	教辅人员	工勤人员				
浙江大学城市学院	民办	—	3206	3411	13340	1060	799	201	49	11	—	—	—
浙江大学宁波理工学院	民办	—	2879	3019	11540	716	530	98	88	—	—	—	—
浙江工业大学之江学院	民办	—	1977	2005	7807	521	424	56	33	8	—	59	31

续表

学校名称	主管部门(举办者)	在校研究生数(人)	本专科学生数(人)				教职工数(人)							
			毕业生数	招生数	在校生数	校本部教职工					科研机构人员	校办企业职工	附设机构人员
						合计	专任教师	行政人员	教辅人员	工勤人员			
浙江师范大学行知学院	民办	—	2403	1780	8527	639	375	176	72	16	—	—	—
宁波大学科学技术学院	民办	—	2299	2572	9745	442	372	54	14	2	—	—	—
杭州电子科技大学信息工程学院	民办	—	2225	2143	8666	400	378	16	4	2	—	—	—
浙江理工大学科技与艺术学院	民办	—	1518	1588	6258	283	181	60	42	—	—	—	—
浙江海洋学院东海科学技术学院	民办	—	1387	1460	5696	389	257	75	57	—	—	—	—
浙江农林大学天目学院	民办	—	1388	1570	6329	445	355	40	32	18	—	—	15
温州医学院仁济学院	民办	—	1911	1547	6530	410	366	17	24	3	—	—	—
浙江中医药大学滨江学院	民办	—	977	1127	4146	262	212	21	21	8	—	—	—
杭州师范大学钱江学院	民办	—	1917	2275	8893	586	411	117	57	1	—	—	—
湖州师范学院求真学院	民办	—	1780	1949	7456	481	356	74	51	—	—	—	—
绍兴文理学院元培学院	民办	—	2026	2287	8532	443	374	37	13	19	—	—	—
温州大学瓯江学院	民办	—	2047	1922	7453	535	430	90	13	2	—	—	—

续表

学校名称	主管部门（举办者）	在校研究生数（人）	本专科学生数（人）			教职工数（人）								
			毕业生数	招生数	在校生数	校本部教职工						科研机构人员	校办企业职工	附设机构人员
						合计	专任教师	行政人员	教辅人员	工勤人员				
浙江工商大学杭州商学院	民办	—	2125	1971	8078	377	366	10	1	—		—	—	—
嘉兴学院南湖学院	民办	—	2017	1974	7731	409	344	44	21	—		—	—	—
中国计量学院现代科技学院	民办	—	1821	1807	7163	411	317	52	42	—		—	—	—
浙江财经学院东方学院	民办	—	1931	2670	9378	601	500	62	32	7		—	—	—
温州大学城市学院	民办	—	1849	2195	7534	528	423	76	24	5		—	—	—
同济大学浙江学院	民办	—	1414	2538	9279	608	519	52	26	11		—	—	—
上海财经大学浙江学院	民办	—	732	1560	3763	245	180	36	14	15		—	—	—

2013 年

一　教育整体概况

	学校数（所）	毕业生数（人）	招生数（人）	在校生数（人）	教职工数（人）	
					合计	其中：专任教师
一、基础教育						
1. 普通中学	2296	781879	777599	2322404	211440	182862
高中	569	296105	265198	839755	—	64983
其中：民办	167	60752	58166	180599	—	11289
初中	1727	485774	512401	1482649	—	117879
其中：民办	218	57692	71832	198674	—	11890
2. 小学	3400	540378	607545	3495846	194380	183479
其中：民办	215	52439	85444	419400	—	16771
3. 幼儿园	9209	606969	564073	1868754	190186	110251
其中：民办	7053	379693	333698	1182035	118792	66971
4. 特殊教育	82	1777	2812	16327	2331	2038
5. 工读学校	2	67	218	291	106	63
二、中等职业教育						
1. 职业高中	252	156354	146189	447644	29228	25155
2. 普通中专	48	36987	32204	100002	6993	5796
3. 技工学校	66	27273	37351	118587	8877	—
三、普通高等教育						
1. 研究生	—	15592	19535	57801	—	—
博士生	—	1661	2346	10038	—	—
硕士生		13931	17189	47763	—	—
2. 普通本专科（含筹）	106	244860	283353	959629	85381	56000
普通本科	57	128186	151665	587410	61920	40223
其中：民办	25	52879	62050	241946	15626	11989
其中：独立学院	22	39980	43123	173018	10989	8552
高职（高专）	49	116674	131688	372219	23461	15777

续表

	学校数（所）	毕业生数（人）	招生数（人）	在校生数（人）	教职工数（人）合计	其中：专任教师
其中：民办	10	21110	22830	65095	4137	2873
四、成人教育						
1. 成人高等学历教育	9	101082	124118	276578	1673	1072
2. 网络本专科	—	15965	18743	49549	—	—
3. 成人中等专业教育	37	13931	13112	30877	1670	1049
4. 成人中学	321	96324	—	115772	1781	1380
5. 成人技术培训学校	4452	3039879	—	2969009	20535	14007
6. 成人初等学校	210	10119	—	37893	813	436

二　民办基础教育

（一）幼儿园

	园数	班数	入园幼儿数（人）	在园幼儿数（人）	离园幼儿数（人）	教职工数（人）合计	园长	专任教师	保健医	保育员	其他
浙江省	7053	42177	333698	1182035	379693	118792	7236	66971	3763	21096	19726

（二）小学

	学校数（所）	教学点数	班数 合计	其中：复式班	本年毕业生数（人）	本年招生数（人）	在校学生数（人）
浙江省	215	25	9652	—	52439	85444	419400
杭州市	13	17	1583	—	8231	12997	66746
宁波市	66	2	1897	—	11963	16666	86019
温州市	24	—	1658	—	7701	13337	66877
嘉兴市	3	—	273	—	1692	2214	11653
湖州市	15	—	497	—	3287	3413	21312

	学校数（所）	教学点数	班数		本年毕业生数（人）	本年招生数（人）	在校学生数（人）
			合计	其中：复式班			
绍兴市	9	—	531	—	2984	3267	19770
金华市	29	—	1124	—	5715	13075	52047
衢州市	6	—	137	—	637	1016	4992
舟山市	1	—	85	—	349	540	3299
台州市	46	—	1607	—	8436	16809	76943
丽水市	3	6	260	—	1444	2110	9742

（三）普通中学

	学校数（所）						本年毕业生数（人）		本年招生数（人）		在校学生数（人）	
	合计	初级中学	九年一贯制	完全中学	高级中学	十二年一贯制	初中	高中	初中	高中	初中	高中
浙江省	385	59	159	51	84	32	57692	60752	71832	58166	198674	180599
杭州市	57	13	27	3	7	7	8576	4275	11348	4414	30788	12851
宁波市	54	6	24	13	5	6	9130	7985	11047	6959	31391	21909
温州市	84	7	32	5	35	5	8566	16574	11886	13717	31917	42605
嘉兴市	24	6	8	4	5	1	5157	4525	5515	4429	16209	14513
湖州市	17	4	6	1	6	—	2937	4696	3360	4483	9494	15958
绍兴市	9	1	2	2	1	3	3746	6837	3850	7647	11313	23066
金华市	39	4	15	3	13	4	3580	7216	5974	6455	14362	20655
衢州市	10	3	—	5	2	—	3789	1746	3760	1753	11278	5450
舟山市	9	—	5	2	2	—	402	1042	573	690	1482	2339
台州市	65	6	37	10	7	5	8957	4563	11371	6385	31474	17306
丽水市	17	9	3	3	1	1	2852	1293	3148	1234	8966	3947

三　民办高等教育

（一）独立设置的普通高校

学校名称	主管部门（举办者）	在校研究生数（人）	本专科学生数（人）			教职工数（人）								
			毕业生数	招生数	在校生数	合计	校本部教职工					校办企业职工	附设机构人员	
							专任教师	行政人员	教辅人员	工勤人员	科研机构人员			
温州肯恩大学（筹）	温州大学	—	—	236	437	114	24	69	13	8	—	—	—
浙江科贸职业技术学院（筹）	一唯教育投资公司	—	—	185	385	101	76	14	13	5	—	—	—
宁波诺丁汉大学	万里教育集团	—	1019	1331	5248	663	398	219	46	—	—	—	—
浙江万里学院	万里教育集团	91	4889	5087	20092	1240	1065	79	80	16	—	—	—
浙江树人大学	浙江省政协	—	3550	4070	14725	800	578	97	71	54	—	—	4
浙江越秀外国语学院	越秀教发公司	—	2889	4440	15286	923	672	208	43	—	—	—	—
宁波大红鹰学院	大红鹰教育集团	—	3953	5119	19335	893	700	108	85	—	—	—	—
浙江育英职业技术学院	育英教育集团	—	1995	2488	6654	396	274	61	61	—	2	—	—
绍兴职业技术学院	兴才教育集团	—	2983	3353	9397	573	415	48	65	45	1	—	—
浙江东方职业技术学院	东方集团	—	758	1720	4497	314	207	74	24	9	—	—	—

续表

学校名称	主管部门（举办者）	在校研究生数（人）	本专科学生数（人）			教职工数（人）								
			毕业生数	招生数	在校生数	校本部教职工					科研机构人员	校办企业职工	附设机构人员
						合计	专任教师	行政人员	教辅人员	工勤人员			
浙江长征职业技术学院	民革浙江省委	—	3273	4049	11427	888	605	74	92	117	2	—	—
嘉兴南洋职业技术学院	嘉兴南洋教育集团	—	1409	1499	4414	280	198	23	21	38	—	—	—
浙江广厦建设职业技术学院	广厦集团	—	3589	4120	10812	827	594	120	105	8	—	—	—
杭州万向职业技术学院	万向集团	—	1567	2172	5650	327	235	68	14	10	—	—	3
浙江汽车职业技术学院	吉利集团	—	797	376	1522	141	75	31	17	18	—	—	—
浙江横店影视职业学院	横店集团	—	787	1276	3431	281	194	43	8	36	—	—	—

（二）独立学院

学校名称	主管部门（举办者）	在校研究生数（人）	本专科学生数（人）			教职工数（人）								
			毕业生数	招生数	在校生数	校本部教职工					科研机构人员	校办企业职工	附设机构人员
						合计	专任教师	行政人员	教辅人员	工勤人员			
浙江大学城市学院	民办	—	3216	3328	13143	995	711	202	58	24	—	—	—

续表

学校名称	主管部门（举办者）	在校研究生数（人）	本专科学生数（人）			教职工数（人）								
			毕业生数	招生数	在校生数	校本部教职工						科研机构人员	校办企业职工	附设机构人员
						合计	专任教师	行政人员	教辅人员	工勤人员				
浙江大学宁波理工学院	民办	—	2531	2915	11507	730	537	117	76	—	—	—	—
浙江工业大学之江学院	民办	—	1919	1849	7532	621	396	105	74	46	—	—	1
浙江师范大学行知学院	民办	—	2296	1619	7736	496	346	96	40	14	—	—	—
宁波大学科学技术学院	民办	—	1934	2460	10035	445	375	54	14	2	—	—	—
杭州电子科技大学信息工程学院	民办	—	2262	2124	8388	404	375	22	5	2	—	—	—
浙江理工大学科技与艺术学院	民办	—	1609	1488	6051	329	217	65	42	5	1	—	—
浙江海洋学院东海科学技术学院	民办	—	1394	1413	5648	391	279	61	49	2	—	—	—
浙江农林大学天目学院	民办	—	1648	1567	6108	437	346	56	17	18	—	—	—
温州医科大学仁济学院	民办	—	1632	1567	6418	443	370	48	22	3	—	—	—
浙江中医药大学滨江学院	民办	—	867	1003	4259	259	205	26	21	7	—	—	—
杭州师范大学钱江学院	民办	—	2089	2193	8925	585	409	116	59	1	—	—	—
湖州师范学院求真学院	民办	—	1792	1871	7474	491	368	74	49	—	—	—	—

续表

学校名称	主管部门(举办者)	在校研究生数(人)	本专科学生数(人)			教职工数(人)							
			毕业生数	招生数	在校生数	校本部教职工					科研机构人员	校办企业职工	附设机构人员
						合计	专任教师	行政人员	教辅人员	工勤人员			
绍兴文理学院元培学院	民办	—	2175	2215	8547	454	382	40	13	19	—	—	—
温州大学瓯江学院	民办	—	1844	1875	7336	523	423	86	12	2	—	—	—
浙江工商大学杭州商学院	民办	—	2088	1916	7849	422	394	24	4	—	—	—	—
嘉兴学院南湖学院	民办	—	1741	1892	7681	430	355	55	20	—	—	—	—
中国计量学院现代科技学院	民办	—	1800	1560	6821	399	305	50	44	—	—	—	—
浙江财经大学东方学院	民办	—	2008	2500	9666	634	530	58	31	15	—	—	—
温州大学城市学院	民办	—	1562	2136	7974	520	421	73	22	4	—	—	—
同济大学浙江学院	民办	—	1956	2367	9565	611	522	52	26	11	—	—	—
上海财经大学浙江学院	民办	—	168	1501	5066	368	286	40	17	25	—	—	—

2014 年

一　教育整体概况

	学校数（所）	毕业生数（人）	招生数（人）	在校生数（人）	教职工数（人）	
					合计	其中：专任教师
一、基础教育						
1. 普通中学	2280	757237	756044	2289900	213099	184695
高中	561	296640	251727	790838	78838	65596
其中：民办	162	61491	53995	168445	—	11298
初中	1719	460597	504317	1499062	134261	119099
其中：民办	228	59358	79465	217148	—	13369
2. 小学	3344	537501	598122	3545013	201884	190423
其中：民办	225	54918	91583	473558	—	20722
3. 幼儿园	8871	605456	618685	1857507	200295	112297
其中：民办	6660	373699	378859	1156050	121848	65862
4. 特殊教育	84	2101	2444	15884	2422	2132
5. 工读学校	2	98	110	321	87	68
二、中等职业教育	345	222673	206294	627012	46439	31567
1. 职业高中	225	154251	136650	411952	29174	25532
2. 普通中专	49	35422	30644	94060	7265	6035
3. 技工学校	71	33000	39000	121000	10000	—
三、普通高等教育						
1. 研究生	—	16535	20164	60511	—	—
博士生	—	1698	2343	10634	—	—
硕士生	—	14837	17821	49877	—	—
2. 普通本专科（含筹）	108	253708	284285	978216	87375	58076
普通本科	58	134219	152750	599978	63356	41687
其中：民办	25	49329	57211	226222	14758	11112
其中：独立学院	22	39338	43244	174144	11245	8655
高职（高专）	50	119489	131535	378238	24019	16389

	学校数（所）	毕业生数（人）	招生数（人）	在校生数（人）	教职工数（人）	
					合计	其中：专任教师
其中：民办	10	21804	22535	65191	4188	2922
四、成人教育						
1. 成人高等学历教育	9	113838	133246	285342	1484	959
2. 网络本专科	—	16203	18616	49236	—	—
3. 成人中等专业教育	30	12996	11784	27773	1518	959
4. 成人中学	256	99264	—	126445	1810	1430
5. 成人技术培训学校	4371	2814864	—	2656548	20404	14140
6. 成人初等学校	337	136156	—	126981	1101	396

注：1. 特殊教育学生数中包括普通中小学随班就读的学生。

2. 技工学校数据由省人力社保厅提供。

二　民办基础教育

（一）幼儿园

	园数	班数	入园幼儿数（人）	在园幼儿数（人）	离园幼儿数（人）	教职工数（人）					
						合计	园长	专任教师	保健医	保育员	其他
民办	6660	41344	378859	1156050	373699	121848	7007	65862	3895	23961	21123

（二）小学

	学校数（所）	教学点数	班数		本年毕业生数（人）	本年招生数（人）	在校学生数（人）
			合计	其中：复式班			
浙江省	225	35	11039	1	54918	91583	473558
杭州市	12	20	1720	—	8882	14309	72546
宁波市	66	5	1935	—	12128	13283	84113
温州市	24	—	1855	—	7832	14904	76922
嘉兴市	14	—	849	—	1970	8113	37332

续表

	学校数（所）	教学点数	班数		本年毕业生数（人）	本年招生数（人）	在校学生数（人）
			合计	其中：复式班			
湖州市	15	—	505	—	3416	3621	21592
绍兴市	9	—	516	—	3104	3491	19564
金华市	31	2	1414	—	6157	14447	63246
衢州市	5	1	141	1	692	916	5151
舟山市	1	—	75	—	474	453	2916
台州市	45	1	1760	—	8870	16117	80201
丽水市	3	6	269	—	1393	1929	9975

（三）普通中学

	学校数（所）						本年毕业生数（人）		本年招生数（人）		在校学生数（人）	
	合计	初级中学	九年一贯制	完全中学	高级中学	十二年一贯制	初中	高中	初中	高中	初中	高中
浙江省	390	67	161	50	82	30	59358	61491	79465	53995	217148	168445
杭州市	64	14	31	3	8	8	8813	4030	12363	4391	32989	12959
宁波市	47	6	17	14	5	5	8773	8116	10577	6295	30266	19889
温州市	86	11	38	5	29	3	8785	14261	13700	13371	36645	39398
嘉兴市	42	6	26	4	5	1	5288	5198	8122	4061	21752	13054
湖州市	17	4	6	1	6	—	2852	5526	4142	3649	11206	14243
绍兴市	10	1	2	2	2	3	3561	7946	3956	6466	11958	21226
金华市	41	4	17	3	13	4	3632	7413	6420	6212	16853	19272
衢州市	11	3	1	5	2	—	3743	1780	3624	1761	11145	5225
舟山市	7	—	5	1	1	—	370	621	546	528	1537	1892
台州市	47	8	15	10	10	4	10805	5228	12640	6241	33573	18045
丽水市	18	10	3	2	1	2	2736	1372	3375	1020	9224	3242

三　民办高等教育

（一）独立设置的普通高校

学校名称	主管部门（举办者）	在校研究生数（人）	本专科学生数（人）			教职工数（人）							
			毕业生数	招生数	在校生数	校本部教职工					科研机构人员	校办企业职工	附设机构人员
						合计	专任教师	行政人员	教辅人员	工勤人员			
浙江科贸职业技术学院（筹）	一唯教育投资公司	—	—	189	566	100	76	5	4	15	—	—	—
宁波诺丁汉大学	万里教育集团	—	1116	1333	5398	692	447	200	45	—	—	—	—
浙江万里学院	万里教育集团	81	5026	5057	19991	1234	1058	80	80	16	—	—	—
温州肯恩大学	温州大学	—	—	433	858	148	43	94	—	11	—	17	—
浙江树人大学	浙江省政协	—	3718	4095	14992	785	593	70	69	53	—	—	3
浙江越秀外国语学院	越秀教发公司	—	3687	4400	15687	960	662	258	40	—	—	—	—
宁波大红鹰学院	大红鹰教育集团	—	4275	4802	19426	908	712	109	87	—	—	—	—
浙江育英职业技术学院	育英教育集团	—	2039	2316	6833	391	262	61	68	—	3	—	—
绍兴职业技术学院	兴韦教育集团	—	3142	3517	9747	568	418	42	63	45	1	—	—
浙江东方职业技术学院	东方集团	—	1201	1740	4921	323	216	75	24	8	1	—	—

续表

学校名称	主管部门（举办者）	本专科学生数（人）				教职工数（人）							
		在校研究生数（人）	毕业生数	招生数	在校生数	校本部教职工					科研机构人员	校办企业职工	附设机构人员
						合计	专任教师	行政人员	教辅人员	工勤人员			
浙江长征职业技术学院	民革浙江省委	—	3730	3854	11402	894	605	79	93	117	2	—	—
嘉兴南洋职业技术学院	嘉兴南洋教育集团	—	1425	1535	4498	281	203	21	19	38	—	—	—
浙江广厦建设职业技术学院	广厦集团	—	3659	3922	11333	825	596	120	102	7	—	—	—
杭州万向职业技术学院	万向集团	—	1739	2295	6125	337	245	74	9	9	—	—	3
浙江汽车职业技术学院	吉利集团	—	821	534	1150	151	89	27	17	18	—	—	—
浙江横店影视职业学院	横店集团	—	1021	1257	3587	308	212	45	13	38	—	—	—

（二）独立学院

学校名称	主管部门（举办者）	本专科学生数（人）				教职工数（人）							
		在校研究生数（人）	毕业生数	招生数	在校生数	校本部教职工					科研机构人员	校办企业职工	附设机构人员
						合计	专任教师	行政人员	教辅人员	工勤人员			
浙江大学城市学院	民办	—	3011	3347	13200	990	698	210	59	23	—	—	—

续表

学校名称	主管部门(举办者)	在校研究生数(人)	本专科学生数(人)			教职工数(人)								
			毕业生数	招生数	在校生数	校本部教职工						科研机构人员	校办企业职工	附设机构人员
						合计	专任教师	行政人员	教辅人员	工勤人员				
浙江大学宁波理工学院	民办	—	2663	2913	11573	740	546	119	75	—	—	—	—	—
浙江工业大学之江学院	民办	—	1727	1901	7536	672	400	130	83	59	—	—	—	—
浙江师范大学行知学院	民办	—	2081	1612	7135	502	315	122	56	9	—	—	—	—
宁波大学科学技术学院	民办	—	2289	2456	10060	445	374	54	15	2	—	—	—	—
杭州电子科技大学信息工程学院	民办	—	2007	2155	8448	396	369	21	4	2	—	—	—	—
浙江理工大学科技与艺术学院	民办	—	1444	1486	6018	342	226	69	42	5	1	—	—	—
浙江海洋学院东海科学技术学院	民办	—	1392	1399	5582	409	289	70	48	2	—	—	—	—
浙江农林大学暨阳学院	民办	—	1397	1580	6164	441	349	59	29	4	—	—	—	—
温州医科大学仁济学院	民办	—	1397	1532	6506	455	383	47	22	3	—	—	—	—
浙江中医药大学滨江学院	民办	—	875	1061	4385	280	226	25	22	7	1	—	—	—
杭州师范大学钱江学院	民办	—	1968	2190	8946	575	399	116	59	1	—	—	—	—
湖州师范学院求真学院	民办	—	1764	1888	7514	495	372	70	53	—	—	—	—	—

续表

学校名称	主管部门（举办者）	在校研究生数（人）	本专科学生数（人）			教职工数（人）							
			毕业生数	招生数	在校生数	校本部教职工					科研机构人员	校办企业职工	附设机构人员
						合计	专任教师	行政人员	教辅人员	工勤人员			
绍兴文理学院元培学院	民办	—	1919	2221	8760	465	393	50	12	10	—	—	—
温州大学瓯江学院	民办	—	1689	1869	7413	513	415	82	14	2	—	—	—
浙江工商大学杭州商学院	民办	—	1968	1934	7696	449	402	34	12	1	—	—	—
嘉兴学院南湖学院	民办	—	1618	1910	7753	441	364	56	21	—	—	—	—
中国计量学院现代科技学院	民办	—	1627	1484	6538	388	289	53	46	—	—	—	—
浙江财经大学东方学院	民办	—	2111	2501	9901	643	532	61	35	15	—	—	—
温州大学城市学院	民办	—	1661	2174	8372	558	464	67	23	4	—	—	—
同济大学浙江学院	民办	—	2245	2384	9553	621	525	59	26	11	—	—	—
上海财经大学浙江学院	民办	—	707	1527	5837	423	325	47	18	33	—	—	—

2015 年

一 教育整体概况

	学校数（所）	毕业生数（人）	招生数（人）	在校生数（人）	教职工数（人）合计	其中：专任教师
一、基础教育						
1. 普通中学	2275	749261	748692	2252712	214353	186603
高中	563	270956	259850	773359	79242	66379
其中：民办	178	55922	60538	171146	18484	11839
其中：女	—	137754	133404	394710	40801	34202
初中	1712	478305	488842	1479353	135111	120224
其中：民办	220	64283	80775	227402	20150	14609
其中：女	—	225616	227987	691805	75393	69174
2. 小学	3303	527304	598760	3569926	204989	194769
其中：民办	184	59939	92703	480027	25520	22624
其中：女	—	243568	275698	1642971	144360	139972
3. 幼儿园	8908	615890	604459	1901625	212385	116415
其中：民办	6676	382686	357607	1188652	128677	67684
其中：女	—	291852	280665	875689	196164	115235
4. 特殊教育	86	2367	2418	16236	2538	2266
其中：女	—	792	859	5827	1875	1719
5. 工读学校	2	144	188	348	95	75
其中：女	—	20	21	25	38	31
二、中等职业教育						
1. 职业高中	211	137324	144033	406914	29588	26269
其中：民办	53	18154	19355	53813	3537	2626
其中：女	—	61592	61961	176574	15776	14511

续表

	学校数（所）	毕业生数（人）	招生数（人）	在校生数（人）	教职工数（人）	
					合计	其中：专任教师
2. 普通中专	47	30851	33368	92792	6943	5816
其中：民办	5	4725	5628	15119	607	485
其中：女	—	17249	17282	49576	3854	3296
3. 技工学校	71	34419	42372	122661	10194	7951
三、普通高等教育						
1. 研究生	—	17117	21496	63528	—	—
博士生	—	1680	2421	10863	—	—
其中：女	—	617	1006	4199	—	—
硕士生		15437	19075	52665	—	—
其中：女	—	7928	9758	26206	—	—
2. 普通本专科（含筹）	108	263981	287809	991149	88744	59472
普通本科	58	140318	154300	608378	64372	42764
其中：民办	25	57238	62140	248036	16056	12237
其中：独立学院	22	41285	42952	173557	11207	8654
其中：女	—	79735	87527	340666	29167	18463
高职（高专）	50	123663	133509	382771	24372	16708
其中：民办	10	21524	22470	65327	4218	2967
其中：女	—	68558	69729	207189	12266	8519
四、成人教育						
1. 成人高等学历教育	9	118431	116448	274842	1507	958
其中：民办	—	2336	2894	5457	—	—
2. 网络本专科	—	16190	14891	45606		
3. 成人中等专业教育	28	11471	9710	23878	1362	860
其中：民办	1	905	963	1951	11	0
其中：女	—	5559	3821	9740	509	330
4. 成人中学	272	33648	—	41434	1852	1410
其中：女	—	17875	—	22807	695	525

	学校数（所）	毕业生数（人）	招生数（人）	在校生数（人）	教职工数（人）	
					合计	其中：专任教师
5. 成人技术培训学校	4119	2918036	—	2743410	21965	15751
其中：女	—	1469827	—	1387312	—	—
6. 成人初等学校	429	151050	—	122623	1978	1391
其中：女	—	86719	—	72711	1108	745

二 民办基础教育

（一）幼儿园

	园数	班数	入园幼儿数（人）	在园幼儿数（人）	离园幼儿数（人）	教职工数（人）					
						合计	园长	专任教师	保健医	保育员	其他
民办	6676	42844	357607	1188652	382686	128677	7099	67684	4397	26596	22901

（二）小学

	学校数（所）	教学点数	班数		毕业生数（人）	招生数（人）	在校生数（人）
			合计	其中：复式班			
浙江省	184	35	11888	1	59939	92703	480027
杭州市	12	18	1858	—	9600	14425	73893
宁波市	63	7	1812	—	11260	11557	72631
温州市	27	—	2075	—	9161	16045	84199
嘉兴市	14	—	930	—	4893	7971	40104
湖州市	14	—	507	—	3372	3527	20591
绍兴市	10	—	566	—	2862	3685	20372
金华市	22	2	1593	—	6904	15624	66922
衢州市	6	1	156	1	748	1082	5642

	学校数（所）	教学点数	班数		毕业生数（人）	招生数（人）	在校生数（人）
			合计	其中：复式班			
舟山市	1	—	108	—	479	703	3997
台州市	12	1	2004	—	9309	16171	81392
丽水市	3	6	279	—	1351	1913	10284

（三）普通中学

	学校数（所）						毕业生数（人）		招生数（人）		在校生数（人）	
	合计	初级中学	九年一贯制	完全中学	高级中学	十二年一贯制	初中	高中	初中	高中	初中	高中
浙江省	398	65	155	56	89	33	64283	55922	80775	60538	227402	171146
杭州市	69	12	35	5	9	8	9340	4072	12123	5693	33605	14473
宁波市	44	5	14	15	4	6	8967	6698	9835	6773	28791	19728
温州市	86	10	36	7	30	3	10489	12551	15527	13219	41366	39888
嘉兴市	42	6	26	4	5	1	6274	4521	7872	4233	21913	12389
湖州市	17	4	6	1	6	—	3191	5283	3821	4278	10957	13422
绍兴市	13	2	2	4	2	3	4001	7189	4457	7741	13018	21028
金华市	44	4	18	2	14	6	4503	6612	6452	7268	17477	19743
衢州市	15	4	1	4	6	—	3735	1750	3366	2257	10763	5551
舟山市	6	—	4	1	1	—	479	617	618	511	1683	1720
台州市	44	7	11	12	10	4	10533	5632	13484	7350	38365	20115
丽水市	18	11	2	1	2	2	2771	997	3220	1215	9464	3089

三　民办高等教育

（一）独立设置的普通高校

学校名称	主管部门（举办者）	在校研究生数（人）	本专科学生数（人）				教职工数（人）								
			毕业生数	招生数	在校生数	合计	校本部教职工						科研机构人员	校办企业职工	附设机构人员
							合计	专任教师	行政人员	教辅人员	工勤人员				
浙江树人学院	浙江省政协	—	3664	4046	15278	784	781	602	67	67	45	—	—	3
宁波大红鹰学院	大红鹰教育集团	—	4599	4686	18997	918	918	722	104	92	—	—	—	—
浙江越秀外国语学院	越秀教发公司	—	3256	4351	16624	960	960	675	248	37	—	1	—	—
绍兴职业技术学院	兴伟教育集团	—	3345	3806	10194	567	566	415	42	64	45	3	—	—
浙江育英职业技术学院	育英教育集团	—	2333	2296	6692	401	398	272	57	69	—	2	—	—
浙江东方职业技术学院	东方集团	—	1499	1776	5028	354	352	258	65	21	8	2	—	—
浙江长征职业技术学院	民革浙江省委	—	3844	3729	11204	895	893	607	79	94	113	—	—	—
嘉兴南洋职业技术学院	嘉兴南洋教育集团	—	1452	1530	4529	297	297	206	22	37	32	—	—	—
浙江广厦建设职业技术学院	广厦集团	—	3746	3484	10920	808	808	566	129	104	9	—	—	—
杭州万向职业技术学院	万向集团	—	1798	2192	6475	350	348	255	76	8	9	2	—	2

续表

学校名称	主管部门（举办者）	在校研究生数（人）	本专科学生数（人）				教职工数（人）							
			毕业生数	招生数	在校生数	合计	校本部教职工					科研机构人员	校办企业职工	附设机构人员
							合计	专任教师	行政人员	教辅人员	工勤人员			
浙江汽车职业技术学院	吉利集团	—	228	696	1587	135	135	89	24	12	10			—
浙江横店影视职业学院	横店集团	—	1115	1362	3804	306	306	220	43	11	32			—
浙江万里学院	万里教育集团	—	131	4934	5098	20051	1238	1238	131	4934	5098			—
宁波诺丁汉大学	万里教育集团	—	—	1246	1615	—	1246	1615	—	1246	1615			—
温州肯恩大学	温州大学	—	—	5712	—	—	5712	—	—	5712	—			—
浙江科贸职业技术学院（筹）	一唯教育投资公司	—	—	714	714	—	714	714	—	714	714			—

（二）独立学院

学校名称	主管部门（举办者）	在校研究生数（人）	本专科学生数（人）				教职工数（人）							
			毕业生数	招生数	在校生数	合计	校本部教职工					科研机构人员	校办企业职工	附设机构人员
							合计	专任教师	行政人员	教辅人员	工勤人员			
浙江大学城市学院	民办	—	3000	3280	13245	979	979	689	208	52	30			—

续表

学校名称	主管部门(举办者)	在校研究生数(人)	本专科学生数(人)				教职工数(人)								
			毕业生数	招生数	在校生数	合计	合计	校本部教职工					科研机构人员	校办企业职工	附设机构人员
								专任教师	行政人员	教辅人员	工勤人员				
浙江大学宁波理工学院	民办	—	2645	2885	11645	756	756	570	110	76	—	—	—	—
浙江工业大学之江学院	民办	—	1690	2017	7714	658	634	374	135	77	48	—	—	24
浙江师范大学行知学院	民办	—	2062	1687	6630	307	307	260	42	5	—	—	—	—
宁波大学科学技术学院	民办	—	2261	2439	10117	460	460	378	62	17	3	—	—	—
杭州电子科技大学信息工程学院	民办	—	2021	2038	8343	399	399	370	24	3	2	—	—	—
浙江理工大学科技与艺术学院	民办	—	1386	1352	5895	362	361	248	66	42	5	1	—	—
浙江海洋学院东海科学技术学院	民办	—	1377	1468	5628	411	411	290	70	50	1	—	—	—
浙江农林大学暨阳学院	民办	—	1457	1555	6176	450	450	356	60	30	4	—	—	—
温州医科大学仁济学院	民办	—	1394	1504	6588	461	461	379	51	22	9	—	—	—
浙江中医药大学滨江学院	民办	—	941	1177	4583	296	296	229	30	29	8	—	—	—
杭州师范大学钱江学院	民办	—	2197	2196	8804	562	562	402	100	59	1	—	—	—
湖州师范学院求真学院	民办	—	1826	1813	7430	503	503	375	73	55	—	—	—	—

续表

学校名称	主管部门（举办者）	在校研究生数（人）	本专科学生数（人）				教职工数（人）								
			毕业生数	招生数	在校生数	合计	校本部教职工						科研机构人员	校办企业职工	附设机构人员
							合计	专任教师	行政人员	教辅人员	工勤人员				
绍兴文理学院元培学院	民办	—	2045	2202	8866	516	516	410	82	14	10	—	—	—
温州大学瓯江学院	民办	—	1857	1862	7332	522	522	412	95	14	1	—	—	—
浙江工商大学杭州商学院	民办	—	1910	1901	7592	449	449	403	36	8	2	—	—	—
嘉兴学院南湖学院	民办	—	1889	1904	7624	439	439	364	55	20	—	—	—	—
中国计量学院现代科技学院	民办	—	1711	1427	6148	371	371	273	52	46	—	—	—	—
浙江财经大学东方学院	民办	—	2256	2504	10009	634	634	532	56	35	11	—	—	—
温州大学城市学院	民办	—	2114	2128	8359	618	618	476	114	18	10	—	—	—
同济大学浙江学院	民办	—	2246	2373	9571	626	626	530	59	26	11	—	—	—
上海财经大学浙江学院	民办	—	1224	1476	6010	428	428	334	44	16	34	—	—	—

2016 年

一　教育整体概况

	学校数（所）	毕业生数（人）	招生数（人）	在校生数（人）	教职工数（人）	
					合计	其中：专任教师
一、基础教育						
1. 普通中学	2291	742345	790389	2268723	217719	189826
高中	574	259893	258898	765605	80554	67976
其中：民办	192	59597	64113	184694	20368	13651
其中：女	—	132913	132999	392887	42005	35521
初中	1717	482452	531491	1503118	137165	121850
其中：民办	227	68034	88111	242123	22788	16165
其中：女	—	227403	248865	703911	77889	70905
2. 小学	3269	569452	595134	3550236	209174	200020
其中：民办	155	64326	88004	479682	26964	24459
其中：女	—	263972	272366	1634266	149813	145743
3. 幼儿园	8771	614238	611736	1918193	223377	119957
其中：民办	6506	377323	361073	1182621	133425	67798
其中：女	—	290849	285768	888782	206241	118570
4. 特殊教育	84	2598	2567	16660	2656	2379
其中：女	—	904	909	5900	1972	1813
5. 工读学校	2	159	113	294	96	77
其中：女	—	25	20	42	40	35
二、中等职业教育						
1. 职业高中	193	130368	144855	406372	29352	26384
其中：民办	41	16286	19996	52216	3061	2421
其中：女	—	57650	60910	173247	15986	14731

续表

	学校数（所）	毕业生数（人）	招生数（人）	在校生数（人）	教职工数（人）	
					合计	其中：专任教师
2. 普通中专	46	29452	33637	93406	7034	5939
其中：民办	5	4746	5908	15537	707	581
其中：女	—	16197	17901	49702	3961	3412
3. 技工学校	78	33880	47800	137923	11229	8810
三、普通高等教育						
1. 研究生	—	17801	22246	67232	—	—
博士生	—	1817	2580	11507	—	—
其中：女	—	660	1124	4621	—	—
硕士生	—	15984	19666	55725	—	—
其中：女	—	8074	10162	27871	—	—
2. 普通本专科（含筹）	108	273342	288798	996143	90214	60477
普通本科	59	146241	153675	610706	65848	43703
其中：民办	25	60541	61054	245966	16211	12254
其中：独立学院	21	40520	40308	163847	10597	8097
其中：女	—	84344	87415	341601	29964	18918
高职（高专）	49	127101	135123	385437	24366	16774
其中：民办	10	21765	24005	66638	4265	2970
其中：女	—	70775	70267	204887	12311	8606
四、成人教育						
1. 成人高等学历教育	9	123992	100691	241061	1177	693
其中：民办	—	2118	2561	5727	—	—
2. 网络本专科	—	15379	13741	41173	—	—
3. 成人中等专业教育	23	10074	9863	20917	1213	666
其中：民办	4	838	966	2069	53	33
其中：女	—	4160	3807	8245	451	253
4. 成人中学	257	25813	—	27054	1406	1052
其中：女	—	12307	—	12991	522	393

续表

	学校数（所）	毕业生数（人）	招生数（人）	在校生数（人）	教职工数（人）	
					合计	其中：专任教师
5. 成人技术培训学校	3958	3397753	—	3204355	23525	17256
其中：女	—	1726349	—	1607929	—	—
6. 成人初等学校	344	93676	—	78388	1128	904
其中：女	—	56338	—	49623	580	437

注：1. 特殊教育学生数中包括普通中小学随班就读的学生。

2. 技工学校数据由人力社保厅提供。

二 民办基础教育

（一） 幼儿园

	园数	班数	入园幼儿数（人）	在园幼儿数（人）	离园幼儿数（人）	教职工数（人）					
						合计	园长	专任教师	保健医	保育员	其他
民办	6506	41800	361073	1182621	377323	133425	6940	67798	4931	28650	25106

（二） 小学

	学校数（所）	教学点数	班数		毕业生数（人）	招生数（人）	在校生数（人）
			合计	其中：复式班			
浙江省	155	5	12295	—	64326	88004	479682
杭州市	15	—	1951	—	9818	14534	75381
宁波市	55	4	1919	—	10854	12635	73504
温州市	16	—	2071	—	10884	14609	81502
嘉兴市	7	—	1003	—	5578	7545	40348
湖州市	11	—	471	—	3236	3400	19073
绍兴市	10	—	586	—	3256	2978	20249
金华市	18	—	1763	—	7199	15294	70904
衢州市	7	—	163	—	802	987	5799
舟山市	—	—	102	—	618	644	3635

	学校数（所）	教学点数	班数		毕业生数（人）	招生数（人）	在校生数（人）
			合计	其中：复式班			
台州市	12	1	1983	—	10560	13632	79191
丽水市	4	—	283	—	1521	1746	10096

（三）普通中学

	学校数（所）						毕业生数（人）		招生数（人）		初中在校生数（人）	高中在校生数（人）
	合计	初级中学	九年一贯制	完全中学	高级中学	十二年一贯制	初中	高中	初中	高中		
浙江省	419	66	161	53	102	37	68034	59597	88111	64113	242123	184694
杭州市	74	14	36	5	11	8	9620	4155	12990	5408	35914	15306
宁波市	48	6	16	14	6	6	8814	6718	11078	6588	30230	19475
温州市	83	10	32	6	31	4	11883	13072	18113	12473	46641	38767
嘉兴市	38	6	21	4	5	2	6361	4077	8148	4332	22192	12419
湖州市	18	4	7	1	6	—	3264	4594	4150	4010	10841	12853
绍兴市	18	2	2	4	7	3	4190	11320	5290	11880	15160	32890
金华市	43	4	15	2	14	8	5062	6137	6253	7712	17559	20991
衢州市	15	4	1	4	6	—	3776	1615	3327	2384	10325	6191
舟山市	6	—	4	1	1	—	479	680	549	567	1564	1577
台州市	59	8	23	11	13	4	11621	6203	14819	7602	41888	21089
丽水市	17	8	4	1	2	2	2964	1026	3394	1157	9809	3136

三 民办高等教育

（一）独立设置的普通高校

学校名称	主管部门（举办者）	在校研究生数（人）	本专科学生数（人）				教职工数（人）								
			毕业生数	招生数	在校生数	合计	校本部教职工						科研机构人员	校办企业职工	附设机构人员
							合计	专任教师	行政人员	教辅人员	工勤人员				
浙江树人学院	浙江省政协	—	3898	4114	15419	829	825	605	102	77	41	—	—	4
浙江越秀外国语学院	越秀教发公司	—	4239	4201	16564	1023	1023	737	237	49	—	—	—	—
宁波大红鹰学院	大红鹰教育集团	—	4694	4457	18369	919	919	726	103	90	—	3	—	—
浙江育英职业技术学院	育英教育集团	—	2340	2412	6681	400	397	273	56	68	—	1	—	—
绍兴职业技术学院	兴丰教育集团	—	3361	4263	10958	583	582	427	42	65	48	2	—	—
浙江东方职业技术学院	东方集团	—	1518	2062	5417	379	377	282	67	20	8	2	—	—
浙江长征职业技术学院	民革浙江省委	—	3728	3707	11037	892	890	603	80	92	115	—	—	—
嘉兴南洋职业技术学院	嘉兴南洋教育集团	—	1531	1555	4513	313	313	208	29	36	40	—	—	—
浙江广厦建设职业技术学院	广厦集团	—	3886	3812	10698	767	767	530	125	103	9	—	—	—
杭州万向职业技术学院	万向集团	—	2196	2137	6320	367	364	237	103	9	15	—	—	3

续表

学校名称	主管部门（举办者）	在校研究生数（人）	本专科学生数（人）				教职工数（人）								
			毕业生数	招生数	在校生数	合计	校本部教职工						科研机构人员	校办企业职工	附设机构人员
							合计	专任教师	行政人员	教辅人员	工勤人员				
浙江汽车职业技术学院	吉利集团	—	353	818	2042	158	158	105	21	20	12	—	—	—
浙江横店影视职业学院	横店集团	—	1188	1656	4236	307	307	233	30	11	33	—	—	—
浙江万里学院	万里教育集团	116	4996	4975	19915	1241	1241	1063	82	80	16	—	—	—
宁波诺丁汉大学	万里教育集团	—	1317	1718	6062	753	753	470	240	43	15	—	30	—
温州肯恩大学	温州大学	—	184	480	1585	287	257	90	146	6	15	—	—	—
浙江科贸职业技术学院（筹）	一唯教育投资公司	—	181	331	795	99	99	72	10	2	—	—	—	—

（二）独立学院

学校名称	主管部门（举办者）	在校研究生数（人）	本专科学生数（人）				教职工数（人）								
			毕业生数	招生数	在校生数	合计	校本部教职工					科研机构人员	校办企业职工	附设机构人员
							合计	专任教师	行政人员	教辅人员	工勤人员			
浙江大学城市学院	民办	—	3136	3343	13154	1009	1009	693	237	45	34	—	—	—

续表

学校名称	主管部门(举办者)	在校研究生数(人)	本专科学生数(人) 毕业生数	招生数	在校生数	合计	教职工数(人) 合计	校本部教职工 合计	专任教师	行政人员	教辅人员	工勤人员	科研机构人员	校办企业职工	附设机构人员
浙江大学宁波理工学院	民办	—	2753	2891	11550	763	763	763	578	110	75	—	—	—	—
浙江工业大学之江学院	民办	—	1909	2041	7747	643	643	624	394	—	180	50	—	—	19
浙江师范大学行知学院	民办	—	1777	1686	6485	310	310	310	264	42	4	—	—	—	—
宁波大学科学技术学院	民办	—	2462	2308	9889	521	521	521	392	107	20	2	—	—	—
杭州电子科技大学信息工程学院	民办	—	2061	2049	8299	417	417	417	337	75	4	1	—	—	—
浙江理工大学科技与艺术学院	民办	—	1505	1355	5690	353	353	353	236	68	44	5	—	—	—
浙江海洋大学东海科学技术学院	民办	—	1404	1303	5541	416	416	416	292	71	52	1	—	—	—
浙江农林大学暨阳学院	民办	—	1468	1509	6120	421	421	421	328	58	31	4	—	—	—
温州医科大学仁济学院	民办	—	1362	1431	6620	463	463	463	385	47	22	9	—	—	—
浙江中医药大学滨江学院	民办	—	1003	1213	4749	338	338	338	271	30	29	8	—	—	—
杭州师范大学钱江学院	民办	—	2107	2195	8905	530	530	530	370	100	59	1	—	—	—
湖州师范学院求真学院	民办	—	1851	1679	7186	514	514	514	376	80	58	—	—	—	—

续表

学校名称	主管部门（举办者）	在校研究生数（人）	本专科学生数（人）			教职工数（人）								
			毕业生数	招生数	在校生数	合计	校本部教职工						校办企业职工	附设机构人员
							合计	专任教师	行政人员	教辅人员	工勤人员	科研机构人员		
绍兴文理学院元培学院	民办	—	2176	2074	8687	437	437	358	55	13	11	—	—	—
温州大学瓯江学院	民办	—	1804	1837	7259	516	516	404	97	14	1	—	—	—
浙江工商大学杭州商学院	民办	—	1898	1896	7528	466	466	404	49	11	2	—	—	—
嘉兴学院南湖学院	民办	—	1798	1900	7606	455	455	376	59	20	—	—	—	—
中国计量大学现代科技学院	民办	—	1649	1411	5800	347	347	258	48	41	—	—	—	—
浙江财经大学东方学院	民办	—	2523	2452	9791	621	621	512	65	31	13	—	—	—
同济大学浙江学院	民办	—	2404	2272	9306	626	626	534	56	25	11	—	—	—
上海财经大学浙江学院	民办	—	1470	1463	5935	431	431	335	44	16	36	—	—	—

2017 年

一　教育整体概况

	学校数（所）	毕业生数（人）	招生数（人）	在校生数（人）	教职工数（人）	
					合计	其中：专任教师
一、基础教育						
1. 普通中学	2315	725153	816190	2331813	221165	194307
高中	580	246221	259298	773353	81891	69608
其中：民办	201	55989	66178	193454	21666	14944
其中：女	—	126710	132473	396482	43359	36867
初中	1735	478932	556892	1558460	139274	124699
其中：民办	253	73111	95204	257278	25463	18235
其中：女	—	224875	259570	728929	80571	73596
2. 小学	3286	585621	613134	3540079	213266	205127
其中：民办	163	62209	88359	480685	29317	26629
其中：女	—	271592	282512	1628318	155338	151592
3. 幼儿园	8645	618749	651498	1958002	231543	125042
其中：民办	6272	375097	375821	1171004	132525	67930
其中：女	—	294941	305630	911930	213871	123515
4. 特殊教育	86	2910	3069	18532	2853	2566
其中：女	—	930	1057	6134	2163	1988
5. 工读学校	2	144	171	315	76	63
其中：女	—	25	19	36	30	25
二、中等职业教育						
1. 职业高中	185	123087	145044	415642	29579	26815
其中：民办	34	14630	19165	52744	2854	2285
其中：女	—	53724	61452	176305	16279	15034

续表

	学校数（所）	毕业生数（人）	招生数（人）	在校生数（人）	教职工数（人）	
					合计	其中：专任教师
2. 普通中专	46	28002	30179	94537	6956	5995
其中：民办	6	4313	5466	15648	807	679
其中：女	—	15252	16427	50670	3955	3500
3. 技工学校	77	33106	47189	141668	11381	9259
其中：女	—	—	—	39870	5397	—
三、普通高等教育						
1. 研究生	—	18717	27368	74404	—	—
博士生		1826	2830	11976	—	—
其中：女		693	1276	5036	—	—
硕士生	—	16891	24538	62428	—	—
其中：女		8628	12613	31680	—	—
2. 普通本专科（含筹）	108	276580	293745	1002346	92654	62357
普通本科	59	146131	157534	616276	67874	45179
其中：民办	25	59129	62637	246633	16503	12544
其中：独立学院	21	39183	41481	163946	10679	8203
其中：女	—	84500	90882	345061	31059	19529
高职（高专）	49	130449	136211	386070	24780	17178
其中：民办	10	22171	22767	66528	4272	2991
其中：女	—	72590	68216	198616	12672	8910
四、成人教育						
1. 成人高等学历教育	9	109215	97272	219577	1169	707
其中：民办	—	2658	2287	5172	—	—
2. 网络本专科		12386	14194	39443	—	—
3. 成人中等专业教育	20	7871	9449	21731	1104	655
其中：民办	3	900	1084	2220	42	33
其中：女		3028	3319	8204	404	263
4. 成人中学	240	25774	—	28000	1623	1239

	学校数（所）	毕业生数（人）	招生数（人）	在校生数（人）	教职工数（人）	
					合计	其中：专任教师
其中：女	—	14837	—	15832	671	540
5. 成人技术培训学校	4040	3436862	—	3265023	23723	17313
其中：女	—	1777373	—	1685262	—	—
6. 成人初等学校	306	77322	—	67958	1153	781
其中：女	—	42552	—	37942	653	431

注：1. 特殊教育学生数中包括普通中小学随班就读和送教上门的学生。

2. 技工学校数据由人力社保厅提供。

二　民办基础教育

（一）幼儿园

	园数	班数	入园幼儿数（人）	在园幼儿数（人）	离园幼儿数（人）	教职工数（人）					
						合计	园长	专任教师	保健医	保育员	其他
民办	6272	40931	375821	1171004	375097	132525	6571	67930	4840	28252	24932

（二）小学

	学校数（所）	教学点数	班数		毕业生数（人）	招生数（人）	在校生数（人）
			合计	其中：复式班			
浙江省	163	—	12737	—	62209	88359	480685
杭州市	17	—	1973	—	10221	14464	74318
宁波市	55	—	1968	—	10619	12905	73803
温州市	17	—	2128	—	11220	14809	80222
嘉兴市	7	—	1049	—	5020	6913	41196
湖州市	11	—	545	—	3287	3794	21301
绍兴市	11	—	614	—	3656	3233	20996

续表

	学校数（所）	教学点数	班数		毕业生数（人）	招生数（人）	在校生数（人）
			合计	其中：复式班			
金华市	18	—	1923	—	7566	15296	74090
衢州市	7	—	167	—	883	1147	5796
舟山市	—		104	—	495	627	3620
台州市	16	—	1954	—	7839	12966	74500
丽水市	4	—	312	—	1403	2205	10843

（三）普通中学

	学校数（所）						毕业生数（人）		招生数（人）		初中在校生数（人）	高中在校生数（人）
	合计	初级中学	九年一贯制	完全中学	高级中学	十二年一贯制	初中	高中	初中	高中		
浙江省	454	63	190	59	103	39	73111	55989	95204	66178	257278	193454
杭州市	79	14	38	7	12	8	10634	4149	12931	6589	35923	17410
宁波市	53	5	22	14	6	6	8968	6105	11504	6712	31469	19954
温州市	86	8	36	8	29	5	13667	12940	20151	12622	52475	38286
嘉兴市	40	6	22	5	5	2	6541	3815	8534	4115	22932	12372
湖州市	22	6	9	1	6	—	3156	3948	4674	3876	12077	13307
绍兴市	22	3	3	3	11	2	4855	9579	5997	12390	17514	35394
金华市	47	4	19	2	14	8	5153	6258	7240	7962	19377	22507
衢州市	16	4	2	1	5		3607	1624	3684	2533	10368	7094
舟山市	6	—	3	1	1	1	430	502	618	618	1507	1684
台州市	66	8	29	12	12	5	12883	6190	16232	7557	43504	22127
丽水市	17	5	7	1	2	2	3217	879	3639	1204	10132	3319

三　民办高等教育

(一) 独立设置的普通高校

学校名称	主管部门(举办者)	在校研究生数(人)	本专科学生数(人)				教职工数(人)								
			毕业生数	招生数	在校生数	合计	校本部教职工						科研机构人员	校办企业职工	附设机构人员
							合计	专任教师	行政人员	教辅人员	工勤人员				
浙江树人学院	浙江省政协	—	3945	4136	15606	888	879	673	96	67	43	—	—	9
浙江越秀外国语学院	越秀教发公司	—	4369	4336	16438	972	972	708	222	42	—	—	—	—
宁波大红鹰学院	大红鹰教育集团	—	4347	4477	18092	924	924	733	103	88	—	—	—	—
温州商学院	温州文博投资发展有限公司	—	2157	1992	7961	544	544	445	76	16	7	—	—	—
绍兴职业技术学院	兴伟教育集团	—	3717	4333	11559	607	606	447	46	58	55	1	—	—
浙江东方职业技术学院	东方集团	—	1614	2152	5830	389	387	293	67	19	8	2	—	—
浙江长征职业技术学院	民革浙江省委、嘉宏控股集团	—	3587	3614	10934	895	893	606	80	92	115	2	—	—
嘉兴南洋职业技术学院	上海交通大学教育集团、嘉兴教友公司	—	1535	1292	4298	303	303	203	32	37	31	—	—	—

续表

学校名称	主管部门（举办者）	在校研究生数（人）	本专科学生数（人）				教职工数（人）								
			毕业生数	招生数	在校生数	合计	校本部教职工						科研机构人员	校办企业职工	附设机构人员
							合计	专任教师	行政人员	教辅人员	工勤人员				
浙江广厦建设职业技术学院	广厦集团	—	3787	2846	9690	718	718	495	116	98	9	—	—	—
浙江汽车职业技术学院	吉利集团	—	499	589	2112	188	188	107	30	31	20	—	—	3
浙江横店影视职业学院	横店集团	—	1400	1804	4538	328	328	241	28	11	48	—	—	—
杭州万向职业技术学院	万向集团	—	2320	2042	5968	356	353	258	71	12	12	—	—	3
浙江万里学院	万里教育集团	146	4927	5059	19947	1365	1365	1187	99	73	6	—	—	—
宁波诺丁汉大学	浙江万里学院，英国诺丁汉大学	—	1288	1887	6599	820	820	493	273	54	—	—	—	—
温州肯恩大学	温州大学、美国肯恩大学	—	213	563	1914	311	299	102	163	16	18	—	—	—
浙江科贸职业技术学院（筹）	一唯教育投资公司	—	187	405	1005	102	102	73	11	3	15	—	12	—

（二）独立学院

学校名称	主管部门（举办者）	在校研究生数（人）	本专科学生数（人）				教职工数（人）									
			毕业生数	招生数	在校生数	合计	合计	校本部教职工					科研机构人员	校办企业职工	附设机构人员
								合计	专任教师	行政人员	教辅人员	工勤人员			
浙江大学城市学院	民办	—	3071	3440	13154	1083	1083	745	251	46	41	—	—	—
浙江大学宁波理工学院	民办	—	2832	3021	11532	758	758	577	109	72	—	—	—	—
浙江工业大学之江学院	民办	—	1705	2040	7983	604	595	398	122	74	1	3	—	6
浙江师范大学行知学院	民办	—	1474	1842	6800	363	363	285	72	6	—	—	—	—
宁波大学科学技术学院	民办	—	2308	2378	9821	533	533	388	119	21	5	—	—	—
杭州电子科技大学信息工程学院	民办	—	2131	2101	8161	434	434	354	70	10	—	—	—	—
浙江理工大学科技与艺术学院	民办	—	1434	1437	5630	340	340	224	70	41	5	—	—	—
浙江海洋大学东海科技学院	民办	—	1369	1288	5424	415	415	291	71	52	1	—	—	—
浙江农林大学暨阳学院	民办	—	1483	1547	6113	427	427	331	61	31	4	—	—	—
温州医科大学仁济学院	民办	—	1448	1496	6636	477	477	401	45	22	9	—	—	—
浙江中医药大学滨江学院	民办	—	931	1131	4848	320	320	255	28	30	7	—	—	—

续表

学校名称	主管部门（举办者）	在校研究生数（人）	本专科学生数（人）				教职工数（人）								
			毕业生数	招生数	在校生数	合计	合计	校本部教职工					科研机构人员	校办企业职工	附设机构人员
								专任教师	行政人员	教辅人员	工勤人员				
杭州师范大学钱江学院	民办	—	2068	2258	8989	528	528	368	99	60	1	—	—	—
湖州师范学院求真学院	民办	—	1763	1754	7073	458	458	383	49	25	1	—	—	—
绍兴文理学院元培学院	民办	—	2220	2123	8554	450	450	368	56	16	10	—	—	—
温州大学瓯江学院	民办	—	1756	1890	7306	511	511	406	85	19	1	—	—	—
浙江工商大学杭州商学院	民办	—	1923	1961	7523	483	483	414	56	12	1	—	—	—
嘉兴学院南湖学院	民办	—	1685	1931	7709	483	483	413	50	20	—	—	—	—
中国计量大学现代科技学院	民办	—	1513	1455	5640	327	327	230	61	36	—	—	—	—
浙江财经大学东方学院	民办	—	2421	2449	9724	632	632	498	89	34	11	—	—	—
同济大学浙江学院	民办	—	2198	2322	9280	625	625	535	55	26	9	—	—	—
上海财经大学浙江学院	民办	—	1450	1617	6046	428	428	339	42	17	30	—	—	—

2018 年

一　教育整体概况

民办	学校数（所）	毕业生数（人）	招生数（人）	在校生数（人）	教职工数（人）	
					合计	其中：专任教师
一、基础教育						
1. 普通中学	2333	721253	797387	2383859	225306	197853
高中	591	253335	254912	769236	83133	70365
其中：民办	215	61407	65692	194759	23003	15485
其中：女	—	130451	129177	392664	44527	37670
初中	1742	467918	542475	1614623	142173	127488
其中：民办	263	73584	98115	274497	27666	19600
其中：女	—	219727	252309	753457	83947	76505
2. 小学	3301	567318	661772	3605686	218720	210407
其中：民办	174	67601	92975	482080	30872	28044
其中：女	—	261997	306284	1660968	161228	157325
3. 幼儿园	8453	669527	655183	1934128	240263	129643
其中：民办	5971	403061	361379	1104917	131919	67713
其中：女	—	319895	307882	904438	221891	128048
4. 特殊教育	85	3046	3479	19526	2869	2589
其中：女	—	1012	1226	6901	2129	1980
5. 工读学校	2	147	151	321	74	62
其中：女	—	17	15	34	30	25
二、中等职业教育						
1. 职业高中	186	130595	141232	415670	30248	27534
其中：民办	35	15680	18174	55321	2916	2335
其中：女	—	55691	59834	176015	16781	15580

民办	学校数（所）	毕业生数（人）	招生数（人）	在校生数（人）	教职工数（人）	
					合计	其中：专任教师
2. 普通中专	44	30889	28880	91167	6979	6021
其中：民办	7	5646	6107	18083	860	750
其中：女	—	16115	15650	49490	4011	3549
3. 技工学校	77	31044	48712	153607	11933	9791
其中：女	—	—	—	44504	5578	—
三、普通高等教育						
1. 研究生	—	20676	29760	82547	—	—
博士生	—	2162	3339	12943	—	—
其中：女	—	856	1425	5525	—	—
硕士生	—	18514	26421	69604	—	—
其中：女	—	9526	13327	406	—	—
2. 普通本专科（含筹）	109	280634	309687	1019449	94462	63433
普通本科	60	149271	164713	624707	69088	45908
其中：民办	26	61495	68157	250680	17096	12779
其中：独立学院	21	41130	45664	166432	10876	8348
其中：女	—	85674	95464	354239	31854	19801
高职（高专）	49	131363	144974	394742	25374	17525
其中：民办	10	22578	26820	69977	4354	3089
其中：女	—	72043	71802	197990	13205	9215
四、成人教育						
1. 成人高等学历教育	9	95881	110559	227493	1190	720
其中：民办	—	2463	2630	5355	—	—
2. 网络本专科		11130	11335	34974		
3. 成人中等专业教育	16	8892	7522	19283	948	533
其中：民办	3	895	553	1451	14	12
其中：女	—	3552	2755	6917	289	175
4. 成人中学	253	21592	—	24884	1516	1264

续表

民办	学校数（所）	毕业生数（人）	招生数（人）	在校生数（人）	教职工数（人）	
					合计	其中：专任教师
其中：女	—	12154	—	14400	586	503
5. 成人技术培训学校	4620	4561148	—	4072202	28023	20560
其中：女	—	2424501	—	2122086	—	—
6. 成人初等学校	258	66485	—	64461	1029	691
其中：女	—	38626	—	40000	537	350

注：1. 特殊教育学生数中包括普通中小学随班就读的学生

2. 技工学校数据由人力社保厅提供

3. 研究生含全日制和非全日制培养

二　民办基础教育

（一）幼儿园

	园数	班数	入园幼儿数（人）	在园幼儿数（人）	离园幼儿数（人）	教职工数（人）					
						合计	园长	专任教师	保健医	保育员	其他
民办	5971	38974	361379	1104917	403061	131835	6340	67678	4877	28062	24878

（二）小学

	学校数（所）	教学点数	班数		毕业生数（人）	招生数（人）	在校生数合计（人）
			合计	其中：复式班			
浙江省	174	—	12865	—	67601	92975	482080
杭州市	21	—	2057	—	8868	13877	74933
宁波市	53	—	1956	—	11610	13864	73259
温州市	20	—	2171	—	11356	16191	81621
嘉兴市	10	—	1015	—	5854	6752	39163
湖州市	11	—	544	—	3276	3979	21470

续表

	学校数（所）	教学点数	班数 合计	其中：复式班	毕业生数（人）	招生数（人）	在校生数合计（人）
绍兴市	10	—	625	—	4037	3793	21699
金华市	20	—	2010	—	8542	17188	76535
衢州市	7	—	180	—	922	1180	6158
舟山市	1	—	106	—	540	735	3788
台州市	17	—	1846	—	10902	12812	71382
丽水市	4	—	355	—	1694	2604	12072

（三）普通中学

	学校数（所） 合计	初级中学	九年一贯制	完全中学	高级中学	十二年一贯制	毕业生数（人） 初中	高中	招生数（人） 初中	高中	初中在校生数（人）	高中在校生数（人）
浙江省	478	63	200	67	107	41	73584	61407	98115	65692	274497	194759
杭州市	88	13	42	11	12	10	10648	5065	13462	6684	37977	18541
宁波市	59	6	26	14	6	7	8848	6677	12047	6636	33315	19713
温州市	85	7	33	10	30	5	14123	12977	21341	13009	58982	38082
嘉兴市	39	6	22	5	4	2	6508	3596	7470	3351	21682	10772
湖州市	22	6	9	1	6	—	3173	4362	4765	4732	13188	14279
绍兴市	23	3	3	4	11	2	5606	10900	5960	10602	18251	33870
金华市	54	4	24	3	15	8	5573	6775	8269	7992	21046	23208
衢州市	15	4	1	5	5	—	3375	2145	3703	2495	10690	7364
舟山市	6	1	3	—	1	1	432	502	598	539	1437	1707
台州市	69	8	29	14	13	5	12438	7401	16610	8162	46790	23452
丽水市	18	5	8	—	4	1	2860	1007	3890	1490	11139	3771

三　民办高等教育

(一) 独立设置的普通高校

学校名称	主管部门(举办者)	在校研究生数(人)	本专科学生数(人)				教职工数(人)								
			毕业生数	招生数	在校生数	合计	校本部教职工						科研机构人员	校办企业职工	附设机构人员
							合计	专任教师	行政人员	教辅人员	工勤人员				
浙江树人学院	浙江省政协	—	4098	4486	15932	880	873	677	107	60	29	—	—	7
浙江越秀外国语学院	越秀教发公司	—	4319	4427	16609	1002	993	709	254	30	—	9	—	—
宁波财经学院	大红鹰教育集团	—	4475	4829	18124	935	935	745	102	88	—	2	—	—
温州商学院	温州文博投资发展有限公司	—	2121	2633	8400	589	587	420	143	17	7	2	—	—
浙江育英职业技术学院	育英教育集团	—	2256	2440	6828	373	370	263	52	55	—	3	—	—
绍兴职业技术学院	兴丰教育集团	—	4152	4413	11798	620	619	458	51	52	58	1	—	—
浙江东方职业技术学院	东方集团	—	1781	3075	6965	389	386	301	58	19	8	3	—	—
浙江长征职业技术学院	民革浙江省委、嘉宏控股集团	—	3803	3659	10614	883	883	601	82	88	112	—	—	—

续表

学校名称	主管部门（举办者）	在校研究生数（人）	本专科学生数（人）				教职工数（人）								
			毕业生数	招生数	在校生数	合计	校本部教职工						科研机构人员	校办企业职工	附设机构人员
							合计	专任教师	行政人员	教辅人员	工勤人员			
嘉兴南洋职业技术学院	上海交通大学教育集团、嘉兴教发公司	—	1481	2432	5232	340	340	238	56	9	37	—	—	—
浙江广厦建设职业技术学院	广厦集团	—	3379	2953	9248	726	726	497	117	98	14	—	—	—
杭州万向职业技术学院	万向集团	—	2188	2356	6103	341	338	262	53	12	11	—	—	3
浙江汽车职业技术学院	吉利集团	—	635	705	2152	191	191	112	27	30	22	—	—	—
浙江横店影视职业学院	横店集团	—	1406	2190	5135	355	355	262	32	11	50	—	—	—
浙江万里学院	万里教育集团	156	4993	5229	20094	1460	1460	1233	155	72	—	—	—	—
宁波诺丁汉大学	浙江万里学院、英国诺丁汉大学	—	1212	1885	7158	895	866	500	306	60	—	29	12	—
温州肯恩大学	美国肯恩大学	—	377	660	2154	317	305	122	156	14	13	—	—	—
浙江科贸职业技术学院（筹）	唯一教育投资公司	—	267	941	1679	136	136	95	12	5	24	—	—	—

（二）独立学院

学校名称	主管部门（举办者）	在校研究生数（人）	本专科学生数（人）				合计	教职工数（人）							
			毕业生数	招生数	在校生数	合计		校本部教职工					科研机构人员	校办企业职工	附设机构人员
								合计	专任教师	行政人员	教辅人员	工勤人员			
浙江大学城市学院	民办	—	3233	2832	12416	1036	1036	1036	712	209	61	54	—	—	—
浙江大学宁波理工学院	民办	—	2893	2467	10934	795	795	795	612	140	43	—	—	—	—
浙江工业大学之江学院	民办	—	1847	2440	8470	606	606	606	410	119	65	12	—	—	—
浙江师范大学行知学院	民办	—	1673	2233	7310	381	381	381	314	47	20	—	—	—	—
宁波大学科学技术学院	民办	—	2489	2918	10084	554	554	554	413	114	22	5	—	—	—
杭州电子科技大学信息工程学院	民办	—	2229	2414	8304	479	479	479	359	109	10	1	—	—	—
浙江理工大学科技与艺术学院	民办	—	1429	1714	5860	388	388	388	283	64	37	4	—	—	—
浙江海洋大学东海科学技术学院	民办	—	1411	1376	5397	388	388	388	282	65	41	—	—	—	—
浙江农林大学暨阳学院	民办	—	1557	1922	6402	443	443	443	346	64	30	3	—	—	—
温州医科大学仁济学院	民办	—	1402	1684	6876	575	575	575	391	95	21	68	—	—	—
浙江中医药大学滨江学院	民办	—	1087	1045	4770	324	324	324	255	32	30	7	—	—	—

续表

学校名称	主管部门（举办者）	在校研究生数（人）	本专科学生数（人）			教职工数（人）								
			毕业生数	招生数	在校生数	合计	校本部教职工					科研机构人员	校办企业职工	附设机构人员
							合计	专任教师	行政人员	教辅人员	工勤人员			
杭州师范大学钱江学院	民办	—	2211	2392	8935	477	477	337	89	51	—	—	—	—
湖州师范学院求真学院	民办	—	1834	2135	7282	463	463	389	48	25	1	—	—	—
绍兴文理学院元培学院	民办	—	2303	2850	9028	453	453	380	52	15	6	—	—	—
温州大学瓯江学院	民办	—	1773	2129	7570	506	506	415	73	18	—	—	—	—
浙江工商大学杭州商学院	民办	—	1965	2415	7865	471	471	399	58	12	2	—	—	—
嘉兴学院南湖学院	民办	—	1853	1992	7735	496	496	416	64	16	—	—	—	—
中国计量大学现代科技学院	民办	—	1508	1658	5721	319	319	231	57	31	—	—	—	—
浙江财经大学东方学院	民办	—	2523	2737	9866	647	647	513	96	29	9	—	—	—
同济大学浙江学院	民办	—	2375	2411	9247	625	621	535	51	26	9	4	—	—
上海财经大学浙江学院	民办	—	1535	1900	6360	450	450	356	55	13	26	—	—	—

2019 年

一 教育整体概况

	学校数（所）	毕业生数（人）	招生数（人）	在校生数（人）	教职工数（人）	
					合计	其中：专任教师
一、基础教育						
1. 普通中学	2345	766237	823471	2421219	229451	202518
高　中	601	254026	273060	784233	84091	71952
其中：民办	220	62250	72516	203525	23577	16490
其中：女	—	130643	136924	396658	45409	38955
初　中	1744	512211	550411	1636986	145360	130566
其中：民办	273	81449	100496	287244	29501	21112
其中：女	—	240713	255882	762510	86634	79233
2. 小　学	3310	573232	655675	3671067	224296	216107
其中：民办	167	68182	88152	484960	32173	29709
其中：女	—	264647	304391	1693825	167110	163355
3. 幼儿园	8261	657443	625273	1937389	250051	135413
其中：民办	5620	380961	323004	1035721	129952	66932
其中：女	—	306458	296040	909658	230977	133619
4. 特殊教育	86	2909	3521	20913	3121	2852
其中：女	—	1035	1294	7462	2309	2161
5. 工读学校	1	129	209	401	77	65
其中：女	—	19	15	31	31	26
二、中等职业教育						
1. 职业高中	185	133164	157414	430910	31307	28541
其中：民办	35	18010	22093	57836	3384	2699
其中：女	—	55571	68147	184775	17495	16245

续表

	学校数（所）	毕业生数（人）	招生数（人）	在校生数（人）	教职工数（人）	
					合计	其中：专任教师
2. 普通中专	46	30176	32847	92172	7083	6156
其中：民办	7	5966	6528	18044	834	725
其中：女	—	16798	17828	49826	4074	3639
3. 技工学校	78	35166	53695	162770	11859	9633
三、普通高等教育						
1. 研究生	—	20875	31771	92368	—	—
博士生	—	2022	4032	14869	—	—
其中：女	—	798	1712	6381	—	—
硕士生		18853	27739	77499	—	—
其中：女	—	10083	14339	39071	—	—
2. 普通本专科（含筹）	109	283396	350371	1074688	99551	66734
普通本科	59	151734	169704	636152	73105	48331
其中：民办（含中外合作办学）	26	63410	71373	255574	17737	13100
其中：独立学院	21	42241	48493	170205	11038	8475
其中：女	—	88565	96082	360732	33930	20933
高职（高专）	50	131662	180667	438536	26446	18403
其中：民办	10	23848	34251	79168	4479	3227
其中：女	—	69946	86961	213522	13899	9847
四、成人教育						
1. 成人高等学历教育	8	93972	140507	264110	930	528
其中：民办	—	2142	5275	7696	—	—
2. 网络本专科	—	11393	950	20438		
3. 成人中等专业教育	14	8970	9160	18984	939	532
其中：民办	1	773	826	1339	14	12
其中：女	—	3157	3463	6942	299	190
4. 成人中学	252	24197	—	28443	1645	1337
其中：女	—	14335	—	16041	680	552

	学校数（所）	毕业生数（人）	招生数（人）	在校生数（人）	教职工数（人）	
					合计	其中：专任教师
5. 成人技术培训学校	5614	5746394	—	4945228	33400	23941
其中：女	—	3092802	—	2635679	—	—
6. 成人初等学校	232	32722	—	31306	1005	729
其中：女	—	20511	—	20095	468	353

二　民办基础教育

（一）幼儿园

	园数	班数	入园幼儿数（人）	在园幼儿数（人）	离园幼儿数（人）	教职工数（人）				
						合计	园长	专任教师	卫生保健人员	保育员	其他
民办（含中外合作办）	5621	37156	323202	1036304	381133	130041	5892	66970	5191	27388	24600

（二）小学

	学校数（所）	班数（人）		本年毕业生数（人）	本年招生数（人）	在校学生数（人）
		合计	其中：复式班			
浙江省	167	13113	2	68182	88152	484960
杭州市	20	2078	—	10148	13180	74487
宁波市	52	1953	2	11425	12923	73725
温州市	21	2256	—	11303	15902	84995
嘉兴市	9	1008	—	5312	6589	38489
湖州市	9	525	—	2963	3795	20575
绍兴市	10	622	—	4009	3391	21415
金华市	17	2144	—	9258	15992	78671
衢州市	7	194	—	995	1384	6606

续表

	学校数（所）	班数（人）		本年毕业生数（人）	本年招生数（人）	在校学生数（人）
		合计	其中：复式班			
舟山市	1	114	—	297	735	3920
台州市	18	1802	—	10655	11404	68152
丽水市	3	417	—	1817	2857	13925

（三）普通中学

	学校数（所）						本年毕业生数（人）		本年招生数（人）		在校学生数（人）	
	合计	初级中学	九年一贯制	完全中学	高级中学	十二年一贯制	初中	高中	初中	高中	初中	高中
浙江省	493	62	211	67	109	44	81449	62250	100496	72516	287244	203525
杭州市	91	13	46	11	12	9	11334	5255	13621	7642	39334	20762
宁波市	61	4	29	15	7	6	9656	6417	12724	7745	35186	20875
温州市	87	8	36	10	28	5	17412	12480	22229	14919	63276	40650
嘉兴市	35	6	19	5	4	1	6566	3632	7412	3278	21444	10066
湖州市	23	4	10	—	6	3	3726	4648	5142	5049	14110	14449
绍兴市	23	3	2	3	11	4	5934	11499	6011	11865	18662	34399
金华市	60	4	27	4	16	9	5802	7185	9242	8277	23333	24009
衢州市	17	5	2	5	5	—	3295	2313	3965	2788	11301	7774
舟山市	6	1	3	—	1	1	295	560	602	573	1626	1701
台州市	69	10	26	14	14	5	13996	7164	15185	8720	46989	24549
丽水市	21	4	11	—	5	1	3433	1097	4363	1660	11983	4291

三　民办高等教育

（一）独立设置的普通高校

学校名称	主管部门（举办者）	在校研究生数（人）	本专科学生数（人）			教职工数（人）								
			毕业生数	招生数	在校生数	合计	校本部教职工					科研机构人员	校办企业职工	附设机构人员
							专任教师	行政人员	教辅人员	工勤人员				
西湖大学	杭州市西湖教育基金会	—	—	—	—	343	70	135	138	—	—	—	—
浙江万里学院	万里教育集团	179	5324	5320	19955	1497	1265	149	83	—	—	—	—
浙江树人大学院	浙江省政协	—	4163	5159	16887	884	683	113	67	21	—	—	7
宁波诺丁汉大学	浙江万里学院、英国诺丁汉大学	—	1499	1859	7411	860	503	307	50	—	14	—	—
温州肯恩大学	温州大学、美国肯恩大学	—	428	710	2395	333	140	166	13	14	—	12	—
浙江越秀外国语学院	越秀教发公司	—	4501	4474	16543	1049	714	283	52	—	4	—	—
宁波财经学院	大红鹰教育集团	—	4414	5232	18730	1011	767	164	80	—	—	—	—
温州商学院	温州文博投资发展有限公司	—	2054	3870	10155	685	483	177	16	9	—	—	—

续表

学校名称	主管部门（举办者）	在校研究生数（人）	本专科学生数（人）			教职工数（人）								
			毕业生数	招生数	在校生数	校本部教职工						科研机构人员	校办企业职工	附设机构人员
						合计	专任教师	行政人员	教辅人员	工勤人员				
浙江大学城市学院	民办	—	3162	2751	11625	1051	714	227	49	61	—	—	—
浙江大学宁波理工学院	民办	—	2981	2456	10283	804	610	162	32	—	—	—	—
浙江广厦建设职业技术学院	广厦集团	—	3579	2938	8139	663	490	89	68	16	—	—	—
绍兴职业技术学院	兴伟教育集团	—	4252	5291	12833	645	478	58	45	64	1	—	—
浙江育英职业技术学院	育英教育集团	—	2345	2642	7066	368	264	50	54	—	3	—	—
浙江东方职业技术学院	东方集团	—	2108	3385	8201	438	338	71	19	10	3	—	—
嘉兴南洋职业技术学院	上海交通大学教育集团、嘉兴教发公司	—	1572	3589	7201	389	277	62	9	41	—	—	—
浙江长征职业技术学院	民革浙江省委、嘉宏控股集团	—	3700	4779	11403	895	602	83	90	120	—	—	—
杭州万向职业技术学院	万向集团	—	2107	2398	6297	318	251	48	9	10	—	—	1

续表

学校名称	主管部门（举办者）	在校研究生数（人）	本专科学生数（人）			教职工数（人）								
			毕业生数	招生数	在校生数	校本部教职工						科研机构人员	校办企业职工	附设机构人员
						合计	专任教师	行政人员	教辅人员	工勤人员				
浙江汽车职业技术学院	吉利集团	—	834	1610	2839	201	118	27	33	23	—	—	—
浙江横店影视职业学院	横店集团	—	1811	2486	5767	375	284	30	11	50	—	—	—
浙江科贸职业技术学院（筹）	一唯教育投资公司	—	326	1389	2715	179	125	13	15	26	—	—	—

（二）独立学院

学校名称	主管部门（举办者）	在校研究生数（人）	本专科学生数（人）			教职工数（人）								
			毕业生数	招生数	在校生数	校本部教职工						科研机构人员	校办企业职工	附设机构人员
						合计	专任教师	行政人员	教辅人员	工勤人员				
同济大学浙江学院	民办	—	2406	2558	9271	628	542	51	26	9	4	—	—
上海财经大学浙江学院	民办	—	1611	2177	6820	473	381	51	12	29	—	—	—
浙江工业大学之江学院	民办	—	2043	2510	8650	595	419	112	51	13	—	—	—

续表

学校名称	主管部门（举办者）	在校研究生数（人）	本专科学生数（人）			教职工数（人）								
			毕业生数	招生数	在校生数	校本部教职工					科研机构人员	校办企业职工	附设机构人员
						合计	专任教师	行政人员	教辅人员	工勤人员			
浙江师范大学行知学院	民办	—	1947	2357	7677	400	328	51	21	—	—	—	—
宁波大学科学技术学院	民办	—	2508	3105	10414	587	415	138	28	6	—	—	—
杭州电子科技大学信息工程学院	民办	—	2102	2773	8871	492	376	105	10	1	—	—	—
浙江理工大学科技与艺术学院	民办	—	1488	2112	6432	394	289	64	37	4	—	—	—
浙江工商大学杭州商学院	民办	—	1963	2661	8501	497	427	55	14	1	—	—	—
浙江海洋大学东海科学技术学院	民办	—	1482	1430	5293	329	217	75	37	—	—	—	—
浙江农林大学暨阳学院	民办	—	1568	2067	6804	448	352	64	29	3	—	—	—
温州医科大学仁济学院	民办	—	1558	1750	7025	570	391	47	32	100	—	—	—
浙江中医药大学滨江学院	民办	—	1196	1044	4568	345	255	32	30	28	—	—	—
杭州师范大学钱江学院	民办	—	2285	2751	9276	468	310	99	59	—	—	—	—
湖州师范学院求真学院	民办	—	1880	2316	7616	473	459	9	4	1	—	—	—

续表

学校名称	主管部门（举办者）	在校研究生数（人）	本专科学生数（人）			教职工数（人）								
			毕业生数	招生数	在校生数	校本部教职工					科研机构人员	校办企业职工	附设机构人员
						合计	专任教师	行政人员	教辅人员	工勤人员			
绍兴文理学院元培学院	民办	—	2331	2834	9539	459	403	34	15	7	—	—	—
温州大学瓯江学院	民办	—	1825	2366	7941	497	394	77	26	—	—	—	—
嘉兴学院南湖学院	民办	—	1953	2018	7663	510	419	70	21	—	—	—	—
中国计量大学现代科技学院	民办	—	1429	1642	5846	341	243	65	33	—	—	—	—
浙江财经大学东方学院	民办	—	2523	2815	10090	673	531	105	28	9	—	—	—

（浙江省民办教育发展数据（2010—2020年）由黄飞提供，徐绪卿、高飞、邱昆树整理）

后　记

为了总结和积淀近 10 年来浙江民办教育的发展历程和经验，真实客观地反映浙江民办教育的发展状况，服务新时代浙江民办教育的高质量发展，我们组织编写了《浙江省民办教育发展报告》（2011—2020 年），供政府部门决策、民办学校发展和相关研究工作参考。

本书编写由葛为民总负责，框架由徐绪卿参考《浙江省民办教育发展报告》（2000—2010 年）拟定，集体讨论修改完善，葛为民审定。各相关内容撰稿人已在文稿后注明。另外，典型案例由各相关单位撰稿，林晓鸣、王君胜、李伟、邱昆树、高飞等做了前期修改，最后由徐绪卿、葛为民修改定稿；全书初稿完成后，分别由吴华（第二部分）、叶向群（第三部分）、林晓鸣（第五部分）、徐绪卿（第一、第六部分）、葛为民（第六、七部分和大事记）分头初审修改，然后由徐绪卿审改、统稿和安排章节体例，最后由葛为民审改定稿。

本书由浙江省教育厅副厅长韩平作序，编撰工作得到浙江树人大学和浙江省教育厅有关处室的大力支持，本书出版得到中国社会科学出版社任明主任及编辑、印行团队的大力支持，在此一并表示感谢。

由于本书所涉时间跨度较长，人员变动较多，内容疏漏和差错之处在所难免，敬请读者谅解并批评指正。

编著者

2020 年 8 月 8 日